国家社科基金重大项目"'一带一路'佛教交流史"
（项目编号：19ZDA239）中期成果

新声巧语

人间佛教学术论文集（二）

程恭让 主编
韩焕忠 夏德美 王雪梅 副主编

中国社会科学出版社

图书在版编目（CIP）数据

新声巧语：人间佛教学术论文集.二/程恭让主编.--北京：中国社会科学出版社，2024.7
ISBN 978－7－5227－3633－4

Ⅰ.①新… Ⅱ.①程… Ⅲ.①佛教—中国—文集 Ⅳ.① B948-53

中国国家版本馆 CIP 数据核字（2024）第 110700 号

出 版 人	赵剑英	
责任编辑	韩国茹	
责任校对	张爱华	
责任印制	张雪娇	
出　　版	中国社会科学出版社	
社　　址	北京鼓楼西大街甲 158 号	
邮　　编	100720	
网　　址	http://www.csspw.cn	
发 行 部	010－84083685	
门 市 部	010－84029450	
经　　销	新华书店及其他书店	
印　　刷	北京君升印刷有限公司	
装　　订	廊坊市广阳区广增装订厂	
版　　次	2024 年 7 月第 1 版	
印　　次	2024 年 7 月第 1 次印刷	
开　　本	710×1000　1/16	
印　　张	37	
插　　页	2	
字　　数	514 千字	
定　　价	218.00 元	

凡购买中国社会科学出版社图书，如有质量问题请与本社营销中心联系调换
电话：010－84083683
版权所有　侵权必究

编委会

主　　编：程恭让
副 主 编：韩焕忠　夏德美　王雪梅
编　　委：程恭让　韩焕忠　夏德美　邱高兴　王雪梅
　　　　　王　伟　赵　文　常红星　李子捷　韩国茹
　　　　　盛　宁　王若曦　胡明明　王慕飞　孙建生
　　　　　潘　飚　陈　陶　谷　龙　赵祉星　邝妍彬
　　　　　徐文静　毕光美　张芳芳　庞　禹　李　震
　　　　　于　腾
主办单位：上海大学佛教思想史与人间佛教研究中心
　　　　　上海大学中华文化基金项目组
协助单位：上海大学道安佛学研究中心
　　　　　上海大学文学院
　　　　　上海大学教育发展基金会
　　　　　宜兴大觉寺云湖书院
　　　　　南开大学宗教文化研究中心
　　　　　苏州大学宗教研究所
　　　　　中国计量大学宗教中国化研究院
　　　　　西北大学日本文化研究中心
　　　　　扬州大学佛学研究所

目 录

现代人间佛教的三个发展阶段及未来展望 | 程恭让　1
人间佛教是一种立场、观点和方法 | 韩焕忠　1

人间佛教与近世中国的思想、智慧

虚云和尚"看话禅"思想及其当代价值 | 王一儒　3
以众生为我：论章太炎与人间佛教 | 廖春阳　23
瑜伽菩萨戒与太虚大师的"人生佛教"思想 | 释智性　37
佛教与中国名教之冲突及其理论根源
　　——兼论太虚"人间佛教"对佛教"实"内涵的丰富 | 林莉莉　57
从生平行迹看苇舫法师的人间佛教思想与实践 | 方祺祎　75
东亚近代佛教"人间性"的两种路径
　　——论中日近代佛教发展的异同 | 黄志博　92

人间佛教与当代人类文明

人间佛教的现代意义和未来价值
　　——以"体验之功"和"共同体多元化"社会为中心 | 韩　驰　117

《佛光大辞典》"鸠那罗譬喻"相关词条评析
　　——兼谈完善譬喻类词条的撰写建议 | 刘郑宁　135

"越南佛子家庭"的发展、特色与成就 | 释圆发　153

一行禅师"正念禅法"的形成 | 释慧度　166

多元现代性视角下的人间佛教
　　——以星云大师为例 | 李亚珂　187

星云大师的"五和"思想 | 李梦媛　203

以入世之姿传出世之思
　　——星云大师与人间佛教的传播生态 | 杨临端　222

人间佛教与跨宗教文化对话

诠释学视域的宗教对话
　　——相遇关系、历史形式与宗教小说 | 孙建生　245

交流与使命
　　——民国天主教宗教对话实践研究 | 刘定东　264

义理与修行
　　——《归真要道译义》人学思想探微 | 唐思瑞　284

浅谈民国时期云南圣谕坛经本中的佛道通和
　　——以大理生久品善坛降著《消劫妙经》为例 | 张书采　308

《孝论》所见儒释孝道思想差异
　　——兼论人间佛教的历史价值 | 杨家辉　326

阳明学的近代回响
　　——以太虚法师的论述为中心 | 王学路　348

唐君毅的禅宗哲学研究 | 徐沐玥 369

星云法师人间佛教视域下的《孟子》诠解 | 邝妍彬 391

人间佛教与佛教前沿问题

汉传佛教纪念日海外转变：因缘与挑战
　　——以佛光山东京别院为例 | 孙　泓　释妙崇 411

反转倦怠：超越性祈祷的社会行动结构
　　——以星云大师的《佛光祈愿文》为分析中心 | 张建民 428

疾病、医疗与健康
　　——星云大师医疗思想探赜 | 李　震 449

疫情下的"政教分离"
　　——日本宗教法人申领"持续化给付金"事件 | 王若宾 473

安乐死、尊严死、医生协助自杀
　　——佛教的观点及对策 | 张晓亮 491

试析未婚同居关系下邪淫戒的持守问题 | 周文风 506

法相唯识学与具身认知对"掉举、昏沉"
　　认识程序之比较 | 张骁谨 523

东西方学界对人间佛教的认知差异 | 释宽林 553

现代人间佛教的三个发展阶段及未来展望

程恭让

上海大学文学院历史系教授

上海大学佛教思想史与人间佛教研究中心主任

现代人间佛教的思想与运动，从狭义的角度讲，应该是指在近现代中国社会、中国思想集体转型的总体背景下，从20世纪初年发展到今天，由汉传佛教及中华佛教衍生及发展出来的新佛教运动。这是一场波澜壮阔的佛教新文化运动，它是汉传佛教现代化、全球化的重要思想、实践运动，同时也是当代世界佛教现代化、全球化的重要组成部分。在这里，基于人间佛教在汉传佛教文化中发展及在现代人类文明中演绎的史实与逻辑，笔者认为可以把现代人间佛教的发展历程，以及与之相关的教界和学界（特别是汉语学界）人间佛教理论研究的过程，大致区分为三个时间段落。

第一，笔者认为从20世纪10—20年代开始，到20世纪50—60年代的大约五十年，是现代人间佛教理论建构与实践运动的第一个阶段，同时也是现代人间佛教理论问题研究的第一个时间段落。这一阶段的人间佛教思想理论家，当然以太虚大师（1890—1947）为最为卓越的代表。20世纪40年代初，印顺法师（1906—2005）先后写出《印度之佛教》《佛在人间》等作品，提出在现代佛教学术研究基础上重构佛教思想史及人间佛教思想史的立场，使他成为虽与太虚大师有一定思想路线的差异，然而在现代人间佛教发展历程中具有重要学术思想影响力的一位人间佛教思想家。同一时期的佛教学术界关于人间佛教理论问题的关注和研究，可谓相当薄弱，很多佛教学者根本尚未注意到人间佛教的存在和发展，当然也还没有可能对于人间佛教的理论问题展开深入细致的了解和研究。不过，这其中也有一些例外。如一位佛儒双栖的学者，20世纪著名的佛教思想家，同时也是20世纪著名现代新儒学思想家的梁漱溟先生（1893—1988），曾在20世纪20年代，当太虚大师刚刚尝试把人间佛教思想予以理论化的阶段，就毫不留情地针对晚清以来大悲应世的佛教模式，及太虚大师开启的新佛教运动，提出决绝性的批评意见，认为这些新佛教思潮有悖于"反身向后"的佛法根本宗旨，认为对于佛教的任何革新和改造都不会成功，即使成功也没有意义，甚至是有害无益。梁氏的这些批评，实际上出于其人对于人间佛教思想宗旨的根本误解（如他就误以"人天乘"为"人生佛教"，或"人间佛教"），但是他提出的反对佛教适应现代社会和文化的价值立场，是民国初年中国思想界文化保守主义思潮非常有特色也非常有力度的理论表现，而这一理论趋向甚至直到今天，仍然是那些以例如"世俗化"概念为学术基础，因而反对、批评人间佛教的人们的基本理论依据和基本价值思维。

第二，笔者认为从20世纪60年代末、70年代初期开始，到最近的时间，或可视为现代人间佛教发展的第二个阶段，同时也是现代人间佛教理论问题研究的第二个时间段落。在这一阶段，先后涌现出诸如印顺导师、赵朴初长者（1907—2000）、晓云法师（1912—2004）、星云大师（1927—2023）、圣严法师（1931—2009）、净慧长老（1933—2013）、证严上人、昭慧法师等一大批优秀的人间佛教的思想家、理论家、实践家、践行者，这些人或是在人间佛教学术思想的研究方面（如印顺法师），或是在特殊环境下的佛教拨乱反正方面（如赵朴初），或是在人间佛教理论与实践的深度、全面拓展方面（如星云大师、圣严法师），或是在创办佛教大学的文化、教育创新事业方面（如晓云法师、星云大师），或是在佛教的慈悲救济事业方面（如证严上人），或是在推动人间佛教中国化创新发展方面（如赵朴初、净慧长老），或是在人间佛教学术思想的新凝练方面（如昭慧法师等），都做出过其成就足以彪炳佛教史的杰出贡献。而在新时代佛教中国化的思维模式和政策影响下，中国大陆地区也正在崛起一大批重要的道场，其在中国佛教的内涵发展和国际交流方面，也作出过并且正在作出种种具有人间佛教精神的可贵探索，创造出相当可观的事业（如永寿法师、秋爽法师、永信法师、印顺法师、觉醒法师、普仁法师、真广法师、明海法师、觉智法师、慧仁法师等等），其未来的发展和成就，也值得予以预期和观察。尤其值得注意的是，在人间佛教发展的这一阶段，在伟大祖国的海峡两岸，同时都出现弘扬人间佛教思想、信仰的重要人物，这对于汉传佛教的继承和发扬，对于人间佛教的未来弘化，对于两岸文化的心灵契合、价值融和，都有特殊的意义与价值。此一阶段，与人间佛教的蓬勃发展相应，佛教学界也开始关注乃至重视人间佛教理论问题的研究，出现了一小批人间佛教问题研究的专家，乃至于进展到了今天，对于包括人间佛教理论问题在内的人间佛教理论、实践的研究，至少已经成为很多佛教学者乐意长期参与或偶尔友情出席的一个重要的学术事业。这期间在汉语佛教学界，形成"印顺导师思想之理论与实践学术研讨会"及"星云大师人间佛教理论实践学术研讨会"等重要而持续的人间佛教学术会议平台，在海峡两岸乃至全球汉语学界，全球国际佛教学界，都有力地推动了人间佛教的理论研究及广义的人间佛教问题的研究。

2023年元宵节星云大师圆寂时，笔者曾经在所写纪念文章《星云大师的离世是一个时代的终结》中，提出"后星云时代"的概念。我的直觉和敏感告诉我，伴随星云大师的离世，中国佛教、全球佛教，以及人间佛教的世界，已经发生、正在发生或者将会发生一些重要的变化。这是必然的，这是无可避免的，在某种意义上可以说这一点是不以人的意志为转移的。星云大师不仅是现代人间佛教的重要理论家，也是现代人间佛教的重要实践家，更是现代人间佛教的制度与价值的伟大鼎新者。他一生充分发扬佛教的般若智慧与善巧方便，在推动现代文明条件下佛教理论理性与佛教实践理性的新结合方面，开启了重要的经验，留给我们丰富的启示。同时，星云大师在人间佛教事业的发展方面，更是取得了举世公认的历史性成就。所以笔者认为把星云大师的离世视为现代人间佛教发展与理论研究第二个时间段落的结束，应该是合理的。

第三，当下，我们已经进入现代人间佛教发展的第三个阶段，同时这当然顺次也是人间佛教理论研究的第三个时间段落。人间佛教已经面临诸多的大师纷纷谢世，而我们尊敬的星云大师也已经谢世的阶段。大师们的纷纷谢世，对于人间佛教的前途、命运而言，当然不可以不说是一个严峻的挑战。也正是由于这一点，很多人对于人间佛教的未来并不看好，或者至少是忧心忡忡。不过，笔者的看法与这样的意见有些差异。这首先是因为，我们深知佛教原本不是所谓的"宗教"，即使人们一定要把佛教视为一种"宗教"，那么佛教也从其创立者释迦牟尼佛开始，就是一个高度重视"自性依止"的理性"宗教"，智慧"宗教"。所以，佛教徒从来都不会也不应该把对于导师或者领袖的崇拜，视为其人生的支撑性依据。其次则是因为，现代人间佛教更是在现代文明的条件下一个充分"祛魅"的佛教，现代人间佛教的导师们对此都有非常理性的认识，他们对于后人或者教团，也都有非常理性的指点。如星云大师早在2013年，就写下《真诚的告白》，并且作为一份公开的"遗嘱"，曾在当年的信众大会上当众宣读。这份"遗嘱"的最后，写有下面这段文字："对于人生的最后，我没有舍利子，各种繁文缛节一概全免，只要写上简单几个字，或是有心对我怀念者，可以唱诵'人间音缘'的佛曲。如果大家心中有人间佛教，时时奉行人间佛教，我想，这就是对我最好的怀念，也是我所衷心期盼的。"由此可见：星云大师早在谢世前的十年，就已经十分注意培养徒众和信众的"自依"精神。因此，笔者认为有充分的理由预期"后星云时代"的人间佛教，将会以经过试验和磨炼的自觉和理性，做到"心中有人间佛教，时时奉行人间佛教"。人间佛教的第三季，应该不会重演早期佛教史上那种"大师涅槃，弟子随灭"的局面，成为惶惶无主的第三季，而有可能演绎、发展为理性成熟、再造辉煌的第三季！

与人间佛教进入新时代的这种总体发展趋势相应，人间佛教的理论研究，相信也将会从人间佛教第一阶段、第二阶段对于佛教"现代性"问题不约而同的关注，今后更多地让位于对于佛法"后现代性"价值的考量；而伴随现代人间佛教拓展佛教的国际版图，佛教实现新一轮全球化弘化之后，今后的教界与学界对于佛教思想本质的理解与表述，对于人间佛教智慧本质的认识与体会，或许也将会出现一些重要的调整和变化。

笔者多年以来，一直深刻关注现代人间佛教问题的理论研究。通过对于佛教经典思想史与现代人间佛教问题融会贯通的诠释学研究，笔者曾经提出般若智慧是佛法纯粹理论理性，善巧方便是佛法纯粹实践理性，而般若智慧与善巧方便的辩证融和，即佛法纯粹理论理性与佛法纯粹实践理性的辩证融和，是大乘佛教教法义理学的核心义理原则，同时也是现代人间佛教普遍遵循的基础理论原则的结论。由此，笔者自认为在传统佛教思想与现代人间佛教的学理之间，发现理论血脉的真正一贯，也由此笔者以较为特殊的理论建构，充分论证了人间佛教理论的合理性、合法性问题。笔者在2015年出版《星云大师人间佛教思想研究》一书，对于星云大师的人间佛教及现代人间佛教，基于理论的视角作过系统的和深入的观察和分析。在三年疫情的特殊时期，笔者就对"后疫情时代"人间佛教的理论发展问题，发表过一些意见，提出后疫情时代人间佛教的思想方向，应当注意以下四个特点：一，"应该以佛教的诸行无常的理念再度唤起人类的谦卑意识"；二，"如实地承认人类物质文明及精神文明的价值，乃是人间佛教的基本思想和基本价值的依据"；三，"后疫情时代的人间佛教应当大声疾呼免疫力文明建设的课题"；及四，"将佛教文明的交流性的底质和人间佛教的交流性精神引领、拓展至于佛教史上空前深度的义理境域和空前广阔的社会文化空间"。笔者的这些判断，既是笔者自己研究佛教思想史及现代人间佛教理论问题得出的看法，也是笔者对人间佛教未来发展段落理论指向的一种预期。

以上，我们把人间佛教的历史轨迹与未来弘法周期，方便地划分为三个阶段。显然可见，虽然是三个阶段，但这三个阶段之间并非截然分开的关系，而是前一阶段的问题可能延续到后一阶段，而后一阶段的思考也孕育在早一时期。不过，概括说来，现代人间佛教的第一个五十年，是初步进行理论建构、初步进行实践探索的阶段；第二个五十年，则是人间佛教理论充分验证和人间佛教实践深度、广阔拓展的阶段；而现在直至未来一段时间的第三期人间佛教，则主要是应对后现代人类文明的人间佛教发展阶段。人间佛教在后现代时期的发展，将决定现代人间佛教的成败，将决定古老的佛教文明和智慧究竟能不能成为今后人类文明发展一种积极而重要的动力，同时这一发展过程还将在相当程度上检验传统中国佛教文化在当代人类文明中的地位和贡献。正是基于上述考量，我们上海大学中华文化基金项目及上海大学佛教思想史与人间佛教研究中心，特别启动了这部《新声巧语·人间佛教学术论文集》的策划工作。参与撰写这部论文集的学者，都是各高校、科研机构的优秀博士生和新进研究人员。"新声"，我们这里指的是创新性的理论话题；"巧语"，我们这里则指创新性的学术方法。我们希望这些学术新军加入中国佛教和人间佛教问题的研究，会为学界带来新的眼光，新的思考，新的智慧，也会带来后现代的意识和觉悟，从而为人间佛教问题的研究打开更多的意义窗口，为今后的佛教学研究生成更加崭新、多元的学术魅力。论文集的策划工作，得到宜兴云湖书院的大力协助，也得到很多大学、科研机构及一些学者的鼎力支持。在此，谨以心香一瓣，一并致以衷心的感谢！

2024 年 4 月 17 日
序于上海寓所

人间佛教是一种立场、观点和方法

韩焕忠

苏州大学宗教研究所教授

近些年来，随着佛学研究的深入，有关人间佛教的研究逐渐成为学术界的热点，围绕着太虚、印顺、赵朴初、净慧、星云等人的思想和实践，形成了许多非常深入、很有特色的学术成果，并与教界和政界展开了良性互动，为教界实现健康传承、发挥正面作用乃至加强"三支队伍"建设都作出了重要贡献。

在笔者看来，人间佛教不仅是近代以来在中国佛教界形成的一种思想潮流，正在开展的一种佛教实践，而且更是一种立场、观点和方法。

我们说人间佛教是一种立场，是基于对佛教的历史实践及其经论内涵来讲的。由于各种各样的原因，明清时期的佛教逐渐堕落为逃避世事的佛教，敬事天神的佛教，超度鬼神的佛教，僧众由于不学、窳败、陋劣，也由人天师表堕落为社会弱势群体，失去了社会大众的尊重和敬畏。进入民国之后，在欧风美雨的飘摇之中，在兵荒马乱的艰难之中，佛教传承中的这种颓势不仅没有出现转机，反而大有愈演愈烈的趋势。太虚大师有见于此，大声疾呼，佛教主要是为人生服务的，而不是为人死服务的；佛道是在人间成就的，而不是在天神和饿鬼之间成就的，因此而举起人生佛教和人间佛教的大纛，揭开了佛教改革的序幕。印顺法师从《阿含经》中读到"诸佛皆出人间，终不在天上成佛也"，深感"释尊之为教，有十方世界而详此土，立三世而重现在，志度一切有情而特以人类为本。释尊之本教，初不与末流之圆融者同，动言十方世界，一切有情也"，他甚至为此"喜极而泪"。①这表明，人生佛教或人间佛教，作为一种口号或主张，虽然是从太虚开始的，但其基本精神，即佛说法的本怀，就是教化此时此地的人类，令其觉悟诸法实相，从烦恼和痛苦中解脱出来。这也启发学术界，在研究和理解佛教的经论时，必须站在人间的立场上，将其基本内容主要视为对人类生存状态的思考和探索。或者说，我们在解释佛教经论时，应充分彰显其中所蕴含的丰富的人文内涵。

我们说人间佛教是一种观点，是针对佛教未来的发展趋向来讲的。禅师家有所谓"欲知佛性义，当观时节因缘"的说法，佛教处于当今人民智力普遍得到开发、平等自由观念深入人心、科学理性思维非常活跃的时势之中，不可能像上古和中古那样借助于鬼神的护持而获得存在和发展的空间，而是必须充分挖掘和展现其深厚的文化底蕴和丰富的智慧因素，以展现其对现代人类精神生活的重要价值和作用。中国佛教协会原会长赵朴初居士认识到了这一点，他不仅大力倡导人间佛教，而且还特别重视佛教的五戒十善和六度万行。他说："假使人人都依照五戒十善的准则行事，那么，人民就会和平康乐，社会就会安定团结，国家就会繁荣昌盛，这样就会出现一种和平安定的世界，一种具有高度精神文明的世界。这就是人间佛教所要达到的目的。"②这是作者的善良愿望，在一定意义上也是人类对美好未来的一种殷切向往。六度万行就是"上求佛道、下化众生，是以救度众生为己任的"菩萨行，"菩萨行的人间佛教的意义在于：果真人人能够学菩萨行，行菩萨道，且不说今后成佛不成佛，就是在当前使人们能够自觉地建立起高尚的道德品行，积极地建立起助人为乐的精神文明，也是有益于国家社会的，何况以此净化世间，建设人间净土"。③净慧法师提

---

① 印顺：《印度之佛教》，新竹：正闻出版社1992年版，第33页。
② 赵朴初：《佛教常识答问》，北京出版社2009年版，第158页。
③ 赵朴初：《佛教常识答问》，第160—161页。

倡生活禅，晚年更是提倡禅文化，以觉悟人生、奉献人生为目标，以善用其心、善待一切为入手处，努力开发佛教契合当代生活和世界的慈悲和智慧，这正是他认同人间佛教观念、实践人间佛教理念的充分体现。

我们说人间佛教是一种方法，是从佛教的弘扬必须具备善巧方便来讲的。佛法是破除众生执着的方法，是引导众生出离烦恼的解脱之法。正如佛在《法华经》中的说法，种种因缘譬喻，种种方便善巧，无非开示门径，诱引诸子逃出火宅而已。自此以来，历代弘道传法的祖师，莫不将究竟终极的佛教真理寓于方便之中，以善巧之法，使佛教在各个国度落地生根，从而成长为一种世界性的宗教。如净慧法师，就对我们所处时代的根性有着清醒的认识。他说："我们今天所处的社会，商业化、信息化、全球化的影响已经渗透到生活的每一个角落。今天的教育是以知识、技能为主的，重实际、重证验的科学式教育，这样的教育有它的优点，但也存在缺乏人文精神、缺乏人性关怀的致命弱点。"[1] 为此他特地指出，佛教不是僧尼的专利品，而是社会大众"共同分享的信仰、文化和精神财富"，是"修己成人、提升道德、净化人心、祥和社会的文化宝藏"。他强烈呼吁："要开发这个宝藏，要开放这个宝藏，要打开山门，要打开藏经楼，更要打开我们教内每个人心灵的大门，迎接五湖四海的有心探宝的人。举办讲习佛法、讲习禅文化的夏令营，其目的就是要向世人敞开佛法宝藏的大门，迎接社会大众到佛门来探宝、取宝，以丰富大家的精神生活，培养大家的信仰生活，落实大家的清净生活，达到化解社会矛盾、平衡心理状态、树立生活目标、找到人生价值、创造美好未来的目的。"[2] 他晚年还提出了"禅文化"的概念："禅文化不是禅的边缘化和异化，更不是禅的庸俗化。禅文化的灵魂，是禅在具体运用中所表现出来的那种虚灵不昧的超越意境。禅文化的表现形式多种多样，诗歌、绘画、书法、茶道、园林、

---

[1] 净慧：《夏令营的脚步》，四祖寺2014年版，第2页。
[2] 净慧：《夏令营的脚步》，第60页。

建筑、语言、服饰、饮食等种种文化现象和生活内容，都是禅的载体。"[1]在当代，以文化的方式展现佛教，弘扬佛教，为人们送上一剂佛法的清凉，可谓是最大的方便善巧。

多年以来，程恭让教授一直坚持梵汉佛典的对勘研究，他不仅从梵文佛典中得出佛教从来都是人间佛教、方便善巧乃佛教般若学题中应有之义等结论，还聚拢各种因缘，在上海大学人文学院成立佛教思想史与人间佛教研究中心，并计划定期召开人间佛教思想研讨会，为学术界，特别是青年学子们提供一个相互交流的平台。如今，第一届研讨会已圆满完成，青年学子们展现了他们的精彩成果。聆听和浏览之余，笔者深感这些年轻的作者们视野开阔，思维灵活，假以时日，定能使中国的佛学研究在世界学术论坛中大放光芒，心中十分高兴，备受鼓舞，于是写下这些话，谈一点自己的看法，以就正方家云尔。

2024 年 4 月 26 日星期五
记于苏州独墅湖畔虚室之中

---

[1] 净慧：《夏令营的脚步》，第 7 页。

人间佛教与近世中国的思想、智慧

虚云和尚"看话禅"思想及其当代价值

王一儒

华东师范大学博士生

摘　　要：虚云和尚所倡的"看话禅"禅法，为其禅学思想的精华，在近现代中国佛教的恢复与发展中产生了巨大的作用。虚云和尚有着极强的现实关切，在沿袭禅宗传统"看话禅"教法的同时，对"看话禅"的修习条件进行了系统的补充，尤重戒学对人们日常行为的规范作用。他主张在正式修习中突出举话头、发疑情、反闻闻自性的参禅原则，提出系念于"念佛是谁"的"谁"之一字，作为日常生活中随时随地发起疑情之方便入手处。在参禅的同时，提倡辅之以念佛法门，随心净即佛土净，致力于人间净土的建立。在此意义之下，"看话禅"实质上亦属于人间佛教的一部分，强调参禅生活化以及其对社会稳定向善发展发挥的积极作用。研究虚云和尚的"看话禅"思想，不仅有助于纵向了解"看话禅"的古今之变，亦能从侧面入手聚焦于一点，从禅宗教法实践中，挖掘佛学对当代社会的积极价值。

关 键 词：虚云；禅法；人间佛教；"看话禅"

基金归属：本文为2019年度国家社科基金重大项目"'一带一路'佛教交流史"（编号：19ZDA239）的阶段性成果。

禅宗的修习实践注重参悟，虚云和尚禅学思想的核心是"看话禅"，又称"看话头禅"，是近代以来复兴佛教修法与教法的重要思想，对禅宗的恢复与发展产生了极大助益。虚云和尚作为佛学复兴与改革的划时代人物，面对鼎革之际大众生活方式飞速变化的形势，其思想关切落于佛学传统如何与中国现实情况相结合的问题上，他认为佛学与人世间诸多观念相合，对人们的现实生活改善有助益作用，指出："提倡自由、平等、大同的主义，都是与佛宗旨相合，若能实行，便成为人间的极乐世界。"[①]佛学本身就有极强的天下关怀，星云大师也曾提出："孙中山先生也以'天下为公'作为他草创民国的理想；佛教则以四生九有、法界平等的'天下一家，人我一如'的理念，建设人间净土。"[②]虚云和尚独特的"看话禅"思想系统，就是此种关切的具体体现，它倡导将参禅融入生活，将佛法贯穿到有情赖以生存的生活世界当中去，以期随着人们心灵境界的改善，将会对现实生活产生积极影响。因其将禅法运用到生活当中去，在某种意义上来说，"看话禅"本身便为人间佛教的一部分。

"看话禅"作为禅宗教法由来已久，虚云和尚在延续临济大慧宗杲一脉宗风的同时，根据自身所处时代背景与时人应机根性，进行善巧调适，形成以持戒为本，兼修禅净定慧，举话头发疑情，系念于"念佛是谁"的"看话禅"思想系统。这一方面是对禅宗传统教法的复兴，另一方面也是基于新的历史阶段对禅宗思想的再发展，通过继承与改良使"看话禅"修养方法更加适合大众生活，更加具有现代性、人间性，与人们日常行为活动结合得更加紧密。有学者曾评价道："这种禅修观的现实意义在于，它体现出佛教与时俱进、适应形势、紧跟时代发展的特征，也体现出传统出世佛教向现代入世佛教的转化，真正弘扬了现代人间佛教的济世精神。"[③]虚云和尚"看话禅"教法具有极强的人间化、生活化、现代化意味，对

---

① 净慧主编：《虚云和尚全集》（第1册），中州古籍出版社2009年版，第208页。
② 星云大师：《在入世与出世之间——星云大师人间佛教文集》，上海人民出版社2010年版，第618页。
③ 欧阳镇：《首届虚云大师佛学思想国际研讨会综述》，《世界宗教研究》2009年第4期。

"看话禅"思想的考察,既有助于对禅宗教习方法之性格特征进行具体体认,亦能在虚云和尚弘扬现代人间佛教济世精神的整体趋向下,挖掘"看话禅"中有助于佛学现代化和有益于大众现实生活的积极意义。

一 虚云和尚"看话禅"的由来与实质

"看话禅"并非为虚云和尚首创,而是佛教禅宗早已有之的修行方法,是一种通过内省和参究公案中的语句得以证悟的禅法,可远溯自达摩祖师的"观心法门"。在汉地佛教的修行实践中,据《黄檗断际禅师宛陵录》和《五灯会元》中对僧与赵州"狗子还有佛性也无"[1]的对话记载,有学者曾指出汉地"看话禅"的首倡者为希运和尚[2],而后由大慧宗杲进一步弘扬开显。禅宗动静一如,素以不立文字、教外别传、明心见性著称,却在宋元时期盛行参公案之风,从"不立文字"转向了"不离文字",以注释理解公案为务,如此本为引导弟子直契本心方便应机的公案教法,便衍生出一些流弊。对此现象,圆悟克勤门下的大慧宗杲极为反对,故在公案基础上提倡不离公案又融合禅修实践的"看话禅",即在公案中提取以往祖师所言且具有不可解释性的语句,时时、反复进行参究,渐渐脱离文字而至于话之前头的本来面目,如此便从"不离文字"转向了"但学话头"。赖永海教授曾对这一禅宗教法发展过程有所回顾,并指出:"'看话禅'不像以往的'颂古'、'评唱'注重意解理会,注释'公案',论量古今,而是单参一个'话头'。"[3]因此"看话禅"的提出一方面是奠基于禅宗原有的公案教法,另一方面也是面对传统教法之流弊的药病对治。至元朝之时,高峰原妙提出参究"万法归一,一归何处"这一话头,以参究公案中的种种问话为主,从而扩大了"看话禅"的参究对象。而到明朝时,汉月法藏则

---

[1] (宋)普济:《五灯会元》卷20,《汉文大藏经》2020,X80,No.1565,第93页。
[2] 魏道儒:《禅宗"看话禅"的兴起与发展》,《中国文化》1992年第1期。
[3] 赖永海:《从祖师禅到看话禅》,《中国文化》1992年第1期。

完全抛开公案，主张任何事物与现象皆可作为对象进行参究。至清末，虚云从初触"看话禅"，到其期颐之年已过，其开示宣讲"看话禅"的方法与关键所在，前后达七十余年。虚云和尚通过自身长达七十多年的修行与证悟，继承并进一步完善了"看话禅"这一禅法。

"看话禅"以"话头"为源，在灵源与虚云的问答之中，对于"话头"虚云和尚作出如下解释："话，即是妄想，自己与自己说话。在妄想未起处，观照着，看如何是本来面目，名看话头。"[1] 由此可知，作为禅法，"看话禅"以话头作为敲门瓦子，通过对话头的细细观照，放下一切，于言语道断处观照自身的本来面目。"话从心起，心是话之头；念从心起，心是念之头；万法皆由心生，心是万法之头。其实'话头'，即是'念头'，'念'之前头就是'心'。直言之，一念未生以前就是话头，所谓看话头，也就是观心。"[2] 在虚云看来话头只是引子，目的在于看本来面目，不论是话、念，抑或是法，皆不离于常住真心，常人之心为客尘烦恼所覆，须以看话之头、念之头来除尘看心，"心即是佛，念佛即是观佛，观佛即是观心。所以说，看话头或者是说看念佛是谁，就是观心，即是观照自心清净觉体，即是观照自性佛"[3]。性即心，因此，"看话禅"的实质也就是反闻闻自性，反观观自心，通过参禅、参话头来闻自性、观自心，从而见本性、识本心，去除宿业习气的污染，返妄归真，背迷合觉，显现自性的光明，修此一心证悟成佛。众生由无明缘行，生死相续轮转不断，皆因不知常住真心，不知自性是佛，而盖之以妄想。在虚云和尚的思想系统中，当下修行之人，皆因迷悟程度不同，所受世俗情习污染程度不同，才有十界之分别。佛与众生本无差别，心性无染，只因众生未悟，失其本心，受客尘烦恼所扰，而陷入生死流转之中。众生与佛的差别由此而生，但只在迷与觉之间。迷心即是"众生"，觉心则名"诸佛"。佛观众生受生死流转之苦，

---

[1] 王志远主编：《虚云和尚文汇》，华夏出版社2012年版，第211页。
[2] 李志锋编：《虚云大师禅修体系》，文化艺术出版社2009年版，第222页。
[3] 李志锋编：《虚云大师禅修体系》，第222页。

以慈悲之心生八万四千法门，治众生八万四千烦恼，度众生脱离苦海，"看话禅"就是其中一大应机法门，它可使纷扰之客尘烦恼熄灭，自识其心自见其性，恢复其本来面目。

"见性"实乃"看话禅"的根本旨趣，"禅的重要意义，还在明心见性"①。若从将"看话禅"作为对祖师禅流弊对治纠偏的层面观之，不在概念文字上纠缠而复归于话之前头，"看话禅"的本质就是让参究者停止妄念纷扰，在原初一念未生之际，得见自性本自清净具足。虚云和尚曾指出："参禅的目的，在明心见性；就是要去掉自心的污染，实见自性的面目。污染就是妄想执着，自性就是如来智慧德相。"②"见性"就是明心，常人之心为无明障覆，若逐于念头上四处游走，以概念思辨强加分析，则终无进益。故"看话禅"就是引导参究者回到"话头"而非"话尾"，回到妄念未生的清净之际，以此扭转日常当中的烦恼妄念，对自性有直观而非概念思辨式的体证，以自性之如来智慧德相破除妄想执着的污染。回到念头之前便离了无明妄念，暂时破除妄想执着，而成为觉悟修习的开始。"见性"可以说是"看话禅"的根本旨趣，而"看话禅"用功于话头而非话尾、明心于念前而非念后的实践方法，从原理上分析是基于禅宗荡相扫执的特质，其于妄念上发起疑情而返归一念未生之际，知念念无常而明自性清净之理，时时修习至于任运无碍，破除烦恼障碍自然见性。

二　虚云和尚"看话禅"的修习条件

正如佛教修习中一贯的加行与正行的划分，虚云和尚"看话禅"的修习也有次第，需要先具备一定的修习资粮，尤其是相应的正知正见。考虑到时代众生的根器，以及使"看话禅"参悟方法更好地与大众日常生活相适应，虚云和尚将"看话禅"正式起修前的准备工作总结归纳为四个方

---

① 星云大师：《在入世与出世之间——星云大师人间佛教文集》，第93页。
② 净慧主编：《虚云和尚全集》（第1册），第157页。

面：深信因果、严持戒律、坚固信心、决定行门。具备这四个条件后，对"看话禅"的修习才能够精进迅猛，卓有成效。

佛学讲因果规律，并以之为学道修行的基础，《佛说三世因果经》中有云："欲知前世因，今生受者是；欲知后世果，今生作者是。"此说欲使世人一心向善，破除过去之恶业，为将来的可能转变，积攒福报功德。虚云和尚指出："无论什么人，尤其想用功办道的人，先要深信因果，若不信因果，妄作胡为，不要说办道不成功，三涂少他不了。"① 由此看来，深信因果为"看话禅"如理践行的先决条件，此中原因与"戒"学在虚云和尚思想体系中的重要地位紧密相连。明因识果使人们更加重视佛教种种戒律，了知戒律存在的意义与价值，在佛学教理视域下掌握戒律制定背后的本质原理，从而发自内心尊重戒律、持守戒律，言行举止合乎戒律无有所犯。菩萨不昧因果，佛了了因果。圣与凡的区别，广而言之，在于一觉一迷，细思之，亦在于是否不昧因果。对于当下之事，若有前因，今必有果，不受而受即可谓无所谓顺逆。至于未来之事，则"前因后果，如是因，如是缘，如是报，如是受"②。人们在未行动之前，觉照分明，明因果报应之理，才不会轻易因当下恶因，使得未来遭受恶果。

因此，明了因果为一切事业的基础，培养起正知正见，自然在日常生活中能够如理如法地去行动，自觉地遵守社会规范和佛学戒律。圣者，明因识果，明万事万物皆有其因，往世因结今世果，今世因造来世果。凡者，不知当下果由先前因所得，于境上起念，生七情六欲，生八万四千烦恼丝。故而深信因果，一方面有助于消除烦恼培养正见，另一方面有助于严持戒律护持修行，正如星云大师所言："如果世间的每个人都能严持五戒，进而实践四摄六度、明白因果业报、奉行八正道法，那么人间净土的理想就不难实现了。"③ 星云大师将因果之理推而广之，认为在更加宏大的人类社会整

---

① 宣化上人：《参禅要旨——虚云老和尚开示》，香港：法界佛教总会中文出版部2010年版，第14页。
② 虚云老和尚等撰，释延佛整理：《禅修入门》，九州出版社2013年版，第24页。
③ 星云大师：《在入世与出世之间——星云大师人间佛教文集》，第662页。

体的视域下，明了因果能够提高大众自觉遵守行为规范的意识，亦有助于人间净土的建立。

虚云和尚非常看重"戒"的作用，要求严持戒律，指出："佛法之要，在于三无漏学。三学之中，以戒为本。"[①]《遗教经》中记载，阿难尊者于佛即将涅槃之时间未来比丘应该以何为师，佛陀曰："汝等比丘，于我灭后，当尊重珍敬波罗提木叉，如暗遇明，贫人得宝。当知此则是汝和尚。"[②]这里的"波罗提木叉"即为持戒修行者，被比喻为暗中之明、贫人之宝，足见戒学在佛学中的重要地位。"戒"作为佛法之根本，于佛教而言，有着至关重要的地位。在虚云看来，持戒亦是参禅之根本、"看话禅"之根本，指出："学佛不论修何种法门，总以持戒为本，如不持戒，纵有多智，皆为魔事。"[③]修学佛法之人，如果依照佛戒来修习，那么不论是参禅、念佛，还是讲经，法法皆为佛法；相反，若与佛戒偏离，则法法都是外道，与佛相违，故有"戒为无上菩提本"之说。

虚云和尚于其开示《戒律是佛法之根本》中将戒分为戒法、戒体、戒行与戒相，云："轨凡从圣，名戒法；总摄归心，名戒体；三业造修，名戒行；觉而可别，名戒相。由法成体，因体起行，行必据相。"[④]虚云和尚以持戒为先，将"戒"置于首位，正是由于"戒"与"看话禅"的本体皆在于众生被烦恼所覆盖的真如心，也就是人人本具、各个现成的灵明觉知之心，此心使参禅得以可能。"看话禅"本为佛法，因心而生，法生法灭不离心，心生则万法生，心灭则万法灭。通过持戒，使言行举止合乎戒律，由外至内，先修身后持心。以戒为师来修身，以话头参禅就是持心。同时，"戒"不仅在虚云的禅法中得到重视，他在给云居山真如禅寺的弟子所留遗言中亦以"戒"为遗言之重，言："（我）只想为国内保存佛祖道场，为寺院守祖德清规，为一般出家人保存此一领大衣。即此一领大

---

① 净慧主编：《虚云和尚全集》（第1册），第333页。
② （明）智旭：《遗教经解》，CBETA 2020, X37, No.666, 第640页。
③ 王志远主编：《虚云和尚文汇》，第211页。
④ 净慧主编：《虚云和尚全集》（第1册），第334页。

衣，我是拼命争回的。你各人今日皆为我入室弟子，是知道经过的。你们此后如有把茅盖头，或应住四方，须坚持保守此一领大衣。但如何能够永久保守呢？只有一字，曰'戒'。"①"一领大衣"一则意为僧衣，二则代表僧人的身份和佛法的纯净原始。保守此一领大衣的方法以"戒"之一字概括，意味着虚云让弟子们严持戒律，不忘佛陀教诲，既"尊重珍敬波罗提木叉"，亦是成就自身"波罗提木叉"。

虚云和尚对戒律如此重视的另一原因，在于戒律既对人们的行为具有规范作用，也对个人心灵乃至现实社会整体产生积极影响。星云大师也曾经强调戒律的此等作用："'人间净土'是未来的理想社会，要达到此一理想，圆满此一目标，必须人人持守五戒。"②作为"看话禅"根本的戒律主要指在家戒、出家戒与在家出家通行戒。其中，不杀生、不偷盗、不邪淫、不妄语、不饮酒之佛教五戒是在家戒；沙弥与沙弥尼戒、比丘与比丘尼具足戒则为出家戒；在家出家通行戒则是菩萨三聚戒。佛教的全部戒律皆涵盖于上述三戒之中，是一套自佛教创建以来不断完善的戒律体系。戒律本身是一套规范系统，如理如法地在生活中遵守运用，不仅能使心灵澄净，亦有助于社会与人类世界的安宁稳定，虚云和尚曾以十善③为例指出："如是十善，老僧常谈，可是果能真实践履，却是成佛作祖的础石，亦为世界太平、建立人间净土之机枢。"④对戒律的持守不仅对自身有益，同时也是人世间和平稳定的关键。太虚曾言："奉佛等先觉为师，依佛十善等法而行，与三乘贤圣僧为友，即为造成人间净土之因缘也。"⑤即人人为善去恶，将佛法落实于生活之中，长此以往，依教奉行，便能达到将人间化为净土般理想社会的现实效果。

倡导以"戒"为"看话禅"的根本，同时不偏废"定"与"慧"，是

---

① 虚云：《参禅——虚云老和尚禅七开示》，台北：方广文化事业有限公司2013年版，第265页。
② 星云大师：《在入世与出世之间——星云大师人间佛教文集》，第662页。
③ 注：十善者，戒贪、戒嗔、戒痴、戒杀、戒盗、戒淫、戒绮语、戒妄语、戒两舌、戒恶口。
④ 净慧主编：《虚云和尚全集》（第1册），第154页。
⑤ 向子平、沈诗醒编：《太虚文选》，上海古籍出版社2007年版，第1752页。

虚云禅法的一大特点。"戒"乃修行之体、出生死之关键，因此一切法门都以戒为先。三无漏学之戒定慧是一个整体，持戒也有助于定慧的生发，"若能持戒清净，则定慧自可圆成"①。三者之间相互联系，缺一不可，无有偏废，才可得上上戒品。"戒"可防非止恶，是生善灭恶的基础，是道德的根本，也是超凡入圣的工具。由戒才可生定，六根涉境却不随境转；由定才能发慧，"慧"即心境俱空，照览无惑。如虚云于云居山开示时所说："内行要定慧圆融，外行要在四威仪中严守戒法，丝毫无犯，这样对自己有受用，并且以身做到。"②从内外兼修的角度而言，修戒是修身，修定、修慧则是持心。概括来说，虚云所倡"看话禅"，以戒为根本，由戒生定，由定生慧，从而以戒、定、慧三无漏学作为"看话禅"的总路线，同时也是修学办道的总路线。

虚云和尚指出，在持戒的基础上进行"看话禅"的修习，需要具备的另外的先决条件，即坚固信心、决定行门。"想要用功办道，先要一个坚固信心。信为道源功德母。"③坚固信心，所信为何？一方面是相信自身本具佛性，另一方面是要具备对修习法门的信心。"信自己本来是佛，只因迷而不觉，今日既知所以，只要肯修，回转头来，此生决定可以见性成佛。自己决不肯自暴自弃，是谓信。信是决定不疑之谓，苟有一二犹豫，即不是信。"④释迦牟尼佛当年在菩提树下证悟后曾发出如下感叹："奇哉，奇哉！大地众生皆有如来智慧觉性，皆因妄想执著，不能证得。"⑤"皆有如来智慧觉性"就是承认众生成佛之可能，只因被妄想所缚未能成佛。坚固信心就是相信佛所言不虚，相信众生都可以成佛，不成佛的原因只在于无明烦恼障碍。因此，佛借由妄想一因，说出种种法门，以对治众生的种种心病。正如虚云在云居山方便开示时所说："信如来妙法，一言半句，都

---

① 净慧主编：《虚云和尚全集》（第1册），第333页。
② 李志锋编：《虚云大师禅修体系》，第182页。
③ 净慧主编：《虚云和尚全集》（第1册），第165页。
④ 虚云老和尚等撰，释延佛整理：《禅修入门》，第38页。
⑤ 江妙煦：《金刚般若波罗蜜经讲义》，CBETA 2020，B07，No.23，第247页。

是直指人心，见性成佛的言语，千真万确，不能改易。修行人但从心上用功，不向心外驰求，信自心是佛，信圣教语音，不妄改变。"[1]那么，见性成佛，如何见性？信自心是佛，却不用功修行，定不能成佛，信自心本即是佛，却不依法精进修行，亦不能成就。因此，也需要对法门升起信心，虚云和尚指出："信心既具，便要择定一个法门来修持，切不可朝秦暮楚。"[2]不可朝秦暮楚即要具备长远心，具体而言就是要将佛法修习持久地落实到生活的方方面面，即"行住坐卧，都是如此，日久功深，瓜熟蒂落"[3]，不论是行走站立还是吃饭睡觉，在虚云和尚弘扬的"看话禅"方便法门下，都可成为佛法修习的场合，这是将参禅生活化，亦是将生活佛法化，长久地于其中用功则自然见效。反之若修习者朝秦暮楚时有间断，则终无进益。对法门具有信心，则更能够持之以恒地修习，此即决定行门。

虚云和尚将深信因果、严持戒律、坚固信心与决定行门四者归结为办道的先决条件，是对"看话禅"传统教法的继承与改良，它使"看话禅"更好地与大众生活相结合，将禅法融入日常当中，如此在修习佛法的同时，亦能对人间的改善产生积极作用。若将参禅成佛之路比作建造佛塔的过程，明因识果并深信因果，以戒为本且严持戒律，信心坚固而择门深入就是这座在建佛塔的第一层。它们既是佛塔的基石、开端，同时又贯穿于建造佛塔的始终，不可或缺，"看话禅"作为参禅法门之一，同样以之为前提与基础。唯有明白众生皆可成佛与未能成佛缘由之间的因果联系，从而严持戒律，信心具足，深信自身可以成佛，在日常生活中将修习"看话禅"的种种加行落到实处，再依法门如法修行则效验自生。

三　虚云和尚"看话禅"的正行方法

虚云和尚"看话禅"正式修习的下手处，首先表现为"辨识宾主"一

---

[1] 李志锋编：《虚云大师禅修体系》，第136页。
[2] 净慧主编：《虚云和尚全集》（第1册），第166页。
[3] 净慧主编：《虚云和尚全集》（第1册），第162页。

句。何谓宾主?"客尘喻妄想,主空喻自性"[1],妄想即为宾,自性即为主。憨山和尚的《费闲歌》中有言:"讲道容易修道难,杂念不除总是闲。世事尘劳常挂碍,深山静坐也徒然。""杂念"与"世事尘劳"即妄想。虽说时时修道处处道场,但修道若未除妄想,即便在远离世俗的深山之中潜心修行也是白费功夫,所以需要辨识一番。妄想正如旅人,寄宿的旅人于旅店的主人而言,只是途经的客人,不会长久停留,食宿完毕便离去前往下一个地方,而"自性"似主人,长住于此。憍陈那尊者在楞严会上提出的客尘之喻[2],指出了自性与妄想的实质即在住与不住之间,像尘质摇动一样不断生灭的妄想,不能也不应妨碍澄寂的虚空—如如不动的自性。作为如来智慧德相的清净自性,因众生迷沦生死之中,受妄想污染已久。如若想要重见自性的光明,就要首先将自性与妄想区分开来,要"万缘放下,一念不生"[3],这正是虚云和尚"看话禅"的首要要求。唐宋以前,佛教中师徒间的传授多是以心印心,没有实法,悟道仅仅在只言片语之中。而到了宋代以后,人们根器陋劣,思虑诸缘,难以放下,祖师们因此不得已教弟子们参公案、话头,由此以一念抵万念。虚云将妄想分为粗妄想与轻妄想两种,"粗妄想感地狱、饿鬼、畜生三途苦果;轻妄想就是营作种种善事"[4]。粗妄想即在意识与情绪上对地狱、饿鬼、畜生因身口意等恶业所引生的三恶道起反应,轻妄想则是思善与营作种种善事。"看话禅"就是借助一句话头,把话头作为轻妄想,不断地思考与参究,且一心只在参话头,从而以轻妄想对治粗妄想。在降伏粗妄想后,经过久久磨炼、与道相应而最终使轻妄想也退失,重见真如本性。

虚云"看话禅"尤为看重举话头、发疑情、反闻闻自性的方法旨要,并对如何帮助生发疑情提供了具体的指导,一些研究中认为虚云"看

---

[1] 净慧主编:《虚云和尚全集》(第1册),第167页。
[2] 参见赖永海主编,刘鹿鸣译注《楞严经》,中华书局2012年版,第47页。
[3] 宣化上人:《参禅要旨——虚云老和尚开示》,第2页。
[4] 净慧主编:《虚云和尚全集》(第1册),第258页。

话禅"的一大特点在于特别强调"念佛是谁"中的"谁"。① 禅宗公案一千七百则，话头以公案中的一字或一句为主，常见的话头有"狗子有无佛性""念佛者是谁""万法归一，一归何处""父母未生前，如何是我本来面目"等。于众多话头之中，虚云以为，"谁"这一字最容易引发参禅者的疑念。"谁"不仅指代着一个对象，且本身就有发问的意味，不需要反复思考就能够引发疑问，故而可作为参究之最要紧处。看话头首先要发疑情，疑情不同于念头，区分二者的关键在于有没有起分别。前者一念不生，只是对所参究的话头提出疑问，反照、审查话头从哪来、为何样，"在'谁'字上发起轻微的疑念，如丝线般越细越好，不论何时何地，单单照顾定这个疑念，像流水般不断地看去，不生二念"②，直到看破话头。后者则是生灭不断，有来有往，无常纷乱。因此虚云所倡导的"看话禅"，以参究"念佛者是谁"这一话头为主，不是放在嘴里时时刻刻、反反复复地念，而是"照顾话头"中的"照顾"——反就人而言，思绪念头不断，话头则在于念头与念头之间。一个念头还未产生之前是话头，而念头若已经产生则成话尾。所谓"参话头"之"参"，并不是像念话头般将话头照看、顾盼，而是将向外驰求的心回转反照，这种照顾不是去循声逐色，而是一种观照，是返回到"谁"那一念未生的自性当中去，这便是反闻闻自性。

　　参话头并非一蹴而就，而为一循序渐进的过程，因此有"初参"与"老参"之分。初用心即"初参"，老用心即"老参"，二者各有其难与易，同时对应两种境界。初用心之难在于偷心不死，妄想难除，习气放不下，疑念粗且不持续，疑情看不上；其易在于只要不起分别，放下一切就好，不分时、地，单单举一话头，不断疑下去。对于初参者而言，容易陷入两个境界而难以参悟：其一是路头不清，看不上话头，或者是执着于妄想，或者是昏昏摇摆，思绪不定；其二是将参话头变成了念话头，不发疑情，而只是反复口诵一句话头，成了在话尾上用心。虚云和尚对不同情况提出

---

① 欧阳镇：《虚云和尚看话禅的特点》，《宗教学研究》2020年第1期。
② 净慧主编：《虚云和尚全集》（第1册），第168页。

了相应的解决办法，针对前一境界的人，对治之法在于还是回归到看"念佛者是谁"的"谁"这一念上，"知此一念是从我心起的，即从心念起处，一觑觑定，蓦直看去"①，看这一话头未起之时在何处，以一念抵万念，看到一念不起才是看话头。针对后一境界的人，则应如前一境界般回归到看话头，而非念话头，由念起处看至一念无生。和初用心不同，老用心已习得参话头门路，已有过一段时间的磨练，能够放下习气，且有真疑出现，但有觉照属生死，无觉照又落空亡，陷入了"百尺竿头不能进步"的难处之中。老用心之易则在于"绵密"二字，只要仍旧抱住一句话头，绵绵密密做去，即可水滴石穿，桶底打脱。虚云和尚指出对于老参者而言，同样容易陷入两种境界之中：一者，着境界，虽已看上话头，却沉沦于由话头所生的种种境界中，生欢喜心、恐怖心、淫欲心等。于此，仍应只照顾一句话头，不论出现何种境界，均不管不顾，一概不理，不落境界。二者，理路清晰明白，无有妄念，不生境界，却自足于此，昏沉停止。这种情况中的老参，已经做到了一念抵万念，要想更进一步，则应不在"一"处满足，而是如前人之言"万法归一，一归何处"般往"极"处精进。

既知参话头是一个循序渐进的过程，由初参到老参直至证悟，亦非一朝一夕可完成，而是在于朝朝暮暮、无有停歇之中，因此需要具备二心：坚固心与长远心。虚云和尚指出："修行一法，易则容易，难则实难。易者，只要你放得下，信得实，发坚固心和长远心就可成功；难者，就是你我怕吃苦，要图安乐。"②也就是说，不仅需要能够放下一切，将躯壳当作死尸般对待，不受外物所转，坚固自己的信心，择一门修行法门深入，还要能在修行过程中发坚固心与长远心。妄想不仅是在参话头前出现，在参话头的过程中亦会出现。分别而言，"初参"用功之处在于打妄想，屏息诸缘，放下一切；"老参"则在于要坚固道心，具备坚固心，能够一心参究自己的话头，寻根问底，不容许任何杂念进入。即便出现

---

① 净慧主编：《虚云和尚全集》（第1册），第161页。
② 李志锋编：《虚云大师禅修体系》，第93页。

种种老参所易入的境界，也不生种种心，只顾一心参话头即可。坚固心的意义在于，在修行过程中容易受到种种魔障，诸如《楞严经》中所言之"五十阴魔"，即为老参容易陷入的困境，只要稍有不慎，就容易入境从而使所作功夫毁于分毫之间，只有道心坚固，才能在境界中站住脚，不为境界所扰。

虚云和尚认为修习"看话禅"除坚固心外还需要有长远心。何谓长远？平常即长远。"平常就是长远，一年到头，一生到死，常常如此，就是平常。"① 在虚云和尚看来，长远等同于平常，长远心即平常心，此心应伴随一期分段生死的整个过程。何谓平常？中庸即平常。"只如孔子之道不外'中庸'。中者中道，凡事无过无不及；庸者庸常，远离怪力乱神。循分做人，别无奇特。"② "看话禅"具有极强的生活性，并非让人脱离现实，空洞虚玄地去参悟，而是要求将禅法贯彻于生活当中，正如星云大师所言："佛教是很生活化，很生动活泼，是充满了蓬勃朝气的宗教，佛教很重视日常生活，举凡行住坐卧、穿衣吃饭、搬柴运水，无一不是佛法。"③ 如憨山老人般十几年如一日坚持修行，道心不退不减，将修行融入生活之中，与之成为一体，此即谓"平常"。太虚曾言："人间佛教，并非人离去世界，或做神奇鬼怪非人的事。"④ 于普通人而言，一日三餐、晨起晚息即平常。虚云和尚"看话禅"的"平常"就在于日常生活之中，它不仅包含了行为，也包含了心态，还是一种习惯，云为造作无需安排，亦非刻意为之。因此，简单来说，"长远心"也就是以对待平时日用般不刻意且"只道是寻常"的心态来对待参禅悟道，在日常生活中，在行住坐卧中，于人间的一切活动中长久地践行。对于修习佛法之人而言，历经千辛万苦仍不退失道心，不受境界所惑，便是具备坚固心；动静一如，不论行住坐卧，处处皆道场，便是平常心，也就是长远心。

---

① 净慧主编：《虚云和尚全集》（第1册），第299页。
② 李志锋编：《虚云大师禅修体系》，第26页。
③ 星云大师：《在入世与出世之间——星云大师人间佛教文集》，第607页。
④ 向子平、沈诗醒编：《太虚文选》，第1780页。

"看话禅"并非由虚云首创，而是在他之前便已存在且有所发展。作为一种参究公案中单独一词或一句以明心见性的修行方法，"看话禅"的实质为反观自心，反闻自性。在虚云和尚看来，修习"看话禅"首先需要具备深信因果、严持戒律、坚固信心、决定行门等先决条件作为助缘，其中他尤为看重戒律对行为的规范作用，这也包含使人间生活化为人间净土的希冀。正式修习"看话禅"的方法则在于辨识宾主放下万缘，举话头发疑情，反闻闻自性，同时拎出"念佛是谁"一句，一方面有助于使人自然发起疑问，一方面也为大众在日常中随时参究设立方便法门，故而在具体实践中亦要求具备坚固心与长远心，在穿衣吃饭、行住坐卧时处处用功，真正使参禅生活化成为可能，在实践中发挥"看话禅"的良好效果。

四 虚云和尚禅净观：参禅与念佛

虚云和尚"看话禅"思想不仅重视"参禅"，亦兼取念佛，这涉及禅、净二宗之关系。佛教自传入中国以来，因中土有情之根器不同，分化出诸多宗派，各宗派的修行途径与宗旨目标有所不同。唐代以后，将参禅作为修行途径以"明心见性"的禅宗与将念佛作为修行途径以"往生西方净土"的净土宗，流行最广、最盛，同时也因二者存在的区别而常被强分优劣，对立看待，以《禅净四料简》问世后尤盛。虚云和尚曾对此种风气有所评论："《四料简》一出，禅净二宗，顿起斗争。净土宗徒说：'有禅无净土，十人九蹉路。'单修禅宗，生死不了；单修净土，'万修万人去'；又参禅又念佛，'犹如戴角虎'；'无禅无净土'是世间恶人。净土宗徒以此批评禅宗，至今闹不清。"[①]禅宗参禅，净土念佛，虚云并未直言二者孰优孰劣，而对于这两种修行法门之间的关系作出了较为详细的说明，总体上表现出禅净共修的倾向，"禅者，净中之禅；净者，

---

① 净慧主编：《虚云和尚全集》（第1册），第350页。

禅中之净。禅与净，本相辅而行"①。这也成为之后佛教内部关于禅净关系的主流看法。

虚云和尚认为参禅与念佛同属方便法门，本质理应圆融无碍。"参禅、念佛等等法门，本来都是释迦老子亲口所说，道本无二，不过以众生夙因和根器各个不同，为应病与药计，便方便说了许多法门来摄化群机，后来诸和尚依教分宗，亦不过按当时所趋来对机说法而已。如果就其性近者来修持，则哪一门都是入道妙门，本没有高下的分别，而且法法本来可以互通，圆融无碍的。"②虚云主张参禅、念佛只是对机说法，若依个人自性修持，皆是入道妙门，且二者本来即圆融互通、不分高下。佛言众生平等，平等在于众生皆有佛性，皆可成佛，但因清净本体的自性受到无明烦恼的污染程度不同，个体的夙因、根器不同，因此所要采取的修行方法与所耗费的时间也有所不同。参禅与念佛二法门，在虚云和尚看来，与不同人所具有的不同夙因、根器相对应，并非可以任意选择而行之。正如印度教将人的基本人格划分为反省性、情绪性、行动性、实验性四种类型，一一对应"知的瑜伽""爱的瑜伽""业的瑜伽"和"修的瑜伽"四种修行途径。③四种人格类型并非单一存在于人体之中，每个人在一定程度上都拥有这四种类型，只是依照其类型的强弱，应按居于前位的类型选择与之相对应的修行途径。法无优劣之分，只有当机不当机之说。参禅与念佛亦是如此，应根据不同业力根器因病对治，有的人更适合参禅，有的人更适合念佛。"佛境如王都，各宗如通都大路，任何一路，皆能觐王。众生散处四方，由于出发之点各个不同，然而到达王所，却是一样有效。"④禅、净二宗，虽主张不同的修行途径与宗旨目标，但二者同出佛法，是二而不二。

在具体的方法上，虚云和尚主张禅净兼修，但并非以"乡愿"式的平

---

① 净慧主编：《虚云和尚全集》（第1册），第157页。
② 净慧主编：《虚云和尚全集》（第1册），第156页。
③ 参见周瑾《神圣的容器——婆罗门教/印度教的身体观》，《宗教学研究》2005年第3期。
④ 王志远主编：《虚云和尚文汇》，第186页。

均主义对待，而是主张参禅为正，念佛为助。明代憨山德清便于参禅之中以看话头最为明心切要，而兼修念佛与参禅，认为如此乃"极为稳当法门"[①]。虚云虽主张禅净兼修，但"兼修"并非另择一法门，二者没有区别地同时进行修持，而是有正法与助法之别，以参禅为正法，念佛为助法。虚云和尚主张各种修行法门在本质上圆融无碍，不论是参禅还是念佛，都只是方便，世人应机择一门深入即可，没有优劣、高下之别，只有当机不当机。选择一个法门坚固自心、长远修持，念佛者专心念佛，参禅者一心参禅，不可朝秦暮楚，在法门之间变换修持。于坚定一法门修行的前提下，虚云和尚承袭憨山德清禅净兼修的思想，主张动散之时持名念佛，静坐之际则参究念佛是谁。念佛与参禅应用于动静之际，由此合二为一，两全其美。"善用心的人禅净不二，参禅是话头，念佛也是话头。"[②] 禅与净，参禅与念佛，对于"善用心"者，并无区别，念佛口诵"阿弥陀佛"，念到深处，一心不乱则不疑自疑"念佛者是谁"，由此从念佛自然过渡到参禅；参禅参到唯在"谁"一字上推究，专注于一念的未起未灭之间，心中无他，只一心参究"谁"，能所两忘，亦是实相念佛。禅净之别的出现，究其根由，在于修行的主体——"人"的差异。

禅净同属佛门，参禅念佛同属佛法，法本无二，只因修行之人根器劣弱，受世俗所染起分别之心，故生禅净、参禅念佛高低优劣之分。禅与净、参禅同念佛之别，只在众生的分别心中，问题只是在于：佛依众生根器生种种法门作药对治种种心病，众生反以自身心病区分法门，可以说药未治成病却为病所治，对此种门户式的分别执着，虚云和尚表达出了严厉的批评与审慎的态度。星云大师亦赞同"禅净共修"的理念，曾提出"解在一切佛法，行在禅净共修"的主张，并认为"未来推动'人间佛教'，当以实践'禅净共修'为要务"[③]。佛陀观众生受轮回之苦，发慈悲之心，

---

① （明）憨山大师著述，曹越主编：《憨山老人梦游集》（卷十五），北京图书馆出版社2005年版，第134页。
② 净慧主编：《虚云和尚全集》（第1册），第271页。
③ 星云大师：《在入世与出世之间——星云大师人间佛教文集》，第457页。

依众生根器生种种法门，众生应由此择一法门修行，以破分别之心，脱离轮回苦海。不论是参禅还是念佛皆为佛法所包含，二者从后果论层面来看，最终目的都是帮助众生解决身心烦恼，二者都致力于用佛法净化人们的思想，用智慧安顿人们的生活，以期将人类社会转化为一方理想的人间净土。

结　语

纵观虚云一生，以"但教群迷登觉岸，众生无尽愿无尽"的悲心愿力提出禅净圆融无碍、农禅并重等主张，在承继法脉、传戒立规、禅修方法等方面作出了重要的贡献。就整体性格而言，"看话禅"具有极强的现实关怀，其终极目的在于个人精神的净化和人间净土的实现，这与现实世界的发展改善并行不悖，虚云和尚曾提出："共产党员以解放全人类为终极目的，佛教徒以度尽一切众生为最大愿心，范围与手段虽各不相同，目的大致是可以通融的。"[①]"看话禅"具有极强的人间性。真正的佛法并不存在于世间之外而在生活之中，佛法最终都是为了众生的利益，星云大师曾指出："人间佛教是佛陀的本怀，是每一个人生命的净化，升华，凡能圆满涅槃之道的教示，都是人间佛教。"[②]在此种视角下，虚云和尚的"看话禅"思想，因其极强的生活化和实践性特点，亦属于人间佛教的一部分。就具体禅修方法而言，虚云和尚力主参究"看话禅"，使希运和尚与大慧宗杲所创、所主的"看话禅"得以承袭，同时从前提与方法上丰富、完善"看话禅"，使得其与当代人的生活方式更为契合，为世人修习"看话禅"设立方便。虚云和尚还尤为注重戒学，强调戒律对人们行为的规范作用，对众生为善去恶以及使社会秩序更加稳定的运行有所助益。虚云和尚根据现代人特有的生活方式和相应根器，高举"念佛是谁"这一话头着重参究，

---

① 净慧主编：《虚云和尚全集》（第1册），第372页。
② 星云大师：《在入世与出世之间——星云大师人间佛教文集》，第469页。

使之与大众生活相适应,成为人人可行的方便之法,是禅宗传统实践方法现代化的成功案例。正如太虚所言:"因世人的需要而建立人间佛教,为人人可走的坦路,以成为现世界转变中的光明大道,领导世间的人类改善,向上进步。"①虚云和尚的"看话禅"便是人间佛教的具体实践之法之一,其中的深刻洞见不仅为"看话禅"、禅宗,也为近现代中国佛教带来了无限生机与鲜活生命力,对现代化进程中人们所面对的心灵与精神安顿问题,提出了方便对治的具体实践方法,亦为人间佛教在现实生活中的落实,提供了一定的积极启示意义。

The Thought and Contemporary Value of Monk Xuyun's "Kanhua Zan"

Wang Yiru

Abstract: The Kanhua Zan method advocated by Monk Xuyun is the essence of his Zan thought and has played a huge role in the recovery and development of modern Chinese Buddhism. Monk Xuyun has a strong concern for reality. While inheriting the traditional Chan teachings of Kanhua Chan, he has systematically supplemented the conditions for practicing Kanhua Chan, emphasizing the religious discipline role of precepts in people's daily behavior. In formal practice, the principles of Chan meditation, such as raising the HuaTou, expressing doubts, and returning to one's own nature, are emphasized, and the

---

① 向子平、沈诗醒编:《太虚文选》,第1781页。

word "who" related to "who chants Buddha" is proposed as a convenient method for initiating doubts anytime and anywhere in daily life. While participating in meditation, we advocate the use of chanting Buddha's teachings as a supplement, and strive to establish a pure land in the human world by following the principles of mind purification. Therefore, in this sense, Kanhua Chan is essentially also a part of Humanistic Buddhism, emphasizing the integration of meditation into daily life and its positive role in social stability and development towards goodness. Studying the thoughts of Monk Xuyun on Kanhua Chan not only helps to vertically understand the changes of Kanhua Chan in ancient and modern times, but also enables us to focus on one aspect and explore the positive value of Buddhism to contemporary society through the practice of KanHua Chan.

Key words: Monk Xu Yun; Meditation methods; Humanistic Buddhism KanHua Zan

以众生为我：论章太炎与人间佛教

廖春阳

湖南大学博士生

摘　要：章太炎思想与人间佛教存在内在关联。太虚大师与章太炎共创"觉社"，并较早阅读了章太炎的佛学著作，其对当时佛门不良现象的批判，及整顿僧学等观点，都受到章太炎影响。人间佛教理论视域下，菩萨行是修行的基本途径，章太炎强调菩萨行的重要性，并将其运用于革命思想之中。章太炎认为中土儒、道诸圣具有大乘菩萨的境界，主张佛教是"自贵其心"之宗教，其佛教思想与人间佛教同处于佛教中国化的进程之中。

关 键 词：章太炎；人间佛教；太虚大师；菩萨行；佛教中国化

基金归属：本文为2019年度国家社科基金重大项目"'一带一路'佛教交流史"（编号：19ZDA239）的阶段性成果。

章太炎，又名章炳麟，是近代著名革命家、思想家。章太炎的思想贯通儒、释、道与西洋哲学，在其"转俗成真"之后，佛学开始成为其思想中的核心内容，正如王汎森所说："对晚清佛学的复兴运动而言，章太炎扮演着相当重要的角色，对章太炎而言，佛学在其一生，亦发生过巨大的影响。"[1] 其中，学者们所关注的重点主要有两方面，第一是章太炎佛学思

---

[1] 王汎森：《章太炎的思想（1868—1919）及其对儒学传统的冲击》，台北：时报文化出版事业有限公司1987年版，第37页。

想与其革命理论的关系，第二是其对法相唯识学的研究。前者如史革新认为：章太炎的"佛声"乃为"民声"而作，佛学是其革命运动中的思想武器。① 后者如麻天祥指出："近代佛教，虽无法相宗，却有唯识学……然而，真正以'识有境无'为思辨基础，建立法相唯识哲学者，除熊十力的本心本体论外，唯章太炎一人耳。"② 张立文亦云，章太炎基于法相唯识学建立了其哲学理论思维体系。③ 这两个方面在许多研究者那里又联系了起来，如李向平认为章太炎复兴佛教的目的在于发动革命、振兴道德，其手段则是法相、华严二宗。④ 郭应传对章太炎佛学思想的演变、唯识观的建立、对时代思潮的回应等，均予以关注，力图"对章太炎的佛学思想进行较为系统性、整体性的梳理和探讨"⑤。

其实，这两个方面都和近代以来的人间佛教思潮具有一定联系。就革命理论而言，人间佛教同样有着建构此岸世界幸福生活的终极追求；就唯识学而言，其菩萨行、普度众生等大乘佛法中的观念则是人间佛教理论的重要来源。值得注意的是，太虚大师倡导佛教三大革命、提倡人生佛教或人间佛教的时候，也恰是章太炎佛学研究的繁盛期。二人共同创办"觉社"，"人间佛教"的理论虽在当时尚未提出，但许多理念和精神都已贯彻在觉社的活动之中。章太炎的佛教改革思想对太虚大师有所影响，且与人间佛教理论有着颇多相似之处。此外，章太炎故居的匾额则是由人间佛教运动的另一重要推进者——赵朴初先生所题写。但在以往，就章太炎与人间佛教的关系，似乎并未引起太多关注，本文拟则就此进行讨论。

---

① 史革新：《章太炎佛学思想略论》，《河北学刊》2004 年第 5 期。
② 季羡林、汤一介总主编，麻天祥著：《中华佛教史·近代佛教史卷》，山西教育出版社 2014 年版，第 425 页。
③ 张立文：《章炳麟的唯识哲学》，《烟台大学学报》（哲学社会科学版）2014 年第 4 期。
④ 李向平：《救世与救心：中国近代佛教复兴思潮研究》，上海人民出版社 1993 年版，第 108 页。
⑤ 郭应传：《真俗之境——章太炎佛学思想研究》，安徽人民出版社 2006 年版，第 9 页。

一 对太虚大师的影响

近代人间佛教的创设、发展，有赖于太虚大师所提出的"人生佛教"。太虚大师在1913年寄禅和尚的追悼会上提出了佛教"教理革命""教制革命""教产革命"三大革命；普陀山闭关开悟后，便开始提倡人生佛教运动，此后的《人生佛学的说明》《怎样来建设人间佛教》等演讲，则意味着其人生佛教、人间佛教理论的正式形成。而在这一进程中，时常可见章太炎的"身影"。1918年，太虚大师与章太炎发起创办"觉社"，其社刊《觉社丛书》以宣扬佛学真义，倡导整理僧制，发展僧学为宗旨。但太虚大师所受章太炎的影响，其实比这更早。太虚大师曾回忆："我最初知太炎先生的名，是在民国前五年读到先生以'白衣章炳麟'署名的《告四众佛子书》，此未尝不是我次年随八指头陀办僧教育会之一动机。续读其《訄书》《俱分进化论》《五无论》，遂益慕之。"[①] 也即早在1907年左右，太虚大师便读过《告佛子书》[②] 等作品，并受到较大影响。

在《告佛子书》中，章太炎强调："法门败坏，不在外缘而在内因。"[③] 指出了当时佛教界存在的问题，即除少数寺庙戒律清严、人无异议外，"其他刹土，率与城市相连，一近俗居，染污便起。或有裸居茶肆，拈赌骨牌，聚观优戏，钩牵母邑。碎杂小寺，时闻其风。丛林轨范虽存，已多弛缓。不事奢摩静虑，而惟终日安居；不闻说法讲经，而务为人礼忏。嘱累正法，则专计资财……复有趋逐炎凉，情钟势耀"[④]。大多数寺庙都受到俗

---

① 释太虚：《忆章太炎先生》，《太虚大师全书》第三十三卷，宗教文化出版社2005年版，第285页。
② 太虚大师所说《告四众佛子书》，笔者并未在今本《章太炎全集》中查得，但其书信中有《儆告十方佛弟子启》一文，且最早发表于1908年，与太虚大师所说之民国前五年（1907）相近，且在后来《觉社丛书》改版而来的《海潮音》中，太虚大师曾重刊《儆告十方佛弟子启》（1921）。至于1908与1907的年份之差，则或记忆有所出入。
③ 章太炎著，马勇编校：《儆告十方佛弟子启》，《章太炎全集》（十二），上海人民出版社2014年版，第241页。
④ 章太炎著，马勇编校：《儆告十方佛弟子启》，《章太炎全集》（十二），第241页。

世影响，僧众每日喝茶、赌博、听戏，戒律十分松弛。其中最大的弊病则在于不去讲经说法，而是专求礼忏、争讼、趋炎附势，所求无非钱财权势。太虚大师的观点与此相似："窃谓于十宗之外，宜增设忏摩、异方便二宗以广摄机而资弘护。盖佛住世日，为供养礼拜者咒愿祈福，俾得消灭罪业；此即僧徒为人诵经礼忏、供佛施食之滥觞也。此道传至今日，不堪已甚。法门腐败，大半因是。"[1]礼忏即为人诵念经文，消除其罪孽，多用于丧俗之中，近代许多僧侣以此为生业。章太炎称礼忏为宜断之事，以求"无贩法名"[2]，即反对以"贩卖"佛法来牟利。太虚大师虽认为礼忏已成僧界重要经济来源，难以一步廓清，但也承认"法门腐败，大半因是"，故而力图予以革新。

近代佛教之所以受到摧残，与佛教遭受了许多"封建迷信"之误解有关，而这等误解，又来源于近代佛教之中的流弊。章太炎对此指出："但今日通行的佛教，也有许多的杂质，与他本教不同，必须设法改良，才可用得。因为净土一宗，最是愚夫愚妇所尊信的。他所求的，只是现在的康乐，子孙的福泽。以前崇拜科名的人，又将那最混账的《太上感应篇》《文昌帝君阴骘文》等，与净土合为一气，烧纸、拜忏、化笔、扶箕，种种可笑可丑的事，内典所没有说的，都一概附会进去。"[3]章太炎之所以看重佛教，很重要的一个原因，便是佛教乃无神之宗教。但当时的佛教混入了许多杂质，与其本来面目大不相同，这主要在于掺杂了许多烧纸、扶箕等封建迷信一类的可笑事物。在《怎样来建设人间佛教》中，太虚大师也开宗明义地讲道："人间佛教，是表明并非教人离开人类去做神做鬼，或皆出家到寺院山林里去做和尚的佛教，乃是以佛教的道理来改良社会，使人类进步，把世界改善的佛教。"[4]这是由于当时佛法衰落，僧众多以经忏、鬼

---

[1] 释太虚：《上佛教总会全国支会部联合会意见书》，《太虚大师全书》第十八卷，第288—289页。
[2] 章太炎著，马勇编校：《儆告十方佛弟子启》，《章太炎全集》（十二），第241页。
[3] 章太炎著，章念驰编校：《在东京留学生欢迎会上之演讲》，《章太炎全集》十四），第5—6页。
[4] 释太虚：《怎样来建设人间佛教》，《太虚大师全书》第二十五卷，第354页。

神之事为务，且有以出世为本的倾向，故而太虚大师秉承大乘佛法普度众生之观念，主张佛教应改善世界、改良社会，正如后来印顺法师所说："中国的佛教末流，一向重视于——一死，二鬼，引出无边流弊。（太虚）大师为了纠正他，所以主张不重死而重生，不重鬼而重人。以人生对治死鬼的佛教，所以以人生为名。"①这也就是太虚大师提倡人生佛教、人间佛教的重要原因之一。

在整顿僧学教育方面，太虚大师的主张同样受到章太炎的影响。自禅宗兴盛以后，中国佛家多有不立文字、直指本心之说，这本是强调对本心佛性的明悟，但在近代僧众素质低下的情况下，却给了他们不去读经学法的借口。杨文会居士对此批判道："盖自试经之例停，传戒之禁弛，以致释氏之徒，无论贤愚，概得度牒。于经、律、论毫无所知，居然作方丈，开期传戒，与之谈论，庸俗不堪，士大夫从而鄙之，西来的旨，无处问津矣！……近时宗门学者，目不识丁，辄自比于六祖。试问千余年来，如六祖者，能有几人？"②面对这种情形，章太炎主张建立僧学，并强调寺庙的作用本就在于讲经："然以近世度僧，既太率易，有未知文字而具授菩萨戒者（此不得以六祖借口）。是故建立僧学，事为至急。……和上者，本以教授经论为事。《慈恩传》述那烂陀寺诸僧，以通经多寡为高下。此则建置精舍，本为学人讲诵之区，若专求止观者，冢间林下，亦得自如，即不烦设寺矣。"③所谓"和上"，本就是指教授佛家经、论之人，而建立精舍的意义也正在于讲诵经论，否则只是修持禅定与智慧的话，何处不可？太虚大师受到章太炎僧学教育观点的影响，主张建立"广文精舍"，并设置"华文"科，而课程内容，则参照章太炎《国故论衡》等著作："华文分类，盖依章氏《国故论衡》。小学，乃讲求中国文字语言、音韵形训者；文学，章氏分为经、解故、论、诗、颂五种，其细当依章氏《文学论略》

---

① 释印顺：《人间佛教绪言》，《佛在人间》，《印顺法师佛学著作全集》第六卷，中华书局2009年版，第13页。
② 杨仁山著，黄夏年主编：《杨仁山集》，中国社会科学出版社1995年版，第17页。
③ 章太炎著，马勇编校：《儆告十方佛弟子启》，《章太炎全集》（十二），第244—245页。

中韵文无所分别。然彼《文学论略》中之学说，则又此所谓子学也。要之，明其音训则为小学，考其章法则为文学，究其义理则为子学，皆假立之名，以为别而已。子学详其流别，略见章氏之《诸子系统说》，似分儒、道、名、理四类。窃谓中国学术，其堪供吾侪研索者，不出周秦诸子，则可断言者也。日本、朝鲜，语音虽殊，其文字皆和合华文为之，固可附属华文以求通耳。"[1]这里依据章太炎之说，将"华文"之学分为小学、文学、子学，而其本质并无区别。其中最有资于佛学者，便是先秦诸子。由于日本、朝鲜的文字与华文相合，所以亦能通之。

由上可见，章太炎本人虽未明确提倡"人间佛教"，但太虚大师关于佛教革命、人生佛教、人间佛教的思想受到章太炎颇多影响。二人共同关注到了当时佛界存在的问题，如戒律松弛、徒务礼忏、趋炎附势等；而其修正之思路，也有着连贯的相似性，即主张破除鬼神迷信、大力发展僧学、提高僧侣素质。实际上，章太炎的佛学思想不仅对太虚大师产生了重要影响，还与后来百年间不断发展的人间佛教理论有着很强的贯通性。

二　革命的菩萨行

印顺法师十分强调"菩萨行"在人间佛教中的重要性，他在《人间佛教要略》的开头指出："从人而学习菩萨行，由菩萨行修学圆满而成佛——人间佛教，为古代佛教所本有的，现在不过将它的重要理论，综合的抽绎出来。所以不是创新，而是将固有的'刮垢磨光'。""人间佛教，是整个佛法的重心，关涉到一切圣教。这一论题的核心，就是'人·菩萨·佛'——从人而发心学菩萨行，由学菩萨行而成佛。佛是我们所趋向的目标；学佛，要从学菩萨行开始。菩萨道修学圆满了，即是成佛。"[2]换言之，在人间佛教的视域下，成佛的核心途径已经成为修菩萨行，由人而

---

[1]　释太虚：《整理僧伽制度论》，《太虚大师全书》第十八卷，第354页。
[2]　印顺：《人间佛教要略》，《法音》1997年第4期。

学菩萨行,由菩萨行而成佛,便是僧侣的根本目标与主要途径。

菩萨行强调上寻菩提,下度众生,因而与人间佛教的理念相契合。但早在章太炎的时代,菩萨行便已为其所看重,他主张:"特不执一己为我,而以众生为我。……此以度脱众生为念者,不执单一律中之我,而未尝尽断充足律中之我,则以随顺法性,人人自证有我,不得举依他幻有之性,而一时顿空之也。"[1]也就是说,要超越自我身躯的小我,认识到众生即我的大我。单一律、充足律乃就费希特而言,就单一律来看,"我惟是我";就充足律而言,"无所谓他,即惟是我"。章太炎融合费希特哲学与法相宗三性说,认为介乎于单一律、充足律之间,依据法性而证悟自我,不可错认因缘所生法为真实,追逐虚无。"以众生为我"的观点掷地有声,可以视作章太炎学术思想与革命实践的重要概括。

所谓菩萨行,其实就是菩萨果位之行为与境界,《维摩诘经》曾对菩萨行进行阐释:"虽行于空,而植众德本,是菩萨行;虽行无相,而度众生,是菩萨行;虽行无作,而现受身,是菩萨行;虽行无起,而起一切善行,是菩萨行;虽行六波罗蜜,而遍知众生心、心数法,是菩萨行。"[2]菩萨行者,虽体悟并践行空法,但依然培植德性;虽然洞察世间诸法的无形无象,但仍然度化众生;虽已达到不随因缘造作的境地,但又为了普度众生而在此岸受报;虽然认清了诸法本不生起的道理,但仍然发起一切善行;虽修行施度、戒度等六度法门,但又体察众生的心所法、一切相,以便于点化。简言之,既具有超脱经验世界的智慧,又不失于冷漠,依旧关注有情众生,承认经验世界的存在价值,就是菩萨境界的本色。

在致太虚大师的书信中,章太炎同样对佛学的玄远之理与度民之义进行了讨论:

> 昨日快聆清论,所发明起信大义,洞若观火,拜服拜服。更论人

---

[1] 章太炎:《建立宗教论》,《章太炎全集》(八),第437页。
[2] 赖永海、高永旺译注:《维摩诘经》,中华书局2010年版,第88页。

乘、大乘关系，尤有益于世教。昔人云：俗昧远理，僧滞近教。宋明理学诸师，所以不肯直趣佛法者，只以其道玄远。学之者，多遗民义，故为此调停补苴之术。然苟识其行，厉行六度，亦与儒术相依，唯有漏无漏为异。若拨弃人乘之义，非独不益世法，亦于六度有亏矣。大抵六度本自等。十善乃其细者。在家出家，皆不能离十善；东圣西圣，亦并依于六度。[①]

根据"五乘"之说，人乘为世间法，是修持之初，即乘五戒以生人中；大乘指出世间法的最高境界，即菩萨果位，乘六度而证佛果。宋明理学家的思想多受华严、禅宗影响，但无人敢于承认，相互攻讦时也常讥之以"近禅"。他们之所以不愿承认自身思想与佛家的关系，就在于佛法玄远，学之者多失于亲民之义。因此，就需要人乘与大乘相互调和，在超越性与现实性之间获取平衡，假如只顾出世间法而遗漏世间法，就会对六度的修持有所亏损。就此而言，无论在家居士还是出家僧侣，都应修持十善法，一不杀生，二不偷盗，三不邪淫，四不妄言，五不绮语，六不两舌，七不恶口，八不悭贪，九不嗔恚，十不邪见。这些道德观念，无疑有资于世道教化，无论东圣西圣、佛家儒家，都对此予以肯定。

章太炎的菩萨行思想的特点还在于，他不仅讲慈悲，还主张将这种菩萨行运用于革命之中，也即在目的正确的前提下，不反对暴力流血乃至于以身殉道。1914年至1916年，章太炎被袁世凯囚禁，其间常与吴承仕论学，其中谈道："世有儒家宗匠，未证二乘无学、大乘三贤，而悍然言死不足畏者，殆皆夸诞也。问曰：若尔，杀身成仁、伏节死义者，亦皆伪邪？答曰：此亦不然。情志方猛，舍生舍识，皆不暇计，何得为伪？要是一期暂发，与平日坐论则殊矣。问曰：重更趣生，向之知见漂失者多，前圣何不为人延保知见计，乃以杀身成仁动人慕跂也？答曰：此即菩萨行

---

① 章太炎著，马勇编校：《与太虚》，《章太炎全集》（十三），第1090页。

耳。"① 章太炎指出，未能证得真心已满、不复进学的无学果位，没有达到大乘十住、十行、十回向的三贤境界，就无法真的悍不畏死。但许多杀身成仁者也并非作伪，而是情之所发时舍生忘死之菩萨行的表现。对此，张春香和喻立平指出："在当时特定的历史条件下，章太炎强调的'利他'又不同于和平时期的'利他'，他赋予'利他'菩萨行一种为革命而施舍一切乃至生命的价值力量。"② 和平时期的利他即造福社会，但章太炎生逢乱世，故将充满利他精神的菩萨行与革命运动相结合，不畏牺牲。这种以身殉道的精神，在谭嗣同处也有体现，其《仁学》中谈道："佛一名'大无畏'。其度人也，曰：'施无畏。'无畏有五，曰：无死畏，无恶名畏，无不活畏，无恶道畏，乃至无大众威德畏。"③ 其在维新失败后舍身成仁的做法，无疑与其对佛家"大无畏"精神的吸收有关。

这是一种非常有趣的现象。向来在中国被视为异端流弊、清谈误国的佛学，却每每在社会变革中发挥力量。这或许与佛学之"契机"有着很大的关联，而"契机"和"契理"相统一，也恰恰是人间佛教的核心观点之一。太虚大师曾说："佛学，由佛陀圆觉之真理与群生各别之时机所构成。故佛学有二大原则：一曰契真理，二曰协时机。非契真理则失佛学之体，非协时机则失佛学之用。真理即佛陀所究竟圆满觉知之'宇宙万有真相'，时机乃一方域、一时代、一生类、一民族各别之心习或思想文化。"④ 印顺法师也著有《契理契机之人间佛教》一文，主张佛法"契理而又适应世间"⑤。概言之，"契理"即契合于佛教所追求之真理，这是佛法立足之本，是万变不离之宗；"契机"指因时而损益，与一时一地之社会现状相适应，不可迂腐僵化。章太炎在革命运动中宣扬菩萨行，谭嗣同在变法时借助于

---

① 章太炎著，虞云国校点：《菿汉微言》，《章太炎全集》（七），第25页。
② 张春香、喻立平：《章太炎"菩萨行"评析》，《武汉大学学报》（人文科学版）2006年第3期。
③ （清）谭嗣同：《仁学》，蔡尚思、方行编：《谭嗣同全集》（增订本）下册，中华书局1981年版，第357页。
④ 释太虚：《人生佛教开题》，《太虚大师全书》第三卷，第191页。
⑤ 释印顺：《契理契机之人间佛教》，《华雨集（四）》，《印顺法师佛学著作全集》第十二卷，第22页。

"大无畏",都是基于佛法之"契机",欲从中汲取力量,可谓开人间佛教"契机"之肇端。

三 佛教中国化的视域

在阐述菩萨行的过程中,章太炎有意识地进行着一种三教合一式的处理,认为儒释道之思想相互贯通,诸家的圣贤也可以用佛教果位来分判其境界。这种三教合一的倾向,就佛教而言是其中国化进程的体现,与人间佛教的理论思路相契合。

《菿汉微言》中讲:"老子以道德高于仁义,仲尼亦云:'志于道,据于德,依于仁。'何平叔说:'道不可体,故志之而已。德有成形,故可据。仁者,功施于人,故可倚之,是道德果在仁义上矣。'仁义唯有施、戒、忍、进四度,而定智皆劣,通在人乘;道德则六度该之,惟菩萨乘,是故其言有别。仲尼言仁复有兼该万善者,此则菩萨行中,一波罗蜜具一切波罗蜜,其别言者,但据本行耳。以是为说,通别无碍。"① 章太炎认为道家、儒家、玄学都有着道德与仁义的区别,但无论哪家,都强调道德高于仁义。用佛家六度来讲,仁义只表现在前四度的层面,即布施、持戒、忍辱、精进,在人乘;道德则在此基础上囊括了禅定、般若二度,达到了菩萨乘。至于孔子将仁视作总德,兼该万善,则是因为六度之中一即一切,一切即一,一善便含摄万善。在此意义上,老子、孔子既然领悟了道德,无疑就具有了菩萨乘的果位,因此,章太炎指出:"文、孔、老、庄,是为域中四圣,冥会华梵,皆大乘菩萨也。"② 文王、孔子是儒家圣人,老子、庄子是道家代表,他们明明对佛学与印度哲学并无了解,却被章太炎视作"冥会华梵",可见章太炎所强调的,是他们在思想、境界上与大乘菩萨之贯通。

---

① 章太炎著,虞云国校点:《菿汉微言》,《章太炎全集》(七),第12页。
② 章太炎著,虞云国校点:《菿汉微言》,《章太炎全集》(七),第31页。

这种说法与中国哲学中的"三教合一"说颇为类似。三教合一的风气开始于唐代,盛行于宋明,对三教的发展都产生了深远影响。就儒家来看,宋明理学的建构得益于对佛、道心性哲学的吸收,如王阳明说:"二氏之学,其妙与圣人之学只有毫厘之间。"[①]儒学与佛、道的差距并不很大。就道教而言,则表现为全真道等教派的创立。就佛教来讲,禅宗等一系列中国宗派的产生、发展,则与此息息相关。如云门宗契嵩云:"古之有圣人焉,曰佛,曰儒,曰百家。心则一,其迹则异。夫一焉者,其皆欲人为善者也;异焉者,分家而名为其教者也。"[②]儒、佛乃至百家之学,其核心目的都是一致的,区别仅在于行迹和教化方式不同,换言之,其同者本也,其异者末也。而佛学对中国本土之儒学、道学的融摄,实际上便是其吸收中国思想、适应中国社会环境的过程,也即佛教"中国化"的体现。对此,董平和盛宁指出:"现代以来所出现的'人间佛教'思潮及其经验实践,如果将它放置于中国佛教自身历史的整体过程来进行考察,那么它实质上是中国化佛教之历史进程的现代继续,是中国文化所体现的生存智慧与价值取向在佛教中的再次植入,因而也成为佛教中国化发展的一个新阶段,其中是存在着中国佛教历史本身的内在理路的。"[③]人间佛教的理论与实践是佛教中国化的一个重要阶段,顺应了整个中国佛教史和哲学史的发展潮流。以儒家、道家为代表的中国哲学,其区别于印度哲学的重要特点之一就是对此岸世界、现实人生的关注,因而,在佛教不断吸收中国本土哲学思想的过程中,彼岸世界逐渐被悬置,关于人间、人生、经验世界的讨论,逐渐成为重点。

章太炎的佛学思想,也正是建立在佛教中国化的基础之上的,且表现为对鬼神等观念的反对,与中国佛教逐渐悬置彼岸的倾向相适应。章太炎

---

① (明)王守仁撰,吴光等编校:《传习录》,《王阳明全集》,上海古籍出版社2014年版,第42页。
② (宋)契嵩撰,钟东、江晖点校:《镡津文集》,上海古籍出版社2016年版,第46页。
③ 董平、盛宁:《佛法与众生法的协和:从佛教中国化论人间佛教及其价值取向》,《世界宗教研究》2016年第5期。

认为:"佛家亦以各质相磨而生,各质相离而死,而必言即合即离,生死一致,则黄马骊牛之遁辞矣。然死后六道,不尽为鬼,则亦与精气为物之义相近。其终不决言无鬼者,盖既言真者离身而有如来藏,则不得不言妄者离身而为鬼。然又言饿鬼有胎生化生,则所谓鬼者,亦物魅之类,而与人死者有殊。然则释家盖能识此旨,而故为不了以自圆其说也。"①黄马、骊牛之说出自《庄子·天下》,盖指黄马、骊牛固为二物,但加上"黄马骊牛"则为三物,而佛家以死、生为即合即离之说,亦如此。此外,人死后有六道轮回,但六道并非皆鬼,即使是"饿鬼道",也只是物魅之类,与一般意义上人死后形成的鬼有所区别。可见,佛家本身明白无鬼神之理,只是为了自身理论的建构而采取圆融之说。在章太炎看来,中国佛教是一种避谈鬼神的宗教,这对经国事业多有裨益,所谓:"明之末世,与满洲相抗,百折不回者,非耽悦禅观之士,即姚江学派之徒。日本维新,亦由王学为其先导。王学岂有他长?亦曰'自尊无畏'而已。其义理高远者,大抵本之佛乘,而普教国人,则不过斩截数语,此即禅宗之长技也。仆于佛学,岂无简择?盖以支那德教,虽各殊途,而根原所在,悉归于一,曰'依自不依他'耳。上自孔子至于孟、荀,性善、性恶,互相阅讼。讫宋世,则有程、朱;与程、朱立异者,复有陆、王;与陆、王立异者,复有颜、李。虽虚实不同,拘通异状,而自贵其心,不以鬼神为奥主,一也。佛教行于中国,宗派十数,独禅宗为盛者,即以自贵其心,不援鬼神,与中国心理相合。"②阳明学者在历史上创造过许多事功,但究其思想根源则来自禅宗,禅宗之所以能在中国十数宗派中脱颖而出,就是因为其"自贵其心,不援鬼神",依靠自身心性,不信鬼神。而这也正是其与中国哲学暗合之处。

---

① 章太炎著,马勇编校:《儒术真论》,《章太炎全集》(十),第168页。
② 章太炎著,马勇编校:《答铁铮》,《章太炎全集》(十二),第253页。

结　语

章太炎虽然并未直接倡导过人间佛教，但他与太虚大师过从甚密，对人间佛教的理论产生了很多影响，且其思想与人间佛教颇有契合之处。章太炎深刻影响了太虚大师的人间佛教思想，其对菩萨行的关注与印顺法师等如出一辙，其合会三教、自贵其心的观念深契佛教中国化进程，也与人间佛教的理论相适应。章太炎的一切哲学思想在本质上都是为其革命事业服务的，是为了改造社会；人间佛教的践行则是为了造福人间、与新的社会环境相适应，是为了佛教革命。在此意义上，章太炎对佛学的研究，一方面是汲取其中的养分，以资于革命；另一方面也是为了改变当时佛教界存在的问题，使佛教与佛学获得创新发展。因此"以众生为我"，发展佛学、造福社会的观念，可视作对章太炎与人间佛教之内在关联的概括。

Taking All Living beings as Myself: On Zhang Taiyan and Humanistic Buddhism

Liao Chunyang

Abstract: There is an inherent connection between Zhang Taiyan's thoughts and Humanistic Buddhism. Master Tai xu and Zhang Taiyan co founded the "Jueshe" and read Zhang Taiyan's Buddhist works earlier. His criticism of the negative phenomena in Buddhism at that time and his views on rectifying monasticism were all influenced by Zhang Taiyan. From the perspective of Humanistic Buddhism theory, Bodhisattva practice is the fundamental way of practice. Zhang Taiyan emphasizes the importance of Bodhisattva practice and applies it to revolutionary thinking. Zhang Taiyan believes that the Confucian and Taoist saints in the Middle earth have the realm of Mahayana Bodhisattva, and advocates that Buddhism is a religion that values its own heart, and is in the process of Sinicization of Buddhism alongside Humanistic Buddhism.

Key words: Zhang Taiyan; Humanistic Buddhism; Master Tai xu; Bodhisattva's path; Sinicization of Buddhism

瑜伽菩萨戒与太虚大师的"人生佛教"思想

释智性

戒幢佛学研究所博士生

摘　要：20世纪初，基于当时内忧外患的时代背景，太虚大师以其"人生佛教"为思想基础，提出了教理、僧制和寺产的三项改革。太虚大师的这些思想和佛教实践，对后世产生的启迪和影响极其深远。尤其是"人生佛教"的主张，为后来"人间佛教"的推行和普及奠定了思想和理论基础。

同时，太虚大师曾以唯识学说为主线，构建"慈宗"的佛法体系；并大力推广瑜伽菩萨戒，作为具体践行"人生佛教"以及实施改革的行为指导和理论保障。但这一主张基本上被后人所忽视。梳理并学习太虚大师"慈宗"体系的理论和思想，探寻瑜伽菩萨戒与"人生佛教"的种种思想交汇，才能更加清晰地理解太虚大师"人生佛教"的思想内涵，进而为在现今社会进一步实践"人生佛教"，更好地将佛法融入社会，发挥佛教积极入世、利益众生的作用，提供一些帮助和启发。

关 键 词：太虚大师；人生佛教；瑜伽菩萨戒

基金归属：本文为2019年度国家社科基金重大项目"'一带一路'佛教交流史"（编号：19ZDA239）的阶段性成果。

一　瑜伽菩萨戒的发展史和思想体系

（一）瑜伽菩萨戒的发展简史

汉传菩萨戒主要分为梵网菩萨戒和瑜伽菩萨戒两大体系，其传播历史大体上可分为两个阶段：第一阶段从魏晋南北朝至唐末，这期间菩萨戒的流传更多的是以地持菩萨戒和瑜伽菩萨戒为主，地持菩萨戒和瑜伽菩萨戒同属一系，因此可以说这个阶段的菩萨戒是以瑜伽系菩萨戒为主流。但梵网菩萨戒的流传也很广泛，影响力也很大。

第二阶段从宋代至今日。唐武宗灭佛之后，瑜伽菩萨戒随着唯识宗的消亡基本上退出了历史舞台，而由于天台宗的迅速复兴以及大力推广，从此梵网菩萨戒独自担当起了弘传菩萨戒的重任。时至今日，汉地僧人所受的都是梵网菩萨戒。

（二）瑜伽菩萨戒的思想体系及特点

相对于梵网菩萨戒，瑜伽菩萨戒有其不可替代的优点，主要体现在瑜伽菩萨戒的文本来源纯正、结构体系完整等方面。

1. 瑜伽菩萨戒的经典文本

瑜伽菩萨戒的经典总共有四个异译本，按照翻译的时间顺序分别是：

第一、北凉玄始十年（421），昙无谶于北凉都城姑臧（今甘肃武威凉州）翻译的《地持经》及《菩萨戒本》（后人称之为《地持戒本》），共有四重、四十二轻戒。除了详细的戒条之外，其中还包含了详细完整的受戒仪轨和简略的忏悔方法。

第二、刘宋时期，求那跋摩元嘉八年（431）于建邺译出的《菩萨善戒经》，其中的《优波离问菩萨受戒法》，后人称之为《善戒戒本》，戒条是八重、四十五轻戒。

第三、同为求那跋摩翻译的《优婆塞五戒威仪经》，后人称其为《威仪经》。在四个译本中内容相对最为简单，戒条为四重、四十轻戒。

第四、唐贞观二十二年（648）玄奘法师完成了《瑜伽师地论》一百卷的翻译，其中的第四十卷至第四十二卷前半卷为"菩萨地·戒品"，即瑜伽菩萨戒的内容。贞观二十三年玄奘法师又翻译了《菩萨戒羯磨文》和《菩萨戒本》（后人称其为《瑜伽戒本》）各一卷。其戒条为四重、四十三轻戒。

仅仅从文本文献方面的对比来考察，相对于梵网菩萨戒，瑜伽菩萨戒的经典从《地持经》到《瑜伽师地论》的翻译和流传，都没有出现过疑议，这也是其得以顺利且广泛流传的一个先天优势。

2. 瑜伽菩萨戒的结构体系

完整的菩萨戒体系应该包含以下几个要素：思想和理论、戒条、受戒仪轨以及忏悔方法。其中，思想是其宗旨和纲领，依托的是其宗派的相关经论，而理论则是其思想所诠释的具体内容。戒条部分包括详细的戒相内容，具体体现在每条戒的"开遮持犯"四个方面。受戒仪轨是传授菩萨戒的仪式，但不仅仅是简单的形式上的操作步骤，还包含了相关的菩萨戒思想和理论，如对戒师和受戒人资格的考察和认定等等，这一点在瑜伽系的菩萨戒受戒仪轨中有详细的阐述。在具体践行菩萨戒的时候，忏悔方法是不可缺少的重要环节。下面从这几个要素来对比一下梵网菩萨戒和瑜伽菩萨戒。

在思想理论方面，梵网菩萨戒的思想和理论所依托的经典只有《梵网经》，当然也可以拓展到《法华经》《华严经》等如来藏系的经典，但这些经典只能提供间接的理论支撑，没办法为其具体的戒条戒相提供理论支持。"三聚净戒"作为菩萨戒的理论核心，在《梵网经》中并没有作为重点来展开叙述。另外，《梵网经》属于顿立戒，不需要先受持声闻戒，可以顿受菩萨戒，对受戒者的资格要求并不高，但其戒条的执行难度又非常大，非初学乃至久学之凡夫可以做到，实为易受难行，这样也就失去了其作为践行菩萨道行为轨范的价值，而流于形式。戒条方面，梵网菩萨戒的戒条次第有些混乱，部分相似内容重复出现。戒条中对于声闻乘的态度也过于激进，缺少修学的次第。另外，《梵网经》中没有完整的受戒仪轨，部分内容隐含在《梵网经》的戒条中，很难整理出完整的受戒仪轨，这也为《梵网经》的早期推广和传播带来不便，通常需要借用《地持经》中的受戒仪轨来传授梵网菩萨戒。如梁武帝曾大力弘扬梵网菩萨戒，但其所编撰的《出家人受菩萨戒法》基本上全部借用了《地持经》中的受戒仪轨。忏悔方法也没有在经文中体现。相对而言，瑜伽菩萨戒在这些方面具有其不可替代的优势。

（1）瑜伽菩萨戒的核心思想及理论依据

瑜伽菩萨戒所依托的是唯识宗完整而成体系的经论，尤其是一百卷的《瑜伽师地论》，在修学的各个层面为瑜伽菩萨戒提供了详尽的理论支持。"三聚净戒"作为所有菩萨戒的思想和理论核心，最早出现在《璎珞经》中，在《瑜伽师地论》中有极为详细的论述，瑜伽菩萨戒的戒条也是依"三聚净戒"为核心，配合"六度四摄"的次第，分门别类地逐步展开。"三聚净戒"即：摄律仪戒、摄善法戒和摄众生戒。瑜伽菩萨戒关于"三聚净戒"的叙述如下：

A. 摄律仪戒：《瑜伽师地论》云：

> 律仪戒者，谓诸菩萨所受七众别解脱律仪。即是苾刍戒，苾刍尼戒，正学戒，勤策男戒，勤策女戒，近事男戒，近事女戒。如是七种，依止在家、出家二分，如应当知。是名菩萨律仪戒。[1]

摄律仪戒就是指声闻律的五戒、八戒、沙弥（尼）十戒和比丘（尼）具足戒。在家居士需要先受持五戒或者八戒，出家众须受持沙弥戒或具足戒，且清净无犯，在此基础上才能进受菩萨戒。对此，太虚大师在《瑜伽菩萨戒本讲录》中解释说：

---

[1] （唐）玄奘译：《瑜伽师地论》卷四〇，CBETA 2023，T30，No.1579，第511页上。

瑜伽菩萨戒与太虚大师的"人生佛教"思想

> 欲学此菩萨戒者，应先受七众戒以为菩萨戒中之律仪戒，则于三聚净戒方得圆满。如优婆塞受菩萨戒为菩萨优婆塞，乃至比丘受菩萨戒为菩萨比丘等。……故若不从僧受三皈及七众戒，即不能受此菩萨戒。①

受持声闻律仪是受瑜伽菩萨戒的前提条件之一，不受持声闻律仪是没有资格受持菩萨戒。这一点，与梵网菩萨戒有着明显的区别，因此瑜伽菩萨戒被称为"渐受戒"。

B.摄善法戒：《瑜伽师地论》云：

> 摄善法戒者，谓诸菩萨受律仪戒后，所有一切为大菩提，由身语意积集诸善，总说名为摄善法戒。②

摄善法戒即菩萨所行的一切菩提分法，具体对应的是菩萨的"布施、持戒、忍辱、精进、禅定和般若"六种波罗蜜多行法。由行此六度波罗蜜，利益众生而自成熟一切佛法，最终证得无上佛果。

C.摄众生戒：摄众生戒又称作饶益有情戒，无性的《摄大乘论释》解云：

> 饶益有情戒者，谓不顾自乐，随所堪能令入三乘，舍生死苦，证涅槃乐。③

摄众生戒即以菩提大愿为根本，一切以利益众生为目的，不考虑自己的得失，用尽种种善巧方便，成熟一切有情众生，令其脱离生死轮回之

---

① 释太虚：《瑜伽菩萨戒讲录》，《太虚大师全书》第17册，宗教文化出版社2015年版，第374页。
② （唐）玄奘译：《瑜伽师地论》卷四〇，CBETA 2023，T30，No.1579，第511页上。
③ （唐）玄奘译：《摄大乘论释》卷七，CBETA 2023，T31，No.1598，第426页中。

苦，而证得涅槃佛果。具体对应的是菩萨的"四种摄事"，即"布施摄、爱语摄、利行摄和同事摄"。

因此，三聚净戒含摄了菩萨戒中所有的大乘菩萨道思想，是瑜伽菩萨戒的思想核心，受持菩萨戒即受持此三聚净戒。另外，对于三者的关系，《瑜伽师地论》中说：

> 由律仪戒之所摄持令其和合，若能于此精勤守护，亦能精勤守护余二。若有于此不能守护，亦于余二不能守护。是故若有毁律仪戒，名毁一切菩萨律仪。[1]

又说：

> 其中所有波罗蜜多，能自成熟一切佛法。所有摄事，能成熟他一切有情。[2]

对此，无性的《摄大乘论释》释云：

> 律仪戒应知二戒建立义故者，是二戒因故。谓若防守身语意者，便能无倒修集一切清净佛法，亦能成熟一切有情令入三乘。[3]

三聚净戒中，摄律仪戒是根本，由能持守律仪戒，清净无染，才能更好地无倒修习摄善法戒，最终成就无上佛果；亦可修习摄众生戒，饶益有情，能引导一切有情众生成就无上佛果。特别需要说明的是，对于以"杀盗淫妄"为根本戒以及由此所开出的枝条戒所构成的摄律仪戒，瑜伽菩萨戒和

---

[1] （唐）玄奘译：《瑜伽师地论》卷七五，CBETA 2023，T30，No.1579，第711页中。
[2] （唐）玄奘译：《瑜伽师地论》卷四三，CBETA 2023，T30，No.1579，第532页中。
[3] （唐）玄奘译：《摄大乘论释》卷七，CBETA 2023，T31，No.1598，第426页中。

声闻戒的态度基本上是一致的，虽然瑜伽菩萨戒对七支戒的开缘作了一些调适，但基本的原则大相径庭。因此，没有像梵网菩萨戒那样，在重戒中列出"杀盗淫妄"四根本的戒条。但在轻戒的第八条"遮罪与声闻共、不共学戒"，及第九条"性戒与声闻不共学戒"中，对菩萨戒的开缘有详细的阐述。

摄众生戒是"三聚净戒"的核心，即以菩提心为根本，一切以利益众生为目的，才是瑜伽菩萨戒的根本所在。

（2）瑜伽菩萨戒的戒条及其结构

瑜伽菩萨戒的戒条分为四重戒和四十三轻戒，依三聚净戒而次第展开，同时又与菩萨的六度、四摄相对应，这样就形成了以三聚净戒为核心，六度、四摄为菩萨修法，戒条为具体行为规范的全方位、立体的菩萨戒体系，其对应关系如下表所示：

瑜伽戒本	戒条	对应六度、四摄		对应三聚净戒
四重戒	第1—4戒			
四十三轻戒	第1—5戒	障财施	障施波罗蜜（7戒）	摄善法戒
	第6戒	障法施		
	第7戒	障无畏施		
	第8、9戒	障正戒	障戒波罗蜜（7戒）	
	第10戒	障正命		障六度（32戒）
	第11戒	障正威仪		
	第12戒	障正见		
	第13、14戒	依戒摄取众生		
	第15—18戒		障忍辱波罗蜜（4戒）	
	第19—21戒		障精进波罗蜜（3戒）	

续表

瑜伽戒本	戒条	对应六度、四摄			对应三聚净戒
四十三轻戒	第22—24戒		障禅定波罗蜜（3戒）	障六度（32戒）	摄善法戒
	第25—29戒	于法	障般若波罗蜜（8戒）		
	第30—32戒	于人			
	第33、34戒		障同事（2戒）	障四摄利生（11戒）	摄众生戒（饶益有情戒）
	第35戒		障爱语（1戒）		
	第36—39戒		障同事（4戒）		
	第40—43戒		障利行（4戒）		

其中，四重戒都归入摄善法戒中。四十三轻戒的前三十二条戒属于摄善法戒，分别对应着六度中的"布施、持戒、忍辱、精进、禅定和般若"六种波罗蜜多行法，这三十二条戒会障碍菩萨行六波罗蜜，因此而制戒。后十一戒属于摄众生戒，因障碍菩萨行四种摄事而制。

其中，没有与摄律仪戒对应的戒条。在瑜伽菩萨戒中，摄律仪戒的作用反映在三个方面：第一，如前所述，摄律仪戒是受瑜伽菩萨戒的前提条件。第二，在持守方面，如太虚大师所说："若失于律仪戒，则失余一切戒。"[1] 若破律仪戒中的四根本戒，即破了所有的菩萨戒。第三，对于律仪戒中的性戒和遮戒，站在瑜伽菩萨戒的角度，又作了适当的调适，以区别于声闻律。这些在轻戒的第八条"遮罪与声闻共、不共学戒"，及第九条"性戒与声闻不共学戒"中有详细叙述。

第八条轻戒"遮罪与声闻共、不共学戒"，讲述的是遮戒的内容。所谓"遮戒"，即如酒戒、非时食戒等，佛制戒及受戒后违犯才会结罪，没制戒或没受戒，则不会结罪。这条戒又分为两部分：第一，与声闻共学，

---

[1] 释太虚：《瑜伽菩萨戒讲录》，《太虚大师全书》第17册，第374页。

即为护念众生,令未生信者生起对佛法的清净正信,或者已生信者令信心增长,在这种情况下,要与声闻律一样"少事、少业、少希望住",清净持守遮戒。第二,与声闻不共学,即与声闻律不同的方面。如果能够令众生得到利益,但由于嗔恨心等,装作持戒,"少事、少业、少希望住",而不作利益众生的事业,即违犯此戒。

第九条轻戒"性戒与声闻不共学戒":这条戒分别列出了"杀、盗、淫、妄、两舌、恶口、绮语"七条性戒与声闻不同的地方,即所谓的开性戒不犯,不仅不犯根本性罪,反而有功德。如《瑜伽师地论》中说:

> 若诸菩萨安住菩萨净戒律仪,善权方便,为利他故,于诸性罪少分现行,由是缘,于菩萨戒无所违犯,生多功德。①

但开性戒不犯并非随便开许,要具备以下几个前提条件方开:第一,为利他故。如杀戒中释迦佛在因地行菩萨道时,为避免有人杀五百圣人,造作极重恶业,堕地狱中无间受苦,以慈悲心先将其杀掉,而不犯根本杀戒。第二,无他方便。第三,具善权方便。第四,登地菩萨,或勤修六度,成就大悲的地前菩萨。第五,少分现行。不得数数现行,且以此为荣。第六,唯开在家菩萨。虽然瑜伽菩萨戒对性戒有所开许,但要求极高。如第三、四中,要具备善巧方便,善巧智慧为登地菩萨的后得智所摄,非愚智凡夫可行。但也有祖师判定,也开许勤修六度四摄、成就大悲的地前菩萨不犯性戒。第六,只开许在家菩萨戒,出家菩萨为免世间诽谤讥嫌,绝无所开;若必欲行,须先舍戒。

瑜伽菩萨戒以这样的次第,配合六度、四摄来施设戒条,因此在践行"六度四摄"的菩萨道时,可以很好地参照相关戒条作为行为准则。除此之外,在《瑜伽师地论》本地分的菩萨地中,分别对六度和四摄法以九

---

① (唐)玄奘译:《瑜伽师地论》卷四一,CBETA 2023,T30,No.1579,第517页中。

门来详细阐述，摄抉择分中又对"六度四摄"及"三聚净戒"进行了补充说明。因此，《瑜伽师地论》为瑜伽菩萨戒提供了完整、系统的理论依据，为践行菩萨道，受持菩萨戒提供了强有力的支持。

二 太虚大师"人生佛教"思想

作为中国近现代佛教的改革先驱，太虚大师一生致力于佛教的改革及"人生佛教"的传播，为后世中国佛教的转型和发展以及"人间佛教"的推广奠定了基础。"人生佛教"后来被进一步发展为"人间佛教"，并得到了广泛推广，影响至今。

（一）"人生佛教"形成的时代背景

太虚大师"人生佛教"思想的形成有其时代背景，也受到诸多因素的影响。这些因素包括内在与外在、直接与间接、社会与个人、宗教与道德诸多方面。但其中最重要的一点是太虚大师对佛法内涵的深度理解，进一步建立起崇高至上的佛法见地，最终促使他提出了"人生佛教"的思想。

1. "人生佛教"思想形成的历史背景

"人生佛教"思想的最终形成，最早要追溯到太虚大师所倡导的佛教改革。早在1912年，二十五岁的太虚便开始在《佛教月报》上撰文，宣传"佛教复兴运动"，呼吁建立新的僧伽制度。其改革的动因主要来自佛教内部，当时的佛教乱象丛生，制度混乱，戒律涣散。僧人或不问世事，隐居静修；或追求神通，与鬼神为伍，资以活命。他在《学佛者应知行之要事》一文中批评说："高者隐山静修，卑者赖佛求活。惟以安受坐享为应分。此我国僧尼数百年来之弊习，而致佛化不扬，为世诟病之大原因。"[①] 佛教的这些种种乱象，也招致了世人的批评和讥嫌。如儒家的代表人物梁漱溟批评佛教说"佛教是根本不能拉到现世来用的"，因此他极力

---

① 释太虚：《学佛者应知行之要事》，《太虚大师全书》第19册，第218页。

反对佛教的倡导及改造。

针对这些佛教痼疾及世人批评，1913年太虚提出了"教理、教制、教产"三大革命，力图整顿佛教，革除鬼神迷信，恢复佛教的根本教义，倡导僧人及信众积极入世，服务社会，真正地践行以"自利、利他"为宗旨的大乘佛法。并希望通过对僧伽制度的改革，建立起既遵守传统戒律又能服务社会、住持佛法的僧团。同时，希望通过寺产改革，聚集资金，兴办佛学院，培养僧才。太虚的三大改革思想在之后逐渐成熟，其中的教理改革，促成了十多年后其"人生佛教"思想的正式形成。

2. 太虚大师的佛学体证与见地的建立

太虚大师的改革意愿以及"人生佛教"思想的建立和成熟，与其佛法体悟及见地的逐步建立有着极大的关联。在《我的宗教经验》一文中，太虚讲到其三次入定的经历。[①]

第一次是十八岁时（1906）于藏经阁阅藏，在阅读《大般若》时，看到"一切法不可得"时，身心世界忽然顿空，万物都在大空觉中，没有实体影子。后阅《华严经》，又觉华藏刹海，宛然自心境界；所参禅话，所记教理，化于无痕。可惜的是，由于当时出家不久，修习禅定的经验不足，没有继续深入禅定。后来太虚在说到这一段经历时，稍有后悔地说："如从这种定慧心继续下去，三乘的圣果是可以成就的，可惜当时就改了途径。"当时遇到了一位华山法师，与他讲了很多天文、地理、物理、化学等科学知识，以及康有为、谭嗣同、梁启超的维新思想。因此，激发起了太虚欲以佛法及科学救世、救人、救国、救民的悲心切愿。阴差阳错，有得有失，这一变化为太虚之后的佛教改革及"人生佛教"思想的产生埋下了种子。

第二次入定，是太虚二十六岁时（1914）在普陀山闭关期间，晚间静坐时，闻寺钟声，心念俱断，冥然罔觉，只觉光明、音声遍满虚空，浑然一片，无物无我，无内无外，亲证《起信》《楞严》觉而不觉之缘起相。

[①] 释太虚：《我的宗教经验》，《太虚大师全书》第22册，第303—307页。

第三次入定，也是在普陀山闭关期间，他当时学习了很多唯识经论，在学习《唯识述记》释"假智诠不得自相"一段时，入定心现观，现见甚深唯识因缘生法，次第条理，秩然不乱，因果不昧。从此，太虚的思维由空灵活泼转入了条理深细坚密的自性流露。第三次入定超越了前两次的定中境界，从此太虚对唯识学说情有独钟。

1922年，太虚在回应欧阳竟无而撰写的《佛法总抉择谈》一文中[①]，将所有的大乘佛法分为般若宗、唯识宗、真如宗，并以唯识宗的三自性来抉择三宗，太虚大师认为："三性虽唯识宗之大矩，实五乘法之通依也，故今依以为抉择一切佛法之准据焉。"对于所施设的三宗，太虚大师很客观地评价说：

> 若从策发观行而伏断妄执以言之，应以般若宗为最适。若从建立学理而印持胜解以言之，应以唯识宗为最适。若从决定信愿而直趣极果以言之，应以真如宗为最适。

又说：

> 于教以真如宗为最高，而教所成益每为最下，以苟非深智上根者，往往仅藉以仰信果德故。于教以般若宗为最下，而教所成益却为最高，以若能绝虑忘言者，必成妙观而发真智故。于教以唯识宗为处中，而教所成益亦为处中，以如实了解唯识者，虽或进未行证，而必非仅能仰信故。[②]

般若宗是以《般若经》《金刚经》《大智度论》等为所依经典的中观学说，从教理教义上判摄，三宗之中位置最低，但从策发观行进而伏断妄执

---

① 释太虚：《佛法总抉择谈》，《太虚大师全书》第10册，第373—384页。
② 释太虚：《佛法总抉择谈》，《太虚大师全书》第10册，第377页。

而言，成就得最多。真如宗是以《法华经》《涅槃经》《圆觉经》《起信论》等经典为所依止的如来藏系，如天台、华严、净土、禅宗及密宗，从教理教义上判摄地位最高，但依此成就得最少，虽可"直趣极果"，但"非深智上根者，往往仅藉以仰信果德"。三宗中，唯识宗处在中间地位，不论建立学理，印持胜解，还是建立信仰，皆可得益，可以更为方便地摄受各种根机的众生。这也是后来太虚大师依唯识宗为主线，建立其"人生佛教"思想的一个主要原因。

（二）"人生佛教"思想的正式确立

太虚大师首次提出"人生佛教"的概念，应该是在1928年所发表的《对于中国佛教革命僧的训词》这篇文章中。1940年太虚大师在汉藏教理院讲述《我的佛教改进运动略史》时，回顾最初提出的佛教革命方案中构建了"革除、改革和建设"三项具体任务：[①]

其一，二个革除："君相利用为神道设教的迷信，及家族化剃派、法派的私传产制。"即去除佛教中的封建迷信成分，以及世代相传的子孙庙，恢复寺院为十方道场。

其二，二个改革：改"遁世高隐"为"化导民众、利济民众"，改"专顾脱死、服务鬼神"为"服务人群、兼顾资生"。号召僧人积极入世，践行菩萨道。

其三，四个建设：甲、以大乘十信位的菩萨行，建设由人而菩萨而佛的"人生佛教"；乙、以大乘"人生佛教"建中国僧寺制；丙、宣传大乘"人生佛教"，收新化旧，成中国大乘人生的信众制；丁、以"人生佛教"成十善风化的国俗及人世。太虚大师又将后三项建设归纳为"三佛主义"：佛僧、佛化、佛国。

太虚不仅提出了"人生佛教"的概念，也从四个方面对建设"人生佛教"的具体内容作了规划。"人生佛教"的理论基础是大乘佛法中的菩萨

[①] 释太虚：《我的佛教改进运动略史》，《太虚大师全书》第31册，第85页。

行，由人至菩萨，最后修成佛果；具体所要解决的是建立适合时代的僧伽制度和信众制度；最终的理想目标是建立以十善为道德标准的佛国净土，并将此推广至全世界。

三 "人生佛教"与瑜伽菩萨戒的思想交汇

推行及实现"人生佛教"的理想需要足够的理论支撑，理论与其实践需要有共同的理想目标、价值观念及行为准则，而唯识宗理论及瑜伽菩萨戒的这些特点，与太虚大师的思想和见地有着诸多契合之处，选择唯识宗及瑜伽菩萨戒作为其佛法实践的理论依据和行为准则，有其必然性。太虚大师的"人生佛教"与唯识学说和瑜伽菩萨戒的思想交汇，主要体现在以下两个方面。

（一）"慈宗"体系的建立及瑜伽菩萨戒地位的确立

如前所述，太虚大师"人生佛教"的重点是第三项建设"人生佛教"净土的构想。太虚大师希望通过"人生佛教"，来整顿寺僧，重新建构僧伽制度；并吸收信众，建立信众制度；最终实现其昌明大乘"人生佛教"于全民，普及至全国，乃至全世界。为实现其"人生佛教"的理想目标，太虚大师曾站在更高的角度试图以唯识学说和瑜伽菩萨戒为核心，建立全新的"慈宗"体系，这一点在后世很少被提及。

1922年，太虚大师在武昌佛学院时，提出"慈宗"一说，并开始构建"慈宗"体系。如他制定了一套与传统丛林不同的早晚课诵，内容包括称念弥勒菩萨名号，回向兜率；晚课念诵的是《弥勒上生经》。在《慈宗三要序》中正式提出了"慈宗"的概念，并确定了"慈宗"的"境、行、果"三要素：以《瑜伽师地论·真实义品》为其行境，以《瑜伽菩萨戒本》为其轨行，以《弥勒上生经》为其趣果。[①]

---

① 释太虚：《慈宗三要序》，《太虚大师全书》第32册，第303页。

"慈宗"类似于中国早期的弥勒信仰，修行的宗旨是"宗奉慈氏菩萨，以上生内院"；但又有别于传统的弥勒信仰。同时，它也并非单纯的唯识学说，而是以唯识宗学说和瑜伽菩萨戒为主体，将所有释迦牟尼佛的教法全部纳入"慈宗"体系的范畴之内。在《慈宗的名义》一文中，太虚大师解释说：

> 凡本师释迦牟尼佛所弘扬之法门，教化之生类，都咐属慈氏菩萨。……释牟尼佛所称大小、性相、显密、禅净等法门，皆为当下来生弥勒佛所承前而启后的慈氏宗之所宗。……由是融摄各宗派，以慈氏为大皈依处。……"慈宗"是一切佛法的总枢机，也即从释迦佛大圆觉海流布在世上以度生成佛之佛法全体大用，皆会归宗依于当来下生慈氏佛，谓之曰"慈宗"也。[①]

"慈宗"概念的提出及其体系的构建，体现了太虚大师的全部佛学思想的凝聚和升华。同时，太虚大师也将其所有的佛教改革和"人生佛教"的理想，全部纳入"慈宗"的佛法体系中，并作为他一生所追求的目标，即建立以"人生佛教"为目标的弥勒净土。"慈宗"体系的建立，奠定了瑜伽菩萨戒在太虚大师"人生佛教"思想中的重要地位。

虽然为避免众人对其独崇唯识宗的疑惑，1937年太虚大师在《新与融贯》一文中强调其"不为专承一宗之徒裔"，又将三宗进一步地修订为：法性空慧宗、法相唯识宗和法界圆觉宗。[②] 其判教思想和佛法见地，并未改变，仍以"法界圆觉宗"为最高境界，而法相唯识宗更为适合其"人生佛教"理想目标的推广和实现。

---

① 释太虚:《慈宗的名义》,《太虚大师全书》第10册, 第368—370页。
② 释太虚:《新与融贯》,《太虚大师全书》第1册, 第376页。

(二) 行在瑜伽菩萨戒本

太虚大师在其所有的佛法实践活动中,更为推崇法相唯识学说,尤其是《瑜伽戒本》。如1924年,三十六岁的太虚在《志行自述》一文中说:

> 志在整兴佛教僧(住持僧)会(正信会),行在瑜伽菩萨戒本。斯志斯行,余盖决定于民四之冬而迄今,持之弗渝者也。……志行之所在,将奉之以尽此一报身,而为长劫修菩萨道之资粮。……必能践行此菩萨戒,乃足以整兴佛教之僧会。必整兴佛教之僧会,此菩萨戒之精神乃实现。吾之志行如是,如有同志同行者,则何乐如之![1]

由此可见,太虚大师通过建立新僧团及居士正信会,立志于佛教改革的悲心切愿和决心,从立志改革起未曾改变:他发愿将其作为一生的事业,并强调其所行的所有佛教实践必依瑜伽菩萨戒本为行为轨范。依此瑜伽菩萨戒行事,即可最终完成其整兴佛教僧会的大愿。对于"行在瑜伽菩萨戒本",太虚进一步解释说:

> 佛法摄于教、理、行、果,其要唯在于行。以信教、解理,功在能策令起行,如信解而不行,则教理胥等于无用。果,则行满之所成就,不行、或行而未满,果不能成,果之既成,则任运更无所为。故有力且必要者,唯在行也。行无数量,摄之为十度,又摄之为三学。严核之、则唯在乎戒学而已矣。……知法在行,知行在戒,而戒又必以菩萨戒为归。[2]

太虚大师依《瑜伽师地论》将佛法分为"教、理、行、果"四个方面,"行"即践行佛法,于大乘即为行菩萨道。如果不去践行佛法,教理

---

[1] 释太虚:《志行自述》,《太虚大师全书》第18册,第163—167页。
[2] 释太虚:《志行自述》,《太虚大师全书》第18册,第164—165页。

也发挥不了作用，不能证得究竟佛果。又"行"可摄为"戒、定、慧"三学，其中戒为定慧乃至无上佛果的根本，而戒又必须以菩萨戒为所归。太虚大师又进一步阐述菩萨戒的核心思想"三聚净戒"：

> 一、摄律仪，重在止恶，多与声闻共；二、摄善法，在集自善，少与声闻共；三、饶益有情，专以舍己利他为事，乃与声闻不共。菩萨之入俗，佛陀之应世，皆以能舍己利他耳；故饶益有情之戒聚，实为菩萨戒殊胜殊胜之点。……唯奘译瑜伽师地论百卷中所录出之菩萨戒本，乃真为菩萨繁兴二利、广修万行之大标准。①

菩萨戒的核心是"三聚净戒"，太虚大师特别强调的是其中的"饶益有情戒"，即"摄众生戒"，认为"饶益有情，专以舍己利他为事"是大乘佛法独有的、最为殊胜的要点。玄奘法师翻译的《菩萨戒本》中的戒条，也是按照"三聚净戒"及"六度四摄"的次第所施设，条理特别清晰。因此太虚大师十分推崇玄奘法师所翻译的《菩萨戒本》。另外，饶益有情的具体表现即为菩提心，如《瑜伽师地论》中这样赞叹菩提心：

> 诸菩萨最初发心，能摄一切菩提分法殊胜善根为上首，故是善、极善，是贤、极贤，是妙、极妙。能违一切有情处所三业恶行，功德相应。……于余一切希求世间、出世间义妙善正愿，最为第一，最为无上。②

论中给予菩提心极高的地位，菩萨初发心即已含摄了所有的大乘菩提分法，所有的菩萨修法皆依此而建立。菩提心不仅能自我成就佛果，更重要的是能帮助众生成就无上佛果，即所谓的"自利利他"。因此，在所有

---

① 释太虚：《志行自述》，《太虚大师全书》第18册，第165页。
② （唐）玄奘译：《瑜伽师地论》卷三五，CBETA 2023，T30，No.1579，第480页下。

的佛法中,"饶益有情"和菩提心是极善、极贤、极妙,最为第一,最为无上,在佛法范畴内找不到更殊胜的法门。

(三)太虚大师对瑜伽菩萨戒的高度评价

在《瑜伽菩萨戒讲录》中太虚大师高度概括了瑜伽菩萨戒的三个殊胜之处:[1]

第一,正显大乘菩萨之精神:此戒专明修六度集诸善法,行四摄饶益有情,正大乘菩萨之特殊精神所存。不学此菩萨戒,无以见菩萨之殊胜。

第二,为契真入俗之中道行:唯菩萨能上契真理、下顺凡情,修圆融二谛之中道行门。此戒处处皆能表现理事双彰、真俗并到之大乘了义行。如对声闻断烦恼,既不舍离,复能随顺有情成就胜出声闻乘之功德。

第三,最适合现今佛徒办事之应用:如办佛学院及公益慈善等,皆应去办。受学此菩萨戒法,方有办事行轨,否则破坏佛法,违背教规,而不自知。

太虚大师更注重的是大乘佛法的入世实践,非禅宗之自了,净土之往生所能当下承担。号召佛教徒众,对于社会人群互关互益,方能显出大乘佛法的精神,进而实现其"人生佛教"的理想。

结　语

从太虚大师的佛法修行经历来看,三次定中的亲身体证,为其后来佛学思想的建立奠定了基础,同时也激起了其入世度生的大悲切愿。看到当时教内的痼疾乱象,太虚大师即以无我大悲的勇气开始了"教理、教制、教产"的三大改革,并进一步提出了建立"人生佛教"的构想。大师还以法相唯识宗及瑜伽菩萨戒为主体,以法性空慧宗、法相唯识宗和法界圆觉宗三宗为框架,构建"慈宗"体系,力图最终建立弥勒净土

---

[1]　释太虚:《瑜伽菩萨戒讲录》,《太虚大师全书》第17册,第374—375页。

的理想佛国。太虚大师一生的佛法实践和经历，尤其是为实现佛教改革的愿望及建立"人生佛教"净土所作的种种探寻和努力，无不以其济世度生的菩萨大愿为根本出发点。大师的"人生佛教"对后人的影响极其深远，后来被进一步发展为"人间佛教"。虽然在不同的时代和地域、不同的政治背景之下，"人生佛教"或者"人间佛教"的具体实践有所不同，但后人皆以太虚大师为楷模，以无我大悲来践行大乘菩萨道，入世济生、饶益有情的菩萨精神和宗旨从未改变。而继承大师的遗愿，复兴法相唯识宗以及推广瑜伽菩萨戒的事业，将大乘佛法融入世间，落实和实践菩萨精神，仍然任重且道远。

Yogācāra Bodhisattva-prātimokṣa and Master Tai Xu "Human Life Buddhism" Philosophy

Shi Zhixing

Abstract: At the beginning of the 20th century, Master Tai Xu proposed the idea of "Human Life Buddhism" and the "Three Reforms-that of the doctrine, of monastic institution, and of monastic property" in a historical context full of domestic and international chaos. His such thoughts and practices influenced later generations in profound ways. In particular, the "Human Life Buddhism" he chartered has laid the ideological and theoretical foundation for the later implementation and popularization of "Humanistic Buddhism."

At the same time, Master Tai Xu sketched a blueprint for the "Maitreya School" (CiZong) based on Yogācāra doctrines. He vigorously promoted the

Yogācāra Bodhisattva-prātimokṣa as the guide and theoretical foundation for the practice of "Human Life Buddhism" and reforms he envisioned. Such proposition has hardly attracted any academic attention. In order to improve our understanding of Taixu's "Human Life Buddhism" and to explore its application potentials in modern times, it is necessary to study his ideas and designs of the "Maitreya School" and to analyze the various connections between "Human Life Buddhism" and the Yogācāra Bodhisattva-prātimokṣa. This paper fulfills such an endeavor to inspire and help bridging Buddhism with modern society for people to benefit from it.

Key words: Master Tai Xu; Human Life Buddhism; Yogācāra Bodhisattva-prātimokṣa

佛教与中国名教之冲突及其理论根源

——兼论太虚"人间佛教"对佛教"实"内涵的丰富

林莉莉

北京大学博士生

摘 要：本文探讨了佛教与中国传统名教在名实关系理解上的哲学对话及其文化互动，同时论述了太虚"人间佛教"对佛教"实"内涵的丰富。佛教自传入中国，其与儒家名教的冲突体现在实践和理论两方面，但归根结底是在理论上。佛教对"名"持明显的否定态度，这主要与佛教主张诸法皆空的教义相关；而"实"则被解作"实相"，儒家表示"所指"含义的概念被替换为"物"。但由于"物"为空性，于是名物关系问题被佛教所消解。佛教这一观点与儒家的名实相副观念形成鲜明对比。龙树《中论》以更彻底的论证方式否定了言语，也就否定了"名"，揭示了佛教与名教冲突的理论根源。太虚大师的"人间佛教"理念对"实"非常重视，他不拘泥于传统佛教"实相"的内涵，增添了"实际"与"现实"二义，关注现世人生，追求人间净土。尤其是太虚大师《真现实论》，形成了丰富而庞大的思想体系。尽管与中国传统思想存在理论上的分歧，佛教在中国的发展展现了其适应性和融合性，其名实观继续为现代人提供了超越名相、追求真理的路径。

关 键 词：名教；佛教名实观；龙树；太虚；人间佛教

基金归属：本文为2019年度国家社科基金重大项目"'一带一路'佛教交流史"（编号：19ZDA239）的阶段性成果。

一　佛教与中国名教的冲突

自先秦名实之辩之后，名实关系问题正式进入中国传统哲学的讨论范畴，其中最为典型的莫过于公孙龙子的《白马论》《指物论》与《名实论》，而影响最为深远的则是孔子的"正名"思想。孔子认为，"名"即名分，"名不正则言不顺"，试图以名正实。所谓名实关系，即言语与所指之间的关系，具体来说就是，抽象的概念与概念所描述的实际事物是否能够相对应、相符合的问题。自古以来，名实关系问题作为哲学经典议题，曾得到反复关注、阐发与争论，其在西方逻辑学、语言哲学等哲学分支中也是重要议题之一。

事实上，中国历史上如公孙龙等名家这般严整而有逻辑性地探讨名实的学派并不多见，其对后世的影响也比较有限。而影响较大的，则是像儒家"正名"、法家"刑名"这样更具有现实政治关切的主张。至于两汉之际，名学就十分自然地与政治教化实践更为紧密地结合起来，董仲舒《春秋繁露·深察名号》提出"事各顺于名，名各顺于天"的观点，将"名"与真理挂钩，并赋予其神圣性，在此基础上提出"三纲""五常"，为"名教"的统治思想地位奠定了理论基础，从而形成了一套使得社会各阶层均安于其所处名分以维护纲常伦理的等级制度。随着名教思想的僵化并伴随一些弊端的显现，魏晋时期许多思想家对其进行了揭露与抨击，引发了名教与自然之辩。但即便如此，也难以从根本上撼动名教的正统地位。

佛教自两汉传入中国以来，一直试图融入本土传统文化体系当中。但佛教天然具有一定的反叛精神，其于创立之初就在否定印度婆罗门教所信奉的永恒不变的"梵"，并试图撼动保持印度社会等级结构的种姓制度等。印度早期佛教提出了缘起、无常等理论，并主张种姓平等。这就导致佛教在进入中国社会后，不可避免地会与本土名教传统发生冲突。

这种冲突最显著地表现为出家修行与纲常伦理之间的矛盾。佛教作为一种宗教，必然需要有新信众的加入，然而出家就意味着抛却世俗社会的身份，这将导致原本森严缜密的氏族宗法制度出现裂痕，对于传统社会来说，无疑是巨大的威胁：君不再是君，臣不再是臣，父不再是父，子不再是子。后赵中书著作郎王度曾上奏石虎曰："往汉明感梦，初传其道。唯听西域人得立寺都邑，以奉其神，其汉人皆不得出家。魏承汉制，亦修前轨。今大赵受命，率由旧章，华戎制异，人神流别。外不同内，飨祭殊礼，荒夏服祀，不宜杂错。国家可断，赵人悉不听诣寺烧香礼拜，以遵典礼。其百辟卿士，下逮众隶，例皆禁之。其有犯者，与淫祀同罪。其赵人为沙门者，还从四民之服。"[①] 根据奏疏内容可知，汉魏时期官方曾有汉人不得出家的禁令。汤用彤先生指出，东汉严佛调为汉人出家之最早者，故王度所说之汉朝禁令或有不确。[②] 然而且不说政令颁布与实际施行之间往往存在差距，或许正因为存在汉人出家的情况，才让统治者意识到问题的严重性，于是颁布禁令，亦未可知。佛教初传的数百年间官方曾禁止汉人出家，应非无中生有。王度试图重启禁令，认为出家与淫祀同罪，且要求已出家者还俗，中书令王波亦同王度所奏[③]，虽然最终由于石虎本人笃信佛教并未准奏，但依然反映出当时部分官员排佛的态度。

此后，佛教与中国本土社会之间，尤其是与以儒家思想为主的名教之间依然存在冲突，争论也时有发生。东晋时有关于沙门是否要尊拜王者的讨论，其中庐山慧远撰写《沙门不敬王者论》一文，使佛教一方在形式上取得了胜利，实际上是他在理论上努力寻求与儒家名教的共同点，尽力说服当权者的结果。冲突并未被完全解决，究其根源是因为，二者思想理论本身存在差异，名实观就是其中一个议题。

---

① （梁）慧皎：《高僧传》卷九，《大正藏》第50册，第385页下。
② 汤用彤：《汉魏两晋南北朝佛教史》，中华书局1955年版，第65页。
③ （梁）慧皎：《高僧传》卷五，《大正藏》第50册，第385页下。

二　佛教义理中的"名"与"实"

佛教与中国本土名教观念之间的内在张力，其根据必然能够追溯到佛教内部的义理当中，即佛教本有的名实关系理论。事实上"名实"这一概念，极少见于佛教义理当中，而且佛教中的含义也已经与中国本土观念不同。佛教中"名色"是一组概念，"色"为五蕴之一的色蕴，是指一切有质碍的物质性的事物；而"名"则与之相对，为受想行识四蕴的总和，代表一切精神现象。不过在佛教文献中"名"也有"名相""名言""名字""假名"等用法。从这组概念可以看出，佛教对"名"的态度是否定的，它将"名"的内涵改造为精神现象，暗含了对其实体性的否认。另外，佛教"实"的内涵也稍有不同，通常并非为"名之所指"，而更多表示"实相""真实""真谛"等意思。《摩诃般若波罗蜜经》中须菩提为舍利弗解释"菩萨摩诃萨但有假名"言：

> 舍利弗！色是假名，受想行识是假名。色名非色，受想行识名非识。何以故？名，名相空，若空则非菩萨。以是因缘故，舍利弗！菩萨但有假名。复次，舍利弗！檀那波罗蜜但有名字，名字中非有檀那波罗蜜，檀那波罗蜜中非有名字。以是因缘故，菩萨但有假名。尸罗波罗蜜、羼提波罗蜜、毗梨耶波罗蜜、禅那波罗蜜、般若波罗蜜但有名字，名字中无有般若波罗蜜，般若波罗蜜中无有名字。以是因缘故，菩萨但有假名。舍利弗！内空但有名字，乃至无法有法空但有名字。名字中无内空，内空中无名字。何以故？名字、内空俱不可得。乃至无法有法空亦如是。以是因缘故，舍利弗！菩萨但有假名。[1]

从上述表述可以看出，所谓"名相""名字""名言"皆是空，皆为假。佛

---

[1] （后秦）鸠摩罗什译：《摩诃般若波罗蜜经》，《大正藏》第8册，第268页下—269页上。

教所谓"但有假名"就等于有名无实、无自性。因此，从般若的角度来说，有"名"无法对应有"实"。《楞严经》中说"以手指月"，若观者以指为月，则既亡月轮，亦亡其指。[①]"指"即"名"，"月"即"实"，言语只是方便施设的手段，世间言语是无法完整体现实相真谛的，更不能等同于真谛。显然，这与董仲舒所设名教将"名"神圣化、真理化的观点完全不同，甚至是与之相悖。

佛教与名教对"名"持相反态度，前者否定、后者肯定，但这并不意味着佛教认为名与所指无法对应或是随机对应，二者的差异并不在此。如前所述，"名"无法完全对应"实相"，那么是否能够对应"所指"呢？僧肇《不真空论》中说："夫以物物于物，则所物而可物；以物物非物，故虽物而非物。"[②]就是说，以"物"之名来指称物，则被指名之物就可被称为"物"；而以"物"之名指称非物，那么即便有了"物"之名，那实际也不是物。[③]首先，前半句表明僧肇并不否认名与所指之物之间存在一定的对应关系，即名言在经验的世俗世界中的作用，这与名教名实相副的观念并不冲突。然而，在后半句中僧肇认为"非物"即便被安上了"物"之名，也不能变成"物"，也就是说名不能决定或改变物的本质，这就与名教试图"以名正实"的主张完全相悖。他紧接着进一步推论道："是以物不即名而就实，名不即物而履真。然则真谛独静于名教之外，岂曰文言之能辨哉？然不能杜默，聊复厝言以拟之。"[④]物不因有了名就符合此名之所指，名也不因其加之于物就是真实的。真理是超然于名字概念以外的，哪是文字言语能够说清的呢？只不过不能沉默不言，姑

---

① （唐）般刺蜜帝译：《大佛顶如来密因修证了义诸菩萨万行首楞严经》，《大正藏》第19册，第111页上。
② （后秦）僧肇：《肇论》，《大正藏》第45册，第152页上。
③ 翻译可参考任继愈《关于〈不真空论〉（附今译）》，《学术月刊》1963年第3期。
④ （后秦）僧肇：《肇论》，《大正藏》第45册，第152页上。

且用言语去表达它罢了。这就是僧肇著名的"名实无当"观点。[①]僧肇的表述显示，佛教为了区别"实"之"实相"与"所指"的二重含义，用"名物"代替了"名实"。名教认为"名"能够正"实"或"物"，譬如人就任了官职，就拥有了该官职名分所带来的权力和责任，就要行臣之行，即"臣臣"；人作为父或子，其行为就必须符合封建礼教所规定的做父、做子的规范，即"父父、子子"。名分框定符合此名分的"实"，在此名分之下的人就不能做不符合"实"的行为，这难道不正是僧肇所否定的"物即名而就实""名即物而履真"吗？

这是佛教与名教名实观念的不同之处，以下举例说明佛教文献中比较典型的否定"名"的论证方式，可以看出佛教"空"观虽然不能完全等同于佛教名实观，但二者的确有很大部分的交集。

《那先比丘经》中有一段非常经典的对何者为"车"的讨论。

> 那先问王言："名车何所为车者？轴为车耶？"王言："轴不为车。"那先言："辋为车耶？"王言："辋不为车。"那先言："辐为车耶？"王言："辐不为车。"那先言："毂为车耶？"王言："毂不为车。"那先言："辕为车耶？"王言："辕不为车。"那先言："轭为车耶？"王言："轭不为车。"那先言："舆为车耶？"王言："舆不为车。"那先言："扛为车耶？"王言："扛不为车。"那先言："盖为车耶？"王言："盖不为车。"那先言："合聚是诸材木着一面，宁为车耶？"王言："合聚是诸材木着一面，不为车也。"那先言："假令不合聚是诸材木，宁为车耶？"王言："不合聚是诸材木，不为车。"那先言："音声为车耶？"王言："音声不为车。"那先言："何所为车者？"王便默然不语。那先言："佛经说之，如合聚是诸材木用作车，

[①] （后秦）僧肇：《肇论》，《大正藏》第45册，第152页下。原文作："夫以名求物，物无当名之实；以物求名，名无得物之功。物无当名之实，非物也；名无得物之功，非名也。是以名不当实，实不当名。名实无当，万物安在？"相关研究参见夏冬冬《试析〈不真空论〉中的"名实无当"思想》，《五台山研究》2016年第2期。

因得车。人亦如是，合聚头面耳鼻口、颈项肩臂、骨肉手足、肝肺心脾肾肠胃、颜色声响喘息、苦乐善恶，合聚名为人。"①

那先比丘为论证"人无我"的教义，遂以车喻。认为所谓"车"者，只是各个零件拼凑而成，零件又均为木材所制，不论合聚与否，都不是车，因此世上并不存在确切有的车。人亦如是，合聚名为"人"，但只是"名"而已，并不存在确切有的人或"我"。这段论述可能会被大乘般若宗认为是不彻底的"分析空"，但依然是早期佛教以及许多佛教部派破除名相概念的一种方法，体现了佛教名实观的一个方面。

三 印度龙树《中论》对"名"的破斥

若论破斥名相的佛教经典，印度大乘中观派的论著是无法绕开的，其中龙树《中论》最为典型。之所以将其作为独立一节讨论，是因为纵使在浩如烟海的佛教典籍中，龙树《中论》也显得十分特殊，这种特殊性在于其遍破一切的"激进"程度以及独特的论证方式。其中有众人耳熟能详的皈敬颂"八不偈"："不生亦不灭，不常亦不断，不一亦不异，不来亦不出。"②通过否定四对相对的名相概念，龙树指出落于两边均为偏执，"实相"只能在否定中体会。龙树认为，无法通过世俗名相概念和判断达到真实。姚秦鸠摩罗什翻译《中论》后，此论遂得以在汉地流传，罗什逍遥园的译经僧昙影曾作序云：

故至人以无心之妙慧，而契彼无相之虚宗。内外并冥，缘智俱寂，岂容名数于其间哉！但悕玄之质趣必有由，非名无以领数，非数无以拟宗。故遂设名而名之，立数而辩之。然则名数之生，生于累

---

① 失译：《那先比丘经》，《大正藏》第32册，第706页上—中。
② （姚秦）鸠摩罗什译：《中论》，《大正藏》第30册，第1页中。

者，可以造极而非其极。苟曰非极，复何常之有耶？是故如来始逮真觉，应物接粗启之以有，后为大乘乃说空法。①

昙影认为，道识不明之人往往废鱼守筌、存指忘月，执着于名数或名教，但事实上"无相虚宗"的真理无法通过名数获得，设"名"只是方便施设的手段。并且，名数仍是世俗言语，虽然能通向真谛，却并非真谛，也就不具有恒常性。昙影、僧肇和龙树都否认了名的真实性，但否定的程度各不相同，昙影认为言语"可以造极而非其极"，可见"名"还是能够通向"实相"，只是不能等同于"实相"；上节僧肇的观点则认为"真谛独静于名教之外"，名言其实并不能表达"实相"，只是因为没有其他的路径，才"聊复厝言以拟之"；而龙树则最为彻底，《中论》在描述"实相"时往往采取否定的表述方式，几乎不愿采用现有的概念名相去正面描述，这一点在后文会有更明显的体现。

通过否定以显示真实的论证方式并非龙树首创，早在印度《奥义书》中就有其传统。但《中论》的贡献不止于此，龙树否定的不只是个别名词概念，而是更宏观的语言体系。具体来说，他试图打破暗含在语言之下的传统观念，从而使佛教的语言文字得以遵循一套全新的话语逻辑。荷兰印度学家Johannes Bronkhorst 提出，在印度古典哲学传统中一直存在某个潜在的共同观念或直觉，他称其为"相符原则"（the Correspondence Principle），或可被译作"符应论"（为免文繁，以下均采用此译法）。② 在其专著《言辞与现实》（*Language and Reality*）中，他较为系统地介绍了"符应论"：在古典印度存在这样一段时期，大多数哲学家相信，一个句

---

① （梁）僧祐：《出三藏记集》，《大正藏》第55册，第77页上。
② Bronkhorst 至晚于1996年就撰文提出了"符应论"的概念。参见 Bronkhorst, Johannes. "The Correspondence Principle and Its Impact on Indian Philosophy." *Studies in the History of Indian Thought*，1996，8，pp.1–19. 但"符应论"这一概念并非由 Bronkhorst 首创，西方哲学史中早有"真理符应论"（correspondence theory of truth）的概念，用以验证命题的真伪。参考 Kirkham, Richard L. *Theories of Truth：A Critical Introduction*. Cambridge：MIT Press，1992，pp.119–140。

子中的词汇与所指代的事物之间具有相当精确的对应关系，[1]甚至暗示这些事物都必须同时存在于句子所描述的情景之中[2]。这一原则乍看起来有些匪夷所思，但其实不难理解，例如某人说"小明在看书"，我们就会默认场景中有动作主体小明，有一本书，还有"看"的动作。更进一步，通过这个句子，我们会潜意识地相信，以上三个要素是确实存在的，因为有人说"小明在看书"。

仔细想来，这一潜意识的语言直觉对大多数佛教派系所弘扬的空观非常不利。无怪乎佛经中常列举龟毛、兔角等显然不存在之物，《大般涅槃经》中亦强调如来"不能语"，因为说了就会有人相信其存在，人难以超越自己的感官经验世界：

> 不能语者，如来虽为一切众生演说诸法，实无所说。何以故？有所说者，名有为法。如来世尊非是有为，是故无说。又无语者，犹如婴儿，语言未了，虽复有语，实亦无语。如来亦尔，语未了者，即是诸佛秘密之言，虽有所说，众生不解，故名无语。又婴儿者，名物不一、未知正语，虽名物不一、未知正语，非不因此而得识物。如来亦尔。[3]

经文说如来同婴儿一般"名物不一"，这有两重含义：其一，如来所讲真谛内容与世俗言语不能一一对应；其二，事实上对如来而言，名物之间是一是异根本不重要，都不影响"识物"，况且物从佛教的角度来说并不真实存在。

对比之下不难发现，这种思维逻辑与中国古代名教主张的名实观颇为一致，名与所指之间存在紧密的对应关系，甚至名能够左右实，能够决定

---

[1] Bronkhorst, Johannes. *Language and Reality: On an Episode in Indian Thought*. Boston: Brill, 2011, p. 1.
[2] Bronkhorst, Johannes. *Language and Reality: On an Episode in Indian Thought*. Boston: Brill, 2011, p. 39.
[3] （北凉）昙无谶译：《大般涅槃经》，《大正藏》第12册，第485页中。

实。不过印度人"符应论"的直觉还和他们所使用的语言语法息息相关，而中国名教虽然强调名实相副，却还未能将其完全融入语言逻辑中，因此可以说"符应论"对印度佛教的威胁性更加明显。这大概能够解释为何汉地对名物对应的否定并不那么彻底：僧肇不否认名物对应，只是认为名不能表达实相；昙影甚至认为名能够作为通向实相的路径，而仅仅是不能等同于实相。

龙树同样意识到"符应论"这一语言直觉给佛教带来的诘难，佛教真谛必须通过语言表达，而语言正是名相构成的。《中论》的一些辩论，正是在此背景之下进行的。如在第二破去来品中，龙树分别破了"三时去""去者去""初发"和"住"，"去"即行走，引申为所有行动，"初发"为动作的发动，"住"为动作的停止，可以说龙树全方位地否定了行为动作的可能性。以下试举例说明：

若去时有去，则有二种去：一谓为去时，二谓去时去。[1]

根据梵文《中论颂》我们知道，"去时"（gamyamāna）实际上是"正行处"之义。[2]若说"去时有去"，即"正行处有行"，就会导致有两个"行"的动作，"正行处"有一行，"有行"又有一行。显然这句话的内涵中只存在一个"行"的动作，因此"正行处有行"的说法是不成立的。这种论证方法在《中论》中十分常见，随后破"去者去"也采取了相同的论证。这种方式乍一看很有道理，细想又觉得有些奇特，但若以"符应论"作为知识背景，即能够看出龙树是在以彼之矛攻彼之盾，即运用"符应论"来否定"符应论"，进而达到论辩的目的，即切断语言描述与实际情况之间的连接与对应关系。在《中论》中还有很多文本能够证实这一点，但篇幅所限，暂不赘言。

---

[1] （姚秦）鸠摩罗什译：《中论》，《大正藏》第30册，第4页上。
[2] 叶少勇：《〈中论佛护释〉译注》，中西书局2021年版，第26页。

"符应论"确实与名教名实观颇有异曲同工之处,而《中论》在这一点上进行了完全的否定,可以想见龙树的思想与中国本土名教观念是很难和平共存的。这大概可以反映出佛教与名教冲突理论根源的一个侧面。

四 太虚"人间佛教"对佛教"实"内涵的丰富

隋唐以后随着中央政权的稳固,宗教只能依附于皇权之下,佛教教理与名教之间的张力虽然并不会就此消失,但更多地体现为佛教一方的让步。中国佛教自唐末会昌毁佛后由盛转衰,禅宗与净土渐渐成为最具影响力的两大宗派,二宗对经院式的传统佛教的解构,逐渐将中国佛教引向大众化和普遍化,而具备思辨性与学术性的佛教义理之学越发衰退。至嘉庆(1796—1820)、道光(1821—1850)时期,随着清王朝国势衰退,佛教日益颓丧,僧徒寥落。此后太平天国运动打击佛道二教,清末民初政治社会环境动荡不安,更是让佛教颓势雪上加霜。[1]当时佛教与民间信仰混杂,热衷于利用瑜伽焰口、水陆道场以及其他各种忏仪活动吸引信众,掺入了许多鬼神迷信观念。

在此背景下,近代佛教界诸多有识之士积极寻求佛教复兴的方向,其中杨文会、太虚等均是近现代佛教改革的重要人物。杨文会居士意识到,佛法复兴的关键在于培养佛学人才,他在《释氏学堂内班课程刍议》一文中批判道:"盖自试经之例停,传戒之禁弛,以致释氏之徒,无论贤愚,概得度牒。于经、律、论毫无所知,居然作方丈开期传戒。与之谈论,庸俗不堪,士大夫从而鄙之。西来的旨,无处问津矣。"[2]仁山居士遂创办祇洹精舍以除积弊。太虚大师之所以能够明确倡导"佛教改进运动",正是有此前"居士佛教"的铺垫与努力。1933年10月1日,太虚大师于汉口市商会作

---

[1] 潘桂明:《中国佛教思想史稿:第三卷 宋元明清近代卷(下)》,江苏人民出版社2009年版,第828页。
[2] (清)杨文会撰,周继旨校点:《杨仁山全集》,黄山书社2000年版,第333页。

《怎样来建设人间佛教》的演讲，所倡导的"人间佛教"，包括之后大师提及较多的"人生佛教"[①]，均聚焦于"人"，其影响一直持续延续至今。

佛教自印度发端以来，其教义本就有着很强的思辨与批判精神，早期佛教提出的"众生平等""无差别"可谓十分超前，其名实观则表现为对"名"的否定以及对"实"的追求，这与一直强调"名分"神圣性的封建名教传统之间必然存在一定程度的冲突与张力。然而为了能在各国扎根与发展，佛教在历史上也不得不做出一些让步和改变，因此在传播与传承过程中，佛教的批判性逐渐丧失，中国佛教最终沦为中央集权下政权统治的工具，亚洲其他诸国佛教"或仅保其余端，或只承其绪流，或但传其皮相"[②]。太虚大师正是看到了亚洲佛教的积弊，同时也看到了真实佛教所本应具有的革命性和现代性，因而倡导"人间佛教"运动，试图正本清源，恢复释迦遗教，革除当时佛教所残留的封建陋习。他在《我的佛教改进运动略史》一文中总结出改进佛教的提纲，就强调了这一点："中国向来代表佛教的僧寺，应革除以前在帝制环境中所养成流传下来的染习，建设原本释迦佛遗教，且适合现时中国环境的新佛教！"[③]

名实关系问题虽然并非"人间佛教"的核心问题，但太虚大师对"实"非常重视。大师所谓"实"，不再拘泥于佛教传统中"实相""真谛"的含义，而更多地采用"实际"与"现实"二义。这是"人间佛教"的一大特色，同样也是其对佛教"实"之内涵的改造与丰富。

先说"实际"一义。太虚大师提出要想复兴佛教、树立佛学，实现人间佛教，僧团就必须到人群中从事实际的工作，浮泛的、不切实际的举动是无法完成建立佛教之宏愿的。[④]他强调"实际"，看似与佛教注重般若智

[①] 太虚大师最早提出的概念是"人间佛教"，但此后"人生佛教"一词使用频繁，并于1945年整理出题为《人生佛教》的大纲，参见《太虚大师全书》（第二十五卷），宗教文化出版社2005年版，第384页。两个概念内涵基本一致，本文为方便叙述，均使用"人间佛教"这一概念来表述。

[②] 《太虚大师全书》（第二卷），第318页。

[③] 《太虚大师全书》（第二卷），第64页。

[④] 《太虚大师全书》（第十九卷），第425页。

慧的思想传统有些背离，但其实并非如此，般若指性空而假有，虽然多强调性空，却也不否认假有。恰如僧肇《不真空论》引《放光般若经》云："诸法假号不真，譬如幻化人。非无幻化人，幻化人非真人也。"①佛教自传入以来，直至太虚大师所在的时代，已有将近两千年，但佛教的本土化、在地化进程从未中断。中华民族的文化具有极大的包容性，但这并不意味着其不具备选择的能力。印度大、小乘佛教的出现虽有先后，但传入中国几乎是同时的，然而小乘在汉地并未得到长足发展，大乘佛法却被广泛接纳，最终深深植根于汉民族文化当中，这与中华民族固有的文化土壤息息相关。大乘佛教主张自利利他的菩萨行，与中国古代士大夫修齐治平的家国情怀在精神上产生了共鸣，②同时也顺应了以宗族为纽带、强调家国利益的古代集体主义。太虚大师以历史的、现实的视角，看到了中国社会与佛教的交集，他指出，小乘佛法独善其身，根本无法胜任实现"人间净土"理想的事业，唯有大乘佛法方为正途；大乘佛法是现实的佛法，亦是精进的佛法，所谓"精进"是指遍度世人的决心，行难行之事，忍难忍之苦。③太虚大师曾批评当时一些学佛者利己而惰怠，道："现在信修正法之人，无论在家出家大都以无事为乐。此其误点，一、在以为坐禅念佛即为修行之能事已毕，二、在不能明本心、不知报佛恩、以继救世大悲之志。不知六度万行，利世为多，坐而不行，实与菩萨发心之旨相违悖。"④从批评的内容来看，这与小乘佛教也无异了。

如前文所述，印度佛教强调的超凡脱俗的出世主张，与中国名教传统相悖，也与中国文化根深蒂固的世俗主义传统⑤相违背。太虚大师"人间佛教"强调"实际"，其实是试图弥合二者的鸿沟，以拓展近现代佛教在中国社会的生存空间。上观历史，自唐代以降，禅宗之所以能够成为最具

---

① （后秦）僧肇：《肇论》，《大正藏》第45册，第152页下。
② 刘成有：《选择性接受与佛教的中国化》，《世界宗教文化》2020年第2期。
③ 《太虚大师全书》（第五卷），第264—265页。
④ 《太虚大师全书》（第一卷），第179页。
⑤ 李晶：《中国文化世俗主义传统之思考》，《北京社会科学》2013年第2期。

影响力的中国佛教宗派之一，正是由于其对佛教的世俗化改造。太虚大师指出近现代佛教影响力日渐衰微的原因之一，是"僧侣之自局为化外"[1]，即一味地追求超脱世俗，最终使得佛教在中国的生存几乎难以为继。这类"以僧界局方外拘者"，没有认识到世间与出世间不二的实相真谛，都是"取形式而不取精神"[2]之人。此外，大师倡导"建设人间佛教，实现人间净土"，还因为看到了明清以降佛教的两大弊端。一是佛教自身的问题，即重"死"重"鬼"，专门探讨死后的问题，太虚大师斥之为"死人佛教"。他认为佛教应该多关注现生问题，"应该用为研究宇宙人生真相以指导世界人类向上发达而进步"[3]。"研究宇宙人生真相"实际上就是佛陀本怀，释迦佛最初所讲"十二因缘"正是通过探寻宇宙人生而得的法。二是民众错误看待佛教的问题。太虚大师在《怎样来建设人间佛教》演讲中道："中国人民看作佛教是神怪、奸盗、闲隐、朽弃等，把佛教底真相蒙蔽。若要佛教真精神表现出来，须将神怪等等的烟幕揭破，然后才可见到发达人生的佛教真相。"[4]可见大师主张摘除佛教身上的错误标签，恢复佛教真实的精神面貌，即切合人间生活的"人间佛教"。

既谈完"实际"一义，再说太虚大师所谓之"现实"。对于佛法从何处求，或者说如何成就佛乘的问题，太虚大师有明确的论断，他将其总结为"即人成佛的真现实论"[5]，意为"直依人生增进成佛"或"发达人生进化成佛"，[6]落脚点均在"人生"，密切关注人间生活。关于太虚大师撰写《真现实论》[7]的主旨，陈永革在《人间潮音：太虚大师传》中认为，大师"希望能够全面地建构一个贯通佛法与世学的现代佛法的整合体系"[8]，从

---

[1] 《太虚大师全书》（第二卷），第318页。
[2] 《太虚大师全书》（第二卷），第320页。
[3] 《太虚大师全书》（第三十一卷），第72页。
[4] 《太虚大师全书》（第二十五卷），第356页。
[5] 《太虚大师全书》（第二十五卷），第377页。
[6] 《太虚大师全书》（第二十五卷），第379页。
[7] 关于太虚大师"真现实论"更详细的表述，可参见《太虚大师全书》（第二十卷—二十一卷）。
[8] 陈永革：《人间潮音：太虚大师传》，浙江人民出版社2003年版，第160页。

而指导佛法在现代社会的推广。其中的"真现实论宗依论"可作为其"人间佛教"最重要的具有严密论证性的依据之一。在《大乘佛法的真义》一文中，太虚大师阐释了所谓"现实主义"的定义："即就现在事实上说明人生世界，使彻底明白人生世界真相，然后改造而臻于完善者是也。"[①] 人间佛教是能够彻底改造人生世界而使之归于完善的事业，更明确地说，就是实现"人间净土"。太虚大师"真现实论"理论体系极为庞大，非此一文所能尽道，学界对此研究还很有限，[②] 可留待以后另撰文阐述。但不得不说，"现实"确为太虚大师"人间佛教"的关键词之一。

在太虚大师自己看来，其佛教改进运动并没有取得成功，他曾总结失败的原因，认为除了"反对方面障碍力的深广"，更重要的是其本身"理论有余而实行不足，启导虽巧而统率无能"的弱点。然而大师认为其理论是确有价值的，若有实行和统率力充足的人，一定能够实现其"人间佛教"的理想，[③] 最终依旧落到一个"实"上。历史证明的确如此，太虚大师之后的一批优秀的佛学大师，如赵朴初居士、印顺法师、星云法师、净慧法师等，使"人间佛教"成为中国近现代佛教最主流的思想之一。

五 结语

本文通过探讨佛教与中国传统名教的冲突与融合，揭示了佛教在名实关系理解上的独特视角及其在中国文化语境中的适应与转化。佛教的平等、无常等观念与中国固有的等级制度以及名实相副的观念之间的张力，不仅在理论上构成了一种哲学对话，也在社会实践中引发了一系列的文化

[①] 《太虚大师全书》（第五卷），第264页。
[②] 所见研究有：侯坤宏：《太虚大师〈真现实论〉思想探微》，《法音》2017年第9期；邓子美：《太虚的佛学意义世界——〈真现实论〉之当代解读》，《西南民族大学学报》（人文社会科学版）2018年第4期；聂士全：《大乘振兴的突破口——〈真现实论〉对出世间法的现代融通》，《西南民族大学学报》（人文社会科学版）2018年第4期；罗同兵：《〈真现实论〉的"理性批判"》，《西南民族大学学报》（人文社会科学版）2018年第4期。
[③] 《太虚大师全书》（第三十一卷），第58页。

碰撞与思想交锋。佛教想进一步融入中国社会，需要解决许多问题，与传统名教之间名实观的冲突仅仅是一个方面而已。不过二者的不同之处，可能正是佛教作为名教之补充，能够在中国本土吸引信众的原因之一，即佛教将人从"名"的枷锁之下解放了出来。佛教确实从名教统治下争取到一部分信众，但它最终还是意识到"不依国主则法事难立"[①]的道理，从而回复到论证佛教与儒家传统并非完全相悖的道路上来。即便双方存在理论冲突，但既然佛教想要在中国本土存续下去，就不得不作出妥协和让步。佛教就是这样在与传统名教观念的不断拉扯下，慢慢融入中国社会当中的。

上溯印度佛教文献，龙树的《中论》作为最典型的与名实相关的著作，以其对名相的深刻批判和对"符应论"的否定，展现了佛教对名实关系的独到见解。佛教认为名相是空相，是假名，而实相才是超越名相的真实境界。这一观点与儒家名教的名实观形成了鲜明对比，后者强调名分的神圣性和对实际事物的决定性。可见佛教从理论源头上来说，就一直秉持着对"名"的否定态度。

至于近现代，太虚大师所倡导的"人间佛教"理念，对传统佛教"实"的内涵做出了改造与丰富，"实"不仅仅有"实相"的含义，还增添了"实际"和"现实"二义。大师主张不仅应关注现世人生，洗净佛教重死重鬼、神秘主义的污名；还应发挥大乘佛法的现实主义与精进主义，实现人间净土。太虚大师的理念强调了佛教徒要在现实生活中寻求解脱之道，要关注众生的福祉，以及要促进个人与社会的共同进步。

在当代社会，佛教与名教的冲突已不再如古代那般尖锐，但佛教的核心价值——对苦难的理解、对解脱的追求以及对平等的坚持——仍然具有深远的意义。佛教的名实观为我们提供了一种超越名相、追求真理的路径，帮助我们在复杂多变的现代世界中寻找内心的平静与智慧。

[①] （梁）慧皎：《高僧传》，《大正藏》第50册，第352页上。

佛教在中国的发展史是一部文化交流与融合的历史。佛教名实观不仅是对现实世界的深刻洞察，也是对个人修行和社会伦理的有益指导。在未来，佛教的这些核心理念将继续为人们提供精神的慰藉和智慧的启迪，同时也为宗教与现代社会的和谐共存提供了重要的思想资源。

Conflict between Buddhism and Chinese Confucian Nominalism and the Theoretical Roots of the Conflict —Also a Discussion on the Enrichment of Buddhist "Shi （实）" by Master Tai Xu's "Humanistic Buddhism"

Lin Lili

Abstract: This paper explores the philosophical dialogue and cultural interaction between Buddhism and traditional Chinese nominalism（名教）in their understanding of the relationship between name and reality, and discusses how Master Tai Xu's "Humanistic Buddhism"（人间佛教）enriches the concept of "Shi （实）" in Buddhism. Since its introduction to China, Buddhism has clashed with Confucian nominalism both in practice and theory, but ultimately, the conflict is rooted in theoretical differences. Buddhism maintains a distinctly negative attitude towards "names," which is primarily associated with its doctrine of the emptiness of all phenomena; meanwhile, "Shi（实）" is interpreted as "suchness," where the conceptual meaning of "referring to" is replaced with "thing." However, since "things" are characterized by emptiness, the issue of the relationship between names and things is dissolved by Buddhism. This perspective starkly contrasts with the Confucian view that names and realities should correspond. Nagarjuna's "Mūlamadhyamakakārikā" (中论) negates language, and thus "names," in a more radical way, revealing the theoretical roots of the conflict between Buddhism and nominalism. Master Tai Xu concept of "Humanistic Buddhism" places great emphasis on "Shi (实)," moving beyond the traditional Buddhist connotations of "suchness" to incorporate the meanings of "actuality" and "real-world," focusing on the present life and the pursuit of a pure land on earth. Particularly, Master Tai Xu "Zhen Xian Shi Theory" (真现实论) forms a rich and extensive philosophical system. Despite theoretical divergences with traditional Chinese thought, the development of Buddhism in China has demonstrated its adaptability and integrative capacity, and its view on name and reality continues to offer modern individuals a path beyond nominalism and the pursuit of truth.

Key words: Nominalism; Buddhist View of Name and Reality; Nagarjuna; Master Tai Xu; Humanistic Buddhism

从生平行迹看苇舫法师的人间佛教思想与实践

方祺祎

上海玉佛禅寺觉群人间佛教研究中心研究员

摘　要：苇舫法师是现当代人间佛教思想的践行者。武昌佛学院、汉藏教理院执教期间，他在太虚、法舫诸法师的深刻影响下，逐渐发展出了自己的人间佛教思想，并在实践中一一贯彻；抗战时期，他秉爱国之情，护国护教；佛学院中，他整顿院务，弘扬佛法；住持上海玉佛寺时，他与时俱进，改革制度。为了弥补现有研究的不足，本文基于对苇舫法师生平行迹的全面考察，从三个方面概述其人间佛教思想与实践：积极入世，抗战护国；僧制改革与佛教教育；契理契机，随时制宜。

关　键　词：苇舫；人间佛教；现当代佛教

基金归属：本文为2019年度国家社科基金重大项目"'一带一路'佛教交流史"（编号：19ZDA239）的阶段性成果。

苇舫法师（1908—1969），法名乘愿，字苇舫，别署子彦。俗姓朱，江苏东台人。曾执教于武昌佛学院、汉藏教理院、上海佛学院，先后住持庐山大林寺、上海玉佛寺，新中国成立后任上海市佛教协会副会长兼秘书长。他曾于1931年至柏林教理院求学，因此与太虚大师结缘，十余年间，受教颇深。他虽未撰述过关于"人间佛教"的专著，但其文章著述、生平事迹中，无不浸染着"人间佛教"的思想。

目前，关于苇舫法师的研究，有真禅《苇舫法师行业碑》述其行迹。①《玉佛寺志》在"人物"的章节中全面概述了其生平，"爱国"一节简要论述了其爱国思想与实迹。②《当代人间佛教传灯录：1949—2015》中有"苇舫、真禅学案"一节③，对苇舫法师的思想理念作出了概括。尹波《陈毅等领导对玉佛寺及苇舫法师的关心》④、《忆苇舫法师》⑤两篇回忆录，主要叙述了新中国成立之后苇舫法师爱国爱教、建设寺院的事迹。

由此观之，现有关于苇舫法师的文章，从内容上看，多局限于他的生平概况；从深度上看，则都止于概述，或是仅为教界人士的回忆录。要考察苇舫法师的人间佛教思想与实践，必先细致分析其生平行迹与交游，以厘清其思想脉络、弘化事迹。

一 苇舫法师生平行迹考

（一）青年时期（1908—1938）

苇舫法师1908年生于江苏东台。⑥1920年，在东台福慧寺依吉堂等三位法师出家⑦，时年十三岁。1926年，于宝华山隆昌寺受具足戒。其后四

---

① 真禅：《玉佛禅寺》，华东师范大学出版社1992年版，第71页。
② 觉醒主编：《玉佛寺志》，宗教文化出版社2023年版，第112—113、254—257页。
③ 邓子美、陈卫华编著：《当代人间佛教传灯录：1949—2015》，宗教文化出版社2017年版，第61—64页。
④ 尹波：《陈毅等领导对玉佛寺及苇舫法师的关心》，《上海文史资料选辑》2002年第4期。
⑤ 尹波：《忆苇舫法师》，《上海佛教》2010年第1期。
⑥ 《佛教时人汇志·苇舫法师》（《正信》1936年第9卷第10期）作"一九〇六年生"，据《行业碑》及上海市档案馆档案材料，从《玉佛寺志》1908年说。
⑦ 既取1908年为苇舫法师生年，依传统计算年龄的方法，"年十三"对应的公元纪年应为1920年。又据档案材料，苇舫法师1954年时记为47岁，1958年时记为51岁，可为佐证。三位法师，疑为吉堂、密澄、密海。真禅《苇舫法师行业碑》中提到"一九二一年，年十三，从邑之福慧寺吉堂等三公出家"。《当代人间佛教传灯录：1949—2015》及《玉佛寺志》均从此说。太虚在《吉堂禅师传》中说："余藉其剃徒苇舫获悉生平，以为处兹末世，而克实行如此，足振颓风，乃诠次以谂来者。"（《净土宗月刊》1935年第3期）可证吉堂法师确是苇舫法师的剃度师无疑。尹波《忆苇舫法师》："1922年13岁时在本县福慧寺依密澄、密海二位老和尚出家。"密海《胞兄吉堂和尚诔辞》提道："吉堂和尚，吾之第三胞兄也。"（《净土宗月刊》1935年第3期）密澄其人不可考。

处参学，先至高邮放生寺天台学院，后至常熟兴福寺法界学院。1931年，往北平世界佛学苑柏林教理院。在此，苇舫法师受教于法舫法师，并与雪烦、尘空、本光等法师成为同学。同年12月，柏林教理院因为战事停办，太虚大师即命法舫率领学生离开北平，去往武昌佛学院，苇舫法师从之。[①]

1932年1月，武昌佛学院筹备开学，苇舫法师开始参加院务。[②]3月，《正信》创刊，太虚大师在武汉的许多讲经开示，苇舫参与记录，其中一部分发表在《正信》上。比如太虚应邀在汉口市商会所讲的《怎样来建设人间佛教》，就由苇舫、谈玄共同做记录。

1932年9月，世界佛学苑图书馆开馆，苇舫法师任研究员兼补习班教师。[③]1934年7月，随太虚大师至庐山牯岭大林寺。11月，与同道共同创办《净土宗月刊》，以阿弥陀佛圣诞之日出版。1935年正月，汉藏教理院遍能法师辞职，请苇舫法师前去接任教务主任，兼任佛学教授。[④]1935年冬，法尊法师二次进藏，将院务完全托付苇舫法师。[⑤]

1936年12月，法尊法师归来，重主院务，依旧聘苇舫法师为教务主任。[⑥]次年7月，苇舫法师返回湖北武汉。[⑦]随着全面抗战爆发，战事逐渐逼近，11月，汉口市佛教正信会慈济团救护队成立，苇舫法师跟从法舫法师一同参与相关工作。[⑧]12月，武昌佛学院停课，师生分散各地，苇舫法师则遵太虚大师之命留守武院，作为代理院长管理院务，并编辑发行《海

---

① 释印顺：《太虚大师年谱》，《印顺法师佛学著作全集》第六卷，中华书局2009年版，第220页。
② 苇舫：《武昌佛学院近况》，《海潮音》1932年第13卷第2号。
③ 《世界佛学苑图书馆职教馆员履历表》，《海潮音》1934年第15卷第7号。
④ 《世界佛学苑图书馆馆务报告》，《海潮音》1935年第16卷第10号。
⑤ "二十四年春，遍能法师辞职，由苇法师任教务主任……秋间法尊法师二次进藏，近请安东格西及购请藏文大藏经，将院务全权委托苇舫师办理。"《略史及其沿革》，《世界佛学苑汉藏教理院特刊》，重庆：私立北泉图书馆印行部人文印刷所1944年版，第3—4页。
⑥ 《法尊法师报告汉藏教理院近况》，《佛教日报》1937年2月21日第2版。
⑦ 《略史及其沿革》，《世界佛学苑汉藏教理院特刊》，第4页。
⑧ "本会职员及各队员：法舫、苇舫……"《本会救护队欢迎上海僧侣救护队记录》，《正信》1937年第10卷第15期。

潮音》。①

1938年7月7日起，正信会发起为期十日的"七七抗战建国纪念护国息灾追悼抗战阵亡将士及死难民众法会"，苇舫法师在法会中主仁王护国坛。②法会圆满后，苇舫法师自8月2日起每晚讲《仁王护国经》，以鼓舞大众抗战必胜之信念。③9月，苇舫法师入渝，继续负责《海潮音》事务，《海潮音》也正式迁往重庆发行。④

（二）盛年时期（1939—1949）

1939年2月，苇舫法师在《海潮音》上发表《应速组织佛教访问团》一文，响应王礼锡在《论国民外交方针》中发出的倡议，号召佛教界组织访问团，为中华民族的生存、世界人类的正义而奋斗。⑤3月，《海潮音》当年第三、四期在日寇轰炸重庆的战火中焚毁，太虚大师将《海潮音》移往昆明临时编印⑥，又于9月移归重庆缙云山，《海潮音》编辑发行事务改由法舫法师负责。随即，太虚大师领导的"中国佛教国际访问团"成立，以慈航、苇舫、等慈、惟幻为团员⑦，旨在"藉以联络同教之感情，阐扬我佛之法化，并宣示中国民族为独立生存与公平正义之奋斗"⑧。访问团于1939年11月正式出发，1940年4月归国。苇舫法师的《佛教访问团日记》完整记述了全部行程。

---

① "海潮音月刊大师另命苇舫法师周观仁居士编发。"法尊、法舫：《致各地同学书》，《海潮音》1938年第19卷第2号。"武院学员，于十二月十五日前散尽，图书存于英界栈房以保万一。潮音为吾人之仅存慧命，故决不停刊；惟以在汉印发便利，已由大师命苇舫法师编发并负管院务之责。"法舫：《法舫法师复芝峰法师书》，《海潮音》1938年第19卷第3号。
② 《法会职事》，《正信》1938年第11卷第7期（《七七抗战建国纪念护国息灾追悼抗战阵亡将士及死难民众法会专刊》）。
③ 《本会讲经启事》，《正信》1938年第11卷第7期。
④ 太虚：《东西南北的海潮音》，《海潮音》1938年第19卷第10号。
⑤ 苇舫：《应速组织佛教访问团》，《海潮音》1939年第20卷第2号。
⑥ 《临时编者的话》，《海潮音》1939年第20卷第3—6号。
⑦ 苇舫：《佛教访问团日记》，载《太虚大师全书》（第三十二卷），宗教文化出版社2015年版，第59—60页。
⑧ 《太虚法师领导佛教访问团即前往缅印各地》，《大公报（重庆）》1939年9月28日第3版。

从生平行迹看苇舫法师的人间佛教思想与实践

1940年秋，苇舫法师重任汉藏教理院教务主任，1942年秋辞职[1]，任汉藏教理院僧才训练班副主任。[2] 数年之间，继续协助院务，并整理发表佛教访问团期间太虚大师的演讲记录。1945年，抗战胜利。太虚大师命苇舫法师返回武汉，筹备复兴武昌佛学院。12月13日，苇舫法师到达武汉，开始重建武昌佛学院，恢复世界佛学苑图书馆。《海潮音》也随之回归武汉发行，由苇舫法师编辑，社址设于汉口佛教正信会中。[3] 次年3月，苇舫法师复刊已停刊八年的《正信》，担任主编。

抗战期间，武昌佛学院校舍均为日本侵略者占据，教室、宿舍也被拆毁，唯有图书馆部分建筑尚存，门窗皆毁。藏书除了部分实现转移保存外，其余均被侵略者劫掠。抗战胜利后，院舍又被国民党军队占领，到达武汉后，苇舫法师呈请军队迁走，以便复院。[4] 在热心佛教人士的帮助下，武院复院的进程虽有波折，毕竟是不断推进了。5月，世界佛学苑研究部开始在武昌佛学院地址上招生。[5] 8月，重修已完成十分之八，研究部、训练班、附设小学均定于9月10日开学。[6]

1947年3月17日，太虚大师于上海玉佛寺直指轩示寂，苇舫从武昌前去奔丧。治丧期间，众弟子对于太虚大师的未竟事业作出商议，其中议决武昌世界佛学苑图书馆由苇舫主持。[7]

太虚大师圆寂后，苇舫法师除在武汉主持图书馆、佛学院事务，开办讲座外，还时常于庐山、镇江、上海之间来往。1947年6月，汉口佛教

---

[1]《略史及其沿革》，《世界佛学苑汉藏教理院特刊》，第4页。
[2]《现任教职人员一览表》，《世界佛学苑汉藏教理院特刊》，第19页。
[3] "自日寇投降后，苇舫法师即奉太虚大师命筹备复兴武昌佛学院，业经于前日（十二月十三日）抵汉，武汉佛教同人，以法师于念七年国军转进时离开，现国土重光，又先莅莅武汉，并将海潮音携鄂编发，闻讯后咸致欢迎……"《一月佛教纪要》，《海潮音》1946年第27卷第1期。
[4]《武昌佛学院近讯》，《海潮音》1946年第27卷第1期。
[5]《世界佛学苑研究部招生通告》，《觉群周报》1946年第2期。《世界佛学苑研究部招生通告》，《正信》1946年第12卷第3期。
[6]《南北东西》，《正信》1946年第12卷第6期。
[7] 释印顺：《太虚大师年谱》，第349页。

正信会启办水忏法，祈祷和平，请苇舫法师主法。8月，在二十余年前太虚大师发起重建的庐山大林寺，苇舫法师升座为住持，举行典礼。① 年末，苇舫法师在金山江天寺及上海玉佛寺两处受记。② 1948年3月，由上海佛学院同学会主办的利生施诊所开始施诊，由时任玉佛寺住持苇一法师任所长，苇舫法师任副所长，成一总理所务。③ 8月，由于镇江及上海事务繁忙，苇舫法师与董事会李子宽居士等商议，将武院事务交付归国的法舫法师。④ 11月21日，太虚大师灵骨入塔奉安典礼在武昌佛学院举行，典礼由法舫法师主法，苇舫法师奉灵骨舍利入塔。⑤

1949年3月23日，苇舫法师接任上海玉佛寺住持，举行升座典礼。《觉有情》的"播音台"栏目报道：

> 本市安远路玉佛寺住持苇一和尚卓锡以来，业已三年，统理大众，一切无碍。现将退隐，特推举苇舫和尚为住持，已于国历三月二十三日举行升座典礼。是日仪式隆重，贺客甚多。苇舫法师为武昌佛学院图书馆馆长，金山江天寺监院，庐山大林寺住持，学识经验，两俱丰富，堪为玉佛寺得人庆也。⑥

（三）中晚年时期（1949—1969）

苇舫法师接任玉佛寺住持不久，就迎来了上海解放。当时报刊记载，苇舫法师积极配合政府的宗教政策，带领玉佛寺组织寺务委员会，并以住持为主任委员。⑦ 同年7月，中国佛教协会上海市分会召开非常会员大会，

---

① "庐山大林寺……并推请武昌佛学院院长苇舫法师为住持，从事复兴，苇师已于八月十六日举行卓锡典礼。"《一月佛教》,《觉群周报》1947年第54期。
② "武昌讯：……世院圕长苇舫因事去苏沪……""上海讯：上海苇舫法师近在金山江天寺及上海玉佛寺两处授记……"《佛教简讯》,《海潮音》1948年第29卷第1期。
③ 《佛教简讯》,《学僧天地》1948年第1卷第4期。
④ 《佛教要闻》,《海潮音》1948年第29卷第9期。
⑤ 本报讯：《太虚大师灵骨安奉典礼昨在佛学院举行》,《武汉日报》1948年11月21日第4版。
⑥ 《播音台》,《觉有情》1949年第10卷第4期。
⑦ 高庆琛：《玉佛寺开始蜕变》,《文汇报（上海）》1949年8月19日第2版。

推选临时主席，改选理监事，苇舫法师任理事。27日，第一次理监事会召开，选出包括苇舫法师在内的常务理事七人。① 1950年11月，"上海宗教界代表人物四十余人于九日举行集会，并发表书面声明，表示坚决拥护全国人民抗美援朝保家卫国的正义要求及各民主党派的联合宣言"，苇舫法师作为佛教界代表出席。② 次年5月，上海市佛教会举行"上海市佛教界代表会议"，成立会议筹备会，推苇舫法师为主任。③ 8月，上海佛教界抗美援朝支会筹备会成立，推举苇舫法师为常务委员及主任委员。④ 12月，上海抗美援朝分会佛教支会成立，苇舫法师作为筹委会主任在成立大会上作佛教抗美援朝工作总结，并被选为佛教支会主席。⑤

1952年4月，上海佛教界响应中央人民政府关于修建佛教名胜古迹的号召，在上海市统战部的领导下召开会议，成立"玉佛寺静安寺兴修委员会"，苇舫作为玉佛寺住持任副主任委员。⑥ 6月，亚洲及太平洋区域和平会议筹备会议在北京举行，会上通过"亚洲及太平洋区域和平会议筹备会议宣言"，上海宗教界佛教代表苇舫、赵朴初及其余各界代表等表示热烈拥护。⑦ 7月，圆明讲堂开始筹备为期四十九日的祝愿世界和平水陆道场讲经法会，请圆瑛、应慈、静权、妙真四位老法师讲经，法会由圆瑛法师任主任委员，苇舫法师、赵朴初居士等任副主任委员。⑧ 法会至12月5

---

① "票选常务理事七人，当选者为达圆、方子藩、续可、苇舫、赵朴初、游侠、玉泉。"《上海市佛教会改选》，《觉讯》1949年第3卷第8期。《玉佛寺志》记为"1949年8月，（苇舫法师）被选为上海市佛教会理事"，疑误。
② 新华社：《上海宗教界拥护各党派宣言，为争取和平不惜牺牲一切，对帝国主义利用宗教进行反革命活动的罪行将及时予以揭露》，《人民日报》1950年11月12日第3版。
③ 《妙音》，《弘化月刊》1951年第7卷总第120期。
④ "上海佛教界抗美援朝支会筹备会在八月二日正式成立，七日举行第二次会议，推定常务委员十三人：比丘苇舫、达圆、中定、绍宗、亦幻、雪烦、雪悟。比丘尼闻现、慧云。居士赵朴初、方子藩、游有维、钟吉宇。并推苇舫为主任委员，达圆、方子藩为副主任委员，会址设在静安寺。"《妙音》，《弘化月刊》1951年第7卷总第123期。
⑤ 《妙音》，《弘化月刊》1952年第8卷总第128期。
⑥ 《妙音》，《弘化月刊》1952年第8卷总第132期。
⑦ 《妙音》，《弘化月刊》1952年第8卷总第133期。
⑧ 《启建祝愿世界和平水陆道场讲经法会缘起》《水陆道场讲经法会佛事日程表》《水陆道场所修经忏法事表》《法会职员》，《弘化月刊》1952年第8卷总第135期。

日圆满结束。紧接着，12月12日，为拥护在维也纳召开的世界人民和平大会、开展佛教界和平运动，上海佛教界在玉佛寺启建祝愿世界和平法会，请虚云老和尚莅临主法，13日起由诸位法师开始讲经，苇舫法师也在其间。①

1953年6月，苇舫法师被选为中国佛教协会理事。9月，圆瑛法师圆寂。10月18日，追悼会及传供典礼在玉佛寺举行，由赵朴初居士作报告，苇舫法师致悼词，表示"希望大家化悲痛为力量，继承老法师的遗志，在爱国主义的旗帜下，我们四众弟子，紧密的团结起来，为祖国建设及世界和平事业而努力"②。1954年12月，上海市佛教协会正式成立。在成立会议上，由苇舫法师发表《上海市佛教协会筹备工作报告》。③苇舫法师被选为副会长，兼任秘书长。④

新中国成立后的二十年间，苇舫法师先后任中国佛教协会理事、上海市佛教协会副会长兼秘书长，上海市第一届至第五届人大代表，上海市第三、四届政协委员。⑤有外国友人访沪、需要了解我国的宗教政策时，多由苇舫法师与赵朴初居士共同接待，并带领参观上海玉佛寺。

"文化大革命"中，玉佛寺难免受到冲击。苇舫法师在1966年秋抱病入院，后于1969年末圆寂。世寿六十二岁，僧腊四十九年，戒腊四十三夏。生平著述文章一百三十余篇，其中十二篇以"子彦"的名号发表，散见各种佛教刊物。记有太虚大师讲座十余种，并存《佛教访问团日记》一部，收入《太虚大师全书》中。

---

① "十二日法会开始，下午二时，先由赵朴初居士报告法会缘起，接着迎请虚云老法师升座说法，听众近五千人。讲经法会于十三日起恭请圆瑛、应慈、静权、持松、妙真、大悲、如三、清定、苇舫、续可等法师讲经，（每日下午二时开讲）并作关于和平运动的报告。使全市佛教徒在爱国爱教爱好和平的基础上团结起来为反对侵略战争保卫世界和平而努力。"《妙音》，《弘化月刊》1952年第8卷总第139期。
② 苇舫：《在圆瑛法师追悼会上致词》，《弘化月刊》1953年第149期。
③ 苇舫：《上海市佛教协会筹备工作报告》，《弘化月刊》1954年第163期。
④ 《上海市佛教协会、会长、秘书长、常务理事、理事等名单》，《弘化月刊》1954年第163期。
⑤ 觉醒主编：《玉佛寺志》，第113页。

1979年3月,上海市佛教学会在上海市宗教事务局的支持下,为已故会长持松法师,副会长苇舫法师、阿檀法师、余伯贤居士举行追悼会,并为他们平反、恢复名誉。1989年4月,真禅法师为苇舫法师立塔于常熟虞山兴福寺后山塔院。

二 苇舫法师的人间佛教思想与实践

在《怎样来建设人间佛教》的演讲中,太虚大师对"人间佛教"思想作出了最初的定义:"人间佛教的思想,是表明并非教人离开人类去做人做鬼,或皆出家到寺院山林里去做和尚的人间佛教,乃是以佛教的道理来改良社会,使人类进步,把世界改善罢了。"基于国家危亡、时事变易的现实,他又专门说明如何从"国难救济"和"世运转变"中来建设人间佛教。[1]

苇舫法师是这次演讲的记录者之一。他的人间佛教思想与实践,同样寄托了改善人生、改良社会的愿景,并且坚守爱国护国的本心,怀抱利益社会的责任,保持与时俱进的状态。

(一)积极入世,抗战护国

"佛法既是入世救众生,当然不能离开国家。"[2]抗战期间,无论是参与慈济团救护队事务、在护国法会中主仁王护国坛,还是以文章揭露与批判侵略者暴行,苇舫法师的人间佛教思想与实践都离不开积极入世、抗战护国的主题。

自柏林教理院就读时期开始,苇舫法师就显现出了对现实、对社会的关切心与责任感。他在学校主办的《佛教评论》上发表了一篇文章:《从佛法的本身说到僧伽再说到社会》。他认为,佛法产生的动机是为众生谋

---

[1] 太虚大师讲,苇舫、谈玄记:《怎样来建设人间佛教》,《正信》1933年第2卷第18期。
[2] 苇舫:《二十二年之回顾》,《正信》1934年第3卷第11期。

幸福，佛法本身是积极的、救世的，能够适应社会与时代的需求，而"现代社会的痛苦达于极点"，物质文明在发展的同时，战乱四起、荼毒生灵，各界都想做救济的事业，佛教人士正应当以佛法锻炼自身，以佛法救度人心，促使世界和平、人类安乐。[1] 自此时起，他已然具备了对佛教积极入世的认知，抱持着强烈社会责任感。这种社会责任感在他的多篇文章中都有体现。他对救亡图存常存热忱，奋发精进；对国民遭受的苦难常怀痛惜，慈悲心切。

面对看似信仰佛教的侵略者，苇舫法师则义正辞严地揭露其面目、谴责其暴行。他写道："佛教是为人类谋幸福的，是向上的、理智的，决不是迷信的、鬼神的，更不是作侵略者的工具，而增加人群苦恼的！"[2] 而得知侵略者犯下的暴行之后，他则发出号召："希望全世界的佛教徒，全世界的善良人类，共同扑灭这吃人的野兽，救中国！救世界！"[3] 1939年，苇舫法师提议并参与了佛教访问团，以"加紧我们佛教徒的联系，交换意见，好使侵略战争早些消弭"，表明佛教与反侵略的宗旨相合，[4] 由此随太虚大师一起踏上了出国宣传的道路。

（二）僧制改革与佛教教育

受太虚大师僧制改革、僧团建设相关思想的影响，苇舫法师在《建设中国佛教的重心》中，基于当时的社会情形与佛教现状，重申了僧制建设、僧教育建设的重要性。全面抗战爆发后，他进一步提出改革意见，希望调整中国佛教协会机构，摆脱侵略者控制；改革僧制，使全国僧尼觉醒并加入抗日救亡的队伍；扩大救济事业，全力支持抗战，"将佛教大乘救世的精神表现出来"。[5]

---

[1] 苇舫：《从佛法的本身说到僧伽再说到社会》，《佛教评论》1931年第1卷第3期。
[2] 苇舫：《日军飞机的"护身符"》，《海潮音》1937年第18卷第10期。
[3] 苇舫：《敌人对我佛教的暴行》，《海潮音》1938年第19卷第3期。
[4] 苇舫：《佛教访问团日记》，《太虚大师全书》（第三十二卷），第60—61页。
[5] 苇舫：《应速调整佛教机构》，《海潮音》1938年第19卷第5期。

而关于僧教育建设，在汉院与武院中执教、管理多年的苇舫法师回顾往昔、展望全国，认真考量了当时整个佛教界教育的情况。在《十五年来之僧教育》中，他极为详尽地展现了十五年间佛教教育事业的建设与发展历程，历数了各地佛学院及有所建树的人物，并且对僧教育未来的发展提出期待，希望佛教界能探讨、完善佛教界的教育制度，形成合理的、符合佛教与现实需求的教育体系。① 在《十五年来僧教育之反省》中，他回顾了古今中外、不同派系的僧教育制度，由此对现有的佛学院从经济、学科、教师等方面作出了反省，也对敷衍门面、徒有虚名的办学者提出批判，对一些学僧的信心不坚、半途而废表示惋惜。②

以文章系统分析僧教育的同时，他在整理汉藏教理院院务中充分展露了才能。时人记述：

> ……乃复聘请苇舫法师襄助教务。……苇师为北平柏林佛学院生，曾任武昌佛学院诸教席，于律宗尤有研究，精神特佳，故上学期半年来，凡关教事，尊师一专任为之。学员往日散漫已惯者，经一学期之训练，大氐就范。且前任诸职员皆匆匆辞去，教事纷纷，殆不可理，经一学期之整理，亦多就绪。复计画购置图书，辟设教舍，视经济力量顺序实现。教授有方，训练得宜，学员乃长足进步矣。③
>
> ……昨年苇舫法师代理院长后，对于院务，复积极改进，不遗余力，先后函商太虚大师添聘教员，扩筹经费，及增辟原有院产自力收入，开办林场园圃，俱逐一实现。④

在汉藏教理院中，苇舫法师初步实践了自己的构想，经济上扩筹经费、增辟院产，教育上添聘教员、整顿学风，设施上则试图购置图书、增

---

① 苇舫：《十五年来之僧教育》，《海潮音》1935年第16卷第1期。
② 苇舫：《十五年来僧教育之反省》，《海潮音》1935年第16卷第1期。
③ 《世界佛学苑汉藏教理院近况记略》，《佛教日报》1936年2月15日第2版。
④ 《汉藏教理院最近消息》，《佛教日报》1936年5月21日第1—2版。

添校舍,使教师流失的汉藏教理院面貌一新,得到了世人的认可。所以重兴武昌佛学院时,太虚大师也选择苇舫法师前去建设。

(三)契理契机,随时制宜

还是学僧之时,苇舫法师就在《从佛法的本身说到僧伽再说到社会》中强调了佛法对时代的适应、僧伽对社会的责任。身处时局动荡、世事变幻之中,他始终能看到时代发展的趋势:"佛教既是人群的和平福音,一切施设,自应与现代社会立在同一水平线上,这样方能与社会和合一味,契理契机,而其度众生的功效方著。……佛教的究竟处,亦贵在不立一法,不舍一法,因机逗教,随时制宜。"①

抗战期间,他认为佛教应当尽到救世的责任,僧伽正是担荷如来救世的家业的主体,应干上求下化的大事业,行即入世而出世的菩萨行:"佛教的存亡,世界的兴衰,其责任全都是系在我们身上的。现在的学僧,是未来佛教的主人翁。"②至于如何做未来的主人翁,他在时代变革中看到了佛教发展的方向。1938年,他在《今后的中国佛教》中提出,佛教需要:一是建设新的信仰,今后佛教僧尼皆需自食其力,故应有一技之长以安身;二是提高知识水准,现今社会教育进步、人民知识水平提高,佛教僧尼更应精进修学,僧教育也应符合大时代的需求;三是积极为社会服务,战时"应秉着佛陀的大无畏的精神,披精进铠,到前线或后方作救护的菩萨事业"。③

十年后,在静安佛教学院的演讲中,他反复强调佛教教育要随着时代不断进化,要复兴佛教"第一就是要努力将佛学研究透彻,然后再向整个社会推进"。同时,他看到了时代潮流对佛教徒生活的冲击,由此提出了僧侣的生存依赖田产、赶经忏、外来布施的三大问题:

---

① 子彦:《再论今后的中国佛教》,《海潮音》1938年第19卷第9期。
② 苇舫:《我们怎样来做现代的学僧》,《人海灯》1936年第3卷第7期。
③ 苇舫:《今后的中国佛教》,《海潮音》1938年第19卷第6期。

若说田产,将来到了实行民生主义平地权的时候,是否再让我们靠收租来生活?再说赶经忏,要知今日已不是迷信的时代,而是渐渐走入科学昌明文化开通的时代。我们做着经忏,为超度亡灵的佛事,不信仰佛教的人,恐怕不会来受骗的。如果说依仗外来的布施,须知将来的人民生活恐怕要到"一日不作一日不食"的地步的,他们自顾不暇,那里还有力量来供养我们僧侣呢?……所以要请诸位先将自己及自己所处的时代环境认清,然后才可以积极地向自己的理想迈进![1]

新中国成立后,苇舫法师仍旧紧跟时代。作为上海玉佛寺时任住持,他改革寺院管理制度,组织寺务委员会,下设寺务处,相关组织架构沿用至今。僧侣生活正如他所预料的,无法仰仗田产、赶经忏和外来布施,需要自力更生。于是,苇舫法师定今后的寺院发展方针为"生产、办文化事业、为人民服务",实干兴业,以图生存。[2] 每当政府出台关于佛教的新政策,苇舫法师都积极撰文拥护,号召佛教徒要适应时代、赶上时代,加强学习,积极投身社会主义建设,从而"把自己的前途和国家的前途结合起来"。[3]

结　语

真禅法师在塔铭中对苇舫法师接任玉佛寺住持时的情形作出过描述:

---

[1] 常进记:《苇舫法师讲于静安佛教学院:佛教今后三大问题》,《学僧天地》1948年第1卷第2期。
[2] 具体事业为:(一)举办星期宏化讲座,(二)改旧图书馆为"弘一民众图书馆",(三)办"可成小学",(四)开放礼堂给大众使用,(五)办自助食堂,(六)办四众宿舍,(七)办劳工大众浴室,(八)办怀恩托儿所,(九)办利生诊所,(十)设机器工厂从事生产。事见高庆琛《玉佛寺开始蜕变》,《文汇报(上海)》1949年8月19日第2版。其中,图书馆、利生施诊所早已有之,可成小学其时筹备将竟,大众食堂则在当年9月22日开放。事见《文汇报(上海)》1949年9月25日第3版。
[3] 苇舫:《把自己的前途和国家的前途结合起来》,《弘化月刊》1956年第177期。

"师临难不作苟免,毅然出任。艰巨时,游勇以寺为传舍,一夕数惊。师大智大勇,虚与委蛇,得以少安。"[1] 这样的"临难不作苟免,毅然出任",贯穿了苇舫法师的人生。从临时应邀接管汉藏教理院、战时留守武昌佛学院、战后重兴武院和世苑图书馆,再到时局动荡间接主玉佛寺,无不体现了苇舫法师临危受命的"大勇"、无往不利的"大智"。正是因为苇舫法师真实至诚、始终不渝地奉持着"人间佛教"的理念,方能担起弘法利生的责任,对现实社会永怀热忱,在危难时奋起承当。

如今,在历代高僧大德的努力下,人间佛教的思想已然走向世界,人间佛教的事业代代相传、焰焰相续。佛教依旧需要这样"大智大勇"的实践者,使人间佛教思想在现代社会中与日俱新,并探索出改善人生、利益社会的,新的实践道路。

附　录

苇舫法师生平大事年表

年份	年龄	事项
1908 年	1 岁	生于江苏东台,俗姓朱。
1920 年	13 岁	在东台福慧寺依吉堂等三位法师出家。
1926 年	19 岁	在宝华山隆昌寺受具足戒。
1931 年	24 岁	毕业于常熟兴福寺法界学院,前往北平世界佛学苑柏林教理院求学。 12 月,因柏林教理院停办,前往武昌佛学院。
1932 年	25 岁	1 月,参与武昌佛学院开学筹备事务。 9 月,世界佛学苑图书馆开馆,任研究员兼补习班教师。
1934 年	26 岁	11 月,与同道共同创办《净土宗月刊》。

---

[1] "传临济正宗第四十六世玉佛堂上第四代上苇下舫愿公老和尚之塔"塔铭,常熟兴福禅寺。

续表

年份	年龄	事项
1935年	27岁	春，赴重庆，任汉藏教理院教务主任，兼任佛学教授。 冬，全权代理汉藏教理院事务。
1936年	28岁	12月，任汉藏教理院教务主任。
1937年	29岁	7月，赴武汉。 12月，武昌佛学院停课，师生星散。依太虚大师命留守，任武昌佛学院代理院长处理院务，编辑发行《海潮音》。
1938年	30岁	7月，在"七七抗战建国纪念护国息灾追悼抗战阵亡将士及死难民众法会"中主仁王护国坛。法会结束后宣讲《仁王护国经》。 9月，至重庆，继续负责《海潮音》编行。
1939年	31岁	2月，在《海潮音》上发表《应速组织佛教访问团》一文。 10月，跟随太虚大师领导的"中国佛教国际访问团"出行。次年4月归国。
1940年	32岁	秋，重任汉藏教理院教务主任。
1945年	38岁	12月，奉太虚大师命返回武汉，重建武昌佛学院，恢复世界佛学苑图书馆，编行《海潮音》。
1946年	39岁	3月，复刊《正信》。 5月，武昌佛学院恢复招生。
1947年	40岁	3月，太虚大师示寂于上海玉佛寺直指轩中。苇舫法师赴上海奔丧。经大师诸弟子议决，苇舫法师主武昌世界佛学苑图书馆。 8月，升座为庐山大林寺住持。 年末，受记于金山江天寺及上海玉佛寺。
1948年	41岁	3月，由上海佛学院同学会主办的利生施诊所开始施诊。苇舫法师任副所长。 11月，太虚大师灵骨入塔奉安典礼在武昌佛学院举行。苇舫法师奉灵骨舍利入塔。
1949年	42岁	3月，苇舫法师接任上海玉佛寺住持，举行升座典礼。 7月，任中国佛教协会上海市分会理事、常务理事。
1951年	44岁	5月，被推为"上海市佛教界代表会议"筹备会主任。 8月，被推为上海佛教界抗美援朝支筹备会常务委员及主任委员。 12月，被选为上海抗美援朝分会佛教支会主席。

续表

年份	年龄	事项
1952 年	45 岁	12 月，在上海玉佛寺启建祝愿世界和平法会，请虚云老和尚主法。
1953 年	46 岁	2 月，请虚云老和尚在上海玉佛寺主持新春禅七，为期十四日。 6 月，中国佛教协会成立，苇舫法师被选为理事。
1954 年	47 岁	4 月，随喜饶嘉措大师访问团出访缅甸。 6 月，当选上海市第一届人民代表大会代表。 12 月，上海市佛教协会正式成立。苇舫法师被选为副会长，兼任秘书长。
1966 年	59 岁	秋，抱病入院。
1969 年	62 岁	年末，圆寂。

Study on the Humanistic Buddhism Thought and Practice of Weifang Based on Biographical Research

Fang Qiyi

Abstract: Weifang is a practitioner of Humanistic Buddhism in the modern and contemporary period. During his tenure at the Buddhist Academy of Wuchang (Wuchang Foxueyuan) and Sino-Tibetan Buddhist Dharma Institute (Hanzang Jiaoli Yuan), he gradually developed his own Humanistic Buddhism thought under the profound influence of Taixu and Fafang, and put into practice. During the War of Resistance, he protected the country and Buddhism. In the

Buddhist Academies, he reformed the system of institutes and propagated Buddhist Dhrama. In the Shanghai Jade Buddha Temple, he reformed the system to advance with the times. To make up the deficiency of existing research, this article, based on the biographical research of Weifang, summarizes his thoughts and practices on Humanistic Buddhism from three aspects: keeping active realism to protected the country; reforming monastic reformation and Buddhist education; conforming Buddhist doctrine and the times to develop Buddhism.

Key words: Weifang; Humanistic Buddhism; Modern and Contemporary Buddhism

东亚近代佛教"人间性"的两种路径

——论中日近代佛教发展的异同

黄志博

京都大学博士生

摘　要：东亚近代佛教在历史的相互交涉中，存在中国与日本两种不同的关于"人间性"的发展路径。本文围绕前近代至近代中国佛教的确立，以及人间佛教的提出，对比日本前近代佛教，是如何在吸收汉传佛教的基础上，结合自身的本土意识发展自身的教学体系，并提出了独特的"人间化"的佛教思想。通过对双方"佛教传统"的探究，以及近代改革思想演变的发掘，探讨双方之间演变的张力，进而探讨"近代佛教"在东亚的整体思想变革中具有的更为普遍的意义。

关　键　词：中国佛教；日本佛教；显密体制；近代佛教；人间佛教

基金归属：本文为2019年度国家社科基金重大项目"'一带一路'佛教交流史"（编号：19ZDA239）的阶段性成果。

一　序言：人间佛教与日本近代佛教，东亚佛教的两种范式

近代以来，西风东渐，西方日新月异的社会变革引发的思想变动，伴随着其海外的殖民活动，以迅雷不及掩耳之势席卷了东亚各个国家，东亚传统思想也随之在近代发生变革。根植于"传统"的旧学，在面对近代的

冲击时，如何回应新的范式，并在内部的传统中激发新的生命力，便成为极为重要的课题。而作为旧学之一的"佛教"，也不得不卷入了近代化的历史进程中。

原本"宗教"一词来源于佛典中的"宗"与"教"，明治初期的日本选取"宗教"作为"Religion"的译文，并在明治十年得到了普及。林淳和矶前顺一在论述这一点时，这样表述：

> 宗教在被译词 Religion 统一之前，原本具有"宗旨"等强烈的实践（pracitice，非语言的习惯行为）意义，以及"教法"等信条（belief，概念化的信念体系）意义这两种解释。[1]

作为实践（pracitice）的宗旨与宗门，以及作为信条（belief）的教法，正法分别对应了这两种解释的语义差异。而从"Religion"一词的语境来看，它原本具有强烈的基督教基础教义所内含的个体信仰，这种信仰排除了仪式等神秘主义要素中的信（belief，教养，教理）等思想倾向。佛教的派生词——"宗教"被对应于"Religion"后，佛教则被逆转为"宗教"的派生词。这一现象，进一步导致佛教原本的"实践—信条"二重结构被显著化，这导致"以信条（belief）为中心"的佛教认识在近代得到了迅猛的发展。末木文美士针对以上的逆转，认为这一框架下的佛教，便天然具有了"教理的理性化"以及"咒术倾向的去除"两重倾向。[2]进而产生了两种范式之间的转换：一方面佛教作为传统的"旧宗教"而延续，与"新宗教"对抗。同时旧宗教在延续了宗门传统的基础上，必须面对新知识范式的转变；另一方面，"新宗教"在改革自身的过程中，不断对"旧宗教"的教义进行"抉择"与"吸收"，进而确立其区别于近代其他知识传统的

---

[1] 林淳、矶前顺一：《近代日本与宗教学特集》，《日本思想史季刊》第72期，2008年。
[2] 末木文美士编：《近代国家与佛教》，《新亚洲佛教史14》，东京：佼成出版社2021年版，第67页。

独立性。因此,"旧宗教"与"新宗教"之间,时而对立,时而互相包摄彼此,共同构建出了"近代佛教"(Modern Buddhism)[①]这一复杂的思想场域。"近代佛教"在东亚的思想场域中,渐渐形成了中日两种不同的"近代"传统以及思想进路。

就中国佛教而言,在中外文化与现实基础的碰撞下,其以明清佛教以来的传统,在晚清乃至民国复杂的社会局面下,再次改革自身,并回应当时百废待兴的中国近代社会的问题。

正如梁启超所言:"晚清所谓新学家者,殆无一不与佛学有关系。"[②]佛教在近代的发展,不仅仅受到僧团关注,同时也影响了晚清一大批中国近代知识分子,诸如杨文会、谭嗣同、章太炎以及严复等。无论是吸取佛教思想以推动社会革新,抑或是通过佛教以回应当时社会思潮,他们在中国的近代思想浪潮中皆有着举足轻重的地位。佛教成为近代中国社会变革的"助缘"。近代变革也反过来不断地逼迫僧团改造自身,发展新的教团来促进佛教思想的变革。其中,最为显著的便是太虚大师所提出的"人间佛教"。邓子美撰文认为:"由太虚大师奠定基石,赵朴初居士与印顺法师等加以丰富拓展补正的人间佛教理论,是20世纪中国佛教最可贵的智慧结晶。"[③]太虚大师终结了旧有的"做神做鬼""山林里去做和尚"[④]等具有传统神秘主义以及避世倾向的佛教,将其变革为"以佛教的道理来改良社会,使人类进步,把世界改善的佛教"[⑤],高举入世大旗,以"人间"为面向,将"建设社会与改造人间"作为佛教的根本意图,形成了以"人间佛教"为中心,推动僧团与社会实践并驾齐驱的局面,影响到后续印顺法师、星云法师等的人间佛教观,成为华人社会共同享有的思想资源,以及当代佛

---

① 宗教学者 Donald S.Lopez 认为,传统佛教与近代佛教的差异在于,近代佛教否定仪式以及咒术,回归传统佛陀的教学,同时强调某种平等性、普遍性与对于个体的尊重,因而具有欧洲近代启蒙主义思潮与传统佛教的双重特征。
② 梁启超:《清代学术概论》,上海古籍出版社 2000 年版,第 99 页。
③ 邓子美:《实践人间佛教内核 转换佛学研究课题》,《佛学研究》1995 年。
④ 印顺主编:《太虚大师全集》47 册,《太虚大师全集》影印委员会 1970 年版,第 437 页。
⑤ 印顺主编:《太虚大师全集》第 47 册,第 437 页

教不断回归的思想母题。

就日本近代佛教而言，它经历了江户时期德川幕府特殊的宗派政策以及初期明治政府的"毁佛灭释"运动。为了谋求生存，日本佛教不仅需要面对如何承担各个教团的延续，还需要回应近代新学带来的冲击。

1872年4月明治政府太政官在"一三三号"布告中宣布："今后僧侣可肉食妻带蓄发，不再强制，同时法律上与人民一般亦可。"又在同年9月的"二六五号"布告中宣布："僧侣必须具有世俗姓氏。"在明治初期的日本社会，由于江户体制的瓦解，日本在构建近代国家的过程中强烈渴望形成以国家为主导的"普遍原理"。江户时期特殊的藩阀制度，导致权威与幕府呈相互分离的二元状态。因此，虽然朱子学者有意识地建立中央集权的政治实体，但是在现实中，藩阀体制限制了幕府的统一意识形态的构建。反而是在"大政奉还至明治期"期间，日本构建起了具有"权威与行政"统一的意识形态与政治体制。[1]在这个过程中佛教作为"旧学"，由于不符合明治近代化过程中殖产兴业的需要，而强制地受到了"神佛分离"——"毁佛灭释"等政策上的打压以及分离。

日本教团在面临打压和迫害的同时，也开始思考如何改革旧有的教团，来延续自身的生命。宗教学者岛薗进，及佛教学者末木文美士一致认为，"镰仓新佛教"僧团的急速发展，恰恰是在明治初期[2]的近代化浪潮之中完成的。曹洞宗的居士大内青峦根据《正法眼藏》的教学内容，将面向"在家修行"为目的重新整理编撰而成的《修证仪》，选为曹洞宗宣传布教时使用的重要文献。同时期的真宗经典《叹异抄》，在近代以前一直处于沉寂的状态，19世纪以后随着佛教思想家清泽满之以及其弟子晓乌敏的大力提倡，又经由戏曲家仓田百三将之改编成小说《出家及其弟子》[3]出

---

[1] 小仓纪藏：《朱子学化的近代日本》，京都：藤原书店，2012年版，第289页。
[2] 末木文美士：《近代日本与佛教》东京：transview 2004年版；岛薗进：《日本佛教的社会伦理——回归正法》，东京：岩波书店，2022年版，第32页。
[3] 《叹异抄》（文津出版社）以及《出家及其弟子》（辽宁教育出版社），当前均被毛丹青先生翻译成中文，此外张金凤的《中国人阅读叹异抄》（京都：藤原书店）也有对《叹异抄》的汉语翻译。

版后，在社会上得到了广泛流传与推崇。原本在江户时期寂寂无名的文献《叹异抄》，在近代这一特殊的佛教革新时期的机遇中被重新发掘，并为哲学家以及文学家所推崇。①围绕近代思想的变革，日本佛教产生了特殊的文本中心的转换。

中日双方在近代佛教这个思想场域内，亦存在相互交涉的某种张力。例如，杨文会居士与净土真宗僧人兼学者南条文雄在英国相遇，杨文会由南条文雄帮助迎回大量佛教经典，开启了中国近代佛学以及唯识学复兴的契机。日本近代佛教对于"佛教学"的吸收，以南条文雄为嚆矢。②此外，杨文会在归国后，与小栗栖香顶相遇，也可以看作近代真宗的海外交流及与中国近代佛教的初次邂逅。③同时，小栗栖对当时的中国佛教持批判态度。杨文会在综合传统净土宗及《起信论》的立场上，也对真宗教法表露出了强烈的批判。陈继东先生将此次邂逅看作"回归佛陀与宗祖的集约"的分歧。在日后日本佛教对于本觉思想的批判中，也可以看见类似的结构。

而到了太虚大师这一代，日本佛教不再只是作为单纯的思想资源而与中国佛教相互交涉，更是成为促进中国教团发展的他者而被确立。最初太虚以改革僧团为目的，试图批判性地吸收日本佛教的经验。④著名的

---

① 詹姆斯·C.德彬兹：《亲鸾〈叹异抄〉的历史文脉》，《驹沢大学禅研究所年报特别号》2020年12月。
② 南条文雄在宗教学者马克斯·缪勒（Max Muller）的门下研习梵语，高楠顺次郎随后也拜入了缪勒门下学习佛教学，并将欧洲的梵语以及巴利语的最新成果带入了日本，形成了东京大学佛教学的基础。因此杨文会可作为中国近代佛教的起点，而南条是日本近代佛教学的开始。
③ 小栗栖香顶作为僧侣前往清国与"净土真宗"的现代化有关。事实上，在日本明治前期，尽管经历了"废佛毁释"的历程，但净土真宗仍然保持了一定程度的自主性，并为推进宗门的近代化而努力。小栗栖香顶的岳父小栗栖香平在翻译《学教史论》（又名《耶稣教与佛教的斗争》）（爱国护法社，1879年版）时，在序文中引用了福泽谕吉的"佛教可作为经世之学"（経世の点より仏教を必要とす），而与长谷信道的"要想发展国权，必须先保护宗教"的论调相呼应。根据小栗栖香顶的《北京护法论》来看，"日本与中国、印度原本是佛教国，三国僧侣应当同心协力，那便是保护亚洲体面之道"。小栗栖香顶在这里不仅表露出了与明治时期净土真宗同步的立场，也同时展示了与同样是净土真宗的东本愿寺派的思想家清泽满之和晓乌敏一致的护教立场。
④ 何燕生：《佛教是一个"想象的共同体"吗？》，《原佛》第三辑，2022年。

东亚近代佛教"人间性"的两种路径

"四长四短"蕴含了太虚大师这一吸收转化的立场。日本佛教学术界将对于西方传来的佛教学持开放的态度、批判咒术等传统佛教的风气、爱国情怀等作为日本佛教之所长，而将国家本位的风气、宗派分裂、缺乏佛教本位意识等作为日本佛教之问题。太虚大师非常敏锐地捕捉到了双方各自的风气差异。这也可以作为双方在近代佛教视野下，选择"人间性"的不同路径的原因。

回到"人间"的定义，广义上，在佛教的语境中"人间"通常泛指与"六道"对应的"人界"。如《增一阿含经》所提到的："我生于人间，长于人间，于人间得佛。""人间"一般指的是佛陀成道的场所。同时这种理解也是根植于传统的"六道轮回"[①]的业报世界观而确立的。因此，在"人间"之外，亦保留有"地狱""天界""净土"等传统的佛教世界观。而至近代以后，"人间"往往具有了否定超越"人间"之外的"做神做鬼"的佛教的意味。佛教通过自我改革积极参与社会实践，这无疑促使"人间"一词具有了佛教"传统"与"近代"两个面向。而在日本近代佛教的发展中，"人间"一词也被经常提起，而演变为泛指"人类"以及"人"本身的意思。近代之后，伴随着"人间性"（humanity）以及"人间学"（anthropology）等的出现，"人间"被赋予了追求"人个体之本质"以及理解"人的存在性"的新维度。日本哲学家和辻哲郎[②]在《作为人间之学的伦理学》中，便通过对于日语"人间"的分析，揭示了"人间"在伦理学中的独特价值。

在"近代"特殊的时代场域内，"人间"一词可以作为联系传统与近代的一座桥梁。而"人间"的使用，在中日近代佛教的发展中都具有举足轻重的意义。同时，日本与中国佛教的教团改革以及文脉的转变，都是伴随着人间性的转向的。如何在社会中实践自身的价值，实现佛教的近代化

[①] 植木雅俊：《法华经是什么——其思想与背景》，东京：中公新书 2020 年版，第 257 页。
[②] 和辻哲郎是日本著名的哲学家、伦理学家，是京都学派思想的代表人物之一。其代表作有《原始佛教的实践哲学》《风土》《作为人间之学的伦理学》等，同时，他也是最早将现象学方法引入佛教研究的思想家。

97

理想，二者站在各自的"旧佛教"传统上，通过新的范式改革传统，进一步推动佛教"人间化"。本文的目的，即是以中日双方各自近代佛教学的建立为线索，俯瞰性地梳理二者的交涉与冲突。以中日双方对于"佛教传统"的回溯，以及近代佛教改革为中心，探讨双方之间演变的张力，及"近代佛教"在东亚的整体思想变革中更为普遍的意义。

二　中国佛教至明末的屈折发展与展开

佛教自两汉时期由印度东传至中国始就一直要面对如何应对来自中国本土社会的挑战。魏晋时期佛教的思想课题主要集中在以教团为核心，针对来世与此世、宗教与皇权、救济思想与儒教教化等诸多问题展开，并诞生了诸如僧肇、慧远等会通本土思想与佛教的高僧。经历了两汉与魏晋时期的厚积薄发，佛教以教团为核心在中国以皇权为主的贵族阶层中，占据着一席之地。而在隋唐时期，如汤用彤所言，隋唐教派风起，因各派各有其理论和教义，故通称为"宗"，如"法相宗""华严宗"；又可称为"教"，如"三阶教""天台教"；又因各立其达到解脱的方法，故称"门"或"法门"，如"禅门""净土门"等。隋唐的教派，与南北朝时期产生了很大的差异。[①] 南北朝时期的佛教系统，虽然存在诸如鸠摩罗什教团，以及地摄二宗根据经典的文本差异形成的研习传统，但是并没有产生系统性的分化。而到了隋唐时期，以特定的开祖、教团、经典为核心的宗派意识逐渐产生。而宗派的传统一直流传至日本，形成了日僧凝然《八宗纲要》中出现的作为日本佛教基本框架的"佛教八宗"的思想传统。同时，高度发展的佛教思想，也塑造了唐朝这一横跨欧亚大陆的世界帝国的底气与精神面貌。柄谷行人在《世界史的哲学》中，针对普世宗教与帝国之间关系，提出了以下观点：

---

① 汤用彤：《隋唐佛教史稿》，中华书局 2016 年版，第 209 页。

东亚近代佛教"人间性"的两种路径

　　世界帝国通过统合各个部族国家而成立,那时,它需要超越各个国家共同体之宗教的普世宗教。罗马帝国变得巨大无比时,它也不得不将以往加以迫害的基督教作为基础。同样,当唐帝国扩大到欧亚规模时,基于法家思想(秦始皇)和儒教(汉武帝)的统一就显得不充分了。在版图上获得飞跃性扩展的唐王朝,因此而导入了佛教。

王法与佛法相互并进,共同构成了唐朝的多元化包容性与开放的思想空间。玄奘的《大唐西域记》为唐朝提供了通往西域的桥梁,玄奘的翻译事业也因此得到了皇室的庇佑。玄奘弟子不仅有窥基,也有曾为新罗皇室中人的圆测,虽然之后的唯识学研究沉寂了下来,但窥基的弟子将唯识学传入日本,由此在日本开花结果,成为南都佛教重要的教学之一。

武周时期的佛教,主要是北宗禅与华严学,它们成为国家稳固的意识形态。在武周崇佛的背景下,二者得到了发展。华严教学随着高丽僧人元晓、义湘二人传入了朝鲜半岛。而后的辽金与宋,不同程度地继承了华严学的理论框架。如辽国僧人鲜演、觉苑等对华严教典的注解,显示出会通华严、密教以及法相思想等的综合性格。唐代以佛教作为其核心文化,辐射至朝鲜、日本,并形成了影响后世的独特的贯穿整个东亚的佛教空间。而在宋代,华严学分别影响了以大慧禅为代表的宋代禅以及宋学。荒木见悟先生围绕《华严经》以及《起信论》中"一心开二门"的思想,将贯穿了宗密、大慧禅的基于华严教学的"性起"传统作为"本然性",并以"本然性"与"现实性"相互影响为线索,描绘出"华严—禅=宋学"[①]这一相互影响、相互作用的思想谱系。在"华严/禅宗"的交涉下诞生的"宋学",替代了"华严"的作用,成为贯穿明清时期中日韩的共同的"官学"。李氏朝鲜的李退溪与德川幕府两百年的朱子学传统,共同构建了东亚近世乃至近代之前的意识形态的核心观念。而至明清时期,佛教与现实

---

① 〔日〕荒木见悟:《佛教与儒教》,廖肇亨译注,台北:联经2017年版,第3—8页。

的关系，则呈现出多重复杂的现实问题相互交织的局面。山下范久认为，"明代"是东亚近世帝国的形成期，主要表现在两个方面：一是基层经济的复活，与实验性的域际交通的扩大形成了前半期；二是积蓄体制的聚集与选择性地域交通的求心化形成了后半期。前半期从明代的建立至明代的解体，后半期则主要指清朝时期。①

伴随明代发展，以及"朝贡体系"的完善与"大航海时代"的到来，佛教产生了两个面向：其一是内在的发展。从宗派来看，当时趋向单一化的宗派产生了以云栖袾宏、紫柏真可、憨山德清为主的佛教复兴运动。首先是《梵网戒疏发隐》《具戒便蒙》《沙弥律仪要略》等戒律的复兴；其次是憨山德清、蕅益智旭、紫柏真可对于藏经的刻印，以及经教理论研究的复活。以在家人王肯堂为首注疏了大量唯识经典，在明末形成了短暂的却对后世影响深远的唯识复兴运动。明末三大高僧的活动在激活了佛教沉寂已久的研习传统的同时，也促使传统禅门重新去构建自身的"师承法系"与"五家宗旨"。临济宗出现了幻有正传门下的密云圆悟、天隐圆修为代表的两派，曹洞宗有无明慧经、湛然圆澄，从而形成了明末独有的宗派意识。其二，大航海时代带来了以利玛窦为代表的传教士，他们传入了天主教思想。利玛窦采取了"天儒一致"战略，出版了《天主实义》一书，在中国读书人阶层中引起了巨大反响，也激起了知识分子与佛教界的回应。根据西村玲的研究，蕅益智旭在出家前曾经以儒学者的名义撰写了《天学发徵》与《天学再发》等诸篇天主教批判论著。

佛教系统地批判天主教则分为三个阶段：第一期（1615年前后）是云栖袾宏晚年的天主教批判；第二期（1673年左右）由密云圆悟与其弟子费隐通容组织僧俗进行的批判；第三期（1642—1643）则是蕅益智旭对于"天儒一致"的论破。在这个过程中，明代形成的"近世佛教"，第一次采取了捍卫本土思想的立场，对"天主教"做出了理论性的回应，围绕"天

---

① 山下范久：《世界系统论阅读日本》，东京：讲谈社2003年版，第108页。

主"与佛教"空"的矛盾,系统性地完善了作为佛教的批判理论,确立了以"虚空"作为区别天主"实在"的佛教的本土立场。[1]而这一认识,虽然没有在清代得到继续发展,但是在日本得到了继承,形成了江户佛教重要的理论构建之一。曹洞宗僧人铃木正三作为德川幕府的宗教制度的构建者,同时也是日本最早的职业伦理的提出者,提出了"世法即佛法"。他曾在岛原之乱后应幕府邀请,撰写了针对切支丹的《对治邪执论》。临济宗妙心寺派僧人雪窗宗崔则更进一步,在继承了明末佛教的天主批判论与铃木正三的立场上,开始了大量的授戒运动与佛教思想的传播运动。

晚明佛教为东亚近世佛教的形成产生了举足轻重的作用。清代佛教乃至近代佛教初期的教学思想,多半与晚明佛教的问题意识相互联系。晚明佛教的发展中,不仅僧人群体群星璀璨,居士佛教也大放异彩,如倡导三教合一的管东溟,在唯识学复兴中地位举足轻重的医学家王肯堂等。明末三大高僧在教学上别开生面,教学上倡导性相融汇,重新整顿复兴戒律,都为清代乃至于近代的佛教发展奠定了基础。此一时期中国佛教与日本江户佛教的互动,也是日后需要关注的话题。

三 清末佛教的展开与"人间佛教"的完成

清代初期,佛教的整体风气与明代大不相同。至康熙元年(1662),各地依然存在大量的抵抗清廷的运动。顺治二年(1645)颁发的"留发不留头,留头不留发"的"辫发制度"对明清之际的知识分子无疑是极大的打击,一时之间产生了大量的为了躲避清廷政治,依然以明臣自居而出家的"遗民僧",著名的有熊开元,继承曹洞宗觉浪道盛法统的愚者大智禅师方以智,画家八大山人朱耷,以及东渡日本成为日本传承的最后一个中国佛教宗派——黄檗宗祖师的隐元隆琦。客观上,这些遗民僧成为反抗清廷的一股宗教力量。如隐元禅师在东渡日本后依然保持着与郑成功的交

---

[1] 西村玲:《近世佛教论》,京都:法藏馆2018年版。

流，方以智在惶恐滩"自沉"①以死明志等。但是同时，禅宗与清皇室的关系也颇为密切。雍正帝常以"法王"身份自居，在嘉陵性音与藏传佛教僧人章嘉喇嘛二人的指导下获得"印可"后，撰写了《大义觉迷录》，介入与明遗民有关的曾静案，并加以抉择批判；而在《拣魔辨异录》中，则通过驳斥汉月法藏的禅法，以"觉悟者"的身份，利用世权介入僧团内部论战。②在雍正的实践中，佛法与政治互为表里，"人王而兼法王"，佛教内部僧团被外部的制度与思想所替代，客观上也为晚清佛教衰败的局面埋下了伏笔。

  清末以来，对于僧团内部而言，佛教的发展是极为沉寂的。与僧团内部不同的是，长期依附于僧团而存在的居士群体，逐渐崭露头角。太平天国运动时期，由于太平军反对偶像崇拜，对佛教以及道教都有着强烈的否定倾向，焚毁了大量佛寺与经典。原本已经不堪重负的教团，加上来自官方的生存压力，使得佛教界的僧产与思想都面临着极为衰败的局面。这一时期，传统的佛教僧人无力进行系统的经教发展以及维持佛教教学活动，很多僧人遂迎合了民间的咒术以及神秘主义的习俗。庙产兴学带来的沉重压力迫使教团不得不改革自身。而从外部而言，李提摩太与达摩波罗等传教士的活动，也为中国宗教的复兴带来了外在的刺激。同时，晚清知识分子也认识到，旧有的模式已经无力重新组织制度，稳定人心。佛教在这双重作用下，产生了自我改革的要求。有两人在其中起到了重要作用。一位是延续了明清居士佛教传统的杨文会，另一位则是在辛亥革命后领导当时中国佛教界，并提出了"人间佛教"的太虚大师。杨仁山，因为二十八岁送父归葬时感染大病，以此为契机开始阅读《大乘起信论》，开启了他对于佛教的治学生涯。同治五年（1866）他移居金陵，开始成立金陵刻经处并与李提摩太在此共译《起信论》的英文版，而后在南条文雄的帮助下，

---

① 详情参考余英时《方以智晚节考》，生活·读书·新知三联书店 2012 年版，第 198 页。
② 〔美〕吴疆：《禅悟与僧净：17 世纪中国禅宗的重构》，孙国柱等译，中西书局 2023 年版，第 170 页。

多方收集日本保存的中国佛教经典,并在中国刻印。1907 年他在金陵刻经处开启了教授经教的活动。杨仁山初期兼修佛道,而晚年以《起信论》为框架构建了"马鸣宗",以法相唯识学作为"末法救弊之良药"(《十宗略说》之《慈恩宗》)。之后,谭嗣同、欧阳竟无、章太炎等具有儒学背景的思想家,受到近代重新激活佛教文献的启发,以清代流行的今文经学为底子,在法相唯识学的基础上,开启了对于中国现代佛学的构建工作。"居士佛教"这一长期存在的群体,一时间走在了时代的前列,他们以介入世俗的方式,重新审视传统佛教,并通过新的文献探索改革传统旧学的动力与可能。

如谭嗣同,他的《仁学》,用谭嗣同自己的话来说,乃是以船山学为楔子,引入法相与华严思想,进而"别开一种冲决网罗之学"。"仁者,平等也,无差别相也,无拣择法也,故无大小可言也。"谭嗣同的仁以佛教中"无我相,无人相"的绝对平等不二的思想为基础,纠正了清末极为颓败的"视同胞国民之糜烂而不加怜,任同众生之痛痒而不知觉"的国民意识。在谭嗣同看来,佛学有着超越传统儒教纲常的现实意义。《华严》性海统摄全体,"无所谓国,若一国,无所谓家,若一家,无所谓身,若一身。夫惟朋友之伦独尊,然后彼四伦不废自废",因此,佛教便具有了批判传统礼教,甚至男女、父母纲常的本体层面的理论基础。

在谭嗣同看来,改革的契机则是对于华严学中"心力"的发展,"道力不能骤增,则莫如开一学派,合同志以讲明心学。心之用莫良于慈悲,慈悲者,尤化机心之妙药"等。他提倡用佛教之慈悲去调伏众生之"机心",冲破网罗,救人救世。谭嗣同对于佛教"救世情结"的重视,也同样影响了章太炎的思想。近代的革命与佛教相互结合,延续了近代以来佛教对于世俗的介入以及对于旧学传统的革新。

太虚大师的"人间佛教",在对于世俗的介入,以及通过佛教改革社会这两点上,与近代佛教的谱系是一致的。太虚大师曾经说:"余在民国纪元前四年起,受康有为《大同书》,谭嗣同《仁学》,严复《天演论》《群学肄言》,孙中山、章太炎《民报》及章之《告佛子书》《告白衣书》……的影响。及本其得于禅与般若、天台之佛学,尝有一期作激昂之佛教革新运动。"由此也可以看出,太虚大师的思想,恰恰是以近代佛教的发展为土壤,在吸取了近代初期居士佛教养分的基础上,不断综合与发展而成的。

中国近代佛教强调佛教在世间弘扬的基本原则,在提出佛教改革社会的同时,反过来也形成了太虚"僧团改革"的意识。太虚大师在"教理"上采取"八宗齐弘"的立场,提出了融摄汉传佛教的判教系统,以"法相唯识,法性空慧,法界圆觉"三宗为框架,发展新的佛教教学方式。其改革僧团、判教意识,被印顺法师批判性地继承,形成了其面向印度与汉传佛教双重维度的"性空唯名,虚妄唯识,真常唯心"这一不同的判教体系。由此可以看出,太虚大师对于汉传佛教传统的维系,与以学问见长的印顺法师有不同的倾向。

而在教产与教制改革上,则更加能体现出太虚"革命"的特点。太虚大师改革僧伽制度,创立武昌佛学院,重新构建以学问培养为主导的僧团教育,为当时以寺庙为主体的佛教界注入了新的活力。从教产而言,从传统、私有化的寺庙中,重新恢复至"'十方共有''十方僧物',打破剃派、法派继承遗产的私有私占恶习,以供养有德长老,培育青年僧才,及兴办佛教各种教务之用"(太虚《我的佛教改进运动略史》)。这一点是太虚大师改革受到的最大阻力,也可以从侧面理解太虚大师从"现实"改革僧团的迫切需求。

太虚大师的人间佛教思想,基本上是以僧团内部的教产、教制与教理三大改革为框架,以"佛教"为基础去构建一套应对世间、改革世间的基本思想原则,否定了片面强调"出世间"的佛教思想,而是以对应众生根基的形式,开展佛教的入世行动。

1944年,太虚大师在汉藏教理院做的关于"人生佛教"的演讲中,提道:"佛法重在入世的精神……我们现在是众生中之人,应依人生去作,去了解,了解此生,做好此人,而了死,了鬼亦在其中。此所以对向来死鬼的佛教而讲人生的佛教也。"（太虚《人生佛教开题》）。

20世纪30—40年代，"人生佛教"的提法发展成"人间佛教"。从语境而言，"人生"指的是生活的此生，而"人间"则范围更加广博。从大乘佛教的立场来看，"利乐有情"行菩萨行的世间，以"人间"来概括，更加符合原本的含义。印顺法师以《增一阿含经》中"诸佛世尊皆出人间"来解释"人间佛教"之不离世间的意义，可以看作近代以来中国佛教自我改革不断确立自身而形成的最终答案。

四 日本佛教的末法意识——正统与异端的交织

日本佛教最为显著的特征是其对于现实的独特思考。如提出了基于佛教立场的历史观，其代表作是日本天台宗僧人慈圆撰写的《愚管抄》。印度人习惯于将历史与神话相互融合，导致传统的印度佛教中并没有对于"历史"的严格的认识，也没有确立正确的"历史观"，只存在基于"正像末"三时的宗教末法观。在传统佛教的立场上，往往只以佛教教法兴旺或佛教自身衰败作为衡量历史的尺度。

慈圆的《愚管抄》基于佛教发展的逻辑，梳理了从神武天皇以来的历史脉络，认为其以一种高度统一的"冥显和合"（みょうけんわごう）为基础的"道理"来展开。

而这个"道理"与朱子学的明确统一的"理"不同，是随着不同时代的"冥"（看不见的，神佛之调和）的推进而"显"（具体的历史发展）的运动。慈圆根据武士的出现，宫廷贵族中产生的"末法意识"，以及藤原氏传统的"摄关家意识"，来构建他的历史理论。慈圆所追溯的思想源头，就是佛教大师最澄在比睿山天台思想传统中逐渐深化的"时处机相应"理论。他以这种思想为依托，主张现在是实现将摄关家和武家合而为一的摄篆将军，是末法"道理"的必然结果。并谴责后鸟羽院及其近臣所实施的排斥摄关家的政策，认为幕府讨伐计划是违背历史必然和祖神之神意的。

慈圆在"冥显"之间，认为超越"显"世界的"冥"的变动，是决定"人间世界"变动的前提。最初，"冥"与"显"相互调和，"人间"能以相应的"道理"去发展。而第二阶段，"冥"的道理继续自身的发展，"显"的人间逐渐无法理解。而第三阶段，"显"之人间即使去理解其道理，却再也无法符合"冥"之道理，随之发生历史上的混乱与纷争。日本佛教，对于日本历史的思考，始终是将作为究极原理的"冥"，不断地投射至"显"的变动当中。而以对于"显"的混乱的感知，进一步促进对存在于当下的佛教思想的变革。"冥显"相互作用，倘若我们将"人间"作为"显"来看待，那么佛教（超越人间的领域）则是不断地以"冥"的身份去介入"人间"。这个也是日本佛教从最初期一直至近代之前的基本性格。

最初，日本传入的佛教，往往具有两个方面的特征。第一是由于日本特殊的地理环境，相对而言，其并没有频繁且剧烈的异族入侵以及王朝更迭，因此往往可以长期保存从大陆传入的佛教宗派与佛教文化。而佛教也融入了日本本土的语言中，成为日常生活的一部分，如"自业自得""一莲托生""一期一会"等具有强烈佛教色彩的词语，也在日常生活中被广泛使用。同时，如法相宗、三论宗等宗派的大量文献，在日本被长期保存了下来，直至近代重新传入中国。第二是由于日本特殊的风土文化产生的政体以及问题意识，导致日本对于佛教的需求与中国本土往往不尽相同。因此，在日本的特殊性下，催生出了独特的宗派意识以及佛教思想。

日本佛教的先驱，是平安时期的最澄以及空海。末木文美士先生在《禅的中世——佛教史的重构》一书中，将平安时代的佛教发展分为四个时期：第一期是奈良后期至平安初期的三论法相之争；第二期是以最澄为始的天台宗的开创以及与南都佛教的论争期；第三期是以天长六本宗书为核心的诸宗派的体系化以及相互判摄时期；第四期是以天台本觉思想为核心的安然教学的产生，也就是诸宗的整合期。[①]

---

① 末木文美士：《禅的中世》，东京：临川书店2023年版，第58—93页。

第一期奈良时代至平安初期的佛教，占主导地位的是"国家佛教"与"宗派教学"的形成。这一时期的佛教主要集中在对于宗派学问的研习上。具有象征意义的两个事件是：第一，围绕《掌珍论》的诠释以及《大佛顶经》的真伪问题，展开了唯识宗与三论宗的教学论争（也被称为空有之争），其结果是以三论宗的衰落以及法相宗的全胜而告终。第二，围绕各自的宗派教学问题而产生的《东大寺六宗未决义》的"唐决事件"。奈良时代的佛教，也被称为"南都佛教"，以三论、成实、法相、俱舍以及华严为框架，形成了各自的教学传统。虽然并没有形成高度发展的本土思想传统，但是其特殊的宗派传统为文献与思想的保存奠定了基础。

第二期则是最澄的教团改革，他在比睿山建立以天台圆教为主导思想的大乘戒坛，针对法相宗的三乘究竟说，确立以《法华经》为主导的"一乘究竟说"。最澄与德一以因明学为基准，围绕各自的教义系统，展开了日本历史上的"三一权实论争"，它延续了印度和中国的相关论争。此时还引发了大乘戒坛与南都佛教戒坛的全面斗争，即"大乘戒坛论争"。末木文美士认为最澄通过构建大乘戒坛的理想，描绘出了日本全面佛教化的全景图。从真俗一贯的立场上，作为"真"而出家的菩萨，与作为"俗"而在家的菩萨君主，相互作用，引导众生走向佛道，由此来实现一乘思想的理想。

第三期至第四期，则是日本佛教进一步完善的空海—最澄的宗教改革。其他的法相、三论以及华严、律宗也以变革为契机，相互交涉，分别发展出了各自对于"诸宗"的判教学。[①]安然的"天台本觉思想"集诸宗之大成，故此一时期是各宗的交涉期，也是"天台本觉思想"的"综合期"。

进入镰仓时代，当时的人们主要面临两个现实问题：第一是如何应对末法的问题；第二是如何在佛教的颓丧中重新确立佛法。在传统的佛教历

[①] 各宗的文献，分别为法相宗护命的《大乘法相研神章》五卷，三论宗玄睿《大乘三论大义抄》四卷，华严宗普机《华严一乘开心论》六卷本（只有下本现存），律宗丰安《戒律传来记》三卷本（只有上本现存），天台义真《天台法华宗义集》一卷，真言宗空海《秘密曼荼罗十住心论》十卷。

史观中，佛教将时间分为三个时代：正法、像法、末法。正法时代，是自佛陀涅槃后的一千年间，此时佛法的教导和修行共存，人们可以通过修行迅速证悟。像法时代，是正法之后的一千年，此时教导和修行仍然存在，但没有证悟。末法时代，则是像法之后的一万年，此时只有教导，没有修行和证悟。日本正式意识到进入"末法"的时间是永承七年（1052）。景戒在《日本灵异记》中写道："修行善行者如峰巅绽放之花般稀有，作恶之人如土山生长之众草般杂多。"当时是一个政治局势动荡、充满争斗和冲突的时代。[①] 对于末法时代的人们来说，具有意义的佛教是什么，如何确立正确的佛教，以便度过这个昏暗时代成了最重要的问题。正是在这个时代，欧洲流行虚无主义，当传统价值观被动摇，走过的旧路变得毫无意义时，人们会重新审视自己的立足之地，寻求新的可能性。

根据黑田俊雄的显密体制理论，平安密教和南都佛教都以"王法佛法相依论"[②]为基础，世俗权力与显密佛教互为两面，共同构建了当时松散的国家联盟，成为中世纪的主流。这种佛法不局限于概念和思想层面的意义，实际上拥有庞大的殿舍、庄园、寺庙以及众多信徒和神职人员，代表着社会和政治力量，甚至不排除提出诉求和进行合战。"显密体制"在当时具有深远的影响以及巨大的力量，一直被作为中世佛教的主体，在"冥显和合"的历史观下，发挥着重要的作用。

而与之相反的则是在同一时期被看作"异端"的"镰仓新佛教"。"镰仓新佛教"的特点在于，它是一场对"显密体制"的批判性佛教改革运动。这一运动本身在于与"贵族阶层"相对，将教化传递给"民众"，回归"纯粹佛教"的路线。

法然创立了"专修念佛"的修行道路，亲鸾则倡导了以"阿弥陀如来"为主体的绝对他力之道，确立了"如来回向"为其根本教法。当然，

[①] 而这里的"末法"，从日本传统的记载来看，并不局限于"佛教"，而是普遍地介入了日本的历史发展的重要前提。对于中世的日本而言，正因为佛教的衰败，才导致了"显冥和合"的失调。

[②] 黑田俊雄：《王法与佛法》，京都：法藏馆2020年版，第11页。

对他们来说，回归到"阿弥陀如来"本身也意味着佛教理论的纯粹化。而日莲则将"日本天台"的密教元素和念佛等剔除，认为回归更为纯粹的《法华经》，才是结束末法时代的根本道路。

那么问题在于，在中世一直被看作"异端"的民众佛教运动，为何可以替代传统的"显密体制"成为历史舞台的主流？一部分的原因在于"近代"重新从传统佛教中"发现"了"镰仓新佛教"。黑田认为，明治之后，以近代历史学为代表的村上专精《日本佛教史稿》、岛第大等《日本佛教教学史》等，以"近世之后"的"新旧"标准重新"发明"了"镰仓新佛教"的叙述，将原本属于"异端"的宗派，通过"近代"后产生的佛教传统，促使"镰仓新佛教"这一"叙事"被重新发现和确立。[①]这一点，也可以看作"近代"日本佛教中产生的围绕佛教叙事的思想变革与断裂。

五 中日佛教的人间性以及近代的比较

"人间"一词，在日本由来已久。从哲学家和辻哲郎的分析来看，"人间"这个词在中文中原本是用来指代社会、世界、世间，比如"人间何处不青山"；但在日语中，它更常被用作"人"的意思。最初，"人间"在佛教语境中指代"人的世界"。其中反映了佛教的轮回世界观。因此，"世间无常"经常被表达为"定然变化是人性的习惯"或"人性的弱点"。

此外，和辻哲郎认为，"人世无常"同时也就是"人的无常"。虽然"七次转生为人"意味着七次在人类社会中投生，但投生到人类社会，也意味着同时以"人"的身份来到这个世界。我们作为社会中的个体，正是以"人"的角度来生活。从这个意义上讲，"世间"作为无常，反映在"人"的身上，"人"就要直面"无常"。从对"人"的解释到对"世间"的转变，可以说是和辻哲郎独特的思想结构。在日语中，"人"被理解为"个人"，但在其背后，佛教传统的"人间界"这一空间概念也深深地融

---

① 黑田俊雄：《王法与佛法》，第14页。

入其中。通过用"世间"替代"空间",原本作为"个人"的"人"的本质意义就变为与"无常"相关的"世间"本身,这也是和辻的独特视角。

此外,"世界"的意义在"世间"中被定义为"破坏性、对治性、覆真性"(《成唯识论述记》)三个方面。和辻认为,时刻的转换、不断地被其破坏才能称为世,但是倘若只有破坏,也不能确立其为世,因此能被加以对治。但是对治理应显现的真理却不断地被消解,产生新的运动,这便是覆真性。[①]"陷入这个世界"意味着陷入人类的迷惘存在,而世界无常则被和辻定义为"人际关系"的破坏。而"流转"本身是一个带有"位置"含义的词,一开始指的是"可见的世界",然后逐渐扩展为"天地万物的共同的生存空间、领域"。和辻认为,这种世界或地方不仅包括物质的存在,还可能是非物质的世界或地方。我们所形成的"伦理",以"人间"的视角来看,是由于"相互的关系"所规定的。但是又会随着"关系的变化"而不断发生改变。与此同时,末木先生认为"宗教"具有不断超越"旧有的关系"从而产生新的"伦理"的契机。因此宗教时而与伦理妥协,时而不断去构建新的关系,产生新的伦理价值。木末文美士认为,日本近代佛教中,最初期的宗门改革者清泽满之的"精神主义"就具有宗教与伦理的相互交涉与影响的复杂关系。[②]

清泽活动的时间1889年前后,正是日本确立国家主义的意识形态,颁布旧明治宪法的时间。当时的体制派哲学家代表井上哲次郎,正与基督教徒内村鉴三以《教育敕语》不敬事件为契机,展开围绕"国家道德与世俗宗教之间"的深刻冲突的论争。清泽满之针对宗教与国家道德之间的冲突,对当时的环境表达了深刻的忧虑,因此在《精神界》杂志展开了如火如荼的宗门改革运动的探讨。从清泽的视角来看,深刻地观察自身的内心(精神),并与作为绝对无限的如来相遇,是我们的道德责任,通过让渡给作为无限的如来而产生对于世俗道德的否定,并以此来确立佛教在思想领

---

① 和辻哲郎:《作为人间之学的伦理学》,东京:岩波文库2015年版,第30页。
② 末木文美士:《反·佛教学——佛教VS伦理》,东京:筑摩学艺文库2013年版,第110页。

域的主体性。此外，与清泽满之同一时代的田中智学则走向了与清泽完全相反的道路，他以"镰仓新佛教"中的日莲思想为核心，将日本的理想形象与《法华经》相互结合，产生了与日本"国体论"合流的"日莲主义"，成为日本右翼思想的理论源头之一。

铃木大拙也是日本近代佛教中代表性的人物，在1892年写完《新宗教论》后，第二年奔赴美国，展开了在美国10年的求学生活。1909年后回到日本，一方面开始禅宗的海外传教活动，另一方面也对禅宗丛林进行了改革活动。他与他的高中好友——日本哲学家西田几多郎，共同确立了独特的以佛教为基础的日本近代哲学。铃木的思想则是以日本"灵性"为线索，重新发掘亲鸾与道元的佛教思想以及独特的"镰仓新佛教"的价值。

无论是清泽满之的"宗门改革"，还是田中智学以《法华经》为主体的"国体论"，抑或是铃木大拙所强调的"灵性"，我们都可以从中看到作为近代日本社会的"显"（西方近代，历史变动）与"冥"（国体，民众）的张力。

以近代为分界线，传统的"显密体制"，逐渐地被以"民众"为主体的"镰仓新佛教"所取代。而这一取代的背后，正如同日本的近代发展一样，其实是走向了一条强调"日本"原创性的道路，它在一定程度上将"镰仓新佛教"与"佛教传统"相割裂，将其看作日本独特的思想发展道路。而日本佛教在近代所强调的"人间性"，则是伴随着"镰仓新佛教"与近代的"人间"意识而被确立的。但是这一道路，伴随着日本近代的对外殖民，和对于东亚的"优越意识"，带来了不可挽回的恶果。

战后，伴随着"日本优越意识"与以天皇为主体的国体观念的解体，近代的"冥"也产生了巨大的变革。东日本大地震事件中，佛教各个宗门积极地参与到对于"世人"的安抚以及其他社会实践活动中。将佛教作为与西方近代思想相对照的他者，也可以看作在"显"（不断变化的现实）的视域下，我们不断地思考作为"冥"的佛教的存在方式的重要契机。

中国与日本在近代发展的初期，都经历了"庙产兴学"运动。在中国近代佛教兴起以及发展的过程中，对于佛教发展的紧迫感与因救国而形成的危机意识一直伴随始终。一直到太虚大师"人间佛教"的提出，才算是彻底地贞定了发展的方向。"人间佛教"具有佛教本来的"人间界"成佛的传统意识。我们可以以日本佛教的"人间性"作一对比：一方面，过于强调近代的"人间"意识，可能会解构佛教传统；另一方面，人间佛教或许不应当仅仅被诠释为中国佛教发展下的"独特"创造，也应当以日本佛教发展的历史为镜子，将"人间佛教"的传统看作为探索超越自身独特性、超越"显冥"对立，建立面对当下社会发展的"普遍宗教"的可能性。

Two Approaches to the "Humanity" of East Asian Modern Buddhism: A Study on the Similarities and Differences in the Development of Modern Buddhism in China and Japan

Huang Zhibo

Throughout the historical development of East Asian Buddhism, China and Japan have each charted distinctive courses regarding the concept of "humanity." This paper investigates the formulation and progression of "humanity in Buddhism" within Chinese Buddhism from its early days to the modern era, culminating in the concept known as "Humanistic Buddhism." Contrasting this development with that of pre-modern Japanese Buddhism, the paper examines Japan's integration of its native sensibilities with Chinese Buddhist principles to create a unique doctrinal framework, introducing the novel concept of "humanized" Buddhism. This study aims to dissect the divergent evolutionary paths of these traditions through a review of their historical "Buddhist traditions"a nd the examination of thought evolution within modern reforms. Moreover, it sheds light on the greater impact of "modern Buddhism" on the ideological shifts within East Asia.

Key words: Chinese Buddhism; Japanese Buddhism; Kenmitu Taisei; Modern Buddhism; Humanistic Buddhism

人间佛教与当代人类文明

人间佛教的现代意义和未来价值

——以"体验之功"和"共同体多元化"社会为中心

韩　驰

上海大学博士生

摘　要：人间佛教思想与千年来中国学术思想所蕴含的"体验之功"一脉相承，这充分证明了人间佛教对于弘扬中国思想和文化的现代意义。既然人间佛教注重佛法的实践理性，就必须考虑实践的社会基础。"大共同体一元化统治"打压佛教的历史教训以及佛教思想的交流性本质特征都要求人间佛教必须推进"共同体多元化"社会建设，这是人间佛教的必由之路，也是未来价值之一，体现了历史和逻辑的统一。以人本为核心理念，以兼容并蓄为基本思维，以法治为根本保障，三者互为支撑，方能创建一个"共同体多元化"社会，这也是星云大师的般若智和善巧方便智。

关 键 词：人间佛教；体验之功；大共同体本位；共同体多元化；星云大师

基金归属：本文为2019年度国家社科基金重大项目"'一带一路'佛教交流史"（编号：19ZDA239）的阶段性成果。

近年来人间佛教是佛教研究的一大热点，前贤时彦已经做了很多精深且严谨的探讨。[①]然而，千年来中国学术思想所蕴含的"体验之功"与人间佛教的思想有何关系？这种关系又体现了人间佛教怎样的现代意义？中国古代王朝与佛教之间的紧张关系可以给予人间佛教的当代发展什么启发？一个"共同体多元化"社会与人间佛教的发展又有什么关系？就笔者陋见，学界目前对这些问题的讨论还明显欠缺，本文则尝试讨论这些问题，以求教于方家。

一 从中国学术思想所蕴含的"体验之功"来看人间佛教的现代意义

近代以来，中国学术思想的研究基本是借用西哲的概念和框架，这一研究范式以胡适《中国哲学史大纲》、冯友兰《中国哲学史》、劳思光《新编中国哲学史》为代表，此范式当今依然处于主流地位。然而，这一范式是否适用于中国学术思想的研究呢？韦政通就曾指出胡适、冯友兰和劳思光对于中国学术思想研究的问题所在：对于胡适，他认为其显然还没有区分哲学史和思想史的概念，也没有注意到中国哲学史或思想史的特殊性；对于冯友兰，他认为其以西洋哲学为准来看中国哲学，至多只能发现中国哲学的粗陋部分，这又如何能了解中国哲学的特征与精华呢？对于劳思光，他认为其提出的全面判断的统一性很难避免由自己哲学立场而来的偏见。[②]在今天看来，韦政通对胡适、冯友兰和劳思光的批评不免有些苛责，但也确实指出了以西哲的概念和框架来研究中国学术思想的弊端。那么，我们该以何种方法研究中国学术思想呢？

早在1922年罗根泽就指出当时之学者好以各不相谋的西洋哲学缘附

---

① 邓子美、周菲菲：《人间佛教研究五十年述评》，《西南民族大学学报》（人文社会科学版）2015年第6期。
② 韦政通：《中国思想史方法论的检讨》，载氏编《中国思想史方法论文选集》，世纪出版集团、上海人民出版社2009年版，第3—5页。

中国哲学，这是中货西装的把戏，应建立中国哲学之独立的事业。[①]该如何建立中国哲学或中国思想之独立事业呢？笔者以为唐君毅和徐复观的认识极具启发。唐君毅认为西方哲人特重分析之思辨，中土哲人大率轻思辨，以分析之术为小言破道，故多重体会默识，由行证知。[②]此说一针见血地指出了中国学术思想轻逻辑思辨，重体验，由行证知的特点。徐复观则更加详细地阐述了中国学术思想的这一特点，兹引徐氏论述如下：

> 我国文化，多由实际生活之体验而出。此与希腊文化之由冥想、思辨而出者大异其趣。故希腊文化系统下之各家思想，在其表现之形式上，皆具有理论之结构；读者循序研阅，即可得其思想之统纪。<u>然其蔽也，思辨愈精，距现实之人生愈远。我国传统文化中之各家思想，因皆出自生活中之体验，故多深入于人生之真实，使读者当下可以反躬自得，启其充实向上之机。</u>……今日治思想史者之责任，乃在显发古人思想中所潜在之逻辑性，使其具备与内容相适应之理论结构。而今日抱有阐扬文化，以达成己成物之宏愿者，<u>尤须以思辨之力，推扩其体验之功，使二者能兼资互进</u>。[③]

徐氏之"以思辨之力，推扩其体验之功，使二者能兼资互进"的研究方法既可补中国学术思想逻辑思辨之不足，又能重视中国学术思想所蕴含的"体验之功"，是研究中国学术思想的重要方法。"体验之功"，即"生活中之体验，故多深入于人生之真实"，就是说中国传统各家思想都是在"做"中来。

[①] 罗根泽：《〈古史辨〉第四册〈自序〉》，载罗根泽编著《古史辨》第四册，上海古籍出版社1982年版，第12页。
[②] 唐君毅：《略论作中国哲学史应持之态度及其分期》，《唐君毅全集》第2卷《中西哲学思想之比较论文集》，九州出版社2016年版，第317—328页。
[③] 徐复观：《重印〈佛家名相通释〉序》，《徐复观文集》第2卷《儒家思想与人文世界》，湖北人民出版社2002年版，第355—356页。

21世纪以来，学界对于中西学术思想的不同本质有了更为深刻的认识，刘笑敢和方朝晖的见解可作为代表。刘笑敢明确反对用西哲的概念框架来缘附中国学术思想，并将这种研究方法称为"反向格义"，认为这一方法的主要问题在于："西方自笛卡尔以来的对立二分（dichotomy）式的概念结构与中国哲学思想中的概念系统不合。……中国哲学的这种特点可能是因为思想家所关注的课题主要是以社会人生为中心的实际问题，对抽象的纯理论、纯逻辑的课题兴趣不高。而在实际生活和宇宙之中，万物与人生是一个有机的连续的整体。因此，在多数中国哲学家头脑中也不存在截然对立、不可调和、不可转化的对立概念，……与西方式概念体系很不相同。"[1] 方朝晖的见解更为系统且深刻：

> 西方哲学之所以一直十分注重逻辑，乃是因为这种学说在思维方式上的出发点是为了求是，求是决定了方法比结论更重要，所以西方哲学在发展中新旧学说体系更替的速度非常快，从来没有一成不变的定律。而中国人的宇宙观由于以价值判断为前提、以求应（该）为旨归，一开始就为自己设立了若干永恒的价值（如道之类）；而且和人类其他宗教学说一样，这些价值一旦设立，就不再变化，变化的只是不同时代的人们自我修炼的方法。……与此同样的道理，中国人的人生观几千年来都一直注重修身、践履、静坐、慎独、体验，强调知、行不可分，要学者们"戒慎恐惧""切磋琢磨""吾日三省吾身"等，其原因很简单：人生的意义不可能在逻辑论证中实现，而只能在自己的人生修炼和人生实践中实现。也就是说，它是以价值判断为前提、以求应（该）为旨归的。[2]

---

[1] 刘笑敢：《反向格义与中国哲学方法论反思》，《哲学研究》2006年第4期。
[2] 方朝晖：《中学与西学：重新解读现代中国学术史》（修订增补版），中央编译出版社2022年版，第128页。

刘笑敢和方朝晖一方面指出了中西学术在思维方式上的不同本质，另一方面也强调了中国学术思想所蕴含的"体验之功"。无论是刘笑敢所言的"（中国）思想家所关注的课题主要是以社会人生为中心的实际问题"，还是方朝晖所说的"人生的意义不可能在逻辑论证中实现，而只能在自己的人生修炼和人生实践中实现"，均与徐复观所言的"体验之功"相吻合。那么，人间佛教的思想是否也蕴含"体验之功"呢？

太虚大师是人间佛教的创立者，其明确指出："人间佛教，是表明并非教人离开人类去做神做鬼，或皆出家到寺院山林里去做和尚的佛教，乃是以佛教的道理来改良社会，使人类进步，把世界改善的佛教。……即因世人的需要而建立人间佛教，为人人可走的坦路，以成为现世界转变中的光明大道，领导世间的人类改善向上进步。"[1]

赵朴初居士认为："（人间佛教）的基本内容包括五戒、十善、四摄、六度等自利利他的广大行愿。《增一阿含经》说：'诸佛世尊，皆出人间。'揭示了佛陀重视人间的根本精神。《六祖坛经》说：'佛法在世间，不离世间觉，离世觅菩提，恰如求兔角'，阐明了佛法与世间的关系。佛陀出生在人间，说法度生在人间，佛法是源出人间并要利益人间的。"[2]

星云大师说："凡是佛说的，人要的，净化的，善美的；凡是有助于幸福人生增进的教法，都是人间佛教。"[3] 大师还曾言："佛教不是出家人的，也不是仅供学者研究的，佛教应该是有益于全民大众的；佛教不是理论的、抽象的，而是重视人性、具有人间性格，能为世间带来幸福快乐的宗教。"[4]

现代学者程恭让认为："人间佛教一方面持守传统佛教的基本价值、

---

[1] 太虚：《怎样来建设人间佛教》，《人间佛教思想文库 太虚卷》上册，宗教文化出版社2017年版，第92—106页。
[2] 赵朴初：《中国佛教协会三十年》，《人间佛教思想文库 赵朴初卷》，宗教文化出版社2017年版，第18页。
[3] 转引自符芝瑛《传灯 星云大师传》，现代出版社2011年版，第271页。
[4] 转引自符芝瑛《传灯 星云大师传》，第273页。

核心价值，一方面更加重视以人为本、现实人生及社会参与。同时具备上述两个方面价值指向的，就是所谓'人间佛教。"①

从太虚大师、赵朴初居士、星云大师和程恭让教授对于人间佛教的阐述来看，人间佛教是以现实人生为基础，重视人的尊严、价值以及现实人生的成就与品质，②这也可以理解为是佛菩萨的善巧方便智。③从佛学"契理契机"的原则来看，人间佛教注重人间正行，主张佛教现代化是对"契机"的合理贯彻。当然，我们需要注意的是人间佛教既然是以现实人生为基础，这就要求僧众不能自绝于社会人生而应该深入社会，体验人生，以善巧方便智引导众生学习佛菩萨的般若智慧。如此，我们不难发现，人间佛教的思想和中国学术思想所蕴含的"体验之功"是相符的。④换句话说，人间佛教不仅是汉传佛教在20世纪中国化的新典型，也与中国学术思想所蕴含的"体验之功"一脉相承，正如程恭让所言："佛教在心灵智慧及思维方式的层面与中国文化的互动，更是应当高度评价的方面。"⑤这充分说明了人间佛教对于弘扬中国思想和文化的现代意义。

二 建设"共同体多元化"社会是人间佛教的未来价值之一

无论是佛陀的善巧方便智，还是中国学术思想所蕴含的"体验之功"，都要求在社会中实践，而非一味地玄思。程恭让认为："佛法本来既有理

---

① 程恭让:《论人间佛教的历史必然性》,《西南民族大学学报》(人文社会科学版) 2016 年第 10 期。
② 程恭让:《论人间佛教的历史必然性》,《西南民族大学学报》(人文社会科学版) 2016 年第 10 期。
③ 程恭让:《论人间佛教的历史必然性》,《西南民族大学学报》(人文社会科学版) 2016 年第 10 期。
④ 佛陀哲学是以生命问题为本位,哲学省思始终从生命出发,围绕生命,并为了生命。(参见程恭让:《释迦牟尼及原始佛教思想的交流性问题》,《五台山研究》2021 年第 1 期) 人间佛教以现实人生为基础是对佛陀生命哲学思想的继承,这就更好地解释了人间佛教思想和中国学术思想所蕴含的"体验之功"的共通性。
⑤ 程恭让:《人间佛教理论、实践的三大方向——以星云大师〈人间佛教佛陀本怀〉为依据》,《西南民族大学学报》(人文社会科学版) 2017 年第 8 期。

论理性的彰显，也有实践理性的开发，理论知识的建构与实践能力的拓展，本来如鸟之双翼（《般若经》），如父母之琴瑟和弦（《维摩经》）。……星云大师人间佛教所弘扬的这种般若、方便并重的智慧特质，其核心部分可以说正是对于佛法实践理性的特殊、重要的贡献，并重新开启佛法理论理性与佛法实践理性新动态平衡的一种可能性探索。"①既然人间佛教注重佛法的实践理性，就必须考虑实践的社会基础。有一个好的社会基础，才能使实践佛法如鱼得水，否则就很难落实。从"大共同体一元化统治"打压佛教的历史教训以及佛教思想的交流性本质来看，"共同体多元化"社会是落实佛法实践理性的社会基础。

（一）从历史教训来看推进"共同体多元化"社会建设是人间佛教发展的必由之路

人间佛教非常强调现代化，兹引太虚大师和星云大师的相关论述如下：

> 现代的人间之思想生活，虽各民族各有其特殊之处，然以世界交通之故，已成为普遍之世界文化者，则为三事：（一）现实的人生化；（二）证据的科学化；（三）组织的群众化。观此，可知施设现代协契时机之佛学，当从何矣。②

> 佛教需要现代化。……我们所以把《佛光学》编列在《教科书》第十一册，是因为数十年来佛光山倡导佛教现代化、人间化、制度化，对当代佛教的发展不无影响，因此以佛光山和佛光会为主，提供一些概念和认识，协助大家掌握佛教未来发展的动向。③

---

① 程恭让：《星云大师对佛法实践理性的特殊贡献——从般若、方便融和的佛法义理学视角》，《法音》2023年第8期。
② 释太虚：《人生佛学的说明》，《太虚大师全书》第三卷《法藏·三乘共学 法藏·五乘共学》，宗教文化出版社2005年版，第183页。
③ 佛光星云：《佛光教科书（1）佛法僧三宝》，台北：佛光文化事业限公司1999年版，第24页。

人间佛教的现代化措施之一就是建立现代僧团，星云大师说："过去佛教僧团重视六和敬的制度，现代佛光山教团主要也是以法为中心，强调法治重于人治，讲究制度领导、集体创作、职务轮调、序列等级、僧团立法等，这都是不违传统佛教的现代管理。"[①]对于佛光山僧团，程恭让有一很好的总结："佛光山的千余徒众虽分布在全球各地的弘法道场，但是他们普遍遵守'一师一道'的伦理规则，服从佛光山总本山的管理模式，同一思想、同一制度、同一步调、同一行持，所以佛光山僧团还是一个将规模化、组织化及制度化具于一身的现代人间佛教的僧团。"[②]以现代僧团为中介，人间佛教才能更好地宣传自己的主张，推动佛教的基本价值、核心价值与现代普世价值、当代人文关切的互动与对话，在这种互动与对话的过程中实现佛教的旧命维新。[③]可以说，要实现人间佛教的根本关怀，现代僧团是不可或缺的，但问题就在于现代僧团的发展模式蕴含着一个巨大的危机，即"大共同体一元化统治"的打压。

要深入了解这种危机，我们需要再次认识中国古代王朝与佛教之间的紧张关系。陈仪深通过对太虚大师政治思想的研究指出："由于佛教与中国固有文化之间的异质性，加上君主专制政体之下，佛教容易因帝王的支持而趋于兴盛，也容易因帝王的打击而一蹶不振，佛教在中国的发展状况是相当不稳定的。"[④]星云大师在《人间佛教佛陀本怀》一书中也讨论了中国佛教衰微的原因，列举了十大原因：（一）本土宗教排挤，专制帝王毁佛；（二）佛教蓬勃发展，引来皇朝不安；（三）佛教走入山林，消极脱离社会；（四）弘讲谈玄说妙，不重人文关怀；（五）经忏佛教鼎盛，道德信仰堕落；（六）提倡神鬼信仰，殃及人间佛教；（七）外道邪

---

① 佛光星云：《佛光教科书（11）佛光学》，台北：佛光文化事业限公司1999年版，第20页。
② 程恭让、李彬：《星云大师对佛教的十大贡献》，《世界宗教文化》2015年第3期。
③ 程恭让：《论人间佛教的历史必然性》，《西南民族大学学报》（人文社会科学版）2016年第10期。
④ 陈仪深：《太虚法师的政治思想初探》，《中央研究院近代史研究所集刊》第19期，1990年，第283页。

教猖獗，混淆佛教真相；（八）宋明理学兴起，代替佛教信仰；（九）西方文化影响，佛教无力抗拒；（十）藏经繁多深奥，读者望之却步。[①] 专制帝王毁佛和皇朝不安位列十大原因前二，均涉及了政教之间的冲突关系，可见在星云大师看来这两个原因是中国佛教衰微的首要因素。"三武一宗禁佛"是中国古代佛教的法难，学界对北魏太武帝、北周武帝、唐武宗和周世宗的禁佛原因有很多的讨论，[②] 但最为重要的无非就是三点：其一，僧众参与了一些威胁王朝统治的起义事件；其二，寺院经济膨胀，严重影响国家税收；其三，出家僧尼人数过多，威胁国家徭役。上述讨论不无道理，但终是未能揭露出中国古代王朝与佛教发生冲突的根本原因，即中国古代王朝是以法家传统的"大共同体本位"为根本，其要求王朝必须打压宗族、宗教等"小共同体"的成长。秦晖对大、小共同体有一精辟之见，兹引如下：

> 秦开创了大共同体一元化统治和压抑小共同体的法家传统，从小共同体解体导致的"私有制"看来似乎十分"现代"，但这只是"伪现代"。因为这里小共同体的解体并非由公民个人权利的成长、而是相反地由大共同体的膨胀所致。而大共同体的膨胀既然连小共同体的存在都不容，就更无公民权利生长的余地了。……"儒表法里"即在表面上承认多元共同体权威（同等尊崇皇权、族权、父权、绅权等等）而实际上独尊一元化的大共同体；讲的是性善论，信的是性恶论；口头的伦理中心主义实际的权力中心主义；表面上是吏的儒化而实质上是儒的吏化。在社会组织上，则是表面上崇尚大家族而实际效果类似"民有二男不分异者倍其赋"。……然而实际上法家传统一直存在，由汉到清的统治精神（除了前述魏晋以后一个时期外）仍然是"大共同体本位"的，而不是小共同体本位、更不是个人本位的。像

[①] 释星云：《人间佛教佛陀本怀》，台北：佛光文化事业有限公司2016年版，第221—238页。
[②] 参见张箭《三武一宗抑佛综合研究》，世界图书出版广东有限公司2015年版。

古希腊的德莫、古罗马的父权制大家族、中世纪西欧的村社、行会、教区、俄罗斯的米尔等等这类含有自治因素的"非国家"社群所享有的地位，在传统中国很难想像。①

秦晖所说的"小共同体"主要是指传统的血缘伦理性的地方宗族，但也包括宗教寺院系统的佛教僧团。② 中国古代传统意义上的佛教僧团本身就是一个小共同体组织，有着自己的教义、组织以及寺产，且有一定的自治性。这样的小共同体在法家传统的皇帝眼中就是一个潜在的隐患，即皇帝不会允许在大共同体一元化统治的秩序中存在一个足以威胁其统治的小共同体佛教僧团。为了使佛教僧团这个小共同体不对大共同体一元化统治构成威胁，统治者一方面拉拢佛教上层人员，给予其特殊权益；另一方面也会严格控制寺院僧团的规模，不会任由其自然成长扩大。一旦佛教僧团的发展威胁到了统治，王朝皇帝便会采取断然措施摧毁佛教僧团，维护其大共同体一元化统治，这才是古代王朝统治者打压佛教的深层逻辑。

即便唐之后的历代王朝并未再有国家层面的禁佛事件，但其对佛教僧团的控制依然非常严格。宋、明两代均对佛道两教实行"度牒"制度，由朝廷每年限量颁发以控制僧、道的数量。明代自洪武十五年（1382），始置僧录司、道录司作为官府机构管理佛、道两教。洪武二十五年明太祖令僧录司造周知册颁行天下，天下僧人皆为在册者。清代关于佛教的政策基本沿袭明代，亦是严格控制，《大清会典》卷一百十三《刑部五》："凡寺观、庵院，除见在处所外，不许私自创建增置，违者，杖一百，还俗僧道，发边远充军，尼僧女冠，入官为奴。若僧道不给度牒，私自簪剃者，杖八十。若由家长，家长当罪，寺观住持及受业师私度者，与同罪，并还

---

① 秦晖：《"大共同体本位"与传统中国社会——兼论中国走向公民社会之路》，《传统十论》，复旦大学出版社2003年版，第81—85页。
② 秦晖在讨论受抑制的小共同体福利问题时就将宗教寺院系统的公益组织作为研究对象之一。（秦晖：《从传统民间公益组织到现代"第三部门"——中西公益事业史比较的若干问题》，《传统十论》，第150页）

俗。"①总而言之，宋明清三代对佛教的控制主要是通过两大措施：其一是通过"度牒"制度来控制僧众数量和僧众个人；其二，设立僧官管理佛教事务。这两大措施的本质是法家传统的大共同体一元化统治对僧团小共同体的打压和控制，力图使僧团小共同体处于一种孤立、微弱的状态，从而不会对其统治构成威胁。

人间佛教以现实人生为基础，这就要求必须以具备规模化、组织化及制度化的僧团作为中介布道世间。显然，这样规模化、组织化及制度化的僧团不能是一个孤立、微弱的小共同体，而是要努力突破小共同体的束缚成为一个具备一定实力且有国际影响力的僧团共同体。这样规模化的当今佛教僧团共同体如何能够在当今社会中发展呢？大共同体一元化统治的打压危机是否会死灰复燃？若是对这些问题没有很好的认识，人间佛教的发展就很难给予乐观的态度。

人间佛教若要走向良好发展，人间佛教的弘扬者就必须清楚两个问题：其一，人间佛教最大的阻碍既不是佛教内部的不同宗派，也不是儒学或西学，而是法家传统的大共同体一元化统治；其二，人间佛教的发展需要有个"共同体多元化"的社会环境，只有在这样的社会环境下，人间佛教才不会被大共同体打压，从而能够自然地发展。因此推进"共同体多元化"社会建设是人间佛教的必由之路。就共同体多元化而言，秦晖有很好的讨论：

> 儒家思想本身不是现代化理论，但它作为一种共同体多元化学说对大共同体本位、尤其对本于极端的大共同体一元化体制是有解构作用的。儒家思想更不是什么"后现代的救世理论"，但它在中国的条件下也并非现代化之敌人。而在"公民与小共同体联盟"的条件下，出现现代公民意识与"儒家传统"的联盟也不是不可能的，这种联盟

---

① 伊桑阿等编著，杨一凡等校点：《大清会典》卷一百十三《刑部五》，凤凰出版社2016年版，第1502页。

中的儒家也许就是真正的"新"儒家。但是，这种"新"儒学必须不是以解构所谓"西学"、而是以解构中国法家传统为己任的。"新"儒学的对立面不是公民权利，而是大共同体独尊。这就要求"新"儒学理论必须公民本位化，而不是国家主义化。否则儒学就无法跳出董仲舒以来儒表法里的怪圈，它的前途也就十分可疑。[1]

此论虽是主要针对儒家的现代化而言，但在笔者看来，对人间佛教的发展路向亦有很大的启发。正如前文所述，人间佛教与中国学术思想（含儒家）所蕴含的"体验之功"一脉相承，都强调在现实世界中实现自己的价值，这是二者的共同点。纵观佛教传入中国以来，儒佛之间虽有对立和冲突，但儒释道三教合一的思想被中国人广泛接受，也就是说佛教与儒家是可以相融的，并非绝对对立的关系。相反，法家的大共同体一元化统治才是儒家和佛教的最大敌人，在大共同体一元化统治下既不允许儒家所倡导的温情脉脉式的宗族坐大，也不允许僧团发展壮大，稍有力量之时，统治者便施以雷霆手段破灭之。因此，无论是走向现代化的新儒家也好，还是走向现代化的人间佛教也罢，都必须警惕法家传统的大共同体一元化统治死灰复燃。总而言之，人间佛教需要和社会各界共同创建一个"共同体多元化"社会，这也是人间佛教重要的未来价值之一

（二）从佛教思想的交流性来看建设"共同体多元化"社会是人间佛教的应有之义

交流性是佛教思想文化的一个本质性特征，程恭让以释迦牟尼及原始佛教思想的交流性问题为核心议题，分别从以生命为本位问题的佛陀哲学观，以慈悲、无常、无我为主轴的佛陀真理观，以"四大教法"为思想原则的佛陀诠释观，以"国土相应法"为特色的佛陀弘法观四个方面，对于

---

[1] 秦晖：《"大共同体本位"与传统中国社会——兼论中国走向公民社会之路》，《传统十论》，第123页。

释迦牟尼及原始佛教思想中交流互动的特质,给予系统深入的整理和论证。①下举两例。

《杂阿含经》:"无我处所及事都无所有,无我处所及事都无所有,此则真谛,非为虚妄。"②此句是佛陀所宣讲的无我真理,这使得佛教自始至终都有一种排斥个人中心主义的自然趋势,而对于个人中心主义的排除可以培养一种包容的气质,这正是突破个人中心主义及人类中心主义,使得基于平等、多元及尊重、交流的普世伦理能够确立的哲学基础,也正是佛教之交流性所以可能的一种内在条件。③

《中阿含经》:"随国俗法,莫是莫非。"④这是佛陀整体弘法政策中的"国土相应法",这一弘法政策的背后则是祛除"文化中心"的骄慢,平等尊重其他地方包括边远地区文化价值的态度。我们在这一弘法策略中不难再次体会佛陀教法理论及弘法实践确实深深浸透着平等、交流、多元、去中心的精神。⑤

交流就必然意味着去中心和多元,否则交流就无从谈起。法家传统的大共同体一元化社会不具备践行交流的社会基础,一元化意味着万马齐喑。就佛教思想的交流性本质而言,人间佛教也必须努力建设一个"共同体多元化"社会,这是落实佛法交流性本质的社会基础。

总而言之,"大共同体一元化统治"打压佛教的历史教训以及佛教思想的交流性本质特征都要求人间佛教必须推进"共同体多元化"社会建设,这是人间佛教的必由之路,也是未来价值之一,体现了历史和逻辑的统一。

---

① 程恭让:《释迦牟尼及原始佛教思想的交流性问题》,《五台山研究》2021年第1期。
② (南北朝)求那跋陀罗译:《杂阿含经》,华文出版社2013年版,第1269页。
③ 程恭让:《释迦牟尼及原始佛教思想的交流性问题》,《五台山研究》2021年第1期。
④ (晋)瞿昙僧伽提婆译:《中阿含经》,华文出版社2013年版,第1319页。
⑤ 程恭让:《释迦牟尼及原始佛教思想的交流性问题》,《五台山研究》2021年第1期。

三 星云大师人间佛教思想对于创建"共同体多元化"社会的启示

从人间佛教的角度出发,该如何创建一个"共同体多元化"社会呢?其实,星云大师的智慧已经给予了我们很多启示。

首先,创建一个"共同体多元化"社会的核心理念是以人为本。星云大师说:

> 人间佛教就是佛教。其实,佛教是佛陀在人间对人说的,当然是人间佛教。当初,印度很多外道的修行方式稀奇古怪,背离人间的常理,与道相违。佛陀基于悲悯,为了降伏九十六种外道,不辞辛苦度众弘法,虽然成果丰硕,但终因众生的思想、习性不同,难以统一。尤其像提婆达多逆师叛教,企图藉标榜苦行来称雄做主,但最后都是失败的。佛教不主张乐行,因为太过的人间欲乐,热烘烘的,会迷失自己;但也不标榜太冷淡的苦行,即使因此而赢得别人的崇仰,这种冷冰冰的苦行人生,对于社会大众又有什么利益呢?真正的人间佛教应提倡缘起中道,如佛陀之所说、所行。所以,今后佛教的出路,应真正依止佛陀的人间佛教教示。所谓"人成即佛成",把人做好,人人能开悟,还怕不能成佛吗?[①]

正如星云大师所言,信仰不应"标榜太冷淡的苦行",应该"把人做好",即以人为本。任何信仰和主义都要以人为本,即尊重和保护人的基本尊严和自由。唯有如此,方能建设一个"共同体多元化"的社会。

其次,创建一个"共同体多元化"社会的基本思维是兼容并蓄。星云大师曾说:

[①] 释星云:《人间佛教佛陀本怀》,台北:佛光文化事业有限公司2016年版,第187页。

> 佛陀在菩提树下金刚座上彻悟宇宙的真理时，发出一切众生皆有佛性的宣言，为苦难的众生带来了无限的希望与光明，由此而开展出来的众生平等、法界融和的思想，就是人类得到永恒安乐的根本，是世界能达到永久和平的指南。……佛光山及佛光会不仅提倡男女性别的融和、贫富贵贱的融和、士农工商的融和、国家种族的融和，也积极谋求宗教之间的融和、派别之间的融和、传统与现代的融和、僧众与信众的融和，更兼顾佛法与世学的融和、佛法与生活的融和，凡此均为法界融和思想的实践。所以，法界融和是佛光学基本的内涵精神。①

"法界融合"是星云大师的般若智慧，体现出了人间佛教与普世价值、现代文化的互动，这是一种兼容并蓄的思维，也是创建一个"共同体多元化"社会的基本思维。

最后，创建一个"共同体多元化"社会的基本保障是法治。星云大师说：

> 国家的安定，社会的秩序，都是靠法律来维系，所谓"国有国法，家有家规"，甚至军人有军人法，宗教有宗教的戒律等。一个国家的最高立法机构是立法院，如果立法院本身不尊法重治，必然减弱国家运作的功能；法院是专责执行法律的地方，如果法官也徇私舞弊，则法律不公，政府无以服众。……事实上，守法守戒究竟是自由呢？还是束缚呢？表面上看起来，戒律、法令都是给人某些方面的限制，但是，唯有守法才能自由，不守法就会丧失自由！……说到守法，必须从上而下，居上位的人如果游走法律边缘，以权越法，以势压法，以便违法，则国家不成法治国家，社会不成法治社会，自然乱

---

① 佛光星云：《佛光教科书（11）佛光学》，台北：佛光文化事业限公司1999年版，第4页。

象纷陈。……在法治的国家里，一个红灯，它就是代表着不能通过，这是法律的权威，也是安全的重要。……所谓"不依规矩，不能成方圆"，一个人的健全，一个社会的有序，一个国家的强盛，唯有人人守法，方可致之！①

法治是现代民主国家的核心理念，有法治方能保障"多元化共同体"的自然发展。

总而言之，以人本为核心理念，以兼容并蓄为基本思维，以法治为根本保障，三者互为支撑，方能创建一个"共同体多元化"的社会，这也是星云大师的般若智和善巧方便智。

四　结语

首先，本文认为中西学术在思维方式上存在本质不同，西方学术是以求是为旨归，而中国学术是以求应（该）为旨归，因而用西哲的概念和框架研究中国学术思想有削足适履之弊。在此基础上，徐复观主张的"以思辨之力，推扩其体验之功，使二者能兼资互进"的研究方法既可补中国学术思想逻辑思辨之不足，又能重视中国学术思想所蕴含的"体验之功"，是研究中国学术思想的重要方法。人间佛教既然是以现实人生为基础，这就要求信徒不能自绝于社会人生而应该深入社会，体验人生，这与中国学术思想所蕴含的"体验之功"是相符的。换句话说，人间佛教不仅是汉传佛教在20世纪中国化的新典型，也与千年来中国学术思想所蕴含的"体验之功"一脉相承，这充分证明了人间佛教对于弘扬中国学术思想和文化的现代意义。

其次，无论是佛陀的善巧方便智，还是中国学术思想所蕴含的"体验之功"，都要求在社会中实践，而非一味地玄思。既然人间佛教注重佛法

---

① 佛光星云：《迷悟之间》，台北：佛光文化事业有限公司2000年版，第83页。

的实践理性，就必须考虑实践的社会基础。有一个好的社会基础，才能使实践佛法如鱼得水，否则就很难落实。"大共同体一元化统治"打压佛教的历史教训以及佛教思想的交流性本质特征都要求人间佛教必须推进"共同体多元化"社会建设，这是人间佛教的必由之路，也是未来价值之一，体现了历史和逻辑相统一。

最后，本文从人间佛教的角度讨论了如何创建一个"共同体多元化"的社会。星云大师的远见和智慧给予了笔者很大的启发，以人本为核心理念，以兼容并蓄为基本思维，以法治为根本保障，三者互为支撑，方能创建一个"共同体多元化"的社会，这也是星云大师的般若智和善巧方便智。

The modern significance and future value of Humanistic Buddhism
—Centered on social practice and pluralism society

Han Chi

Abstract：The thought of Humanistic Buddhism is in line with the social practice contained in Chinese academic thought for thousands of years, which fully proves the modern significance of Humanistic Buddhism for carrying forward Chinese thought and culture. Humanistic Buddhism pays attention to the practical rationality of the Dharma, so the social basis of practice must be considered. The historical lessons of tyranny suppressing Buddhism and the essential characteristics of the communication of Buddhist thoughts require that Humanistic Buddhism must promote the construction of a diversified society, which is the only way for Humanistic Buddhism, reflecting the unity of history and logic. Taking the idea of people-oriented as the core, taking inclusiveness as the basic thinking, and taking the rule of law as the fundamental guarantee, the three support each other, can create a pluralism society, which is also the wisdom of grand Master Hsing Yun.

Key words: Humanist Buddhism; social practice; Great Community Standard; pluralism society; grand Master Hsing Yun

《佛光大辞典》"鸠那罗譬喻"相关词条评析

——兼谈完善譬喻类词条的撰写建议

刘郑宁

复旦大学博士生

摘　　要：作为汉语系佛教综合类辞典的代表，《佛光大辞典》是现代汉语佛学诠释史及人间佛教学术研究的重要成果。本文以佛教譬喻故事中较为经典的"鸠那罗譬喻"为例，评析"鸠那罗""阿育王""阿育王传""阿育王息坏目因缘经""呾叉始罗国"这五个相关词条，在与其他辞典的比较中取长补短，在与一、二手文献的对照中总结得失，从而思考《佛光大辞典》已经积累了哪些优势，当前可以怎样进行修订，以及未来如何形成自身的特色，更上一层楼。

关 键 词：《佛光大辞典》；鸠那罗；阿育王；譬喻

基金归属：本文为2019年度国家社科基金重大项目"'一带一路'佛教交流史"（编号：19ZDA239）的阶段性成果；本文系国家社科基金冷门绝学专项"汉传佛教阿育王文献整理与研究"（20VJXG028）阶段性成果之一。

《佛光大辞典》是由佛光山星云法师监修、慈怡法师主编，于1988年出版发行的汉语系佛教综合类辞典。随着人间佛教的蓬勃发展，多年来又经增订及电子化，其内容不断丰富，检索更加便捷，逐渐成为众多佛教研究学者常备的参考工具书之一[①]。《佛光大辞典》可被视为现代汉语佛学诠释史及人间佛教学术研究的重要成果，在编写辞典的过程中，每一个词条和义项的撰写，均涉及文献资料的搜集和取舍，学术观点的抉择和诠释，可谓任务艰巨。其中，包含故事题目、文献名称、人物角色、发生地点等词汇的譬喻[②]类词条无疑是撰写难度较高的一类词条。其难点可能包括但不限于：第一，每一个譬喻故事可能具有语种不同、内容不尽相同的多个版本，如何厘清版本谱系以及求同存异地作情节概览；第二，如何处理相关词条之间的详略和呼应关系；第三，譬喻文献的记载在何种程度上反映了历史面貌。因此，本文选用"阿育王譬喻"这一譬喻文献中十分典型的叙事模型，试图围绕其中的一则"鸠那罗譬喻"，考察《佛光大辞典》中与之相关的词条，评析其撰写之得失，同时也将思考进一步修订和完善此类词条之可能。

一 "鸠那罗譬喻"及其在《佛光大辞典》中的词条

"鸠那罗譬喻"是一则以阿育王之子鸠那罗（Kuṇāla）为主人公的阿育王譬喻故事。王子鸠那罗容貌俊美，以生来拥有好似鸠那罗鸟的、美丽可爱的眼睛得名。王后欲火燃起，意图与王子私通，却遭到了王子的拒绝。

[①] 《佛光大辞典》在1988年出版发行了全八册装订版本［释慈怡主编：《佛光大辞典》全8册），高雄：佛光出版社1988年版］，该版本可以在网页 https://www.fgs.org.tw/fgs_book/fgs_drser.aspx（2024-3-7访问）中检索；同时还印制了全四册装订本，内容相同。据王颂教授介绍，北京图书馆出版社出版的《佛光大辞典》1989年初版，2000年二版，2003年三版，参见王颂《佛学研究177种参考书目》，https://www.aisixiang.com/data/129227.html，2024-3-7。2014年，《佛光大辞典》又经全面增订，形成了全十册装订的新版本［佛光大藏经编修委员会主编：《佛光大辞典》（增订版·全套10册），高雄：佛光文化事业有限公司2014年版］，该版本可以在网页 http://etext.fgs.org.tw/sutra_02.aspx（2024-3-7访问）中检索。因此，本文以2014年为界，大体上将《佛光大辞典》区分为初版"八册本"和增订版"十册本"。

[②] 譬喻（avadāna），在汉译佛典中有时译作"缘""因缘"等，是佛教文献中一种重要的体裁。本文中汉语背景下的"譬喻"类文献，不限于十二分教中的"譬喻"，而是广义上蕴藏和揭示因缘业报等佛教教义的传记和故事。有关佛教譬喻文学研究的整体概览以及"譬喻"定义和性质的争议，最新的研究综述可参考范晶晶《缘起：佛教譬喻文学的流变》，中西书局2020年版，第5—25页。

王后因而由爱生恨，寻得机会陷害王子，致使王子失去双目，流浪在外。父子后来在王城重聚，阿育王才得知事情的真相。该譬喻情节曲折、内涵深刻，诸经典中不乏载述者。值得一提的是，广义上的"鸠那罗故事"不专属于佛教譬喻文学：从故事结构的角度来看，伊朗文学中的王子西亚瓦什（Siyāvaš）传奇同样具备鸠那罗故事中的"拒绝继母求爱""放逐王子"等事件，二者之间建立关联可能早在公元前1世纪左右于阗国皈依佛教之时[1]；从其他宗教的角度来看，8世纪胜贤（Jinabhadra）所著《殊胜义务注》（Viśeṣāvaśyakabhāṣya）、12世纪雪月（Hemacandra）所著《〈六十三圣贤传〉增补》（Pariśiṣṭaparvan）等耆那教著作中也有情节略有相似但主旨相异的鸠那罗传记[2]。因此，此处介绍"鸠那罗譬喻"有必要限定在佛教文献的范围之内。

即便如此，较为完整地[3]阐述了"鸠那罗譬喻"的梵、藏等多语种佛教文献仍有不少，至少见于：《天譬喻》（Divyāvadāna）第二十七"鸠那罗譬喻"（Kuṇālāvadāna）（梵文文献）[4]；1052年，克什米尔诗人安主（Kṣemendra）著《菩萨譬喻如意藤》（Bodhisattvāvadānakalpalatā）第

---

[1] P. O. Skajævø, "Eastern Iranian Epic Traditions I: Siyāvaš and Kunāla," in Jasanoff (eds.), *Studies in Honor of Calvert Watkins*, Innsbruck: Institut für Sprachwissenschaft der Universität Innsbruck, 1998, pp. 645–658.

[2] 松村淳子:「ジャイナ所伝のクナーラ物語」,『仏教研究』14, 1984, pp. 63–88.

[3] 近年来不断发现和释读的残片、残卷中，也存在鸠那罗譬喻相关内容，例如：Schøyen 收集品中分别被记为"SC 2380/7""SC 2380/5""SC 2380/21"的3张残片，参见 Jens Braarvig (eds.), *Manuscripts in the Schøyen Collection I: Buddhist manuscripts vol. 1*, Oslo: Hermes Publishing, 2000, pp. 224–225；"吐鲁番出土的梵文写本"（Sanskrithandschriften aus den Turfanfunden）中被记为"SHT 2894"的1张残片，参见 Klaus Wille (ed.), *Sanskrithandschriften aus den Turfanfunden, Teil 9, die Katalognummern 2000–3199* (Verzeichnis der Orientalischen Handschriften in Deutschland, Band X.9.), Stuttgart: Franz Steiner Verlag, 2004, pp.269–270；于阗语残卷《阿育王譬喻》，内容至"王后暗自谋划陷害王子"戛然而止，后面部分残缺，参见 H. W. Bailey, *Khotanese Buddhist Texts* (2nd ed.), Cambridge: Cambridge University Press, 1981, pp. 40–42。（英译参见 H. W. Bailey, "A Tale of Aśoka." *Bulletin of Tibetology*, Vol. 3, 1966, pp. 5–11。）

[4] E. B. Cowell and R. A. Neil (eds.), *The Divyāvadāna: A Collection of Early Buddhist Legends*, Cambridge: The University Press, 1886, pp.348–434；P. L. Vaidya (ed.), *Divyavadāna* (*Buddhist Sanskrit Texts no. 20*), Darbhanga: The Mithila Institute of Post-Graduate Studies and Research in Sanskrit Learning, 1999, pp. 260–271.

五十九"鸠那罗譬喻"（Kuṇālāvadānam）（梵、藏文文献）[①]；11世纪晚期以后形成的《阿育王譬喻鬘》（Aśokāvadānamālā）第五"鸠那罗譬喻"（Kuṇālāvadāna）（梵文文献）[②]；10—11世纪，仁钦桑波（Rin chen bzang po）译《鸠那罗譬喻》（Ku na la'i rtogs pa brjod pa）（藏文文献）[③]；1608年，多罗那它（Tāranātha）《印度佛教史》（Rgya gar chos 'byung）第八章毗伽多阿育王时代（藏文文献）[④]等。当然，汉文佛典同样为数众多：苻秦天竺三藏昙摩难提译《阿育王息坏目因缘经》[⑤]；西晋安息三藏安法钦译[⑥]

[①] 可参考梵藏双语编辑本 Sarat Chandra Das and Satis Chandra Vidyābhūṣaṇa（eds.），*Bodhi Sattvāvadāna Kalpalatā. A Buddhist Sanskrit Work on the Exploits and Glories of Buddha by Kṣemendra. With its Tibetan Version*. Vol. II, Calcutta: printed at the Baptist Mission Press and published by the Asiatic Society, 1918, pp. 162–249. 校订则可参考藏文《丹珠尔》德格版 Khe 50a3/4-69a1/2；北京版 Ge 223a2-233a8；纳塘版 Ge 196a6-205b6。另有梵文写本多件，主要包括剑桥大学图书馆藏梵文写本 Add. 1306 *233b3-*245b1，剑桥大学图书馆藏梵文写本 Add. 913 20b5-29b3，《西藏自治区珍藏贝叶经影印大全》中所包含的两份梵文写本等。

[②] G. M. Bongard-Levin and O. F. Volkova（eds.），*The Kuṇāla Legend and an Unpublished Aśokāvadānamālā Manuscript*, Calcutta: Indian Studies Past and Present, 1965.

[③] 参见藏文《丹珠尔》北京版 No.5646，U281a1-299b6；德格版 No. 4145，Su 227b3-240a4；纳塘版 No. 3577，U255b7-270b4。

[④] 多罗那它：《印度佛教史》，张建木译，四川民族出版社1988年版，第57-59页。

[⑤] （苻秦）昙摩难提译：《阿育王息坏目因缘经》，CBETA 2023，T50，No. 2045，第172页上—183页上。《阿育王息坏目因缘经》的翻译时间以及译者可能存在疑问，在本文第二部分"（四）阿育王息坏目因缘经"中将会有所涉及。

[⑥] 《阿育王传》的翻译时间以及译者存在争议。《大正藏》署译者名为"西晋安息三藏安法钦"。现有《历代三宝纪》卷六、《大唐内典录》卷二所载："《大阿育王经》五卷（光熙年出，见竺道祖《晋世杂录》）。"《开元释教录》卷二所载："《阿育王传》七卷（或加'大'字，亦云《大阿育王经》，或五卷。初出与梁译《育王经》同本，光熙年译，见《竺道祖录》）。"（隋）费长房：《历代三宝纪》卷六，CBETA 2023，T49，No. 2034，第65页上。（唐）道宣：《大唐内典录》卷二，CBETA 2023，T55，No. 2149，第236页上。（唐）智昇：《开元释教录》卷二，CBETA 2023，T55，No. 2154，第497页中。但事实上我们无法确认此《大阿育王经》即彼《阿育王传》，且安法钦其人生平亦记载阙如。许理和（Erik Zürcher）指出，安法钦其人不见于《高僧传》《出三藏记集》，迟至6世纪末才见记载，颇为可疑。《出三藏记集》卷五记道安《疑经录》，其中有"《大阿育王经》一卷（云'佛在波罗奈'者）"，亦有别于"五卷"。参见 Erik Zürcher, *The Buddhist Conquest of China: The Spread and Adaptation of Buddhism in Early Medieval China*（Third Edition），Leiden: Brill, 1959（2007 reprint），pp. 70–71, 423。帕伦博（Antonello Palumbo）则通过考察翻译用语，发现《阿育王传》中的译语具有一些鸠摩罗什以来的定式，因此"西晋光熙年"颇为可疑。参见 Antonello Palumbo, "Models of Buddhist Kingship in Early Medieval China," in Xin Yu（eds.），*New Perspectives on Ritual, Religion and Institution in Medieval China*, Shanghai: Shanghai Classics Publishing House, 2012, p. 311.

《阿育王传》卷三"驹那罗本缘"[①]；元魏西域三藏吉迦夜共昙曜译[②]《付法藏因缘传》卷四[③]；梁僧祐《释迦谱》卷五中有《法益经》《阿育王息法益坏目因缘经》的概述[④]；梁扶南三藏僧伽婆罗译《阿育王经》卷四"鸠那罗因缘第四"[⑤]；梁宝唱撰《经律异相》卷三十三"鸠那罗失肉眼得慧眼四"[⑥]；北齐沙门道纪编撰《金藏论》卷一"杀害缘第二·驹那罗过去坏鹿眼得恶报缘"，目前仅在韩国梵鱼寺藏本[⑦]、日本京都大学附属图书馆藏本[⑧]、日本大谷大学博物馆藏本[⑨]中可见；唐西明寺沙门释道世撰《法苑珠林》赏罚篇第九十一引证部第二中有《阿育王经》、王玄策《西国行记》的概述[⑩]；唐玄奘述、辩机撰《大唐西域记》卷三[⑪]等。除此之外，还有处于"鸠那罗譬喻"文本谱系边缘部分的文献，例如虽未包含"失眼事件"但在其他阿育王事迹中鸠那罗依然作为配角出场的《杂阿含经》卷二十三[⑫]，情节较为类似但主人公名为"法施"的《六度集经》卷四第三〇[⑬]等。

---

① （西晋）安法钦译：《阿育王传》卷三，CBETA 2023，T50，No. 2042，第 108 页上—110 页中。
② 《付法藏因缘传》的翻译时间以及译者存在争议。梳理与研究可参考林伯谦《〈付法藏因缘传〉之译者及其真伪辨》，载于《中国佛教文史探微》，台北：秀威资讯 2005 年版，第 101–146 页；Stuart Young, *Conceiving the Indian Buddhist Patriarchs in China*, Honolulu：University of Hawai'i Press，2015, pp. 73–74.
③ （元魏）吉迦夜、昙曜译：《付法藏因缘传》卷四，CBETA 2023，T50，No. 2058，第 309 页。
④ （梁）僧祐：《释迦谱》卷五，CBETA 2023，T50，No. 2040，第 81 页中—82 页上。
⑤ （梁）僧伽婆罗译：《阿育王经》卷四，CBETA 2023，T50，No. 2043，第 144 页上—147 页下。
⑥ （梁）宝唱：《经律异相》卷三十三，CBETA 2023，T53，No. 2121，第 180 页中—183 页上。
⑦ 缘目和标题参见王招国（定源）《韩国松广寺旧藏〈金藏论〉写本及其文献价值》，《魏晋南北朝隋唐史资料》2017 年第 2 期。
⑧ 录文和校勘见山路芳範「京都大学附属圖書館所藏本『衆經要集金藏論』卷一」,『佛教大学仏教学会紀要 7（水谷幸正教授 井上正教授古稀記念号）』,1999。
⑨ 缘目和标题参见本井牧子「大谷大学蔵『衆経要集金蔵論』考——卷第二の問題を中心に」,『大谷学報』85 卷 3 号, 2006。
⑩ （唐）道世：《法苑珠林》卷九十一，CBETA 2023，T53，No. 2122，第 959 页上—960 页上。
⑪ （唐）玄奘述、辩机撰：《大唐西域记》卷三，CBETA 2023，T51，No. 2087，第 885 页。
⑫ （刘宋）求那跋陀罗译：《杂阿含经》卷二十三，CBETA 2023，T02，No. 99，第 170 页。
⑬ （吴）康僧会编译：《六度集经》卷四，CBETA 2023，T03，No. 152，第 17 页下—18 页中。

在《佛光大辞典》中，大致有五个词条涉及"鸠那罗譬喻"的具体内容，分别为"鸠那罗""阿育王""阿育王传""阿育王息坏目因缘经"以及"呾叉始罗国"，大致覆盖了这一譬喻的主要人物、经典出处以及重要地点。对照初版和增订版，除"阿育王息坏目因缘经"为增订版所添加，其他内容基本没有改动。每一词条末尾附有参考文献来源，主要包括《杂阿含经》卷二十三、《阿育王经》卷四、《阿育王息坏目因缘经》、《经律异相》卷三十三、《阿育王传》卷三等。可见，《佛光大辞典》在撰写这些词条时所使用的参考文献基本集中在汉文佛典中处于"鸠那罗譬喻"文献谱系核心位置的《阿育王经》《阿育王传》《阿育王息坏目因缘经》等作品，这在一定程度上体现了《佛光大辞典》作为汉语系辞典所形成的特色，但是总体而言，大量梵藏语文献以及汉语文献中的母题变体阙如依然是较大的遗憾。

二　词条评析

佛教辞典中的词条一般包括词目、原语与译语、定义与释义、具体语用、参考文献等信息。以下将逐一从这些方面对《佛光大辞典》中"鸠那罗""阿育王""阿育王传""阿育王息坏目因缘经""呾叉始罗国"这五个词条中涉及"鸠那罗譬喻"的部分进行评析。

（一）"鸠那罗"

本词条可谓是"鸠那罗譬喻"相关词条中最为关键的一条，将承载围绕阿育王子鸠那罗发生的所有故事。"鸠那罗"本是一种鸟的名字，后来又被用作人名，这两类义项在收录该词的其他辞典，如荻原云来《汉译对照梵和大辞典》[1]（以下简称"《荻原》"）《望月佛教大辞典》[2]（以下简称

---

[1] 荻原云来编：《汉译对照梵和大辞典》（新装版），东京：讲谈社1986年版。
[2] 望月信亨编：《望月佛教大辞典》，东京：世界圣典刊行协会1974年版。

"《望月》")、《织田佛教大辞典》①（以下简称"《织田》"）中均有所呈现。我们首先考察不同辞典是如何处理第一类义项的。

表 1　　　　　　　　四种辞典"鸠那罗"词目内容

《荻原》第 354、356 页	《望月》第 695 页	《织田》第 305 页	《佛光大辞典》初版第 5708 页，增订版第 7179 页
kuṇāla 男［鳥の一種］；漢譯 音寫 俱拏，鳩那羅，孤那剌，軍拏羅 Rāṣṭr., Śikṣ., Mvyut. (p.354) kunāla 男［鳥の一種］；漢譯 好眼鳥 玄應. 音寫 鳩那羅，鳩夷羅，俱那羅（鳥），俱拏羅（鳥）Divy., Rāṣṭr., 玄應.	鳩那羅 kuṇāla 人名梵名。巴梨名同。西藏名 ku-ṇa-la。又駒那羅、拘浪拏、俱那羅に作る。好眼、又は惡人、不好人と認す。	拘那羅［動物］Kunāla 又、鳩那羅。狗①拏羅。鳥の名。譯、好眼鳥。【玄應音義五】「鳩夷羅。或言"鳩那羅"。此譯云"好眼鳥"也。」又譯、惡人。不好人。【玄應音義四】	鸠那罗（一）梵语 kuṇāla 之音译。又作驹那罗、拘那罗、鸠夷罗、拘浪拏。为美眼之鸟名。意译好眼鸟。

注：①"狗"，应作"拘"。

《荻原》的优点在于列出了 kuṇāla 和 kunāla 这两种写本中都出现过且可以等同的写法，音写注有出处，方便查证。这也可以是《佛光大辞典》未来继续细化的方向。《望月》和《织田》提到《玄应音义》卷四中"恶人"这个义项，可能指 ku（坏，恶）-nara（人），而非 kuṇāla/kunāla。

《佛光大辞典》对于第二个义项"作为阿育王子的鸠那罗"展开了较为详细的释义。

---

① 织田得能编：《织田佛教大辞典》，东京：大藏出版株式会社 1977 年版。

表 2　　　　《佛光大辞典》对"鸠那罗"的详细释义

《佛光大辞典》初版第 5708 页，增订版第 7179 页	一手资料来源	二手资料来源
（二）乃阿育王的太子达磨婆陀那（梵 Dharmavardhana）之别名；以太子之眼酷似鸠那罗鸟，故名之。又称拘那罗、驹那罗、俱那罗。太子生于阿育王起八万四千塔之日，容貌俊秀，两目清澈。及长，阿育王之第一夫人微①沙落起多（梵 Tiṣyarakṣitā）爱太子之美貌，密欲通好……	《阿育王经》卷四 是时阿育王于一日中起八万四千塔，于是日中王夫人名钵摩婆底（翻有扶容华也）生一男儿，形色端正，眼为第一……故名此儿达磨（翻法）婆陀那（翻增长）……时阿育王以鸟眼比儿眼，见此二眼无有异相，即以鸟名而以名儿……时阿育王第一夫人名微沙落起多，往鸠那罗处，见其独坐，观其眼故，而起欲心，以手抱之。②	——
太子泣谢罪，王夫人乃恨之，游说于王，令遣征讨德叉尸罗国之叛乱，其后又矫王命抉太子两目，而放之于野。太子既失明，流离至父之都城，夜鼓箜篌悲吟。王闻其声，疑是太子，乃引见盲人问之。太子悲泣告以实，王方知系其夫人所为，欲加严刑，太子以偈谏……	《大唐西域记》卷三 太子沥泣引责，退身谢罪。继母见违，弥增忿怒，候王闲隙，从容言曰："夫咀叉始罗，国之要领，非亲子弟，其可寄乎？今者，太子仁孝著闻，亲贤之故，物议斯在。"王或闻说，雅悦奸谋，即命太子，而诫之曰："吾承余绪，垂统继业，唯恐失坠，忝负先王。咀叉始罗国之襟带，吾今命尔作镇彼国。国事殷重，人情诡杂，无妄去就，有亏基绪。凡有召命，验吾齿印。印在吾口，其有谬乎？"于是太子衔命来镇。岁月虽淹，继室弥怒，诈发制书，紫泥封记，候王眠睡，窃齿为印，驰使而往，赐以责书。辅臣跪读，相顾失图。太子问曰："何所悲乎？"曰："大王有命，书责太子，抉去两目，逐弃山谷，任其夫妻，随时生死。虽有此命，尚未可依。今宜重请，面缚待罪。"……命	《织田》第 305 页 太子泣て罪を謝す。継母の恨み、阿育王を說て太子を出して咀叉始羅國を鎭せしむ。継母後に王命を矯て太子を實め、其の兩目を抉て之を野に放たしむ。太子既に明を失ひ流離して父の都城に至り、夜箜篌を鼓して悲吟す。王其の聲を聞て太子たるを疑ひ、盲人を引見して之を問ふ。太子悲泣し告ぐるに實を以てす。王其の繼室の所爲なるを知り、之に嚴刑を加へ、太子を導きて、

---

① "微"，似应作"徵"。
② （梁）僧伽婆罗译：《阿育王经》卷四，CBETA 2023，T50，No. 2043，第 144 页。

续表

《佛光大辞典》初版第 5708 页，增订版第 7179 页	一手资料来源	二手资料来源
	旃荼罗抉去其眼。眼既失明，乞贷自济，流离展转，至父都城。……于是谋计，入王内厩，于夜后分，泣对清风，长啸悲吟，箜篌鼓和。王在高楼，闻其雅唱，辞甚怨悲，怪而问曰："箜篌歌声，似是吾子，今以何故而来此乎？"即问内厩："谁为歌啸？"遂将盲人，而来对旨。王见太子，衔悲问曰："谁害汝身，遭此祸衅？……"太子悲泣，谢而对曰："诚以不孝，负责于天，某年日月，忽奉慈旨，无由致辞，不敢逃责。"其王心知继室为不轨也，无所究察，便加刑辟。①	
云（大五〇·一四七上）："一切诸凡夫，悉由业所造；善恶之业缘，时至必应受。一切诸众生，自做自受报；我知此缘故，不说坏眼人。此苦我自作，无有他作者；如此眼因缘，不由于人作。"王不纳太子之谏，乃定夫人之刑。	《阿育王经》卷四 一切诸凡夫，悉由业所造；善恶之业缘，时至必应受。一切诸众生，自作自受报；我知此缘故，不说坏眼人。此苦我自作，无有他作者；如此眼因缘，不由于人作。②	——
其后，王护导太子至菩提树伽蓝瞿沙阿罗汉处，请其以法力医太子之目。	《大唐西域记》卷三 时菩提树伽蓝有瞿沙（唐言妙音）大阿罗汉者，四辩无碍，三明具足。王将盲子，陈告其事，唯愿慈悲，令得复明。③	《织田》第 305 页 菩提樹伽藍の瞿沙阿羅漢の下に詣り、其の法力を請ひ盲を醫す。

---

① （唐）玄奘述、辩机撰：《大唐西域记》卷三，CBETA 2023，T51，No. 2087，第 885 页。
② （梁）僧伽婆罗译：《阿育王经》卷四，CBETA 2023，T50，No. 2043，第 147 页上。
③ （唐）玄奘述、辩机撰：《大唐西域记》卷三，CBETA 2023，T51，No. 2087，第 885 页中。

续表

《佛光大辞典》初版第5708页，增订版第7179页	一手资料来源	二手资料来源
然未久，太子闻王夫人之刑决，病又复发，遂薨。鸠那罗太子之一生，深具浓厚之悲剧色彩，故至后世，成为印度著名之戏剧性人物，诸经中亦不乏载述其故事者。	《释迦谱》卷五 王先受五戒不复杀生，唯肉刑之，弃于深林。太子闻夫人被刑，结气发病而死。①	《望月》第696页 後太子は夫人の刑せられたるを聞き、病を發し、幾もなく遂に薨ぜりと云ふ。小説的哀話なりといふべし。

可以看到，《佛光大辞典》在叙述"鸠那罗譬喻"时，尽管所标注的文献来源是"《杂阿含经》卷二十三、《阿育王经》卷四、《阿育王息坏目因缘经》、《经律异相》卷三十三"，但从一手资料的角度而言实则杂糅了《阿育王经》卷四、《大唐西域记》卷三、《释迦谱》卷五等文献中的内容；从二手资料的角度而言是翻译并结合了《织田》和《望月》的部分文字。由于并非每个情节都出注，读者很容易错误地把这些拼凑出来的情节当作一个完整的故事。或许可以尝试先概括众多鸠那罗失眼故事中相同的情节，再挑选《阿育王经》等核心文献具体展开讲述，每当平行文本中呈现相异的情节时作出适当的补充，这样将会使词条内容更为清晰准确。

最后还要补充一点，作为人名的"鸠那罗"不是阿育王子的专属名字，不具有唯一性。比如，《撰集百缘经》卷十第一〇〇"孙陀利端政缘"中，波斯匿王之子也因眼睛如鸠那罗鸟而被取名为"拘那罗"：

> 佛在王舍城迦兰陀竹林。时波斯匿王夫人怀妊，足满十月，产一男儿，容貌端正，世所无比，两目明净如拘那罗鸟，时王因名字"拘那罗"。②

---

① （梁）僧祐：《释迦谱》卷五，CBETA 2023, T50, No. 2040，第81页下。
② （吴）支谦编译：《撰集百缘经》卷十，CBETA 2023, T04, No. 200，第256页中。

（二）"阿育王""呾叉始罗国"

在"阿育王""呾叉始罗国"两词中，阿育王子驹那罗失眼事件只是被简单地提及。

表3　《佛光大辞典》中"阿育王""呾叉始罗国"条目

《佛光大辞典》初版第3635页， 增订版第4579页	《佛光大辞典》初版第3112页， 增订版第3915页
阿育王晚年似甚悲惨，据阿育王传卷三载，王后帝沙罗叉（梵Tassārakkhā）欲与王子驹那罗（梵Kuṇāla）私通被拒，因使人挑其眼，王怒而焚杀帝沙罗叉。	另据阿育王传卷三载，阿育王为太子时，曾受父命来此地平乱，并任总督。即位后，派遣王子驹那罗（梵Kuṇāla）住此，为住民所伤，王怒而戮灭住民。

在这两个词条中，驹那罗失眼都不是主要事件，所以略写，主次分明，详略得当。同据《阿育王传》卷三所载，"阿育王"词条侧重强调王后的过错和阿育王的惩罚，"呾叉始罗国"词条侧重强调呾叉始罗国民的过错和阿育王的惩罚。这样处理既能顾及各自对应的词条本身，还避免了不同词条中总是重复相似语句的情况。

不过白璧微瑕，尚有一些词句有待推敲。比如，"阿育王晚年似甚悲惨"这个判断很难从鸠那罗因缘和随后的半庵摩罗因缘中得出，似乎也有违辞典所需遵守的客观立场，在辞典中没有必要写下这个有争议的推测；王后的名字梵文作Tiṣyarakṣitā，巴利文《大史》中则写作Tissarakkhā（Mhv. XX；3）；概括为"王子为呾叉始罗国民伤害"，略过了失眼事件的核心情节。

（三）"阿育王传"

通过比对可知，此条几乎完全是《望月》中"阿育王传"的翻译版。

表4　　《望月》与《佛光大辞典》"阿育王传"条对比表

《望月》第6页	《佛光大辞典》初版第3639页，增订版第4589页
書名七卷。印度撰述雑部（縮藏一〇、正五〇）西晉安法欽譯。阿育王の事蹟及び摩訶迦葉以下、優波毱多等の因縁を記述せるもの。十一品あり、一に本施土縁、二に阿育王本縁伝、三に阿恕伽王弟本縁、四に駒那羅本縁、五に半菴羅果因縁、六に優波毱多因縁、七に摩訶迦葉涅槃因縁、八に摩田提因縁、九に商那和修因縁、十に優波毱多因縁、十一に阿育王現報因縁是れなり。別に阿育王經（縮藏一〇、正五〇）十卷あり。梁僧伽婆羅の譯せる所にして八品あり。一に生因縁、二に見優波笈多因縁、三に供養菩提樹因縁、四に鳩那羅因縁、五に半菴摩勒施僧因縁、六に佛記優波笈多因縁、七に佛弟子五人傳授法藏因縁、八に優波笈多弟子因縁。就中、<u>阿育王傳の第一第二第五、及び第十の五品は、梵文Divyâvadāna（西紀一八八六年カウエル E. B. Cowell、ネール R. A. Neil 等出版）の第二十六より第二十九章迄の四章、並びに雑阿含經第二十三及び第二十五と同本なり。又第四品鳩那羅因縁は西藏訳 Ku-na-laḥi rtogs-pa-brjod-pa に相當する。又梵文 Divyâvadāna 中、阿育王の紀傳に関するものは、西紀一八四五年佛人ビルヌーフ E. Burnouf 之を佛譯して其の著印度佛教史緒論 Introduction à l'histoire du Bouddhisme indien 中に掲載し、又西藏本文の阿育王傳說は佛人フエール L. Feer 之を佛譯し、阿育王傳說 Légende du roi Açoka と題して、西紀一八六五年佛國巴里に於て刊行せり。又 Divyâvadāna の外に梵文 aśokâvadāna あり。英人ミトラは R. Mitra は西紀一八八二年、その著尼波羅佛教文学 Nepalese Buddhist Literature 中に其大意を譯出せり。</u>又出三藏記集第二、開元釈教録第二、第六等に出づ。	凡七卷，西晋安法钦译，收于大正藏第五十册。本书记述阿育王之事迹及摩诃迦叶、优波毱多等之因缘。共有十一品：（1）本施土缘，（2）阿育王本缘传，（3）阿恕伽王弟本缘，（4）驹那罗本缘，（5）半庵罗果因缘，（6）优波毱多因缘，（7）摩诃迦叶涅槃因缘，（8）摩田提因缘，（9）商那和修因缘，（10）优波毱多因缘，（11）阿育王现报因缘。其异译本有阿育王经十卷（亦收于大正藏第五十册），为梁僧伽婆罗所译，共有八品：（1）生因缘，（2）见优波笈多因缘，（3）供养菩提树因缘，（4）鸠那罗因缘，（5）半庵摩勒施僧因缘，（6）佛记优波笈多因缘，（7）佛弟子五人传授法藏因缘，（8）优波笈多弟子因缘。<u>其中，阿育王传之（1）、（2）、（5）、（10）等四品与梵文本 Divyāvadāna（E. B. Cowell，R. A. Neil 等出版于一八八六年）之第二十六章至第二十九章，及杂阿含经卷二十三及卷二十五为同本。又第四品鸠那罗因缘与西藏译之 Ku-na-laḥi rtogs-pa-brjod-pa 相当。此外，梵文本 Divyāvadāna 中，有关阿育王之纪传部分，一八四五年法人布诺夫（E. Burnouf）将之译成法语，并刊载于其所著之印度佛教史绪论（Introduction à l'histoire du Bouddhisme indien）中。藏文本之阿育王传说，法人菲尔（L. Feer）将之法译，题为阿育王传说（Légende du roi Aśoka），一八六五年于法国巴黎刊行。又前述之 Divyāvadāna 之外，另有梵文本 Aśokavadāna，英人密特拉（R. Mitra）于一八八二年在其著作尼泊尔佛教文学（Nepalese Buddhist Literature）中译出其大意。</u>〔出三藏记集卷二、开元释教录卷二、卷六、<u>佛教史地考论（印顺，妙云集下编（9）第三）</u>〕

事实上，《望月》中"阿育王传"一词的参考价值的确是比较高的。词条整体的框架结构十分合理，依次介绍了现存的《阿育王传》和异译本《阿育王经》的卷目、译者、《大正藏》收录等基本信息，并罗列了所有缘目；继而又简单概括了这部汉译经典与梵文本《天譬喻》、藏文本《鸠那罗譬喻》（Ku na la'i rtogs pa brjod pa）、《杂阿含经》卷二三及卷二五的关联；最后推荐了几部西方学者研究"阿育王譬喻"的经典之作。而《佛光大辞典》仅在两处作出了微小的改动。其一是将《望月》中的"阿育王传之（1）、（2）、（5）以及（10）等五品"（阿育王传の第一第二第五、及び第十の五品）修改为"阿育王传之（1）、（2）、（5）、（10）等四品"；其二是增加了一部印顺法师的《佛教史地考论》作为参考文献。这在一定程度上修正了《望月》的失误，但是读者仍可能对《阿育王传》《阿育王经》与《天譬喻》以及《杂阿含经》的关系产生困惑。其实，《阿育王传》的第（1）、（2）、（5）、（10）品并非与《天譬喻》的第二十六至二十九章《施沙譬喻》（Pāṃśupradāna-avadāna）、《鸠那罗譬喻》（Kunāla-avadāna）、《毗多输柯譬喻》（Vītaśoka-avadāna）、《阿育王譬喻》（Aśoka-avadāna）一一对应。据学者研究，《天譬喻》中的阿育王故事大致相当于《阿育王传》《阿育王经》中讲述阿育王及其亲族事迹的第一至五品。[1]而正是印顺法师的《佛教史地考论》对《阿育王传》《阿育王经》与《杂阿含经》卷二三、卷二五的关系已有详细的讨论：《杂阿含经》卷二三、卷二五中的第六〇四、六四〇、六四一经与其他部分可谓格格不入，这可能是求那跋陀罗所译的《无忧王经》（一卷）混入了《杂阿含经》的结果。其中，《杂阿含经》卷二三第六〇四经大致对应《阿育王传》第一、二品，卷二五第六四〇经大致对应《阿育王传》第六品少分和第十品的一部分，卷二五第六四一经大致对应《阿育王传》的第五品。[2]

此外另有一个小细节。我们注意到，《望月》使用的藏文转写系统应

---

[1] 山崎元一：《阿育王传说的研究》，东京：春秋社1979年版，第6—7页。
[2] 印顺：《佛教史地考论》，台北：正闻出版社1981年版，第111—113页。

为"东大"（日本东北大学《德格版西藏大藏经总目录》）转写系统，但这并不是国际流行的转写方案。在国际学界，老派的文献学者过去常用USLC（美国国会图书馆）转写系统，近年来则更流行威利（Wylie）转写系统。《佛光大辞典》今后也可以对所有藏文的转写进行选择和统一。

（四）"阿育王息坏目因缘经"

增订版添加了该词条，是一个有益的补充。因为现在在《大正藏》中所保存的《阿育王息坏目因缘经》是将"鸠那罗譬喻"独立出来的译本，同时该译本还附带有一个交代译经缘由的经序，这意味着这部经典以及"鸠那罗譬喻"在当时受到重视，具有十分重要的意义，当然也值得《佛光大辞典》专门建立一个新词条。

词条内容如下：

> 全一卷。苻秦昙摩难提译。收于大正藏第五十册。内容叙述阿育王太子法益（梵 Dharmagada，达摩婆陀那）初皈依鸡头摩寺上座法师，后为阿育王妃净益所嫉，致被挑双目之因缘故事。经中亦谈及阿育王分封领土予法益之事。（增订版第 4589 页）

该词条虽短，但包含不少值得继续思考和完善之处。

其一，尽管目前我们在《大正藏》中见到的《阿育王息坏目因缘经》署有"苻秦天竺三藏昙摩难提译"，但该经的翻译情况在经录中仍不甚清晰。经序同见于《出三藏记集》卷七，明确注明为"竺佛念造"，经序作者也自称"念"。[1] "故请天竺沙门昙摩难提，出斯缘本。秦建初六年，岁在辛卯，于安定城，二月十八日出至二十五日乃讫。"[2] 说明该经由昙摩难提出本，竺佛念传译，在后秦建初六年（391）译出。然而据《历代三宝纪》卷

---

[1] （梁）僧祐：《出三藏记集》卷七，CBETA 2023，T55，No. 2145，第 51 页。
[2] （苻秦）昙摩难提译：《阿育王息坏目因缘经》，CBETA 2023，T50，No. 2045，第 172 页中。

三"(丁亥)十二,二(二月八日,昙摩难提译《王子法益经》一卷)"①记载,似乎还存在一版晋太元十二年(387)昙摩难提的译本。待考。

其二,阿育王子的梵名Dharmagada与汉译"法益"、音写"达摩婆陀那"并不对应,后者应与(一)"鸠那罗"一条中的Dharmavardhana对应。

其三,"初皈依鸡头摩寺上座法师"可能是附带了来自《阿育王传》的印象。然而,除非提及《阿育王息坏目因缘经》与《阿育王传》《阿育王经》中"鸠那罗因缘"之间的关联,否则编写者只能专注于《阿育王息坏目因缘经》内容自身,尊重其文本自身的表达。检《阿育王息坏目因缘经》,似乎并未提到"鸡头摩寺上座法师",与此最为相关的表达应是"臣耶奢"。

其四,"为阿育王妃净益所嫉",原文中"王大夫人,名曰净容"②,《释迦谱》中则作"善容"③。

其五,不知特别写到"经中亦谈及阿育王分封领土予法益之事"有何深意。整体篇幅偏少,读来略有仓促感。也许可以适当扩充文本内容的梗概。

三 完善譬喻类词条之我见

通过对围绕"鸠那罗譬喻"的五个词条进行分析,我们明晰了《佛光大辞典》在编写譬喻类词条时所展现出的优势:

第一,收词合理。鸠那罗譬喻故事的主要人物"鸠那罗""阿育王",主要文献来源"《阿育王传》(包含《阿育王经》)"《阿育王息坏目因缘经》",重要地点"呾叉始罗国",在《佛光大辞典》中均有所设置。尤其是增订版有意识地添加"《阿育王息坏目因缘经》"这一新词条,表明编写

---

① (隋)费长房:《历代三宝纪》,CBETA 2023,T49,No. 2034,第39页上。
② (苻秦)昙摩难提译:《阿育王息坏目因缘经》,CBETA 2023,T50,No. 2045,第173页上。
③ (梁)僧祐:《释迦谱》卷五,CBETA 2023,T50,No. 2040,第82页上。

者对具体的譬喻故事的理解逐渐加深，相信这也是在初版《佛光大辞典》的大框架下继续精细化的尝试。

第二，译文准确。可以基本确定的是，《佛光大辞典》综合参考了过去出版的《望月》《织田》等诸多辞典，经选择、翻译后吸纳入词条中，整个翻译的过程几乎不会产生额外的错谬，甚至还能够有意识地对所翻译的文本作出修订。

第三，汉语特色。《佛光大辞典》采用的一手、二手资料基本以汉语文献为主，编纂辞典的初衷也是希望在一定程度上填补汉语系佛教辞典的空白，这对汉语佛教、人间佛教研究具有深刻的意义。

当然，辞典词条的编写是一件严谨、严格、严肃的事，在精益求精修正既有瑕疵的同时，笔者在大的方面也有一些不成熟的建议：

第一，不仅是譬喻故事存在版本复杂的情况，不同国家、不同语种、不同学派教派的概念、经典的流变等都是辞典编写的难点所在。也许本文已经提炼出了《佛光大辞典》已萌芽但未成熟的一种通用的基本思路：总体概括相同点，并依靠汉语文献选择核心文献作具体例证。

第二，即便是参考学界相当权威的辞典，也应检查是否有不合理之处，也须再次核对一手资料。此外，未来尽量避免大段甚至是整个词条全部翻译自其他辞典的情况，尝试撰写富有自身独特风格的词条，在这一过程中留意概括内容的精准性，而这需要反复斟酌用词。

第三，自觉地站在国际学术前沿，掌握学界最新的研究成果，积极纳入词条中。纪赟教授多年前就已经为《佛光大辞典》的增编提出了许多如今看来依然适用的真知灼见[1]，其中非常重要的一条建议便是：像国际学界撰写百科全书词条一样，将词条分类后分别寻找相关领域中资深的专家学者来撰写。而这无疑需要全体汉语佛教界的通力合作。

第四，《佛光大辞典》的数字化在如今的各类辞典中无疑位居前列。

---

[1] 纪赟：《重编〈佛光大辞典〉的一点不成熟的意见》，https://www.douban.com/note/129543112/，2024年3月18日访问。

在先进技术的支持下，应当具备定期更新词条的能力。如果能够开辟渠道让学者们可以随时留言为《佛光大辞典》指瑕并定期反馈，那将对整个辞典的升级大有裨益。

我们知道，西方尤其是日本学者在整个佛教研究领域起步较早，成果丰硕。他们具备解读梵、巴、汉、藏等多语种文献的能力，掌握大量前沿的一手、二手研究资料，不断提出新问题，发掘新材料。陈垣、陈寅恪等前辈期望我们中国学者同样实现学术研究的"预流"，在国际学术竞赛中作出成绩。[1] 这当然包括佛教辞典的编写：就佛教辞典编纂这一小领域而言，结成一部收词全面丰富、释义凝练准确、征引真实可信的高质量辞典，本身就是一项了不起的学术成果，终将在汉语系佛教辞典的较量中取得公认的一席之地，可谓"预流"之果；就佛教研究这一大领域而言，因为每一个词条都是先行研究的结晶、相关知识的库藏以及未来研究的起点，所以它们也是促成"预流"之因。作为后学，我们衷心希望，也愿尽一点绵薄之力支持以《佛光大辞典》为代表的汉语系佛教辞典不断增订以提升参考价值，逐步形成以汉语佛教文献为中心、兼顾其他语种文献的特色，为锦上再添花。

---

[1] 葛兆光：《新史料与新问题：学术史的国际竞赛——从戴密微〈吐蕃僧诤记〉说起》，《复旦学报》（社会科学版）2024年第1期。

Analysis of the entries on the Kuṇāla-avadāna in the *Fo Guang Dictionary of Buddhism:* Suggestions for improving the entries related to avadāna

Liu Zhengning

Abstract: As a representative of Chinese Buddhist comprehensive dictionaries, *The Fo Guang Dictionary of Buddhism* is an important achievement in the history of modern Chinese Buddhist interpretation and the academic research of Humanistic Buddhism. By taking Kuṇāla-avadāna (the legend of Kuṇāla) as an example, five related entries, namely "Jiu Na Luo (鸠那罗, Kuṇāla)", "A Yu Wang (阿育王, King Aśoka)", "A Yu Wang Zhuan (阿育王传)", "A Yu Wang Xi Huai Mu Yin Yuan Jing (阿育王息坏目因缘经)" and "Da Cha Shi Luo Guo (呾叉始罗国, Takṣaśilā)" are analyzed and commented. By comparing with original texts and other dictionaries, we can reflect the gains and losses, and think about what strengths have been accumulated in the *Fo Guang Dictionary of Buddhism*, how it can be revised at present, and how it can form its own style and go to the next level in the future.

Key words: *The Fo Guang Dictionary of Buddhism*; Kuṇāla; King Aśoka; avadāna

"越南佛子家庭"的发展、特色与成就

释圆发

上海大学博士生

摘　　要："越南佛子家庭"是一个非常特殊的佛教社会组织，同时也是现代越南佛教所取得的重要成就之一。从形成的历史到教育系统，它都体现出了越南佛教发展的特殊性。其教育体系的现代化和完善性，也使得"越南佛子家庭"的发展从越南走向世界，加强了海外越南人之间的联系，为传承越南传统文化遗产、母语等方面起到重要作用。越南佛子家庭的实践和运作，与从中国汉传佛教成长起来的现代人间佛教理论与实践，也有可以互相借鉴之处。

关 键 词：越南；佛教；佛子家庭

基金归属：本文为2019年度国家社科基金重大项目"'一带一路'佛教交流史"（编号：19ZDA239）的阶段性成果。

"越南佛子家庭"是一个非常特殊的佛教社会组织，同时也是现代越南佛教所取得的重要成就之一。"越南佛子家庭"涵盖范围广泛，从中央到省市再到乡村，结构紧密，并且有着庞大而严谨的教育系统。"佛子家庭"在组织构成上，会有一位家长，一位连团长，还最少有三位兄长，下面有"队、众、团"，成员不限数，可多达几百个人。该组织不仅得到越南佛教教会公认，还得到了国家的认可，因而成为现代越南佛教的重要力量及显著特色。目前有关"越南佛子家庭"中文方面的研究仅有张氏清的硕士论文《越南佛教教育之佛子家庭系统研究》[1]。佛教作为存在于越南和中国的一种共同的文化现象，是中越之间友好交往的一条重要纽带。了解越南佛教的发展，有助于促进两国之间的文明交流。因此，本文将通过对"越南佛子家庭"的介绍，以窥探越南佛教之貌。

一 越南佛子家庭的历史形成

"越南佛子家庭"最初是由居士黎庭探创办。黎庭探，法名心明，法字珠海，1897年生，职业医生。1916年，黎庭探在河内东洋医学院获得了解元医士。1930年，获中河内额法医生。1916—1926年，他在会安、桥河、平顺、归仁、绥和的医院任职。1926年，任会安医院的主任医师。有一次他去参观五行山的三台寺时，看到寺庙的墙上刻有一首慧能祖师作的偈："菩提本无树，明镜亦非台。本来无一物，何处惹尘埃。"[2]黎庭探在心里记住了这首偈子。同年，黎庭探医生为潘朱贞志士（反对法国殖民）举办追悼会，被法国密探注意后转移到河静。在这段时间里，他开始研究佛经并从事佛经翻译。1928年，黎庭探被转移到顺化医院。其间，他来到顺化首都的竹林寺，请教觉仙老和尚他之前在三台寺读过的那首慧能祖师的偈颂。在理解了这首偈颂的含义之后，黎庭探发愿皈依三宝，此后便致力于研究和翻译经典著作。黎庭探为佛法和社会服务的时期，也是越南中、南、北三个地区佛教复兴运动的高潮时期。在黎庭探的带领下，越南建立了多个佛教协会，创办了多份佛教杂志。黎庭探注重僧伽教育，建立了许多佛教机构来训练有才华的出家人。不仅如此，黎庭探也重视对年轻人的教育。1938年8月14日，在安南佛教研究协会大会上，他说："可持

---

[1] 张氏清：《越南佛教教育之佛子家庭系统研究》，暨南国际大学，2017年硕士学位论文。
[2] Thích Hải Ấn, Hà Xuân Liêm: *Lịch Sử Phật Giáo Xứ Huế*, Thành phố Hồ Chí Minh: Nxb Văn Hóa Sài Gòn, 2006, pp.658-659.

续的成就寄托在青少年队伍上,他们是我们明天的继承人。""添加一个鹦鹉,播下健康的种子;新鲜的绿莲花,长在老花萼上。"①为了实现这一抱负,1940 年黎庭探成立了"德育佛学青年团",该团成员由年轻人组成,他们大多会讲法语,并具有学士学位、工程学学位、师范大学学位、医生学位等文凭。在团员的教育上,黎庭探主张兼容并包,不仅学习佛教,还涉及中国道教的《道德经》等内容。同时,团员还负责佛教刊物《圆音》的编辑、出版工作。他们还在慈坛寺发起了出版"佛学丛书"的计划。

1935 年 5 月 10 日(当年农历四月初七),黎庭探建立的安南佛学会与僧侣联合,组织了一场从报国寺到妙谛寺的佛陀游行活动以庆祝佛诞节。此次佛诞节规模可以说是自佛教传入文郎地区以来,越南佛教史上前所未有的。黎庭探从安南佛学会中选取 52 个能歌善舞的孩子组成"童幼团",合唱以庆祝佛陀诞生。这些孩子穿着同服,同服乃是当时皇家宫廷中孩子们所穿的服装。在同服两边的肩膀上有两个像荷花一样绽放的荷花灯。孩子们一边走一边唱着"祝贺庆诞"。成千上万的人跟随游行队伍前往妙谛寺。仪式结束后,慈墥皇太后赏赐童幼团。至 1942 年,已经成立了 12 个这样的童幼团,每个团体由 40 个孩子组成,并且都需要接受德育佛学青年团的培训。

1942—1944 年,黎庭探为满足信众学习佛法的需求,开设佛法课程。1943 年四月八日佛诞节,他举办了"青少年男女佛子大会"。该大会聚集了 400 多名团生,将德育佛学青年团和童幼团合并在一起,并改名为"佛化普家庭",这是安南佛学会的一项巨大成就。佛化普家庭有五个部分组成:1."心明佛化普家庭",心明(即黎庭探)佛子任普长、丁文南先生(后出家成为释明珠和尚,是越南胡志明市佛教大学的校长)任副手;2."清净佛化普家庭";3."奉团佛化普家庭";4."心乐佛化普家庭";5."莲华佛化普家庭",是由阮文览居士担任普长,尼姐(后来出家成为海

---

① Nguyên Thọ Trần Kiêm Đoàn:*GIEO HẠT GIỐNG LÀNH*[EB/OL].(2009-9-1)[2023-3-15].https://sachhiem.net/TONGIAO/tgTR/TranKiemDoan.php.

潮音师婆）是副手。①佛化普家庭的大多数"兄长"都是有智识及受过教育的青年，在他们的引导下该组织吸引了大批青年人，其成员逐渐扩展到承天省。1950年，佛化普家庭已经扩散到了北部和南部。

1951年4月24—26日，顺化慈坛寺举行兄长"佛化普家庭"大会。这次会议将"佛化普家庭"改名为"越南佛子家庭"，批准释明珠和尚起草的规则，建立佛学研究机构。自此"越南佛子家庭"一直存在并逐渐发展壮大。

二　越南佛子家庭的教育系统

（一）越南佛子家庭的教育宗旨、结构及象征

第一，"越南佛子家庭"的教育系统有明确的宗旨，即"培训儿童及青少年成为正信的佛教徒，在社会上落实佛教精神，学习如何去进行慈善公益事业，以及带动社会各阶层的和平与幸福"。

第二，"越南佛子家庭"有严格的级别结构。在"越南佛子家庭"中最高级别是顾问，由诸位禅德担任。第二级别是越南佛子家庭中央委员会，第三级别是省、乡、村级的佛子家庭委员会，第四级别是具体的佛子家庭。每一个佛子家庭通常由一位家长，一位连团长，至少三位兄长带领。兄长们负责带领佛子童男团（7—12岁）、佛子童女团（7—12岁）、佛子少男团（13—17岁）、佛子少女团（13—17岁）、佛子男团（18岁及以上）、佛子女团（18岁及以上）。团以下设置队，一队有7到8人，每个队有一个队长和一个副队长，并且每一队还有一定的名称和口号。例如：白莲花、精进、蓝莲花、快乐等。

第三，越南佛子家庭有独特的象征。首先，从教育内容上看，越南佛子家庭成员要学习佛教基本知识，遵循佛法的精神，成为一名正信的佛教

---

① Thư viện Hoa Sen: *Vài nét về GIA ĐÌNH PHẬT TỬ* [EB/OL]. (2017-5-23) [2022-4-29]. https://thuvienhoasen.org/a27763/vai-net-ve-gia-dinh-phat-tu.

徒。其次，在成为佛子的同时还必须履行对国家的义务。佛法的权利、存亡或盛衰始终与社会和国家息息相关。因此，佛子必须学习的内容有：修养道德、按照佛教教义过真诚的生活、维护社会秩序安全、遵守法律与国家的政策、研究改善教育、培养人才、努力劳动、促进发展经济文化、合法经商、完成社会职能、履行公民职责、保护国家，使国家富裕、文明、进步和幸福。为此，佛子家庭形成了以箴言、口号、条律、莲花徽章为象征的教育形式。

佛子家庭设置的箴言、口号、条律等内容，是规范佛子道德品行与生活方式的标准和范例。箴言通常是简短的声明，分为儿童箴言和青少年箴言。儿童级的箴言是"和、信、乐"，青少年的箴言是"悲、智、勇"。口号则是"精进"一词。在佛子家庭每次开展活动时，由兄长高声呼"佛子"，全部团生要高声以口号"精进"回答，并且要求站姿端庄、右手打三昧印。与箴言、口号相比，条律在内容上更加详细，也分为儿童条律和青少年条律。儿童条律有三条：1.佛子儿童相信佛法；2.佛子孝顺父母及友爱兄弟姐妹；3.佛子爱护人类和动物。青少年条律有五条：1.佛子皈依佛、法、僧并受持已发愿的戒条；2.佛子扩大慈悲心并尊重生命；3.佛子培养智慧并尊重事实；4.佛子从体质到精神、从言语到行动都保持纯洁的生活；5.佛子为了在道路上前进而喜舍地生活。[①]

箴言实际上可以看作团的条律和规则的摘要。当佛子们读箴言时，可以提醒他们记住所受持的条律。例如：当佛子儿童高声呼"和"时，他们立即想到儿童的第二条律"佛子孝顺父母及友爱兄弟姐妹"；"信"就是相信佛法，呼"信"会使佛子想起儿童的第一条律"佛子儿童相信佛法"等。青少年也同样，当他们高呼悲、智、勇时，他们会立即想起青少年五条条律。

箴言、口号、条律，应该应用在每个佛子的日常生活中。根据每个地

---

① Gia Đình Phật Tử Việt Nam: *Nội Quy và Quy Chế Huynh Trưởng*, Lưu hành nội bộ, 1974, pp.2-3.

区的情况，佛子家庭会在每个星期天的下午或周六晚上去寺庙或念佛堂一起生活，一起礼佛诵经、念佛忏悔。兄长念条律，佛子们跟着念。团生每周都要背诵条律，以提醒每位佛子按照自己已发愿受持的条律生活。当一个佛子彻底实行箴言和条律，便将引导其得到真、善、美的生活。

除了条律和箴言外，佛子家庭还有莲花徽章。莲花徽章由白莲花、八翅、绿色背景、白色圆圈边框组成。白色代表清净，绿色象征佛子们知识向上的思想。八翅，其中五翅代表五位佛菩萨，分别是释迦牟尼佛、弥勒佛、阿弥陀佛，文殊菩萨、观世音菩萨；另外三翅，指佛、法、僧三宝。圆形代表佛教的无碍圆融。一个团生参加佛子家庭活动连续三个月、了解莲花的含义以及团的条律之后，兄长在班会时会给此团生举行佩戴莲花徽章的仪式。佩戴莲花徽章意味着从那时起该团生就被公认为越南佛子家庭的正式团生，他必须始终尊重并保护这枚莲花徽章。[①]

（二）越南佛子家庭的教育体系

越南佛子家庭的教育体系隶属于越南佛教教育机构且有其独特性，它是以佛教的道德学说为基础而进行的一种社会教育及实践。其内容围绕公民该如何健全自己的生活乃至于建立一个健康的社会而展开。佛子家庭分为三个不同的年龄段：儿童级、少年级、青年和兄长级。其中儿童级（7—12岁）分为4个等级：开眼、健翔、硬脚、起飞；少年级（13—17岁）也分为4个级别：向善、初善、中善、正善；青年和兄长级（18岁及以上）则分为以下级别：和、明、见、直；坚、持、定、力；鹿苑、阿育、玄奘、万行级。佛子从儿童到青年都要经过上述级别的培训，至少历时10年。10年后经考核成为兄长后仍需接受调遣团的任务，并逐层参加4个严格的训练营，分别是：1.鹿苑寨，给见习兄长（初级）；2.阿育寨，给真正的兄长（一级，条件以排习级）；3.玄奘寨，给连团长（二级，条

---

① Gia Đình Phật tử Việt Nam Ban Hướng Dẫn Trung Ương：*Tài liệu tu học Ngành Đồng*（*Oanh Vũ*），Lưu hành nội bộ，2004，p.20.

件以排信级）；4.万行寨，训练连团长以上（三级，条件以排进级）。这以后想进入"进级""勇级"，兄长必须在四个等级的课程中继续学习坚、持、定、力[1]。也就是说，兄长想得到评估和认可，必须与团生一起生活并不断进行培训和练习。

（三）越南佛子家庭的课程设置

佛子家庭的课程根据团生的级别、年龄、阶层进行了系统而详细的规划。

越南佛子家庭主要有4门学科：1.佛法；2.青年活动；3.社会活动；4.艺术。

第一，佛法课程是佛子家庭的主要学科，按年龄划分教育水平，包括以下内容。

儿童开眼级、健翔级的学习内容有：释迦牟尼佛历史、三皈五戒、尊重长辈、说好话、唱歌跳舞、体育以及交通安全等生活常识课程。

儿童硬脚、起飞级与青少年向善、初善、中善、正善级的学习内容有：释迦牟尼佛历史、三皈五戒、内规、历史、实习正念、十善、日常诵念、六和、吃素、莲花的意义、佛子家庭的服装、吉祥印、尊重长辈、说好话、唱歌跳舞、典座、体育、交通安全、基本急救课程等。

青年与兄长级和、明、见、直、鹿苑、阿育、玄奘、万行级，除了学习下级的课程外，还开设《金刚经》《胜鬘经》《劝发菩提心文》、礼佛和念佛方法、佛法概论、少欲知足、因果业报、四摄法、佛教与科学、佛教与艺术、佛教与文化、社会原理、心理学、通识涵义、资讯与网络、办公室应用软件、宗教与信仰、慈善、佛桌布置等课程。

第二，青年活动，也称为青年技能，是为了帮助团生适应各种生活条件所设置的户外技能学习课程。如：穿越森林、渡河、攀爬、通信（莫尔

---

[1] Gia Đình Phật tử Việt Nam Ban Hướng Dẫn Trung Ương：*Tài liệu tu học Ngành Đồng*（*Oanh Vũ*），Lưu hành nội bộ，2004，p.45.

斯，Sémaphore，秘密信件）、扎营野外生存技能等。根据年龄，还会教导佛子保持卫生及进行急救。另外，佛子家庭还会培训佛子关于气质、健康、灵巧、创造力、冒险等方面的能力。这一课程是为了青年的理想"变得完美，为服务而完美，为完美而服务"。

第三，社会活动，该活动以服务他人、服务社会、协调社区生活为主。其内容包括：救济、探视援助、参加社区活动等。佛子家庭所负责的社会工作从中央到乡村随处可见。

第四，艺术。佛子家庭的艺术学习必须基于组织固有的基本原则，即"艺术要遵从佛教教理，要来自佛陀、菩萨、圣死道（为国家与佛教而死，所以被称为圣），要取自宗旨、箴言、条律、慈爱、民族历史、家庭生活、学校、社会、热爱国家等高尚生活"。尊重真、善、美的艺术，消除不健康的艺术；在阅读上，要远离淫荡、伤感以及唤起欲望、仇恨等的文章；在音乐方面，要亲近发挥民族性、复兴佛教的音乐仪式以及展现坚韧不拔的民族精神的音乐，远离破坏民族本色的音乐等。

三 越南佛子家庭的贡献

佛子家庭对越南佛教、社会及国家的奉献主要体现在其教育系统和活动仪式上。

在教育系统方面，佛子家庭教育系统的青年活动通过教授户外生存技能弥补了社会教育体系中所缺少的部分，一方面满足了青少年活泼好动的性格特征，释放了青少年的心理压力；另一方面也使得青少年能够亲近大自然，体味自然之美，拓宽了青少年关于天文、地理、人文、生物、物理学等的视野，有利于整个社会教育质量的提升。而以"服务他人"为目标的社会活动更是为社会的和谐发展创造了良好的环境。

在活动仪式方面，越南佛子家庭每年针对各级困生开展露营活动，其中比较大的露营有两次，时间分别是农历四月十五日和七月十五日。四月十五日庆祝佛陀的诞生，露营由兄长组织，活动内容为科学类艺术活动，目的在于学习释迦牟尼佛的历史，提高佛子的智慧和道德。七月十五日的露营，侧重于教孩子们感恩和报恩，报恩的对象是祖先及父母，其中最重要的是报现世父母恩。这一天兄长们带领团生，用自己积余的钱，购买精美包装的小礼物，先供佛陀，后将其带回家送给父母，必须衷心地感谢父母，并告诉他们自己对他们的爱。"报父母恩"也要求在各个佛子家庭的日常生活中时时谨记，这得到了佛子家庭中父母的高度肯定，有效地避免和化解了家庭矛盾。

除露营外，佛子家庭的成员结婚时，要到寺庙举行"恒顺仪式"。"恒顺仪式"是为了帮助夫妻婚前更好地了解彼此的宗族、家族情况以及对待朋友的态度等。仪式由寺庙的方丈主持，方丈以《善生经》教导夫妻："善生！夫之敬妻亦有五事，云何为五？一者相待以礼，二者威严不缺，三者衣食随时，四者庄严以时，五者委付家内。善生！夫以此五事敬待于妻。妻复以五事恭敬于夫，云何为五？一者先起，二者后坐，三者和言，四者敬顺，五者先意承旨。善生！是为夫之于妻敬待，如是则彼方安隐，无有忧畏。"[1]除《善生经》外，方丈会在一张纸上简要地写下既符合社会主流价值观又符合每对夫妻具体情况的寄语，如"丈夫不仅是丈夫，且还要担任兄、弟、朋友、同事，有时还担任父亲。妻子也是如此，有时扮演姐、妹、朋友、同事甚至母亲的角色。当对方需要类似的安慰时，必须知道如何进行相应的调整"，等等。夫妻结婚后，每半个月要坐在一起以提醒彼此在生活中不要犯错误。恒顺仪式能够帮助夫妻间相互理解，有助于夫妻间及时化解矛盾。

越南佛子家庭从成立到今天，佛子们遍布各行各业：护士、助产士、医生、教师、公务员等，他们无论地位高低，身处哪个部门，都以真诚的佛教徒身份实践诸佛和菩萨的"五行"：精进、喜舍、清净、智慧、慈悲，

---

[1] 恒强校注：《长阿含经·善生经》，线装书局2012年版，第242—243页。

全心全意按照"八正道"来生活。越南佛子家庭将佛法应用于社会生活，所创造的独特、良好的生活方式为越南的社会和谐、宗教发展、经济提升作出了诸多贡献。

四　越南佛子家庭在国外的发展

自1976年至1990年期间，移居海外的越南人在其居住地发起成立了越南佛子家庭，海外越南佛子家庭的发展逐渐有了一定的规模。1976年，由阮氏娥兄长举办，在美国旧金山慈光寺成立旧金山佛子家庭；接着，由黄粉与恒娥兄长一起组织，在洛杉矶也成立了佛子家庭，之后更发展到圣地亚哥的万行佛子家庭等。1978年，在俄克拉何马州举办训练佛子家庭兄长初级会议，由释满觉、释觉德担任顾问和教授，邓庭街担任班长和总秘书，陈文寿担任副内务，阮山文兴担任副外务和副总秘书，阮金担任秘书和副班长东部，阮氏碧娟担任财务，端清南担任副班长西部，卢文孝担任副班长中部，武维成担任总财务，阮德琨担任委员。[①]1982年，由释智贤、释觉心及佛子家庭中央总事会带领在美国的佛子家庭在美国中部召开大会，成立美国中部佛子家庭总事会。同年，在美国北加州成立美国北部佛子家庭总事会，由阮氏玡当班长。1983年，在美国南加州成立美国南部佛子家庭总事会，由陈金达担任班长。1983年4月16日，在美国的金光寺召开第一届大会，宣告"'越南佛子家庭中央总事会'正式成立"。

约在1980年，澳洲总共六个州有500名佛教徒组成了12个佛子家庭。1983年注册成立"正法佛子家庭"。

在法国，20世纪60年代末，在越南佛教僧伽的帮助下为一些居住在法国的越南佛教徒举办佛子家庭的活动。1997年，参加佛子家庭的人数超过德国。法国越南佛子家庭中央总事会由佛子妙红当班长、明显当副班

[①] Gia Đình Phật Tử Việt Nam：*Gia Đình Phật Tử Việt Nam Tại Hoa Kỳ*［EB/OL］.（2009-11-14）［2021-9-9］.http：//www.gdptvn-hoaky.com/.

长、明智当总秘书、广慈当总裁和青年委员、广达当少女委员、红行当儿童委员，广福、源德和明正当社会委员，广业和明忠当艺术委员，广龙当教育委员。

以上简单列举海外越南佛子家庭成立的情况。无论在哪个国家成立越南佛子家庭，都必须严格遵循越南佛子家庭的教育宗旨和教育系统。要依照佛陀所说的教理及国家传统作为基本活动准则，教育孩子成为有纪律的好公民。越南佛子家庭已经成为沟通海外越南人的一个重要组织，在促进海外越南人保存越南的传统文化遗产、母语等方面起到重要作用。

五 结论：越南佛子家庭与佛教的现代化

根据以上对越南佛子家庭的形成、教育系统以及海外发展情况的介绍，我们可以总结出其三个特点：

第一，从制度上看，越南佛子家庭作为现代越南佛教社会组织，在组织制度上有明确的宗旨，有严密的级别结构，在教育体系的设置上十分注重合理性、严密性、可持续性。

第二，从运作上看，越南佛子家庭呈现出规模化、体系化、社会化的特点。越南佛子家庭已经成为越南佛教教会公认且被国家所认可的社会组织。越南佛教不再囿于僧团，越来越多的佛教徒以居士的身份投入佛教发展中，越南社会的发展已经与佛教的发展息息相关。

第三，从思想上看，越南佛子家庭在开展活动时始终围绕佛教的基本教义，以出世的精神积极入世，将佛教的发展与个人成长、国家振兴、文化传承结合起来。现代越南佛教追求的不仅是自利的自我解脱，更是转向了以满足社会需求、服务社会大众为目的的社会性组织，并取得显著成果。

以上三个特点，可以概括为制度上的组织化、运作上的社会化、思想价值上的入世化，都表现出人类现代文明的现代性特点。所以越南佛子家庭是具有明确现代性的越南现代佛教组织。

我们曾经在以前的研究中，系统地考察过初期大乘经善巧方便概念思想在佛教弘法、立教及救度中的重要关键作用，而越南佛子家庭之所以越来越受欢迎并不断发展，本质上就是因为这个现代越南佛教社会组织，无论从其思想理念、教育系统来看，还是从其组织的各种活动来看，也都充满着"善巧方便"的精神和智慧。该组织不脱离越南佛教的入世本怀，只是很多佛事活动出家人不便参加，但佛子们受过出家人的教导，可以将正法带入社会，教化救度众生，因此我们可以说越南佛子家庭正是越南佛教一种善巧方便的弘法实践。越南佛子家庭是一个有理论有实践的组织，同时也是一个非常务实的组织。它的教育系统以佛教教义和精神为基础，教授现代社会的生存、生活技能，在学习、奉行宗教信仰的同时不出世间。越南佛子家庭的思想理念、教育系统，为我们提供了一种宗教生活与社会生活之间交流与平衡的范式。这一点与中国汉传佛教所成长出来的现代人间佛教理论与实践也有可以互相借鉴之处，而越南佛子家庭规模化、体系化、社会化的运作，似乎还有为现代人间佛教所不及之处。

The Development, Characteristics and Achievements of "Vietnamese Buddhist Family"

Shi Yuanfa

Abstract："The Vietnamese Buddhist Family" is a highly unique Buddhist social organization and also represents a significant achievement of modern Buddhism in Vietnam. From its historical formation to its educational system, It both reflects the particularity of the development of Vietnamese Buddhism.

The modernization and refinement of its educational system has facilitated the expansion of the "Vietnamese Buddhist Family" beyond Vietnam to the world, strengthening connections among overseas Vietnamese and playing an important role in preserving Vietnamese traditional cultural heritage, language, and more. The practice and operation of "Vietnamese Buddhist families", as well as the theory and practice of modern humanistic Buddhism of Chinese Mahayana Buddhism, can be mutually referenced.

Key words: Vietnam; Buddhism; Buddhist family

一行禅师"正念禅法"的形成

释慧度

杭州佛学院硕士生

摘　　要：一行禅师在欧美地区有着"正念之父"的美誉。禅师来自越南。越南佛教的主体是汉传佛教，在南部近柬埔寨的红河三角洲地区则存在南传佛教，南、北佛教的比例约是二比八，因此越南在整个东南亚是独特的存在，在这样的佛教区域内可以接触汉文佛典与巴利三藏。这是一行禅师禅法的两大来源的基础。禅师的禅法中有两大传统，但是禅师以"正念"闻名，本文通过梳理禅师的著作，理清禅师"正念禅法"形成的现实背景与理论基础，同时呈现禅师整个禅法的全貌。

关　键　词：正念；一行禅师；禅修；现法乐住

基金归属：本文为2019年度国家社科基金重大项目"'一带一路'佛教交流史"（编号：19ZDA239）的阶段性成果。

一　一行禅师的生平履历

一行禅师（Thích Nhất Hạnh，1926—2022）是一位著名的现代越南佛教僧侣，同时也是诗人、作家、学者以及和平推动者、法国南部"梅村"（Plum Village）禅修中心的创办人。禅师毕生致力于推广"正念禅修"（Mindfulness），革新佛教。越战期间，禅师积极提倡非暴力和平运动，反对任何形式的战争，推动"入世佛教"（Engaged Buddhism），却因此被流放海外 39 年。他的英文著作有百余部，已被翻译成法、中、日等四十多种语言，其中翻译为中文的著作多达五十五本[①]。

（一）禅院生活的影响

1942 年，一行禅师（16 岁）经由父母的许可，自投于顺化慈孝寺[②]（Chùa Từ Hiếu），拜真实（Chân Thật）禅师为师。经过三年的考验，落发成为沙弥，法名"澄光"（Trừng Quang），字"逢春"（Phùng Xuân），号"一行"（Nhất Hạnh），后来成为临济宗第四十二代传人暨了观派第八代传人。

16 岁至 19 岁的三年，禅师尚未正式剃度，是落发前的考验期，他体验了传统的禅院生活，这对禅师后来禅法的形成产生了重要影响。其一是通过学习《毗尼日用切要》，一行禅师体会到在每一个身体的动作前首先念诵净化自心的偈颂，可以引发"觉知的心"。其二，乡村寺院生活除了日常的禅修、诵经等修持，还有各种劳作，砍柴、挑水、烧火、做饭、除草、放牛等，农禅并举的僧家生活，对禅师将禅修落实于生活，在日常的生活中训练禅修，产生了直接的启发。

（二）学习传统典籍与佛典语言

1945 年，禅师出家后，真实禅师送一行到"报国佛学堂"（Báo Quốc Phật học đường）就读。在此期间，禅师学习了汉传佛教的传统典籍，对于般若、唯识、天台、华严的典籍都有涉猎。在禅师的著作中般若、华严也同样占有重要地位。从《正念的奇迹》开始，正念禅修、般若观、华严"相即相入观"就构成了其禅观的三个主题，始终贯穿于禅师的重要著作之中，是禅师禅法的核心所在。

[①] 范氏恩：《一行禅师禅法特色之研究》，法鼓文理学院，2021 年硕士学位论文。
[②] 慈孝寺（Chùa Từ Hiếu）是越南中部顺化的一座属于临济禅派的丛林寺院。当一行禅师进入寺院之前，慈孝寺已经有了二十位比丘在那里修行。参见 Thích Nhất Hạnh, *Tình Người*（《情人味》），法国：贝叶 1973 年版，第 7 页。

此后禅师又学习了梵文、巴利文，可以阅读梵文佛典、南传大藏经、汉译大藏经，这为禅师融合南、北传的佛法提供了坚实的语言基础。禅师"正念禅修"的经典依据正是取自巴利三藏，并与汉文大藏经类似经文作了对照。禅师还通晓法文、英文，这为禅师后来在反战运动中以英语著述、弘法奠定了语言基础。

（三）参与佛教革新与反战运动

1949 年，一行禅师（23 岁）受具足戒成为比丘。1954 年一行禅师（28 岁）任教于佛学堂南越印光寺（Phật Học Đường Nam Việt chùa Ấn Quang）。

1955 年，一行禅师（29 岁）成为"越南统一佛教会"（United Buddhist Church）出版刊物《越南佛教》（Phật Giáo Việt Nam）的总编辑。这份期刊鼓舞着年轻的佛教徒与和平倡议者。

1961—1963 年，一行禅师（35—37 岁）接受奖学金就读于美国普林斯顿大学以及纽约市的哥伦比亚大学研究比较宗教学。同时，他被聘任为讲师，教授佛学。

1964 年，禅师（38 岁）被召唤回西贡（Sài Gòn），成立西贡的万行佛教大学（Viện Đại học Vạn Hạnh，Van Hanh Buddhist University）。不久，禅师还创立了青年社会服务学校（School of Youth for Social Service，SYSS），后来被当作"入世佛教"（Engaged Buddhism）的范例。该校训练有抱负的年轻比丘、比丘尼以及在家人成为社会工作者，以便在越战期间救济人民。他们协助重建村庄并安置难民，同时为被战争摧毁生活的人们提供食物、教育、医疗和法律援助，以及心灵支持。

1966 年，一行禅师（40 岁）创立"接现社"（Tiep Hien Order），该社提倡佛法、正念、社会责任和非暴力的修行。此时，越南的战事日趋残酷，一行禅师意识到战争的部分源头来自西方国家，于是决定接受邀请赴美。同年 6 月 1 日，一行禅师在华盛顿举行记者会，发表他的《五项和平建议》。

1967年，一行禅师（41岁）对于和平的信念和实践，深深感动了黑人民权领袖马丁·路德·金（Dr. Martin Luther King，Jr.），他称禅师为"诚恳谦卑的圣者"，并提名禅师为诺贝尔和平奖得主。

自1968年起，一行禅师（42岁）在美国和北越的"巴黎和谈"中代表佛教和平代表团（Buddhist Peace Delegation），大声疾呼越南老百姓渴望和平与停战。五年后，达成《1973和平协定》的签订，战争终于终止。此时，一行禅师希望返回家乡，但新组的越南政府仍然视他为敌人，因为他在越战中并未表明立场，于是被迫继续流亡法国。直到2005年（79岁），禅师才被允许再次踏上祖国的土地。

1971年，一行禅师（45岁）被越南政府取消护照，无法回国。同年，禅师在法国南部离巴黎约150公里的小镇方畹（Fontvannes）外围买了一个旧屋子，装修成为"芳云庵"。虽然有了芳云庵，但禅师周末才会到这里，其他时间他会在巴黎忙着呼吁和平、越南人权以及教书等。

1973年，越南战争已进入恶劣时期，一行禅师（47岁）写了一本书即《正念的奇迹》（*Phép Lạ Của Sự Tỉnh Thức*），内容是32个正念练习，主要对象是青年社会服务学校的成员，鼓励他们面对困难、痛苦、不安的时候要保持正念和内心的平静。1975年，该书在美国出了英文版，取名为 *The Miracle of Mindfulness*。

（四） 越战后的禅修指导

1975年，越战结束后，一行禅师（49岁）和越南佛教和平代表团的同仁们，想方设法试图通过合法途径，把救济金送到饥饿的越南儿童手中，但是没有成功。1976年，代表团到达马来西亚和新加坡，试图为离越逃难的船民们提供安全保护，但是他们的努力遭到各国政府的反对。由于不知道该如何进行下去，一行禅师决定解散巴黎越南佛教和平代表团，回去巴黎郊区静修，同时也帮助他的同事们疗愈由战争所带来的伤痛。从此，一行禅师开始举办禅修活动，来参学的人越来越多，以越南裔的难民为主。

1982年，一行禅师（56岁）收到美国许多组织的邀请参加在纽约举行的和平游行日。超过50万美国人参加了这次游行。从此，一行禅师收到居住在美国的越南法师、美国的贝克禅师[①]（Baker Roshi）与一些学习禅修的美国人的邀请到美国许多州教导正念禅法。后来，两年一次，禅师到美国教授禅法。

1982年，一行禅师（56岁）在法国南部，创立梅村禅修中心，来自许多国家的比丘、比丘尼、在家人终年共住，形成僧团，或称为"心灵家族"。该修行中心欢迎世界各地的在家修行人和家庭来此停留一周或以上。此后直至2017年中风停止教学，在长达35年的时间里，禅师以"梅村"为根本道场，在欧美为主体的世界各地广泛弘扬以"正念禅修"为主的禅修，先后建立了道场40座，以禅师为导师的修行团体近400多个。

纵观其生涯，一行禅师始于1945年（19岁）接受"禅修"训练，1966年（40岁）正式被传法成为临济宗第四十二代传人暨了观派第八代传人。1954年（28岁）至1975年（49岁）期间，一行禅师的主要活动在于建立学校、读书、教学以及推动入世佛教、呼吁和平等事，是佛教革新的中坚、越南反战非暴力运动的重要人物，投身于反对战争、服务民众的社会事业。

1976年（50岁）禅师才正式教导禅修，起初主要是法国越南裔难民跟随他学习禅修。1982年（56岁）其禅法开始受到美国人瞩目，从此以后来跟他学习禅法的人越来越多，参学的人是来自不同的国家、社会阶层以及信仰，他的正念禅法开始走上国际化的道路。

由禅师的个人履历和著述中可以知晓，禅师禅法的形成主要有四个因素：少年时代的僧院生活；传统典籍的学习；越南南部曾属于柬埔寨，

[①] 贝克禅师（Baker Roshi）是一位美国禅师，也是日本铃木禅师的长子。

存在南传佛教，可以获取巴利文的三藏典籍；越南巨大的战争苦难。这四个因素加上禅师个人的思考选择，最终开启了禅师"正念禅修"的实践与弘扬。

二 "正念禅修"的形成

(一) 禅、教与工作的结合

从一行禅师的生平可知，他16岁往顺化慈孝寺学习，这间寺院属于禅宗的临济宗了观派法系。在这里，他接受了真实禅师数年的修行训练，最终成为临济宗第四十二代传人。一行禅师所推广的正念禅法，需要溯源自这个传承的修行精神与实践原则。禅师在这里学习了《毗尼日用切要》，强调通过偈颂来引导修行者在每个身体的动作进行前净化自心，这些偈颂从朝至暮贯穿于整个日常生活之中，如此即可以体验正念与行为的结合。

除了学习《毗尼日用切要》引导正念生活之外，禅师还学习其他基本佛法，并帮忙做一些寺院杂务。禅师在慈孝寺的生活遵循禅寺的古老传统，自食其力，继承"一日不作，一日不食"的宗风。但是，慈孝寺与传统的临济宗似乎有所不同。传统的临济宗强调"不立文字"，重于参禅。而在慈孝寺，除了出坡、参禅之外，僧众还要学习教理、诵经等，强调禅教并重。这一点，一行禅师在 *Tình Người*（《情人味》）中如此叙述：

> 我们寺院人多，大家都会做农活。寺院的田离寺院比较远，所以租给别人做，收获时他们就拿一部分米来寺院。在寺院的园地里，我们种植很多食物，如茶叶、波罗蜜、木薯，还养牛等。在寺院平时除了工作，我们还有时间学习经典，练习写汉字，听师父讲经，诵经和参禅等，其中参禅是最重要的。师父教导我们："参禅是进入智慧之门，也是修行人的事业。"……当然，不是一进寺院就马上得学参禅，还要放牛、拔草、挑水、舂米、砍柴等。但是，那就是修行。如果没

有放牛、拔草、挑水、种菜，那怎样能学习参禅呢！①

从这里我们可以看出，一行禅师受到的禅宗教育和观念，是在日常生活中，每个动作都是参禅的机会，或者禅修不离于日常，此即中国禅宗"挑水搬柴皆是禅"及"道在生活中"的精神所在。这些禅宗的修行精神和观念，如同种子般，日后因缘成熟时，它们便会茁壮成长，成为一行禅师生命中"入世佛教"和"正念禅法"的根源。

（二）"话头禅"与"净土修行"无法回应现实苦难

处于长期战争所带来的重重痛苦当中，禅师衷心地期望，能将自己所接受的佛陀美妙的教导付诸行动，以安抚人们的痛苦。但佛教组织所提供的教导和修习方法，似乎不足以回应越南当时的情况，让他无法实现这一愿景。之前所学习与修持的禅法，似乎无法助力解决现实问题！关于此事，一行禅师在《与生命相约》中提道：

> 当我还是沙弥的时候，着手研究和实践的佛教教法就是禅和净土。作为一个修行人，在成长的过程中，我目睹了我的祖国被卷入战争、暴力、贫困的境地。我所接受和实践的禅和净土的教法，看起来，于我周围和内心的痛苦并不能产生直接的效用。②

一行禅师早期研究和实践禅和净土，但是他觉得禅和净土，无法带给战乱中饱受痛苦的人们直接而显著的效用。这里禅师所说的"禅"，应该是指临济了观和天台的禅法，禅师在"报国寺佛学堂"接受过天台教学的学习。禅师提到早期曾经研究和实践净土法门，但是在禅师早期的著作中，几乎没看到"净土法门"的主旨与内容，后来出版的一系列著作中也

---

① Thích Nhất Hạnh, *Tình Người*（《情人味》），第44页。
② 一行禅师：《与生命相约》，明洁、明尧译，紫禁城出版社2002年版，第6页。

不见"净土"思想的踪迹。关于一行禅师所修持的禅法，对当时沦陷于战争中的越南人的痛苦毫无帮助的事情，禅师并没有详细说明，或是提出明确的理由。为何净土思想无助于现实，这是一个有待于进一步探究的问题。在禅师的中、英文著作中还没有清晰的答案。

公案禅与话头禅是临济禅的核心所在，对一行禅师而言参公案或话头必须契合时机和根机。因此，生活在战火连天、暴力、贫困等痛苦中的人们，并不适合参公案或话头。禅师在《禅修的生动传统》中对于参公案、话头的修持方法提出了自己的一些看法：我们修行的目的是什么？是得到解脱，证得涅槃，或是为了开悟、明心见性。但在还没有明心见性之前，我们的修行要能转化自己痛苦的同时，也要引导他人脱离痛苦。

禅师这一特殊的提法不同于传统对"公案禅"的理解，一行禅师有着强烈的"入世精神"，认为修行者要契合时机、关怀社会、切入社会的需求。而且最重要的就是，修行者要掌握修行的精神，灵活应用。此外，禅师还强调，不管我们修持什么法门，我们的修行必须跟自己的痛苦、社会的痛苦、人们的痛苦有关，修行不能离开当下的生活。

因此，面对国家被侵略，同胞被卷入于战争的恐惧、逃难、死亡、仇恨等重重痛苦的情况，禅师认为是无法用话头或公案来平息这些痛苦。而正念更容易让人安定、平静下来，从而不被痛苦淹没，而且正念的修持方法也比参公案、话头简单，不需要特别的根机和时机；任何时刻都可以提起正念，通过回到呼吸，觉知自己的呼吸，觉知当下的感受等方式，来帮助战火中的难民舒缓、减轻自己的痛苦。这应该是一行禅师不弘扬临济的公案或话头禅法，而积极推广正念禅法的主要原因。

（三）早期经典回应痛苦

禅师所研究和实践的禅无法产生效果，那么就产生了一个问题，何等教法能提供痛苦的人们以"直接的效用"呢？一行禅师在早期经典中找到了答案，即从"正念"通往"现法乐住"的教义及经典依据。一行禅师禅法的核心是"现法乐住",即保持正念的当下获得安乐。一行禅师认为,在面临重重痛苦之时,"现法乐住"是最好的解决之道。它能让实践正念者不被痛苦淹没,只要回到当下,实践正念者就能找回内心的平静,有了平静就能产生喜悦和力量。

在著述的过程中,禅师反复提到三部经,即《四念处经》(satipatthāna sutta)[①]、《安那般那念经》(ānāpānasati sutta)[②]以及《胜妙独处经》(bhaddekaratta sutta)[③]。一行禅师在《安住于当下》中提道:

> 此为行者需要研究和念诵的经典:《安那般那念经》(ānāpānasati sutta),《四念处经》(satipatthāna sutta)。这些经典都是属于禅修的根本禅经,经中有详细地引导你习禅的过程。[④]

一行禅师教导弟子们不但要研究《四念处经》和《安那般那念经》,而且还要念诵它们,因为它们是最基本的禅经,能帮助行者奠定禅修的基本功。最重要的是,这两经还提供了详细而完整的禅修指南。通过研究和念诵,禅修者对这两部经的内容越来越熟悉,可以更好地掌握禅修的正确观念与方法。

然而,为什么一行禅师一定要选择这三部经(虽然禅师有些书中只提到《四念处经》和《安那般那念经》,但在另外一些书中则经常与《胜妙

---

① 《四念处经》的主要内容是教导行者正念观照自己的身、受、心、法,以了知身心世界的本质是无常、苦、无我,由此得到解脱。此经之巴利原文收于 PTS satipatthāna sutta(M.10 与 D.22)。
② 禅师所谓的《安那般那念经》即巴利经 ānāpānasati sutta,禅师也称为《观呼吸经》。此经在汉译经藏中称为《入出息念经》或是《出入息念经》《安般念经》等。《安那般那念经》主要教导行者以四念处为基础、以观呼吸为核心,开展出十六个步骤观法。此经之巴利原文收于 PTS ānāpānasati sutta(MN 118)。
③ 《胜妙独处经》的主要内容是教导行者全然地活在当下,脱离过去、未来与诸烦恼的束缚,对当下保持觉知、保持正念,对当下的身心世界所生起或灭去的诸法,都要清楚觉知。此经之巴利原文收于 PTS bhaddekaratta sutra(M.131)。
④ Thích Nhất Hạnh, An Trú Trong Hiện Tại(《安住于当下》),法国:贝叶 1986 年版,第 53 页。

独处经》一起三经共提）作为禅修指南，而不是其他经典呢？它们的特色在哪呢？关于这些问题，一行禅师在 Con Duong Chuyen Hoa（《转化之路》）中提供了答案：

> 站在禅习方面来说，《四念处经》和《安那般那念经》被看作最重要的两部经。这两部经都提到"念"（sati）。"念"在禅修中的角色，就如同进入解脱的"正门"。在四念处、五根、五力、七菩提分和八正道中，"念"处于最关键的位置。[1]

《四念处经》和《安那般那念经》的共同特色是都提到"念"（sati）。这里的"念"就是"正念""觉知""观察"的意思。不管是在禅堂内或是在日常生活中，保持正念、保持觉知是一件最基础和最重要的事。对一行禅师而言，唯有通过"正念"这扇门，才能够进入解脱的境界。换言之，"念"是这两部经典的核心，亦是解脱的关键，一行禅师因此把这两部经典作为其禅法之依据。无论如何，要如何从这些经典所教导的"正念"而达到"解脱"呢？一行禅师指出以"正念"作为禅修的入手方法，可以进一步发展"定"和"慧"，最后获得解脱、快乐与幸福。正如一行禅师在《呼吸——滋养与治疗》中所言：

> 我想要介绍三部经，我认为其是佛教义理中的根本修习，而且其能帮助法师们既基础又有深度地练习和发展念、定、慧。……第一部经是《安那般那念经》。这部经的核心是以十六个步骤练习正念呼吸……第二部经是《四念处经》，它教导人们观照四个领域，即身、受、心、法。这两部经要一起使用，因为它们是互相补充的；……第三部经是教导我们要安乐和幸福地活在当下——现法乐住，经名为

---

[1] Thích Nhất Hạnh, *Con Duong Chuyen Hoa*（《转化之路》），宏德2015年版，第20页。

《胜妙独处经》。这部经是最老旧的经典，内容是佛陀教导我们如何在当下——此时此处得到安乐、舒畅与幸福。[①]

一行禅师认为《安那般那念经》《四念处经》及《胜妙独处经》能帮助修行者发展"念、定、慧"。禅师指出：一旦有了"正念"，清楚觉知当下的某个动作或感受，那时也会产生第二个能量就是"定"。有了"念"和"定"，行者就能够对所缘境进行深入的观照，看见诸法真实的本质，那就是慧。慧能转化烦恼，进而止息所有痛苦，拔除无明的根源，我们在当下（此时此刻）就可以获得安乐、从容和幸福。

禅修并不限制在禅堂内，而是要把禅修的精神落实在日常生活中，这是一行禅师一直以来推动的"入世佛教"之精神所在。正因为《四念处经》《安那般那念经》和《胜妙独处经》能指导现代人在日常生活中修行，一行禅师才会称之为"宝贝"。这就是为何一行禅师常常教导弟子：你等公交车时也要观照自己的呼吸，你走路时也要觉知自己在走路，煮饭时也要观照身体的每个动作，痛苦时仍要观照自己的感受、拥抱痛苦等。这一切教导，事实上都出自《四念处经》《安那般那念经》和《胜妙独处经》。

（四）现法乐住

一行禅师强调自己所推广的修持法门非常重视"现法乐住"，并把它作为梅村禅修方法的基础。举例而言，一行禅师在《与生命相约》中提到自己所推广的禅法，其最终目的是让禅修者达到"现法乐住"：

> 近二十年来，我一直在世界各地、尤其是北美和欧洲等十三个国家举办正念禅修中心和正念日。在这些禅修活动中，人们接受有关修行的教导，练习观察和拥抱他们的痛苦，并深入观察这些痛苦然后转

[①] Thích Nhất Hạnh, *Hơi Thở – Nuôi Dưỡng Và Trị Liệu*（《呼吸——滋养与治疗》），Phương Nam 2015，第 59—60 页。

化它们，以便恢复他们身心内部的平静与和谐。练习坐禅、行禅、正念呼吸、正念平卧、全身放松等等。这些都是为了实现所谓的"现法乐住"、"现身受证"的目的。①

另外，在《禅修的生动传统》的序中，一行禅师提到梅村的禅法是以"现法乐住"为基础的：

> 这本书的第三卷是介绍梅村的修习方法。那些方法主要是依据原始经典，再配合大乘禅观，以便适应于新时期人们身心的治疗与解脱。这些方法是基于"现法乐住"的。

由此可见，不管是在梅村建立禅修系统，抑或到世界各地指导禅修，一行禅师都将"现法乐住"作为其禅法的核心价值。"现法乐住"是其禅法的基础，也是最终目的。

从一行禅师的著作中可以发现，他对"现法乐住"的解释有自己的特色。《阿含》或《尼柯耶》中出现的"diṭṭha-dharma-sukha-vihāra"，通常要表达的是"于现在世安乐而住"，时间着重于这一期生命——今生、现世。另外，依据《阿毗达磨》的解释，证入四禅的时候能够体验到"现法乐住"。然而，一行禅师通常将"现法"（diṭṭha-dharma）解释为"当下"或"此时此刻"，范围可说比"今生、现世"小。此外，一行禅师很少谈"四禅"的境界。例如，一行禅师在《佛陀的心》中说：

> 佛教的格言是"现法乐住"。"现法乐住"（dṛṣṭà-dharma-sukha-vihāra）的意思是幸福地安住于当下。现法（dṛṣṭà dharma）即是此时此刻。如果为了修习而糟蹋身心，我们对佛陀的教导就背道而行了。为

---

① 一行禅师：《与生命相约》，"作者序"第6—7页。

了自己和众人，我们应该尽量实现正确佛教的修习目标，那就是"现法乐住"。①

由此可见，他将"现法乐住"视为佛教修行的目标。如文中所述，我们可以看出禅师所说的"现法"很明确地指"当下、现在、目前"（now，at present，at this moment），而不是"现世或今生"（in this life）。"现法乐住"尤其是要在每个当下感到快乐、幸福。但是，这里要注意的是，禅师所谓的快乐、幸福是指佛教所说的喜悦、安乐，无贪、无嗔的喜乐，而非贪爱心。为何一行禅师不把"现法"解释为"今生"，而是定义为"当下"或"此时此刻"呢？主要原因在于，一行禅师认为只要你开始修行、保持正念、活在当下，快乐就会马上呈现，而不是修行了一段时间之后才能获得快乐，如他在《与生命相约》中所言：

多亏《安般》、《四念处》、《释中禅室》等等经教，我找到了佛陀有关"现法乐住"（愉快地活在当下）的教义，并能够恢复人间佛教的本来面貌。……佛法的一个基本特征就是"现身受证"（即当下解决生命的解脱问题）。佛陀坚持宣称，法受用于此时此地，当你开始修行的时候，痛苦的转化和心灵的康复（即灭）就已经开始了。②

一行禅师清楚地点出自己将"现法乐住"与"愉快地活在当下"相等同，禅师认为修行和修行的结果不是分离的，只要开始修行，"现法乐"就当下生起，痛苦的转化和心灵的康复也就在"此时此地"开始了。这个观念可以说是一行禅法的重要特色。这也是为何他一直强调："要回到当下，回到现在，快乐就在此时此地（here and now，happiness is here and now）。"基于这个原因，一行禅师把这个观念作为梅村修行的宗旨，如在《禅修的

---

① Thích Nhất Hạnh，*Trai Tim Cua But*（《佛陀之心》），Tổng hợp TP.HCM 2009，p. 179。
② 一行禅师：《与生命相约》，第6页。

生动传统》中，禅师很清楚地表明梅村修持法门的两个特性：

> 梅村禅法第二个特性就是"现法"，就是那个练习要发生于当下时刻，是为了当下时刻，而不是为了未来的幸福。因为当下就是如此，所以我们才需要练习。因为当下有痛苦、困难、烦恼，我们才需要修持。梅村禅法第三个特性是"乐住"，就是快乐生活，就是我们的实修要在当下得到静乐和幸福。[①]

这里，禅师强调梅村修持法门的特性就是为了现在、当下的幸福、安乐，而不是为了未来的几年后，或是得到开悟的时刻，甚至往生到乐国才有幸福、快乐。禅师认为后者是一种不正确的观念。因为我们能掌握的生命就只能在当下，为何我们要抛弃当下而去寻求一个不明确的未来呢？我们修持佛教的法门，重要的是在当下感到安乐。如果在当下我们心里充满了忧愁、苦恼，此时我们更需要观照、觉知当下的感受，观照它、拥抱它、转化它以及放下它。一切都发生于当下，因为当下就是如此，所以需要如此地观照，让当下得到安乐、转化。这就是梅村修持的特性。

（五）一行禅师禅法之实践——战争中的禅修

1. 正念日

借用禅师自己著作的名称，一行禅师的禅法可以称为"火海红莲"。19世纪后半叶以来越南成为法国的殖民地。第二次世界大战中，日本取代法国占领了越南（1940）。当日本投降同盟军时（1945），越南也趁此机会独立。1945年9月2日，胡志明正式宣布越南独立，但不久之后，法军又重返越南，引发了"越南抗法"战争，此即"法越战争"。1954年与

[①] 一行禅师：《禅修的生动传统》第三卷，《梅村的修持法门》梅村电子书，https：//langmai.org/tang-kinh-cac/vien-sach/giang-kinh/truyen-thong-sinh-dong-cua-thien-tap/phuong-phap-tu-tap-lang-mai/mien-mat-hien-phap-lac-tru/（2021/4/11）。

法国停战后不久，越南又进入另一场漫长而破坏力极大的战争——"越南抗美战争"。从1955年开始，直至1975年越共统一南北越，此战持续了将近20年。直到1975年，越南才真正脱离战争的苦难。一行禅师见证了超过三十年战争中的越南。漫长的战争经历，对一行禅师的人生有极大的影响，从记事开始，禅师一直见证着国家被战争所破坏，同胞的生命被战争所夺去，因此在他心里酝酿了一股强烈的力量，想要帮助同胞，不是空想、口说，而是要真正地付出行动。他一直挣扎：

> 国家临难，村庄被轰炸，我们出家人该怎么做？继续留在僧院修行？还是该走出禅堂，去帮助在炮火中饱受苦难的人们？在审慎的考虑之后，我们决定两者兼顾——走出去帮助众人，在助人的同时保持正念。[1]
>
> 禅师知道，如果没有滋养自己的心灵而去做这些事，必然心力俱疲，消耗殆尽。于是禅师采取一个解决的方案："每星期抽出一天当做正念日，在带给周遭受苦的人缓解的同时，他们还能够培养和支撑自身。"[2]

在战争期间，一行禅师一边在佛学院教书，一边帮助战争中的难民。同时，他也极力呼吁和平，提倡非暴力。在此过程中，禅师多次面临非常困难的情况。幸好，禅师从青年时代即致力于反对战争的非暴力运动、救助难民，经历过多次艰难的时刻，积累了丰富的应对困难的经验。禅师坚持禅修，在实际的体验中转化了自心的烦恼、痛苦，将原始经典的教言付诸实践，真实体验到了内心的转变，"现法乐住"并非无意义的空谈。

以下依禅师著作中所提及的最为艰难的时刻，试举一例，看看禅师在面对困境时，如何用正念禅修转化之。困难使他的禅法有了试炼的机

---

[1] 一行禅师：《橘子禅》，方怡蓉译，橡实文化2006年版，第146页。
[2] 一行禅师：《耕一畦和平的净土》，陈丽舟译，台北：商周出版社2006年版，第114页。

会。他后来所倡导的禅法，都是通过这样的试炼证实有效之后，才传授给大众的。

2. 艰难时刻的疗愈

1975年越南统一之后，许多南越旧政府的人民为了逃离越南，他们非法组团，搭乘小船舶偷偷离开，想要逃到其他国家。可悲的是，许多人在逃难的过程中葬身大海，成为鱼的诱饵或海贼的肥料。因此在1976—1977年间，一行禅师领导其团队在新加坡救援海上的难民。这个活动无法公开进行，因为泰国、马来西亚、新加坡等国不允许难民上岸。他们就租了两艘大船去接济海上的难民，另外用两个小船作为联络并支援食物。如果船上人满了，就送到澳洲或是关岛。可是，当两艘大船接到800个难民上船之后，事情败露了。当地政府要求一行禅师于二十四小时内离开新加坡。当时两艘小船无法支援大船，而泰国、马来西亚和南洋各国也不允许他们上岸。大船Rolan有足够的燃料可以到达澳洲的伯斯（Perth），但食物缺乏，更加不幸的是，这时机械又出了问题，而且海上有台风来袭，马来西亚也不允许它靠近其海域避难。在紧急的情况下，一行禅师表示"在岸上的他，却感觉自己的生命和800名难民一样，正在海上漂浮。当时，我就禅观，突然我感到自己非常安静，所有担心、忧虑、害怕完全消失，心里感到非常安乐。我已经度过这段最煎熬的时期，我永远不会忘记那二十四个小时的禅坐、呼吸、步行和观照"[①]。隔天早上，禅师找到了解决方案，终于解救了那些难民。

历经这些艰难的时刻，包括后来流亡法国所面临的无法归国的思乡之苦，禅师都是以"正念禅修"度过的。这增长了禅师对教法的信念。为后来指导禅修奠定了实践基础与教法上的信心。

（六）小结

一行禅师的救世情怀从青年时代就展露无遗，禅师的正念禅修似乎

---

① Thích Nhất Hạnh, *Trai Tim Mat Troi*（《太阳的心》），pp.91–92.

与一些人的想象不同，正念禅修不是禅师流亡定居法国后为了适应西方社会所作出的调整。早在禅师在越南时就开始了正念禅修的学习与实践，面对战争所带来的苦难，寺院在炮火中受到威胁，而寺院高墙之外，无家可归，被饥饿、疾病、恐惧所威胁的民众亟待拯救，此时如何平衡修行与帮助民众，成了一个难题。禅师经过一番深入彻底的思考，决定二者兼顾。每周有一天作为正念日，以禅修转变内心的烦恼、创伤，恢复身心的疲劳，其余时间则积极投入到救苦的行动之中。禅师的禅法从这一时期就开始了以禅修转变内心的痛苦的实践，这是禅师禅法发轫的开端。

《正念的奇迹》著述于1973年，当时禅师被迫流亡法国，而他曾经共事的道友还有不少留在越南境内，面临非常困难的局面。禅师写作的《正念的奇迹》中的最早的几篇文章，就是寄给越南境内道友的修行建议。<u>由此也可以看出，正念禅修并非在法国定居之后，为了适应西方社会没有深厚佛教传统而发展出来的新方法，在法国的定居生活和西方的社会背景，对于正念禅修的出现有影响，但并不是决定性的，正念禅修产生的根本原因是禅师面对现实自身择法的结果。</u>以禅修调整身心，是禅师一直以来所遵循的修持方法，禅师一以贯之地以禅修自利利他。"正念禅修"的修持方法简单易行，祛除了佛教见解与信仰的门槛，可以为佛教与非教徒共同受用。"正念禅修"在欧美也成为一种有广泛影响力的运动，一行禅师则被尊称为"正念之父"。

三　般若观与"相即相入"观

除了"正念禅修"，禅师的禅法特色还包括南北传结合，原始佛教与汉传佛教结合。*Zen Keys*（《禅之心要》）[①]、*The Heart of the Buddha's*

---

① Thích Nhất Hạnh, *Zen Keys*, Random House, 1971.

Teaching（《佛陀之心》）①、The Sun My Heart（《观照的奇迹》）②，是禅师阐述传统佛教核心概念的主要著作。在这些著作中，禅师梳理了三法印、十二缘起、四念处、八正道、三十七菩提分、四无量心、六度等原始佛教与大乘佛教的名相概念。而在其他著作中，还涉及了唯识、般若与华严"相即相入"观。禅师禅法南北传结合的特性中，避开了原始佛教种种复杂名相的诠释，依经而不依论，避开了原始佛教论典的内容，就经文本身的含义而解释。禅师把心理现象的理论诠释归入了唯识宗的范畴，如此原始佛教的《四念处经》《安那般那守意经》《胜妙独处经》等经典提供了禅修方法，而心理现象的理论依据则归入了唯识宗，实际上是以大乘归摄了原始佛教，由原始佛教而指向大乘。"正念禅修"是禅师的基本禅法，而般若观、华严的"相即相入"观则是禅师提及最多的大乘禅观，三者几乎贯穿于禅师所有的禅修著作之中。

三者之间既相互独立，也存在关联性。正念禅修会有所缘境界，而所缘无法独立存在，观察它无法独立存在则凸显出了所缘的"空"，例如一朵花、一片云、一个橘子等，既可以是正念的对象，也可以进一步成为观察的对象。

> 如果，我们观照一微尘、一朵花或一个人的重重缘起之自性，我们会发现"一"与"多"是无法分离而存在的，"一"与"多"无障碍地融合在一起，"一即是多"。那就是华严教义的"相即相入"的概念。"相即"意味着"此即是彼、彼即是此"；"相入"意味着"此中有彼、彼中有此"。③

在《与生命相约》中，一行禅师教导：

---

① 一行禅师：《佛陀之心》，方怡蓉译，海南出版社2010年版。
② Thích Nhất Hạnh, *The Sun My Heart—Reflections on Mindfulness, Concentration, and Insight*, Parallax Press, 2010.
③ 一行禅师：《观照的奇迹》，第53页。

如果你是一位诗人，你将会清楚地看到，这张纸里有一朵云彩在飘飞。因有云才有雨；有雨树木才能生长；有树木人们才能够造纸。所以我们可以说，云和纸是相即相入的。如果我们再深入观察的话，我们还会看到阳光、伐木工人以及伐木工人的父母，没有这些事物，这张纸就不可能存在。所以我们可以说，一切事物都在这张纸中——时间、空间、泥土、雨水、土壤中的矿物质、阳光、云彩、河流、热量以及心灵。每一件事物都与这张纸共存在。存在是相即相入的存在。①

通过华严的法界缘起观法，我们看到事物背后的重重无尽的因缘网。宇宙万法，一切相融相摄，相即相入。我们要用这样的眼光、这样的态度对待人、事、物。一切都相互依存，此中有彼、彼中有此，彼和此不一也不异。类似这种观法，存在于一行禅师的诸著作中。禅师对任何事物都可以深入地观照，如深观一颗橘子，深观秋天的叶子，深观春天的叶子，深观一只毛毛虫等。在宇宙万法之内，任何东西都能成为我们的观照对象。这显示出禅师对"相即相入"观的鲜活运用，可将众生的心引入实相。

囿于篇幅所限，在此对禅师著作中的般若和"相即相入"不作过多引用，只简要阐明融合大乘佛教与原始佛教才是禅师禅法的全貌。

四　禅师参与的社会运动

一行禅师的入世活动无疑是多面的，禅师的前半生以僧侣的身份参与越南佛教的革新运动，积极反对任何形式的战争，假如禅师在 1975 年后不以禅修著称于世，他也会以非暴力的和平主义者载于史册。在后半生，禅师引领下的"正念禅修"影响甚巨。

在一行禅师的领导下，梅村已从一个乡村农庄发展为当今西方最大、

---

① 一行禅师：《与生命相约》，第 150—152 页。

最活跃的佛教道场，居住了超过200多位出家人。每年有超过1万名从世界各地前来学习"正念生活之道"的修行者。

梅村欢迎不同年龄、不同背景、不同信仰的人们来学习行禅、坐禅、食禅、工作禅、深度放松，以及修习止、微笑和正念呼吸。这些都是古老的佛教修习，一行禅师将其本质和精华加以简化和发展，容易而有力地应对我们这个时代的困难和挑战。

目前，超过10万名禅修者承诺在日常生活中践行一行禅师的现代化全球道德准则"五项正念修习"，即传统五戒。

一行禅师创立了"觉醒"（Wake Up）共修团——一个由世界成千上万的年轻人组成的运动，旨在修习正念生活。他还发起了一个国际性的"觉醒学校"项目，训练教师在欧洲、美洲和亚洲的学校教导正念。

一行禅师还在加利福尼亚、纽约、巴黎、密西西比以及澳洲等地建立了梅村，也在德国开设了欧洲第一所"应用佛学院"。

梅村正念修习中心也为企业家、教师、家庭、专业医疗人员、心理治疗师、政治家、年轻人及退伍军人等提供特定的禅营。在美洲和欧洲，每年有超过4.5万人参加由梅村僧团领导的活动。[1]

从梅村的官方网站的介绍中可以看出，禅师的修行团体以"正念禅修"为核心理念，参与了素食推广、儿童教育、教师培训、地球环保等活动，即以正念修行团体的影响力倡导多样化的社会活动。

经过了长达四十多年的教学，"正念禅修"在欧美社会落地生根，其简洁的方法却产生了深远、广泛的影响。其所折射出的意义有两个方面，一是佛陀教法的奇妙，二是一行禅师个人所独具的修行者的特质是与他者所不共的，非禅师而不能为。

禅师禅法在业果轮回、净土思想方面的回避态度，禅师的文字魅力，禅师对出家二众戒律、五戒的调整，与基督教的交流，非暴力和平主义的

---

[1] 梅村官网，https://plumvillage.org/zh-hant/.

佛教理论背景，禅修转化烦恼的唯识宗角度的理解等主题，虽然都值得围绕禅师的著作再做进一步的说明，但限于篇幅，则留待以后撰文研究。

The Formation of Thich Nhat Hanh's "Zen Practice of Righteousness"

Shi Huidu

Thich Nhat Hanh is known in．Europe and the United States as the"Father of Righteousness", Thich Nhat Hanh is from Vietnam, the main body of Buddhism in Vietnam is Chinese Buddhism, in the south of the Red River Delta near Cambodia, there is Southern Buddhism, the ratio of Southern to Northern Buddhism is about two to eight, so Vietnam is a unique presence in the whole of Southeast Asia, and in this kind of Buddhism area In such a Buddhist region, one can have access to the Chinese Buddhist texts and the Pali Tripitaka. This is the basis of the two main sources of Zen teachings of Thich Nhat Hanh, which benefit from the special characteristics of Vietnamese Buddhism. There are two major traditions in Zen practice, but Thich Nhat Hanh are famous for"right mindfulness". This paper clarifies the practical background and theoretical basis for the formation of Thich Nhat Hanh'"right mindfulness Thich Nhat Hanh"by combing through Thich Nhat Hanh' writings, and at the same time, presents a comprehensive picture of the whole of Thich Nhat Hanh' Zen practice.

Key words：right mindfulness; Thich Nhat Hanh; Zen practice; Xian fa le zhu

多元现代性视角下的人间佛教
——以星云大师为例

李亚珂

中国人民大学博士生

摘　　要：人间佛教是近现代汉传佛教为应对现代性而发展出来的新思潮，星云大师无疑是当代人间佛教最重要的践行者。星云大师人间佛教思想基于佛陀本怀与人本关怀的相通之处，既强调对于佛教教义与制度的坚守，又着眼于当今社会的发展与需要。修行思想方面，星云大师提倡戒定慧三学及践行菩萨道以实现佛陀本怀；文化思想方面，星云大师以五乘佛法为例强调中国文化与佛教同生共存，和谐发展；社会思想方面，星云大师强调男女平权及社会环保。从多元现代性的视角来看，星云大师的人间佛教思想无疑是当代汉传佛教面临现代性的反思与重构，其创新性地解释佛教教义与制度以适应当代社会的发展。在未来的一段时期里，星云大师的人间佛教思想仍将对佛教自身与人类社会的发展产生积极影响。

关 键 词：人间佛教；现代性；星云大师

基金归属：本文为2019年度国家社科基金重大项目"'一带一路'佛教交流史"（编号：19ZDA239）的阶段性成果。

一　现代性与佛教发展道路的探索

（一）社会失范与现代性

1840年的鸦片战争揭开了中国近代史的帷幕，古老的东方大国由此沦陷于半殖民地半封建社会的屈辱中，中国社会面临着前所未有的危机。从外部来看，半殖民地意味着殖民强国运用经济、政治、文化等手段力图控制中国的显性入侵；从内部来说，半封建社会体现了传统封建势力对中国社会的操纵。在此背景下，西方的科学技术、价值观等与中国的科技、传统道德体系等激烈碰撞，中国传统意义上的集体约束力或对整个社会成员的规范力大幅下降，社会个体的欲望难以有效遏制，或者可以说，中国社会进入了失范状态。

在学术界，法国社会学家涂尔干最早在《社会分工论》中提出社会失范这一概念。涂尔干认为，失范指社会或群体中相对缺乏规范的状态，也就是无规范状态。现代社会失范是由于机械团结向有机团结转变过程尚未完成而形成的。而由于道德基础慢于社会分工基础，社会控制会出现过当或失当，于是导致失范，失范与社会病态紧密相连。[1]因此，在涂尔干看来，重建社会道德秩序无疑是应对社会失范的重要举措。如果说涂尔干所谓的社会失范意指失去规范或缺少规范，那么身为其后继者的美国社会学家默顿所认为的社会失范更多指规范冲突。默顿认为，正是由于社会民众对现行规范的不认同，使得现行规范丧失了对民众行为的影响力与控制力。进一步来说，社会失范之所以会发生，是因为社会的文化目标与其倡导的制度性规范间的不平衡。简言之，面对文化目标与制度性规范的不同组合，社会成员一般有遵从、创新、仪式主义、反抗和退却主义五种适应模式。值得注意的是，遵从模式以外的其他模式皆为越轨行为即社会失范。也就是说，当社会成员不能够通过社会倡导的制度性规范即遵从模式

---

[1] 黄谋琛：《关于社会失范研究的若干思考》，《南昌师范学院学报》（社会科学），2015年第1期。

来达成文化目标，那么社会失范就会产生。值得注意的是，虽然涂尔干和默顿都论述了与社会失范有关的话题，但其阐述重点并不相同。对于涂尔干而言，他更关注社会结构的失范，而默顿更注重从社会结构失范的角度研究个体行为失范。

此外，不能忽视的一点在于，涂尔干对社会失范的论述与其对现代性的理解息息相关。在现代性的定义方面，涂尔干认为现代性源于工业主义。他认为，现代社会生活急剧变迁的特征，主要不是源自资本主义，而是来自复杂的劳动分工所产生的强有力的刺激，由此通过工业对自然的开发，利用生产满足人类的需要。我们不是生活在资本主义秩序之中，而是生活在工业秩序之中。[1] 也正因如此，涂尔干认为唯有建立工业主义秩序或道德才能使社会脱离失范状态。可以说，涂尔干对现代性的理解在一定程度上决定了其对社会失范的论述。从这一角度而言，与其说19世纪中后期至20世纪中期是中国社会的失范时期，不如说该段时期是传统中国遭遇现代性的阶段，正如郭忠华所言："社会失范是现代性所隐含的问题之所在，这是因为，在从传统社会向现代工业社会转型的过程中，社会分工的发展和个人主义的强化日益消解了传统社会的宗教、道德、习俗等整合纽带，但是在社会转型时期，新的社会整合纽带还处于形成过程中，从而造成公民道德信仰匮乏，行为失去外在约束和欲望变得无节制。"[2]

（二）多元现代性与人间佛教

尽管涂尔干提出的社会失范及现代性理论为研究近现代社会提供了新视角，然而我们也不能忽视其潜在的理论陷阱。最显著也最为重要的一点在于，涂尔干与韦伯等古典社会理论家相同，倾向于将现代性归结于某种单一而具有强大压倒性的力量——涂尔干认为现代性源于工业主义，而韦

---

[1] 〔英〕安东尼·吉登斯：《现代性的后果》，田禾译，译林出版社2022年版，第13页。
[2] 郭忠华：《群像与融通——吉登斯对现代性理论范式的重建》，《天津社会科学》2006年第1期。

伯则指出基督教改革后所具有的理性精神则是现代性的源头。因此，他们认为，在面对现代性中隐含的社会失范问题时，全世界各个国家与民族似乎只有一条路可走——努力建立工业主义或理性主义等精神和秩序。然而，面对历史文化、风俗习惯等各不相同的国家，这种一以概之的方式无疑是粗暴而无用的，所谓的文明冲突论与历史终结论也并未得到广泛认同。从现实层面来看，中国、土耳其等部分国家现代化道路的成功亦是对这种单一的古典现代性理论的有力驳斥。

由于理论与现实间的差异，部分学者开始对古典现代性理论进行反思，当代现代性理论家艾森斯塔特就是其中之一。艾森斯塔特提出了多元现代性理论，他将现代性视为一种独特的文明，其有两个重要特征，一是现代性是轴心文明的产物；二是现代性不是一成不变的文明，它是一个多方面、多层次的复杂的综合体，它不断地变化，不断地重构，但这种重构是继承与变异的统一，也是多种力量相互作用的结果。[1] 正如艾森斯塔特在《宗教领域的重建：超越"历史的终结"和"文明的冲突"》中论述多元现代性时所说："第一种含义是，现代性和西方化不是一回事；西方模式或现代性模式不是惟一的、'真正的'现代性，尽管相对其他图景而言，它们在历史上出现的时间在前并继续成为其他图景的至关重要的参照点。第二种含义是，这类多元现代性的成形，不仅在不同国家间的冲突上留下了烙印，因而需要将民族——国家和'社会'作为社会学分析的普通单位，而且在不同的纵观全国的和跨国的领域打下了烙印。多元现代性概念的最后一层含义是认识到这类现代性不是'固定不变'的，而是不断变化的，正是在这类变化的框架内，当代时期宗教维度的兴起和重构，才能得到最好的理解。"[2]

值得注意的一点在于，古典现代性理论与多元现代性理论关于宗教的

---

[1] 李世涛：《现代性的多元之维——艾森斯塔特的"多元现代性"观念及其对中国的启发》，《厦门大学学报》（哲学社会科学版），2007年第2期。
[2] S. N. 艾森斯塔特：《反思现代性》，旷新年、王爱松译，生活・读书・新知三联书店2006年版，第412页。

看法并不一致。以韦伯、涂尔干等为代表的古典社会学家往往强调文化行为的祛魅。对传统上以宗教为内核,以神意、天命等观念去确定生命及其他之价值的原生文化而言,现代性所要求的文化祛魅导致的逻辑结果,必然是"世俗化"命题的产生。[1] 在此基础之上,经典世俗化理论持有类似的观点,其认为现代化必然导致世俗化,而与世俗化相伴而行的则是神圣帷幕即宗教的衰微。简言之,古典现代性理论认为现代性的到来意味着宗教不可避免的衰落。对于诸如艾森斯塔特这样的多元现代性理论家来说,现代性的到来却并不必然意味着宗教力量的消退——正是因为现代性是复杂多变的,所以某种宗教的兴起与重构恰是社会面对现实性的部分反应。

20世纪上半叶初遇现代性的中国陷于社会失范的泥潭,作为中国社会传统宗教之一的佛教也正面临着诸如世俗化、庸俗化等日益严重的挑战,从此种角度而言,佛教自身也在经历一种失范状态,这种失范状态既体现了涂尔干所言之缺少规范,亦不乏默顿所说之规范冲突。于前者而言,佛教或迷失于超度亡灵的仪轨中,或沉浸在经忏佛事的氛围里,丧失了原本的家国情怀与本怀宗旨——这正体现了规范的缺失。就后者来说,佛教所面临的世俗化、庸俗化等挑战正是佛教徒无法通过遵从制度性规范来实现其文化目标的重要体现——这正体现了规范的冲突。

值此之际,太虚大师提出了"人生佛教"这一概念以应对失范。太虚大师出生于清朝末年,经历了清末民初的社会大变动,因此也在一定程度上受到革命思潮的影响。早年,太虚大师提出教理革命、教制革命和教产革命即三大革命理论,遗憾的是,由于种种原因,三大革命基本以失败告终。然而,其人生佛教之观点则对20世纪至今的中国汉传佛教界产生了重大且深远的影响。顾名思义,太虚大师之人生佛教意在强调佛教的人生化,即着眼于将佛教理论运用于社会实践,以促进众生人生完善与社会进步。郭朋将太虚大师的人生佛教理念归纳为三个方面:其一是为适应人生

---

[1] 王宇洁、黄麟:《反思伊斯兰与现代性研究的几种理论范式》,《世界宗教研究》2021年第1期。

化的世界，应该以人类及其发展为旨趣，建立新的佛教；其二是为适应现代人生化及群众化需要，汉传佛教应当以体现佛陀之本怀、佛法之旨趣、适应现代人类根机与精神需求的大乘佛教弘传，作为自身的中心和重心；其三是为适应现代科技化的需要，圆渐的大乘佛教应当成为弘传的主流，这种圆渐的大乘佛教，即综合整理五乘体系，融贯从原始到部派、从小乘到大乘等各宗派之宗趣，亦是笃实的、契合众生根性、循序渐进、务实次第的修学。① 太虚大师之后，在印顺导师、星云大师等人的努力下，人生佛教思想不断得到调整与丰富，渐渐发展为以人间佛教为名的佛教新思潮。有人间佛教实现者之称的星云大师将人间佛教定义为："佛说的、人要的、净化的、善美的；凡是有助于幸福人生之增进的教法，都是人间佛教。"② 由此观之，无论是人生佛教，还是人间佛教，无疑都是汉传佛教界力图重建秩序以应对20世纪上半叶与现代性相伴而来的失范状态的理论。

二　星云大师的人间佛教理论

1927年，星云大师出生于江苏省扬州市，12岁时于宜兴大觉寺礼志开上人出家为僧，1947年毕业于焦山佛学院，1949年赴台湾任《人生杂志》主编等职，后逝于2023年。星云大师著作颇丰，代表性论著为《星云大师讲演集》《人间佛教系列》《人间佛教语录》等。纵观星云大师一生，无论是在创新发展人间佛教思想等理论层面，还是在建寺收徒等实践层面，都产生了至关重要的影响。理论方面，星云大师以"人间佛教"为宗风，充实并发展了佛教修行理论、佛教文化思想及佛教社会思想等，在发展及推广人间佛教理论方面可谓厥功至伟；实践方面，星云大师陆续在世界各地兴办了二百余所道场，教化出家弟子千余人，也积极创立国际佛光

---

① 妙凡法师、程恭让主编：《2018星云大师人间佛教理论实践研究》，高雄：佛光文化2019年版，第641—642页。
② 星云大师：《人间佛教思想语录》，转引自满义法师《星云模式下的人间佛教》，台北：天下文化出版社2005年版，第4页。

会等协会以促进佛教内部及其与外界的交流对话。毫不讳言，星云大师可谓当代汉传佛教界最为德隆望尊的大德之一。

（一）人间佛教修行思想

星云大师的人间佛教修行思想既是对传统佛教修行理论的继承，又体现了人间佛教的人间性、社会性等特点。中国传统汉传佛教的修行思想基本上可以概括为通过修行戒定慧三学以涅槃成佛。戒亦可称为戒律，是佛教用以约束信众的规章制度，包括五戒、十戒及具足戒等。定又名禅定，在本质上是一种对人的精神或意识活动的控制或抑制，用以限制人受外物或在本质上不实在的事物的影响，使人身心安宁。[①] 慧即智慧，主要指佛教教义中的理论，如中道观、空观及佛性论等。此外，戒定慧三学中，戒为定之前提，唯有守戒方能摆脱外物影响而入定，而唯有入定方能使人身心安宁以便洞察事物本质，从而达到慧的状态。对于佛教信众来说，只有通过修行戒定慧三学才能达到涅槃成佛的境界。星云大师的修行思想在立足于传统汉传佛教修行思想的基础之上，根据社会发展的现实需要重构为以下几点[②]：

戒学：

一、戒的制订——因时制宜，时开时遮

二、戒的精神——止恶行善，饶益有情

三、戒的实践——服务奉献，自他两利

四、戒的终极——人格完成，菩提圆满

定学：

一、定的目标——不求成佛，只求开悟

二、定的修持——清素生活，止息观心

[①] 姚卫群：《佛学概论》，宗教文化出版社2002年版，第20页。

[②] 以下几点内容分别引自星云大师《人间佛教论文集——在入世与出世之间》，上海人民出版社2010年版，第3—4、53、104页。

三、定的妙用——不随境转，自我提升

四、定的利益——灭除妄想，安忍身心

慧学：

一、慧的根本——般若缘起，人间慧本

二、慧的开发——知识巧思，人间慧解

三、慧的应用——生活行仪，人间慧用

四、慧的圆满——同体共生，人间慧圆

以"戒的制订——因地制宜，时开时遮"为例，星云大师将这一话题的合法性与合理性追溯到了佛陀时期。这里需要解释"开与遮"的含义。在佛教教义中，有性戒与遮戒之分，所谓性戒，指杀生、邪淫等本质上为邪恶的行为，而遮戒指喝酒等本质上并不邪恶但极易诱发其他邪恶行为的行为。因此，遮实际上意味着遮止，即停止某些越轨或失范行为；与遮止相对，开意为开许，意指在某些紧急情况下，信徒出于惠及众生的考虑而犯戒是被允许的。所以，星云大师之"戒的制订——因地制宜，时开时遮"可以说是根据现实情况来制订新的戒律或者废除不合时宜的旧戒律。此外，星云大师将该话题的合法性与合理性追溯到了佛陀时期。星云大师认为佛陀曾为了使阿那律尊者到南方调解纷争而规定比丘可以多一件僧衣，可见关于戒的制订，早在佛陀时期便已经时开时遮了。因此，星云大师批判部分佛教界的守旧人士以"佛已制戒，不可更改；佛未戒制，不可增加"的理由拒绝戒律创新发展的行为无异于分裂佛教。

值得注意的是，星云大师关于人间佛教修行思想的论述建立在其关于人间佛教的定义之上。前文已述星云大师关于人间佛教的定义，其中佛说的意为佛陀本怀，人要的就是人文关怀，净化的、善美的，凡有助于增加幸福人生的指符合当代社会主流价值观。由此可见，人间佛教以佛陀本怀和人文关怀为两个理论基点，并将二者统一起来，辅之以当代社会主流价值观，正如星云大师所言，智就是般若，仁就是仁慈，勇就是菩提。我们要努力做到让戒定慧在我们的心里成长，并以实践菩提道作为我们在人间的修行。不容忽视的一点在于，佛陀本怀与人文关怀得以统一的关键在于佛陀本怀自身就具有人间性——从此种视角而言，佛教信众修行戒定慧三学并践行菩萨道以实现佛陀本怀愿景的同时，亦履行了对人间与社会的人本关怀。佛教教义中，菩萨道意为上求佛道，下化众生，是以救度众生为己任的。[1]星云大师认为，以出世的思想做入世的事业，能够将出世与入世相统一的正是大乘菩萨道。所以，修行菩萨道不仅要发愿救度众生，亦要认识到世间一切皆是无常无我的，特别是人类历史犹如一股变化无常的洪流。在此情境下，唯有诸恶莫作，多行善举，才能度己度人。《华严经》说，菩萨以"一切众生而为树根，诸佛菩萨而为花果，以大悲水饶益众生，则能成就诸佛菩萨智慧花果"。也正是从此种意义而言，赵朴初认为："只有利他才能自利，这就是菩萨以救度众生为自救的辩证目的，这就是佛教无常观的世界观和菩萨行的人生观的具体实践，这也是人间佛教的理论基础。"[2]由此，佛陀本怀与人本关怀得以统一，人间佛教得以不断丰富发展，而修行思想正是其不可忽视的面向之一。

（二）人间佛教文化思想

星云大师的人间佛教文化思想基本可分为两方面：其一是其关于中国文化与五乘佛法的论述，其二是其艺术思想。

在论述中国文化与五乘佛法时，星云大师首先颇为细致地论述了中国文化五千年的发展历程，进而对中国文化发展过程中佛儒间的交融情况进行探讨。星云大师以"孝亲"和"五戒"为例阐释佛教与儒家思想间的联系与区别。从"孝亲"层面来说，无论是佛教还是儒家，无疑都提倡孝亲，这是二者的相同之处。不同之处在于儒家重视入世的孝道，认为使父母安享晚年，使家族光宗耀祖便是孝顺。而佛教的孝亲是超越世俗之孝的孝道，虽然僧侣选择出家修行，但他们并未因此而弃孝亲于不顾——在提

---

[1] 赵朴初：《佛教常识答问》，陕西师范大学出版社2006年版，第194页。
[2] 赵朴初：《佛教常识答问》，第195页。

倡人间佛教的佛光山，不仅会举办"传灯会""亲属会"等有利于僧侣履行孝道的活动，也会为缺乏照料的僧侣父母提供安单等有助于其生活的各项帮助。与孝亲类似，佛教的五戒与儒家的五常虽然都致力于惩恶扬善，但儒家的五常多在于勉人律己，而佛教的五戒则从消极的律己转向积极的利他，其本质内核在于尊重他人的权利，如不杀生而护生，不偷盗而喜舍[①]等。

此外，星云大师详细论述了五乘佛法的思想。他认为，与儒家所谓"修身、齐家、治国、平天下"的人道思想类似，提倡以人为本的佛教也有五乘佛法以关注人的现世生活，这五乘分别指：人乘、天乘、声闻乘、缘觉乘与菩萨乘。简单来说，五乘佛法正是佛陀为不同根性的众生所设置的五种不同层次的实践方法，众生可根据自己的根性"因性制宜"地选择适合的实践法门，如"人乘"性格者受持三皈五戒可脱离三途而生人道，"天乘"性格者修十善法可生天界[②]等。值得注意的是，星云大师还以五乘佛法来定位几大世界性宗教，他认为儒家提倡三纲五常，注重众生的现世，颇类似"人乘"；基督教与伊斯兰教提倡生天，惩恶扬善，与"天乘"相通；道家讲究顺其自然、清静无为等出世思想，所以将其归为声闻乘与缘觉乘；与其他宗教不同的一点在于，佛教还具有菩萨乘，此即人间佛教怀出世之心行入世之事的菩萨道。进一步来说，虽然佛陀为不同根性的众生提供了不同层次的修行法门，但自度度人、慈悲济世的菩萨乘才是佛教致力弘扬的法门，这不仅是最广深的境界，亦是中国文化的主旨所在。

星云大师的艺术思想则主要体现在其对佛教艺术的保护及创新发展上。自佛教传入中国以来，不仅带来了蕴含深奥智慧的教义思想，而且推动了作为中华民族艺术分支的佛教艺术的形成与发展。佛教艺术的范畴可谓蔚然大观：雕塑艺术、造像艺术、建筑艺术、文学艺术等无不囊括其中。星云大师充分肯定了佛教艺术的贡献，并将佛教艺术视为中国艺术文化中的独特一

---

① 星云大师：《人间佛教论文集——在入世与出世之间》，第250页。
② 星云大师：《人间佛教论文集——在入世与出世之间》，第251页。

脉,认为它既是中华艺术文化的生动缩影,又对其产生了深远影响。以佛教建筑为例,星云大师曾说:中国佛教在建筑上又增加,如:院、庵、讲堂等多种名称,都是佛教的居处。甚至佛教的寺院建筑得巍峨庄严,成为中华文化建筑的特色,也影响到皇宫的建设,乃至中国农村许多排列式的房屋,也是受佛教僧侣群居一地的影响。①

进一步来说,正是由于星云大师对佛教艺术的关切与重视,他在致力于保护传统佛教文化艺术的同时也注重对其进行创新发展。以梵呗为例,星云大师一直提倡以梵呗弘扬佛法,教化众生。佛光山曾邀请隆根法师等擅长梵呗的高僧来此教导僧侣唱诵梵呗。此外,佛光山每年都会举行诸多法会,其中尤以一年两场,数千名信众参加的水陆法会最为隆重盛大,而在水陆法会中,唱念分量非常之重,这既体现了佛光山僧侣深厚的佛教修养,又彰显了佛光山对于传统佛教艺术的保护与发扬。但高瞻远瞩、心怀众生的星云大师并未止步于此。深谙时代变迁的星云大师力图以适应社会发展的新方式创新佛教艺术,正如其所言:"古老式香赞偈颂,所表现诚恳的情绪,是无可厚非,然而时代进步了。在宣传上说,古老式赞颂,不够激扬,活跃,更不够表达广大青年群众如潮涌一般如热血朝气爱戴佛法的情绪。"②所以,彼时刚至台湾的星云大师曾在宜兰找寻音乐家制作新的佛教歌曲,并组建了青年歌咏队,以此弘扬佛法,普济众生。另外,星云大师自身的艺术创作如小说、书法、散文及诗偈等亦是其对佛教文化传承与创新的重要体现。

总体来看,星云大师人间佛教文化思想立足于佛教与中国传统文化的相似共通之处,并以五乘佛法等教义思想来阐释中国社会现实的方方面面,进而论述佛教艺术对中国传统艺术的体现及影响,提倡保护及创新发展佛教艺术。一言以蔽之,人间佛教文化思想既是星云大师人间佛教思想的重要组成部分,亦充分映射了人间佛教兼顾佛陀本怀与人本关怀的特征。

---

① 转引自妙凡法师、程恭让主编《2018星云大师人间佛教理论实践研究》,第520页。
② 转引自程恭让《星云大师人间佛教思想研究》,高雄:佛光文化2015年版,第338页。

（三）人间佛教社会思想

如果说星云大师的人间佛教修行思想、文化思想的论述对象比较具有针对性，那么其社会思想可谓繁多纷杂，囿于篇幅，这里仅论述其男女平权及社会环保思想。

从男女平权的话题来说，自19世纪中后期以来，呼吁改变男女不平等的现状，强调男女平权的女性主义思潮逐渐出现在大众视野。虽然其源于西方社会，但迄今已对中国社会产生了不可忽视的影响。由于传统中国长期处于父权制的阴霾下，解决女性主义所提出的种种问题时必然面临许多困难，这是不可避免的。于佛教而言，这种困难也同样存在。事实上，由于佛教教义中"八敬法"即佛教关于比丘尼应尊重比丘的八种戒律的存在，人们似乎会顺理成章地得出"佛教歧视女性"这一结论，在谈论佛教是否倡导男女平权这一话题时也总绕不开对八敬法的探讨。然而，对任何思想或事件的评判都不能脱离其产生的时代，否则不免有滥用之嫌。佛教产生的时期，印度社会中的女性地位极其低下，往往是依附男性存在的第二性。在此背景下佛陀仍允许女性出家，不论比丘尼须如何恭敬比丘，相较于佛教创立前印度社会中的女性地位，其至少可以作为无须依附男人的主体而存在，这不能不说是大的进步。另外，佛教毕竟诞生于当时女性地位普遍低下的社会背景下，为了更好地传播佛教，佛陀不得不对当时的社会习惯做出妥协，因此，制订了八敬法。正如星云大师所言："男女两性从古到今，好像一直都给人不平等的感觉。即使是主张佛性平等的佛教，在当初设立女众僧团时，为了让处于弱势的女众能为重男轻女的社会所接受，也不得不权宜制订八敬法，因此造成二千多年来女众一直受到不平等的待遇。"[①]因此，或许更合适的表述应该是：佛教是倡导男女平权的宗教，然而，由于时代等原因，佛教中确实存在歧视女性的现象。

此外，与论述"戒的制订应时开时遮"这一话题的逻辑相似，星云大

[①] 佛光星云：《佛陀真言——星云大师谈当代问题》上册，上海辞书出版社2008年版，第192页。

师对八敬法亦怀有一种兼顾本初原则与社会现实的中间态度。星云大师在《比丘尼僧团的发展》中谈及如何处理八敬法时说道："谈及八敬法，其实佛所制戒也并非是僵硬不化的，所谓'小小戒可舍'，就如现今的汉传佛教，关于饮食、衣服、持钱、持午等戒律，已不同于佛陀所制，因此八敬法其实也不需要刻意去废止，时间一久，自然会因为不适用而渐渐失传。"[①] 由此可知，星云大师认为如八敬法等渐趋不适应社会发展的佛制可以舍弃，倘若某一戒律渐渐不再适应社会的需要，那么其状态将慢慢从显转为隐。然而，舍弃并不必然意味着废除，倘若以不适应社会发展为由轻易废除了八敬法，那么要如何处理八敬法外的其他戒律？这一连锁反应对于佛教的良性发展来说是不可想象的。此外，舍弃八敬法也并非意味着静坐以待，而是可以因地制宜、因时制宜地在佛教制度之外建立管理制度，这些管理制度不仅有助于僧团大众和谐相处，亦有利于佛教的进一步发展与传播。正如星云大师所说："自从佛陀创立比丘尼僧团，对于比丘尼与比丘相处的一些是是非非，一直未有定论，但佛光山教团成立三十多年来，我避开戒律的问题以外，实行丛林制度，所以二序大众都能相安无事，彼此发挥最大的弘法功能。"[②]

随着社会的快速发展，与人民生活水平渐趋提高相伴而来的是生态环境的日益恶化，生态问题正慢慢成为近年来世界人民所面临的无法逃避的生存问题之一。面对此等困境，星云大师认为，与单单保护生态环境的外部实践相比，更为重要的是要使众生认识到人与自然的共生关系，树立环保意识——因为人的观念在一定程度上决定人的行为，而并非相反。正如星云大师所言："世界上所有的问题都是人制造出来的，因此，提倡环保要靠人类自我觉醒。"[③] 所谓"自我觉醒"的关键与可能性在于星云大师认

---

① 星云大师：《比丘僧团的发展》，《人间佛教论文集》下册，台北：香海文化事业有限公司2008年版，第317页。
② 星云大师：《比丘僧团的发展》，《人间佛教论文集》下册，第316—317页。
③ 星云大师：《比丘僧团的发展》，《人间佛教论文集》下册，第7页。

为包括佛教在内的中国传统文化的道德观念中一直都有很强的环保意识。[1]所以，为了促进自我觉醒以便在社会众生中树立环保意识，重视佛教等中国传统文化中的环保思想势在必行。星云大师认为，佛教的因果理论有助于社会环保意识的建立，因为从佛教的因果理论来看，人类如何对待自然，自然便会如何对待人类，因此，"如果我们要求得生存，就先要让万物求得生存"[2]。星云大师认为，在树立环保意识即心灵环保的基础上，人类还要身体力行地开展环保工作，简单来说，就是要尊重和保护生命，具体来说就是"惜福""惜缘""惜物""惜时"和"惜生"。星云大师特别强调了众生为何需要"惜生"。所谓惜生，就是在爱惜自己生命的同时，也要爱惜他人和自然生物的生命——倘若世界上没有他人及自然生物的存在，那么"我"亦难以生存。

总体来看，尽管男女平权及社会环保思想仅是星云大师人间佛教社会思想中的两个侧面，但是正所谓窥一斑而知全豹，我们亦能从中探见星云大师人间佛教社会思想的总体特点——其既坚守佛教教义与制度，又重视社会现实与人本关怀，并创造性地将二者相结合，以更好地促进佛教的发展与社会的进步。

三 结语

自佛教传入中国以来，它与中国传统文化的交流融合从未断绝，最终形成了独具特色的中国佛教。人间佛教是近现代以来中国汉传佛教界应对现代性之社会失范问题的重要思潮，星云大师无疑是当代人间佛教最为重要的践行者。星云大师的人间佛教思想将佛教教义、制度与社会现实相结合，融佛陀本怀与人本关怀于一体，有力推动了佛教自身和人类社会的和谐发展。从现代性的视角来看，星云大师人间佛教思想既着眼于从人间性

---

[1] 妙凡法师、程恭让主编：《2018 星云大师人间佛教理论实践研究》，第 389 页。
[2] 佛光星云：《佛陀真言——星云大师谈当代问题》上册，第 7 页。

的视角出发重建佛教秩序，避免社会结构层面的失范，如佛陀本怀与人本关怀的统一；又注重规范僧侣的个人行为以适应社会发展，力图杜绝社会个体层面的失范，如对八敬法的看法等。如果说涂尔干和默顿的社会失范理论为遭遇现代性的近当代汉传佛教为何面临诸多问题提供了本质答案，那么艾森斯塔特的多元现代性理论无疑映射了其可能的应对方式。从这种意义而言，这也是对佛教可以根据实际情况重构自身以应对现代性带来的失范情境的肯定。

尽管如哈贝马斯所言，现代性是一项未竟的事业，然而，在现有理论之下，星云大师人间佛教思想的提出无疑是我国汉传佛教积极应对现代性的真实写照——这一与时俱进且颇为有益的新尝试至少将在可以预见的未来继续发挥积极作用。

Humanistic Buddhism in the Perspective of Pluralistic Modernity
—Taking Master Hsing Yun as an Example

Li Yake

Abstract: Humanistic Buddhism is a new trend of thought developed by modern Chinese Buddhism in response to modernity. Master Hsing Yun is undoubtedly the most important practitioner and great virtue of contemporary Humanistic Buddhism. Based on the similarities between the Buddha's innate mind and humanistic concern, Master Xingyun's thoughts on Humanistic

Buddhism not only emphasize the adherence to Buddhist teachings and systems, but also focus on the development and needs of today's society. In terms of spiritual practice, Master Hsing Yun advocated the three disciplines of discipline and wisdom and the practice of Bodhisattva path to realize the Buddha's original intention. In the aspect of culture and thought, Master Hsing Yun took the Five Buddhist Dharma as an example to emphasize the coexistence and harmonious development of Chinese culture and Buddhism; In terms of social thought, Master Hsing Yun emphasized equality between men and women and social environmental protection. From the perspective of multiple modernists, Master Hsing Yun thought of human Buddhism is undoubtedly the reflection and reconstruction of contemporary Chinese Buddhism in the face of modernity, and his innovative interpretation of Buddhist teachings and institutions to adapt to the development of contemporary society. In the coming period, Master Hsing Yun thoughts on Humanistic Buddhism will still have a positive impact on the development of Buddhism itself and human society.

Key words: Humanistic Buddhism; modernity; Master Hsing Yun

星云大师的"五和"思想

李梦嫒

苏州大学博士生

摘　　要：基于现代社会重视和谐、和平的趋势，星云大师从修行的视角出发，提出了他的"五和"思想，即自心和悦、家庭和顺、人我和敬、社会和谐、世界和平。而星云大师所说的"五和"实际上包含了身心、人际、社会和国际四个层次，所以他又运用五和思想的内容和逻辑从这四个层面依次分析了《道德经》的和谐思想。此外，从内容来看，星云大师的"五和"思想具有明显的层次递进性、现实的人间性和实践性，这对于现代社会的发展以及和谐稳定具有重要的现实意义。

关 键 词：星云大师；五和；《道德经》；人间性

基金归属：本文为2019年度国家社科基金重大项目"'一带一路'佛教交流史"（编号：19ZDA239）的阶段性成果。

在中华民族的历史长河中，我们的祖先创造了源远流长、博大精深的民族文化，其中和谐思想可视为中国传统文化的精神内核和根本理论。据《尚书》记载，早在尧舜禹时期我国就已经有关于和谐的思想了，《尚书》中说："克明俊德，以亲九族。九族既睦，平章百姓。百姓昭明，协和万邦。"春秋战国时期，虽出现了"百家争鸣"的局面，但各家各派皆有关于和谐的内容。儒家孔子的"礼之用，和为贵"[1]强调人际的和谐以及社会的和谐，道家老庄的"与人和者，谓之人乐；与天和者，谓之天乐"[2]关注人与自然的和谐，而墨家的"兼爱非攻"亦是为了达到社会的和谐。自此之后，和谐思想成为以儒家为主的中国传统文化的核心理论。经过历史的沉淀，和谐的观念已经深深刻在了我们的民族思想意识中，不仅是我们民族品格的文化底蕴，亦成为现代社会发展的重要思想基础。党的十六届四中全会在提出树立科学发展观的基础上，明确提出了构建社会主义和谐社会的伟大构想。基于现代社会对和谐理念的关注以及和谐对人间佛教实践的价值，星云大师特别肯定了和谐思想的重要性，肯定了和谐对于构建人间净土的重要意义，他说："世界上什么最重要、最宝贵？和平！人与人之间、人与社会之间、人与大自然之间，什么最重要、最宝贵？和谐！"[3]为此，星云大师在注重和谐思想的基础上提出了他的"五和"思想，以"五和"为实现佛教人间性的重要内容。但需要注意的是，传统文化更多的是强调和谐状态是什么样的，而星云大师所倡的"五和"乃是基于修行的立场，即其内容更多的是为我们如何实现五个层面的和谐提供良方。不仅如此，星云大师还在"五和"内容和逻辑的基础上解读了《道德经》的和谐思想，使其成为"五和"思想的重要内容。

而就目前学术界的研究情况来看，学术界关于星云大师的研究成果是较为丰硕的，尤其是星云大师的人间佛教思想。如程恭让教授的《星云大师人间佛教思想研究》一书不仅系统阐释了星云大师人间佛教思想从形成至成熟的发展过程，还对星云大师人间佛教的核心理论进行了细致的分析。南京大学薛江谋的博士学位论文《星云人间佛教的伦理思想研究》集中阐释星云大师人间佛教的伦理思想，他指出星云人间佛教的伦理思想是其人间佛教理论中影响力最大、最具感染力、最能彰显其思

---

[1] 陈晓芬、许儒宗译注：《论语·大学·中庸》，中华书局2015年版，第12页。
[2] 陈鼓应：《庄子今注今译》，台北：商务印书馆1975年版，第374页。
[3] 星云大师：《人间佛教当代问题座谈会》，《星云大师全集》网络版，http://books.masterhsingyun.org/ArticleDetail/artcle1792，2024年1月25日。

想生命力的部分，其伦理思想不仅具有鲜明的中国佛教伦理特色，具有特殊的入世情怀，还具有强烈的实践品格。张成、夏平等亦著有研究星云大师人间佛教思想和实践的硕士学位论文。除此之外，还有学者从其他角度出发考察了星云大师的思想，如韩焕忠的《星云大师的孝道思想》一文从生缘、法缘、无缘三个角度阐释了星云大师孝道思想对人间佛教的体现，张倩的《和平对话视野下星云思想的价值》一文从宗教对话的视角说明了星云大师人间佛教思想对现代中国佛教发展作出的卓越贡献。

除上述内容外，星云大师的"五和"思想亦是其人间佛教的重要部分，是其人间佛教实践的具体体现，具有重要的研究价值。但目前学术界对这一思想的研究是相对欠缺的，韩焕忠虽在其《星云大师的〈道德经〉观》一文中清晰地阐释了星云大师对《道德经》和谐思想的分析，但本文的重点是说明星云大师与《道德经》的关系，所以，星云大师以"五和"为核心的和谐思想目前仍有较大的研究空间。故而本文主要结合星云大师人间佛教的理论分析其"五和"思想的内容、具体运用以及理论特点，并在此基础上探讨这一理论对构建社会主义和谐社会的理论价值。

一 "五和"的内容

释迦牟尼在创立佛教时，以"六和敬"[①]来维持僧团的和谐，星云大师认为，现代社会的世俗大众亦应有相应的和谐理论，所以他提出了"五和"的理论，星云大师说："佛教的教主释迦牟尼佛，在二千五百年以'六和敬'建立僧团，我学习他们的精神，在这全世界追求和平、和谐的时代，也提出社会的'五和主义'。"[②]关于"五和"的具体内容，星云大师说："对于社会大众，我则提出'五和'的理念，即'自心和悦、家庭和

---

① "六和"即身和同住、口和无诤、意和同悦、戒和同遵、见和同解、利和同均。
② 星云大师：《星云大师年谱》，《星云大师全集》网络版，http://books.masterhsingyun.org/ArticleDetail/artcle15324，2024年1月23日。

顺、人我和敬、社会和谐、世界和平'。"[1]

（一）自心和悦

所谓"自心和悦"是指个人心灵的清净、安宁。星云大师认为，人是社会的基本单位，是世界的主宰，所以要想实现世界的和谐首先应该维持个人身心的和谐。星云大师曾说："人是世界的主人，心是人的主宰，当我们的心能够清净、真诚、坦白，能扩大心的世界，能在心里拥有他人、拥有社会、拥有佛法，那么无论是看人、看事、看地，心里自然能欢喜和悦。"[2] 在星云大师看来，"心"是人的主宰，是我们的本体，本体能生起相用，以心为体自然能生起世间的种种作用和智慧，所以若是能维持心的清净真诚，做到心怀恭敬，自然能实现世界的和谐。显然要实现社会的和谐，世界的和平，首先要使心灵和悦。

那么我们如何做到自心的和悦呢？对此，星云大师进一步提出了"安住身心"的理论，即将身心安住在"慈悲喜舍、发心立愿、般若智慧、禅定戒法、净念礼拜、淡泊谦卑、放下自在、学习满足"八个方面。星云大师认为，通过安住身心的方式，我们便能摆脱世俗社会带来的心灵烦恼，实现身心的和谐，由此达到心灵的清净安宁。

（二）家庭的和顺

星云大师认为"五和"的第二个层面是家庭的和顺。家庭的和顺主要是父母、兄弟之间的和谐相处，星云大师说："自己和了，再来家里面也要和顺，我们中国的社会以家为基础，每一个人都有一个家，晚上都要回家，就是我们佛光山的出家人也是以道场为家，你不能永远出去游方，没

---

[1] 星云大师：《佛法真义》，《星云大师全集》网络版，http://books.masterhsingyun.org/ArticleDetail/artcle9386，2024年1月23日。
[2] 星云大师：《佛法真义》，《星云大师全集》网络版，http://books.masterhsingyun.org/ArticleDetail/artcle9386，2024年1月23日。

有家，露宿街头，所以家庭要和顺，和顺才快乐，和才能顺。"①星云大师认为，家庭其实是社会的基本单位，人在处理人际关系时首先要面对的就是和家人的关系，所以家庭的和顺对每个人来说都非常重要。

那么我们应该如何与家人相处，实现家庭的和顺呢？对此，星云大师说："一个家庭里，想要父慈子孝、兄友弟恭、夫唱妇随，唯有彼此了解、体谅、尊重、包容。"②在星云大师看来，和家人相处应秉承着尊重、宽容、体谅的原则。维持家庭的和谐，需要充分了解家人，相互了解、相互知心才能消除矛盾，实现家庭的和谐。

（三）人我和敬

"人我和敬"是指个人在与他人沟通、交流、相处过程中的和谐、互相尊敬的状态，即人际的和谐。星云大师认为，如何与他人相处是一个非常重要的课题，人是群居动物，必然要处理个人与他人、个人与集体之间的关系。若是不能处理好个人与他人的关系，不仅会影响他人，更会影响自己。那么应该如何做到人我和敬呢？星云大师认为与人相处最重要的一个原则是谦虚，他曾说过："人与人相处，最重要的就是要有谦卑的风度。一棵成熟的稻穗，头必须垂得很低；一个成熟的人，对人必定是谦卑的。"③在与别人的相处过程中，若是能做到谦逊有礼，自然能获得别人的尊重。此外，星云大师指出实现人我和敬的另一个重要原则是互相尊敬，他说："人人都喜欢被人尊重，却容易忽略尊重别人。'己所不欲，勿施于人'，是尊重他人的基本原则……没有尊重的和平，不能持久。"④星云大师

---

① 星云大师：《随堂开示录》，《星云大师全集》网络版，http://books.masterhsingyun.org/ArticleDetail/artcle10961，2024年1月25日。
② 星云大师：《佛法真义》，《星云大师全集》网络版，http://books.masterhsingyun.org/ArticleDetail/artcle9386，2024年1月23日。
③ 星云大师：《星云法语》，《星云大师全集》网络版，http://books.masterhsingyun.org/ArticleDetail/artcle3239，2024年1月23日。
④ 星云大师：《星云法语》，《星云大师全集》网络版，http://books.masterhsingyun.org/ArticleDetail/artcle3242，2024年1月23日。

认为，尊重是与人相处的基本前提，若是在交往中以自我为主，必然不能得到他人的尊重，不能实现平等和谐的人际关系。

（四）社会和谐

在星云大师那里，社会和谐多指不同族群之间的和谐，即族群之间、国与国之间的和谐、和平。对于社会的和谐，星云大师说："社会是由很多不同族群所组成，各自有不同的成长背景、生活习惯及不同的诉求等。在很多的'不同'里，要让社会和谐，必须依靠彼此尊重、互助、友好，并愿意真诚的交流、对话，才能维系社会的和谐。"①在星云大师看来，每个族群有自己的生活环境和成长背景，当这些"不同"相遇时难免会产生论争，而最关键的是如何正确应对这些可能出现的问题，他指出，当我们面对这些问题时应秉承着尊重、互助、友好的态度，这样才能维系社会的和谐。

（五）世界和平

"五和"的最后一个层面即世界和平。星云大师一直致力于佛教的人间性，强调佛教应服务于现实社会，服务于现实的人，而世界和平是个人发展、社会安稳的前提，所以星云大师特别强调国际和平，反对战争，他曾说："世界上，国与国战争，种族与种族战争，甚至宗教、经济都有宗教、经济的战争。战争不但摧毁建设、破坏文明、斩断历史，尤其是生灵涂炭，更是人类的浩劫。"②

那么如何维系世界的和平呢？对此，星云大师指出和平之道有四点：首先是应以无我观致力和平。星云大师说："'我'为纷争之源，无我才能大公，大公才能和平，所以欲求世界和平，必须无我；'无我'才能达致

---

① 星云大师：《佛法真义》，《星云大师全集》网络版，http：//books.masterhsingyun.org/ArticleDetail/artcle9386，2024 年 1 月 23 日。
② 星云大师：《人间万事》，《星云大师全集》网络版，http：//books.masterhsingyun.org/ArticleDetail/artcle4010，2024 年 1 月 25 日。

根本的和平。"①在星云大师看来，对自我的执着是产生战争的主要原因，各国皆执着于自我，为维护本国的利益而侵犯他国。所以各国皆应秉承无我观，不过分执着，与其他国家和平相处。其次是以慈悲力倡导和平。战争必然会造成人民的伤亡，所以星云大师指出我们应秉承对众生的慈悲之心，以慈悲心拔人苦厄，若是人人皆有慈悲之心，世界自然能和谐。再次是以尊重心谋求和平。国与国之间、族群与族群之间必定有强有弱，而强国若是恃强凌弱的话必然会引起战争。所以星云大师认为我们必须建立尊重之心，各国之间互相尊重才能避免战争。最后是以平等行实践和平。星云大师曾说："吾人要见世界和平，必先呼吁普世之人建立平等心，大国小国平等相处，各个种族平等相处，唯有平等心才能进取和平。"②即只有秉承平等的原则，彼此之间互相尊重，大的尊重小的，多的尊重少的，才能带来世界和平。

综上来看，星云大师所说的"五和"即五种不同关系的和谐思想，而这五种关系的和谐实际上可以归为四个层面的和谐，即身心和悦体现的是身心层面的和谐，家庭和顺、人我和敬体现的是人际层面的和谐，社会和谐即社会层面的和谐，世界和平体现的是国际层面的和谐。所以星云大师有时亦将"五和"称为"四和"，即世界和平、社会和谐、人民和好、身心和悦。

二 "五和"思想的运用

星云大师的"五和"思想体现的是其对和谐的重视，指向的是身心、人际、社会和国家四个层面的和谐。而星云大师不仅立于修行视角阐释了"五和"的内容，还进一步运用"五和"的思想和逻辑解读了《道德

---

① 星云大师:《星云法语》,《星云大师全集》网络版, http://books.masterhsingyun.org/ArticleDetail/artcle3242, 2024 年 1 月 25 日。
② 星云大师:《星云法语》,《星云大师全集》网络版, http://books.masterhsingyun.org/ArticleDetail/artcle3242, 2024 年 1 月 25 日。

经》中的和谐思想，即星云大师从身心、人际、政治、国际四个层面解读了《道德经》中蕴涵的和谐思想。

（一）身心和谐

星云大师指出，老子《道德经》中的很多观念对我们维持身心和谐有重要的启示。他说："在《道德经》里，老子提出了'致虚守静''少欲知足''无执无失''气柔涤虑''内观自省''贵身'的观念，这些观念都是很好的方法，能够帮助我们在生活上维持身心的和谐。"① 然后，星云大师就从修心和修身两个方面分析了《道德经》所包含的维系身心和谐的理论。

要维持身心的和谐，首先就要修心。《道德经》第16章中说："致虚极，守静笃。"② 星云大师认为这句话是对我们本心状态的描述，他说："'虚''静'是形容心境的空明，整句话的意思是：我们的心原本是空明宁静的，但因一己的私欲与外界的纷扰，使得心灵蔽塞不通，因此必须透过静的功夫，让我们的心恢复原本的清明。"③ 刘怀元亦说："老子的和谐文化思想是指导人们祛除烦恼、洞察世事的人生真谛。超脱世俗功名利禄羁绊，使迷失的本来、障迷的自性获得真知真觉的大智慧。"④ 所以，星云大师指出，自性自心本来是虚静澄澈的，而自身的私欲以及外界的纷扰遮蔽了我们原本清净的内心，故而修静的功夫则是恢复本心的主要方式。那么如何做到修静的功夫呢？星云大师认为，要想做到修静，首先应该"少欲知足"，《道德经》第15章的"塞其兑，闭其门，终身不勤"⑤、第34章的"知足者富"⑥讲的就是少欲知足。星云大师指出，物质欲望是烦恼产生的

---

① 星云大师：《〈道德经〉的和谐思想》，载《星云大师全集》第40册，新星出版社2019年版，第235页。
② （魏）王弼注，楼宇烈校释：《老子道德经注》，中华书局2011年版，第39页。
③ 星云大师：《〈道德经〉的和谐思想》，载《星云大师全集》第40册，第235页。
④ 刘怀元：《圣人不积 不争之德——〈道德经〉与和谐文化》，《中国道教》2007年第3期。
⑤ （魏）王弼注：《老子道德经注》，第37页。
⑥ （魏）王弼注：《老子道德经注》，第89页。

根源，它会增加人的知见，使人昏聩无止，而减少自己的物质欲望，做到知止而知足才是修静安心之道。

除了"少欲知足"外，星云大师又进一步融合佛教的"破执"说讲"无执无失"的修心工夫，主张不执着也是安心的重要方式。他指出，佛教讲"缘起性空"，主张诸法皆是因缘和合而生，空无自性，没有实在的自体。既然没有实在的自体存在，那么我们就不应该执着于任何假有事物，而不仅假有不应执着，空亦不能执着，破除对诸法的执着后，我们便能从无量的烦恼中解脱出来。星云大师认为《道德经》所说的"无执故无失"理论与佛教一致，也主张破除人们对外物的执着，从而达到安心的目的。所以他指出，"少欲知足"和"破执"就是《道德经》所说的维系身心和谐的修心功夫。

要维持身心和谐不仅需要修心还要修身。星云大师指出《道德经》所说的"专气致柔"和"涤除玄览"指的就是修身的方式。他认为，"专气致柔"要求我们集气到最柔和的境地，从而保持心气平和，而"涤除玄览"则是在心气平和的基础上进一步摒除妄见，内观反照自心的清明，开发出内在的智慧，从而能达到"不出户，知天下；不窥牖，见天道"[①]的境地。

而后，星云大师进一步指出，我们并不能止步于自己个人的知见，而应在"修心贵身"的基础上奉献自己，服务大众，他说："最后，再以爱己的'贵身'精神，不纵情欲，修持自身，达到身心和谐，进而护己护他，尊重他人，以此精神来服务天下众生。"[②]也就是说，在星云大师看来，虚静无执而达身心和谐当然重要，但我们不应故步自封，而应进一步在此基础上服务大众，即达到佛教所说的"无缘大慈，同体大悲"的境界。这正与星云大师所说的"利他重于自利"的人间佛教理论相契合。

---

① （魏）王弼注：《老子道德经注》，第130页。
② 星云大师：《〈道德经〉的和谐思想》，《星云大师全集》第40册，第236页。

（二）人际和谐

星云大师讲述的《道德经》和谐思想的第二个层面即人际和谐。他指出，《道德经》中提到的"柔弱""不争""处下"的主张对我们正确处理人际关系，维持人际和谐有极大的启示。

老子通过对人与事物特性的深刻观察提出了"柔弱胜刚强"[①]的观点，他认为看起来柔弱的东西反而更富有韧性，比刚强的东西更持久。基于老子重视柔弱的思想，星云大师进一步指出，"柔弱"是老子所说的维系人际和谐的重要方式。星云大师认为在人际交往中，"柔弱"是与逞强相对的，一味逞强、刚愎自用，会引起众多的纷争，而柔弱则能防止彼此针锋相对，从而营造一个和谐的人际关系，所以他说："所谓'柔弱'是针对逞强的作为而言，逞强者刚愎自用，正如老子所言：自矜、自伐、自是、自见、自彰，而世间的纷争，也多半在这样的心态下产生。"[②]

此外，星云大师认为老子所说的"处下""不争"亦是消解争端、维持和谐人际关系的重要方式。《道德经》第66章说："江海所以能为百谷王者，以其善下之，故能为百谷王。"[③]江海之所以能汇集百谷而成为百谷之王，是因为它善于处于低处，所以说谦下反而能成其大。星云大师认为，老子这一观点同样适用于人际交往。他指出，在交往中若是能处下，不争强好胜，不自我傲慢，便能缓解矛盾，维持彼此间的和谐。而除了"处下"外，"不争"的思想亦有消解矛盾的作用。对于"不争"，星云大师解释道："所谓'不争'，并非消极地彻底放弃、厌逃人世，而是积极地利益万物且功成不居。"[④]星云大师否认"不争"是一种消极待世的态度，而认为"不争"强调的是积极奉献，是利益众生却不居功自傲，也就是老子所说的"是以圣人处无为之事，行不言之教，万物作焉而不辞，生而不

---

① （魏）王弼注：《老子道德经注》，第93页。
② 星云大师：《〈道德经〉的和谐思想》，载《星云大师全集》第40册，第236页。
③ （魏）王弼注：《老子道德经注》，第175页。
④ 星云大师：《〈道德经〉的和谐思想》，载《星云大师全集》第40册，第237页。

有，为而不恃，功成而弗居"①。

（三）政治和谐

星云大师讲的政治和谐主要是指执政者和人民之间的和谐，也就是他"四和论"②中所说的人民安好。他认为《道德经》和谐思想的第三个层面是以"自然无为"为核心的政治层面的和谐。

星云大师指出，《道德经》所说的自然无为的思想落于现实层面主要是指政治层面的"无为而治"，这种"自然无为"的理论为我们构建和谐的政治环境和理想的政治状态提供了重要的思想借鉴。老子认为，要想实现政治层面的和谐，就应该以无为的方式治理天下。在上者的禁忌越多，民众就越贫困；法令越多，盗贼就越多；民众多利器，国家就越混乱。星云大师认为老子的这一思想，同样也适用于维系现代社会的政治和谐。为政者应该遵循老子自然无为的原则，使百姓安然和泰，合乎自然。此外，《道德经》第57章又说："故圣人云，我无为而民自化，我好静而民自正，我无事而民自富，我无欲而民自朴。"③星云大师认为，这是说在上位的治理者不仅应减少自己的作为，通过无为、好静、无事、无欲使民众自化、自正、自富、自朴，还应进一步净化人民的心灵，在满足人民基本生活需求的基础上减少人民的利欲之心，消除人民的妄念，使百姓能返璞归真，自然朴实。也就是说，在星云大师看来，为政者应通过自己的自然无为而使民众亦能自然无为，从而达到一种上行下效的理想状态，这样上下齐心才能更好地维持政治的和谐。

星云大师还指出，老子"自然无为"要实现的理想政治状态就是"甘其食，美其服，安其居，乐其俗。邻国相望，鸡犬之声相闻，民至老死不相往来"④的"小国寡民"。那么，"小国寡民"的政治状态有什么样的表现

---

① （魏）王弼注：《老子道德经注》，第7页。
② 星云大师有时亦将"五和"归纳为"四和"的内容。
③ （魏）王弼注：《老子道德经注》，第200页。
④ （魏）王弼注：《老子道德经注》，第200页。

呢？刘笑敢先生曾说："小邦寡民的理想期望的是满足百姓的基本生活条件，过一种平静、安乐、恬淡无忧的生活，而否定社会兵战相接、长途跋涉、追名逐利等现象。"[①] 星云大师亦有这一观点，他指出，在这种和谐的政治状态下，百姓皆生活富足，安居乐业，彼此之间没有纷争，没有尔虞我诈。此外，星云大师还将"小国寡民"的状态与人间佛教所设想的理想政治环境对应，他说："在佛教中，理想的政治环境，是没有权术控制，只有道德感化，没有迫害冤屈，只有人权保障；人民过的是和平自主的生活，这是人间佛教政治和谐净土的展现。"[②]

（四）国际和谐

星云大师认为《道德经》和谐思想的第四个层面是国际和谐，即五和中的世界和平。维持国家之间的和谐最关键的是应避免战争，正确处理国与国之间的关系。星云大师指出《道德经》第61章所说的"大国者下流。天下之交，天下之牝。牝常以静胜牡，以静为下。故大国以下小国，则取小国；小国以下大国，则取大国。故或下以取，或下而取"[③]的意思是："大国谦下包容，为天下所附归。大国对小国谦下，可以取得小国的信服；小国对大国谦下，可以取得大国的包容，这是国与国之间和谐相处之道。"[④] 这告诉我们大国和小国如何和谐相处，即"谦下包容""平等尊重"。只有秉承平等的原则，彼此之间互相尊重，才能带来世界的和平。

此外，星云大师又指出，老子这种"平等尊重、谦下包容"的思想不仅能够创造一个和谐的国际环境，而且深刻体现着老子的慈悲心愿。他认为国家之间的和谐是保障民众能够安居乐业的关键因素，所以老子这种对国际和谐的关注体现了他对天下百姓深沉的责任感，体现了他对天下苍生的悲悯之心。

---

① 刘笑敢：《〈道德经〉智慧100讲》，上海人民出版社2023年版，第303页。
② 星云大师：《〈道德经〉的和谐思想》，载《星云大师全集》第40册，第237页。
③ （魏）王弼注：《老子道德经注》，第164页。
④ 星云大师：《〈道德经〉的和谐思想》，载《星云大师全集》第40册，第238页。

白言笑、张铁军在其《〈道德经〉中蕴含的人与自然的和合思想》一文中曾说："《道德经》中所蕴含的天人和谐、身心和谐、人际和谐等方面的和合思想对于构建和谐社会，促进社会和谐发展有着重要的借鉴意义和指导作用。"[1] 显然，星云大师实际以"五和"的思想对《道德经》和谐思想的解读不仅从四个层面厘清了《道德经》和谐思想的内容，进一步彰显了《道德经》和谐思想的价值，还进一步丰富了其"五和"思想的内容。

三 "五和"思想的特点

星云大师的五和论阐释了身心、家庭、人我、社会、世界五个方面暨四个层次的和谐思想，体现了其对传统和谐思想的独特理解。而星云大师"五和"思想丰富和谐思想内容的同时，亦体现了自身独有的特点。

（一）层次递进性

星云大师的"五和"思想所包含的个人身心、家庭、人我、社会、世界五个方面与儒家《大学》所说的修身、齐家、治国、平天下所说的内容虽有明显不同，但它们面向的问题有极大的重合之处。《大学》所说的修齐治平，是一种递进式的方式。《大学》中明确记载：

> 古之欲明明德于天下者，先治其国；欲治其国者，先齐其家；欲齐其家者，先修其身；欲修其身者，先正其心；欲正其心者，先诚其意；欲诚其意者，先致其知；致知在格物……自天子以至于庶人，壹是皆以修身为本。[2]

在《大学》中，明明德于天下、治国、齐家、修身是四个最为关键的

---

[1] 白言笑、张铁军：《〈道德经〉中蕴含的人与自然的和合思想》，《社科纵横》2017年第3期。
[2] （宋）朱熹：《四书章句集注》，中华书局2011年版，第18页。

问题，而修身又是最为基础的内容。只有通过格物、致知、正心、诚意四个方面达到修身的目标，才能进一步去齐家；家齐之后，才能在此基础上去治理一个邦国；治理好一个邦国才能进一步明明德于整个天下。显然，儒家《大学》所说的修身、齐家、治国、平天下是一种递进式的内容，只有最基本的修身做好了，后面的明明德于天下才有可能。与之相似，星云大师的五和论亦呈现了递进式的内容，具有层次性。星云大师在阐释五和的关系时说："而我所提倡的五和，是从小扩大，先从自我做起，能自心和悦后再慢慢扩大到家庭，就能家庭和顺，进而推及社会，在与人相处上，人我和敬，自然就能够社会和谐甚至逐渐达到世界和平的目标。"[1] 也就是说，星云大师认为五和是有层次的。首先应从自己做起，自己身心和谐了然后再慢慢扩大到家庭，使家庭亲人能够和顺；推及社会，每个家庭都和谐了那么社会自然也能和谐；社会和谐后由此推及不同族群、国家之间，那么便能逐渐实现整个世界的和平。

与儒家《大学》修齐治平的思想相比，虽然星云大师所说的"五和"亦有递进性和层次性的特点，但修齐治平的主体是个人，无论是修身还是平天下主要强调个人自身的发展，而星云大师"五和"思想虽是基于个人修行立场，为个人的行为提供指南，但其最终目的是通过个人的行为实现整个社会的和谐，强调的是逐层实现整个世界的和谐。

（二）人间性

星云大师是现代人间佛教的重要代表，他极为重视佛教的人间性，强调佛教对现实生活的助益，并一直致力于佛教的人间化，星云大师曾说："人间佛教是现实重于玄谈、大众重于个人、社会重于山林、利他重于自利；凡一切有助于增进幸福人生的教法，都是人间佛教。"[2] 也就是说，在

---

[1] 星云大师：《佛法真义》，《星云大师全集》网络版，http://books.masterhsingyun.org/Article Detail/artcle9386，2024年1月23日。

[2] 星云大师：《人间佛教蓝图》，《星云大师全集》网络版，http://books.masterhsingyun.org/Article Detail/artcle784。2023年12月5日。

星云大师看来，一切教法，一切思想，一切义理都应服务于现实的人间。所以，他在阐释"五和"思想的时候，亦将这种人间性的特点融入其中，使其具有明显的人间性。

首先，"五和"所指向的个人、家庭、人我、社会、世界都服务于现实的世界和社会，"五和"的最终目的是要逐步实现整个世界的和平，为世界人民提供一个和平、安稳、喜乐的生活环境，且星云大师也说："对于社会大众，我则提出了'五和'的理念。"[①]这充分说明，星云大师的"五和"理念面向的是社会大众，是世俗的现实生活，体现了星云大师对人间性这一理念的践行。

其次，星云大师在运用"五和"的理论解读《道德经》的和谐思想时，亦体现了明显的人间性。总体来说，在道家看来，"道"是最终的根据，是一切和谐因素的形上根据，和谐则意味着符合"道"。而星云大师以"五和"讲述的四个层面的和谐思想是对不冲突状态的描述，要求消除身心、人际、政治以及国际的不和谐因素，从而实现整个社会的和谐，即佛教所说的"人间净土"。也就是说，在星云大师那里，四种和谐面向的是现实生活，是为现实的人间服务的，具有明显的人间性。就具体内容来看，星云大师所说的《道德经》四种和谐的每一层面都体现了明显的人间性。其一，就身心层面的和谐来说，星云大师认为通过虚静无执达到身心和谐并不是最终目的，而是应在爱己贵身、修持自身，达到身心和谐的基础上进一步护己护他，尊重他人，以此精神来服务天下众生，也就是达到佛教所说的"无缘大慈，同体大悲"的境界。其二，关于人际和谐，星云大师认为要实现人与人之间的和谐就要做到柔弱不争，而柔弱不争并不是以消极的态度对待社会和人生，而是怀着尊重、拥护、成就对方的心态与人交往，并积极地服务社会，正如他自己所说："所谓'不争'，并非消极

---

① 星云大师：《佛法真义》，《星云大师全集》网络版，http://books.masterhsingyun.org/ArticleDetail/artcle9386，2024年1月23日。

地彻底放弃、厌逃人世，而是积极地利益万物且功成不居。"[1]其三，对于政治层面的和谐，星云大师认为达到政治的和谐就是要建立一个理想的国家政治，即建立一个没有权力争夺，没有专制压迫，充满民主与道德，人民能安居乐业的政治环境。其四，对于国与国之间的和谐，星云大师认为实现国际和谐应该以秉承平等的原则，各国互相尊重包容，友好相处，从而创造一个和谐稳定的国际环境。显然，四种和谐的每个层面所关注的都是现实的人和社会，体现了对众生，对整个人间的关怀和责任。

（三）实践性

星云大师阐释"五和"思想的目的并不仅仅是说明身心、家庭、人我、社会和国家五个层次和谐的状态，而是从修行实践的立场出发为实现五个层面的和谐提供良方。

首先，星云大师在提出"五和"理论时，明确说明了是与僧团的"六和敬"理论相对应而为现实生活中的人们提出"五和"理论。而僧团的"六和敬"是基于修行立场提出的维系僧团和谐的修学方法，是僧团应践行的实践原则。那么，与之相应，"五和"亦是基于修行角度提出的现实生活中人们维持社会和谐应遵循的实践原则。

其次，"五和"每一层面的落脚点都是为人们实现和谐的状态提供实践原则。身心和悦要求人们通过"安住身心"的方式实现身心的和谐，家庭和顺要求家人践行体谅尊重的原则实现家庭的和谐，人我和敬要求人们秉承谦逊柔和的原则实现人际的和谐，社会和谐要求人们奉行平等尊重的原则实现社会的和谐，世界和平要求国家遵循慈悲平等的原则实现国际的和谐。

最后，星云大师以"五和"的内容和逻辑对《道德经》和谐思想进行的解读，其目的亦是发掘《道德经》中蕴含的指导人们实现身心、人际、社会、国际和谐的实践原则。"少欲知足""涤除玄览"是实现身心和谐的原则，"柔弱不争"是实现人际和谐的原则，"自然无为"是实现社会政治

---

[1] 星云大师：《〈道德经〉的和谐思想》，载《星云大师全集》第40册，第238页。

和谐的原则,"谦下平等"是实现国际和谐的原则。每一层次的内容,皆指向人的修行实践。

四 "五和"思想的现代价值

在人类的发展史上,和谐是一种共同的价值诉求。社会的发展要建立在和谐稳定的环境基础上,人民的幸福安定要以和谐的生活环境为依托。而现代经济、科技的发展虽然提高了人民的生活水平,丰富了人民的物质生活,但与之而来的矛盾冲突以及不和谐的因素亦是越来越明显。所以党的十六届四中全会在提出树立科学发展观的基础上,明确提出了构建社会主义和谐社会的伟大构想。而要想构建一个和谐的社会,就必须正确处理个人身心、人与人、人与社会、国家与国家之间的关系。在此背景下,星云大师出于对现实人生的关注,对慈悲精神的践行,对人间佛教的弘扬,提出了他的五和论,这对于正确处理各个层面的问题,实现社会的和谐稳定有重要的价值。

第一,星云大师"五和"思想所阐释的通过安心实现自心和悦的内容对于解决现代人的心灵问题有重要的参考价值。经济的发展加快了生活的节奏,科技的进步改变了人们的生活方式。而面对过快的生活节奏以及经济发展带来的物质生活的极大丰富,很多人感觉无所适从,从而导致心灵危机的日益严重,心理疾病、心理扭曲等问题频出。这不仅给个人生活带来严重的影响,甚至还会危害社会的发展。面对这些问题,星云大师主张我们应该减少自己的欲望,放下自己的执着,使自己的心灵能够安稳平和。这种淡然平和的生活方式,为我们缓解内心的痛苦,实现内心的平和安定提供了一剂良方。

第二,星云大师"五和"思想所阐释的家庭和顺的思想对于正确处理家庭矛盾,获得幸福的家庭生活具有重要的意义。家庭是我们生活的港湾,是我们心灵的寄居之处。但随着社会经济的发展,人们过于看重物质利益,致使家庭亲人之间的矛盾愈演愈烈。越来越高的离婚率,越来越紧张的亲子关系，越来越冷漠的亲情，使我们不得不重视家庭的和谐。星云大师认为，家人之间应该相互体谅、相互了解、相互宽容，以正确的方式解决家庭的矛盾，从而实现家庭的和顺，这为我们维系和谐稳定的家庭环境提供了积极的理论根据。

第三，星云大师五和论所阐释的人我和敬的思想对正确处理人与人之间的矛盾，维系和谐的人际关系具有重要的价值。人是社会的主体，社会和谐的关键就是人与人的和谐。但是随着现代社会的过度物质化和利益化，人际矛盾日益明显，人与人之间的冷漠已成为社会的通病，这不仅导致人际关系的紧张，难以形成良好的人际关系，还会阻碍和谐社会的构建。针对这一问题，星云大师提倡的人我和敬的思想，对于缓解人与人之间的紧张关系，构建理想的人际环境具有重要的意义。

第四，星云大师五和论所阐释的社会和谐思想对于构建稳定和谐的社会秩序有重要的价值。社会的和谐是人民能够幸福生活，社会能够健康发展的基础。而现代社会的发展仍面临着各种不稳定、不和谐的因素，民族冲突、种族争端等问题仍然存在。对此，星云大师主张不同族群、种族应秉承尊重、平等的原则相处，遇到"不同"应该相互理解，以平等宽容代替纷争，这对于正确解决纷争，构建一个和谐稳定的社会环境具有重要的价值。

第五，星云大师五和论所阐释的世界和平的思想对于化解国际矛盾、解决国际争端、促进世界和平有重要的启示。当今世界的不和谐因素依然存在，局部战争此起彼伏，国家之间的冲突给民众生命财产安全造成了不可挽回的损害。星云大师始终秉承着"无缘大慈，同体大悲"的慈悲心，时刻关注世界的和平，渴望众生可以有一个和平、安静的生存环境。他在阐发五和论时，着重阐释了世界和平的思想，并将世界和平作为实现五和的最终目的。他主张各国应以平等之心尊重包容、慈悲谦下、和平共处，为创造一个和谐的国际环境而共同努力。这种对维护国际和谐思想的阐发，对世界和平的重视，为地域分歧、种族争端、世界矛盾的解决提供了可行之道。

An Analysis of the "Five Harmonies" Thought of Master Hsing Yun

Li Mengyuan

Abstract: Based on the trend of emphasizing harmony and peace in modern society, Master Hsing Yun proposed his "Five Harmonies" ideology from the perspective of practice, which includes self harmony, family harmony, respect for oneself, social harmony, and world peace. The "Five Harmonies" mentioned by Master Master Hsing Yun actually include four levels: physical and mental, interpersonal, social, and international. Therefore, he uses the content and logic of the "Five Harmonies" to analyze the harmony ideas of the Tao Te Ching from these four levels in sequence. Furthermore, from the content of the "Five Harmonies", it can be seen that the Five Harmonies thought of Master Hsing Yun has obvious hierarchical progressiveness, realistic human nature and practicality, which is of great practical significance for the development of modern society and harmony and stability.

Key words: Master Hsing Yun; Five Harmonies; *Tao Te Ching*; Human nature

以入世之姿传出世之思
——星云大师与人间佛教的传播生态

杨临端

西北大学博士生

摘 要：近代以来，以太虚大师等人为代表，号召以大乘佛教的入世思想为根本，对佛教进行入世化之改革，并提出"人间佛教"的思想，由于时代等原因影响有限。星云大师在真正意义上实现了佛教入世化的改革。而在实现过程中，媒介传播成为其"入世化"的必经之路。一方面，星云大师的多种传播手段对人间佛教的传播起到了极大的推动作用；另一方面，其积极的传播实践也体现了"人间佛教"的思想内核。经过数十年的努力，人间佛教形成了成熟的传播理念、完善的传播类型和发达的传播策略。同时，在商业化、市场化主导传播领域的当下，星云大师及其人间佛教的传播理念与实践起到了净化与启示作用。

关 键 词：人间佛教；佛教传播；星云大师；传播生态

基金归属：本文为2019年度国家社科基金重大项目"'一带一路'佛教交流史"（编号：19ZDA239）的阶段性成果。

一 引言

佛教作为世界三大宗教之一，在中国已有两千多年的历史，与儒家、道家，共同构成了中华传统文明的重要部分。而在漫漫的历史长河中，佛教和其他宗教一样，不断在摸索中进行自身的理念改革与组织完善，从释迦牟尼的革除陋习开始，佛教从未停止革故鼎新之步伐，如反对"格义佛教"，创建"佛典目录"的道安大师；融合大小乘思想改革戒律的道宣律师；在日本平安时代放弃小乘并建立日本特色佛学体系的最澄大师等。但在长期的历史发展中，佛教的遁世理念逐渐受到士大夫和世人的推崇，尤其是在乱世，往生与清净构成了古人对佛教的共同想象。于是，佛教逐渐"返景入深林"，与人间渐行渐远，信仰群体"老龄化"、传播机制固化、宗教生活单一等问题成为顽瘴痼疾，其传播形式也基本只有口耳相传、造像传播、文字传播等有限的手段。

近代以来，世界形势发生巨大变化，中国传统的封建社会在列强的入侵之下土崩瓦解，进入了半殖民地半封建社会。伴随着洋枪器物而来的，是精神思想领域的巨大冲击。新学的不断涌入，使传统文化下浸淫日久的国人思想体系开始崩塌，国人对自身文化不断怀疑，并在新文化运动期间走向了高潮。佛教的改革派在此时开始涌现，并与守旧派展开了如同"新文化运动"论战一样的争辩。其中，太虚大师、慈航法师和印顺法师为改革派的代表，如同梁启超在维新变法中以重考《论》《孟》等儒家经典一样，他们从佛教经典入手，以大乘佛教之经义为核心，提出"人间佛教"的概念，提倡佛教要重返人间，以人为本。然而由于时代局限，其改革的影响力有限。星云大师将人间佛教的理念真正发扬光大。他通过毕生的不断努力，把发展陷入迟滞且出世远人的佛教，改革成为接纳十方，广受大众尤其是年轻人喜爱，并面向国际的宗教。而在这一过程中，传播媒介是其重要的手段。星云大师将佛教理念融入大众传播手段之中，并积极在广播、电视、报纸、网络、音乐、文学、体验营等领域深耕，完成了以佛光山人间通讯社整合下的传播体系锻造，最终形成了人间佛教独特的传播理念、传播类型和传播策略。

当下，互联网逐渐走向了以运行在"区块链"技术之上的"去中心化"的web3.0时代,短、平、快成为传播主流样态,融媒体使得传播更加垂直高效,而AI、VR等新技术的不断涌现,也使传播有了更多的可能性。然而,随之而来的是"后真相时代"爆发出的种种问题,新闻传播伦理受到不断挑战,"躺平""佛系"等现象的出现也证明了社会上尤其是青年中精神失位的存在。星云大师"缘起性空"的空性见思想及以人为本的传播观,或可给当下的传播业界带来一些启迪。

本文对星云大师和人间佛教"入世"的传播生态进行考察,以其传播历史和体系为脉络,重点研究以下问题:星云大师和人间佛教如何将"入世"的大乘教义融入传播之中?其包含了哪些传播实践?人间佛教的传播生态具体是什么?对当下的传播乱象与精神失位,星云大师和人间佛教的传播实践与理念又带来了哪些"出世"之思?

二 星云大师与人间佛教的"入世之姿"

1. 入世:大乘佛教的基本精神

研究星云大师及人间佛教的"入世",要从其理论渊源,即佛教经典,尤其是大乘佛教的经义入手,并以佛教在中国的"中国化"、世俗化为参照,以考察"入世"的历史变迁和当代实践。

回到佛教的创造时期,佛陀亦是凡体肉身,并不是天生之神,众生是其悟道的出发点,而使众生解厄是其理想归宿。所以佛教创立的根本就在人间,落脚点亦然。星云大师曾引用《杂阿含经》论述道:"佛陀强调,我是众中的一个。佛陀出生在人间,修行在人间,成道在人间,弘化在人间,佛陀所有的教言,无一不是以人为对象;可以说,人间佛教就是佛陀本有的教化。"[①]

而原始佛教的诸多理论,如因果报应、缘起性空、四谛八正等,其目标均指向使众生得解脱,同时使众生得解脱也是成佛的必由之路。这种理

---

① 星云大师:《中国佛教阶段性的发展刍议》,《普门学报》2001年第1期。

论最早可以追溯到婆罗门思想,婆罗门认为大梵为宇宙源头和本质,与"我"同一,当梵我合一时,即为"梵涅槃"。[①]佛教继承了涅槃思想,然而认为世界即实际,因此解脱之法只有回归人间寻找。

大乘佛教的人间思想对原始佛陀的思想理论有所扬弃,但其核心也是众生的解脱不能与人间脱节。如大乘佛教的中观学派在《中论·观涅槃品》中提道:"世间与涅槃,亦无少分别。涅槃之实际,及与世间际,如是二际者,无毫厘差别。"[②]因此,涅槃与人世间无差别。

大乘佛教经典《维摩诘经》中也提道:"若菩萨欲得净土,当净其心,随其心净,则佛土净。"[③]这就开创了中国佛教的入世道路。

而佛教的"中国化"道路亦可以看成是一条"入世"的道路,尤其是其与重现世的儒、道思想结合后,更增加了现世面向。禅宗是中国化佛教的典范,其经典《六祖坛经》讲:"佛法在世间,不离世间觉;离世觅菩提,恰如求兔角。"唐宋之后,入世已基本成为佛教的核心理念和重要内容,"世间法则佛法,佛法则世间法"[④],"不入世不能出世""不出世不能入世"[⑤],入世与佛教的中国化可谓相辅相成。

2. 近代以来人间佛教的"入世"改革

近代以来,佛教面临来自思想观念与发展实践的双重挑战。一方面,伴随着西学东渐,久未革新的佛教作为封建迷信的产物越来越不能为接受新学的青年所容,他们将佛教连同儒、道一起,归为封建残留。佛教理念也在新学的冲击之下受到了挑战,其传统的"三教合一""政主教从"的自身定位受到了极大挑战,其价值观也已与时代脱节。另一方面,从晚清以降,国家屡弱、政府无力,统治者对于佛教不再重视,如印顺法师所

---

① 单正齐:《原始佛教涅槃概念辨析》,《哲学研究》2008年第7期。
② 龙树:《中论·观涅槃品》,载苏渊雷、高振农选辑《佛藏要籍选刊》第9册,上海古籍出版社1994年版,第36页。
③ (后秦)鸠摩罗什译,道生等注译:《维摩诘经·佛国品》,中国社会科学出版社1994年版,第8页。
④ (宋)宗杲:《大慧普觉禅师语录》卷二十七,《大正藏》第47册,第929页下。
⑤ (明)永觉元贤:《永觉元贤禅师广录》卷二十九,《卍新纂续藏经》第72册,第561页中。

言:"自此西洋的势力侵入,中国的一切都起着剧变。国家多事,简直顾不到佛教,或者不重视佛教,所以让它自生自灭地没落"。①总之,佛教在近代的发展步履维艰。

此时,一批佛教改革家以"入世"为根本,从理论到实践提出了改革建议,试图改变长期以来佛教闭门造车、远离人间的局面。太虚大师是其中的佼佼者,他提出人生佛教、人间佛教的思想,推动教理、教制、教产三大改革。太虚的改革目标是长期存在的佛教丛林制,这也是佛教中国化的产物之一,即将宗法社会的家族制度搬至佛教的宗派和寺院管理中,寺院"俨然是一个个的变相家族"②。他曾尝试对佛教组织和制度进行"入世"改造:在组织上,创立或参与佛教正信会、中华佛教联合会、中国佛学会、中国佛教会等;在制度上,建设符合当时国情的"新佛教",扫除宗法,竭力主张佛教"入世",或称之为"世俗化"。而在信徒方面,太虚提倡重视在家信众,建立健全在家信众的组织常态化。正如洪修平所言:"太虚所积极倡导的建设人间佛教、人间净土,就其实质而言,就是要把出世的佛教改造为入世的佛教,把佛教的出世法与世间法更加紧密地结合起来,而这其实也是在新的历史条件下对大乘佛教入世精神特别是唐宋以后中国佛教入世化、人生化倾向的继承和进一步发展。"③但是太虚大师的"入世"建议,基本仍在理念阶段,没能付诸实践。

印顺法师倡导的"入世"则是希图借助外部力量来解决佛教的自身问题,他对于佛教自身的管理机制、组织能力、人员素质感到悲观,因而"恳求护法们出而护持"④。同时和太虚大师一样,他也提倡要重视在家信众,希望这些受现代思潮影响的信众,参与到佛教改革之中。他的理论渊源也可上溯到大乘教义,"能从悲心出发,发菩提心,以求有利于众生,

---

① 释印顺:《中国佛教论集》,中华书局 2010 年版,第 49 页。
② 释太虚:《太虚大师全书》第 24 册,宗教文化出版社 2015 年版,第 68 页。
③ 洪修平:《中国佛教与儒道思想》,宗教文化出版社 2004 年版,第 362 页。
④ 释印顺:《印顺法师佛学著作全集》第九卷,中华书局 2009 年版,第 6 页。

有利于佛教，那就无往而不是入世，无往而不是大乘"①。

他们的改革虽然没有取得彻底的成功，但是僧众教育在新组织的带领下开始广泛开展，上海佛教居士林、北京佛教居士林、世界佛教居士林等"入世"组织纷纷成立。

与此同时，随着近代报业的兴盛，佛教也开始尝试通过印书办报的形式进行传播。中国报业的开端实际上也是宗教传播的产物，1815年马六甲的《察世俗每月统计传》和1833年广州的《东西洋考每月统计传》分别是境内外出版的最早的中文杂志，都和西方传教会息息相关。佛教期刊的出现则要落后将近一百年，直到1912年才出现第一份佛教杂志《佛学丛报》，之后，《佛教月报》《佛光》《觉世日报》等报刊也相继出版，有学者统计，民国时期大约有70种②（一说155种③）佛教报刊。然而这些报刊大多维持时间较短，影响力较小，这也和动荡局势相关。其中，太虚大师创立的《海潮音》是坚持时间最长、影响力最大、研究价值最高的佛学刊物。1918年，太虚大师和章太炎等人在上海创立了觉社，并亲自主编《觉书》。1919年12月，太虚大师迁至杭州净梵院，将《觉书》改为《海潮音》。从《海潮音》的发刊词《〈海潮音〉月刊出现世间的宣言》中，可以看到太虚大师发扬大乘佛法真义"入世"的姿态：

> 海潮音非他，就是人海思潮中的觉音。若依这句话分析起来，便可知道那"海"是宇宙间人类公共的；那"潮"是人海中一个一个时代所产生的，更有些属于现今这个时代的意思；那"音"是人海思潮中能觉悟的，更有些属于佛法、属于觉社的意思。因此，便用两句话

---

① 释印顺：《印顺法师佛学著作全集》第九卷，中华书局2009年版，第133页。
② 〔美〕霍姆斯·维慈：《中国佛教的复兴·附录一》，王雷泉等译，上海古籍出版社2006年版，第226页。
③ 〔德〕罗文达、陈鸿舜：《中国三大宗教报刊》，王海等译，中央编译出版社2017年版，第10页。

定下一个宗旨：发扬大乘佛法真义，应导现代人心正思。①

《海潮音》的创办是近代佛教改革的产物，也是太虚等人对于佛教传播的重要实践。报刊的创办连同理论、组织、制度的"入世"改革，标志着近代佛教自我改革的决心，也为星云大师及其人间佛教的改革和传播实践奠定了基础。

3. 星云的"入世"

经济学者高希均曾说："星云大师是佛教的创意大师。"天主教的丁松筠神父也将星云大师誉为"佛教的马丁·路德"。其人间佛教从理论到实践，都对中国乃至世界的佛教事业产生了深远影响，而其核心要义便是"入世"。

星云大师关于佛教"入世"改革的想法早在幼年时期就已萌芽。根据星云大师的传记《传灯》所记，他幼年随外婆至寺庙时，便对寺院虽拥有华丽的外观但未能真正解脱人心的现象，心生疑窦，觉得这并不是真正的佛教。皈依后，星云大师在传统的丛林制度下受教，当时教育环境也颇为封闭，连使用钢笔、读报都受到限制。后来，星云大师回顾这段时光，认为闭塞不应是佛教的状态，佛教应当开放包容，接纳各方。直到抗日战争时期，星云大师在栖霞山才有了相对稳定的学习环境。这期间，他遇到了融者法师、觉民法师等人，他们为大师传授了佛学基本理论，为大师的佛学素养打下了坚实的基石。之后，大师相继在天宁寺、金山江天寺、苏州灵岩山寺等处游历，因此对佛教各门派都有一定的认识。后来在焦山佛学院学习时，他得到了芝峰法师的佛学指导，胜璞法师的文学教诲，薛剑文老师的国学指点，也学习了自然科学的课程。大师说："这时自觉一时心开意解，世间学问都向我蜂拥而来，对于未来新佛教的种子，对于合乎人间化的教育，就在我心中慢慢建立了蓝图。"②

---

① 太虚：《〈海潮音〉月刊出现世间的宣言》，载《太虚大师全书》第 31 册，第 1040—1041 页。
② 慈容：《浩瀚星云 心包太虚——星云大师是佛教史上又一位改革创见大师》，《普门学报》2002 年第 7 期。

由此可知，世人误以为星云大师提倡人间佛教全是继承了太虚大师的观点，事实上，他自身的体悟和经历也促使他发现了人间佛教。就像星云大师所言："人间佛教不是哪一个个人的佛教，甚至不是因为六祖大师说'佛法在世间，不离世间觉'的理论，就把'人间佛教'归于六祖大师；也不是太虚大师说'仰止唯佛陀，完成在人格'的思想，就把'人间佛教'推给太虚大师。人间佛教是每一个人的心、每一个人的道、每一个人的理；人间佛教是佛陀的本怀，是每一个人生命的净化、升华，凡能圆满涅槃之道的教示，都是人间佛教。"[1]

在经过一段时间的学习后，青年星云也开始了初步的"入世"实践，他曾自诩要当佛教的评论家，经常在《觉世旬刊》上发表评论，指出当时佛教中存在的顽疾，并提出诸如推动佛教国际化、加强教会的人才培养、佛教徒资质审核、完善佛教选拔体系等建议。同时，对于政府以奖金形式表扬慈善的做法，他斥之为佛教堕落的诱因，并建议政府支持佛教自主从事文教事业来弘扬佛法。这些观点在当时无疑是具备前瞻性、开创性的。这也为星云以媒为介来传播人间佛教，并打造佛教传播生态体系奠定了思想与实践基础。

三 星云大师在佛教传播中的"入世"实践

到台湾之时，星云大师年方22岁，虽然在政治上经历了一些波折，但是通过一系列现代传播的实践，他已经了解到现代大众传播的手段与作用，并自觉用人间佛教中的理念指导传播行为。"从大陆来到台湾，正值弱冠之年的大师，除了对佛教前途责无旁贷的使命感，更具有年轻人独具的创意和想象力，他通过写作、投稿、编辑报纸杂志，举办文物展览，已略知现代传播工具潜藏着难以言喻的爆发力与影响力，尝试切入这个领

---

[1] 星云：《中国佛教阶段性的发展刍议》，《普门学报》2002年第1期。

域。"① 在台湾，星云大师及其领导的佛光山在大众传播领域进行了积极实践。大师在到达台湾初期，便巧妙地运用了连环图、幻灯片和录音机等各种手段，吸引人们的好奇心。随着时代的发展，他又进一步借助报纸、电视、广播以及网络等多种大众传播媒介广泛地传播佛法。进入网络时代以后，人间佛教又积极打造佛光山全球资讯网，在新媒体领域继续耕耘。

1. 报刊：从《怒涛》月刊、《霞光副刊》到《人间福报》

在近代，《海潮音》无疑是持续时间最长、影响力最大的佛教报刊，太虚大师的积极"入世"思想启发了不少佛教徒加入纸媒盛行的大众传播时代，星云大师就是其中之一。

从焦山佛学院肄业之后，星云前往宜兴白塔国民小学担任校长，当时他和擅长文学的智勇法师一起，创办了《怒涛》月刊，"怒涛"之意，就是用怒吼的波涛来冲刷旧习，是佛教回归本来面目的象征。

创办之初，由于条件困难，连印刷厂也找不到，只能自制钢板发行，虽然初期只有五百份左右的发行量，但是由于其言辞激烈、立场激进，还是在佛教界掀起了讨论。而作为当时佛教出版业翘楚的《海潮音》为其免费刊登广告，赞道"我们又多了一支生力军"②。

在出版了二十多期之后，由于战争原因，星云被迫回到南京，《怒涛》因此停刊。这是星云大师正式踏入大众传播领域的初次尝试，但已经能看到其文字中所具有的社会性和批判性。它并不只是在抽象领域讨论佛理玄学，而是以"入世"的姿态关注社会现实、探讨社会问题，通过犀利的笔触和深刻的思考，对社会现象进行了深入的剖析。在《怒涛》中，星云大师不仅表达了他对于社会问题的关切和思考，还提出了许多具有建设性的意见和建议。这份报刊不仅让读者看到了星云大师作为一位高僧的慈悲和智慧，也展现了他作为一位社会思想家的敏锐和担当。

---

① 符芝瑛：《云水日月——星云大师传》，北京出版社出版集团、北京十月文艺出版社 2006 年版，第 140 页。
② 转引自星云大师《百年佛缘》，生活·读书·新知三联书店 2013 年版，第 5 页。

1948年，星云大师前往南京华藏寺担任监院之职，同时主编《徐报》之《霞光副刊》，正式开始了在佛教传播上的实践探索之路。《霞光副刊》以弘扬佛法、传播佛教文化为主旨，通过丰富的内容和独特的视角，吸引了大量读者。这份刊物不仅包含了星云大师对于佛教教义的深入解读，还涉及了佛教历史、文化、艺术等多个方面。通过《霞光副刊》，读者可以更加深入地了解佛教的博大精深，感受佛教文化的独特魅力。

在台湾期间，星云大师先后担任《人生杂志》《觉世旬刊》《今日佛教》等报刊编辑，同时还创办了佛学研究学刊《佛光学报》，参与编撰《普门学报》等。2000年，他创立了综合性报纸《人间福报》，当时，台湾刚遭受大地震，人们悲痛的心灵需要抚慰，星云大师决定通过办报的形式以佛法感化人心，《人间福报》由此诞生。

在进入21世纪之际，台湾报业和当时世界上大多数传媒行业一样，进入一段与新兴媒体的恶性竞争时期，各报刊为了销量纷纷不惜以猎奇的方式抢占市场。如以"黄色新闻"[①]著称的《苹果日报》，就准备从香港来台。因此，当星云大师宣称要办"毫无膻色腥"的新闻时，无论是传媒行业还是佛教界，普遍表现出悲观心理。[②]最终，这份"人间有福报，福报满人间"的《人间福报》，在多重困难和不被看好的情况下大获成功。它用新闻方式报道佛教界发生的事情，让更多的人了解佛教文化。《人间福报》是一份在星云大师的悉心指导下创办的多元化报纸，它不仅仅局限于报道佛教新闻，更以推动社会和谐、净化人心为宗旨。报纸致力于关怀人类福祉，追求世界和平，通过坚持新闻的准度、速度、广度与深度，来关怀弱势族群与公益事务。这份报纸的内容强调温馨、健康、益智与环保，避免八卦、不实的报道和过度的吹捧，希望通过提供优质的新闻内容，体贴大众的身心需求，关怀地球的永续经营，延续宇宙无穷的慧命。可以

---

① 新闻术语，指具有猎奇性、煽动性，但是质量与社会价值不高的新闻类型，出自美国著名报人普利策。
② 《社论——四分之一个世纪的坚持》，《人间福报》（网络版）2024年4月1日。

说，《人间福报》是一份积极承担社会责任的报纸。

很多商界人士把《人间福报》视为管理教科书，民众更将其看作人生指南。马英九先生也肯定这份报纸"散播慈悲理念，淑世济人，广结善因善缘，成为社会上的一股清流"[①]。

除了担任管理工作之外，星云大师本人也长期在《人间福报》开专栏，写了十五年，每天一篇，从未间断，这体现了他对报纸的深厚情感和对其宗旨的坚定承诺。

2. 书籍

《无声息的歌唱》是星云大师的一部作品，写于1949年冬。当时，星云大师初到台湾弘法，受到政治风波的影响，辗转来到圆光寺，受妙果长老指示看守山林。星云正值壮年，却与山林为伴，自觉生命不应浪费，便在看守生涯中创作了这部作品。

《无声息的歌唱》是星云大师青年时期对人间佛教探索的代表作之一，也是他文学才华的初次展现。在书中，星云大师以物代言，通过对大钟、木鱼、大磬、签筒、香炉、蒲团、烛台、牌位、戒牒、文疏、纸箔、缘簿、佛珠、海青、袈裟、香板、僧鞋、钵盂、经橱、宝塔二十种法物的仪制和功能进行详细介绍，展现了他对佛教法器深厚的了解。同时，他也借助这些法器，以拟人化的手法，表达了他对佛教理念的独到见解和对当时台湾佛教现状的独立思考。《无声息的歌唱》不仅是一本富含文学之美的佛教法器工具书，更是星云大师人间佛教运动的先声。在书中，星云大师既表达了佛教青年僧侣的苦闷，也吹响了佛教改革的号角，呼吁佛教界革新除弊，振兴佛教。值得一提的是，该书也受到了广大读者的喜爱和好评。它曾连载于《觉生》月刊和《菩提树》杂志，后结集出版，并在多个阅读平台上获得了较高的评分和读者的积极评价。

此外，星云还著有传记《释迦牟尼佛传》，散文集《迷悟之间》丛书、

[①] 转引自星云大师《星云智慧·第二册》，生活·读书·新知三联书店2017年版，第227页。

《修好这颗心》，以及讲经著作《六祖坛经讲话》《金刚经讲话》《心经五讲》等，《星云大师讲演集》也陆续出版至四集。总的来说，星云大师的文学作品丰富多样，充满了佛教的智慧和人生的真谛。它们以文学的形式使人间佛教的传播在深度和广度方面得到延伸。他撰写的《玉琳国师传》先被广播电台列为小说选播，后被拍成电影《千金小姐万金和尚》，最后又数度被改编成舞台剧。

3. 电台与音乐

20世纪50年代起，星云大师便在台北民本广播电台创立"佛教之声"节目，借助广播媒介向广大听众传播佛教教义与思想。随后，他积极领导佛教徒参与电台播音工作，并在多个广播电台创办《觉世之声》《信心门》《禅的妙用》和《生活的智慧》等节目，以声音的形式向听众传递人间佛教的理念。

在音乐方面，1957年，星云大师在台湾地区开启佛教唱片之先河，后来又在卡拉OK、音像厅等媒介空间盛行之时，以刻录录像带、卡带、CD磁盘等方式进行传播，和其他媒介一同开创了"声光化电，摄受众生"的全新传播局面。1980年，星云谱写了《佛光山之歌》的歌词，虽是颂扬"佛光山上，圣贤流芳"，却在世界范围内为佛教徒所传唱。2012年，李庚桐以星云大师的填词创作出EP唱片《每天》，汇集了京沪两地多位音乐制作人，用时几年才完成。这张唱片不仅包含了流行音乐、先锋音乐以及爵士风格等多种音乐元素，还通过朗朗上口的旋律和言简意赅的歌词，传达给听众新的价值观和人生观。

4. 电视实践

20世纪下半叶开始逐渐普及的音像媒介，为弘扬佛法开启了全新的传播途径，更加受到世俗信众的欢迎。1972年，改编自佛教书籍《释迦牟尼佛传》的电视连续剧《佛祖传》开播，从此开启了星云大师以音像媒介弘扬佛法的途径。

1979年，大师于"中华电视台"制作了佛教团体第一个电视弘法节目,又于 1997 年创立了"佛光卫视",后更名为"人间卫视",这是华人第一家宗教公益电视台。通过这一平台,大师向全球观众传播佛教文化,推动了佛教的国际交流。《星云大师佛学讲座》由电视播出,开创了佛教电视讲经之先河。

5. 网络传播实践

星云大师在 20 世纪 90 年代中期就以一向敏锐的媒体嗅觉捕捉到互联网时代的到来,于是早早布局,1996 年开始在佛光山铺设网络线路,并尝试以网络图书馆、网络佛学院、电视佛学院、信徒大学课程、外文网页、网络会议等多种形式在互联网上打造全方位的新媒体传播体系。1997 年,佛光山成立了"佛光山全球资讯网站",利用互联网技术的优势,将佛教文化传递给更多的人。佛光山全球资讯网站是星云大师及佛光山体系所创办的一个综合性的佛教资讯平台。这个网站以传播佛教文化、推动佛教事业发展为核心目标,为全球的信众和佛教爱好者提供了一个获取佛教资讯、交流心得、学习修行的便捷渠道。

在佛光山全球资讯网站上,用户可以浏览到最新的佛教新闻、佛教活动、佛教文化等方面的信息。这些资讯不仅涵盖了佛光山自身的动态,也包括了全球范围内的佛教事件和趋势,为用户提供了一个全面了解佛教世界的窗口。此外,该网站还提供了丰富的佛教学习资源,包括经典著作、讲经开示、修行指导等。用户可以通过在线阅读、下载或观看视频等方式,深入了解佛教的教义、修行方法和智慧。这些资源不仅有助于信众的修行成长,也为佛教文化的传承和发展作出了积极贡献。值得一提的是,佛光山全球资讯网站还注重互动性和社区性。它为用户提供了一个在线交流的平台,让信众和佛教爱好者可以分享自己的修行经验、探讨佛教问题、互相学习鼓励。这种互动式的交流方式,有助于增强佛教社区的凝聚力和向心力,推动佛教事业的发展。

6. 佛光山人间通讯社

2012 年,星云大师为了融合多种传播工具,成立了传播公司:人间通讯社。人间通讯社是佛光山体系内的一个重要机构，作为星云大师领导下的佛教机构，它承载着传承佛教文化、弘扬佛法精神的重要使命。人间通讯社的主要职责是收集、整理和发布关于佛光山以及全球佛教界的最新动态、活动和成就。它积极关注佛教界的新闻事件，及时报道佛教寺庙的庆典活动、佛教法师的讲经开示、佛教文化的传承发展等。同时，人间通讯社还关注佛教在全球范围内的传播和影响，报道佛教在各国的发展状况，促进佛教文化的国际交流与合作。

人间通讯社所发布的新闻和资讯，不仅通过佛光山全球资讯网站进行在线传播，还通过传统媒体、社交媒体等多种渠道进行广泛宣传。这使得更多的人能够了解和接触到佛教文化，感受到佛教的智慧和慈悲。

7. 生活体验营与青年教育

星云大师自1953年在宜兰定居起，便积极引领青年接触佛教，陆续创办了弘法队、青年团、歌咏队及星期学校等组织，成功在青年中传播佛法。1969年，他在佛光山开山之初便建立了东方佛学院，即如今的丛林学院。星云大师坚信佛教与青年之间存在相互需求的关系，佛教需要青年的活力与智慧，而青年也需要佛教的指引与启迪。佛光山的青年教育主要有两种：一是专注于培养佛学专业理论的青年，他们会在专门的佛学院或教育机构如丛林学院、佛光大学等深入学习佛法；另一类则是着重培养具备佛缘的青年，他们在学佛的道路上亦有着自己的使命与追求，这更接近于青年的社会教育，受众也更广泛。从1969年的首届"大专青年佛学夏令营"开始，人间佛教针对佛缘青年的体验营教育便成为当时台湾引导青年学佛的重要活动。

四　人间佛教的传播生态

1. 千灯互照，光光交彻：人间佛教的传播活动类型

星云大师在论述《华严经》的"十玄门"时，在"一多相容不同门"

中说:"一中能容多,多中能摄一,一多相入无碍,却不失一、多之相,若一室之千灯,光光相涉。"[1]在人间佛教的传播活动中,星云大师就采用多种传播类型,其各有特色而又互相交辉,最终达到《华严经》中"千灯互照,光光交彻"的境界。按照传播学的观点,可以将人间佛教的传播类型分为五大类,即人内传播、人际传播、群体传播、组织传播和大众传播。

人内传播又被称为内向传播,是人体内部的信息交流,属于心理学的范畴。人内传播是一种协调人体各种感官对客体进行回顾、记忆、推理和判断的过程。在佛教中,这种过程被看作心的运作方式和认知机制。通过感觉器官接收外界信息并在内部进行处理和分析,人们能够形成对外界的认知和判断。然而,佛教也强调这种认知过程容易受到主观偏见和个人执着的影响,因此需要加以警惕和超越。而上文所提到的声光各种传播,都是为了激发受者内心的佛性,即在内心完成自我修行,达成人内传播。

人际传播即面对面的传播,上文提到的生活体验营就是典型的人际传播。同时随着新媒体等手段的引入,网络 vlog 的人际传播效果也与面对面的效果逐渐接近,形成人际传播特有的沉浸感。[2]

在传统的佛教传播手段中,群体传播是应用最广的。而星云大师作为佛光山人间佛教的开创者,同时也是临济宗的传人,在佛光山举办的会议、讲座、培训班等活动上,吸引了大量信众和佛教爱好者前来参与。这些活动不仅让人们了解到佛教的基本教义,还通过亲身体验和实践,感受到佛教的慈悲和智慧。

组织传播分为组织内传播与组织外传播,星云大师的人间佛教对传统丛林教育体系和门派都进行了一定改革,设立了佛陀纪念馆(文化传播事业委员会),来从事组织性的公关宣传。

大众传播是当下传播行业最重要的传播手段,星云大师对此也有专门

---

[1] 星云:《华严普贤十大愿》,高雄:佛光文化 2018 年版,第 33 页。
[2] Walther J. B., "Interpersonal Effects in Computer-mediated Interaction: A Relational Perspective", *Communication Research*, Vol.19, No.1, 1992, pp.52-90.

论述，提出要做有责任感的大众媒体，特别强调了六个特色，即大众化平等、道德化精神、善美化目标、知识化内容、文艺化技巧、利众化示教。[1]

2."佛法在世间"：人间佛教的传播理念

"佛法在世间"这一理念强调了佛教与现实生活、人间世界的紧密联系。它倡导将佛教的教义、修行方法融入日常生活中，通过实践体验来达到心灵的净化和智慧的开启。这种理念体现了人间佛教的传播思想，即佛教不是脱离现实的空中楼阁，而是与人们的日常生活息息相关的。

具体来说，"佛法在世间"的传播理念包括以下几个方面的内容。

首先，佛法强调的"在世间"意味着佛教的理念和实践是与现实生活紧密相连的。这启示我们在传播学中也要注重将抽象的理论知识与具体的现实情境相结合。通过生动的故事讲述、贴近生活的实例分析等方式，可以更好地吸引受众并产生共鸣。

其次，佛法倡导平等和无我，主张众生平等和相互尊重。这在传播学中同样重要，它提醒我们要避免偏见和歧视，以开放的心态接纳不同的观点和信仰。在传播过程中，我们应该尊重他人的权利和感受，避免传播带有偏见的言论或信息。

再次，佛法提倡修行者要深入生活，体验世间万象，从而更深刻地理解世界和自己。这对于传播者来说也是一种启发，鼓励他们走出象牙塔，深入了解社会和生活，用更加接地气的语言和内容来与受众沟通。

最后，佛法中的"在世间"还强调修行的重要性。这意味着无论身处何种环境，都要保持内心的平静和智慧，不断学习和成长。在传播学中，我们也可以借鉴这种精神，鼓励受众不断学习新知识、提升自己的素养和能力。

总之，"佛法在世间"的传播理念强调了佛教与现实生活的紧密联系和佛教的社会责任与价值。它呼吁人们关注佛教的智慧和价值观念，并将

---

[1] 星云大师：《星云法语》第9册，现代出版社2017年版，第221页。

其融入自己的日常生活中去实践体验。

3. 由悲到智：人间佛教的传播策略

其一，"由悲"指的是通过激发人们的慈悲心，引导他们关注社会问题和弱势群体，从而产生对佛教的认同感和归属感。在这个过程中，佛教宣扬慈悲、平等和无我等价值观，强调人与人之间的关爱和互助精神，以此打动人心，吸引人们加入佛教的行列。

其二，"到智"则是指通过智慧的启迪和引导，帮助人们摆脱烦恼和执着，达到内心的平静和智慧的开发。这包括学习佛教的教义、修行方法和哲学思想等，引导人们认识自我和世界，领悟生命的真谛和价值。这种智慧的启迪和引导不仅有助于提升个人的精神境界和生活质量，也有助于推动社会的进步和发展。

五 出世与启示

1. 空性见对大众传播的启示

从哲学的视角来看，空性见作为一种深刻的思维方式，对当代大众传播具有重要的启示意义。

空性见的核心思想是认识到事物的虚幻性和无常性，超越二元对立，强调无我、平等和修行。星云大师称："万法因为因缘的和合而生，因缘的消散而灭，并没有实在的自体，其本性为空。"[①] 这种思考方式鼓励我们摆脱固有观念的束缚，以更开放的心态去接纳和理解世界。在大众传播领域，这意味着传播者应该超越表面的现象，深入挖掘事物的本质，以更真实、客观的态度去呈现信息。

当代大众传播的特点主要表现为组织性、公开性、选择性和快速性。然而，在实际操作过程中，大众传播往往受到各种因素的干扰，导致信息传播出现偏差和失真。例如，为了追求点击率和关注度，一些媒体可能会

---

① 佛光星云：《佛学教科书·佛教常识》，上海辞书出版社2008年版，第99页。

过度渲染某些事件，甚至制造虚假新闻。这种做法不仅损害了媒体的公信力，也误导了公众的认知。

针对这种情况，空性见为当代大众传播提供了以下几点启示：

第一，保持客观中立的立场。传播者在报道新闻时，应尽量避免个人主观偏见和情感倾向，以客观中立的态度去呈现事实。这样不仅能提高新闻的可信度，也有助于引导公众形成正确的价值观。

第二，深入挖掘事件的本质。空性见强调超越表面现象去认识事物的真实性质。在大众传播中，传播者应该通过深入调查和研究，揭示事件背后的深层原因和逻辑关系，为公众提供更全面、更深入的信息。

第三，促进多元文化的交流与融合。空性见倡导消除偏见和歧视，追求平等和自由。在大众传播领域，这意味着传播者应该积极推动多元文化的交流与融合，打破文化壁垒和信息鸿沟，为公众提供一个多元、包容的信息环境。

第四，强化媒体的社会责任感。空性见注重修行和实践体验，在大众传播中则体现为媒体的社会责任感。媒体作为社会信息的重要传播者，应该承担起引导社会舆论、传播正能量、维护社会稳定的重要使命。在实际操作中，媒体可以通过策划正面报道、开展公益活动等方式来履行其社会责任。星云大师曾将其总结为"六戒"：戒不实的宣传、戒不真的报道、戒不清的咨询、戒不德的诽谤、戒不新的老调、戒不可的泄密。[1]

综上所述，空性见对当代大众传播具有重要的启示意义。通过保持客观中立的立场、深入挖掘事件的本质、促进多元文化的交流与融合以及强化媒体的社会责任感等方式，我们可以推动大众传播向更加真实、客观、多元和负责的方向发展。

2. 以人为本，回馈大众

"以人为本"不仅是现代社会科学发展观的核心，也深植于佛学思想

---

[1] 星云大师：《星云法语》第9册，第224页。

之中。星云大师多次强调"人间佛教就是以人为本"①。从佛学的角度看，"以人为本"强调的是对人的尊重、关怀以及人的全面发展。当我们将这一理念引入大众传播领域时，它便为传播内容的选择、传播方式的创新以及目标受众的定位提供了全新的视角和启示。

"以人为本"的理念首先影响的是传播内容的选择。在佛学中，尊重每一个生命个体的思想和感受是至关重要的。因此，在大众传播中，我们应该更加关注人的需求、情感和利益，选择那些能够触动人心、引发共鸣的内容。

例如，佛光山媒体重点关注社会民生问题，如贫困、教育、医疗等，这些内容直接关系到人们的日常生活和切身利益。通过报道这些问题，媒体不仅能够为受众提供有价值的信息，还能够引发社会的广泛关注和思考，推动相关问题的解决。

其次，在传播方式上，"以人为本"的理念也要求我们不断创新，以更加贴近受众、更易于接受的方式进行传播。佛学中强调的"应机说法"等思想，都可以为我们提供借鉴。

例如，随着互联网的普及和新媒体的崛起，大众传播的方式发生了翻天覆地的变化。人们不再仅仅依赖于传统的报纸、电视等媒体获取信息，而是更多地通过社交媒体、短视频等平台进行交流和分享。因此，媒体需要不断创新传播方式，如采用直播、互动问答等形式，增强与受众的互动和沟通，提高传播的效率和效果。

最后，"以人为本"的理念还影响着我们对目标受众的定位。在佛学中，强调的是普度众生、利益一切有情。同样，在大众传播中，我们也应该尽可能地覆盖更广泛的受众群体，满足不同人群的信息需求。

例如，在制定传播策略时，我们需要充分考虑不同受众群体的特点和需求，如年龄、性别、地域、文化背景等，以确保传播的内容能够真

---

① 星云：《中国佛教阶段性的发展刍议》，《普门学报》2001年第1期。

正触达目标受众并使其产生共鸣。同时，我们还需要关注那些被忽视或边缘化的群体，通过传播为他们发声，促进社会的公平与正义。

结　论

星云大师以人间佛教的"入世"精神，顺应大众传播的时代趋势，从20世纪50年代开始，打造了覆盖报纸、文学、电台、电视、网络、通讯社、体验营等多个板块的传播体系。通过考察其传播的实践活动，以及对于大众传播的相关论述，本文总结出以七种传播类型、"在世间"的传播理念和"由悲到智"的传播策略为特点的人间佛教传播生态，并且由此窥见到星云大师的"空性见"传播智慧以及"以人为本"的传播思想对于当下传播环境的启示。

Conveying the thoughts of the other-worldliness in the posture of worldliness: Master Hsing Yun and the spread ecology of Humanistic Buddhism

Yang Linduan

Abstract: In modern times, Master Tai Xu and others have called for the reform of Buddhism based on the idea of worldliness of Mahayana Buddhism, and put forward the idea of "Humanistic Buddhism", but its influence is limited. It was not until the emergence of Master Hsing Yun that the reform of Buddhism by Humanistic Buddhism was realized in the true sense. In the process of realizing this, media communication has become the only way for it to "worldliness". On the one hand, Master Hsing Yun's various means of communication have played a great role in promoting the spread of Humanistic Buddhism. On the other hand, its positive dissemination practice is also the embodiment of the core of "Humanistic Buddhism". After decades of efforts, Humanistic Buddhism has formed a set of mature communication concepts, perfect communication types and developed communication strategies. At the same time, in the field of commercialization and market-oriented communication, Master Hsing Yun and his Humanistic Buddhism communication concept and practice have played a role in purification and enlightenment.

Key words: Humanistic Buddhism; the Communication of Buddhism; Master Hsing Yun; Communication Ecology

人间佛教与跨宗教文化对话

诠释学视域的宗教对话

——相遇关系、历史形式与宗教小说

孙建生

中央民族大学博士生

摘　要：本文首先回顾了近代中国宗教对话的困境和可能，并廓清了宗教对话的类型与形式。在此基础上，我们格外强调诠释学视域下的宗教对话：诠释是发生在"对话"中的中介活动，是"与""你"的"相遇"。这被伽达默尔揭示为"我—你—关系"的诠释学循环，意即对话双方在相遇中，通过互相性的意向关系构筑起超越自身有限性的循环。本文以清末民初的宗教小说为具体案例，分析其中蕴含的宗教对话特性和相遇关系，将其概括为"强意向性""交流性""革新性"和"时代性"。我们认为，在宗教对话中，重要的是开端启新的"开放性"意义。

关　键　词：诠释学；宗教对话；开放性；宗教小说

基金归属：本文为2019年度国家社科基金重大项目"'一带一路'佛教交流史"（编号：19ZDA239）的阶段性成果。

一　宗教对话的困境与可能

刘成有教授在谈到近代中国社会的困境时说："近现代中国社会的困境是：既要认同西方物质文明，又不愿接受西方的政治制度和价值标准；既必须批判传统文化，又不得不从传统中寻找类似西方科学理性思维的文化并加以现代转换。"[1]社会困境同时也是宗教困境。如果我们接续上面的表述，来考量清末民初的中国宗教状态的话，则可以说有"三重困境"：第一，"历史与现代"的困境。既要保留"儒家—历史性"文明的遗产，又要应对"基督教—现代性"文明的挑战。第二，"天理与人情"的困境。既必须批判传统中的非理性因素，又强调情感、心性是中国哲学的真正特质。第三，"文明与政治"的困境。既要发展一种普遍的宗教对话，又常常带有政治的独断与专制。近代中国宗教始终在上述的三重"困境与冲突"中曲折发展，时而对外来宗教气势汹汹，时而对民国政府的宗教政策唯唯诺诺。

困境也是处境。近代中国在"古今中西"的相遇（Begegnungs）处境中，恰恰呈现了丰富多样的宗教对话样态。在诠释学看来，宗教对话首先是一种相遇。马丁·布伯表示："每一包容多民族的伟大文化都筑居于本原的相遇（ursprünglichen Begegnungsereignis），植根于对'你'的相应回答，发端于精神之真性活动。"[2]对话（Dialog）是与"好奇、不解、比附、翻译、批评"等环节关联在一起的。换言之，宗教对话始终是有立场、有前见的事件，它绝非平等。正如后文对清末基督宗教小说的分析中我们明显看到的，其他宗教的声音总是低了一等。另外，在对话双方的差异性（Differenz）相遇中，对话参与者的"与性"（Mit）意味着一种"中介性"（Vermittlung）。海德格尔表明："'与'（mit）的关系，也就是说有一种中介（Vermittelung）、一种关联（Verbindung）、

---
[1] 刘成有：《近现代居士佛学研究》，人民出版社2013年版，第3页。
[2] 〔德〕马丁·布伯：《我与你》，陈维纲译，生活·读书·新知三联书店1986年版，第73页。德文原文为："Jede große völkerumfassende Kultur ruht auf einem ursprünglichen Begegnungsereignis, auf einer einmal an ihrem Quellpunkt erfolgten Antwort an das Du, auf einem Wesensakt des Geistes." Buber, Martin. *Ich und Du*.Stuttgart：Reclam，2009.p. 52.

一种综合（Synthesis）：进入一种统一性之中的统一过程。"[1]海德格尔意在指明的是存在者与存在之间的"与"性，而伽达默尔则更进一步，他指出"与"性开启了对话并不断进行，从而能够使对话双方超越有限性。首要的问题是，我们要承认"有"他者。无论这场对话是否能够如愿进行，或是不能够开始，或是不得不中断，或是没有达成一致，重要的是，我们应当如同期待着被人听见一样去听见他者的声音。对话中的任何一方都是独一的，但绝非孤独的，而是"与"他者同处共在。因此，诠释是一种发生在"对话"中的中介活动，是"与"（Mit）"你"的"相遇"。

二 宗教的类型与宗教对话的形式

在进入宗教对话的形式之前，我们将借助范德莱乌的现象学分析，以期厘清宗教类型的基本样态。在《宗教现象学》中，范德莱乌以罗马人安置营地时规定"主轴线与十字轴线"（cardo und decumanus）为例来考察大宗教的复杂历史结构。[2]他详细区分了六种大宗教的特征与结构，参见下表。

---

[1] 〔德〕马丁·海德格尔：《同一与差异》，孙周兴等译，商务印书馆2014年版，第33页。译者在第36页注明，海德格尔区分使用了"同一状态"（Selbigkeit）和"同一性"（Identität），前者是"同一者"（das Selbe），后者是形而上学意义上的。注：下文中海德格尔全集德文版的引用格式为"Bd.11：34"，即全集第11卷，第34页。

[2] 英译本保留了拉丁文cardo和decumanus，这两个词是古罗马用于城市规划和军营布局的专业术语。根据相关资料，Cardo（cardo maximus）指的是在规划罗马城市时设置的主轴线，通常是南北向的。与这条主轴线垂直的东西向的轴线被称为Decumanus（decumanus maximus）。这两条主轴线的交汇点标志着城市的中心。设定这些主轴线被视为一种宗教行为，最初总是有一位牧师在场。由于主轴线是通过使用测量工具Groma来确定的，因此这两条主轴线的交汇点也被称为Groma（locus gromae）。因此，中译本译为"大门和出口"是误译。

表1　　大宗教的诸历史形式①，根据范德莱乌相关章节绘制

大宗教的诸形式						
	主轴线	cardo	表现	十字轴线	decumanus	表现
希腊宗教	欲望	Drang	爱洛斯	形式	Gestalt	沉思
印度诸宗教	苦修	Askese	洞察	无限	Unendlichkeit	最胜我
佛教	虚无	Nichat	否定性	怜悯	Mitleids	慈悲
犹太教	意志	Willens	强力	服从	Gehorsams	诫令
伊斯兰教	威严	Majestät	全能	谦卑	Demut	审判
	交汇点测量仪	Groma	表现	表现	表现	表现
基督教	爱	Liebe	上帝的活动 Bewegung	人的回应活动 Gegenbewgung	完成给予	十字架 教会

按照范德莱乌的分析，第一，人以某种确定的方式生存（ist；exist）在世界之中，因此他改写了海德格尔的"在世存在"为"被安置在世界之中存在"（In-die-Welt-gesetzt-sein）。② 此在的"被安置"是无法摆脱（losmachen）的，意即此在的存在是被先行赋予的，而非自行选择的，此在与世界的紧密关联是先行的本质特征。因此，在精神科学领域中就不存在所谓的"不偏不倚/无偏见"（Vorurteilsoses）。承认前见（Vorurteil）的合理性也是伽达默尔的洞见。范德莱乌同样批评在宗教领域中力图"客观、无偏见"的研究方式，认为："这种方法不仅不可能，而且有害。因为它阻碍研究者以自己全部的人格去从事其科学任务。"③ 因此可以说，为

---

① 需要说明的是，范德莱乌用了 Drang 这个词来描述希腊宗教类型，英译者译为"strain"，中译相应为"张力"，这个词在德文中主要意思还有"冲动、渴望、驱动力"。根据文意来看，对狄奥尼索斯、厄洛斯以及《安提戈涅》的讨论主要是围绕生命的原初动力"性的欲望"展开的（以及第三部分区分的形式宗教与厄洛斯宗教），因此译为"欲望"更佳。

② 参见德文本 Phänomenologie der Religion，p.737。英译本没有注意到这个连字符构造的短语，因此中译本对此也失译了。

③〔荷〕范德莱乌:《文明破晓时》，高师宁等译，南京大学出版社2023年版，第702页。中译本是以 J.E.Turner 的英译本 Religion in Essence and Manifestation 为底本进行翻译的，本文中根据氏著德文原本对术语进行注释。参见 Van der Leeuw, G.（1970）. Phänomenologie der Religion. 3. Auflage. Tübingen：J.C.B. Mohr，p.675。

传统与前见正名，是宗教现象学首要的主张之一。汤用彤先生曾深刻而典范地描述过宗教研究的基本态度，即"同情之默应，心性之体会"。在此意义上，注重实证方法，强调逻辑论证的"科学的"宗教研究从根源上错失了"现象"。第二，在承认亲身的生命态度（eigenen Lebenseinstellung）的前提下，他将基督教看作主轴线与十字轴线的交会点（Gorma）的诸历史宗教的中心形式（die zentrale Gestalt），这个中心就是爱（Liebe）。基督教爱的形式包括上帝的活动（Bewegung）即爱的象征的十字架（Kreuz）和人的回应活动（Gegenbewegung）即作为基督身体（Leib）的教会（Kirche）。人对上帝之爱是人对于上帝之爱的回应（Gegen-），在这种本质性的同一活动中，创造性的爱敞开了时间境域。无疑，范德莱乌将爱看作诸宗教形式的中心为我们提示了"对话"的基础与可能，因为不管在古希腊传统、古印度传统还是犹太教—基督教传统中，都可以找到源初之爱的有力证据。源初之爱将自身显现为"毁灭与创造、贫乏与丰饶、身体与灵魂、有限与超越"的存在论二重性，这为对话奠定了如下的基础，即"'我'和'你'之间存在关系（Verhältnis）的本质统一"（das Verhältnis vom Ich zum Du seiner wesentlichen Einheit zu berauben）[①]。作为对话双方的"我和你"之生存论二重性以爱的存在论二重性为根基，爱因此是一种"与"（Mit）之关联（Bezug）和相遇（Begegnen）。以佛教为例来看，"慈悲的基础是与生命轮回有关的一切存在的本质性统一"，"慈悲之爱"正是对此"统一之二重性"的阐明。此处援引狄尔泰的话恰到好处，"理解就是在你中重新发现我"[②]。

通常来说，我们总是在不同类型和语境下来谈论"宗教对话"，包括：（1）作为学科类型的宗教对话，如宗教学与哲学、社会学等；（2）各宗教之间的对话，如基督教和儒家的对话；（3）某个宗教中的派别对话，如佛

[①] 〔荷〕范德莱乌：《文明破晓时》，第682页。笔者认为，术语 Verhältnis 需要在海德格尔《存在与时间》中的独特用法意义上来理解，故此处将其改写为"存在关系"。

[②] Wilhelm Dilthey, *Der Aufbau der Geschichtlichen Welt in der Geisteswissenschaften*. Frankfurt, 1968, p.2335.

教的华严宗与天台宗的对话；（4）某个宗教中存在者与超越者的对话，如使徒行传 18：9—10 节上帝对保罗说话；（5）某个宗教中不同地区、民族之间的对话，如民国时期佛教经典回传汉地。

然而这样的划分仍显得仓促，还未能揭示对话之本性。动辄将宗教对话置于"全球化"视角下本身正是现代性话语的病症，它根源于人对自身"无限性"的错觉。这也正是海德格尔的担忧："世界的欧洲化"（Europäisierung der Welt）。海德格尔在给小岛武彦的一封信中表明，技术时代的特征是人屈服于"促逼着、确保着、计算着的摆置（Stellen）"[①]，这种摆置权力（Macht）所带来的实际上是世界文明姿态的扩展着的"失去人状态"（Menschenlosigkeit）。因此海德格尔表明，一种本己的（eigene）返回之路——人类是无的场地的守护者（der Platzhalter des Nichts[②]）——唯有将窃取的位置重新让出才可重新通达"存在"，意即所谓的"全球化的宗教对话"仍然植根于西方形而上学的阴影中，更是根源于此在对存在的逃离。这种逃离将此在置于僭越了的世界中心位置，看似将世界收入眼帘，实则是沉迷在"无何有之乡"的幻象中。他将对话的可能性交付给了最后之神。伽达默尔在另一层意义上看到了摆置权力的本质与人类超越有限性的可能，即从共在而来的互相理解（Verständigung）。伽达默尔的诠释学一言以蔽之，是"对话的诠释学"。修辞学、伦理学、辩证法共同构成了伽达默尔的"对话诠释学"整体。把握其对话哲学的关键环节是"循环（Zirkel）的辩证法"。

众所周知，施莱尔马赫提出了文本诠释的基本方法原则包括"整体与部分"的循环。海德格尔实际性诠释学是其早年马堡时期的重要现象学

[①] Takehiko Kojima 曾在 1955 年访问过海德格尔，二人有书信往来。其名字实际上是"小岛威彦（1903—1996）"，系日本明星大学荣誉教授。《给小岛武彦的一封信》，见《同一与差异》，第 163 页。Bd 11：156.

[②] Bd 9：118.

方法，伽达默尔对其有极深刻的印象。① 伽达默尔根据"诠释学循环"开展了他的思考。何卫平注意到了伽达默尔哲学中的辩证法（Dialektik）要素②，为我们提供了一定的研究便利。辩证法（Dialektik）就词义而言其本身就是对话。从辩证法的维度看，"循环的辩证法"包括如下五个部分：理解与解释的循环；你和我的循环；听与看的循环；问与答的循环；历史与生命的循环。对于《存在与时间》中海德格尔给出的理解的先行（Vor）结构我们都已经比较熟悉，伽达默尔发展了这样的观点，同样强调在循环中有某种东西是在先的，即在上述五个部分中前者具有优先性。

伽达默尔的基本思路在于挑明"我—你—关系"（Ich-Du-Verhältnis）的诠释学基本位置。前文已经指出，狄尔泰的学生马丁·布伯已经通过"我和你"建立起一种关系本体论的对话哲学。对话双方的差异性"相遇、照面"（Begegnen）中的术语"相遇"，在海德格尔哲学中就具有重要地位，伽达默尔显然也着重发挥了这个术语。在此在的生命经验中，首先经验到的是作为"你"（Du）的历史传承物（Geschehen-Überlieferung），即文本（Text）。"传承物是一个真正的交往伙伴，我们与它的伙伴关系，正如'我'和（mit）'你'的伙伴关系。"③ "你"是一种特殊的、与我们发生关联（verhält）的经验。伽达默尔区分了三种经验"你"的类型：第一种是作为纯粹自己关联性（Selbstbezüglichkeit）的"你"，将你看作"我"的目的，即朴素的、普遍存在于自然科学中的对象化思维。第二种是作为与自我相关（Ichbezogenheit）形式的"你"，将你看作自我反思的结果，典范的例子是黑格尔曾指出的"主奴辩证法"，在这种对立关系中一个"我"被另一个"我"所统治，因此丧失了理解的直接性。第三种是作为效果历

---

① 参见伽达默尔《海德格尔早期的"神学"著作》一文，收于〔德〕海德格尔著，〔德〕京特·诺伊曼编《对亚里士多德的现象学诠释——阐释学处境的显示》，孙周兴译，商务印书馆2022年版，第73页。

② 何卫平：《通向解释学辩证法之途》，上海三联书店2001年版，第144页。对于伽达默尔"我和你"的分析，可参看氏著第七章的扩展性分析。

③ 〔德〕汉斯－格奥尔格·伽达默尔：《诠释学I：真理与方法》，洪汉鼎译，商务印书馆2017年版，第506页。注意伽达默尔用连字符强调Ich-Du-Verhältnis"我—你—关系"是一个整体。

史意识（das wirkungs geschichtliche Bewußtsein）的开放性（Offenheit）的"你"。伽达默尔强调："在人类的理解行为中，最重要的东西乃是将'你'作为'你'来经验。也就是说，不要忽视他的要求，并听取他对我们所说的东西。"[①]他用开放性这个术语想要挑明的是这样一种互相倾听的能在，即"彼此互相隶属同时意味着彼此能够互相听取（Auf-ein-ander-Hören-können）"。

伽达默尔的论述中有三点值得我们注意，一是术语的使用。"自己（Selbst）、自我（Ich）和开放性（Offenheit）"三个术语分别标志了自然科学、传统哲学和现象学三种不同的观念。因此笔者在前引文中对中译本的翻译稍加改动以显示出作者此处的区别强调。第二，术语开放性来自对海德格尔"公众性"的反对，《存在与时间》中海德格尔用"公众性"（öffentlichkeit）来标识此在与他人的同处共在（Miteinandersein）。共在（Mitsein）规定了此在在日常生活中首先是以操持样态与他人相遇照面，常人则组建起了公众意见/公众性。伽达默尔表示，对于海德格尔来说"共在"是其不得不作出的让步，但他认为，此在的有限性或被抛状态的真实意义在于，"我们不仅意识到了我们受历史的制约，而且我们首先受到他者的制约……唯一一条不屈服于我们的有限性的道路是，让我们自己向他者敞开，倾听站在我们面前的'你'（Du）"[②]。因此共在状态首先揭示出的是此在生存中的开放性。另一个术语则是关系（Verhältnis），在海德格尔那里关系首先是此在与存在之间的关系，或者说是此在与存在之间的意向性关联。伽达默尔则将其置于"我和你"的关系中来阐明他的诠释学意向性，即意向性或关系不是从我开始的，而是从"你"开始的。第三，文本与历史的诠释维度。伽达默尔谦虚地表示，与海德格尔的"向死而在"相比，他的诠释学主张"向文本而存在"（Sein zum Texte）[③]在经验

[①] 〔德〕伽达默尔：《诠释学Ⅰ：真理与方法》，第510页。
[②] 〔德〕伽达默尔、〔意〕里卡尔多·多托利：《20世纪的教训——一部哲学对话》，王志宏译，生活·读书·新知三联书店2023年版，第19页。
[③] 〔德〕伽达默尔：《诠释学Ⅱ：真理与方法》，洪汉鼎译，商务印书馆2017年版，第420页。

界限的彻底性上相形逊色。但我们必须看到伽达默尔观点的深刻性,"只要我们相遇的他者在场,即使他并未开口表示异议,也有助于揭露和解除我们的局限性和狭隘性"[①]。这个在场的他者就是作为"你"的历史传承物。伽达默尔将发问方向对准传统,他认为倾听来自传统的声音将激发起多义和悬而未决的可能,指引人类走向超越。一场成功的谈话会使得本属于我的"历史"清楚起来,通过"时间距离"能让错误和虚假的前见得到过滤和修正。因此,真正的对话只能是现象学的。

伽达默尔的对话循环结构还可以从如下构成要素进行理解,即在先的、先行的(Vor)理解,本已的、亲身的(Eigen)解释以及中介的、中间的(Mit)实践智慧。伽达默尔用连字符强调"我—你—关系"(Ich-Du-Verhältnis)具有整体的内在的意义统一性,所谓历史效果意识是从"你"而来的意向性行为(Verhält),它构成了循环中的中介环节。"我和你"之间的那个"和/与"(Mit)构成了相遇、照面。同时,在相遇中还要求"我"具有实践智慧,才能够真正地倾听"你"的声音。伽达默尔真正的主张,蕴含在循环的辩证法、实践智慧的伦理学、艺术的修辞学三者统一之关系中。"对话"(Dialog)的根本形式是"我—你—关系"(Ich-Du-Verhältnis),即在相遇照面中通过互相性的意向关系构筑起一种超越此在自身有限性的循环。

三 艰苦时局中的一场宗教小说征文

清末民初之际,时局内忧外患,思潮涌动激荡,观念迭代更新。如严复译《天演论》(1896)介绍"进化论",杨仁山将日本收藏的隋唐佛教经典回流刊刻,马相伯传教兴学以图觉醒世人等。思想的交流,不仅是世界影响中国,同时中国也在影响世界。伽达默尔自述是在阅读了莱辛的《欧洲与亚洲》之后第一次对其成长的全部境域感到怀疑,"该书用东方的智

[①] 〔德〕伽达默尔:《诠释学Ⅱ:真理与方法》,第421页。

慧对整个欧洲思想成果提出了疑问"①。20世纪初，日本学者田边元、北山淳友、和辻哲郎、九鬼周造等纷纷到欧洲留学，在现象学运动的思潮中不断地思考根本性的民族道路，形成了一系列重要的学术成果。

在清末艰难困苦的时局中，发生了一场由外国传教士举行的、邀请中华有识之士"革旧图新"的征文活动。按照现象学的根本要求，征文首要的是将目光回转到生活世界中来追问存在的意义。职是之故，本文选取这一案例试图考察的是，在民众参与的日常生活中以及东西方思想的交汇中，宗教对话是如何展开的？

傅兰雅（John Fryer，1839—1928）是19世纪来华的英国传教士、翻译家，1872年获清政府授三品官衔，历任京师同文馆教习、江南制造局翻译馆首席翻译，1892年离开中国任伯克利加州大学东方语文讲座讲授。②其译著之多、事业之盛，可谓冠绝清末。甲午海战后，一时国内群情激昂，要求革新图强的维新运动席卷全国。"傅兰雅受此鼓舞，大力抨击被他称为危害中国社会，妨碍进步的'三弊'——鸦片、时文和缠足，并出资公开举办有奖征文的新小说竞赛。"③傅兰雅于1895年5月25日的《申报》（第7935号，第4版，清光绪二十一年五月初二）和6月份的《万国公报》第77卷刊登了《求著时新小说启》的广告，引文如下："窃以感动人心，变易风俗，莫如小说。推行广速，传之不久，辄能家喻户晓，气习不难为之一变。今中华积弊最重大者计有三端：一鸦片，一时文，一缠足。若不设法更改，终非富强之兆。兹欲请中华人士愿本国兴盛者，撰著新趣小说，合显此三事之大害，并袪各弊之妙法，立案演说，结构成篇，贯穿为部。使人阅之，心为感动，力为革除。辞句以浅明为要，语意以趣雅为宗。虽妇人幼子，皆能得而明之。述事务取近今易有，切莫抄袭旧套。立意毋尚希

---

① 〔德〕伽达默尔：《诠释学 II：真理与方法》，第608页。
② 傅兰雅的生平介绍可参见〔美〕戴吉礼主编《傅兰雅档案》，广西师范大学出版社2010年版，"序言"，第1—6页。周欣平主编《清末时新小说集》，上海古籍出版社2011年版，"序言"，第2页。
③ 周欣平主编：《清末时新小说集》，"序言"。

奇古怪，免使骇目惊心。限七月底满期收齐，细心评取。首名酬洋五十元，次名三十元，三名二十元，四名十六元，五名十四元，六名十二元，七名八元。果有佳作，足劝人心，亦当印行问世。并拟请其常撰同类之书，以为恒业。凡撰成者，包好弥封，外填名姓，送至上海三马路格致书室。收入发给收条，出案发洋，亦在斯处。英国儒士傅兰雅谨启。"①

在《教务杂志》(Chinese Recorder)②中刊登的广告内容则略有不同："总金额一百五十元，分为七等奖，由鄙人提供给创作最好的道德小说的中国人。小说必须对鸦片、时文、缠足的弊端有生动地描绘，并提出革除这些弊病的切实可行的办法。希望学生、教师和在华各个传教士机构的牧师多能看到附带的广告，踊跃参加这次比赛；由此，一些真正有趣和有价值的、文理通顺易懂的、用基督教语气而不是单单用伦理语气写作的小说将会产生，它们将会满足长期的需求，成为风行帝国受欢迎的读物。收据会寄给所有在农历七月末之前寄送到汉口路四百零七号格致书室傅兰雅密封好的手稿。约翰·傅兰雅。一八九五年五月二十五日"③据统计，有不少于162名作者参与了这次征文。"这些来稿从学院学生写的短短几页到乡村塾师写的4—6卷的感人故事、老练的小说家写的诗文等等，各色俱全，有些稿件字体漂亮，装订精良，甚至还有插图。有相当一部分为教会学校和大学的人所写，充满值得称赞的基督精神。"④陈大康教授将现存一百五十篇作品统计归类，总结道："教徒的来稿占了61.33%（实际情况可能还更多些），可是教徒的来稿中，小说仅占32.60%。得奖的20篇小说

---

① 周欣平主编：《清末时新小说集》，"序言"。勘误如下：(1) 原文为"习气"；(2) 原文为"最重者"；(3) 原文为"贯穿"；(4) 原文为"革除"；(5) 原文为"务取"。注：序言中的文字不如《傅兰雅档案》中的文字准确。"时文"者，又称"八股文、制义"。《万国公报》1896年3月第86期刊登了《时新小说出案》的征文获奖名单。参见〔美〕戴吉礼主编《傅兰雅档案》卷二，第507页。
② 《教务杂志》系1867—1941年间在来华宣（传）教士间流通出版的英文期刊。据数据库编者介绍，基督教传教士希望将西方的基督教教义和技术知识传播给中国人，同时作为传教士互通讯息之平台，是研究基督教在中国发展和19—20世纪中国历史事件珍贵的史料。
③ 周欣平主编：《清末时新小说集》，第5页。
④ 〔美〕戴吉礼主编：《傅兰雅档案》卷二，第505页。

中，4篇已佚，所余16篇得奖小说中，教徒的作品只有5篇，占31.25%。从另一角度看，教徒92篇作品中，得奖者占5.43%，而非教徒58篇作品中，得奖者占18.97%，即得奖比例为教徒的3.5倍。傅兰雅和他邀请审阅的人士，在评定时并未因应征者是教徒就另眼相看。"[①]

傅兰雅此次征文活动呈现出如下特点：第一，从主办人的出发点来看，傅兰雅要求的撰文标准是："辞句以浅明为要，语意以趣雅为宗。……述事务取近今易有……立意毋尚希奇古怪。"所谓"时新"与"革旧"相对应，他认为"鸦片、时文和缠足"是需要革除之旧习，时新小说的作用应当是"劝化人心，知所改革"。按照傅兰雅的期望，将三种弊端、罪恶引发的悲惨遭遇能够以令人印象深刻的文字描摹出来就会有震撼人心的效果，这种"以基督教的笔调"写就的小说将会成为"风行帝国的""受基督徒和教会学校学生们喜爱的"读物。从其刊登的两则广告来看，他希望借"小说"的形式以基督教精神之"新"来革中国陋习弊病之"旧"，既面向妇孺大众（故需浅明）又面向基督徒（故需意趣），既以当"时"之国难求诸中华人士，又以此"时机"彰显基督教有益国民之处。这就要求作者在写作时，既能有一定的基督教信仰或知识储备，又能够以通俗有趣的本国语言讲述故事，并且征文还要提出一些解决时弊的办法，实际上这种结合十分困难。总结来稿情况的时候，傅兰雅表示来稿质量参差不齐，"或述事虚幻，情景每取梦寐；或出语浅俗，言多土白；甚至词意淫污，事涉狎秽。……仍不失淫词小说之故套，殊违劝人为善之体例"[②]。托言梦幻，就远离了现实批判；词意淫污，就误将通俗作低俗，难怪他说"许多人的尝试仅仅是旧的文学垃圾，几乎没有新意"。这些作品确实大多为平庸之作，难称上品，遑论教化。这种落差也和傅兰雅理解的"小说"与国人理解的不同有关，陈大康教授指出："清乾隆中《四库全书总目提要》

[①] 陈大康：《论傅兰雅之"求著时新小说"》，《华东师范大学学报》（哲学社会科学版）2013年第3期。
[②] 〔美〕戴吉礼主编：《傅兰雅档案》卷二，第506页。

将小说归为'叙述杂事'、'记录异闻'与'缀缉琐语'三类的说法,其时在人们心中都甚有影响,那些应征者也不例外。……(傅兰雅)并不清楚其时中国人观念中的'小说',竟会是许多文学体裁纠缠在一起。"[1]第二,宗教对话维度和基督教色彩。李奭学教授以灵魂与国魂为线索梳理了从万历到光绪三百年间的中文基督宗教小说,其中涉及了傅兰雅征文活动中的《驱魔传》和《梦治三瘫小说》。[2]按照李教授所说,早在傅兰雅举办时新小说征文之前,传教士林乐知(Young John Allen)、李提摩太(Timothy Richard)和广学会诸君子早已在各种刊物或场合中举办"有奖征文",而这类征文活动的题目,多半关乎基督教及反对中国传统陋习,目的在于"醒华"或"兴华"。傅兰雅并非临时起意地有奖征求时新小说,而是接续林乐知和李提摩太等人的征文传统。第三,引起我们注意的是这一场征文的"对话"意义。作为发问者的傅兰雅,以"时新"为主轴,以对治"鸦片、时文、缠足"为纲目,邀请对话的另一方"愿中华兴盛之国人"予以回应。这场对话以"时与事"之因缘为境域,从中展开了"对话与冲突"。

四 《时新小说》中的宗教对话

坦白地讲,这些时新小说水平并不高,作为小说题材缺少故事情节的基本架构,大多以说理平铺直叙。其中,有两篇笔者较为感兴趣,一是胡晋修《时新小说》设计的"失散团圆、反佛归耶"的情节,二是罗懋兴的《醒世时新小说石琇全传》安排的"牧师讲对治三弊,其要在归信耶稣"的情节。此前的研究没有涉及具体的案例分析,故本文尝试以胡晋修的作

---

[1] 陈大康:《论傅兰雅之"求著时新小说"》,《华东师范大学学报》(哲学社会科学版)2013年第3期。

[2] 李奭学:《从灵魂到国魂:略论明清基督宗教的小说》,《国际比较文学》(中英文)2021年第2期。另有赵钰硕士学位论文《基督教视域下的〈清末时新小说集〉研究》第二章专门谈《清末时新小说》中的基督文化,涉及了望国新的《时新小说》、进尤子的《梦游记》《驱魔传》等。

品为例进行讨论，小说全文共十回，列表如下。

表2　　　　　　　　胡晋修《时新小说》回目

第一回	棒是当头惩荡子　药为苦口劝亲甥
第二回	河南兽有吹能捞　陕西女未老先衰
第三回	瑞玉献吾新讼赞　南冈爱自在神仙
第四回	发火性误伤人命　谈风水感动天良
第五回	白头翁日月蚀释谬　素衣女男女生溯源
第六回	良医疗疾连升店　美女游观趵突泉
第七回	考试不能无利弊　读书非第为功名
第八回	髯牧师切论时艺　胖儒士敬服良箴
第九回	途中被诱逢僧话　池里受浸谢主恩
第十回	和尚留头归故里　尼姑缠足嫁新郎

全书情节分列如下：幼失二弟，少染烟瘾，父母病亡，逃祸离家，泰山遇贤，济南赴试，逢见同窗，突发奇疾，奇人救治，游览济南，牧师讲文，途中被诱，和尚搭救，演说耶教，受洗入教，兄弟相逢，为弟娶妻。

故事梗概如下：青州府临淄县有一儒生石成玉，娶妻王氏，生有二子，长子名石南冈，次子名石南岭。南岭八岁时看戏走丢，南冈二十岁时娶妻瑞玉。南冈入学之后学会了抽大烟，又嫌弃妻子脚大。舅舅王成师常在教堂听讲道，劝他戒烟未成。父母殁后，他更任意放荡，妻子因吸鸦片的事劝谏他，他误将砚台打到了邻居玩耍的小孩，孩子昏死过去，吓得他慌忙跑路。在泰山脚下的圣教女学塾，南冈听老者以西方地理学批驳风水，老者认为僧道诵经祈祷十分荒谬，而耶稣教不借风水邀福。南冈的父母一直未安葬，他听完之后豁然开朗。又一素衣女子讲基督教主张男女平等皆同的教理，缠足为违背天主之罪。济南赴试，遇见同窗旧友孙怀德在济南开店，在此借宿。南冈突发奇病，幸得一老者医治，老者告诉他其病因为"或服春药，或造口孽"。游览趵突泉议论缠足之弊。城东遇髯牧师，牧师论考试与明理，认为时文考试无益于国。得邻居黄杰告知小孩无事，于是急忙返家。途中在章丘大柳树下乘凉，见一女子抽烟，讨烟被下药迷晕，被荣元和尚所救。和尚所在的寺院与耶稣堂是毗邻，故和尚常学新约旧约，为其讲基督教。回家与妻子相聚，戒了鸦片，归信了基督教。原来他弟弟就是当日救他的荣元和尚，如今反俗归宗，兄弟相逢。南冈为弟弟娶亲，请牧师主持西式婚礼，新人则是还俗放足的尼姑。

该文故事情节安排得较为吸引人，主角南冈因吸食鸦片而遭遇三难，即"伤人难、奇疾难、诱骗难"，又因基督教而获三救，即"学塾老者救、异人良医救、失散兄弟救"。在受难与获救中间穿插了对征文主题的论辩，如"髯牧师讲学问、素衣女讲生本"，均以基督教教义阐发对"三弊"的批评。又设有"失散团圆、出逃遭难"的伏笔。

在这篇小说中，基督教作为绝对正面的形象出现，相应地作者对儒释道三教的态度也有不同，分别是："援耶救儒""以耶驳俗"和"反佛入耶"。第一，对儒家是"援耶救儒"。在第八回中，几个儒生问髯牧师："请问外国人也能做我中国的诗文么？"髯牧师说："非不能也，是不为也。""修身行道"是为学之本，"时文词章"是为学之末。髯牧师颂周百顺作文新式细论八股文的写作要领，可见他对于"不为之时文"的结构和写作技巧十分了解。例如，"听我说做'起讲'，三句擒题要明爽，急转虚收莫说尽，令人堪作十日想"[1]。回末处髯牧师表示："而今强国环列，危如累卵，岂可再埋没精神，低首文章，正应该思变通强盛之法。"在儒生牧师论争冲突的局面中，作者安插了一个胖儒生作救，表示"子路喜闻己过，大禹乐拜善言"，革故鼎新符合儒家的一贯精神，从而实现了"援耶救儒"的设想。儒家是"过失、不及、不自知"，通过将基督教为主体的西方思想吸纳进来就可以实现变通。

---

[1] 胡晋修：《时新小说》第八回，载周欣平主编《清末时新小说集》第三册，第112页。

第二，对以道教为代表的民间信仰是"以耶驳俗"。泰山脚下开办圣教女学塾的老者论议"风水、择日"之虚妄，认为其不明道理与物理，风水之说惑于求福于"宝地"，"惟我耶稣教，不借风水以邀福。当顺上帝之命勇于为善，听上帝锡福"。择日之说错在以"吉日"为神，因以西方天文学明之。日蚀月蚀不过是地球绕日运动之基本情况，中国人向来不知其道理，用世间假礼或跪拜或请僧道诵经，十分谬妄。各种民间信仰扶乩讨签的行为都是徒然。此处我们说是"以耶驳俗"并不十分准确，基督教批驳的对象，是包括道教在内的民间信仰中所有不合理的因素。根据文中基督教老者为破斥世间假礼作诗的基本内容，这些不合理因素包括："世间假礼有多般，各样泥胎木偶全。高设坛台开彩戏，装修庙宇摆华筵。刍灵束扎阴间用，币帛绕残冥府穿。祭社祀先兼斋醮，迎神赛会共朝山。巫婆觋汉同风鉴，扶乩圆光并讨签。建造移居皆诹吉，南勺北斗亦拜参。地师风水星占命，释氏轮回道炼丹。除敬天宫真主宰，合言以上总徒然。"[①] 道教等民间信仰是破斥反对的对象，是虚假的宗教形态，需要被革除。

第三，对佛教则是"反佛入耶"。作为明末以来耶稣会入华传教的最大理论对手，佛教与基督教之间的关系十分紧张，时常充满激烈的论辩。前有明徐昌治编的《圣朝破邪集》，其中云栖袾宏作《天说》破斥天主教的天主不过是佛教中的"梵天"，后有印顺导师出入基督教撰文驳斥香港牧师。佛教反基督教的特点是理论性强，针对基督教的"神正论、灵魂说"予以驳难，触及了其教义的核心环节，相较于儒家针对"伦理观、人性论"的非议态度更为强烈。人性论、伦理观是可以讨论的，故耶稣会士来华以后对于儒家秉持着"和而不同，争取士大夫阶层，发展普通民众"的策略。而对于来自佛教的涉及根本的批评，则必须予以坚决回应。故在此小说中，作者将"反佛入耶"的情节安排给了南冈的弟弟南岭，以回应开篇"幼失二弟"之伏笔。南冈返家途中被鸦片女迷晕坑骗，荣元和尚搭

[①] 胡晋修：《时新小说》第五回，载周欣平主编《清末时新小说集》第三册，第62页。

救了他，并为其讲演必得作耶稣门徒才能打破世间魔王的诡计。南冈也好奇"和尚是释迦的弟子，如何知道耶稣的道理？"南冈说他的寺院在京城与耶稣教堂为邻，时常看新旧两约，常到礼拜堂听讲及与教友谈道。后来南岭反俗归宗，同样信了基督教，从此"兄弟叔嫂早晚在家礼拜真神，圣日赴礼拜堂赞美上帝"。南冈为弟弟聘娶一妻，竟然是个还俗的尼姑。从故事情节来看，颇具趣味性，倒符合傅兰雅征文主旨，而且还不忘将最大对手佛教从世俗层面否定一番。然而，这也有佛教自身所处时局困境的因素。如太虚大师所指出的，明代以降，中国佛教日益逃遁于山林，呈现出"鬼神化、经忏化"的态势，并常有桃色是非流传民间，逐渐在民众中形成了一些负面因素的印象。文中"反佛入耶"的设计，就是利用民众的朴素认知，以期获得对话中的优先地位。

五　小结

清末民初之际的宗教对话所显现出的，一方面是近代中国从传统到现代的嬗变转型之际各宗教的具体处境与改革尝试；另一方面是在困境与危机中蕴藏着、实行着的"开放与交流"。交流性既是宗教对话的基本规定，同时也是现代人间佛教的根本特质。程恭让教授深刻地表明："佛教文明作为人类文明的一种形式，具有一个鲜明的特色，就是它的交流性。"[①]这种交流性同时也是当代人间佛教的底蕴与气质。宗教对话通过"交流性""革新性""时代性"和"意向性"等环节构筑起了"开放性"的整体。

前文指出，宗教对话始终是有立场、有前见的事件，即使"误解的对话"也有其价值，在对话关系中重要的是形式的意向性。佛教中国化的范例为基督教在中国的传播提供了一定参照，汉学家许理和（Erik Zürcher）指出："利玛窦在很早就意识到：'适应中国文化是唯一可行的方法。如果要建

[①] 程恭让：《现代人间佛教的交流性》，载妙凡、程恭让主编《2021星云大师人间佛教理论实践研究》（上），高雄：佛光文化2023年版，第106页。

立任何中国人的教会，它必定建立在中国人传统的基础之上。'……佛教在中国的成功，得益于最初传入中国的几个世纪中，并不存在官方神学体系、规范对经典解释的最高权力机构。……鸠摩罗什的中国弟子们热切地汲取着大师们的教义，但又创立了他们自己的大乘佛教哲学，理由很简单，他们缺少罗什的印度学术参考框架。"[1]因此传教士们对佛教弊端的批判呈现出一种"强意向性"（strong intentionality），即"你"的相状对"我"格外明显，同时"我"对"你"的反应相应强烈，而对待儒家或民间宗教则没有这样的特性。"强意向性"的对话关系以持续的、激烈的宗教论题辩驳为表现，在《时新小说》中呈现为戏剧性的、不合理的"反佛入耶"的情节。尽管带有误解、偏见之嫌疑，却恰恰印证了其对话本性。第二，将日常生活作为对话的基本境域。对话得以可能发生，正在于将日常之事件放入"我"的历史传统视域中来进行考量，通过对话实现一致建基于相遇双方的各自处境。第三，一方面，宗教对话中的维新主旨，或革旧鼎新寄意王权，或富强之兆归乎天主，表现出了时代性、宗教性痕迹；另一方面，"维新中华"的宗教对话实践，提示出宗教对话的本性是，重要的不是对话是否能够成功地进行，而是对话之开端启新。在"古今中西"相遇（Begegnungs）的处境中，近代中国发生的宗教对话，不是封闭了对话的"可能性"，而是始终保持着、促成着对话的"开放性"的源初特征。我们再次强调：对话，必须被理解成是相遇的存在关联（Verhältnis），它是本真性的开放。

---

[1] Erik Zürcher, "Jesuit Accommodation and the Chinese Cultural Imperative", in D. E. Mungello（ed.）, *The Chinese Rites Controversy. Its History and Meaning*. Monumenta Serica Monograph Series XXXIII, Sankt Augustin – Nettetal, 1994, p. 41. 转引自李雪涛《误解的对话》，新星出版社2014年版，第231页。

Religious Dialogue from a Hermeneutic Horizon: Encounter Relationships, Historical Forms, and Religious Novels

Sun Jiansheng

Abstract: This article first reviews the predicaments and possibilities of religious dialogue in modern China and clarifies the types and forms of religious dialogue. On this basis, we particularly emphasize religious dialogue from the perspective of hermeneutics: interpretation is a mediating activity that occurs in "dialogue" and is an "encounter" with the "other" (Mit). This is revealed by Gadamer as the hermeneutic circle of the "I-You-Relationship" (Ich-Du-Verhältnis), meaning that in the encounter, the dialoguing parties construct a transcending cycle through their mutual intentional relationship. Furthermore, this article analyzes the characteristics and relationships of religious dialogue contained in religious novels of the late Qing and early Republic period as specific cases, which are "strong intentionality," "communicativeness," "innovativeness" and "temporality." We believe that in religious dialogue, the "openness" of initiating something new is important.

Key words: Hermeneutics; Religious Dialogue; openness; Religious Novels

交流与使命

——民国天主教宗教对话实践研究

刘定东

中央民族大学博士生

摘　要：《磐石杂志》作为中华公教青年会会刊，记录了民国时期天主教与其他宗教及现代文明的对话实践。这些对话以社会为场域，以儒学为主要标的，以佛教（其他宗教）为镜鉴，展现了天主教在中国社会现代化转型过程中的努力与探索。其核心使命是以真道德的建设复兴民族，强调人格建设和道德维护的重要性。这些对话实践揭示了天主教在应对时代挑战、保持传统和参与社会建设方面的复杂纠葛，对于我们理解宗教在现代社会中的角色和推动宗教间和谐对话具有借鉴意义。总的来说，《磐石杂志》为我们提供了一个观察民国时期天主教宗教对话实践的独特视角。

关　键　词：《磐石杂志》；民国天主教；宗教对话；文化使命

基金归属：本文为2019年度国家社科基金重大项目"'一带一路'佛教交流史"（编号：19ZDA239）的阶段性成果。

曾有学者认为，就宗教对话研究来说，"对话""宗教对话"强调的是不同的宗教主体在同一时间、空间相遇时所呈现的不同状态。[1]《磐石杂志》

---

[1] 周晓薇：《现代性与中国佛耶对话（1911—1949）》，浙江大学，2014年博士学位论文。

中记录的，各宗教思想文化以及具体事务上的相遇、并举情况，正可以作为宗教对话实践而存在的历史现实，当然，作为一本天主教青年团体的报刊，其中的宗教对话实践首先是以其信仰为本位的。

一 《磐石杂志》概况

《磐石杂志》为中华公教进行会青年部（简称中华公教青年会）全国指导会主办的会刊，创办于1932年6月，初为季刊，从第2卷起改为月刊，停刊于1937年7月，出至第5卷第7期，凡四十二期。[①] 杂志社和编辑部设在北平辅仁大学中华公教青年会支部，并且由该支部的青年天主教知识分子担任编辑，刊物由刘复（刘半农）为其题名。关于《磐石杂志》之释名，创刊号上发表了时年93岁的著名天主教学者马相伯[②]的题字："磐石喻圣教，唯圣教能与人以真福常生，大学诸君能阐明教义真谛，则头头是道矣。九三相老人题。"[③] 第一期创刊号上的杂志章程指出该刊的宗旨及内容如下：

> （一）本刊定名为《磐石杂志》，每3月出版一次（1934年起改每月出版一期，后又改为每年出版十期，引者按），以介绍中西文化，宣扬公教思想及研究宗教事业为宗旨；（二）本刊以美化人生，促进

---

① 停刊原因不详，或与当月发生的卢沟桥事变有关。1937年8、9月本为该刊照例停刊时段（该刊每年十期，八、九月份停刊，其余月份按月发行），但自第5卷第7期发行之后便再无刊发，第5卷第7期刊物中未曾言及停刊，亦未见旁佐文献记载停刊之事，现有资料只得此四十二期本，纸质版本与缩微胶卷均藏于国家图书馆，本文依托国图馆藏缩微文献：磐石杂志［缩微品］/［辅仁大学中华公教青年会支部磐石杂志社］.——发行拷贝片.——北京：全国图书馆文献缩微中心，2018（北京：国家图书馆，2018）.——2盘卷片：正像，1:22；16mm）。
② 马相伯（1840年4月17日—1939年11月4日），原名建常，后改名良，字相伯，又作湘伯或芗伯，天主教圣名若瑟，晚年号华封老人。为近代中国著名教育家、政治活动家，天主教耶稣会神父，以及震旦学院、复旦公学、辅仁大学的创始人。
③ 《磐石杂志扉页》，《磐石杂志》1932年第1卷第1期。

社会改造为目的，故愿本正确忠实的态度，作真理及事实的研究；（三）本刊内容（1）包括政治、经济、社会、道德、法律、教育、哲学、科学、文学各方面思想学说之撰作，（2）重要书籍著作之介绍与译述，（3）关于公教思想及非公教思想之论述，（4）宗教事业之研究与调查，（5）公教进行运动之记述与鼓吹，（6）演讲杂论及其他；（四）本刊附副刊一张，与季刊同时发行，该副刊专门为初级中学以下读者而设，其材料亦以适应这类读者为主。①

最后，该刊编辑部要求投稿者亦注重配合上述之内容，如读者有歧义者可写读者来信，在"读者来函"一栏发表，编辑部不负责任。

从编辑部上述的阐述可以看到，《磐石杂志》是一份立足于公教立场，同时注重中西文化思潮的阐发，并且兼顾与公教以外学者对话的天主教刊物②，其中存在大量的对于教友社会生活以及当时社会问题的讨论。总的说来，《磐石杂志》是中华公教青年会的公开刊物，它以圣教会思想为标准，汇总各支分部会务及所进行的事宜，始终以提倡青年修养为目的。内容方面，主要刊载文艺、科学哲学、批评、记载、翻译等内容。其中第一卷较为纯粹，多为宗教性内容，此后逐渐丰富多元。

（一）办刊宗旨及历史沿革

作为一本刊物，《磐石杂志》在其为时五年的发展中经历了几次较为重大的调整，包括刊物性质、刊期的提升以及栏目设置、内容面向的变动，而"介绍中西文化，宣扬公教思想"是其一以贯之的办刊宗旨。刊物调整的具体过程大致可归纳如下：

1）1933年12月10日出版的第1卷第4期《磐石杂志》中发布有其杂志社的一则启事：

---

① 《磐石杂志发刊词》，《磐石杂志》1932年第1卷第1期。
② 顾卫民：《1934年〈磐石杂志〉"公教与爱国"专号的民族立场》，《社会科学》2007年第2期。

> 本社自创办伊始，即以介绍中西文化，宣扬公教思想为宗旨。……已决定自明年一月起（即第二卷第一期起，引者按），改为月刊。……谨启。二十二年十二月十日（1933年）[①]。

自第2卷第1期起，改版后的《磐石杂志》月刊在篇幅上有所收缩，原常设的数个栏目——"公教的园地、诗词、公教进行消息、专载"在改版后不复存在，取而代之的是仅依条目排布的形式，但究其内容实与改版前变动不大，仍包含此前便未明确区别栏目的论著、文学、记事等内容，因未得到杂志发行量与销量的具体数据，这一次调整侧面反映了《磐石杂志》发行情况的向好。

2）1934年12月1日出版的第2卷第12期《磐石杂志》中，又有一紧要启事："本志出版倏已两载……今为谋本志发展计，自第三卷第一期起，特与中华公进会总监督处主办之《公教青年》合并，仍定名《磐石杂志》，改由中华公进会总监督处主办，编辑部仍暂设辅仁大学校内。……尚希诸君注意是荷！谨启。二十三年，十一月，二十四日。"[②]宣布了《磐石杂志》将要合并《公教青年》，成为中华公进会青年部事实上的新会刊的消息。于是在次年1月1日出版的第3卷第1期刊物中，杂志的版面与栏目设置均进行了大幅度的调整与更新，其内容包括"插图、卷头语、论著、会务、公教新闻、书报介绍、辅仁园地、中外大事日志"共八个栏目。且于本卷发行之时，为求内容精当丰富，《磐石杂志》之刊期已调整为每年十期。

3）至1936年第4卷第1期时，因编辑更换[③]，对杂志内容与质量"均酌量增减，求更进一步之完美"，重视"学术、德育、体育、美育"，以"付其一种新的生机和动力"，将栏目设置调整为"插图、卷头语（非常

---

① 《磐石杂志社启事》，《磐石杂志》1933年第1卷第4期。
② 《本社紧要启事》，《磐石杂志》1934年第2卷第12期。
③ 经考察刊物内容推断，1935年第3卷发行之时，编辑部成员已发生过更换，刘鸿逊不再担任主编，代以叶德禄，1936年编辑更换详情不清，叶德禄之名确已不在。

设，引者按）、教理与学术、修养与训练、社会常识（设于第 4 卷第 1 期，撤于第 5 卷第 1 期，引者按）、会务、杂俎（设于第 4 卷第 1 期，撤于第 4 卷第 3 期，引者按）、文艺、公教新闻、中外大事日志"，共十个栏目，其后自第 4 卷第 3 期又再做调整，最终固定为"插图、卷头语（非常设，引者按）、教理与学术、修养与训练、体育与美育、社会常识（设于第 4 卷第 1 期，撤于第 5 卷第 1 期，引者按）、会务、专载、公共园地、公教新闻、中外大事日志"十一个栏目的长期设置，这些栏目事实上也可用来概括《磐石杂志》自创刊以来所刊载文章的类型。

图 1 《磐石杂志》首期封面及创刊题词

（二）基本内容与面向分析

分别来说，"卷头语"通常为当期主旨性文章或教内教长的重要之作，并非常设；"教理与学术"为学术性最强之专栏，多为神学或其他专业之论文，神学文章以教理阐释以及护教为主题，其他文章讨论政治、伦理、文学等理论性或现实性问题；"修养与训练"主要针对公教青年而设，内容既涉及事工、传教、礼仪之原则，也涉及公教青年之社会责任等内容；"体育与美育"栏目以记叙国内国际体育事业发展以及与公教相关的艺术史为主；"社会常识"涉及现代科学常识、现行国际秩序、实用性研究的普及以及对于国际政治经济军事格局与事件的介绍；"会务"栏目专载公青会务，包括全国总部及各地分部的发展情况与重要事件；"专载"栏目为《磐石杂志》特稿，或为约请大家之作，或为编辑部所做评论文章；"公共园地"多为社会来稿展示之处（涵盖此前"辅仁园地"之内容），投稿之人多为辅仁学子、公教青年或当时的知识分子，体裁与题材丰富多样，既有诗歌、小说创作，又有小品或杂文；"公教新闻"分国内外版块分录教会及教友新闻；"中外大事日志"自来有之，以综合国内外社会时讯为主。

经对《磐石杂志》四十二期共660篇目的专题性文章的编目以及内容上的归纳，可以内容主题为依据将这些文章分为16个类别，又依文章数量占比进行排列，各类别文章的数目及占比汇于表1

表1 《磐石杂志》内容结构一览表

类别	数量 文章数量	660篇目专题性文章 占比
1. 公教进行（事工、教务与会务）	156	23.64%
2. 文艺与体育（文艺作品、艺术相关文章、体育消息等）	99	15.00%
3. 常识（新闻）	74	11.21%
4. 人格与修养（公青）	47	7.12%
5. 教育（公教及社会教育）	39	5.91%
6. 学术（国学、文史哲理论问题）	34	5.15%
7. 介绍与评论（人物、书报）	33	5.00%
8. 护教（以公教立场讨论应对社会问题）	30	4.55%
9. 宗教（宗教学研究）	27	4.09%
10. 教理、神学	25	3.79%
11. 纪事	24	3.64%
12. 辅大相关	20	3.03%

续表

类别 \ 数量	660篇目专题性文章	
	文章数量	占比
13. 社论（国情与社会事件）	16	2.42%
14. 妇女与儿童	13	1.97%
15. 政治、经济与法律问题研究	12	1.82%
16. 学术（自然科学）	11	1.67%
合计	660	100%

通过对于其内容文体的整理我们可以发现，《磐石杂志》所刊文章主要集中于公进事务说明与学术性说理论著的领域，同时亦兼顾其通俗性的必要，刊载了为数不少的文艺作品与一般性作品。总的来说，在内容取向上，《磐石杂志》重视教友（尤其青年教友）修养、学识水平的提高；但又不离对于社会实务、问题的具体讨论，其内容设置是符合公进运动之精神而别具时代特色与组织特色的。而作为一本面向社会的刊物，其所刊文章不只是应时之作，更是天主教中一类重要理论传统——"社会信理"（Social Doctrine）的体现。

二 民国天主教宗教对话的主要取向

包括天主教（基督宗教）在内的各宗教与现代文明（人文主义、理性主义、科学主义）在民国时期交织在一起。从这个时候开始，已经不可能单独去谈论只有宗教存在的宗教对话。在1911年之后的中国现实当中，各个宗教不仅要面对自己，还要面对他者，且被寄予在个体化的世界中将碎裂的元素重新整合之希望。从某种角度来讲，现代文明本身，尤其是其所建基的意义系统（即现代性）本身也应当被视为宗教对话的主体和对象，也就是说天主教（各宗教）与现代文明以及各阶段的时代精神之间亦存在一种宗教间对话关系，而且是一种基本的对话关系。这种关系很大程度上更是天主教与《磐石杂志》所记录的那个时代——处于现代化转型早期阶段中的中国之间的基本关系。从《磐石杂志》中可以部分地认识中国天主教在当时与现代文明（时代精神）之间的磋合以及以其为基本场域的宗教间对话，特别是其几种主要的取向。

（一）以社会（现实）为场域的对话

经由笔者此前对于《磐石杂志》之社会面向较为全面的考察[①]，可以发现，在1930年代的中国社会，中国天主教会积极地参与了社会变革并进行社会事工；在"本地化"浪潮之中，教会整体，特别是其知识分子群体，基于传统之上发展社会信理，立于处境之中坚定中国意识。中国天主教会通过强调"信仰指导人生与行为、神业与现世生活并重、关切他人与社会"的人生之论与"心怀家国、关爱近人"的伦理原则，对于全体国民（特别是青年群体）的人文精神与正当科学观念之培养、社会之改良以及政治经济问题之救策进行了思想表达——通过对于人文智识、人格修养、艺术体育等相关内容的有意展现与着重强调，中国天主教宣示着其对于国民人文精神的"博雅"式设计；通过对于科学与宗教之间"正当"关系的论述，以及对于自然科学知识与成果的介绍，中国天主教坦白着其对于科学界限的判断以及对于现代科学之于物质世界建设、改造的意义的认可；通过对于社会弱势群体（妇女、儿童、劳工）之救济、扶助及对教育事业不失公教底色的讨论与救策建议，中国天主教发展着其对于"社会改良"的现代关切以及对于真正"人道主义"教会的解释；通过对于20世纪30年代中国政治经济问题的实际讨论，中国天主教坚持着其保守主义的政治改良态度，在时代浪潮之中又强调了基督信仰对于积极爱国实践的肯定，同时，在维护私有制的基础上也提出了具体的

---

① 详见拙作《〈磐石杂志〉及其社会观照（上）》，《中国天主教》2023年第5期。

经济社会发展建议，尤以发展农村为重。

（二）以儒学为重要标的的对话

大量现代式的中国哲学以及中国古代宗教研究在《磐石杂志》中实有特别意义，前者体现着天主教知识分子对于中国传统文化的理解与诠释路径，而后者彰显《磐石杂志》作为教会杂志而罕有的理论包容——对于现代社会科学理论的部分接受与运用。

这些研究，就其作为公共话语的属性而言，更指示了一种天主教本位的宗教间对话的基本取向，即以儒学为主要标的。如《释帝》一文考"帝字古义：有用为王号者，有用以称神，亦有借用为祭名者，兹分别释之"，而得结论："帝字之起源，即古代人民对于神道观念信仰弥深，无适当之名义以尊称其意念中所崇敬之至上神，于是造出'帝'字；初由花蒂之义，转为天帝之号。……此足为方士妄造五帝之说一佐证。亦可知周官并非周公所定，定系后来秦汉时人所伪撰。故五帝之祀，既非古礼，而六天之说，更无依据可知也。"[1] 在中国古典哲学与宗教学双重角度上对于"帝"之概念进行了研究，其论有新意，而立意归于证明天主教之"上帝""天主"与中国文化的可理解性与通约性。《由诗经中观察周代人民的宗教信仰》一文渐次考察"诗经之产生及其史地简写""周代的人对于'上帝''天'的信仰""周代的人敬拜祖宗——深信灵魂之不死"[2]，通过现代宗教学的方式对《诗经》之中蕴含的宗教思想进行揭示；此外又有《"晋国天下莫强焉"又一译》《汉学与宋学》《中国古代宗教思想概观》《示为古之祭器说》《关于引用天字的问题》《由古经圣咏篇第三十八首与论语之比较推测"大卫圣王和孔子对于人生凶祸的观念"》等文章莫不以儒学与中国传统文化为基督教信理与要义的沟通对象。

---

[1] 黎正甫：《释帝》，《磐石杂志》1935年第3卷第3期。
[2] 何磐石：《由诗经中观察周代人民的宗教信仰》，《磐石杂志》1935年第3卷第8期。

以《中国古代宗教思想概观》一文为例,该文包括宗教之定义、宗教之起源、中国古代宗教概观、中国古代帝与天之观念等几部分。对于"天"之观念,文章这样论说:"天者何?映于吾人眼中之天,不过有形之青空。然中国太古之民族,不仅以有形之青空为天,且以有形之青空上,有无形之神存在,而连用皇天、上帝,即名其神为皇天、上帝。而世间万物即由此皇天上帝所造,而受其支配焉。盖中国古代民族之所谓天者,即万物之根本,而天造万物,为万物之父母,因而人类亦为天所造。天与万民之间乃有亲子关系。此实中国古代民族,对于天之观念之正确解释也。"又论说中国宗教起源的生殖崇拜之可能:"或以为中国宗教原始于生殖器之崇拜,推其用意,以为此骇听之解释,可以推翻宗教之信仰,或者以为宗教之起源,致人不欲信仰,然不知此正可证明宗教信仰之对象,为万物之根原盖生殖器者何?生命之原始也,即使宗教起于生殖器之崇拜,亦无害于宗教之信仰也,如以生殖器为猥琐,不知此乃后起之事。古经言,天主造人之初,置之地堂——伊甸园——之中,当时人类原祖,赤身裸体,恣游于地堂,而无所谓耻,是可证焉。然则崇拜生殖器,非以猥亵而崇拜之,实以其可以代表生命之原始而崇拜之。老子曰:'有物混成,先天地生,寂兮寥兮,独立而不改,周行而不殆;可以为天下母,吾不知其名,字之曰道。'郭沫若以母字亦系生殖崇拜之遗迹。然母也者,人类之所从出,故亦含有原始义,根源义令人知所追源返本也,则老子所言'可以为天下母者',当易之为'实即为天下母也'。"①这一系列的论证十分容易地导出了一个关于中国传统之"天"的"天主"式和"造物主"式的理解与信靠。

又《周易卦爻辞之宗教观》借鉴儒家传统经学的成果与范式,却又有了新解:《周易》为六经之一,但历来关于《易经》产生时代及其作者,传说附会极多,颇难置信。实则易卦爻辞之思想,与象象中之思想迥然不

---

① 牛若望:《中国古代宗教思想概观》,《磐石杂志》1934年第2卷第8期。

同，非一人之作，亦非一时代之作，何能一概而论，卦爻辞为《周易》主要部分，但亦不可视为一人之作。盖《周易》为卜筮之书，其作用当与殷墟出土之甲骨卜辞相同，乃当时社会之产物，由后人编辑而成者也。故吾人可视此书为古代宗教家所用之典籍。窃以为古代宗教家有巫、卜、宗、祝、史等，皆事神奉祭之人，殆如今之僧侣。《周易》一书即为彼辈之宝籍，为祷祀占验，含有宗教信仰之心理与性质焉。吾人读《春秋左传》可以资证。《左传》中关于《周易》筮占者，约有十余处，且有引用《周易》文者，故对于《周易》所有传说附会，皆可一扫而空。今仅就《周易》卦爻辞之作用与宗教观念，加以探究。至其哲学思想则非本文所讨论者也。"《周易》由八卦演成六十四卦，……文辞均甚简约，然于此已可观古代先民之知识与生活情形之大概矣。上古人类未臻开化，知识不广，每见宇宙万物之奇异，日月运行之秩序，乃用其与生俱来之推理智能，推知有形异之外，定有一智能无上者，创造亭毒世界之一切，此即人类宗教本能之发现，宗教之观念既形成，初人心目中，认定人类之行动亦必受造物者之监视之保护，于是向之求福免灾，祭祀之礼以生，洎后，人事渐繁，思念搀杂，乃借人为之方法，以推测天意，而决定祸福，卜筮由是产生，此甲骨《周易》之文所由作乎。"[①]

文章对于《周易》卦辞与爻辞进行人文化解读，以消解《易经》本身的神圣性，另对于卦爻辞文理与圣经文本进行相通性的讨论，以证明天帝本一，更兼有以"新宗教、真宗教"代旧宗教、伪宗教之意。

他的结论是："吾人由甲骨文字及《周易》《诗》《书》等古籍中，知古代社会敬神尚鬼，对于敬祀天帝，亦惟谨惟慎。盖性教时代，上帝之诫律存于人之良心。凡属人类皆具此良心，即惟祭祀一至高之神，共戴一上帝。《周易》卜筮虽迹近迷信，然古代宗教生活之概况于此可见也。故以《周易》为卜筮用书，是古代宗教之典籍，则历来视《周易》为玄妙莫测

---

① 黎正甫：《周易卦爻辞之宗教观》，《磐石杂志》1934年第2卷第11期。

不可思议者，如今可以拨开此层浓雾矣。"①更是直抒此意。

（三）以他者（佛家）为镜鉴的对话

中国宗教史方面的相关研究是《磐石杂志》的特色之一，著名历史学家、时任辅仁大学校长的陈垣先生曾多次在《磐石杂志》发表研究文章，且多为开创性的重要工作。在他的诸多工作之中时常体现有对于外教与他者的观照以及借鉴意识，其尤其关注佛教，以他的几项研究为代表，可展现当时天主教以他者为镜鉴的宗教对话取向。

如他的《佛教能传布中国的原因》一文总结道："佛教入中国一千八百余年，今日虽极衰落，然昔曾深入社会中心，佛教何以能得此，佛家说是佛力广大，有人说是帝王提倡，据我观察，有三种原因。1.能利用文学；2.能利用美术；3.能利用园林。而帝王提倡却不在内，因帝王有提倡的，也有毁佛的。"②为中国佛教之传布提供了新颖的、实践性的考察视角，此外，他的《从教外典籍见明末清初之天主教》等研究亦不失为"宗教中国化"的先声之作。

以《从教外典籍见明末清初之天主教》③为例，陈垣于其中明言此项研究的意义与对象在于如此十二项：可补教史之不足；可正教史之偶误；可与教史相参证；可见疑忌者之心理；反对者口中可得反证；旁观议论可察人言；教士之品学；教徒之流品；教徒之安分；奉教之热诚；教务之兴盛；教徒之教外著述。

在对于"猜忌者之心理"的研究中，陈氏曾这样论说："佛教入中国，虽尝遭中国学者之排斥，然皆因习俗思想之不同，未尝牵涉国际也。天主教入中国，何以独遭猜忌？其原因：一明人久怵于外患；二奇技利器可畏；三明末毕方济等实助明拒清；四清初南怀仁实曾为清人铸炮。有此诸

---

① 黎正甫：《周易卦爻辞之宗教观》，《磐石杂志》1934年第2卷第11期。
② 陈垣：《佛教能传布中国的原因》，《磐石杂志》1933年第1卷第4期。
③ 陈垣：《从教外典籍见明末清初之天主教》，《磐石杂志》1935年第3卷第1期。

因，猜忌遂起。民国六年，余撰□□□□序，谓毕方济卒于杭州，实循抄本圣教信读之误。毕方济自永历元年以洋兵三百，据清人于桂林后越二年即卒于广州。民国十一年，余南返省亲，在广州小北门外流花桥，访明昭武君臣冢，复在大北门外，访毕方济墓，低徊留之不能去。其为清人猜忌宜也。"

而猜忌也有由于习俗思想之不同者，如算学家梅文鼎，他曾以诗寄怀薛凤祚（从穆尼阁司铎学习算术，或有人言其奉教，或有言未奉教）仪甫，诗云："□□欧罗言，度数为事功。思之废寝食，奥义心神通。唯恨楼深山，奇书实罕逢。我欲往从之，所学殊难同。距忍□□□，翻然西说攻。或欲习学历，论交患不忠。立身天地内，谁能易初终。晚始得君书，昭昭如发蒙。曾不事耶稣，而能彼术穷。乃知问邻者，不坠古人风。安得相追随，面命开其□。"梅氏之意以为须奉教乃能习算，后知不奉教亦能习算，其当可代表当时一般学者心理。

他欲求"反对者口中可得反证"，其时曾有观点认为教外典籍有时诋毁教会，教中人不宜观看，似乎是有道理的，但陈垣认为："若欲研究教史，则不能不参考教外典籍，这要视其能否得以善用。""能得人推许固佳，能得人攻击，亦必须有攻击之价值，且每每可利用此攻击以警惕内部，或固结内部。孟子所谓入则无法家拂士，出则无敌国外患者，国恒亡。"

陈垣曾关注到，"崇祯年间苏州人钟始声著《天学初征》"，"攻击天主教，寄档于际明禅师"，后来的研究发现，钟始声即明末四大高僧之一蕅益智旭（1599—1655）的在家俗名，并且曾出现在其主要作品《辟邪集》的书信及跋语中，"际明禅师""程智用"均为钟始声之化名。在《八不道人传》与弘一法师《蕅益大师年谱》中都有例证，"俗姓钟，名际明。又名声，字振之。"[①]因此《天学初征》中的儒家立场以及陈垣所谓"际明之复书"曰："接手敕，□读《初征》，快甚。居士担当圣事，正应出此手

---

① 李叔同：《佛门三子文集·李叔同集》，东方出版社2008年版，第76页。

眼，山衲□□世法，不必更为辩论。若谓彼攻佛教，佛教实非其所能破。且今时释子，有名无实者多，借此外难以警惕之，未必非佛法之幸也。刀不磨不利，钟不击不鸣，三武灭僧而佛法益盛。山衲且拭目俟之矣！"便显得十分值得考玩，《天学初征》应当是蕅益大师的化名之作，且留下的"际明"回书亦是蕅益大师的又一设计，即分别以儒、佛两种身份对于明末天主教的传播及其与中国社会文化的碰撞表达立场。

陈垣当时认为"际明态度，即欲利用天主教之攻击，以警惕佛家内部者也"，但蕅益大师的真正态度又是何样需要再做综合的考察，未能以其概之。陈垣考察到的《天学初征》《破邪录》等事等言是明末的儒耶佛对话与交流的一处实迹，而陈氏对于明末论战的态度与看法又是民国时期天主教所持之宗教对话观念的立场之一。

综合从基督教的视角来说，其与其他宗教的对话总是不离三种形态，即平行形态的宗教对话、相交形态的宗教对话与合一形态的宗教对话。[①] 就陈垣所作文章之中透露的耶佛对话实践来看，这一时期的主要对话形态还是"平行"[②]，这也是天主教与除现代文明（现代性、现代化）之外其他宗教对话的主要形态。

三 对话之目的：担当文化使命

民国时期天主教所进行的三种乃至更多面向的宗教对话自有其目的，这一目的又服务于《磐石杂志》作为文字事工所展现的当时天主教精神文化之纲领，杂志之中有对这种纲领的直截或分散的表达，总体归纳之后有

[①] 周晓薇：《现代性与中国佛耶对话（1911—1949）》，浙江大学，2014年博士学位论文。
[②] 平行形态的宗教对话是指基督教与佛教（其他宗教）之间保持着平行的关系，互相之间没有交点，但是置身在同一个时空之内，有可能保持着超越语言的对话方式。在宗教实践中，这种形态的宗教对话又可以分成三类：第一类是对佛教（其他宗教）有着负面评价，对佛教（其他宗教）徒也没有产生任何引力；第二类是对佛教（其他宗教）没有任何评价，但是自身对佛教（其他宗教）徒产生了吸引力；第三类是对佛教（其他宗教）没有任何评价，没有对佛教（其他宗教）徒产生引力，但是自身产生了凝聚基督徒的高度吸引力。

两点尤应重视。

（一）回应时代之潮流

从"代表现代化"，到"阻碍现代化"，在现代化早期的中国，基督宗教与这个国家的既有社会文化之间产生了又一次碰撞，这种"碰撞"不仅具有中国本土化的特点，也蕴含着全球化的影响，展现了基督教信仰的理想天国与现代化世俗世界之间的冲突。基督教所面临的挑战不仅来自以儒家文化为代表的中国传统，还受到西方启蒙思想对基督教传统信仰的冲击。这些启蒙思想在近代中国展现出了强大的说服力，将战场从西方延伸至中国大地。①

龚斯德（E.Stanley Jones）曾指出，基督教在现代化浪潮中受到动摇的地方包括基督徒的灵性生活、个人与团体观念，以及祈祷和服务范围。②关于基督教究竟是现代化的障碍还是推动者，这不仅是现代中国与宗教关系的内在争论，也是中国基督教对本土化和现代化的自我反思；它涉及是基督教引领着现代化的中国，还是现代化的中国在引导基督教——这是一场关乎主导权的"战争"。

这种主导权的争夺，从基督宗教的角度来看实则有两个任务，其一是证明其并非中国社会发展的阻碍，其二才是尝试引领中国的现代化。前文"以社会（现实）为场域的对话"已经展现了天主教会的不甘落后，而在第二方面，天主教会做出了更多的努力，也就是申明自身的最切实之价值——对于时代潮流的积极与建设性回应。民国时期天主教对于彼时社会精神文化的发展所作出的诸种努力都内含有统一的纲领，而就本质上的普遍性与时代性（被动性）方面而言，也应在此处——回应时代之潮流。

近代以来基督教的传播，哲学上的进化论、实用主义、社会主义等思

---

① 林鸿信：《学术研究与神学教育——华人世界基督教研究的紧迫性》，《华神期刊》2010年第3期。
② 龚斯德：《基督教与现代潮流》，广学会1939年版，第22页。

潮的产生实质上都是外来文化传移的结果，而与此并起的是一些应归属于中国本土文化产物的社会思潮，如文化保守主义思潮，以及民族主义思潮等，又有介于这两者之间的，如人道主义、唯意志论、自由主义、文化激进主义等思潮。近代中国社会思潮之汹涌，其中一个重要原因就是中国近代社会剧烈的新陈代谢，它可以大略地概括为两个层面：社会结构的变化与社会制度的更迭以及由此产生出新的社会阶层与文化传媒。[①] 至1927年北伐战争基本结束，中国社会才彻底地从封建帝制国家开始向现代国家的形态转变，政治、经济、文化制度以及相应社会结构逐渐在磋磨之中形成规范。

在《磐石杂志》发行的1930年代，影响甚至主导着前述社会运动实践的是这样一些思想运动："三民主义"中的民族、民权、民生构想分别成为社会讨论的核心；因应国难而凸显的"爱国主义"浪潮涌现；新文化运动之后广泛传播的社会主义（共产主义）思想对全体国民特别是知识分子群体产生巨大冲击，随之出现了各种所谓改良主义等。这些社会思想潮流都曾在《磐石杂志》中接受了公教式的参与和评判。

在复杂矛盾的国内国际社会情势下，《磐石杂志》与天主教的智识分子们以呼求教胞与国民之公民意识的建立和践行为最实际的救策，而在根本上，又以耶稣基督为真光，认为福音遍传方能达致世界的和平与有序。在当时中国社会的处境之中，《磐石杂志》又展现了天主教会对于国人的根本关爱——求其得救、得教、得活、得脱国难，这是公教"爱人"教理中"关爱""近人（邻人）"的处境式实现与发展。《磐石杂志》关爱之"近人"由传统的"家庭"出发以至中华全体之国人。

《磐石杂志》编者曾自述："本志既建筑于中华公教青年之总体上，故一切根据青年之需要，以卫护青年之信德，增进青年之知识，而养成纯正完美人才，以期增进公教与社会之福利为宗旨。并由宗教之立场出

---

① 高瑞泉主编：《中国近代社会思潮》，上海人民出版社2007年版，第103页。

发，而致力于青年之学识、教育、修养及训练。"①事实上杂志所致力的不仅是公青的学识、教育、修养与训练，通过对于其具体内容的考察我们可以发现，《磐石杂志》之中存在的时代关切主要基于以下三个方面：全人教育、社会改良与国情讨论，但其中最为根本的使命在于精神文化的引领作用。

（二）使命之所在：以真道德的建设复兴民族

民国天主教会在精神文化领域的工作不只具有普遍的、被动的方面，更有具体的、主动的取向，这一方面的纲领性原则在《磐石杂志》几篇重要的文章中可以窥见。

"文化是什么？文化是人类生活的方式。人类对于一些事物，思想所得的结果，互相影响传□，而积累增长的一些东西。把这文化分析开，其中包括物质、智识、信仰、艺术、道德、法律、风俗，以及人类在社会上所得的一切能力与习惯。"②刘鸿逊在他的《文化与民族复兴》一文中首先对文化做出定义，并说明了他的民族复兴观念："现在我们谈文化与民族复兴问题，必须明了何为民族复兴？一个民族的历史，每每是波动不定的。有一个时期兴盛，有一个时期衰落。在兴盛的时期，总是精神活跃，表现光荣奋斗的成绩。有时便衰落下去，外侮内患，种种不幸。如果能够挽救这个衰落时期，恢复以往的光荣，便是民族复兴的伟业了。"

他认为，文化建设应注重人格之健全，而文化建设的中坚部分在于民族精神的建设。"我们并非盲目接受西方一切文化，中国自古本来也有伦理道德的大师孔子。两千年来虽为人所尊重，但是流弊很多。他虽然把伦理道德发挥尽致，可是孔子非宗教家。宗教的基础不坚固（未知生，焉知死）乃是一种现在的人生观。可是我们为民族复兴计，要团结

---

① 《卷头语》，《磐石杂志》1936 年第 4 卷第 1 期。
② 刘鸿逊：《文化与民族复兴》，《磐石杂志》1935 年第 3 卷第 6 期。

一致，坚固信仰。现代中国文化的建设只做了理智方面的工作，这是不够的。民族精神的浓厚和民族意志的坚强，是一个重大问题。倘若没有民族互相爱护的情感，则不能产生团结一致的趋向；倘若没有维护民族前途，誓死不退的决心，则国家永无兴起的希望。这种博爱忘我的精神，是一种宗教的精神，养成这种精神，要有伟大公正的宗教。孙中山先生主张三民主义，他的基本是忠孝仁爱，信义和平。孙中山先生是基督徒，所以他可以尽量发挥出他的民治民有民享的精义，为国民革命而生，为国民革命而死。"

其言有未尽之处，即天主教（基督宗教）对于中国之民族精神的建设意义到底何在，又如何实现。对于这一问题，萧师毅做出了拓充性的论说，即他的《中国目前最需要之文化建设》一文。

萧师毅认为中国文化建设的事业中最缺乏的是人格建设，进而论"制裁者问题"也就是道德的维护问题，又有制裁的"标准"问题。"我们所要的道德建设，是要建筑在磐石上的，不是建筑在泥沙上的。所谓泥沙，就是空谈，这是今日的通病；所谓磐石，就是实行。然而，实行又谈何容易，尤其是长久的实行。因为行善避恶都是含有牺牲性的。……以上说的，都是不完全、不普遍的标准，究竟，谁来制裁呢？'作善者降之百祥，作不善者降之百殃''天道福善祸淫'也就是孔子所信的天。按因果律来说，良心本身，并不是最后的原因。它所以教人要行善的缘故，它也是服从良心规律，这些规律的最初出发点便是造物主。所以我们每人都觉得应该行善避恶！"[①]

其结论是："综上看来，我们就知道人格建设是非常重要的，因为它是其他建设的根本。我们若要这种根本的自身，根深蒂固，便不能不谈到制裁者，不能不有赏善罚恶的造物主的观念。所以刚才我才对制裁者的问题，也约略地提了几句。现在全国的政治家、军事家、实业家，也可说是

---

① 萧师毅：《中国目前最需要之文化建设》，《磐石杂志》1935年第3卷第6期。

全国的领袖们,都一直提倡新生活运动,这种积极提倡,必定是有见于中的。所以我这种主张,我并不觉得什么新奇。新生活对于人格建设,却实是一种大力量。"其欲将天主教(基督宗教)思想与精神的引领作用寄于当时浩大的新生活运动,并由此发展以真道德的建设复兴民族的天主教之使命的意味十分明显。

这也确是天主教在民国时期所进行的宗教对话实践与讨论之核心旨归——对话、借鉴于现代文明、中国传统文化、其他宗教,最终目的在于调适天主教在中国的社会文化以及时代环境中的处境,并进而求成新文化、新精神的引领者。

四　结论

在深入研究《磐石杂志》后,我们可以清晰地看到天主教在民国时期与现代文明及其他宗教之间的对话实践。这份杂志不仅是中华公教青年会的喉舌,更是一个宗教对话的平台,它记录了天主教在应对现代化转型、儒学影响以及佛教等其他宗教镜鉴时的思考与探索。

这些对话实践展现了天主教在民国时期与现代性之间的复杂纠葛,既包括对现代文明的回应与反思,也包含了对自身传统价值的坚守与弘扬。天主教在努力证明自身并非中国社会发展的阻碍的同时,也积极尝试引领中国的现代化进程,特别是在精神文化层面。

通过杂志中的文章和论述,我们可以明确天主教在民国时期的使命自觉:以真道德的建设复兴民族。这种道德建设并非空谈,而是建立在实行与制裁的基础上,其最终标准指向了造物主,也即天主教信仰的核心。这种将天主教思想与当时的社会运动相结合的尝试,显示了天主教在宗教对话中的开放性与包容性,也体现了其对于民族复兴的深切关怀。

总的来说,《磐石杂志》为我们提供了一个观察民国时期天主教宗教对话实践的独特视角。通过这些对话实践,我们可以看到天主教在应对时代挑战、保持自身传统以及参与社会建设方面的努力与探索。这些经验对于我们今天理解宗教在现代社会中的角色与功能，以及推动宗教间的和谐对话仍具有重要的借鉴意义。

Communication and Mission: A Study on the Religious Dialogue Practice of the Catholic Church in the Republic of China

Liu Dingdong

Abstract: As the journal of the Chinese Public Youth Association, Panshi Magazine recorded the dialogue practice of Catholicism and other religions and modern civilization during the Republic of China. These dialogues, based on society, Confucianism and Buddhism, show the efforts and exploration of Catholicism in the process of Chinese social modernization. Its core mission is to revitalize the nation with true moral construction, and emphasize the importance of personality construction and moral maintenance. These dialogue practices reveal the complex entanglements of Catholicism in coping with the challenges of The Times, maintaining tradition and participating in social construction, which are of reference significance for us to understand the role of religion in modern society and promote the harmonious dialogue between religions. Overall, the Rock Journal provides us with a unique perspective on the practice of Catholic religious dialogue during the Republic of China.

Key words: Panshi Magazine; Catholic Church of the Republic of China; religious dialogue; cultural mission

义理与修行
——《归真要道译义》人学思想探微

唐思瑞

中央民族大学博士生

摘　要：《归真要道译义》一书中包含丰富的伊斯兰苏非主义思想，其人学思想更是该书的重要组成部分，包括人之义理与人之修行两个维度。伍遵契在译介该书时，既较好地保留了原文所含的伊斯兰思想内核，又以儒家为主、融合释道的中国传统文化的术语表述，充实了中国伊斯兰文化的内容，这是跨文化交流、借鉴、融合的典范，为当今世界跨文明对话提供了有益的参考。

关 键 词：《归真要道译义》；人；义理；修行

基金归属：本文为2019年度国家社科基金重大项目"'一带一路'佛教交流史"（编号：19ZDA239）的阶段性成果；亦是2022年国家社会科学基金青年项目"'伊儒会通'古籍形态演进与中华文化符号和中华民族形象研究"（项目编号：22CZJ002）的阶段性成果。

《归真要道译义》是一部汉文伊斯兰译著，译者为清代中国穆斯林学者伍遵契，原书名为《米尔萨德》，原作者拉齐是中世纪伊斯兰教历史上著名的苏非导师，为库布拉维教团重要成员。据清人赵灿的《经学系传谱》记载，中国历史上最早得见《米尔萨德》一书的是冯伯庵，他从云南蒙化郡庠生马某处得到，认为该书"乃目所未睹，彼时兹土所无者也"[①]。此后，该经被中国伊斯兰教经师们使用，并逐步纳入经堂教育教材"十三本经"体系。该书最为流行、最被认可的汉译本为伍遵契的《归真要道译义》。伍遵契与其同时代的中国穆斯林学者一样，受到双重文化的影响，不仅"幼列儒行"[②]，且"笃学清真经典"[③]，即既熟悉以儒家文化为底色、融会释道的中国传统文化，又精通伊斯兰教教义思想。这些学者或是翻译伊斯兰教典籍，或是根据伊斯兰教经典著书立说，在他们译介或著述的过程中不可避免地借用中国传统文化的术语，以解释伊斯兰的文化传统，这一现象被称为"以儒诠经"，是跨文化对话的一个典范。研究"以儒诠经"的焦点在于探究两种不同传统之间的交流，以及在何种程度上借鉴、融合，这对于跨文化交流研究具有重要启示。

无论是在中国传统文化中，还是在伊斯兰传统文化中，都拥有丰富的人学思想，涉及人性论、认识论、伦理学等领域。两种文化的共同点是，都将人作为现实世界最为尊贵的存在。其不同之处在于，伊斯兰传统认为人由真主所造，多谈论灵魂与肉体、今世与后世之关系，其修行的目的也是为获得后世的吉庆，实现灵魂的复归；而在以儒家为代表的中国传统文化中，人并非由一个超然的最高存在所造，将修齐治平作为理想追求的中国知识分子更为关注的是今世的事务。两种文化在义理层面上有关人之本质的理解存在较大差异，但这并不影响二者在关于人的伦理道德要求与修行功夫上存在交流、借鉴以及融合的可能性，这一点尤其体现在以《归真要道译义》为重要代表之一的汉文伊斯兰译著中。

---

① （清）赵灿著，杨永昌、马继祖标注：《经学系传谱》，青海人民出版社1989年版，第34页。
② 拉齐：《归真要道译义·敬录归真要道小引》，（清）伍遵契译，民国念一斋藏版排印本。
③ 拉齐：《归真要道译义·敬录归真要道小引》，（清）伍遵契译，民国念一斋藏版排印本。

一 人之义理

在伊斯兰教传统中，人的地位极高，是宇宙万物的精华，是灵魂与肉体的结合，集精神性与物质性于一体。无论是在苏非主义者那里，还是在中国穆斯林学者那里，都秉承这一传统。从义理层面看，伊斯兰教认为人是被真主所造的，有其特定的制造过程，不同品性的人后世的归宿存在差异，而不同阶层的也被定制了不同的道德行为规范。

（一）人之"被造"
1. "被造"的目的、过程

在《归真要道译义》一书中，拉齐这样描述人"被造"的目的：

> 经云：的实，我把寄物的担儿显与天地山川，他们不敢担他，他们怕他，惟人把他担了。的实，人也不能担他，惟凭着愚猛的力量，天仙虽凭命的清光，能见此担之贵，然而无身体的才能，不能担他，禽兽虽有身体的力量，然而无命的清光，不能见此担之贵，故不能承领。[①]

也就是说，"命"的作用是认识认主之担的尊贵，而身体的作用在于它是担任认主之担的载体。天仙有"命"的清光，能够认识认主之担的尊贵，而没有身体故不能担任，禽兽虽然身体的力量，但是不具有"命"的清光，不能认识到认主之担的尊贵，因此也不能担任。只有人是"命"与身体的结合，既有"命"的清光，又有身体的力量，能够担任认主之担。

真主造人于两个位置，一个是"至美的端庄"里，一个是"低中至低"里，"命"对应的是"至美的端庄"，属于清高的位分，身体则对应"低中至低"。人的身体从四行上被造化，经过了金石草木、禽兽，最后到

[①] 拉齐：《归真要道译义·第二门·第一篇 显化人神等命》，（清）伍遵契译，民国念一斋藏版排印本。

了人身体的位分,而人的身体则是最低的位分,"到了人的步位,又下一级,再没有一个步位下似人的身体"①。最后人的身体形成,身体是浊重愚猛的,从四行到人身形成这一过程,距清高的命越来越远。然而也正是因为人合"至美的端庄"与"低中至低"于一体,才使其能担认主之担。换言之,真主造人,本为认主,人是由真主在自己的形容上造化的,真主将其本然与动静俱显于人上,人认得自己便认得了真主,这一点在中国穆斯林学者这里被表述为由己认主。总之,让人担任认主之担、由己认主是真主造人的最为本质的目的。

拉齐书中人"被造"的过程,与伊斯兰教传统所表述的是一致的。"主上吩咐,我亲手揣阿丹的泥四十清晨。"②真主先是用泥土造化人祖阿丹,这里"亲手"一词十分重要,真主造化其他事物都是通过天仙作为中介,造人祖却是亲自参与,无作中者,从造化论的角度凸显出人的尊贵性。然后真主将自己的"啰憨"吹向人祖,于是人祖凭借真主的"啰憨"得活。人类都是阿丹的子孙,皆由真主用泥土造化而成,其后形成胚胎。关于胚胎的形成,拉齐说:

> 凡人造化在母腹中的一点精水,存四十日成血,又四十日成肉,再四十日,主上命天仙写四件动静与他,乃衣禄、干办、大限、善恶,然后主上把啰憨吹在他身内。③

这一胚胎孕育模式与伊斯兰教传统中的人之胚胎的形成模式是一脉相承的,同为库布拉维教团的纳萨菲在其著作《研真经》中对胚胎的形成有

---

① 拉齐:《归真要道译义·第二门·第四篇 造人体窍来历》,(清)伍遵契译,民国念一斋藏版排印本。
② 拉齐:《归真要道译义·第二门·第四篇 造人体窍来历》,(清)伍遵契译,民国念一斋藏版排印本。
③ 拉齐:《归真要道译义·第二门·第五篇 以命牵体奥妙》,(清)伍遵契译,民国念一斋藏版排印本。

详细论述，中国穆斯林学者更是在此基础上发展这一理论，但是也都没有脱离此理论的基本模式。

2. 灵魂与肉体

无论是宗教，还是哲学都无法逃避对于灵魂与肉体的关系问题的解释，伊斯兰教作为一种独立的宗教也必须回答这一问题。在伊斯兰思想发展史上，新柏拉图主义对其产生过十分深刻的影响，中世纪时期的伊本·西纳就是很好的例证，他在拉丁语世界以"阿维森纳"著称，他的灵魂观受到新柏拉图主义的影响。不同于亚里士多德的灵魂身体一元论，伊本·西纳认为灵魂是独立于身体而存在的精神实体，而这一点也被伊斯兰世界的哲学家们所普遍认可。同时伊本·西纳接受亚里士多德关于灵魂的分类，认为灵魂分为植物灵魂、动物灵魂、人类灵魂，不同的灵魂具有不同机能：植物、动物灵魂具有营养、生长、生殖的机能；动物灵魂具有感觉、想象、随意推动的机能；人类灵魂则具有理解、认识事物以及实践的机能。[1] 灵魂与肉体的关系也体现在这些机能的实现中，换言之，灵魂通过其所具有的机能完成对肉体的支配。

拉齐的《归真要道译义》中就有对灵魂和肉体进行详细讨论的章节，主要集中在第三门前两篇中，第一篇为"命被躯笼生障"，第二篇为"命配身体正意"。拉齐同样也认同灵魂是独立于肉体的精神性实体，但是不同于伊本·西那否认灵魂先于肉体存在，他认为："人与主其中有七千幔帐，主上将人的命从属主的尊前以至于身体的黑暗窝巢，其间经过了妙色的一切世界。"[2] 也就是说人之命是作为精神性实体的人之灵魂，它在进入人的身体之前就已经存在，经过了一切的妙色世界，之后牵连人的身体。灵魂最初是在近主的命世享受着近主的尊贵，到了人的身体之后便受身体的染污、羁绊，这个身体就是幔帐，遮蔽着人之命，使其"不能照见妙

---

[1] 〔阿拉伯〕伊本·西那（阿维森纳）：《论灵魂》，北大哲学系译，商务印书馆1995年版，第39页。
[2] 拉齐：《归真要道译义·第三门·第一篇 命被躯笼生障》，（清）伍遵契译，民国念一斋藏版排印本。

世与真主止一的俊美"①，所以人们需要通过坚定信仰，受其调养，不断地净化自己的灵魂才能回归近主的步位。灵魂进入身体之后发挥灵魂机能的作用，身体原为幔帐，当"命"配身体之时，身体的幔帐便由是揭起，拉齐把"命"比作"种子"，通过调养才能"生出全美认主的果子"②来，在调养认主的过程中，灵魂的机能发挥着重要的功能，这一点上拉齐与伊本·西纳的观点是一脉相承的。

3. 大小世界

伊斯兰教认为，真主在造化宇宙万有时，造化了两个世界，一个大世界，一个小世界。明清时期的穆斯林学者喜欢用大小世界来表述真主造化的世界与真主之间的关系，这正是受到苏非主义的影响。在苏非主义传统思想中，大世界指的是宇宙，既指现实的世界，又指精神世界；小世界则专指人，同样也包括两方面，既有物质层面的人，又有精神层面的人。大小世界一一相合，小世界内所有之物在大世界之中都能找到与之对应者，因为小世界是真主按照大世界的原型造的，而大小世界总的原型则是真主本然的外显。小世界的人从自己身上能够认识真主，因为人身上的一切皆是真主俊美的显现，人通过认识自己从而认识自己与大世界的关系，最后达到认主的步位。拉齐在《归真要道译义》中对于大小世界有详细的描述：

> 他进去人祖体内游转，得见人祖内里，乃一小世界，凡大世界中所见之物，在他里边都见的一个样子。他见头相比七层天，如七层天有七耀，在头的七层亦有七种奥妙知识，如母忒海以勒、母忒瓦喜默、母忒法起勒、哈菲则、母忒杂起勒、母得比勒、母十忒勒克。如天上有天仙，在他头上有眼、耳、鼻、舌，身体相地，地面上有树木花草，在身体生有须发毫毛，筋似河，骨似山。如大世界有四季春、

---

① 拉齐：《归真要道译义·第三门·第一篇 命被躯笼生障》，（清）伍遵契译，民国念一斋藏版排印本。
② 拉齐：《归真要道译义·第三门·第二篇 命配身体正意》，（清）伍遵契译，民国念一斋藏版排印本。

夏、秋、冬，在身内有四性，乃湿、干、热、冷，如大世界有风，即和、薰、金、朔，和风生发、薰风成热、金风凋零、朔风枯槁，身内有四气，即咽、化、存、解，咽气下食，化气运动，存气取精，解气推出……大世界四水，即咸、苦、臭、甜，身内亦有四水，每一位在一处凭妙用设放，咸水在眼，因眼中有油，油凭咸方能存，油养眼白，白养黑珠，珠养瞳人，瞳人生看，看生见，苦水在耳，所以虫蚁不敢入内，臭水在鼻，以解脑中气味，甜水在口，以利舌和音。[①]

表1　　　　　　　　大小世界之对应

大世界		小世界	
天	七层天	头	七种知识（想、虑、恭、记、慕、运发、总觉）
	天仙		眼、耳、鼻、舌
地	树木花草	身	须发毫毛
	河山		筋骨
四季	春、夏、秋、冬	四性	湿、热、干、冷
四风	和、薰、金、朔	四气	咽、化、存、解
四水	咸、苦、臭、甜	四水	咸在眼、苦在耳、臭在鼻、甜在口

大小世界一一对应，七层天对应头上的七种知识，天上的天仙对应眼、耳、鼻、舌，树木花草对应须发毫毛，筋骨对应河山，春、夏、秋、冬对应湿、热、干、冷，和风、薰风、金风、朔风对应咽气、化气、存气、解气，大世界的四水对应人的身体则是咸水在眼、苦水在耳、臭水在鼻、甜水在口，每一种水所在的位置都发挥其独特的作用。这种将人与外在世界一一类比对应的思想不只在伊斯兰世界中有，在传统的儒家思想中也有，例如董仲舒的"人副天数"就是将人之身与外在自然一一对应。然

---

① 拉齐：《归真要道译义·第二门·第四篇 造人体窍来历》，（清）伍遵契译，民国念一斋藏版排印本。

而所不同的是两者的根本目的，伊斯兰教此说的目的是论证宇宙万物包括人在内都是由真主造化而成的，人"被造"的根本目的就是认主，而董仲舒的儒家学说中政治性目的高于宗教性成分，主要是为君权的合法性提供理论依据。尽管两者的目的不同，但是都不影响此种朴素对应思想可以帮助其实现自身的目的。在苏非主义看来，小世界的人通过认识自我，最终可以到达对主的认识。而董仲舒则以"人副天数"为基础构建儒家的天人关系理论，从而建立天人合一的政治理论教化民众，最终实现对政治统治的维护。

（二）人之"归宿"

在伊斯兰苏非哲学中，真主与其所造的世界的关系被表述为一个圆，它由两部分组成，一部分是由真主造化、显化万有，即大世界的流行造化过程，被称为降；另一部分则是由小世界的人返回到真主，被称为升。这一降一升构成了穆斯林对真主与其所造之世界的理解，降是受造万有流行演化的过程，前文的大部分内容都谈及此过程，而升则是指人复归到真主，涉及宿命论、人的归宿问题。

1. 主上提拔与自我努力

伊斯兰教认为人皆受造于真主，将来也都要归于行造之主。但是人的信仰程度不同，所行的功过不同，在将来末日审判之时，其所归之处也各有不同。拉齐书中将人按照其"命""性"的品级分为四类：定静之人、醒会之人、怨己之人、纵恶之人。拉齐接下来列举了两类相互矛盾的说法：一类说法是，每一等之人在他最初的步位上通过调养还能上升一等；另一类说法则是，每一等之人只能在自己的步位上，而不能达到其他的步位。拉齐并不认同这两种说法，他将这四类人分为两派，前三类属于"受拣选的"，他们的归着是天堂；最后一类则属于"薄福黜退之人"，他们的归着是地狱。后三类人都不能越过自己的步位，到达前一步位，但是头等的定静之人却能升腾，在这升腾中起到重要作用的是"主上的提拔",定静之人受主的提拔方能够达到"近主"的位分。苏非特别重视主上提拔的作用,"主上的一个提拔,抵过人神的干办"①。"主上提拔"不仅是在定静之人上,还在后三类人上,他们虽然不能升腾,但是通过"主上的提拔",也能沾染上一班的气息。

这里涉及宗教修行过程中两个不同的要素:外在的超我力量、内在的自我努力。苏非主义的修行是一个内外结合的过程,内在的自我努力来自自身,外在超我力量的注入则来自神圣者。自我努力固然十分重要,然而苏非主义的修行显然更加重视外在超我力量的注入,也就是上文中所说的"主上的提拔",这是颇具神秘主义的宗教体验,是可遇而不可求的境界。

2. 四类人的归宿

拉齐的《归真要道译义》第四门解明善恶归结等第中用四篇单独的篇章对以上所说的四类人及其归宿进行了详细的论述。

第一类是定静之人,这一类人的"啰憨"处在平和、宁静的状态,列圣和大贤即位于这一班,他们与真主之间是没有中介的。正如在每一等的命光里都有清白和浑黑的动静,在列圣和大贤定静的命中原有纵恶的动静,但他们也是凭借主上的提拔和设礼而忒(教法)的点化,才调养到了定静的全品。拉齐在这里强调了信仰以及遵守教法的重要性。调养到了定静的全品才能凭借主上的"令归"敕命归于真主,拉齐用"扑灯蛾儿"比喻定静之人归于真主时的情景,灯好似真主,蛾儿为人,见到真主尊大的烛光后,蛾儿便不顾一切扑向其中,它的翅膀被烧了,但是真主"把一个永久的真翅膀贵了他"②,这里被化的那个翅膀其实是自己。这一个过程就是苏非思想中的化己,只有将自己化掉了,从有己到无己,才能达到与主合一的定静状态,而这也就是"定静之人归真"的真正内涵。

第二类是醒会之人,乃众贤者与上等摩敏所处,他们是清醒、醒悟之

---

① 拉齐:《归真要道译义·第四门·第一篇 怨己之人归向》,(清)伍遵契译,民国念一斋藏版排印本。
② 拉齐:《归真要道译义·第四门·第三篇 定静之人归真》,(清)伍遵契译,民国念一斋藏版排印本。

人。这类人与真主只相隔第一类人,"主上赐予头班之命的恩余,此二班之人从那个恩惠中也得些分力"①。他们受到真主的启示,受到主光的垂照,他们所行之事都不是从自己的好欲而行,而是凭借真主的指点而行,因此他们在后世的归向是天堂。

第三类是怨己之人,常等摩敏与微罪人处于这一位置,这类人身上虽有罪恶,却知道追悔。他们也被称为"亏己之人",这是因为"他同心中以玛纳(信仰)的光染污在世情的恶欲里"②,他们身上的罪多过功课,所以起初他们将归于地狱,但是他们知道追悔,在地狱中将他们的皮肉化掉之后会再给他们一具新的皮肉,他们最终的归向是天堂。

第四类是纵恶之人,纵恶也就是作恶以及命人作恶,这类人是内外不一、逆恩之人。这类人被分为两等:薄福的和至薄福的。头一等是正教中的罪人,他们作恶是由于听凭自己的欲望驱使,他们将归于地狱,但是在这类人身上还有一丝信仰之光,经过火狱的历练之后,将来可受到真主的搭救重新归于天堂。至薄福之人则"是地狱中永久存在的"。拉齐也将纵恶之人划分为背逆、奸邪之人,背逆之人分为"接代的背逆"和"真正的背逆",奸邪之人分为"正教中的奸邪"和"邪道中的奸邪",他们后世的归宿是地狱,而"真正的背逆"和"邪道中的奸邪"即那些不信道且诋毁圣教之人则将永久地处于火狱中。

(三)人之规范

《归真要道译义》除了涉及宗教层面的认主、修行,同时包含面向世俗的劝导、教化,这属于伦理学的范畴。前伊斯兰时期,阿拉伯社会的伦理规范处于实然伦理阶段,这一阶段的伦理规范主要是在社会的发展过程中由人们约定俗成。伊斯兰教创立之后,其伦理则由实然伦理阶段向应然

---

① 拉齐:《归真要道译义·第四门·第二篇 醒会之人归着》,(清)伍遵契译,民国念一斋藏版排印本。
② 拉齐:《归真要道译义·第四门·第一篇 怨己之人归向》,(清)伍遵契译,民国念一斋藏版排印本。

伦理过渡，在实然伦理的基础之上构建了应然伦理，这标志着伊斯兰伦理文化的成熟。伊斯兰伦理建立在其宇宙论、灵魂观、后世论等基础之上，其伦理规范与其理解世界的图式密切相关。伊斯兰伦理的核心根植于其"认主独一"的信仰之上，由信仰而建立起具体的伦理规范，具体的伦理规范既包括个人伦理规范，也包括社会公共伦理规范。在伊斯兰伦理价值体系中这两者并没有被严格区分，事实上个人伦理规范与社会公共伦理规范是相互融合的。

拉齐在其书第五门解明士农工商修齐中，将个人与社会的伦理规范融合在对各个阶层行为规范的规定之中。

1. 君王与宰官

拉齐认为君王是真主在地上的代位者，他用人与影的关系来比喻真主与君王的关系，"譬如一人站在月台上，他的影照在了地下，那个影就是他的代位了"[1]，真主好比这个人，真主的影则是君王。君王分为两类，一类是治世的君王，一类是教化的君王。治世的君王对应世俗世界，他们是真主动静的形象，但是他们不自知；教化的君王对应的是宗教世界，真主的属性在他们身上显现，他们能够凭借圣教、圣道、至道的修炼达到认己认主的地步。君王需要有清醒的认识，代位是真主的恩赐，不能跟随自性，治世要公正，凭借正道行法度等。拉齐最后总结道："凡君王在三件事上最要，曰修己、曰治民、曰喜主。"[2] 从自身修养、治世理论、信仰三个层面对君王的行为作出了详细的指导。

君王治世需要宰官的辅佐，对于宰官而言，最重要的两个品质就是忠、恕。他们要行清廉之事，尽心尽力地辅佐君王。

就世俗层面而言，强调君王与宰官的伦理规范有利于伊斯兰政治的秩序化。

---

[1] 拉齐：《归真要道译义·第五门·第一篇 君王行止法正》，(清) 伍遵契译，民国念一斋藏版排印本。
[2] 拉齐：《归真要道译义·第五门·第一篇 君王行止法正》，(清) 伍遵契译，民国念一斋藏版排印本。

2. 学者

学者在伊斯兰教中是十分重要的角色，他们能够达到清高之品，因此学者要起到言行表率的作用。伊斯兰教十分重视学问、知识，认为："学问在近主认主上是至要的引进，是主的动静，凭学问的因由，能到清高的品位。"[①]学问分为内学与外学：内学是知道妙世的精微，属于不可用言语形容的学问，其中包括的学问不能被穷尽；外学则是济己然后济人之学问。作者对外学的学者类型作了详细的区分，主要分为三类：传学定条件的、劝化的、断事的。第一类即穆夫提，是伊斯兰教法的说明人，这类人分为两种：一种是心学舌学的，第二类是舌学而心昧的。劝化的人分为三类，一类是说典故之人，一类是说劝谏之人，一类是真提醒点化人之人。断事的人也就是法官，同样分为三类，第一类无才学，断事凭自性偏见；第二类有才学，但是不遵行，断事偏私不公；第三类既有才学，断事也公正，作者认为前两类在地狱中，后一类属于天堂并且极为少见。通过强调学问的重要以及对不同学者的分类论述，拉齐希望学者能够做到言行表率，成为内学外学兼修的人。伊斯兰教对学者的重视，使得其产生了极富内涵的伊斯兰文化。

3. 富人

富贵之人最重要的是认识今世的财富乃是真主的恩典，"富贵也能作天堂的品位与近主的引进，也能作地狱的火口与远尊前的因由"[②]。财富中包含十种可贬的动静：抗命、亏枉、背逆、骄傲自满、夸逞、斗富、撇误正事、吝啬、浪费、受哄；也有十种可夸的动静：志向高、守己、面向主、感恩、谦逊、施舍、心闲、计较、恰当、交付与顺受。所以富贵之人在行为上应该守分养廉、看顾亲戚、清还债负、结交乡党，最重要的是要周济穷人，也就是伊斯兰教五功中的天课，散天课之人会得到好的回赐。

---

① 拉齐：《归真要道译义·第五门·第四篇 学者言行表率》，（清）伍遵契译，民国念一斋藏版排印本。

② 拉齐：《归真要道译义·第五门·第五篇 富贵德义行持》，（清）伍遵契译，民国念一斋藏版排印本。

不同于许多其他文化对于财富所采取的消极态度,伊斯兰伦理文化对财富并非一味否定,强调富人所受之恩典与其该尽之义务,这事实上更能促进伊斯兰社会经济的发展。

4. 农商等

农人耕种是十分重要之事,"务农耕种是与主上交易"[①],会得到无尽的回赐。拉齐将农家分为三等:第一类是有财帛执掌的,这类人较为富裕,他们需要善待工人,不可以轻视穷人;第二类是为首有识的,这类人为首领有知识,同前一类人一样,他们需要安抚地方、教化百姓,不能欺负穷人;第三类是佣工、田客,这类人是通常没有自己的田地,多为他人耕种,他们需要做的是尽己之力帮助主人,诚实不欺。这三类人都需要做的是谨遵五功,时刻赞念真主。

商贾生意之人也分为三类:一类是为今世的生意,一类是为后世的生意,一类是今世为后世的生意。第一类人是只知道为今生的生意之人,他们的后世是会受到拷问的;第二类人是后世生意之人,他们不注重今生的生意,财富都用在寻主的道路上,这类人后世的回报是会有加增的;第三类人是今世为生意,同时也记想主、拜念主、散天课的人,他们后世也是有回报的。商贾之人经营生意时最需要的品质就是:克己、不说谎、莫贪重利、不以次充好,这样在后世才能受到回报。

手艺人的营业是最洁净的。一方面,手艺人凭借自己双手的才能创造财富、谋求生存;另一方面,手艺人的手艺是从命与体窍所发,属主动静的作用。手艺人必须认得这个道理,由己认主,行正道,不贬谤别人,破他生意,只有这样才能到达清修之品。

拉齐对以上各个不同阶层的人提出了行为规范,在规范中既包括世俗层面的操守,也包括宗教层面的修养。他最后总结道:

---

① 拉齐:《归真要道译义·第五门·第五篇 农家志在参赞》,(清)伍遵契译,民国念一斋藏版排印本。

此八篇中所表的品第，若要从男子的饮馔与近主的位分上得分，须在功课与记想主、醒睡、少吃、绝欲、忍性、正心一切好事里上进，遵行养性、清心、明命的工夫，一定多受苦楚多得结果。①

在此基础之上，劝导教化世人，各自守其本分，谨行功课，从而形成一个有序的世俗世界。由此我们可以得出《归真要道译义》的伦理规范具有如下特点：

第一，其伦理规范建立在宗教信仰之上，信仰对于伦理规范的合理性有着最终解释权。在信仰的制约下，伦理规范由外化的约束内化为穆斯林心中的准则。

第二，其伦理规范融合了个人伦理与社会公共伦理。社会是由具体的个人组成的，对于个人的伦理要求能够有效地促进社会公共伦理的形成，同时促进伊斯兰政治、经济、文化等的发展。

第三，其伦理规范特别强调秩序的建立。在伊斯兰传统中，无论是在宇宙演化的过程中，还是在不同人的品级中，对于秩序、等级的强调十分常见。因此，在伦理规范方面，也十分强调不同阶层之人所处的位置，要求其安分守己，做好属于自己阶层该做之事务，从而有效地形成有秩序的社会。这是伊斯兰文化的重要特征。

同样，儒家思想也十分重视人的伦理道德规范，强调构建伦理秩序，要求个人伦理融合在社会公共伦理之中，士农工商皆应有其所对应的要求。儒家思想在教化民众方面与伊斯兰教在其社会中所发挥的作用是相似的。

二 人之修行

《归真要道译义》是一部苏非主义著作，苏非主义的修行是其思想的

---

① 拉齐:《归真要道译义·第五门·第六篇 工人究艺修真》,（清）伍遵契译，民国念一斋藏版排印本。

核心内容。苏非十分强调修行中自我内在的体验，对于肉体性和精神性统一于一体的人而言，通过修行将能去除身体的障碍，达到精神的完美状态。苏非主义的修行是一个由身性到心再到命的过程，有其特定的目的、方法、要求与阶段。但除去对于人修行之本质目的的规定与中国传统文化存在差异，在修行的方法、要求、不同阶段的规定方面，两者能找到较多的可以对话、交流之处。

（一）修行的目的

伊斯兰教认为，人由真主所造，真主将自己的"命"吹与人，人之命在今世与身体相连之后便受到身体的染污，忘却了原来在真主前的状态，贪恋今世的享受。修行的本质目的则是让人认识真主、复命归真。从苏非主义的发展历史来看，无论是从其早期的苦行时期到其成熟时期，还是其后与哲学相结合的时期，尽管对于其内在的修行体验的描述不同，但是对于修行的目的，他们保持着一致的观点，也就是我们所说的认识真主、复命归真。

苏非主义的认主道路不同于其他以理性为基础认识真主的学科，苏非主义强调的是内在的直觉、体验，他们的认主正是建立在此种基础之上的。苏非主义的认主之路是一条从低到高的渐进之路，通过修行最终到达"法纳"（Fanā）的境界是苏非们的精神追求。"法纳"即一种无自我意识的状态，在此种状态之下，人的自我意识与感官全部消失，完全沉浸在与真主合一的境界里。"法纳"在汉语语境下常常被表述为"混化"，"混化"分为两个阶段：一是"化用之品"，一是"化体之品"。"主上分付我是他的耳、目、舌、手，然后他凭我听、凭我观、凭我言、凭我取。"[①] 此处前半句中自我意识还存在，真主似成工具，这便是"化用之品"，而后半句中自我意识已经被化去，真主是唯一的作用者，这是"化体之品"，达到

---

① 拉齐：《归真要道译义·第三门·第七篇 圣道所以清心》，（清）伍遵契译，民国念一斋藏版排印本。

此处方是达到"法纳"的境界。然而,"'法纳'是来自真主的恩惠,是对仆人的天赐,不是通过行为可以获得的"①。苏非十分强调这一点,但是这并不意味着修道者们可以不努力功修,而是正因为如此,通过虔心的修炼才有获得真主恩赐的可能,最终才能实现修行的目的。

(二)修行的方法、要求

在苏非主义的修行过程中,需要遵循严格的方法,否则修行之人容易迷误。下面将论述拉齐书中苏非主义修行的具体方法以及要求。

苏非主义传统特别强调导师的作用,"门人若要近道,心定意诚,必求全品的道长接引"②。道长也就是谢赫、导师。导师在修行过程中扮演着重要的角色,拉齐层层递进地描述了修道之时由道长接引、指点而生的十种好处,从另一侧面来说也就是表述了道长指引的必要性:第一,通往真理的道路需要眼力和脚力,初入道的人可能有眼无脚,需要道长的陪伴引领;第二,在行道之路上容易被自己的好欲断路,所以需要道长的护送;第三,行道之路上灾祸、蒙蔽、差错、疑难多,需要道长的引领;第四,行道之人会在路上有停止不接济的时刻,需要道长教导才能使他们忙寻真要;第五,行道之人若心不定,则容易生病,例如疑二之病,需要作为明医的道长为其治病,使其定心而不至于半道落下;第六,有人刚到一个属命的步位便猜度自己到了绪主的全品,只有经历过的道长才能指点他,使他免于受哄;第七,行道之人凭借自己不能全部认得妙世的规模,需要认得妙世语言的道长解说与他;第八,行道之人的力量弱,凭己之力多年也不能过一品位,因此需要道长的帮助;第九,道长教授的寂克尔在修道过程中方有益处;第十,道长处于近主的世界,在主尊前为行道之人祈求主将世界显与他们。那什么样的人才能作为引

---

① 〔埃及〕艾布·卧法·伍奈米:《伊斯兰苏非概论》,潘世昌译,商务印书馆2013年版,第124页。
② 拉齐:《归真要道译义·第三门·第九篇 道须道长接引》,(清)伍遵契译,民国念一斋藏版排印本。

导行道之人的道长呢？拉齐在《道长品格动静》一篇提出了全美的道长需要具备二十种品格：学问、诚信、才智、输舍、定见、守分、志气、担待、行恕、贤性、克己、仁慈、托靠、顺命、情愿、尊重、从容、定心、不可反悔、威严。只有这些品格全备之人才能引导行道之人的修行。

苏非主义十分重视导师的作用，而与导师对应的是弟子、门人。拉齐同样提出了对弟子和门人的要求，认为跟随道长行道的门人需要具备二十件事：讨白（忏悔）、清廉、避静、信心、计较（遵守教法）、忍耐、戒争、施舍、骁勇、仗义、真诚、学问、求乞、胆气、任怨、才智、礼义、和顺、领命、交付。

修行中最重要的方法就是寂克尔（Dhikr），寂克尔为赞念真主之意，是苏非教团最为重要的宗教仪式，赞念的内容主要为清真言以及真主的赞词。寂克尔贯穿整个修行过程的始终，无论处在修行的哪一阶段，赞念都是必需的。不同的苏非教团在念寂克尔的细节上有着复杂甚至相异的规定，但是他们都十分重视念寂克尔，认为这是修炼的核心形式。拉齐也对寂克尔的程序作出了规定：

> 在念寂克尔时，先须沐浴，或者小净。穿一件圣行的净衣，整理一间空净暗房，烧些好香，面西盘坐……念之时要把手放在次腿上，心在闭目，诚敬尽力，念喇以喇核（万物非主）从丹田叹出，印乐洛乎（唯有真主）收在心中，使得寂克尔的力量踪迹以至通身，然不可高念。[①]

也就是说赞念之前必须是洁净的，赞念的环境要求是一个相对较为封闭的小空间，盘腿而坐朝着天房的方向，闭目诚心地赞念清真言。拉齐认为不可高念，而是要虔诚地低声赞念。

[①] 拉齐：《归真要道译义·第三门·第十三篇 奋勇虔念规矩》，(清)伍遵契译，民国念一斋藏版本。

义理与修行

　　幽居避静是苏非主义常常采取的修行方式，拉齐同样认同这一方式，他认为："行正道，绪纯静的步位在于避静。"① 他认为避静一般为四十日，在避静中有许多的要求，其中有八件事是最为重要的：独坐空房、小净、念清真至言、去思虑、把斋、戒言、察心、从顺。除此之外还要求在避静之时要少食、少睡。通过以上的方式才能达到避静修行的真正目的。

　　苏非主义的修行中采用的避静方法，气息的使用与中国道家所讲求的内丹修炼存在许多相似之处，道家内丹学同样要求在静谧处修炼，注重气息的练习，主张性命双修，其修行的三个阶段分别为筑基、炼气还神、炼神还虚，这与下文将要讲述的苏非主义修行三阶段也存在可以类比的点，二者都是一个渐进的、由身及心再达到最高境界的过程。从这一点上，我们可以推断，伍遵契使用"道长"一词翻译导师、谢赫，是有其原因的。虽然伊斯兰教所言说的"道"与道家的"道"在本质上存在区别，但在修行的要求、方法以及阶段上的相似性给予了两种文化可以借鉴融合的土壤，因此，伍遵契对于术语的选择也体现了对于两种文化的理解。

（三）修行的阶段

　　苏非主义的修行一般分为三个阶段：设礼而忒、妥礼格式、哈隔格忒。明清时期的穆斯林学者基本认同传统苏非主义修行三阶段的划分，但是在描述用语上稍有区别。最为常见的名称为三乘，即教乘、道乘、真乘。这里所使用的"乘"乃佛教用语，"乘"原指车乘，佛教用其意指佛法载人到达涅槃之境地，引申为引导众生成佛的方法或途径。在刘智那里将三乘称为礼乘、道乘、理乘，对应其所说的正身、静心、尽性，在有些地方刘智还提出理乘之上有第四乘即超乘的概念，但是总体来说他认同三乘的说法。穆斯林学者看到二者的共通性，使用"乘"字来指

---

① 拉齐：《归真要道译义·第三门·第十五篇 避静清修条款》，（清）伍遵契译，民国念一斋藏版本。

称苏非主义修行的不同阶段。除"乘"之外，还有借用儒释道都常使用的术语"道"指称修行阶段的，例如：马注称之为常道、中道、至道；舍蕴善翻译的《研真经》中称之为进道、修道、见道；而伍遵契在《归真要道译义》中将之译作圣教、圣道、至道，与修身养性、清心、明命相对应。无论是使用"乘"还是使用"道"，明清时期的穆斯林学者们都是在深刻理解伊斯兰传统文化与中国传统文化基础之上，进行跨文化交流融合，在保留伊斯兰文化传统内核的基础上，吸收了以儒家文化为底色融合释道的中国传统文化的许多方面，从而形成了独特的中国伊斯兰文化。

设礼而忒即教乘，指的是伊斯兰教教法与基本的信仰，修行的初级阶段由遵守教法开始，多为身体等外在的修行；妥礼格忒即道乘，指的是转入内在的心之修行，它必须建立在教乘的基础之上；哈隔格忒即真乘，指的是修行的最高境界，达到这一阶段则人之命的本然显现，人与主达到不即不离、融合贯通的状态，也就是前文所说的"法纳"状态。

1. 设礼而忒

拉齐认为设礼而忒（圣教）的修行对应的是修身养性，他将身体比作通往妙世的绊锁，需要凭借圣教的钥匙才能打开此锁。圣人和常人修行是相反的，圣人是由主恩到"命"到"心"到"性"到"身体"，而常人的修行则刚好相反，乃"从修外以诚内，圣教的规模是开身体的绊锁，从这条道路上往妙世渐渐调养得路"[1]。常人是大多数，而常人的修行之道需要从修身开始，通常从五件事上修身：念、礼、舍、把、聚，即常说的伊斯兰教的五功：念、礼、课、斋、朝。念即赞念真主，是五功之首，诚心赞念真主会得到真主亲自的回赐；礼即礼拜，礼拜象征着从草木的位分至于生灵的位分、至于人的位分，最后回归真主；舍即天课，拉齐认为散天课是将人的自性从生灵的动静上净了，因为生灵只喜欢得到，

---

[1] 拉齐：《归真要道译义·第三门·第七篇 圣道所以清心》，（清）伍遵契译，民国念一斋藏版排印本。

不喜欢施舍；把即斋戒，斋戒是天仙的清品，是真主的动静，真主会回赐把斋之人；聚则是朝觐，朝觐天房是指引人们归于主的尊前，绪主近主。养性也处于圣教的修炼阶段，拉齐认为圣教的宗旨就在于养性，这里的性指的是人性，人性需要凭借圣教调养才能至于定静的品位，人性中的四个敌人是自性、邪魔、世欲、背逆之人，其中最大的敌人就是自性。在自性上有两个动静，即喜欲与嗔怒，喜欲是染于水土的属性，所以是偏卑下的；嗔怒是染于风火的属性，所以是偏狂妄的。两者中任意一者都不能过盛，喜欲过盛则容易生出妄想、贪癖、远虑、嗜好、低贱、吝啬等，嗔怒过盛则容易生出狂傲、愤恨、蠢拙、暴烈、自信、斗宠等。因此需要圣教的调养，才能使其均平、恰当，当自性被修养到恰当的阶段，则会生出知羞耻、忍耐、担待、稳重、知感、仁慈、情义、谦逊、守分、施舍、智勇等一切好的动静，自性方才能凭借其从纵恶的位分到达定静的位分。

2. 妥礼格忒

妥礼格忒（圣道）的修行则对应着清心，"心"是"命"的显处，有知觉能升腾，但心容易受五形的牵绊，所以清心十分重要。拉齐认为："心若跟随妥礼格忒清静调养到了心的全品，主的俊美与尊大动静的光在他心上每日频频显现。"[①] 心清则命的本然才能全显。清心有三步：第一步是忒止理得，第二步是忒伏理得，第三步是讨黑德。第一步即赤身、撒尘世、避静、绝交、绝欲、弃财位等；第二步意味着从真主所喜所欲处扫净自己的内里；第三步是认主独一。认主独一又分为不同品级，即信一、定一、敬一、见一、体一、聚一、真一、本然之一。信一指的是心理上的诚信，定一指的是知识上的确信，敬一指的是身体上的虔信，见一则说见证真主的独一，体一则是与主融为一体，聚一则是指得主的作用之一，真一则说洞见真主的一切动静，本然之一则是指本体之品。只有穆罕默德才到

---

① 拉齐：《归真要道译义·第三门·第七篇 圣道所以清心》，（清）伍遵契译，民国念一斋藏版排印本。

303

达了本然之一这一品级。通过清心之后，人之心就摆脱了五形的灾祸，方才能到达心的全品，命光由此方显。

3. 哈隔格忒

哈隔格忒（至道）的修行对应着明命。明命是建立在修身养性、清心之上的，人之命是由主上令有的敕命显化而成，在人之命上生出了命世，其后产生妙世，再其后产生色世，而后人之命牵连身体。因此明命才能使得命光回归到原来的本位，达到近主绪主的位分。拉齐虽然重视圣教的作用，但是他同时也强调，不能将一生的精力放在净性里，这样有可能性不能全净，"命"也不能全显，圣道和至道更为重要。拉齐将人之命从命世到身体的过程中比喻为乳子生产的过程，人之命在"命"的世界就得到了圣道与至道的滋味，如同母腹中乳子得母腹中的滋味，经过了一切妙色世界以至于牵连身体之时，命便渐渐忘却了圣道和至道之乳的滋味，而后则需要凭借圣教的摇篮中命禁的索儿束缚身体，用圣道和至道的乳渐渐调养，才能使得命达到原来的位分。但是光凭借修行之人的努力是不够的，在圣道和至道的阶段，主上的提拔是十分重要的，因此人们更需要潜心修炼获得主上的提拔，使得心得以清，命得以明。

从拉齐的论述可知苏非主义修行的这三个阶段分别对应着物质世界的"身"、想象世界的"心"、精神世界的"命"，并且互相之间有着密切的关系。一方面，三者层层递进，从最开始的圣教到圣道再到至道，是一个由外在的身体修行渐渐进入内在精神修行的过程，即从身到心再到命的过程，后者都是建立在前者的基础之上的；另一方面，这三者一分为三，又合而为一，它们是一个不可分割的整体，缺少其中一个都不能构成完整的苏非主义修行理论模式。马注对这三者间的关系有过精辟的论述："舍常道而言中道如夜行无烛，舍至道、常道而言中道如纸花满瓶，舍中道而务常道以寻至道，如镜无光。"[1]正如马注所说，这三者不可

---

[1] （清）马注著，余振贵标点：《清真指南·卷之九·遗珠序》，宁夏人民出版社1988年版，第373页。

分离。总的来说，无论是苏非学者，还是中国穆斯林学者对于这三乘之间的关系所持的看法是一脉相承的。

结　语

伊斯兰教于唐中叶传入中国，唐宋时期主要集中在穆斯林群体内部发展，元以后特别是明清时期，随着一部分穆斯林学者社会地位的提升，他们迫切地认识到保存自身文化的重要性。这部分穆斯林学者通常具有双重文化气质，一方面，他们深受中国传统儒家文化的影响；另一方面，作为穆斯林，从信仰根源上来说他们又受伊斯兰文化的深刻影响。他们的双重文化气质集中反映在其著述当中：一方面，他们意识到自身文化发展的困境，积极翻译阿拉伯语、波斯语的伊斯兰著作，以图保存自身的文化；另一方面，他们将儒家文化纳入对于伊斯兰经典的解释当中去，以儒释经，形成了独具特色的中国伊斯兰文化。明清时期的汉文伊斯兰译著活动可以被称为伊斯兰文化在中国发展的高潮，他们翻译的著作多源于来华传教的中亚穆斯林，而这些穆斯林阐发的思想以及带来的著作多带有苏非主义倾向，因此苏非主义对汉文伊斯兰译著活动产生了不可小觑的作用。

拉齐的《米尔萨德》正是在这一背景之下被列为经堂教育的教材并被翻译为汉文的，在诸多汉译本中伍遵契的版本《归真要道译义》较为常见，该书属于全译本。通过对比英译本、波斯原本，笔者发现伍氏的版本较好地保持了波斯本的原貌，只不过在某些具有什叶派倾向、可能会引起教派分别的地方，伍遵契予以省略或者调整，但这并不影响其整体思想。《归真要道译义》中有着丰富的人学思想，既有义理层面的人之被造，灵魂与肉体的关系，人的归宿，对不同阶层的伦理道德规范，同样也有功夫层面的修行，包括修行的要求、方法、阶段等。伍遵契在译介过程中，借用与中国儒释道文化中不同的术语，也体现了伍氏对于伊斯兰文化与中国传统文化的精通。虽然这些术语背后具有的内核是伊斯兰文化，但是不可避免地包含了中国传统文化的内容，因为在译介过程中，对于术语的选择可以看作译者的再创造，译者在选择某个特定术语的时候必然会考虑此术语在自己所处的文化中具有的含义，因此也就产生了独特的中国伊斯兰文化，也使得中国伊斯兰文化成为中华文化中独具特色、不可或缺的组成部分。

拉齐的《米尔萨德》一书，结构清晰、逻辑严密、层层递进地阐明了他的苏非主义思想。该书于明清之际传入中国，从此开始对中国穆斯林产生影响，这些影响在王岱舆、刘智、马注等人的著述中都可以见到。伍遵契汉译本《归真要道译义》的完成更是促进了其思想的传播，同时也丰富了中国哲学的内容。

The Principle and Practice: An Exploration of the Being Human Thought in The Path of God's Bondsmen from origin to return

Tang Sirui

Abstract: *The Path of God's Bondsmen from origin to return*, a Translation and Interpretation contains rich Islamic Sufi thoughts, among which the thought about Being Human is an important component, including two dimensions: the principle of Being Human and the practice of Being Human. Wu Zunqi, in translating and introducing this book, not only preserved the Islamic core of the original text but also enriched the content of Chinese Islamic culture by using terms from traditional Chinese culture primarily based on Confucianism and integrating Buddhism and Taoism. This is a model of cross-cultural communication, reference, and integration, providing valuable references for cross-civilization dialogue in today's world.

Key words: *The Path of God*'s *Bondsmen from Origin to Return*; Being Human; Principle; Practice

浅谈民国时期云南圣谕坛经本中的佛道通和

——以大理生久品善坛降著《消劫妙经》*为例

张书采

四川大学博士生

摘　要：云南地区的圣谕坛本起源于明清时期的圣谕宣讲，在清末民初的战乱和瘟疫危机中受到四川"鸾坛救劫"宗教运动的影响，逐渐演变为一种将神道设教的儒家伦理，佛道教中的神祇崇拜、教义仪轨，以及扶鸾游冥的巫传统融为一体的民间宗教组织。因其受到清末诸多秘密宗教教义的影响，信奉"飞鸾阐化""末世救劫"之说，遂以扶乩降书、道德宣讲为主要任务，以组织静坐内修为集会内容，亦兼顾为信众提供荐亡祈福等宗教服务，是至今仍存在于大理地区的民间宗教组织之一。本文拟通过民国十五年（1926）大理生久品善坛降著的《无极瑶池金母消劫大洞妙经》，对比其他民间宗教所传经本，解析民国时期云南圣谕坛经本中的佛道通和，以及民间宗教组织经典书写的本位表达。

关 键 词：大理；圣谕坛；瑶池金母；佛道通和

基金归属：本文为2019年度国家社科基金重大项目"'一带一路'佛教交流史"（编号：19ZDA239）的阶段性成果。

---

* 此本《消劫妙经》以及圣谕坛仪式照片均系赵元梁博士在云南大理生久田野调查所得，后提供作者研究使用，特此感谢！

浅谈民国时期云南圣谕坛经本中的佛道通和

一 问题的提出：何为圣谕坛

圣谕坛是清末和民国时期广泛存在于中国西南地区的一种民间宗教组织，起源于明清时期的圣谕宣讲。清世祖颁布了"圣谕六训"，清圣祖于康熙九年（1670）颁布了"圣谕十六条"，后清世宗编定了《圣谕广训》万余言，并于雍正七年（1729）规定地方官员、乡绅须准备专门场所，在举贡生员中挑选约正，并在每月的朔望两日召集民众进行宣讲。此后各级官员和士绅围绕这一活动制度又创作出了《圣谕像解》《圣谕广训衍》《圣谕广训直解》等白话文乃至方言作品，使圣谕得以普及社会的各个角落。一直到清末，各省州县都还坚持着圣谕宣讲制度，甚至连新式学堂和留美学生都必须遵行。[①] 清乾隆《赵州志》卷二便记载了当时大理凤仪地区宣讲圣谕的情况，"每朔望，行香后，官绅士民齐集公所，行三跪九叩，礼毕开讲"[②]。大理巍山辅世坛碑文中则提道："为宣讲圣谕事，蒙化府治用民办官助之策在大仓肇立圣谕坛，选大仓文昌宫，扩建大仓文庙，除例行宣儒祭典外还兼办社学，使平民子弟得以启蒙就读。"[③] 可见，当时的圣谕宣讲一般由地方官员提供场地与一定的经费资助，"士绅""里长""读书人"等乡绅阶层组织具体宣讲活动，并在官府与民众之间往来沟通，民众则必须到场聆听学习，其在有清一朝基本上是作为一项国策被贯彻执行的。

[①] 周振鹤撰集，顾美华点校：《圣谕广训：集解与研究》，上海书店出版社2006年版，第582—584页。

[②] （清）程近仁修，赵淳纂：（乾隆）《赵州志》，乾隆元年刻本，第327页。（清）陈钊镗修，李其馨纂：（道光）《赵州志》所记载之语同上。此外，云南省各州府均有颁布、留存"圣谕"之记载。

[③] 此外，云南玉溪禄丰县《迁建圣化寺碑记》亦有所记录："寺在城东北隅，颜曰祝圣殿，为有司习仪所。月吉，宣谕于此，每岁孟春迎勾芒氏亦于此，非他淫祠是诣者比。"云南昆明官渡区羊甫村《普照寺建修碑记》则载："至万历三年，内蒙圣明颁行乡约教谕六条，巡抚陈管辖教民，一方之遵守也。有扬普（羊甫）头乡者李应春、尚阿保等，遵依教约，本村军民举议修建五谷神庙。兼遵化堂约官陈，讲谕训治约副应春等，幸生中国，业务丰稔。感赖神圣协劝，沿户扣化钱粮，各遂齐心，所积修建矣，并窗格山门。"参见萧霁虹主编《云南道教碑刻辑录》，中国社会科学出版社2013年版，第235页。

直至清末，社会的动荡昏暗使得部分乡绅阶层寄希望以神道设教的方式来淳化社会风俗，重新安定民心，"鸾坛救劫"运动应运而生。道光二十年庚子年（1840），四川武胜县龙女寺持斋的宗教团体开始通过扶鸾的方式造作关于劫变和救世的神谕。神谕自创世传说而始，相传瑶池金母所创造的九十六亿原人迷失于红尘，利欲熏心，互相欺骗争杀。玉帝因此大怒，欲降下水火刀兵将原人一起毁灭。老母念及下界骨肉，泣涕不已，而弥勒、关帝、观音、文昌等神仙愿救下界生民，从此诸圣在人间飞鸾阐化，将大劫将至的消息广为传布，警醒世人重振道德，携手共赴"龙华"，普度收圆。这一世界观中，老母是世界的创造者，以关帝为首的诸圣是拯救者，而鸾坛则因奉诸圣为祖师，成为天界在人间唯一的代言人，其所颁布的鸾书，也成为"代天宣化"之"道统"。此"劫"中的种种苦难映射着现世的纷争与离散，使得这一民间宗教运动迅速兴起。临近的云南地区也一时鸾坛林立[1]，大理地区的圣谕宣讲也在此社会运动影响下产生了性质的转变，大理弥渡圣谕坛所传经书中即有：

> 我国家奉天承运，圣贤代作，钦颁圣谕广训通行天下，告诫兵民宜其家喻户晓，有以副圣天子淑世之美意矣，相沿既又有司奉行故事，闾里视为具文，亲长敬让之风驰。而世一变，农桑学校之本失；而世一变，骄奢淫靡之习成；而世又一变，争夺仇怨之气盛；而世又一变，甚至欺蔑王章灭天理自陷于幽坑深谷之中。人心愈趋而愈下，世道日积而日浇，以致兵戈迭起，盗贼充炽。而瘟疫因之，饥馑因之，世运之衰否极矣。不有诸圣真临鸾开化救正于冥漠之中，世之人不几无遗类乎。自庚子年来，吾与关吕二帝示行宣讲处，开

---

[1] 晚清和民国时代的云南，流行灯花教、归根道、同善社和一贯道等各种教门，它们都出自当时流行于西南的先天道（青莲教）体系。鸾坛往往与某一教门关系亲厚，甚至成为其中的一分子。

坛方设教著书垂训，日夜辛勤，无非本救世之志，怀觉世之心，而著为淑世之典。①

可见，皇权的崩塌使得圣谕宣讲不再具有规训民众的神圣性，作为国家祭典的制度多被废除，战争和瘟疫的横行却使得经文中的末世已在眼前。在"庚子救劫"的宗教风潮影响下，圣谕坛便将"圣谕"扩展出神灵谕旨的意涵，圣谕坛也从单纯的圣谕宣讲组织嬗变为一种将神道设教的儒家伦理，佛道教中的神祇崇拜、教义教规与仪轨仪范，以及扶鸾降神的巫传统融为一体的民间宗教组织。

值得注意的是，现存的几种材料对此转变均进行了记录与品评。民国《姚安县志》卷四十九中有："圣谕坛，朔望及会期宣讲圣谕、格言、因果，几于百家以上即有坛一所，末流至有降乩敛财之弊，则在淘汰革除之列。迄国体更新，经社渐就式微，宣讲亦多废。"②民国《顺宁县志》卷九则提道："顺属江左一带，多有圣谕坛之设，假清圣祖圣谕十六条为宣传之护符，到处讲说善书劝人为善。继而设坛扶乩，代人荐亡祈福，俨然释道之风，颇为乡民信仰。余波所及，延至江右各地。其坛名多以善字标榜，如某某善坛之类，化愚导俗，同归于善。虽有可取，然假神设教，毙窦万端，亦佛老之末流耳。"③此外，当时④活跃在云南田野中的一批人类学学者对圣谕坛宗教活动的很多细节进行了民族志书写。比如，在《祖荫下：传统中国的亲属关系、人格和社会流动》中，许烺光先生便用两章内

---

① 参见大理弥渡圣谕坛所传《三曹普世》中卷。
② （民国）霍士廉修，由云龙纂：《姚安县志》，民国三十七年铅印本，第876页。
③ （民国）纳汝珍修，蒋世芳纂：《顺宁县志》，钞本，第879页。此外，民国时期的《宜良县志》《禄劝县志》《景东县志》等也对圣谕坛的活动有所记载。
④ 主要指1938—1946年间，云南大学和燕京大学联合成立的社会学研究工作站"魁阁"在云南乡村展开的一系列实地调查研究。

容铺陈了大理西镇圣谕坛的降神活动[①]，而费孝通先生在《禄村农田》中，也描写了一位"人很勤俭"又"很能管理家务"，却"忙着在庙里替人家尽义务，吹洞泾和讲圣谕"的青年[②]。可见，在时人眼中，扶鸾、颁书、宣教是圣谕坛的几个鲜明特征，其造作、宣讲了大量的经本，整日组织道德宣讲、静坐内修的宗教集会，偶尔还须为信众提供荐亡祈福等宗教服务。而官方话语与文化精英对这些经书与活动的态度，以及其对当时社会所能产生的效益大多持否定态度。同时，这一时期圣谕坛所降著敷衍的大量经本，则提供了另一种研究视角，如果站在其自我书写的本位，对中国儒释道三教通和之宗教传统的继承，对世道人心的警示、劝服与安抚，乃至对宗族、族群身份不断加深的认同都是圣谕坛这种民间宗教组织造作与宣讲经书的出发点与最终目的。

二 云南大理生久[③]品善坛降著《消劫妙经》中的佛道通和

《无极瑶池金母消劫大洞妙经》（简称《消劫妙经》）为民国十五年（1926）春王月降著抄本，现存于云南大理生久品善坛处，全书共53页，字迹清晰、保存完好。《消劫妙经》先以无极瑶池金母叙（序）写明降书之缘起；后有瑶池金母演说"飞鸾阐化""末世救劫""劫变收圆"等教义

[①] 根据许烺光的记录，所谓"圣谕"指来自关帝的谕旨，坛中奉他为令人敬畏的众神之王，另外还供奉了八位神仙的牌位。当地人的神仙世界分为"天国"和"西天"两处。天国的统治者是玉皇大帝，关帝和桓侯张飞是他阶下的大臣。仪式活动时的职分除了督讲和会长之外，还有总理、协理、侍乩、平沙、誊录诸生，另外有司乐、经理、侍香、候圣的会员若干，都是男性，可以在内坛伺候。而女性会员则在外坛持香跪拜，并负责炊事。坛中善信与祖先的交流有多种方式，最重要的是以扶鸾游冥的方式撰写鸾书，鸾书中往往记录了各姓祖先在另一个世界的各种情形，并写明祖先对坛中儿孙努力修持的谆谆教诲，这无疑与现世形成了一种互动关系。参见[美]许烺光《祖荫下：传统中国的亲属关系、人格和社会流动》，王燕彬译，九州出版社2023年版，第115—168页。

[②] 在上下文中与这位青年并列的，包括一位成天赶集、做礼拜的中年人，一位六十岁的"老烟枪"，还有一位成天泡在茶馆里夸夸其谈的青年，活生生一副不事生产、不劳而获的有产者阶级形象。参见费孝通、张之毅《云南三村》，社会科学文献出版社2006年版，第46页。

[③] 生久为云南省大理白族自治州大理市下辖村，位于大理镇东侧的坝子上。

之主体经文，并以其与武圣对话的方式传授静坐结丹类修行之法；又有吉祥神咒，持咒后并述"各运心端坐如法谈乾坎艮震三十二卦卦文"。书的扉页正面书"瑶池金母钦定消劫妙经大理县生久藏板"，反面书"民国十有五年岁次丙寅春王月降著品善坛阆园众姓人等捐赀刊印有愿送者自备纸墨"，第53页末尾书"无极瑶池金母消劫大洞妙经卷上终弟子杨国保、安候甫薰沐敬录"，已初步明晰经书降著抄录的来龙去脉。民国十五年（1926）所降著的《消劫妙经》，其生成年月距庚子救劫（1840）已有八十多年，这一时期大理圣谕坛所崇奉之神灵体系，所宣扬之修行教义均趋于成熟。所言虽有繁复且不慎严谨之处，但其经文中所蕴存的佛道通和，可说是中国传统宗教文化背景之下广大民众信仰策略选择之缩影。

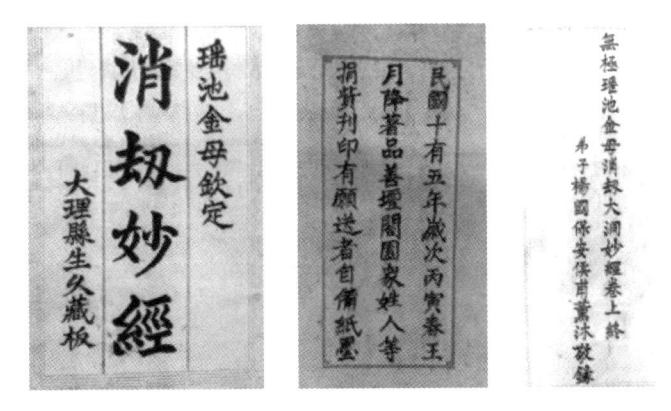

图1 《救劫妙经》经本扉页正面（左）、扉页背面（中）、第53页末尾（右）

（一）气化万物：圣谕坛的创世观念与内修法门

瑶池金母即西王母，又称王母、瑶池老母、西池金母、龟山金母、金母元君，民间俗称王母娘娘。其名最早见于《山海经》[①]，后经汉代与魏晋

---

① 《山海经·大荒西经》中有："西海之南，流沙之滨，赤水之后，黑水之前，有大山，名曰昆仑之丘。有神，人面虎身，有文有尾，皆白处之。其下有弱水之渊环之，其外有炎火之山，投物辄然。有人，戴胜，虎齿，有豹尾，穴处，名曰西王母。"又《海内北经》中有："西王母梯几而戴胜杖，南有三青鸟，为西王母取食，在昆仑墟北。"参见袁珂校注《山海经校注》，巴蜀书社1993年版，第466、358页。

时期的造作，至唐末五代高道杜光庭所作的《墉城集仙录》中，瑶池金母"以主阴灵之气，理于西方"，已成为女仙之首，并"与东王木公共理二气而养育天地，陶钧万物矣"①。在明清时期诸多民间宗教的宝卷、善书中，她的神格得到了进一步的提升，并与无生老母②形象多有重叠，开始成为女性创世者的象征。关于无生老母之创世，清顺治刊本《龙华宝经》中有：

> 无生母，产阴阳，先天有孕，产先天，怀圣胎，变化无穷。生一阴，生一阳，婴儿姹女，起奶名，叫伏羲，女娃（娲）真身，李伏羲，张女娲，人根老祖，有金公，合黄婆，匹配婚姻。戊己土，又取出，阴阳二卵，须弥山，滚下来，响亮一声。有金光，和灵光，搭桥对窍，这便是，治人伦，男女成亲。混元了，又生出，九十六亿，皇胎儿，皇胎女，无数佛星。无生父，无生母，金口吩咐，因东土，无人住，冷淡乾坤……③

而清刊本《文昌帝君还乡宝卷》中则有：

> 混地初分之时，三才未判之际，有一位无极老真空。因他自天而生，名曰无生老母。坐在九十九天之上，默运阳中轻清之气，锻

---

① "金母元君者，九灵太妙龟山金母也。一号曰太灵九光龟台金母，一号曰西王母。乃西华之至妙，洞阴之极尊。在昔道炁凝寂，湛体无为，将欲启迪玄功，生化万物。先以东华至真之气化而生木公焉，木公生于碧海之上，苍灵之虚，以生阳和之气理于东方，亦号曰王公焉。又以西华至妙之气，化而生金母焉。金母生于神洲伊川，厥姓缑氏，生而飞翔，……亦号王母，皆挺质大无毓神玄奥，于西方渺莽之中，分大道醇精之气，结气成形，……体柔顺之木，为极阴之元，位配西方，母养群品，天上天下三界十方女子之登仙得道者，咸所隶焉"。参见（唐）杜光庭撰《墉城集仙录》，《道藏》，明正统刻道藏本，第9页。
② 无生老母又被称作古母、祖母、古佛、老无生、无极老母、无极圣母、金母、天地三界十方万灵真宰等。无生老母住在"真空家乡"——天堂，是一位无生无灭、不增不减、不垢不净、至仁至慈的女上帝。现存诸多清代宝卷善书中的无生老母总作为最初的、唯一的神灵出现。
③ 参见王见川、林万博主编《明清民间宗教经卷文献》第五册，台北：新文丰出版公司1999年版，第652页。

炼一万八百年，使之上升而成天体。复推运阴内重浊之气，又锻炼一万八百年，令其下降而成地形。此时既生天地，空空荡荡，无人住世。无生老母又逆运阴阳二气于八卦炉内，锻炼一万八百年之大候，工足结成婴姹，散在宇宙之中，而为九六灵根。故曰三才者天地人也。①

可见，同样是无生老母创世，其在不同民间宗教的不同经本中说法亦有所不同，前者借鉴了盘古开天地与女娲抟土造人的传说框架，后者则是以道教的气化论为基准进行演绎。而《消劫妙经》中的瑶池金母则是以与武圣对谈之形式阐释其创世观念：

瑶池金母曰：混元辟天地，幽暗无光辉，天地本一气，茫茫一股烟，日月未分明，惟母独一尊，炼合阴阳气，玄元辟先天，生天与生地，妙法万万千，天地日月明，万古庆长春。

武圣曰：理合阴阳，生地生天，化工玄玄，天地始辉，静守妙法，光玄三天，始证澄清，不老长春。

可见大理圣谕坛经本所论瑶池金母之创世思想更切合道教的气化论，即所谓"一气化三清"，从某种程度上说，道教思想理论层面认为神灵是气的人格化。②而同时，人体的内修也是从认知"气"开始的。无论

---

① 参见清光绪己亥年苏城玛瑙经房重刊本，上海图书馆藏。
② 这在诸多道教经典中已做出过较为详尽的阐释。如《云笈七签·元气论》中即有："混沌之先，太无空焉，混纯之始，太和寄焉，寂兮寥兮，无适无莫。三一合元，六一合气，都无形象，窈窈冥冥，是为太易；元气未形，渐谓太初，元气始萌，次谓太始；形气始端，又谓太素；形气有质，复谓太极；质变有气，气未分形，结胚象卵，气圆俱备，谓之太一。元气先清，升上为天，元气后浊，降下为地，太无虚空之道已生焉。道既无生，自然之本，不可各宜，乃知自然者，道之父母，气之根本也。夫自然本一，大道本一，元气本一，一者，真正至元纯阳一气，与太无合体，与大道同心，自然同性，则可以无始无终，无形无象，清浊一体，混沌之未质，故莫可纪其穷极。"参见（宋）张君房辑《云笈七签》，《道藏》，文物出版社、上海书店、天津古籍出版社1988年版，第22册，第382页。

是佛教密宗、瑜伽，还是道教的丹道、存思、导引，总以"气"的运行为基础。《消劫妙经》中瑶池金母紧接着创世之说宣讲了静坐、养气、结丹之法：

> 瑶池金母曰：生天与生地，万物一锅栽，大陆人寥寥，一气撒中天，金盘撒种子，撒下三田栽，天地生人灵，持身如玉圭，瑶台赋灵性，胡乃苦海淹，玄玄一妙手，撒干深水渊，大道无碍门，一直返瑶天。
>
> 武圣曰：天生万物，人最灵真，神如金玉，阴阳合神元，神元合气精，气精本太无，无无无有根，根肥借天泉，发几遮天荫。
>
> 瑶池金母曰：善气贯一元，太微紫金辉，三三并九九，妙化法无边，一气通太和，一灵指归元，一真本妙化，一字返五蕴，玄玄一字了，飞升大罗天。
>
> 武圣曰：太乙真妙道，精一通九天，神元本太和，充塞放光辉，九九一神通，炉中妙果栽，灵章守黄房，玄元始气开，阴阳结丹元，拜贺朝金阶。
>
> 瑶池金母曰：洞天放光辉，阳气布满天，茫茫无光华，气运颠倒颠，安鼎妙化炉，阴气一炉栽，断除邪魔氛，炉中返圣胎，展开妙法门，天地偏生辉，真人无上道，飞升步九天。
>
> 武圣曰：大洞无影无形，空中炼出玄真，天地包围一气，清浊炉中判分，法门纯一不二，皇灵悟透性根，真中之神明窍，玄玄妙妙仙根。
>
> 瑶池金母曰：洞中安九鼎，炉中炼先天，阴阳凝一气，邪气化飞灰，成为新宇宙，朗朗放光辉，金光洞朗澈，慈光映满天，玄元无极国，虚无妙无边，真人脱蚕壳，举步入梵天。
>
> 武圣曰：炉中阴阳一气分，先天后天一炉烹，永断邪缕，禁绝恶根，真灵悟道，玄玄而真。

瑶池金母曰：妙法普无边，映射九天阶，玄玄宏造化，元元炼仙胎，雌雄一慧剑，金光澈满天，扫净龙砂气，赫赫震皇威，保全三三五，三三无浩灾，清净乐逍遥，玄元一气开，灵苗归故国，天都永自然。

武圣曰：慧剑断除邪缕，龙砂一力倾颓，填平黄海，万魔皈依，法轮运化，化除阴胎，扫净阴云，得转上元，灵佛聚会，西极开樽。

瑶池金母曰：雄师下瑶阶，赫赫出九天，神帚扫黑云，炉中大气薰，昏昏一天地，日月失光辉，阴阳成颠倒，凡民受魔灾，皇威赫赫震，保全天地春，凡民得安乐，灵子故都归，放出一点妙，三三会瑶阶。

武圣曰：炉中起烈焰，赫赫化阴胎，法轮转不息，妙妙出先天，玄玄妙妙，妙妙玄玄，先后一气，复回阳春，得归正道，得见光辉，得闻天香，飞升天阶。

瑶池金母曰：法轮频旋转，烈烈化天地，威威垂海宇，妙妙天中天，上元复一气，恶类化飞灰，永除苦海根，四洲放光天，得见母慈颜，天地庆长春，露出纯阳果，指引悟先天，神神化一气，元元一字归，精一通九窍，乘龙飞丹天。

武圣曰：昏昏天地一气分，朦朦瞻仰上天青，同瞻日月光华，星光朗朗洞明，黑云四扫，红轮东升，大光宇宙，乾坤复寅，气运转回，同受母恩，凿至道矣，得寻本根，一通九九，跨鹤飞升。

瑶池金母曰：瑶阶列天仙，玄玄妙法轮，炉中炼天地，五宝亦镕开，三三运化工，妙元复一天，真中一一出，会合无形间，真真真中妙，妙妙妙无边，法轮一气转，泰运三阳开，天地复古始，龙华万万春。

武圣曰：真神统一。妙化初开，旋转天地，先后同归，真中之神，得见光天，真人上澈，洞澈光辉，天地永泰，脱壳飞天，妙法不二，玄玄丹天，一通十通，跨鹤腾云。

瑶池金母曰：充塞满三界，腾腾烈火烟，普天新景象，扫净此火烟，玄玄复妙妙，造化九九天，海宇无黑气，六合无难灾，天地坏复补，乾坤复古春，山河环大地，不阻灵儿归，妙道宏胞与，玄玄一字先，大放光明力，海宇生光辉。

武圣曰：大洞妙经包地天，玄机隐藏一介间，神通妙化，泽沛大千，皇恩贯注，超上九天，指培性根，花谢复开，阴阳运合，神妙一原，灵悟玄机，大道妙传，步入紫府，麒麟飞天。

瑶池金母曰：大方光明力，泄出道之微，慈光覆万灵，度转无极天，慧剑断邪缕，一气纯阳开，无相国光华，虚无景象鲜，梵天乐融融，真神游三天，子气通母气，同见老母颜，玉女撒天香，超度诸有缘，闻香即飞升，快乐步瑶阶。

武圣曰：金母大放慈光，充塞三十三天，仙凡庇荫，悉见光辉，超灵苦海，度上皇胎，削平浩劫，扫清恼灾，天时调和，岁有丰年，民安物阜，上元光天，圣皇御宇，五洲熙然，凤鸣岐山，泰运鸿开，河清海晏，天地长春。

内丹修持早在南宋时期已大量援引佛、儒思想入道。张伯端以如来藏思想之"真空妙有"解说炼神还虚归于无极[1]，王重阳以"三教圆融"思想指导创立了全真道内修明心见性、养气炼丹之真功，外推传道济世、扶危济困之真行的"功行双全"修行体系。全真道在之后的发展中，更是进一步发扬头陀式的禁欲主义与贴近民众生活的儒学伦理观念，一方面仿效佛教，设戒律以规范道徒行为，树立起超然世外的神圣宗教形象；另一方面倡导结庐结庵，组织"社""会"，大量接引中下层信众。《消劫妙经》中的内丹修炼过程充斥着佛道二教内修"玄关"的阐述，可以说是民间道教内丹在佛教内修支撑下发展出的成果。

---

[1] "先以神仙命脉诱其修炼，次以诸佛妙用广其神通，终以真如觉性遣其幻妄，而归于究竟空寂之本源。"参见《紫阳真人悟真篇拾遗》，《道藏》，第2册，第1030页。

(二)普度收圆:圣谕坛的神灵体系与救劫思想

大理圣谕坛所崇奉之神灵体系以瑶池金母为尊,玉皇、弥勒、关帝、观音、文昌、地藏、吕祖等亦有专祀地位。这从品善坛《消劫妙经》礼请众神的仪程中可见一斑:

伏以,心香一炷,遍达于诸圣仙真;慈光洞明,普照于九幽四极。天风浩荡,法雨霶濡。具慧目以电观,赖神光而云集。愿开金轮,请赞瑶章,澡雪中藏,戋兢上启。弟子等潜闻大道,乐奏钧天,对越圆盖方舆,恭设法筵盛会。

志心奏请:无极瑶池金母消劫天尊、黄金阙内玉皇赦罪天尊、弥勒国中匡劫复阳天尊、兜率天宫三清应化天尊、开渡妙章元始万法天尊、西天古佛慈悲救世天尊、斗父斗母长生永命天尊、龙华总理威烈辅世天尊、九天应元雷声普化天尊、社宗主运行造化天尊、乾元洞天太乙救苦天尊、开法度灵慈悲地藏菩萨、玄天上帝真武荡魔天尊、金阙首相解劫济苦天尊、金阙右相更生永命天尊、金阙内相兴行妙道天尊、金阙上相飞鸾阐化天尊、乩坛演教飞鸾佑灵天尊、南海观音慈航救苦天尊、威烈开坛神威济世天尊、威镇幽冥开仁赦罪天尊、太微垣内伯益锡福天尊、紫微垣内消灾解厄天尊、日月星斗慧光普照天尊、西极护卫神威赫赫天尊、洞府明师扫云开化天尊、靖国保境护法诸大将军、乩坛助笔武威化世天尊、泗水官中一切诸大圣贤、桂香宫内丹桂纪录真人、蓬莱岛上合元一切真人、虚空纠察闪电照耀真人、冥府十王慈悲宥罪真人、普天神祇灵威显应真人、九天宝册迎祥集福真人、普天地祇护界护坛真人。

悉伏真香,普同供养。以今铺陈法席,谈演仙经。弟子等悚惧恐惶,稽首再拜,严恭寅畏,皈命一心。伏愿宝光分敷,梵音朗彻。齐声宣咏,列赫赫之神威,肃靖方隅;同口举扬,布濯濯之威灵,维持法戒。净尘氛于内外,溥恩泽于存亡。无愿不成,有缘悉度,仰悉大造，俯赐证盟。

图2 大理生久品善坛仪式现场

从所恭请的神灵体系看，瑶池金母、玉皇、弥勒、斗父斗母、西天古佛、三清四御、雷祖、真武、地藏、观音等称天尊，其次有将军、圣贤、真人等称号。在《消劫妙经》及其相关的仪程中，瑶池金母被放置在了神灵体系的最高层级，为经书的叙述主体，经文中的她既是世界的创造者，又是救劫普度的倡导者，还是诸神以及信仰者修持的导师；其次便是关帝、弥勒、观音、吕祖、文昌等使者，他们是瑶池金母救劫普度思想的传播者，亦是人间苦难的直接拯救者和圣谕坛所崇奉的祖师，还可能是其他仪程所祀奉的主神；最后则为掌管具体事务的神灵，如乩坛助笔、法坛护法、冥府十王、日月星斗等，他们是诸多法事仪程的执行人或护持者，意在保障圣谕坛多种仪式的顺利进行。此外，圣谕坛所奉神灵称号存在佛道混用的情况，如"弥勒国中匡劫复阳天尊、兜率天宫三清应化天尊、开渡妙章元始万法天尊"三者明显便混杂了弥勒与三清（玉清元始天尊、上清灵宝天尊、太清道德天尊）的称号，再如"金阙首相解劫济苦天尊、金阙右相更生永命天尊、金阙内相兴行妙道天尊、金阙上相飞鸾阐化天尊"中，更生永命天尊应为文昌，兴行妙道天尊应为吕祖[1]，而解劫济苦天尊、

---

[1] 据文昌宝诰："志心皈命礼。不骄帝境，玉真庆宫。现九十八化之行藏，显亿千万种之神异。飞鸾开化于在在，如意救world以生生。至孝至仁，功存乎儒道释教。不骄不乐，职尽乎天地水官。功德难量，威灵莫测。大悲大愿，大圣大慈。九天辅元，开化主宰，司禄职贡举真君。七

飞鸾阐化天尊，以及"龙华总理威烈辅世天尊"等称号则应结合仪式所表的救劫、普度、收圆之思想进行理解。

"劫"，全称为劫波，是梵语音译，意译为分别时分、分别时节。佛教以劫为时间单位，来说明世界生成与毁灭的动态过程。佛教认为世界依成（成立期）、住（存续期）、坏（破坏期）、空（空漠期）四期循环不息，劫数无量无边，此为劫海。其中，有情出现于住劫时期；至坏劫之时，世界受灾而毁坏。在住、坏二劫中，分别有小三灾和大三灾对应出现。住劫之中的小三灾，为人祸、饥馑灾、疾病灾与刀兵灾依次来到。而到了坏劫之时，为天灾、水灾、火灾、风灾彻底摧毁整个世界，而同时新的成劫也就到来。[1]《消劫妙经·无极金母叙》中即有劫灾之论：

> 芸芸众生，不此之知，利禄惑于心，物欲蔽于外，日夜营谋，以欺骗争杀相尚致，酿成万恶世道，莫解浩劫。历年来，盗贼、刀兵、水火、饿馑，震动寰宇，民不聊生，此天数所定之下元末劫，何莫非由人道以铸成之乎？……蜂拥之末劫，世道也，吁可圣叹哉。

"劫"之可怖在于不可避免，而"劫灾"的否极泰来又使得"消劫"思想有了一席之地，弥勒救世成为大乘佛教为民间宗教输送的又一重要理念。依《弥勒上生经》《弥勒下生经》所载，弥勒出身于婆罗门家庭，后为释迦佛的弟子，入灭后居兜率天，以菩萨身为天人说法。当其寿四千岁时，将下生人间，于龙华树下成佛，分三会说法，普度众生。而《消劫妙经·无极金母叙》中，瑶池金母须"挽既倒之狂澜，援已堕之皇种"，为

曲灵应，保德宏仁大帝。谈经演教，消劫行化，更生永命天尊。"吕祖宝诰："至心皈命礼。玉清内相，金阙选仙。化身为三教之师，掌法判五雷之令。黄粱梦觉，忘世上之功名；宝剑光辉，扫人间之妖怪。四生六道，有感必孚；三界十方，无求不应；黄鹄溪头留圣迹，玉清殿内炼丹砂。存芝象于丹崖，显仙踪于玄洞。阐法门之香火，为后嗣之梯航。大圣大慈，大仁大孝。开山启教，灵应祖师。天雷上相，灵宝真人。纯阳演政警化孚佑帝君，兴行妙道天尊。"

[1] 参见宋道发、刘光本《"三阳劫变"思想浅析》，《宗教学研究》2003年第1期。

消劫而下降经书：

> 乃降经书，捧下中天，赤书玉字，光放九天，赐书消劫，指度皇胎，万殊万妙，一元通仙，气复太和，运转阳春。

但他度（救）是建立在自度（救）的基础上的，因为"劫"作为众生的共感罪业，是无法被真正消掉的。唯一可以"消劫"的办法，便是按照经书中瑶池金母"吐心血而挖肺腑"所讲的法门，多行善事，静心修持，由此便可消掉自己的劫，从而"归真回原，返照性胎，万法一统，九统一归，阴阳团结，气合氤氲，归还本面，返回瑶天，子母团圆，大庆开樽，梵天逍遥"。这在明清时期的民间宗教中十分常见，《龙华宝经》中有无生老母考校众生功果的桥段，而《弥勒佛说地藏十王宝卷》中亦有言："父子上高山，各人自努力。他人难度我，自度自家人，自修自得，自作自受。神佛都是凡人做，只怕凡人心不坚。今生不向此身度，要等何生度此身。"[1]

三　结语

牟钟鉴先生将中国宗教的发展模式总结为多元通和式，"它从开始即表现为多元发生与不断汇合、沟通，在交渗中分化创新，既保持共发展的多样性，又保持具共生的和谐性，同时在保持民族文化主体性连续性的前提下，以开放的姿态、宽厚的心胸，不断接纳外来宗教，使它们有生存和发展的空间，与本土宗教和平共处、互动互促，使中国宗教文化更加多姿多彩"[2]。大理地区因地处华夏文化、吐蕃文化以及印缅文化之间，因此同时受到多种宗教文化的影响。佛教大约于7—8世纪初传入大理地区，一

---

[1] 参见王见川、林万博主编《明清民间宗教经卷文献》第七册，第66—67页。
[2] 牟钟鉴主编：《民族宗教学导论》，宗教文化出版社2009年版，第278页。

是通过天竺道，多为修行印度密教的梵僧；二是通过吐蕃道，特别在天宝战争后南诏臣属于吐蕃时期交流频繁；三是通过蜀身毒道之由蜀入滇的路程，所传多为汉传佛教派别。其中，阿吒力教[①]在大理地区影响力是最大的，其于南诏大理国（738—902年；937—1094年；1096—1254年）时期一度被尊为国教，降及元、明、清才逐渐下沉至民间。道教传入大理地区很早，但真正对大理地区产生影响应始于明代[②]，清代以后开始深耕乡村生活中的宗教需求，因此一直传承有序。时至清末民初，大理圣谕坛作为国家祭祀的功能被废除了，或者说被无视了，社会动乱，文化信心骤降，精英阶层急于寻求一种新文化来代替中国文化传统，特别是宗教传统。而同时，众多民间宗教及其组织也在相对宽松的宗教管理环境与亟待安抚的民心中开始在广大乡村复苏。大理地区的圣谕坛正是在此时完成了向民间宗教组织的转型。也正是通过一部部经本的造作，圣谕坛中的仪式专家，以及信仰者们才真正将佛、道教的创世、劫变、普度等教义教规，内修法门，以及神仙体系等宗教文化资本在场域内运作起来，以达到一种通和状态。这种通和与自身扶鸾降笔的书写方式相结合，最终完成了一种宗教的本位表达。

---

① 是指由阿吒力（实德圆满、威仪外备、堪为人师的佛教大德，在印度密教中专指能为他人传法、灌顶的上师）传布的密宗教派。阿吒力教从某种意义上说是佛教大乘密宗与大理白族文化为主的土著文化相融合而形成的密教宗派，故而亦称白密。

② 明代大理地区的道教主要受到刘渊然所传全真派与长春灵宝派之影响。刘渊然之徒名芮道材在大理地区主持修建了栖霞观，"在府治之西北。宣德七年，刘渊然之徒芮道材授都纪，遂创之。今为道纪司"；以及习仪道纪司玄真观，"在府治东，都督袁义建，长春真人刘渊然书额。内有泉，凡病疫者饮之即愈"，后于宣德年间得赐道纪司都纪职，在大理巍山授徒三十余人，对大理道教发展影响较大。

A Brief Discussion on the Integration of Buddhism and Taoism in the Scriptures of the Shengyu Altar in Yunnan During the Republic of China Period: A Case Study of The Mysterious Scripture for the Salvation of Calamities Descended by the Shengjiupin Shantai in Dali

Zhang Shucai

Abstract: The "Shengyu Altar" in the Yunnan region originated from the proclamation of imperial edicts during the Ming and Qing dynasties. It was influenced by the "Luantai Salvation" religious movement in Sichuan during the turmoil and epidemic crisis at the end of the Qing Dynasty and the beginning of the Republic of China, and gradually evolved into a folk religious organization that integrates Confucian ethics, which are based on the establishment of a theocratic system, the worship of deities and the teachings and rituals of Buddhism and Taoism, and the "shamanic" tradition of spirit writing and soul-journeying. Influenced by various secret religious doctrines in the late Qing Dynasty and believing in the teachings of "Flying Luan Manifestation" and "Salvation in the Last Days," its main activities include spirit writing, moral preaching, organizing meditation and internal cultivation meetings, and providing religious services such as recommending the deceased for blessings to the followers. It is one of the folk religious organizations that still exist in the Dali area today. This paper aims to analyze the integration of Buddhism and Taoism in the scriptures of the Shengyu Altar in Yunnan during the Republic of

China, as well as the intrinsic expression of classical writing in folk religious organizations, through the comparison with other folk religious scriptures, taking the "Wuji Yaochi Jinmu Xiao Jie Da Dong Miao Jing" (The Mysterious Scripture of the Great Cave for the Salvation of the Golden Mother of the Jade Pond) descended by the Shengjiupin Shantai in Dali in the fifteenth year of the Republic of China (1926) as an example.

Key words: Dali; Shengyu Altar; Golden Mother of the Jade Pond; Integration of Buddhism and Taoism

《孝论》所见儒释孝道思想差异
——兼论人间佛教的历史价值

杨家辉

昆明理工大学硕士生

摘　　要：孝道为儒家人伦之基，而于佛教则不为要道。故自释法东传，间有儒者以"佛不孝"为由辟谤其说。至唐末两宋，新儒学渐起，辟佛之说日激。于是契嵩禅师作《孝论》一文，希望弥合争端，圆融儒佛。《孝论》为文宏阔，影响深大，以至于儒者哑言。然《孝论》所述之"孝"，在性质认识、超越性来源、父子关系定位等方面皆有异于儒家。佛教之"孝"只是修行的方便法门，儒家之孝则具有本根性、在先性而为至德要道，《孝论》所谓圆融，实际上是以佛统儒。因为，佛教于北宋时基本完成了中国化进程，儒家却并未实现心性哲学的升华，故而儒释对话并不平等。星云大师居于现代，可以整全接受中国化佛教与心性儒家的思想遗产，在平等的基础上展开儒释对话，进而以人间佛教的方式实现儒佛圆融，并对现实产生正向价值。

关　键　词：儒家；佛教；孝道；《孝论》；人间佛教

基金归属：本文为2019年度国家社科基金重大项目"'一带一路'佛教交流史"（编号：19ZDA239）的阶段性成果；亦系2023年度云南省教育厅科学研究基金项目"明清孔庙礼制改革与儒家道统思想研究"（编号：2023Y0499）的阶段性成果；以及2022年昆明理工大学研究生拔尖创新人才项目—硕士（编号：CA22369M080A）的阶段性成果。

《孝论》所见儒释孝道思想差异

孝道历来是儒释争执的核心。儒家以佛教出家修行，不养父母，无蓄妻子，而指责其违背人伦，破坏纲常。而佛教久入中土，受到中国本土人伦思想的影响，渐渐吸纳孝道作为本宗教义之一。其间亦渐有《盂兰盆经》《大方便佛报恩经》等经书东译以发明本宗孝道，佛教对儒家辟佛不孝的回应也由被动辩护转为主动阐扬。于是在儒家相继有韩愈、欧阳修等大儒辟佛之时，佛教亦有契嵩禅师以一己伟力，持道相抗。所作《镡津文集》一部，申明大义，内收《孝论》开中土僧人倡孝之风，以至时人称其"孝僧"。《镡津文集》不仅在佛教中广为传颂，也获得一些儒者的赞扬。李之仝作序曰："诸儒尚莫能涯际其邃处，固叵测也。"甚至宣称王安石父子、苏轼兄弟等阅其书后都"始惊而中喜，后从而阴化"。[1] 此外，陈舜俞称契嵩："作《原教》、《孝论》十余篇，明儒释之道一贯，以抗其说。诸君读之，既爱其文，又畏其理之胜而莫之能夺也，因与之游。"[2] 可见无论李、陈，都认为契嵩之书具有道理深邃和阴化儒者的特点，且其目的在于申明儒释两家道义一贯，进而对抗儒者辟佛之说。当代也有学者认为契嵩旨在圆融儒佛："契嵩将儒家的'孝'当作是佛教最高原则的时候，佛教与儒学便圆融无碍了，佛教便中国化了，而中国化了的佛教便将打破儒佛之间的壁垒而将儒家的'孝'发扬光大到了极致。"[3]

细析义理，则古今学者之溢美，并不能真正消弭二氏孝道之差异，儒释终究殊途殊归。诚然，明悉差异并不是简单强调门户之别，而是避免乡愿式的杂糅义理，混同不继。从《孝论》来看，契嵩所谓之圆融，是以尊佛为预设前提，是在曲解儒家根本大义后，对儒佛差异的弥缝，是将儒家降等为佛教之"方便法门"。且不论儒家之孝究竟是不是佛教最高原

---

[1]（宋）契嵩：《镡津文集》，日本国立公文书馆藏元至大二年刊，第2页左。案：国内各本均无此序，故引日本藏刊本。
[2]（宋）释契嵩撰，纪雪娟点校：《镡津文集》，西南师范大学出版社2016年版，第8页。
[3] 陈坚：《"妥协论证"与"方便教化"——牟子和契嵩对于儒学的不同抉择》，《宜春学院学报》2015年第5期。

则,即使是,也必然居于经验地位而无关本根超越。何况契嵩自述:"夫孝,诸教皆尊之,而佛教殊尊也。"① 既然言"殊",便是认为佛之尊孝具有特殊性,且高妙于其他诸教之尊孝。因此,《孝论》也就不可能"将儒家的'孝'发扬光大到了极致",而一定是佛教本位,以佛统儒。是以有必要分析《孝论》文本,明悉契嵩论孝所本之思想源头,进而在义理层面比较二家思想之差异。儒家以"孝"为至德要道,在人伦安排中具有本根地位,在天亲比拟与德性自主中获得超越;佛家则以"孝"为方便法门,以心代天而父子关系徒为因果经验而非本根超越。

一 "孝"在儒释思想中的性质差异

儒家思想以人伦为基,人伦既是儒家安排人生与生活的基本准则,也是儒家理解世界的进路与存在方式。而"孝"生发于父子之间,植根于天道超越,是人伦发生的原点与目的。佛教则不然,以心性修持为根本,其中并不单列人伦,而将人伦外化为心性修行的应事对象。因此源于父子天性的儒家之孝,具有本根性与在先性而为至德要道;佛教之孝则反之而成为修行达道的方便法门。

(一)儒家之孝的本根性与在先性

孝在儒家具有至德要道的本根性,这是由儒家之孝的在先性所决定的。在先性源于对父子关系的认识,是基于人伦与天道做出的判断。在先性包含时间在先与逻辑在先。

逻辑在先是时间在先的思想支撑,时间在先则是逻辑在先的经验发用。孔子谓:"夫孝,德之本,……教之所由生。"② 正在发明此义。"德之本"即逻辑在先,"教之所由生"则为时间在先。逻辑在先渊源有自,《大学》

---

① (宋)契嵩撰,张宏生释译:《辅教编》,东方出版社2018年版,第153页。
② (汉)郑玄注,陈壁生疏:《孝经正义》,华东师范大学出版社2022年版,第13页。

八条目讲"格致诚正修齐治平"[①]正是基于此安排。"格致诚正"是人认识自身之所以为人的德性进路,也是体贴天道心性的自我德性修养工夫。在此阶段,虽然格物包含了他者作为对象,但目的仍在于认识自身之内在禀受的天理心性,格物之"物"只是借助推类认识自身的中介,而不是认识人自身的目的。因而,整个"格致诚正"的德性主体都是人自身,都是内在的,不包含他者作为目的。而后的"齐治平"则是以"修身"为原点,逐步推扩并与他者发生联系的经验发用。"修身"作为修养工夫的总体描述,似乎应当归入"格致诚正"而为德性主体所统摄,实则不然。因为"修身"的工夫已经由前之"格致诚正"完成,此处重申"修"这一活动,不再是"格致诚正"的简单重复,而是依工夫次第实现"格致诚正"后,在具体的人伦中进行实践的准备要求。意即"修"为内外转化,由德性修养进而人伦实践的中介。"修"之前,是以"格致诚正"为具体次第要求的内在德性修养工夫;"修"之后,"齐治平"则是以内在德性为准则在人伦次第中的实践,"修"正是关联二者的中介。于前者是内在德性的整全总会,于后者是人伦实践的发用准备。因而,"修"不当归入"格致诚正"为德性主体,也不当归入"齐治平"为经验发用。"齐治平"分别对应"家国天下","家"是人伦核心,"国"为政治实体,"天下"则是以人伦为根本遵循的秩序常道,既是人之德性主体的极致实现,也是天道在人间的投射。无论如何,在经验发用中,"家"是第一场域。最核心的"家"由夫妻、父子组成,如果将德性主体的德性工夫与时间关联,则父子在夫妻之先,那么父子就是德性主体与他者发生联系的第一场域,"孝"之逻辑在先与时间在先于此同义显现。

时间在先就可以在逻辑在先的基础上做出安排。如果说"格致诚正"是德性工夫的内容,"孝"是德之本,那么"齐治平"就是教的目的。以时间为坐标,个体在存在的一瞬,就已经处于父子关系之中。诚然,母

[①] (宋)朱熹撰:《四书章句集注》,中华书局1983年版,第3—4页。

子关系也具有第一性,但是母子关系中的自然因素掩盖了社会因素,父子关系则必然经由人之社会结构方可确立,所谓禽兽知母不知父。因而儒家之孝强调父子关系就意味着既在时间上表明了在先性,也在社会组织中表明了以人伦为基础的推扩次序。故《礼记》曰:"处君父之位,览海内之士,而近不能教其子,则其余不足观矣。"[1] "君父之位"表明德性主体的确立可以获得政治(社会)组织之位,而这德性与人伦密切相关,是以"近不能教其子,则其余不足观矣"。这里当然包含了儒家内圣外王、以德配位的理想政治设定,但根本遵循是人伦,换言之即人伦失序必然导致政治秩序失序。因而,时间上也必须对人伦做出在先要求,诚然这是基于逻辑在先而在经验层面做出的要求。此外,天子教子的内容虽然囊括了"父子、君臣、长幼之义"[2],但是其所处的伦理关系并非君臣、长幼,而是父子。换言之,即"教"这一动作发用的场域是在父子之间,而非其他伦理范畴。因此,即使教的内容不独是父子之义,而因"教"所发用的场域被首先圈定在父子之间,就决定了父子之义(孝)具有了在先性。[3]

因而,逻辑在先强调父子关系为人伦之基,人伦则是人之类本质,即人伦为人在保有自身主体性的基础上遵循天道。时间在先强调经验中的施用以"孝"或"孝"所直接关联的父子关系为先。由此在先肯定了孝为德之本教而具有本根性。

(二)佛教的孝不具有本根性与在先性

佛教的孝不具有本根性,只是达道的方便法门。契嵩说:"使我疾成

---

[1] (汉)郑玄注,(唐)孔颖达疏:《礼记正义》卷二十《文王世子》,(清)阮元校刻:《十三经注疏》,中华书局1980年影印本,第1407页。
[2] (汉)郑玄注,(唐)孔颖达疏:《礼记正义》卷二十《文王世子》,(清)阮元校刻:《十三经注疏》,中华书局1980年影印本,第1407页。
[3] 诚然,儒家还有易子而教的说法,以及保傅等太子师的教化传统。但这不是否定父有教子之义,而是避免父直接以师的身份来教子,从而陷入"父子责善"的境地以伤害父子之情。所以无论是易子而教,还是保傅制度的设定,都不与父有教子之义相矛盾。

于无上正真之道者，由孝德也。"① "由"字点明孝为方法而不为本根。佛教的修行目标是成就"无上正真之道"，而孝是达成这个目的的方法，因而不具有本根性。契嵩称孝为："至道之法。"② 可见孝为通向"至道"的法门，而非儒家所谓至德要道。

诚然，"圣人之道以善为用，圣人之善以孝为端"③。说明孝为善端（在先），然仅囿于用而非体，契嵩始终未论及为何以孝为端（在先）。至于佛教的父子关系，则杂处于关系群中，各得其义，难见先后。契嵩曰：

> 天下之有为者莫盛于生也，吾资父母以生，故先于父母也。天下之明德者莫善于教也，吾资师以教，故先于师也。天下之妙事者莫妙于道也，吾资道以用，故先于道也。夫道也者神用之本也，师也者教诰之本也，父母也者形生之本也，是三本者天下之大本也。④

可见父母、师、道同为佛教三本，同有在先之义。但是于三者之中，究竟以何者为最先则并未说明，由此也只能权且以为三者并称，无所先后。"本"字前加一"三"字，意味着"本"自身就不是本而存在分殊。那么无论是否并列，父子关系（孝）都不是佛教的本根。因而，必须在父子之外寻找别的来源作为父子生养分殊之外的"本"，故有教诰、神用之本与父母形生之本并列。而形生于佛教中只具有当下义，只在经验中有意义。诚然，儒家孝道也不专以父子为讨论对象，也必然推及国家天下乃至天道自然。但儒释区别在于儒家的推扩是以人伦为基础，国家天下、天道自然与人伦孝道同类生继；佛教则以人伦为一与道、师并列之成分，三者互不相属、互不推类。

---

① （宋）契嵩：《辅教编》，第156页。
② （宋）契嵩：《辅教编》，第159页。
③ （宋）契嵩：《辅教编》，第163页。
④ （宋）契嵩：《辅教编》，第157页。

此外，佛教三本的设定，也撕裂了父子关系与孝之为孝的责任。其一，在儒家看来，因为父于子有教之责，故子于父除敬养外兼有谏诤之责。在佛教则不以为然，契嵩说："父母之正信者可恣与之，其无信者可稍与之。"[1]佛教将生养与教化分属父、师，父母生（育）而不教[2]，则我于父母只有养之责，而无谏诤之责。如果遇到父母为不善或无正信，便只在养上有所减损罢了。其二，儒家认为子女对父母的养，只可以依凭富贵贫贱的客观条件而有所差异，而不以父母德性为据。且养的物质来源，都应当是子女自食其力所得，或劳心以食爵禄，或劳力以食稼穑。而佛教徒既不专事劳动，也不同于官师食心，因而只得："得减衣钵之资而养其父母。"[3]其三，供养父母的原因不同，契嵩说："父母与一生补处菩萨等，故当承事供养。"[4]如此则是由外及内，由菩萨及父母，非是儒家由内及外，由父母及他者。其四，儒家要求下位者对上位者皆有谏诤之责，无论君、师。换言之，儒家之君父师圣，都会区分经验与理想，即他们在经验中就有犯错的可能，因之须谏诤；而在理想中则为想象之整全，为圣王始祖，自然没有谏诤的必要。而在佛教，师道本就在正当性上绝对高于我、先于我，则无进谏的可能。

综上，孝道为人伦之基、德教之本而具有本根性与在先性，为儒家至德要道；佛教反之不以人伦为最高义，而以"无上正真之道"为修行最高追求，且析取神用、教诰而独留形生于父母，使孝道为其方便法门。

二 儒释两家孝的超越性来源差异

儒释两家的孝都具有超越性，但是其超越性的来源并不相同，这也直

---

[1] （宋）契嵩：《辅教编》，第164页。
[2] 契嵩说："生我父母也，育我父母也。"见（宋）契嵩：《辅教编》，第153页。"育"当是养育之义，不是教育之义。
[3] （宋）契嵩：《辅教编》，第164页。
[4] （宋）契嵩：《辅教编》，第164页。

接导致其后续孝行等方面存在差异。

（一）儒家"孝"的超越性

儒家孝道的超越性来源有三："父子天性"[①]、天亲比拟与缺憾性。首先，父子天性是从父子关系、情感的生成而言。父子关系的生成是自然天定，非由人力规训。作为孝道主体的我们，未经也不可能经过我们的选择，我们在存在的一瞬就已经被动地处于父子关系之中了。张祥龙说："我们无可逃脱，总已经身在其中了。"[②]这个"无可逃脱"正是对"父子天性"的最好阐述：一者在于我们没有对父子关系的选择权；二者在于父子关系从天性自然的角度来说不可能终结，只可能因生命结束、父母弃养等无可奈何或非正常手段造成经验世界中社会性的终结。父子情感生成的天性，体现在儒家对父子关系这对伦理模型的精微体察。孟子曰："孩提之童，无不知爱其亲者。"[③]爱亲之情自幼生发，为不学之良知良能，此即天性。何况孟子以"亲亲"为仁，儒家之仁为内在之理，非源外在或后天规训，故有"为仁由己，而由仁乎哉"[④]之说。至于"三月不违仁"与"日月至焉"[⑤]的差异，只是保有程度的多少精粗，而非表里有无。

其次，天亲比拟是对"天人—父子"这对创生关系模型的体贴。创生意味着存在一根本场所创生—被创生之场所，前者为根本且为后者提供批判法则，其生成次序单向不可逆。《曾子大孝》尝引"无思不服"之诗以证天亲比拟，其论曰：

> 天之所生，地之所养，人为大矣。父母全而生之，子全而归之，

[①] （汉）郑玄注，陈壁生疏：《孝经正义》，第152页。
[②] 张祥龙：《孔子的现象学阐释九讲》，《儒家哲学史讲演录》第1卷，商务印书馆2019年版，第261页。
[③] （宋）朱熹：《四书章句集注》，第360页。
[④] （宋）朱熹：《四书章句集注》，第132—133页。
[⑤] （宋）朱熹：《四书章句集注》，第86页。

可谓孝矣……不敢以先父母之遗体行殆也……草木以时伐焉,禽兽以时杀焉。夫子曰:"伐一木,杀一兽,不以其时,非孝也。"[1]

从创生的角度进行比拟,天地创生人,父母创生子女,天地为人之根本,父母为子女之根本。自创生之本末而言,天为人后退可得之根本,父母为子女后退可得之根本。天生人则天在人之先,父母生子女则在子女之先;父母为人,子女亦为人,故而子女一退至于父母,父母一退至于天,天为大根本,父母为次根本。由此则"是仁人之事亲也如事天,事天如事亲"[2]。至于"仁人",则在于仁为内在自有之善,不必从外规训。这在承认天为人之根本的同时,给予人莫大的道德自主,避免孝沦为对天道的机械模仿和人与子沦为天与父的附庸。

最后,是儒家对于父子关系的缺憾性认识。关于此,伍晓明将生命视作他者给予我的礼物(债务)。[3]而他者赐予我之生命,是不可等价偿还的债务,孝因之具有缺憾性。即无论我们通过任何手段,给予父母任何程度、量的回报都不可能等价交换回"他人赐予我的生命"[4]。对等价偿还的绝对否认,既源于生命只存在父子这一种不可逆的生成次序,也源于父子生死的时间差。田丰指出:"亲子关系的代际更替又意味着,子欲孝而亲不在作为人生常态,指向一种命中注定却无法弥补的缺憾性。"[5]这种缺憾源于生死错位,属于经验世界,但是生死本身必然超越。生与死在经验世界发生,但死亡意味着他者从我们的经验中隐去且不再主动生成新的经验,而死亡的他者是我们生命的来源,是创生我们的根本。因而这种因死亡而在经验中的离去不能是真正意义上的离去,意即只能是经验中的离去而不是具有超

---

[1] (清)孔广森注,王树枬校正,王丰先点校:《大戴礼记补注》,中华书局2013年版,第97—98页。
[2] (清)孔广森注:《大戴礼记补注》,第30页。
[3] 伍晓明:《吾道一以贯之:重读孔子》,北京大学出版社2003年版,第174—175页。
[4] 伍晓明:《吾道一以贯之:重读孔子》,第174页。
[5] 田丰:《论仁孝二本》,《哲学研究》2020年第11期。

越性的根本场所的离去，不然我们自身存在的合法性也会随之消失而不可存在。需要强调的是，由于他者死亡不可能在经验中主动生成新的经验，那么作为超越根本场域的他者要想继续对我们产生批判，主动权必然由他者转移到我们自身，他者需要成为我们主体的一部分。而他者与我们主体融合的过程，就是儒家实现超越的过程，这或许就是"三年之丧"的义理所在。守丧三年，在于表达我们对他者的不遗忘；祭祀与"三年无改于父之道"[①]则是在强调对他者这个根本场所的永恒怀念的同时，将他者作为根本批判场所内化为自身主体的过程。而儒家对身后事的安排，正可实现永恒超越。田丰说："儒家的方式则是'祭如在''事死如事生'，要害在'如'字，它既不保证在某个世界的必然重聚，也不希求让死者以原本的方式再临。"[②]这是因为无论是在某个世界重聚还是以原本的方式再临，最终都必然归结为经验而不够超越，不够超越则意味着不够永恒。某个世界与当下世界只存在个体差异，而不存在或无法普遍验证其存在比当下世界更为永恒的差异；以原本的方式再临则不过是重归于原本的经验世界，因之二者都仍然有离去的可能，且终归属于经验。儒家的方式，使他者与"我"内化为一个主体，这不依凭任何物质条件、神秘力量，完全依凭于"我"之德性自主。"为仁由己""是仁人之事亲也如事天，事天如事亲"所表述的正是以人之为人之德性自主，确立、冲扩此体天之仁，继而始及父母这第一场域而最终完成"民胞物与"之体天回溯。由此，"我"作为一般主体而实现德性主体，并以此德性主体之"仁"保证在他者死亡后获得自身完全主动的同时，可以使他者保有在"我"之主体中，他者因"我"而获得永恒。这当然不是时间上的永恒，而是与自身生命的联结——我的生命得之于他者，他者死亡后因我的生命而永恒。即使我的生命在将来某个时刻也必然走向终结，但这个终结也必然有他者与我同时、同在。因此，我的生命终结之前，有他者与我同在；我的生命结束之后，有子子孙孙依靠同样的进

---

① （宋）朱熹：《四书章句集注》，第51页。
② 田丰：《论仁孝二本》，《哲学研究》2020年第11期。

路使"我"与子子孙孙的生命同在，所以无论经验还是超越，他者、我、子孙都可以在德性主体的意义上实现永恒。

（二）佛教"孝"的超越性

佛教"孝"的超越性源于其世界观的设定，而非父子天性、天亲比拟与缺憾性。这意味着佛教"孝"的超越性来源无关人本身，也无关为人之为人提供批判的根本场域——天。

首先，佛教是多世界的设定，且质疑当下世界的真实。曾经有人以佛出家，父母悲怨，谤佛"是不孝人"[①]。阿难遂以此问佛，佛则以须阇提太子舍生割肉饲父母的本生故事答之。[②]借此证明外道谤佛，是只看到眼前的梦幻泡影，而不能看到大智慧。佛所讲述的这些本生故事都不是发生在"谤佛者"所生活的世界或时空中，而是佛在本世界外所另设的世界。如果不具有多世界，且他世界不比本世界更真实的话，佛所讲述的本生故事就只能是故事而已，而绝不能是事实。也不能以他世界中的孝，来为本世界中所受的诽谤辩护。

其次，佛教孝的超越源于神秘主义。佛既然以他世界证本世界，那么作为"凡人"，我们必须思考如何信任佛所讲故事是真实的。不然如何分辨作恶与行孝？毕竟将来[③]证成大道，一时的供养缺憾与度化父母修成正果相比，后者显然更为重要。[④]佛教有三种方法来验证：一者，佛通过神迹来佐证自己所言不虚。例如佛说法时往往身放五彩，异香四溢。而且在本世中，佛成正果后也的确返回度化父母。所谓："登天先以其道谕

[①] 佚名译：《大方便佛报恩经》，《佛藏》第20册，上海书店出版社2011年版，第109页。案：或言该经伪作，然于佛家宗义不违。
[②] 在儒家绝不会赞同佛教的舍生。儒家认为保养身体是孝之始与孝之重［见（汉）郑玄注，陈壁生疏《孝经正义》，第14页］，且我们对于我们自己的身体并没有所有权，不过是"亲之枝也"［见（清）孔广森注《大戴礼记补注》，第29页］。
[③] 当然在佛教的世界观中也可能是过去或无绝对时间关联的另一世界。
[④] 实际上，佛教也强调当未能有大智大愿修成大道的时候，就必须在本世做到实际供养上的孝。所以契嵩说："今夫方为其徒，于圣人则晚路未学耳。乃欲不务为，孝谓我出家专道，则吾岂敢也。"见（宋）契嵩《辅教编》，第164页。

其母氏，三月复归乎世，应命还其故国，示父于道而其国皆化。"①二者，通过其他得果位而有大神通的佛、菩萨②来佐证。三者，佛教信徒通过自身的修行，在通达大道后，亲自经验佛所说的世界。但是在现实中，此三者都绝难一见。

最后，佛教孝的超越性源于轮回学说。契嵩说："故其（佛）视今牛羊，唯恐其是昔之父母精神之所来也。故戒于杀不使暴一微物，笃于怀亲也。谕今父母则必于其道，唯恐其更生而陷神乎异类也。"③这段文字蕴含三层意思：其一，因为有轮回，所以今世所见生物可能是往世父母所化，因而戒杀是孝。其二，今生要笃信佛教，度化父母，避免今世的父母沦为异类。其三，父子关系只在经验中成立，父母只是今世父母。

（三）儒佛"孝"的超越性对比

佛教此类设定，不为儒家接受。儒家虽然讲求祭祀，但是孔子所谓"祭如在"早已悬设神秘主义。故在儒家看来，父母离世后，直以父母荡然消失是不仁；而以父母仍有其他什么形态存在于世界或往生于其他世界则是不智。因而祭祀来源于孝的缺憾性，是提醒自己不要忘却他者的恩赐，也提醒自己永远是欠债者，进而通过自己生命的延续，来慰藉对他者的感怀。

至于多世界的设定，孔孟绝少论述。受佛教影响较大的宋明理学保存不少相关讨论，但与佛教的态度迥异。朱子说："且如万一山河大地都陷了，毕竟理却只在这里。"④这是在模型预设中假设世界毁灭，以强调理的本体地位，而非真的肯定本世界会毁灭。所以当朱子的学生问及天地开辟以前如何时，朱子答曰："已前亦须如此一番明白来。"⑤这说明朱子即使认可有多个世界存在，也认为这多个世界存在时间先后，而非同时或否定

---

① （宋）契嵩：《辅教编》，第164页。
② 在一些高级果位中，可以穿梭世界，纵观过去、现在、未来，自然可以经验到佛所言故事。
③ （宋）契嵩：《辅教编》，第161页。
④ （宋）黎靖德编，王星贤点校：《朱子语类》第一册，中华书局1986年版，第4页。
⑤ （宋）黎靖德编：《朱子语类》第一册，第7页。

时间。且"如此"二字说明朱子认为各个世界之间没有绝对的差异，不过是天道人伦。也就是说儒家所讲之常法、天理即使超越当下世界而具有本根性，也与佛教不同。儒家不承认他世界的存在，所以朱子认为当下世界"不会坏"，即使真的坏了，不过"只是相将人无道极了，便一齐打合，混沌一番，人物都尽，又重新起"①。

借鉴张汝伦关于中国哲学超越概念的论述②，儒家孝的超越是一种退后，是从当下世界的经验活动中退后至更根本的，对当下世界秩序具有谴责或批判的可能的场所。且我们用它审视现行原则本身。而佛教孝的超越，则是在人类世界之外，发现另一（多）新世界，且比本世界更为根本。诚然，儒家在"人的主体中寻找道德根源"③存在内在超越与外在超越两种分歧。粗略讲，因道德主体的心性内在，被现代新儒家看作内在超越；因天道居于超越的根本场域而被张汝伦视作外在超越。重点是，无论内外，此种超越都植根于人之道德主体而必然包含人伦（父子与孝）。如果是内在超越，家庭（齐家）必然是完成内在超越后的第一场域；如果是外在超越，则必然关联天道，而天亲比拟决定了人伦是其归宿。但是佛教的超越则不然：一方面，其超越性源于世界观中的多世界、轮回等设定；另一方面，其超越性只有心性超越。二者根本目的都是超越经验束缚（苦）而达成无上智，父母或人伦只能安顿在修行经验之中，而不能成为无上智本身。毕竟父母只是形生之本，且父子关系只显现于当下经验世界，即父母不具备与本根关联的超越性。

三 《孝论》之圆融二家实为以佛统儒

《孝论》开篇即曰："夫孝，诸教皆尊之。而佛教殊尊也。"④"殊"字在

---

① （宋）黎靖德编：《朱子语类》第一册，第7页。
② 张汝伦：《〈中庸〉研究》第一卷《〈中庸〉前传》，上海人民出版社2023年版，第290—294页。
③ 张汝伦：《〈中庸〉研究》第一卷《〈中庸〉前传》，第294页。
④ （宋）契嵩：《辅教编》，第153页。

这里可作两解：一为不同之意，表示佛教的孝不同于其他学派，有自己的特点；二为殊尊之意，表明佛教的孝具有高出他教而独领风骚的特点，此正显明契嵩以佛统儒之意旨。

首先，在儒家具有本根性的孝，在佛教只是成无上正真之道的方便法门。契嵩说：

> 佛也极焉！以儒守之，以佛广之。以儒人之，以佛神之。①

"极"字说明只有佛教才可以推极孝道，儒家虽然汲汲于人伦孝道，但始终不能触及孝道之极致。原因就在于儒佛差异，儒家只能是守与人，佛教则可以广与神。守、广、人、神是说：儒家局限于当下世界的人伦中认识孝道，佛教则可以超脱当下经验世界的限制，推扩至六道诸天。这意味着，儒家不知往生轮回之妙道，因而为感情所限，父母生则爱敬，死则哭惧，徒留贪嗔痛苦而无益于父母与自己脱离苦海；佛教则不以死为死，不以生为生，看破虚幻，父母与自己共得大自在。是以孝道只有在佛教广、神之中才可以被推极，儒家只能屈守为佛法之一端。

其次，佛教的孝虽然只是方便法门，但相较于外道（儒）之孝，已然是广大深奥。契嵩说："夫善固有其大者也，固有其小者也。夫道固有其浅者也，固有其奥者也。奥道妙乎死生变化也，大善彻乎天地神明也，佛之善其大善者乎！佛之道其奥道者乎！"②这段话很明显地将佛教的孝（道）认定为大者、奥者。而同为论孝的外道，是小者、浅者。是以契嵩统儒之意明矣。而契嵩以佛教的孝为大为奥的理由也很简单：佛教"妙乎死生变化"，从而在死生之间从容自若，生不留恋，死不苦悲——生则为修行工夫，死则超脱虚幻。儒家则只能被动接受生死，于现实无可奈何，不知父母之生何以往，不知父母之死何以往。儒家重孝，不过是自然发动

---
① （宋）契嵩：《辅教编》，第166页。
② （宋）契嵩：《辅教编》，第167页。

的人伦情感，不能透彻经验世界的虚幻。

最后，契嵩认为佛教的教义是成就大道的根本，如果不依从佛教教义，那么所成孝道也不过是小道。契嵩说："孝出于善，而人皆有善心，不以佛道广之，则为善不大而为孝小也。佛之为道也，视人之亲犹己之亲也，卫物之生犹己之生也，故其为善则昆虫悉怀，为孝则鬼神皆劝。"[1] 契嵩这里除了抨击外道为孝小而必须依从佛教教义为孝外，还论述了佛教"众生平等"的教义。但其中意趣，乃二本之学。朱子曰："且人物之生，必各本于父母而无二，乃自然之理，若天使之然也。故其爱由此立，而推以及人，自有差等。"[2] 这说明在天然关系中，父子为先，在奉养活动中也要亲疏有序。而契嵩，在强调要对自己的父母有孝的同时，又强调"视人之亲犹己之亲"，不正是自相矛盾吗？如果遵从此义，不论亲疏，一视同仁，乃至推及微末。那么只要"应生孝顺心，爱护一切众生"[3]，自然就在"一切众生"中包括自己的父母，何必强调要对父母有孝呢？且同体大悲、感怀众生之情，与敬孝父母何异？契嵩在面对自己的父母时，着重表彰父母对其养育成道之恩，并感叹："昊天罔极，何以报其大德？"[4] 这样一面强调同体大悲，一面强调自己父母之殊恩，不是二本是何？是故朱子曰："一统而万殊，则虽天下一家，中国一人，而不流于兼爱之蔽。"[5] 且契嵩自述要佛弟子"得减衣钵之资而养其父母"[6]。"其"字就是说要养自己的父母，那么只养自己的父母而不养他人父母，可以是"视人之亲犹己之亲"吗？在现实中，也不可能有一人可以凭一己之力奉养天下人之父母，所以契嵩之说自相矛盾。至于儒家"君子远庖厨"[7]之说，是出于保养仁心的缘

---

[1] （宋）契嵩：《辅教编》，第171页。
[2] （宋）朱熹：《四书章句集注》，第266页。
[3] （宋）契嵩：《辅教编》，第162页。
[4] （宋）契嵩：《辅教编》，第153页。
[5] 朱杰人等主编：《朱子全书》第13册《西铭解》，上海古籍出版社、安徽教育出版社2002年版，第145页。
[6] （宋）契嵩：《辅教编》，第164页。
[7] （宋）朱熹：《四书章句集注》，第208页。

故，绝非视牛羊与人为同一。所以，契嵩《孝论》是以佛统儒。

四 从契嵩到星云：兼论人间佛教的历史价值

契嵩禅师试图通过"以佛统儒"的方式圆融儒佛，所说于义理尚存在许多困难，但毕竟有其时代限制，不可以今释古、苛求古人。但从时间逻辑与思想发展的角度，星云大师所倡人间佛教，恰可以弥补古人遗憾。人间佛教作为时间与思想的"后来人"，其历史价值包含两个面向：即承前启后的历史地位与观照人间的思想价值。

（一）人间佛教思想的历史地位

契嵩禅师大约活跃于北宋仁宗到神宗时期。这意味着，自南北朝开始延展至中唐的佛教译经运动已经基本完成，佛教教义的解释主体已经由番僧过渡为中国本土僧人，印度佛教也基本实现了由六家七宗等中国教派代表的中国化过程。佛教进入中国以后，恰逢长达数百年的分裂时代。于政治上，汉代党锢以至曹魏典午接相篡逆，使士人对朝廷名教丧失信心，转而讲玄非孔。于国家情势上，则南北分裂、华夷矛盾激化，且世家门阀把控朝政、利在义先。知识分子要么攀附权贵，谋求名利；要么退隐山水，耽于野趣。士人并不能依靠儒家经典进入仕途，施展抱负。两汉经学所注重的小学字义、典章制度、礼乐秩序并不能为知识分子所用，也不能消耗知识分子过剩的思想精力。因而玄学成为新宠。而佛学中所包含的空有、本无等般若智慧，在思想形式上与《老子》《庄子》《易》三玄相近，且无中国固有政治遗产之影响。因此，佛学在玄学之后，快速受到士人注意，成为新兴的思想潮流。儒学发展则自汉末郑、王以后处于停滞状态。

仅南北朝时期，就已经出现两次佛教译经运动：第一次，在西晋至鸠摩罗什以前，主要以《道行》《明度》《光赞》《放光》等般若经为主；第二次则以鸠摩罗什为重要节点，译有《大品般若经》《大智度论》《中论》《十二门论》等经典经论。此外还有玄奘法师所领导的第三次译经活动，也是汉传佛教史上的最后一次大规模译经活动。[1]这三次译经活动虽然以空宗思想为主，但基本构成了中国佛教的思想主体。前两次译经运动中，涌现出道安、慧远、僧肇等佛学大师[2]，他们在印度佛学的基础上提出具有中国特色的思想体系。值得关注的是，在道安提出"本无论"、慧远倡导真如法性而开创净土宗、僧肇写下《物不迁论》的同时，儒家并无任何可与之在思想上分庭抗礼的思想家或著作。更遑及玄奘大师时期逐渐成熟的中国佛教宗派（天台宗、华严宗、唯识宗、禅宗等）所发展出的精妙义理。唐代佛教鼎盛时期，儒家虽有孔颖达编纂《五经正义》，但与佛教思想相比，既缺乏形上内容，也难以形成与寺庙僧团相对应的组织团体。当"释氏宝楼侵碧汉"[3]展现出佛寺之兴盛时，代表儒家道统的孔庙却门庭冷落，以至于"三间茅殿走狐狸"[4]。

至契嵩所处的北宋仁宗朝，佛教思想业已成熟，而儒家思想的发展明显滞后。中唐以来，韩愈首倡辟佛，但其思想深度、精度都远不及佛教。至宋初三先生，思想略有发展，也不过"整理国故"。至于北宋五子，邵康节质偏玄老，专治术数；周茂叔大致与契嵩同期，然与契嵩国师之号相比不过野老；张横渠特讲气论，其东西二铭为文宏阔，语词精辟，但在思想内涵上并未与契嵩形成对话关系；二程则较晚于契嵩。是以契嵩《孝论》可以整全接受佛教的成熟义理，而作为其对话对象的儒家，则尚处于心性哲学的萌发期。例如慧远对"真如"本体论意义上的解释，儒家直至周敦颐"无极而太极"[5]方才有发明；至于生成论，儒家

---

[1] 关于汉传佛教三次译经活动的分期问题，参见郭齐勇编著《中国哲学史》，高等教育出版社2006年版，第184页。
[2] 佛教高僧的涌现，意味着最高明的知识分子为佛教义理所吸引，而旷置儒家。
[3] （清）彭定求等编：《全唐诗》卷六五七，中华书局1999年版，第7608页。
[4] （清）彭定求等编：《全唐诗》卷六五七，第7608页。
[5] （宋）周敦颐著，陈克明点校：《周敦颐集》，中华书局2019年版，第1页。

至张横渠气论方有发明。

　　星云大师则具有时代特殊性，故人间佛教有其历史地位，分而论之则在于思想史与时代特质两个层面。于思想史言之，星云大师法驾晚于契嵩禅师近千年，儒佛两家思想俱已发展。从南北朝六家七宗到隋唐诸派林立，再到禅宗流行于天下，佛教既完成了思想上的成熟与中国化，也实现了寺院建设、僧教团体、民间礼俗的构建。在契嵩时代发展相对滞后的儒家思想，也实现了后来居上。在先秦经典、汉唐经学的基础上，宋明儒者反复体味，出入佛老，不仅重新发掘经典中的隐喻与哲学系统而建立了心性儒家的传统，还在自身内部形成汉宋理心等多个流派，自相辨明经义。因而星云大师得以鉴全儒佛思想，在思想史上可以实现中道圆融而避免儒佛辟统。于时代特质言之，星云大师不仅居于传统中国的思想史整全地位，而且得窥近现代世界风云。这极大地开拓了星云大师的视野与胸怀，从而充括性体，变化气质，思想圆融无碍。值得一提的是，近代中国的政治衰败也极大地激发了星云大师的民族情怀与同体大悲的慈悲心境。故而人间佛教在思想内涵上，可以继承两千余年以来的佛教传统，也可以积极吸纳外道各家精粹，还具有民族情怀与世界视野。星云大师多次往返两岸传法与倡导海外佛教道场要与当地人文风俗融合，便是实证。这是星云大师人间佛教的时代特质所造就的，而为契嵩禅师所限于时代不能见者。是故人间佛教的历史地位，由其承前启后、总括全局的思想史地位，与沟通古今、不弃东西的时代特质所奠定。正如程恭让所说："其中既有'佛陀菩提'的根源性因素，也有'佛法'的因素，更有人类历史文明的进入，其本身涉入人类历史文明及共业舞台，因此基本上是复杂的历史缘起的反映和体现。"[1] 星云大师传法于当代，正是兼有"佛陀"的菩提智慧与人类历史文明，所谓正缘，或在于此。

---

[1] 程恭让：《人间佛教理论、实践的三大方向——以星云大师〈人间佛教佛陀本怀〉为依据》，《西南民族大学学报》（人文社会科学版）2017年第8期。

(二) 人间佛教思想的现实价值

历史地位的确定，一方面源于星云大师自身所处的时代特征，另一方面则必然与其观照现实的思想特质相关。这当然不是将思想价值囿于纯经验的现实观照，而是将现实观照看作思想发用的必要场域。意即唯有现实观照，才可以在思想具有后退场域并提供超越性根本批判原则的同时，把握思想价值的"属己"。这种"属己"不是简单强调个性化的体验经验，而是强调追溯思想内化的先验本源。内化，意味着思想因"属己"而与自身关联，价值的显现得以避免空疏；先验，意味着"属己"的思想必然有着共通的超越本源，避免"属己"流于个体化经验而孤迷不证。星云大师的人间佛教思想，正是在此"属己"的意义上观照现实而具价值。星云大师的人间佛教思想，具有超凡的般若智慧，因而可以兼顾佛教的超越修行与人间现实，进而以方便善巧的方式实现佛教在当代的新发展，而般若义与方便善巧义本就同属大乘佛法的七种大义。[1]那么，我们需要仔细分析星云大师如何秉持般若智慧，以善巧方便，实现人间佛教在"属己"意义上的现实观照。

第一，我们需要认识人间佛教的人间性与超人间性。人间性是指现实观照，超人间性则是经验场域之外的超越本源。传统佛教重视超人间性，而以人间为虚幻，认为最终的超越必然是超脱虚幻，经由无上智慧而归于极乐世界。人间佛教则不然，虽然不否定佛教教义中的他世超越，但更肯定当下经验中的解脱，即"以人间净土为归宿，排斥了空间上的他方净土和时间上的来世解脱"[2]。这意味着人间佛教淡化了传统佛教的神秘主义倾向，而将超越的重点倾向于人自身的智慧开悟。这一点，与儒家不谋而合。儒家避谈神秘主义，重视人自身的力量与德性。星云大师人间佛教倡导人性开悟，以本世（时空具在当下）为承载开悟的场域，以人自身的智

---

[1] 程恭让：《星云大师对佛法实践理性的特殊贡献——从般若、方便融合的佛法义理学视角》，《法音》2023年第8期。

[2] 李利安：《佛教的超人间性与人间佛教》，《哲学研究》2005年第7期。

慧与德性为开悟的目的,以人为开悟主体而承认人之为人的德性自主。星云大师说:"人到了觉悟了以后,明白好坏、是非、善恶、对错,都觉得这些没有什么了不起,五欲六尘都不放在心上,这不就是人间佛教的解脱吗?"[①]因而,人间佛教的觉悟被安放在当下现实中,且依靠人之德性自主而显明,这种依靠自身的思想路径,正是"属己"特质的彰显。基于前文,佛教与儒家争论的一个原点就在于多世界的设定,而星云大师此处避谈多世界而以现实为觉悟场域的思想,正是通过般若修行、智慧觉悟的方式规避或消化了儒佛世界观设定的差异问题,这是为契嵩禅师所未见的。诚然,往生极乐是佛教教义的必然内容,但需要意识到,星云大师人间佛教重视现实的特质并非对这一教义的否定,而是在时代与历史的要求下做出的回应。人间佛教是真正意义上对佛教教义的灵活运用,所体现的正是无上智慧。是故程恭让评价道:"般若智慧与善巧方便的辩证与融和,在本质上乃是佛法理论理性与佛法实践理性的辩证融和而已。"[②]

第二,在于人间佛教经由内在超越而实现觉悟的思想路径。作为高妙的思想教派,其思考对象不可能仅仅局限于现实。故而,当避谈他方世界以后,星云大师将人间佛教的觉悟安顿在内在超越之中。内在超越的特性在于追求在本世界中寻溯超越场域。如果说儒家的天是具有根本批判性的超越场域,而且天人之间存在创生关系;那么人间佛教的内在超越则是无关创生逻辑,仅强调智慧开悟的境界次第。所以人间佛教的内在超越在李利安看来,是相对超越,内在超越虽然如其所说:"以内在超越为特质的相对超人间境界信仰一直是中国大乘佛教的理论核心"[③],但无关本根。因为儒家天的价值必然显现在当下世界,故而关联天的超越是本根超越;人间佛教即使强调人间性,但毕竟不否定轮回与多世界的世界观,故而在当下世界之中实现的内在超越,只能是关联当下而不具本根性。人间佛教将

---

① 星云大师:《人间佛教回归佛陀本怀》,人民出版社、宗教文化出版社2016年版,第13页。
② 程恭让:《星云大师对佛法实践理性的特殊贡献——从般若、方便融合的佛法义理学视角》,《法音》2023年第8期。
③ 李利安:《佛教的超人间性与人间佛教》,《哲学研究》2005年第7期。

内在超越界定为相对超越的思想路径,可谓高明。一方面,内在超越的方式既不否认佛教本义中的世界观设定,也将现实囊括进佛教教义之中;另一方面,内在超越以人之为人的德性主体为开悟对象与承载主体,为显明教义寻找到了共通基础,从而避免特殊性的神秘体验。因而,人间佛教的内在超越实现了"属己"的内化与先验。

纵观星云大师的人间佛教思想,无论是对人间性的侧重,还是对内在超越的强调,都为两大脉络所一以贯之:其一,"属己"特质的显现,即要求在现实中显明价值,在人性或人本中寻找共通基础;其二,对佛教入中土以来的中国化与时代化(这在当代体现为现代化)发展传统的继承。于此二者,人间佛教思想在时代中展现自身承前启后的历史地位,在经验中彰明观照现实的思想价值,进而成就自身的历史价值。

五 结语

父母生身,无论各家都以尊崇为尚。但因各家义理不同,取象有差等。儒家重视天道人伦,故而以德性自主为孝道基石,父母既是经验存在的本源,也是德性主体的超越来源与目的。佛教则以经验世界为虚幻,心性修持为根本,父母虽尊而不过是经验中的形生之本。因之,儒家取象父母,比拟天道,以天亲互拟为理解世界的模型,以自身德性自主为目的,孝则为至德要道;佛教以心性为本,以心代天或存心灭天,进而父母只是心性为达无上智之过程中经验所应之对象,孝则是修行之方便法门。所以,儒释孝道义理不同,《孝论》圆融儒佛的尝试,实际是以佛统儒。儒释圆融,不当是简单统摄,而应是以理解各家义理价值为前提的对话。佛教无视儒家人伦,则难免为世俗所排辟;儒家不鉴佛教心性,亦难以发明心性哲学而有理学之昌明。是故星云大师能为契嵩禅师所不能为者,倡导人间佛教。人间佛教重视现实,以人为本,悬置他方世界而倡导内在超越的智慧觉悟,在当下世界中以般若智慧而行善巧方便,为儒佛圆融扫除障碍，为世人修行应世探求人间路径。是故，人间佛教的历史价值于此显现：以思想的方式，在历史中观照现实，在现实中承继历史。

The difference between Confucianism and Buddhism's filial piety ideas as seen in the Xiaolun
—On the historical value of Humanistic Buddhism

Yang Jiahui

Abstract: For a long time, Confucianism and Buddhism have had a dispute about the idea of filial piety. Venerable Master Qi Song wrote *Xiaolun* in the hope of ending the dispute. But the filial piety advocated by Buddhism is very different in nature from that of Confucianism. Venerable Master Qi Song *Xiaolun* is actually a way of using Buddhist ideas to integrate Confucian ideas. But the reason for this error is that there is a time gap between the development of Confucian and Buddhist ideas. Venerable Master Hsing Yun lives in the modern era and avoids the time gap. So he can do a real blend of Confucianism and Buddhism, which has historical value.

Key words: Confucianism; Buddhism; Filial Piety; *Xiaolun*; Humanistic Buddhism

阳明学的近代回响

——以太虚法师的论述为中心

王学路

清华大学博士生

摘 要：阳明学在近代的重新登场，与政治家和思想家的推崇密不可分。他们热衷研习阳明学，认为日本因阳明学而强盛，把阳明学当作维新和革命的思想武器、精神资源。作为近代著名的"革命和尚"，太虚法师也深受阳明学影响，他曾发表《论王阳明》《论宋明儒学》《王阳明格竹衍论》《王阳明与新中国哲学》等多篇专题研究论文，对阳明学中的"格物""良知""知行""四句教"等关键概念，进行了带有时代气息和现实关怀的全新诠释，并反思了阳明学中的流弊。太虚对阳明学的理解虽存在误判之处，但其论述因时代背景而带有独特价值，体现了"融贯"与"开新"的诠释特点，对后人重新认识阳明学多有启益。

关 键 词：太虚；王阳明；阳明学；佛教

基金归属：本文为2019年度国家社科基金重大项目"'一带一路'佛教交流史"（编号：19ZDA239）的阶段性成果。

一 阳明学在近代的复兴

阳明学在历史上曾掀起一股思想解放潮流，明代中后期，阳明学逐渐分化，出现"门徒遍天下，流传逾百年"①的盛况。然而随着明朝的灭亡以及清朝的打压，阳明学被斥为空疏无用的误国之学，如顾炎武所言："以明心见性之空言，代修己治人之实学。股肱惰而万事荒，爪牙亡而四国乱，神州荡覆，宗社丘墟。"②由于阳明学本身带有近代性的许多价值，诸如摆脱封建传统的阶级观、追求主体性精神、高扬人欲解放以及万物一体等性格，在近代民族危亡的背景下，阳明学重新走入人们的视野。

（一）社会风尚：时人热衷研习阳明学

当时的政治家和思想家胸怀政治诉求，肩负着救亡与启蒙的双重使命，他们借助阳明学注重发挥人主观意志的作用，来排除现实中的强力压迫，向旧社会、旧制度、旧风俗抗争。

严复将阳明学作为中国文化的代表进行反思："惟是申陆王二氏之说，谓格致无益事功，抑事功不俟格致，则大不可。夫陆王之学，质而言之，则直师心自用而已。"③严复之所以对陆王之学持否定态度，主要在于"无益事功"与"师心自用"两点。这是古往今来对阳明学的"典型误解"，并不符合阳明学实质，也并非近代知识分子的共识，康有为、谭嗣同、梁启超等维新派代表人物无不推崇阳明学。康有为早年学于朱九江时，"独好陆王"已广为人知，他认为心学的传承经历了孔子到孟子，再到陆九渊、王阳明的谱系，具有"直捷明诚，活泼有用"的特点。梁启超将王阳明思想奉为启蒙国人汲取自由平等思想的依据，自称其《新民说》专述王阳明及其后学之言，并作《王阳明知行合一之教》阐发王阳明的知行合一学说，强调："苟学此而有得者，则其人必发强刚毅，而任事必加勇猛，观明末儒者之风节可见也。"④谭嗣同在与孟子、庄子的对比中解读王阳明

---

① （清）张廷玉等撰：《明史》第282卷，中华书局1974年版，第7222页。
② （清）顾炎武撰，（清）黄汝成集释，栾保群校点：《日知录集释》，中华书局2020年版，第364—365页。
③ 王栻主编：《严复集》第1册，中华书局1986年版，第44—45页。
④ 《梁启超全集》，北京出版社1999年版，第762—763页。

的思想:"盖其宗旨岂喧,无异孟子性善之说,亦与庄子于道之宏大而辟、深闳而肆者相合。"① 观其《仁学》一书,不列程朱著作,却专举王阳明之书,对阳明学的推崇可见一斑。

事实上,近代中国的阳明学有其内发的进展,未必全然来自外在刺激,现代新儒家的研究足以为证。熊十力以"体用不二"演绎"新唯识论"的思想体系,明显带有王阳明"即用显体"的影子,他认为"儒者之学,唯有阳明善承孔孟","阳明之学确是儒家正脉"②。梁漱溟以"直觉"释"良知",认为:"及明代而阳明先生兴,使祛穷理于外之弊,而归本直觉——他叫良知。"③ 并通过分析王阳明的知行观,将"知行合一"解读为"知行本来合一"。贺麟建立了"新心学"体系,认为知行有高下,提出:"最高级之知与最高级之行合一,最低级之知与最低级之行合一,这是最自然的知行合一大旨。"④

(二)集体认知:日本因阳明学而强盛

"知行合一""致良知"等精神一度被奉为日本明治维新的精神动力,日本作家三岛由纪夫指出,不能无视阳明学而谈明治维新。冈田武彦也认为:"日本的阳明学对明治维新开国之业的贡献尤为显著。这时期尽管没有出现伟大的理论家,但佐久间象山和吉田松阴的开国之策,西乡南洲和伊藤博文的远大策略,都有功于日本,而这是阳明学所赋予的。"⑤

日本因推崇阳明学而变得强盛的印象大大刺激了爱国士人,让他们在传统的重压下看到了翻身作主的希望。章太炎虽对阳明学有过批评,但也不得不承认:"日本维新,亦由王学为其先导,王学岂有他长?亦曰'自

---

① 蔡尚思、方行编:《谭嗣同全集》(增订本),中华书局1981年版,第529页。
② 萧萐父主编:《熊十力全集》第4卷,湖北教育出版社2001年版,第394页。
③ 梁漱溟:《东西文化及其哲学》,商务印书馆1999年版,第154页。
④ 贺麟:《五十年来的中国哲学》,上海人民出版社2019年版,第199页。
⑤ 〔日〕冈田武彦:《简素的精神——日本文化的根本》,钱明译,西泠印社出版社2000年版,第257页。

尊、无畏'而已。"①梁启超将信奉阳明学的吉田松阴尊为明治维新"主动力之第一人",还说:"本朝二百余年,斯学销沉,而其支流超渡东海,遂成日本维新之治,是心学之为用也。"②唐文治晚年发挥阳明学,希望借由阳明学实现"救人心"与"救国"的愿望,他感叹:"迨中年两游东瀛,究其立国之本,则自崇奉王学始。游其书肆,览其书目,为王学者不下数百家,其数远过于吾国。"③

纵观这些言论,他们推崇的阳明学皆带有浓厚的革命情结,多以日本明治维新、尚武精神为参照,将阳明学视为报大仇、雪大耻的精神资源。在此风气之下,近代佛教必然会受到影响。太虚在自传中记录,1927年,他与蒋介石于浙江奉化有过长谈:"蒋公拟邀我同去日本住一些时,把阳明学和佛学作一番研究。"④后来虽未成行,但蒋介石对阳明学的推崇是毫无疑问的,他从青年时便开始研读《传习录》等阳明著作。在蒋介石看来,近代日本之所以快速崛起,正是得益于对阳明学思想资源的利用:"他们窃取'致良知'哲学的余唾,便改造了衰弱萎靡的日本,统一了支离破碎的封建国家,竟成功了一个今日称霸的民族。"⑤

二 太虚赞赏阳明学的原因

思想开放的太虚大师对时下流行的学说非常关注,他积极发挥阳明学的正面价值,盛赞王阳明为"儒家仲尼以来之一人也!"评价阳明学说:"予以宋、明儒学,实华梵两学构成之一思潮。今者海东西民族,方将酝酿世界之文化,唯是可为前事之准。而阳明又此一思潮之硕果,前乎阳明未

---

① 章太炎:《答铁铮》,《民报》第14号,1907年6月。
② 葛懋春、蒋俊编选:《梁启超哲学思想论文选》,北京大学出版社1984年版,第139页。
③ 唐文治:《阳明学为今时救国之本论》,《国专月刊》第2卷第5期,1936年1月。
④ 《太虚大师全书》第31卷,宗教文化出版社2005年版,第282页。
⑤ 转引自季甄馥等主编《中国近代哲学史资料选编》第4卷,上海社会科学院出版社1989年版,第742页。

有逮阳明之盛者也,后乎阳明未有逮阳明之盛者也。一推斯学,小之足以起中国,大之足以援天下。"①太虚如此推崇阳明学,原因可归结为两方面。

(一)阳明学近于禅宗

在历史渊源上,宋明理学自产生之初就与佛教激荡交织,考察阳明学不能忽视这个大背景,太虚对此有充分的自觉:"知宋儒来源上之禅宗关系,则可知王学与禅宗之关系也。"②太虚认为,周、张、程、朱皆使用过禅宗的静坐、参话头等方法,阳明学处于宋明理学的传统中,自然也无法脱离这种影响。

在悟道工夫上,王阳明于贵州龙场"一夕,忽大悟"充满了神秘色彩,与禅宗祖师的开悟经历相似。此外,龙场悟道"日夜端居默坐,澄心精虑,以求诸静一之中"③的描述体现出重"心"倾向,后来阳明又强调静坐不可沉迷于"气"。太虚指出阳明在静坐上,受佛教(重心)的影响多过道家(重气)。

在施教风格上,王阳明根据弟子根器利钝而施以不同的教化方法,也是禅宗重视的教学方法,对"四句教"有不同理解的钱德洪、王畿的为学路径恰似禅宗的北宗、南宗之别,因此太虚认为王阳明"施教往往有禅风"。

(二)阳明学重视实行

太虚非常认可阳明学对于日本崛起发挥的作用,他在1917年东游日本后感慨:"时彦言日本文明,有取于阳明、舜水诸哲,就师实地考察,禅宗先入,因知心学在日本早有根基,宜乎王学之易昌明。强国之道,有本有末,岂仅在坚甲利兵哉!"④此处特别提及禅宗较心学先入日本,再次

---

① 《太虚大师全书》第22卷,第440页。
② 《太虚大师全书》第22卷,第445页。
③ 吴光等编校:《王阳明全集》(新编本),浙江古籍出版社2011年版,第1427页。
④ 《太虚大师全书》第30卷,第318页。

彰显了太虚认为"阳明学近于禅宗"的立场。

另外，太虚胸怀"佛法救国"与"文化救国"的宏愿，他眼中的王阳明"不深辩门户之见，实知实行，盖粹然一得心于佛禅、立身于儒术之大贤"[1]，这种对实知实行的重视，以及展露出的亲民特质，与太虚推行的佛教改革理念不谋而合。近代中国内忧外患、旧有社会结构天崩地裂，佛教沉积的弊病更为突出，太虚力图在维护传统佛教本位的基础上发扬救世精神，以大无畏的勇气革除传统佛教的积弊，他认为如果善加发挥阳明学的思想资源，将有助于改善当时的困顿时局，开创中国现代佛教的新局面。

三　太虚对阳明学概念的会通

对于阳明学的种种赞赏并非太虚的附会，而是源于他对阳明学一以贯之的关注。太虚专题讨论阳明学的文章有《论王阳明》《论宋明儒学》《王阳明格竹衍论》《王阳明与新中国哲学》等。其中，《论王阳明》是太虚1923年应泰东图书局之邀为《王阳明全集》作的序，运用唯识学理论诠释了"良知""知行""四句教"等关键概念。在序中太虚强调："阳明全书之刊行，所以将大有功于世道人心也。……今世兽欲横流，人性垂灭，亟须有阳明之人者兴，救之以人伦之正！"[2]足以看出他对阳明学寄予厚望，期望以此救正世道人心。

（一）格物

王阳明早年受朱熹"众物必有表里精粗，一草一木，皆涵至理"[3]的影响，曾有"格竹"经历。虽以失败告终，这一经历却是王阳明早年重要的思想探索，也成为心学史上的标志性事件，使阳明对朱熹格物说产生怀

---

[1]　《太虚大师全书》第22卷，第446页。
[2]　《太虚大师全书》第22卷，第453—454页。
[3]　吴光等编校：《王阳明全集》（新编本），第1228页。

疑，提出了一条与朱熹专从外物中求知识完全不同的思路。1916年，太虚在《王阳明格竹衍论》中，用数千字的篇幅讨论了王阳明格竹（格物）一事。

第一，在格物的概念上，太虚认为，先儒解读格物的种种说法不胜歧出，他眼中的"物"是能够被命名、思维的对象，即"实举可名可思、能名能思者而尽之，但限有本于实体耳"。"格"是"究极之谓也"，"格物"是"考究思存之所诣"，也就是将能被思维的对象研究到极致。从名的方面来说，竹子本无自体，其形、色、质的区分，苍翠、长圆、坚冷的属性，都是人对于眼、耳、鼻、舌、身、意的六根功能的整合，并非物之全貌。"故区于吾正目视之竹，决不能得一竹之全形也。夫吾正手拊之竹，或不止一竹，然且不能得一竹之全质。"[1]眼睛最多只能看到三分之二的竹子，还有三分之一是看不到的；手能触碰的只是竹子的一片区域，手掌之外的地方，人并不能全面地认知。从业的角度来说，当竹子与他物有交涉时，便有了作为食物、丈量、编筐、装饰等业用，此业用由因缘和合产生，与竹子交涉的物无尽，可产生的业用亦无尽，不可能的业用（比如"竹固不能以之榨燃灯之油，铸炊饭之釜"[2]）也是无尽的。

第二，在格物与正心的关系上，太虚认为，阳明对格物的阐释更符合正心的概念。"今余专就王守仁所言者而论之：王氏谓格者、正也，致吾心于事物之正也。此则但言正心足也，何为言格物哉？"[3]王阳明将"格"训为"正"，格物是"致吾心于事物之正也"，在太虚看来，只说正心就足矣，不必附会先儒之说，非要将心性修养方法套在格物的名词上。但实际上，王阳明的"格物"与"正心"同在一个工夫系统中："故格物者，格其心之物也，格其意之物也，格其知之物也；正心者，正其物之心

---

[1] 《太虚大师全书》第22卷，第433页。
[2] 《太虚大师全书》第22卷，第436页。
[3] 《太虚大师全书》第22卷，第431页。

也。"①"言格物则必兼举致知、诚意、正心，而后其功始备而密。"②既然格物与正心相互包含统一，太虚又为何有此"格物"与"正心"之分呢？这体现了二者对心的理解存在差异——在王阳明看来，"正心"之"心"即圆融无碍的本体之心，不需要做"正"的工夫；而太虚理解的"心"是掺杂人伪之"人心"，让人心归其正才是正心的含义。

第三，在格物与穷理的关系上，王阳明认为，如果依朱熹之论在心外求理，会陷入"务外而遗内"的支离弊端，其言："世儒之支离，外索于刑名器数之末，以求明其所谓物理者，而不知吾心即物理，初无假于外也。"③太虚指出，王阳明以格竹失败为由，否定朱熹"即物穷理"方法不够客观。格物不需要在身心之外去格竹，自己的身心便是物，便可格。"又力驳朱熹即物而穷其理之说，谓吾尝就窗前之竹而格之，三日三夜无所明，身心为之大困。窃不解其以何为物，以何为格也？夫物岂必在身心之外，即身心便是物也。凡考究思存之所诣，故莫非即物而穷理。即以窗前之竹而究极其理，亦何尝不可贯通天地万物而尽其性！王氏固如何格窗前之竹，竟致身心大困耶？"④万物之理本自贯通，世间没有不能穷理的物，凡是考究"思存之所诣"都可说是"穷理"，在竹子上也能够推究出万物之理。如果王阳明能确切理解"格"与"物"的内涵，必定能够随执一物皆可穷尽万物之理。由于阳明对格物的界定和认知不明确，格竹失败⑤也在情理之中。

太虚对王阳明格竹（格物）一事的讨论背后，暗含了他对当时中国科学落后现状的不满和担忧："格物致知是属于科学研究的，诚意正心是属

---

① 吴光等编校：《王阳明全集》（新编本），第83页。
② 吴光等编校：《王阳明全集》（新编本），第53页。
③ 吴光等编校：《王阳明全集》（新编本），第261页。
④ 《太虚大师全书》第22卷，第431页。
⑤ 陈来先生在《有无之境——王阳明哲学的精神》一书中指出："阳明把朱子的格物哲学了解为面对竹子的沉思，可以说是宋明哲学史上绝无仅有的。绝大部分理学家，尽管可以不赞成朱子格物理论，但还没有人把朱熹思想误解到这个程度。"陈来先生认为，王阳明当时理解的"格物"有误的，是因为少年时期王阳明的思想不成熟。

于精神修养的。中国现在如能对这两方面注意,以科学来补充物质方面之不足,以佛教来补充精神方面之不足,融和贯通起来,方可建设现代中国。"① 太虚深受西学的影响,欲探寻中国科学文化发展之进路,因此十分重视客观物质之理的探讨。他认为当时中国科学的科学之所以落后,在一定程度上要归咎于王阳明对于"格物"阐释的内心转向。

(二)良知

太虚认为,"良知"在王阳明的思想体系里占据重要地位。"前言隐贯阳明一生者,惟是良知二字。故欲知阳明之道宗,必首向其所云之良知讨个分晓,乃有著落。"② 从"良知"入手,能更好地了解阳明之道宗。

第一,在良知的概念上,后世学者大都认为王阳明"致良知"说源于《孟子》的"良知良能",太虚则指出王阳明的论说与孟子"同名异实"。"孟子所云之良知、良能,盖指吾人生禀之知能耳,生禀之知能,虽倘无习惯之染,实已为气质所拘,故同在人类,智、愚、仁、暴,襁褓中万差矣。至阳明所云良知者,乃先泛滥词章,从事于格物穷理,出入佛老,积闷久之,忽于居夷处困之际,尚观古人,近察当己,炯然独露而得;此乃吾人独能作圣作佛之一点灵心,自由活泼,绝待无依,不为气质习惯拘染者也。"③ 孟子所谓的良知来自先天,却被气质遮蔽,不显露其体,只能由四端之心推知其存在。王阳明说的良知,是经过一番艰苦的后天工夫,在机缘成熟时,摆脱气质杂染而显露的心体。太虚用了一个比喻来阐明二者的区别:"盖孟子所指之良知良能犹金矿,而阳明所指之良知,则犹矿中露出之金也。"④ 金矿与矿中之金,都是天然的、不经人为修饰的存在,但是金矿毕竟被天地气质所拘,不如金子般精纯无待、自由活泼。

第二,在良知与独知的关系上,王阳明认为"所谓'人虽不知,而己

---

① 《太虚大师全书》第26卷,第379页。
② 《太虚大师全书》第22卷,第446页。
③ 《太虚大师全书》第22卷,第446页。
④ 《太虚大师全书》第22卷,第447页。

所独知'者,此正是吾心良知处。然知得善,却不依这个良知便做去,知得不善,却不依这个良知便不去做,则这个良知便遮蔽了,是不能致知也。"①吾心良知无论有事无事、有人无人,都恒常地主宰人的视听言动,能让人产生认知。此良知只能为自己所知、自家主宰,所以称为独知。太虚认为:"独知云者,非谓无他人共其寝兴游宴处之知也,乃指不拘气禀(先业所引、机械所定之身心器界),不染习尚(现身所修功业、所成之学识经验),超然于气禀习尚之上,卓然于气禀习尚之中,而自由活泼绝待无依,独能知善知恶之正知也。确指此良知者,乃吾人前六识所相应之本来净善信心,自性清净,复能清净余心心所,如水清珠能清浊水者也。"②太虚法师结合唯识学,将独知解释为不被因果业力牵引、不为才情的机械身心决定、不被知识经验染着的知。这独知之良知,是绝待无依、自由活泼的清净本体。

第三,在良知与佛性的关系上,太虚认为阳明出入佛老多年,其"良知"学说与佛教所言的"佛性"息息相关,人人具足良知就是众生皆有佛性。针对王阳明所言"良知只是个是非之心,是非只是个好恶,只好恶就尽了是非,只是非就尽了万变"③,太虚指出:"王氏之意,盖指人心本灵明,而能知事事物物之真妄善恶,及应用之事事物物而具有条理耳;此亦仿于佛说不昧本心。"④在太虚看来,人心灵明、能知是知非,借鉴了佛教"不昧本心"的思想,"此不昧无差别心"能遍观世间一切有差别法,正如"良知"能以不变之规矩尺度应无尽之方圆长短。同时,太虚也提出阳明良知学说的不完备之处:佛教的"佛性"包含"不昧本心""慧心所""信心"等含义,"良知"知是知非,只对应佛教中"慧心所"正知正见之义。阳明错认良知为本心之全体,不知良知仅是本心的一个维度,不能涵括本心的所有意义。

---

① 吴光等编校:《王阳明全集》(新编本),第38页。
② 《太虚大师全书》第22卷,第447页。
③ 吴光等编校:《王阳明全集》(新编本),第121页。
④ 《太虚大师全书》第22卷,第429页。

总的说来，太虚对王阳明的良知说评价较高。一般人由于习染、气禀的拘碍，不能时时发见良知而长养之，而王阳明"不唯能发见之（龙场大悟），且能持养之（静默澄心）；不唯能持养之，且能施行之（以致良知修己化人，致君泽民，知行合一）；不唯能施行之，且能充实之（赤日当空，万象毕照）。所以为儒家仲尼以来之一人也！所以为华梵两化所育生之唯一良果也！"①太虚认为王阳明从自己的身心实践出发，汲取儒家先贤及佛教的养料，发见、持养、施行、充实良知，这是其他学者不能及的。

（三）知行

第一，在知行概念上，王阳明"知行合一"之"知"有两层意思：一是良知发用的、未被人欲染着的知，二是感受性的直接经验之知。太虚强调的"知"相当于佛教之思所成慧，是修习者听闻佛法后静心思索考究而形成的清晰明了的智慧。虽然太虚本人认为："此思慧，与王阳明所说知行合一之知字相同；乃是依佛制、戒律、心体力行。"②但实际上，太虚所言之"思慧"在本质上与阳明之"良知"有所差别。人由于无明的笼罩，在修习过程中不能完全获得本体之知。即便将此思慧修到一定境界，依然是有漏之慧，难以用来作为判断是非的标准，故而有可能误认良知。在行的方面，王阳明的行与知的工夫不可分，"行之明觉精察处，便是知；知之真切笃实处，便是行"③"圣学只一个功夫，知行不可分作两事。"④知的内容是良知，行依据良知而行。而太虚所说的"行"是具体的行动实践："王阳明先生主张'知行合一'，研究佛学为知，实践行持为行，如是则行持与研究佛学并重。"⑤在修习佛法中，研究佛学属于知，行持佛理属于行，修习者应当行持与研究并重。

---

① 《太虚大师全书》第22卷，第448页。
② 《太虚大师全书》第16卷，第303页。
③ 吴光等编校：《王阳明全集》（新编本），第222页。
④ 吴光等编校：《王阳明全集》（新编本），第1页。
⑤ 《太虚大师全书》第30卷，第43页。

阳明学的近代回响

第二，在知行先后上，阳明认为，知与行皆源于良知，因此不提倡知识的过度累积，反而认为"知识愈广而人欲愈滋，才力愈多，而天理愈蔽"①。太虚认为："识由行为缘故有，行由无明为缘故有。"②知、行都要经过修习，才能破除遮蔽，成为正知正行。当被问到行持和研究哪个更重要时，太虚答曰："行持与研究佛学并行者为最优；次则专做行持工夫者；最次则为专事研究佛学者。"③比起王阳明，太虚更重视行持实践。这种对于戒行的重视，与对治时弊相关。他认为佛教数百年来被世人诟病、佛学教化不能弘扬的原因在于，上根者隐山静修、下根者赖佛求活，他主张学佛者务必要依身份和力量作利人的事业，以报答众生恩德，进而重振佛教。

第三，在实现路径上，阳明认为，人人本具有良知的正知正行，去除私欲间隔，自然能实现知行合一。太虚则认为，正知、正行都要经过修习、持戒才能逐渐使行为符合佛法真理。合乎佛法的正知正行含摄在"慧"之中，慧分为三种，即闻所成慧、思所成慧、修所成慧。闻佛法而真切了解佛理，是"闻所成慧"；将所闻之真理融会贯通，观察身语意三业活动，改正思想与行为上的陋习，是"思所成慧"；依闻所成慧、思所成慧，心意逐渐明澈而静定，是"修所成慧"。"思所成慧"是追求知行合一的过程，"修所成慧"则是达到了知行合一的状态。而阳明强调良知天然具足，"良知自知，原是容易"④，易让人误以为不需要后天的修习。

第四，在天赋能力上，太虚用佛教因果轮回说打破了天赋有定数的说法。王阳明认为："圣人之才力，亦是大小不同，犹金之分两有轻重。尧、舜犹万镒，文王、孔子有九千镒。……学者学圣人，不过是去人欲而存天理耳，犹炼金而求其足色。妄希分两，务同彼之万镒，锡铅铜铁杂然而投，分两愈增而成色愈下。"⑤这是说人的天赋能力犹如金子，学者应当在成色上

---

① 吴光等编校：《王阳明全集》（新编本），第31页。
② 《太虚大师全书》第3卷，第341页。
③ 《太虚大师全书》第30卷，第43页。
④ 吴光等编校：《王阳明全集》（新编本），第132页。
⑤ 吴光等编校：《王阳明全集》（新编本），第30页。

用功，而不当妄图增加分量。太虚则认为，人的才能由新旧熏习所成，"故有宿习之力，则今世易学而能之，无宿习之力，则今世强学而能之。是以知、行、能之三者，由宿习成熟，非天赋也"①。众生性情不同，或重知识，或重能力，或重践行。真正的有志之士，必定追求知、行、能的一致，这样才能"显其学问之成功"，补充了阳明"精金"之说对能力讨论的忽略。

太虚对知行概念、知行先后、实现路径、天赋能力的诠释，有诸多异于王阳明之处。但从总体上来看，他对王阳明的知行观持肯定态度："亲从环境感受，实验于农工政教生活，产生科学、技术、文艺等，是行而知、知而行之第一重真知识也。亲从心身修养，变化于气质根识生活，产生哲学、德行、圣智等，是行而知、知而行之第二重真知识也。……宋明儒欲将第一重、第二重沟通而范归孔、孟者，然结果不大佳，惟阳明较有成就。"②太虚把求真知识的方法分为重知派、重行派两类，认为在宋明儒者中，只有王阳明较好地结合了重知与重行的方法。

（四）四句教

自天泉证道以来，王阳明的四句教引起了其弟子以及后世学者的广泛讨论。太虚对此也有过关注，并以唯识学理论作了会通性的解释，意图把四句教法建立完善。

一是"无善无恶心之体"。太虚依据唯识学对阿赖耶识的规定，认为王阳明所言的心体，即"先业所引之真异熟、及异熟生等色心诸法"③。"真异熟"指阿赖耶识，是一切法存在的根据，非普通人能觉察认识；"异熟生等色心诸法"是一般所称的业报之果，是由阿赖耶识所产生的精神和物质现象。这些现象的流行遵循已定之势，只有借助他力才能改变，儒家"天命"和道家"自然之道"都是此意。"无善无恶心之体"与阿赖耶识虽

---

① 《太虚大师全书》第26卷，第131页。
② 《太虚大师全书》第28卷，第294页。
③ 《太虚大师全书》第22卷，第450页。

有会通处，二者也并非全然相等。阿赖耶识除了对"无善无恶"的讨论外，还有对染净问题的关注，所涉内容比"无善无恶心之体"更全面。太虚以唯识学来解读"无善无恶之心体"，既能体现世间染净善恶之法的流转变化，又能体现心体本身"无善无恶""非染非净"的性质。

二是"有善有恶意之动"。在王阳明看来，意识发动必然会指向对象，从而引发好恶和是非的判别，所以需要在意念发动处笃实用功，成就自家良知。太虚将"意"诠释为唯识学中的第六识（意识）："是痴、见、爱、慢、恒续之意根，与依此意根而染净之前六识，及前六识中能善能恶之意识，率身等前五识以为善为恶者也"[1]。第七识（末那识）之我执细微难以把抓，只有从意识上用功，才能逐渐将我执断除。所以得解脱的关键就在于意识，这正是人类优于其他众生的地方："此意动中能善能恶之识较为自由，往往能超脱异熟及痴根之拘碍，雄据异熟、痴根之上，而独行其所欲行也。"[2]太虚关于意的讨论附加了因果业力的内容，解释了恶与烦恼难断的原因，为普通人做心性修炼工夫提供了有益参考。

三是"知善知恶是良知"。王阳明认为，良知有知是知非之能，容不得任何欺瞒，所以学者为学要信得良知。太虚认为，此良知的内涵与佛教中的净善信心之义相合："良知，即信心相应诸心心所，唯是净善之性者也。"[3]依太虚的解释，良知是潜存于阿赖耶识中的净善之性，但是被阿赖耶识、末那识束缚，隐伏不得现起。只有借助意识，才能偶尔呈露出来。良知是作圣之基、成佛之本，如果能通过持戒、禅定等手段保持、长养，则可以知善知恶、崇善拒恶、为善除恶。王阳明与太虚论良知的区别在于：阳明之良知与意识联结，良知既具有清净之性，又有认知功能，二者相结合，是良知知善知恶的原因；太虚所言的佛教之"信心"，只具有净善之性，不具有认识功能，信心需要与意识结合，以其清净之性涤清能善

---

[1] 《太虚大师全书》第22卷，第450页。
[2] 《太虚大师全书》第22卷，第450—451页。
[3] 《太虚大师全书》第22卷，第451页。

能恶之意识，才能断除诸恶。

四是"为善去恶是格物（格致）"。王阳明认为，格物是对良知的落实，有格物工夫良知才不是悬空的本体。"吾教人致良知，在格物上用功，却是有根本的学问。"① 唯有在事上落实良知，践行格物工夫以去除遮蔽，才能恢复心体之光明。太虚的为善去恶同时包含了格物和致知的内容，因此"为善去恶是格物"也被他称为"为善去恶是格致"。在太虚看来，"物"之所以显现，是因为人的意识受阿赖耶识、末那识的拘碍染净，而有物之种种分别。"盖物也者，即向者能为拘碍之异熟、痴根等，亦即是意、心、身、家、国、世界等。"② 如果能通过为善去恶的工夫转变拘碍，就能实现意诚、心正、身修、家齐、国治、天下平，创造出理想的人间净土。

四 太虚对阳明学流弊的反思

太虚虽然钟情阳明学，但并未回避阳明学在流衍过程中出现的问题，他曾评价："阳明能化行当世者，以得良知之道宗也；阳明致弊丛末流者，以失四句之学纲也。知此，可与论阳明道学得失之原因。"③ 王阳明因提倡良知学受到极高的推崇，而后学对四句教的诠释各有不同导致流弊丛出，的确是中肯之语。太虚对阳明学流弊的反思，具体可归结为以下几方面。

第一，理论阐释不够严密。在1916年作的《王阳明格竹衍论》中，太虚认为，能在古代保持长盛不衰的学派"莫不以法为分，以名为表，以参为验，以稽为决，其数一二三四，故足持守而不渝"④。只有订立明确规则、建立严密理论，才能让学派传承不绝。然而"王氏则诏人以只词单句，其要在致吾心之良知于事事物物。立义均至单也，其所言、实等于

---

① 吴光等编校：《王阳明全集》（新编本），第109页。
② 《太虚大师全书》第22卷，第451页。
③ 《太虚大师全书》第22卷，第452页。
④ 《太虚大师全书》第22卷，第429页。

未尝言耳!"① 这是认为王阳明未能"持论立教",仅以只言片语教人,过分强调"致良知"的作用,因此导致阳明后学对先师的教导理解不一,形成"人异其说,自相斩伐"②的混乱局面。另外,太虚还指出王阳明由禅宗悟入,在儒学中没有对应的言说体系,"以阳明虽心知其故,而于儒说无征"③。即虽然阳明所悟已达到一定境界,但"不能详却其说",无法将所悟恰当地表达出来。因其立言过简,王阳明去世后门人弟子各持言论,相互攻击,其弟子修学也流于"浅薄轻嚣"。

第二,接引后学的手段不足。在1923年作的《论王阳明》一文中,太虚指出王阳明在接引后学上存在的问题:"其急于明道,往往将向上一几轻于指点,启后学躐等之弊,未尽融其高明卓绝之见而底于实地。"④"阳明以自己之高明律人,视他人尽是高明,既不能定之以教理,又未能范之以律仪。"⑤"惟于内圣外王之道,其应帝主以成人成物者,尚有待耳。故其致良知时之教育门弟,建立功业,皆自充其良知之用以成己者,未能暂舍乎己,为天下、国家、人民、万物设身处地以从之也。"⑥以上批评基于三点:一是王阳明教导后学的立论虽然高明卓绝,但在实行方面指点得不够充分;二是"视他人尽是高明"的教法,只适用于上根弟子,对根基平庸的弟子而言,需要制定更具体的行持规矩;三是阳明只是做到了借"成他"而"成己"的圣功,未做到"成己"又"成他"的王业。以"格物"的教法为例,太虚认为王阳明只言"格其不正以归其正""存善去恶",而不具体言明如何存善、如何克去恶念、如何保持心境不退,这不仅不利于阳明学的流传,也易使后人产生理解上的分歧。太虚的这番批评大概是有感而发,因为自宋代以后衰落的禅宗同样也存在行持不足、戒律不振的问题。

---

① 《太虚大师全书》第22卷,第429页。
② 《太虚大师全书》第22卷,第428页。
③ 《太虚大师全书》第22卷,第450页。
④ 《太虚大师全书》第22卷,第443页。
⑤ 《太虚大师全书》第22卷,第452页。
⑥ 《太虚大师全书》第22卷,第443页。

第三，批评阳明后学违背先师教法。"此之四句，乃阳明学纲之所存也；而历来解者，自王龙溪、邓定宇、黄黎洲辈，鲜了知其义者。"[1]"故阳明此之四句教法，主要在知善知恶之良知，笃切在为善去恶之格致，结果在恶尽善纯之至善。而王龙溪辈误认重在无善无恶之心体而欲一切无之；黄黎洲虽不善龙溪、定宇等邪解，欲从而救正之，卒迷离惝恍而莫能达其辞，均不知王学之纲也！"[2]"汝中是狂者流，德洪是狷者流，阳明之裁狂狷而致中行之意甚明。惜其后即出征思田，再无考正这二流学行机会，致狷者仅狷狷自守，无以正狂者；而狂者愈狂，卒狷披而流及明亡，为世丛诟。"[3]在以上论述中，太虚对阳明后学围绕着四句教产生的分歧进行了总结：一是直斥王龙溪"四无说"言之过高，犯了"求高反浅"的问题；二是黄宗羲虽不认同王龙溪、邓定宇的解释，但他不知王学之纲，想救正后学之偏却未能做到；三是王阳明知道王龙溪与钱德洪对四句教存在分歧，但未能调停二者，以至于狷者（钱德洪）自守、狂者（王龙溪）愈狂。这些后学弟子均未把握到阳明思想的实义，因此会陷入"得浅、得深、得纯、得驳，只取其一偏，以之独扬其至，执之不得会通，末流遂猥杂不可收拾"[4]的局面。从表面上看，太虚是在批评阳明后学，但实际上也是在批评禅宗末流的积弊，这些近禅的阳明后学类似佛门中的通宗，太过重视直观顿悟，缺乏研习经教的传统。

正如太虚对阳明学怀有"同情之了解"，其质疑的态度也同样建立在"同情"的基础上。太虚认为，阳明生平有两大遗憾："一、历遭刘瑾、许泰、江彬、张忠、杨廷和、桂萼群小之障，曾不得一中资之君相辅宰，使能如王安石、张居正得君当国一二十年，则伊尹、周公之盛治不难重见明季，而国运亦或为之一变。……二、出征方捷，追殂道途，使其退归乡里，能齐孔子之寿数，则必能裁其门弟子之狂狷者驯致中行，则立言亦可上跻

---

[1] 《太虚大师全书》第22卷，第449—450页。
[2] 《太虚大师全书》第22卷，第451—452页。
[3] 《太虚大师全书》第22卷，第459页。
[4] 《太虚大师全书》第22卷，第452页。

孔子。不惟不致有末流之弊，且可能引三派学说均衡发展，使中华民族文化垂统继世而发扬光大也。……此阳明之不幸，亦中国学术文化史之不幸也！"[①] 如果天假之年，或许阳明在事功、引导良知学均衡发展上能做出更大的成就。

五 太虚阳明学诠释的特点

太虚在《新与融贯》一文中自述，其思想有两大特点"新的思想与融贯的思想"。二者互为表里，"融贯"会产生"新"的效果，"融贯"的目的也是开"新"。

（一）融贯：坚守传统佛教本位

太虚以佛教为本位对阳明学进行了创造性解读，探究了阳明学的殊胜之处，阐明了阳明学的救世价值。

一是坚守佛教的心性论，反对形上与形下、知识与实践、心性修养与经验科学的二元分立。在对正心诚意的解释上，太虚认为王阳明讲得不够周详。在王阳明看来，"正心"之"心"即本体之心，本体至善无碍，对本体不需要做"正"的工夫，只需要做恢复的工夫。"但正心修身功夫，亦各有用力处，修身是已发边，正心是未发边。心正则中，身修则和。"[②] "正心只是诚意工夫里面体当自家心体，常要鉴空衡平，这便是未发之中。"[③] 而太虚所理解的"心"并非本体之心，而是掺杂人伪之"人心"，故认为让人心归于正就是正心的含义。在心物关系方面，王阳明认为心包万理，世间之理皆源于此心，世间之物也都在此心中形成映现，穷理不过是穷此心，格物工夫也只在心上做。太虚则认为"身心便是物"，在物上穷理亦

---

① 《太虚大师全书》第22卷，第458—459页。
② 吴光等编校：《王阳明全集》（新编本），第27页。
③ 吴光等编校：《王阳明全集》（新编本），第38页。

可、在心上穷理亦可，不须分此内外。此外，太虚不认为心对世界有统摄作用，他指出心只是众多因缘和合的结果，心虽能主导因缘和合，却不是一切因缘的原因。

二是以唯识学来阐发阳明学。在近代注重系统和逻辑的唯识学勃兴之时，太虚将唯识学与重直观体悟的阳明学相结合，无疑是一种有益的尝试。他将儒家的"气""道心""本心"比附为一切种子如瀑流之习气种子识，将"性"理解为"真异熟识"，将儒家天命之性视为"同分性"。在诠释阳明"四句教"时，借唯识学的八识思想，把意、心、身、家、国、世界视为拘碍心识的根本障碍，主张要转变障碍、遵从良知，实现诚意、正心、修、齐、治、平。不仅补充了阳明未论及之处，如与心体、意识因缘业力的关系，心体在善恶性相之外的染净性相，也对恶的形成作了更深的解释，有助于世人更周全地了解自己的心念流转，知道如何对治有漏之念。当然，太虚的诠释也并非尽善尽美，心体、良知、意识的运作模式与八识并不相同，八识以因果业力为整个系统的动力和纽带，而四句教则是以良知为动力。另外，信心所也不具备良知的认知功能，需要借助意识而产生作用。四句教也未论及人的眼、耳、鼻、舌、身五识，故将唯识学八识与四句教相合而论需要更加谨慎。

（二）开新：展望中国哲学未来

太虚1946年作《王阳明与新中国哲学》一文，沿袭胡适、谢无量等人关于中国哲学史的划分，将宋代至清代的儒学分为三派：一是以程颢、陆九渊、王阳明为代表的唯心派，二是以程颐、朱熹为代表的心物二元派，三是以颜元、戴震为代表的唯物派。三派各有所长，侧重科学者往往重视唯物派，侧重哲学者在心物二元派、唯心派之间摇摆不定。太虚法师认为，想要建设新中国哲学，"可以王阳明为枢而发之"[①]。

一方面，阳明学可以与唯物派相通。阳明学在历史上常被冠以"无事

[①] 《太虚大师全书》第22卷，第456页。

袖手谈心性"的不事躬行的印象，甚至被认为是明朝灭亡的导火索。但实际上，阳明学者在政治、经济、军事、科技等经世致用的各个方面都有突出贡献。王阳明少时即出游居庸三关，为官后平宸濠之乱、治南赣盗贼、行十家牌法、组建民兵队……太虚非常看重王阳明的躬行实践，认为："推广阳明无有不行而可以为学之说，而更验其一生之无时不体物理，缘人情之行事，足以发挥而充极唯物派之实学。"① 王阳明非但不是人们认为的"默坐空谈、执理废情"的形象，相较那些空言者，反而"更能深切著明而见之行事"。

另一方面，阳明学可以与心物二元派相通。阳明弟子徐爱将心比喻为镜，认为："圣人心如明镜，常人心如昏镜。近世格物之说，如以镜照物，照上用功，不知镜尚昏在，何能照？先生之格物，如磨镜而使之明，磨上用功，明了后亦未尝废照。"② 太虚从工夫论的角度分析，认为程颐、朱熹注重在"以心照物"上用功，王阳明则注重在"磨心明照"上用功。说王阳明是唯心派主要因为他重在"致吾心之良知于事事物物"③，但这与"事物皆心所变，或随心有无"④的唯心论并不相同。从本体论角度看，也可以说王阳明是心物二元论——他强调的致良知是去主观上私意之弊，存客观上事物天然之理，一旦离开事物为学，就会落空。

在这种以阳明学为枢纽，融贯唯物派、心物二元派的思路下，太虚对新中国哲学的发展前景非常自信："今诚能以阳明为枢，而将宋、元、明、清之三派哲学均衡发展，复解除宋以来拘局儒名，于佛道阴盗阳拒之丑态，容认佛道均为因素。程朱得于道，而陆王尤得于佛，更扩颜戴派而领受欧西近代之科学、工业、民政、法治等学说文化，则大成新中国之新哲学，且可进而构造全世界人类所须要之哲学与文化矣。"⑤ 虽然太虚的理念最后没能成功施行，但他以传统中国佛教为本位，对阳明学作了具有现代

---

① 《太虚大师全书》第22卷，第457—458页。
② 吴光等编校：《王阳明全集》（新编本），第22页。
③ 吴光等编校：《王阳明全集》（新编本），第49页。
④ 《太虚大师全书》第22卷，第458页。
⑤ 《太虚大师全书》第22卷，第459—460页。

367

性特征和现实关怀的全新诠释，不仅对于理解儒佛关系有所启发，也为人间佛教后来的发展做了有益的探索。

Modern Echoes of Yangming Studies: Centering on Venerable Master Tai Xu Discourses

Wang Xuelu

Abstract: The re-emergence of Yangming studies in modern times is closely related to the praise of politicians and thinkers. They were eager to study Yangming Studies, believing that Japan was strong because of it, and regarded Yangming Studies as an ideological weapon and a spiritual resource for reforms and revolutions. As a famous "revolutionary monk" in modern times, Venerable Master Tai Xu was also deeply influenced by the Yangming Studies. He has published many special research papers such as *Wang Yangming*, *Confucianism on Song and Ming*, *Wang Yangming's Treatise on Bamboo*, *Wang Yangming and The Philosophy of New China*. He gave a new interpretation of the key concepts of Yangming Studies, with the flavor of the times and practical concern. Taixu also reflected on the shortcomings of Yangming studies. Although Taixu's understanding of Yangming studies was partially misjudged, his exposition was unique in its context, reflecting the interpretive characteristics of "integration" and "innovation," which will be helpful to future generations in their understanding of Yangming studies.

Key words: Venerable Master Tai Xu; Wang Yangming; Yangming studies; Buddhism

唐君毅的禅宗哲学研究

徐沐玥

上海交通大学博士生

摘　要：现代新儒家学者唐君毅的禅宗哲学研究，是构建其"感通的形上学"的理论来源之一。唐君毅通过哲学思辨的研究方式阐释禅宗义理，目的是使禅宗精神融入以主体性建构为目标的心性哲学体系中，使禅宗哲学成为现代新儒学的有益补充，此举具有一定的开拓意义。然而，将禅宗哲学纳入儒学体系，乃至高儒于禅的做法，于义理上亦有不甚妥当之处，值得进一步思考。在人间佛教的视野下再观儒佛会通，两家应互相尊重对方的问题意识，立足于人的现实存在和共同的时代问题，在具体实践中圆融互补，美美与共，或许才是更好的出路。

关 键 词：唐君毅；儒佛关系；禅宗哲学；人间佛教

基金归属：本文为2019年度国家社科基金重大项目"'一带一路'佛教交流史"（编号：19ZDA239）的阶段性成果。

唐君毅是20世纪著名中国哲学学者，现代新儒家的第二代主要代表人物之一。[1]从学问成长之路来说，唐君毅有着传统儒家家学渊源，年轻时受西方哲学思想影响，又经熊十力提携，有着较为深厚的学术素养和人

---

[1] 有关现代新儒家的传承谱系，学界目前以刘述先的"三代四群"架构为主，认为第一代包含熊十力、马一浮、张君劢以及冯友兰、贺麟、钱穆、方东美两个群体；第二代有唐君毅、牟

文主义倾向。从学术理想与现实关怀来说，唐君毅等现代新儒家学者致力于重建人的"道德主体性"，以挽救中华文明乃至日趋下堕的人类文明于"花果飘零之际"。从治学方式看，唐君毅兼善哲学研究和文化研究，常常将文化抱负融入哲学思辨中，使得其作品流露出鲜明的文化使命感。

唐君毅对佛教的研究，始终抱有"同情的理解"[①]，尽量消弭自宋明以来儒者所固有的门户之见，力图以哲学思辨切入佛教义理，并吸收、转化佛教精神为其"道德形上学"的组成部分，以接续宋明道学的心性论传统。在这样的学术背景下，禅宗哲学以其独特的宗风与较高的文化价值，尤其为唐君毅所看重。本文即就唐君毅如何把握禅宗精神、如何诠释禅宗经典、如何分判儒禅关系以及如何化禅宗精神为其心性论哲学的一部分，展开论述。

一 唐君毅对禅宗精神的总体把握

唐君毅对禅宗思想的讨论，主要集中于《中国哲学原论》之《原性篇》与《原道篇》中，散见于《中国文化之精神价值》《中国古代哲学精神》《中西哲学与理想主义》等诸多著作。总体而言，唐君毅对禅宗的态度是明显褒扬的，对禅宗精神的把握也较为公允。唐君毅研究禅宗哲学的方法，延续了他的一贯治学理路，"重点不在此期学术的内容叙述，而是注意此期学术思想的一贯问题之所在"[②]，是"哲学性"地从问题意识切入，更关注禅宗哲学发展的内在精神动因及其在中国文化史上的作用。

宗三、徐复观；第三代有余英时、刘述先、成中英、杜维明。（参见刘述先《论儒家哲学的三个大时代》，香港中文大学出版社 2008 年版）另有刘乐恒提出的"新儒学三系说"。（参见刘乐恒《心性接通现代性如何可能——第二代现代新儒家的哲学探求》，《齐鲁学刊》2020 年第 3 期）将唐君毅归为现代新儒第二代人物，一般而言是没有争议的。

① 参见陈寅恪《〈中国哲学史（下）〉审查报告（一）》："凡著中国古代哲学史者，其于古人之学说，应具了解之同情，方可下笔。"冯友兰：《中国哲学史》，商务印书馆 2011 年版，第 603 页。

② 唐君毅：《中国古代哲学精神》，九州出版社 2016 年版，第 290 页。

禅宗是中国佛教的重要宗脉之一，唐君毅对禅宗的理解，建立在对佛教哲学整体认识的基础上。他首先肯定佛教是讲修行的宗教，而非在知见上下功夫："真正之智慧实为修行之果。此种智慧，由修行而后证得，故佛家之真精神，唯在其实际之修行工夫上，其所言之宇宙人生之理，乃所以助人之了解其修行之道，而引入实际修行之工夫，故吾人谓宇宙人生之理论，属于佛学之末节亦可。"[1]即佛教哲学本就重工夫论、重修行，这与儒家、道家重修养、修炼的实践性格相契。而禅宗之所以在诸多宗派里脱颖而出，关键在于禅宗提出了一套"创造性的心性之工夫论"[2]，并直接启发了后世宋明儒学的心性学说与工夫论体系。在唐君毅看来，禅宗与三论宗、天台宗、华严宗等最大的不同之处，不在于提出了一套全新的义理体系，相反，禅宗于义理上几乎可谓意见寥寥；它真正的贡献正在它独特的修行方式、工夫操作方法上。在讨论到圭峰宗密所说"唯达摩所传者，顿同佛体，迥异诸门"时，他评论道："此达摩禅法迥异诸门，实则唯是中国之禅宗之教学方式，迥异前此之禅法而已。"[3]有学者指出，这样的判断对于禅宗发展史的理解过于粗疏，是"根据一些表相而得出的结论"[4]，不能算作对禅宗史的得当把握，笔者深以为然。不过，笔者却也认为，唐君毅之所以作出这样的论断，其意恐怕并不在对达摩所传禅法与后世禅宗的关系做有效的梳理，而在于从文化史的角度，将"达摩禅"视作了"中国禅"，以言明禅宗工夫相较于华严、天台等禅法的特殊之处。"教学方式"的改变意味着修行者做工夫方式的转变，这也正说明禅宗之特色正在它"创造性的心性之工夫论"，而本体论、宇宙论以及成佛境界等，仍遵循大乘佛教的基本教义。

既然禅宗精神的特质在其"创造性的心性之工夫论"，那么是否意味着对禅宗哲学的一切理论性诠解都不必要呢？对于以禅宗为代表的实践

---

[1] 唐君毅：《中国古代哲学精神》，第269页。
[2] 唐君毅：《中国哲学原论·原性篇》，九州出版社2016年版，第230页。
[3] 唐君毅：《中国哲学原论·原道篇（三）》，九州出版社2016年版，第286页。
[4] 张云江：《唐君毅佛教哲学思想研究》，高等教育出版社2016年版，第265页。

哲学的可说与不可说的问题，唐君毅将其归纳为"言与默"的问题，并撰文予以解释。在他看来，由于中国哲学重实践、轻言谈，强调"得意而忘言"，故而理论性的阐述愈少，对理的把握往往就愈深刻，境界就愈高。禅宗之"棒喝"以破执为要，可时时提起，时时放下，"有心与心之相接相传，而意也俱无"①，在无言之默中以心印心，却不执着于任何言与意，有大进于魏晋玄学之清谈，可以称得上是中国哲学史上离言而证道的代表。但他又论述道：尽管禅宗的工夫操作已臻中国古代"得意忘言"境界之极点，却仍只是从反面印证自己的修行境界，不若宋儒（如陆象山）直接自信自肯其所证境界那样来得高明。宋儒所证的最高境界同样是不可说的，故而也同禅宗一样，流传有一些先贤大儒宣抒胸臆、提点弟子的公案，其中不乏机锋，但由于儒者对其所证境界采取的往往是正面肯定的态度，故而这些公案不似禅宗公案那样，脱离其本来语境就失去了其生命性，反而可以用来点拨后学，成为教学的材料，如周濂溪时常让二程观孔颜之乐，便是宋明儒学史上一桩有名的公案。在笔者看来，对中国传统思想做哲学性的疏解，必然要直面"言与默"的矛盾，哲学言说往往是"知其不可为而为之"，唐君毅自己也一直在做这样的工作，因此他尤其关注禅宗在言说方式上的特殊之处。他对禅宗以"默"对"言"的境界言说方式的把握是准确的，禅宗公案也确乎对宋明理学的说理方式产生了深远影响，但二者所证境界毕竟不同，对学习者所达到境界的检证方式也不同，合理分判二者的差异即可，倒未见得定要高儒于佛。

唐君毅肯定、褒扬禅宗，还有着更深的文化祈望，那就是把禅宗视为中国吸收、改造外来文化，以我为主、为我所用的一个历史范本，以之观照当时情境下中华文化对西方文化的接受问题。在西方文化的强烈冲击下，挽救中华文明于"花果飘零"之际，是以唐君毅为代表的现代新儒家学者所自持的历史使命；如何学习西方思想，又如何在时代洪流中站稳脚

---

① 唐君毅：《中国哲学原论·导论篇》，九州出版社2016年版，第178页。

跟、维护中华文明之根,成为他们尤其关注的课题。唐君毅从禅宗发展史里看到了中华文化实现自我转化、发展,走向新生的曙光。他相信,中华文化要自立于世界文化之林,最重要的是重新树立起"以我为主"的自信、自立精神,亦即"道德主体性":"魏晋之名理、佛学之禅宗与宋明之理学,皆重视思想主体之尊严,与思惟之创发性,同于西方哲学之精神。"①只有真正重视思想主体之尊严,在此基础上进行创新,才有堪与西方文化平等对话的可能。禅宗充分肯定"我"在修行中的绝对主体地位,这一点为唐君毅所激赏。慧能云:"汝今当信,佛知见者,只汝自心,更无别佛。"②《五灯会元》卷二十二载:"问:如何是佛?师曰:不指天地。曰:为什么不指天地?师曰:唯我独尊。"③思想主体的确立带来人格尊严的挺立,培养自信、自立、自强、自作主宰的人格,正是唐君毅苦心著述所希求达到的教化目标。他说道:"中国禅宗之大德,其学道固未尝不历艰苦,持戒亦未尝不谨严,然其教人与说法之气概,则特以恢廓而亲切见长,而亦不失庄严与高卓。"④"至于初不识一字之慧能,创一禅宗,尤为了不起。中国僧人之气概所自生之原因,照我看,主要即在他们之求法,真是出自自动,并不夹杂其他动机,故终能自作主宰。而中国百年来之留学运动,最初即是出于恐怖瓜分,此即以胡林翼呕血为象征,而不能不去学他人之长。"⑤他迫切地希望现代中国人能像古时禅宗大德一样,以绝对的主体意识,主动吸收学习其他文化,发愤图强,在文化自信的基础上海纳百川、勇于创新。唐君毅对禅宗精神的呼唤,从一个侧面反映出禅学在20世纪欧风美雨的浪潮中重新焕发生机的原因所在。

总的来看,唐君毅对禅宗精神的把握,是将禅宗置于以工夫论为特色的中国实践哲学体系中来看待的,他关注的具体问题由其哲学性的学术研

---

① 唐君毅:《中国文化之精神价值》,九州出版社2016年版,第263页。
② (唐)慧能:《六祖大师法宝坛经》,CBETA 2023,T48,No. 2008,第355页下。
③ (宋)普济:《五灯会元》,CBETA 2023,X80,No. 1565,第184页中。
④ 唐君毅:《中国文化之精神价值》,第274页。
⑤ 唐君毅:《人文精神之重建》,九州出版社2016年版,第228页。

究方法所决定，具有鲜明的时代特征与文化历史使命。这就使得唐君毅的禅宗哲学研究融哲学思辨与文化意识于一体，呈现出独特的问题意识。下文即对此展开论述。

二 唐君毅对《坛经》与《禅源诸诠集都序》的述解

禅宗以"不立文字、教外别传"为特色，故而禅宗经典往往以公案、语录等形式流传。对禅宗思想做理论的述解，实非易事。唐君毅对此有着清醒的认识，认为禅宗重当机感应、直下得悟，倘若将古德的对话记录下来进行系统的整理和指点，"则渐成知解宗徒，与禅宗之原始精神或距千万里"[1]，使禅宗师徒传心的活泼泼的工夫，顿成观书解经的泥潭死水。他自称缺乏证悟，只能做哲学性的思辨工作，"尚未在此禅境中，只在哲学境中"[2]，但他同时又相信，哲学性的述解能够把握禅宗的精神主旨，从而以我心之德合于古德之德，与古代禅师"把臂共行"[3]。因此，在理解唐君毅对禅宗经典的诠释时，需要尤其注意唐君毅"新儒家学者"的身份立场：尽管对佛教哲学有着"同情的理解"，唐君毅始终不是站在佛教本位、以佛教义学的方法来诠释佛教经典的，而是以新儒家的立场、从心性哲学的视角来看待禅宗，试图以哲学的思辨，会通"自性"与"虚灵明觉心"，"以心印心"与"心灵感通"等概念，使禅宗成为心性哲学的一个佐证。

明确了以上的基本立场，可以发现，唐君毅在对禅宗经典的选择上亦有倾向性。唐君毅对禅宗经典的集中性述解，主要围绕两部典籍展开：一是在《中国哲学原论·原性篇》中论"慧能《坛经》之自性义"；二是在《中国哲学原论·原道篇》中探讨"宗密论禅原与禅宗之道"。选择《坛经》是因为慧能提出的"自性"概念，不仅于佛学"性论"是一翻转，更

---

[1] 唐君毅：《中国哲学原论·原道篇（三）》，第302页。
[2] 唐君毅：《中国哲学原论·原道篇（三）》，第302页。
[3] 唐君毅：《中国哲学原论·原道篇（三）》，第302页。

启发了后世宋明儒学的"性论"观；而《禅源诸诠集都序》旨在"会通"，它"把禅与禅、教与教、禅与教统一了起来"①，其作者圭峰宗密禅师亦有《原人论》等会通儒释的著作，这与唐君毅希求会通三家、融贯古今的学问态度相通；且《禅源诸诠集都序》理论性较强，正可作为以哲学解禅的一个切入口。

在唐君毅看来，禅宗之所以能在中国佛教诸多教派中独树一帜，并成为后世中国佛教主流的关键，正在于它融"自性"与般若于一体的精神。禅宗一方面本般若宗之传统，以"诸法无自性"为宗旨，处处以破执为要；另一方面则又将佛教空有二宗之种种义谛及种种工夫，收摄为一"自明本心、自见本性、即心即佛"之教，"使人可于言下顿悟，而不待外求。由是而惠能之教所表现之精神，即无异一般若宗之精神与中国以前之重本心性净之教之一新综合"②。就是说：慧能禅是佛教般若思想与中国传统本心思想的结合。

为了证明这一点，唐君毅首先言及禅宗有进于般若宗之处。般若宗以破执为要，在论述推理的过程中，需要逐层破除人们在知见上的执着，唐君毅认为，这仍然是诉诸案牍、次第展开的修行方法，不如禅宗直指人心来得彻底。且逐步破执的过程中，势必会引入一些新的观念，学者往往会停留于某一层面以为究竟，执空守空，虽然脱离了对低级事物的执取，却又陷溺于某些高级的执取中，而无法通达般若大义。而慧能则对佛教"自性"一词的涵义进行了一个翻转：般若经往往言"诸法无自性"，此"自性"指的是诸法中始终不变、不改之性，般若宗反对存有一正面肯定性质的"自性"，持"法有自性"观点者，往往被般若师斥为执常的外道，如《中论》云："如诸法自性，不在于缘中，以无自性故，他性亦复无。"③而慧能则将"非善非恶、非净非染、自性真空"的"空性"直接确定为修行

---

① （唐）宗密撰，阎韬释译：《禅源诸诠集都序》，东方出版社 2017 年版，第 197 页。
② 唐君毅：《中国哲学原论·原性篇（三）》，第 233 页。
③ 《中论》，CBETA 2023，T30，No. 1564，第 2 页中。

所依据的本心本性或心体自性,"于是在般若经论,原用以指一切法之空相空性之名,即转而唯用以指吾人之心体本性自性之自身之空性空相,而不重在用以遍指一切法之空相空性矣"[1]。

在此,唐君毅特别区分了禅宗的"自性"与佛教唯识宗、如来藏系所言"自性"的区别。唯识所立"自性"总而言之为"三自性",分而言之则五位百法各有其性。至于《涅槃经》以后的佛性、如来藏等,唐君毅认为此种"自性"是带有价值判准的,为"为善去恶"的修行目的计,佛性、如来藏等必须被确立为善,但禅宗则并不直接确立一善的本体,其"自性"超越于善恶染净之上。是以唐君毅认为禅宗能于"自性"一义上超越以往的佛教宗派,"绾摄以前佛学传统中之心体自性之义,与般若经论中之空性空相法性之名之义为一"[2]。

笔者以为,说禅宗深濡般若精要,是恰当的,但不意味着便要将禅宗与其他宗派,尤其是如来藏系作截然的区分。从判教上说,无论是天台化仪四教之"顿教",抑或华严"小、始、终、顿、圆"的判教方法,都建立在如来藏系思想体系的基础上,禅宗历史上亦多有尊如来藏系经典(如《楞伽经》)的传统,可以说,禅宗无论是从传承上还是从学理上,都与如来藏系、佛性论有着密不可分的联系。唐君毅所述的禅宗超拔之处,实乃如来藏思想的内涵之义,乃至于如来藏思想所摄范围更不限于"以空性为自性"之一义,亦绝不是一道德意义上确立的善。蕅益智旭引智者大师之语,言:"偏执法性生一切法,何异自生?偏执梨耶生一切法,何异他生?例而推之,纵谓法性梨耶和合生一切法,何异共生?纵谓非法性非梨耶生一切法,又何异无因缘生?"[3]可知对佛性的理解,绝不可以"空性""自性"或二者的结合来轻率定义,此非但与如来藏、佛性本旨不契,更失却了禅宗固有之语脉。

---

[1] 唐君毅:《中国哲学原论·原性篇》,第237页。
[2] 唐君毅:《中国哲学原论·原性篇》,第237页。
[3] (明)蕅益大师著,于德隆、徐尚定点校:《蕅益大师文集》,九州出版社2013年版,第124页。

依笔者之见，禅宗"自性"思想的提出，是性、相二宗的融合，直承中国佛教如来藏思想而来，此中固然有中国儒、道思想熏染的因素，而并非如唐君毅所说以般若学为基底、直接受到中国本土心性思想的影响而形成的。如来藏，简而言之，"是指在一切众生的烦恼身中隐藏着的自性清净心、真实心"①，慧能受五祖弘忍点拨后的彻悟之句："何期自性，本自清净；何期自性，本不生灭；何期自性，本自具足；何期自性，本无动摇；何期自性，能生万法"②，显而易见有如来藏思想为其基底。至于禅宗与中国本土心性论的关系，笔者以为，此处唐君毅似乎有一因果上的错置，不是中国本土心性论对禅宗产生影响，而恰恰是受禅宗本体论思维模式的影响，才产生了后世以宋明儒学为代表的中国本土心性论思潮。在佛教以前，中国往往以"生"为"性"，或言"天命之谓性"，或以性作为不同品类的特征；孟子"即心言性"之理真正获得哲学上的发挥，也是在宋明儒学兴起以后。可以说，在禅宗兴盛之时，中国并无强有力的心性论可以对其产生重要影响。至于禅宗与中国本土文化的相契之处，则在于儒家以人为本的现世关怀与禅宗平实简易的工夫特色之间的相契。正如赖永海指出，隋唐以后，佛教越来越多地"从注重抽象的本体转向以'心'甚至以'觉心'"③来说佛性，这就与儒家注重现实的人性、心性学说形成了合流，禅宗更是将这一点发挥到了极致，便有了"行住坐卧、运水担柴，无非是道"的胸襟气魄。

关于宗密的《禅源诸诠集都序》，唐君毅着重探讨了禅定与教义的关系，亦即"宗"与"教"在禅中的合一。唐君毅将"教"界定为有能所分立的、知识性的修行方式，而将禅视为"心能定止于当前之法，而观照之；更实证之而与之冥一"④的修行方式。他认为，禅定相较于经律之教，更有一种启发人先天"心之明"的作用，禅定不是在做知识性的加法，相

---

① 杨维中：《如来藏经典与中国佛教》，江苏人民出版社2012年版，导言第3页。
② （唐）慧能：《六祖大师法宝坛经》，CBETA 2023, T48, No. 2008，第349页上。
③ 赖永海：《佛学与儒学》（修订版），中国人民大学出版社2017年版，第31页。
④ 唐君毅：《中国哲学原论·原道篇（三）》，第294页。

反必须做心上的减法才能达到。最上乘禅必须做到心境不分、泯绝能所、无带异质欣上厌下的挂带，因此有一心分裂、欣上厌下的外道禅、凡夫禅、小乘禅都不究竟。

此解释可疑之处有二：一是宗与教是否定然如此分立？二是以"心境冥一"解禅是否准确？笔者以为，修禅与学教绝非截然分立，学教并非纯知识性地增长见闻而已，它本就同学禅一样，建立在信、解的基础上，寻求从中获得证悟；禅宗虽不重经典的解诂传授，却也绝不否定听经闻法的必要性。事实上，许多高僧大德开悟，都启发于闻听经文，慧能开悟亦从听闻《金刚经》来。即使学禅，也讲究"正思惟"，"从因立称，于定境界审意筹虑名曰思维，思心渐进说为修习"①。智者大师言"非智不禅，非禅不智"②，道理正在于此。

此外，将最上乘禅定性为"心境冥一"也是不准确的。唐君毅所说的"心境冥一"，充其量只是心灵活动定止于"空"念而无动摇的状态。这种说法虽然模糊了意识心对"我"与"物"的区分，却并未能从"以意识心思维佛法"的窠臼中挣脱出来。他认为，凡夫、小乘禅一方面要离弃烦恼，另一方面又要欣慕禅定之功德，这就使得一心同时挂带于两处了。事实上，禅定的修行方式必先预设出世间的禅定境界，且必对此更高之境界产生欣慕，方有出离现有境界的增上力，并非唐君毅所言"心挂带于两处"云云。又，大乘禅法"境智冥一"是"无分别智证入真如法界之事，亦即'法身、般若冥合而不分'"③，此时境、智俱泯，无心之造作，亦无境界相；而在唐君毅所说的境界中，心灵仍须用功自止定于空念之上，充其量仍属意识造作之法，"心念需两方面造作，一是忆念此境，二是念住此境，即便'造作'纯熟至等持位，二者亦根本无法'冥合为一'，盖'冥一'一则需要'无知'，一则需要'无相'，忆念、念持本质皆属造作，故

---

① （晋）慧远：《大乘义章》（卷13），CBETA 2023，T44，No. 1851，第718页上。
② （隋）智顗：《释禅波罗蜜次第法门》，CBETA 2023，T46，No. 1916，第491页中。
③ 张云江：《唐君毅佛教哲学思想研究》，第272页。

即便纯熟亦无从'冥一'"①。

从其对慧能禅法及禅定境界的理解偏差，可见唐君毅虽然把握住了禅宗"工夫为本"的特色，但在述作时，仍然只是在用意识心进行思辨性的抽象拆解，而非从工夫上谈，于是恒落在思维层面，而非证悟层面，更难以契中禅宗要旨。事实上，禅宗哲学是一种"本体论进路的工夫理论"，相较于他宗的特色在于它舍弃了渐进式的次第工夫，而将本体、工夫、境界直接融为一体，亦即"知识往工夫上说、工夫往境界上说、境界在最高证悟状态中谈"的特殊进路。②因此，仅仅从理论上对禅宗的心性论基础、禅定的心理机制等进行梳理和解释，恐怕只是隔靴搔痒而已，诚如唐君毅自己所言，成为"知解宗徒、与禅宗之原始精神或距千万里"了。此外，唐君毅偏好以心的功能来讲佛教的禅定，并以心性论释慧能之"自性"等概念，意图本就不是如实述解禅宗，而是要引出"虚灵明觉心""感通""无执"等自己的哲学理论，所用的方法、概念，亦无出其心性哲学之外，更欲以儒学收摄禅学，故而，唐君毅的论述重点，自然而然地由禅宗转入了儒禅之辨。

三 唐君毅论禅学与宋明儒学的关系

唐代以后，禅宗日渐成为中国佛教发展的主流，冲击着儒学的社会影响力，尤其是士大夫学禅蔚然成风，而这引发了一些儒者的不满。自韩愈至欧阳修、张载、二程，无不以辟佛为己任。由于禅宗兼具高明深妙与简洁平易的双重特性，影响力已深入普通士人的日用生活，宋以后"儒佛之辨"中的"佛"，主要指的是禅宗。

禅宗作为佛教中国化的高峰，对传统儒家哲学体系与运思方式形成了

---

① 张云江：《唐君毅佛教哲学思想研究》，第272页。
② 杜保瑞：《禅宗工夫哲学的方法论检讨》，《佛学研究论文集（4）佛教思想的当代诠释》，台北：佛光出版社1996年版。

强有力的冲击。宋儒在批评禅学的同时，亦从禅学中吸纳了不少有益内容引为己用，由此发展出了以心性论为主流的宋明理学。余英时指出，"继韩"和"辟佛"是宋代道学的两大起源。① 然而，理学家们对禅学的批评，大多只触及社会表象，如程颐就公开宣称："曷不以其迹考之？其迹如是，其心何如哉？岂可取其迹而不求其心，探其心而不求其迹也？"② 可见，道学家们对禅学的认识是非常浅显的，且并不愿意深入了解。有学者提出，宋儒"故意把佛教之道曲解成一种孤悬高阁，不接地气，有真体而无妙用的空性之理"，不符合佛教，尤其不符合禅宗义理与实践要求，是"将一种'自我虚构'出的佛教义学作为批判的对象而开展"，这就导致道学对禅学的批评是失败的。③ 然而，抛开对"迹"的批评，禅学却在更根本的方面为宋明儒学开出了一泓源头活水。赖永海认为，佛教影响儒学最大者是其本体论的思维模式。禅宗所提出的"自性"观，深刻启发了宋明理学的心性论。此影响主要有两个方面：第一，禅宗心性工夫论转变了儒家的研究视野，促使儒学弥补过去在哲学体系建构上的短板，更深入而精微地建构起了形而上学的本体论哲学；第二，由于禅宗是"本体论进路的工夫理论"，故而促使儒家在其新建构的本体论基础上，相应地发展出个人修养的工夫理论及其对应的境界论。

面对北宋儒家的辟佛之论，唐君毅采取了儒家本位的哲学研究立场。一方面，他以儒者的身份，高儒于佛，试图说明中国哲学"由佛入儒"在思想演进上的必然性与义理上的可贯通性；另一方面，他以较为平实宽容的态度，给予了禅学足够的哲理性疏解，极力避免前人"由迹定本"的弊端。这使得唐君毅在论述儒佛之辨时，既表现出一种想要"各美其美"的公允态度，又最终不得不导向对儒学的偏袒，呈现出某些含混与矛盾之处。

唐君毅认为，禅宗之所以可以导归儒学，在于禅宗有与儒家精神相通

---

① 余英时：《朱熹的历史世界：宋代士大夫政治文化的研究》，生活·读书·新知三联书店 2011 年版，第 64 页。
② （宋）程颢、程颐：《河南程氏粹言》卷一，《二程集》，中华书局 1981 年版，第 1172 页。
③ 龚隽：《从经史之学到道学：再论北宋思想史上的辟佛说》，《中国哲学史》2022 年第 3 期。

之处。首先，禅宗提举起的"自性"与儒家的"大我"精神相呼应。唐君毅言："中国哲学原有心性本善之说，孔子曰：'我欲仁，斯仁至矣。'孟子曰：'子归而求之余师。'此即禅宗信心及顿悟之精神，孔孟言下学即所以上达，此即禅宗于日用寻常中悟道之精神。"[①]他认为，禅宗提倡"本来具足，不假修证"，不重经典、淡漠仪式，乃至呵佛骂祖之事，乃是信我心自有佛，将一切修行收归我当下之一念一动之中，树立起高度的自信、自觉、自立意识，这与中国固有的人本观念、"大我"意识相契。

他还认为，禅宗弟子在修行过程中有"仁"和"诚"之道的贯彻。"仁"者，见于师徒接引、答问的过程中，可以视作心灵与心灵互相感通的表现，此正合于儒家"感而遂通、人文化成"的精神。在《由佛再入儒之性论》中，他写道：

> 禅宗之施教方式中，特重机感之相应。此一教法，初即直承中国学术传统原重以人之语言成就人与人之直接感通而来，固非印度之所原有。然此人与人之直接的感通所表现之心情，依中国儒家义，则明可见有人之仁流行于其中，此仁即人之性。[②]

笔者认为，禅宗重师徒机锋相感，确乎为禅宗教法之独门特色，但并不能以此证明禅宗师徒相感中就有儒家"仁"的价值理念之贯彻。其一，师徒相感，乃是由禅宗的工夫教法所决定的，禅宗所悟之理原不可说，既已舍经文律仪之教授，而重当机开悟之结果，则必然强调师徒对答之方式，这并非由于师徒之间有着儒家意义上的师生之情，而是因为禅机转瞬即逝，只有师徒对答的教授方式才能把握住。其二，禅宗见性的要旨不在师徒感通的形式上，恰在所悟的结果上，为了达到明心见性的修行结果，大可不拘定数，也未尝没有师徒对答之外的其他开悟形式。因指见

---

① 唐君毅：《中国古代哲学精神》，第288页。
② 唐君毅：《中国哲学原论·原性篇》，第250页。

月,要见的是所指之月,而非引导之指,这是佛教尤其强调的。又,儒家的"仁""诚"是价值意识的本体论,其核心是儒家的性善论,离此则不能谈"仁"谈"诚"。对价值意识的绝对肯认构成儒家区别于佛教的重要因素,佛教不是不承认"仁""诚",而是其本体论本就建构在超现世宇宙存在的基础上,故而亦不以"仁""诚"为最高修行目标。唐君毅说禅宗修行做工夫中有"仁""诚"的流行,是不准确的,与其说禅宗的修行中有"仁""诚"的流贯,不如说禅宗弟子以心印心、工夫相续的行为是一种操作形式,承载的是异于儒家"仁""诚"精神的,追求开悟、成佛的精神,此中自有愿力、增上力在,"一贯相续"只是行为的形式,关键还在于形式的内容。世间任何实践哲学都要求持续不间断地做工夫,这不足以成为不同哲学之间的区分标准,亦不足以说明佛教哲学与儒家哲学的"仁""诚"内涵一致。因此,将佛教修行过程中的"师徒相感""一贯相续"等同于儒家的"仁""诚",似有将形式混同于内容之嫌。

既已言禅宗有与儒家相通之处,那么二者不同之处又在哪里?理学何以在唐君毅的诠释体系中又高于禅宗?在《原性篇》末《宋明理学家自觉异于佛家之道》一文中,唐君毅对禅、儒意旨不同的原因,进行了分析。

唐君毅清楚明白地指出,佛学的宗旨,乃是"超世间"的,无论是小乘佛教还是大乘佛教,无论是自度还是度人,目的都是"趣涅槃、得解脱",而如此庞大的任务,绝非一生一世可办,这就使得佛教注定是"超此世间"的。[1] 至于禅宗所提倡的"平常心是道""运水担柴无非是道",乃至视一切世间生活皆为修行之资,乃是禅宗要践行真正的无住观、平等观所必须肯认的。然而,禅宗毕竟不能在真正意义上直下肯定伦理道德、政治社会,因其宗旨乃是超世间的,它对世俗生活的肯定在唐君毅看来是"经一转手"的间接肯定,在根源处,佛教仍将现世生活视作一"苦与染业集聚之地"[2]。与之相反,儒家则从根本意义上积极地肯定人的世俗生活,

---

[1] 唐君毅:《中国哲学原论·原道篇(三)》,第350页。
[2] 唐君毅:《中国哲学原论·原性篇》,第249页。

"自来儒者所用心，皆直下求建立伦理政治社会之道必须有之理由"[1]。"儒家则素缺'无常故苦'之世界观，或以生死为人生之大苦之人生观。无常即变易。自周秦儒家观之，变易之义，即含生生之义，变易之事，即生生之事。"[2]因此，儒家不求解脱，而重在现世生活中的"生"。

在笔者看来，唐君毅对佛教修行宗旨及其与儒家思想立根处差异的把握是非常精到的。他准确地认识到佛教与儒家在本体论上的不同深植于二者的宇宙论差异之中，而这两套哲学并无对错之分，只是价值选择的不同，从而消解了传统儒家对佛教的"门户之见"。然而，唐君毅最终还是选择高儒于佛，这是由他本人的价值立场决定的。为此，他给出了一系列论证，以说明在尊重佛教"离苦得乐"宗旨的前提下，如何为宋明理学开出一条道路，其核心论点是：生生之为善，人大可不必视此世间为一"苦与染业集聚之地"，"但直下承担此生生不已之流，于诸事更迭之交，肯定一生生不已之真几，潜蕴于其间"[3]观其生机而不生执着、占有之心，则人自可以从修德中获得与悲苦无对的大乐。此即宋明理学的用心之处。应该说，将佛教的苦、集、灭、道翻转为"生生"之乐，浸淫着唐君毅强烈的价值蕲向，因他并未对"无常"的本质有深刻的理解，相反，与绝大多数儒者一样，他执守着对现实实在性的朴素而深切的虔信，充满着现实主义关怀。然而，尽管从禅宗那里吸收了"无住""不执"等观念，这样的运思方式仍非唐君毅所设想的那样与禅宗在同一个层面乃至高明于禅宗，因为对所谓"真几"的把握，虽然脱离了对具体现象的把捉，但在禅宗看来，仍是执着于"几"之常，并非彻底的"无住"。因此，尽管唐君毅准确把握了禅宗与理学之别的根本原因，但由于其新儒家的立场，必然导致了在向理学倾斜的同时，在一定程度上削弱了对禅宗哲学理解的准确性。这也使得唐君毅的儒禅之辨，虽然通过哲学化论理的方式，避免了"以迹

---

[1] 唐君毅：《中国哲学原论·原道篇（三）》，第351页。
[2] 唐君毅：《中国哲学原论·原道篇（三）》，第351页。
[3] 唐君毅：《中国哲学原论·原道篇（三）》，第357页。

论心"的门户之见,却仍然未能摆脱儒家本位认识视角的影响。

四 唐君毅的工夫哲学对禅学的化用

唐君毅的哲学体系以"道德形上学"①为特色,但其承自儒家哲学,亦蕴含着丰富的工夫论特征,绝非仅仅停留在形而上学的思辨层面——至少在唐君毅的设想中,其哲学体系应当用以指导人的修身实践,"以成其真实行,而使其生命成普遍、悠久、无限之生命,为真实无妄之存在故"②。在唐君毅的哲学体系中,"超越"有着举足轻重的地位,他援引和改造了源自西方宗教哲学传统中的"超越"概念,以易道之"生生"为心灵"超越"的本体论基石,以心灵的感通之能为不断实现自我超越的内在动因,构建起一套"超越"的工夫哲学。其中,禅宗"破执""无所住"的精神被吸纳进来,成为这套工夫哲学的理论来源之一。

唐君毅认为,人之心灵本体是"虚灵明觉"的,"感通"是"虚灵明觉心"天然的本体属性与功用,只要心灵处于持续不断的活动中,就会永远葆有与境感通的能力。"虚灵明觉"的心灵活动能力由生生之仁所赋予:"心之虚灵明觉,固可说为心之一德。然此德仍依于内在之仁德。心之虚灵明觉之所以可能,由于我们心之能超越执着私欲等。超越执着私欲之活动之所以可能,唯由我们之心,有一生生不已之性理,或仁德,要破除执着私欲之限制,以逐渐呈现或呈露。"③"虚灵明觉心"有赖于"感通"之用的呈显,呈显的过程即"超越执着私欲"的过程,超越的执着、私欲越多,心灵能够感通的范围越大,主体的人格境界也就越高。这是基于儒家心性论"性善""生生"的前提,自然得出的结论。

然而,与前儒不同的是,唐君毅敏锐地发现,传统儒家缺乏对罪、苦

---

① 段吉福:《从儒学心性论到道德形上学的嬗变:以唐君毅为中心》,上海古籍出版社2014年版,"前言"第12页。
② 唐君毅:《生命存在与心灵境界(上)》,九州出版社2016年版,第22页。
③ 唐君毅:《人文精神之重建》,第398页。

等观念的重视，较少关注人生负面性、颠倒性问题产生的原因及其解决途径，这些必须由其他宗教予以补足，否则容易陷入盲目的乐观，缺乏生命的严肃感、厚重感。在《人生之颠倒与复位》一文中，唐君毅就借鉴了佛教的观点，认为传统儒家缺少对人生根本颠倒性的叙说，将此负面性的颠倒产生的原因引入儒学的讨论范围，是极为必要的。

于是，唐君毅特别提出"窒碍"的观念，以说明要使心灵感通，并非仅仅安于所习即可，而要切实做一番工夫。"窒碍"是心灵与不同物、人、境接触时，所遭遇的阻碍心灵进一步感通的负面性因素，如物质的诱惑、他人的悖逆、处境的艰难等。尽管感通是心灵的固有能力，但人亦与生俱来有一种对见闻觉知"再加以记忆或反复的运用"的倾向或习气，此即一"原始之执着或黏滞陷溺"[①]。这种习气本身无所谓好坏，但感通本是自由、无执的，心灵的持续黏滞与感通不能相应，倘若心灵持续执着陷溺于当前所感通之境而不再与其他境感通，则感通活动将自限于当前之境，造成心灵的封闭与困顿。一切不善皆来自感通功能的自限，当人失去了不断感通新事物的动能，就会愈发执着于某物、自限于特定之境。这里可以较为明显地看出唐君毅对禅宗思想的借用：他将心灵的"感通"看作"无住"的，正应和于他在阐释《坛经》时所说"此道之通流，即工夫之通流。工夫之通流，唯赖心之不住于内外之法"[②]。唐君毅实则固定化了禅宗"无住"的涵义，将其等同于"使心灵不执着于任何现象存在"，并使其成为一种重要的心灵修养工夫。且不论这种借用是否忠实于禅宗本义，援之以丰富儒家工夫论的做法，还是具有一定创见的。

唐君毅对禅宗"无住"精神的借鉴并不彻底。这是因为"无住"在他那里充其量只能成为一种"破执"的工夫形式，"超越"工夫的内核仍是儒家"生生"的本体论，此中有绝不可破、不可空的价值依止在，因此不可能如禅宗那样真正做到空诸所有。比如，在唐君毅看来，"窒碍"并不

---

① 唐君毅：《道德自我之建立》，九州出版社2016年版，第70页。
② 唐君毅：《中国哲学原论·原性篇》，第243页。

是恶的，因"物、人、境界"本身都是客观中性的，它们恰恰是认识活动与道德活动的材料或凭依，人不可能在空无所有中实现心灵的成长。只有当主体执着、陷溺于某一物、某一人（包括自己）、某一境界，而失去与他物、他人、其他境界自由感通的能力时，才说"窒碍"产生了负面作用，而倘若能超越它，窒碍则可一跃成为心灵成长的垫脚石。唐君毅在这一问题上采取了一种兼顾现实欲望与精神理想的"执两用中"态度，具有鲜明的儒家特征。他提出：人们认识物、利用物的行为，都包含着"超越现有状态"的意思，本身都是感通的活动，只要控制在适当范围之内就是完全正当的。颠倒心的产生，乃是由于人们很容易将现实事物的有限性颠倒为无限，对它们产生强烈的贪欲，陷溺于其中而失去继续感通其他事物的动能。"任何活动，当我对之加以反省时，都可把它固定化、符号化，成一现实的对象；而我们将它固定化、符号化，成一现实的对象以后，我们又可对它再加以把握，使隶属之于我，执着之为我所有而生一种有所占获的意思。而当我们把一对象隶属之于我，生一种占获的意思时，同时我即隶属于对象，为对象所占获，而我之精神即为对象所限制、所拘挚而陷溺其中。"[①]人们妄图把捉、执持有限性的存在物，将它们虚假地视为无限性的存在，却把超越的、无限的心体拖入客观化、固定化的陷阱，从而生出对"物"的执着，拘縶于对具体事物的贪爱之中。既然执着的本质是颠倒，那么工夫的重点就是复位——将外物的有限性归还给外物，将心灵的无限性归还给心灵。要超越"物"，固然需要对"物"的有限性产生清醒的认识，更重要的还是要确立起道德主体性，了解到心灵的无限性，使我能役物而非役于物。

唐君毅借鉴了禅宗破执、无住的理论，使"超越"工夫带上了一些佛教"空"的色彩。但"超越"工夫的立根之处仍在儒家，这是毋庸置疑的。首先，佛教的空取"不生不灭"义，般若经中"破执"的论述历程，

[①] 唐君毅:《道德自我之建立》，第128页。

是为了显一切法"本来无一物"的真如空性，而唐君毅的"超越"乃是阴阳、隐显两面的交替迭进，心本体在交替之际显现，是实而非空。其次，与佛教斥我法二执、扫荡一切遍计所执的"空"的精神不同，唐君毅充分肯定"执"在适当范围内的积极作用，尤其是作为理想目标及理论方法的"法执"（唐君毅语）的必要性；另外他也肯定主体和被超越的对象本身都不空，"窒碍"及其破除的次第进程都是实实在在、不能空掉的，否则心灵就不能成长，这与禅宗空的精神大相径庭。最后，心灵"超越"仍是意识范畴内的实践活动，未涉及出世的超验领域。尽管唐君毅有意引入"罪、苦"等观念来充实儒家学说，但宗教对罪苦的超越是依赖于出世的，也只能在超验世界解决，唐君毅所说的对罪苦的超越却必须在现世解决。也正因为唐君毅始终如一的儒者立场，才使得他尽管化用了禅宗"无住"的精神以说"破执"的工夫，其思想却仍是儒家心性论话语体系的产物。不过，"他山之石，可以攻玉"，唐君毅有意识地在儒家体系中引入禅宗工夫中值得借鉴的成分，未尝不能说体现了现代新儒家海纳百川、勇于开拓的气度。

余 论

唐君毅站在现代新儒家的立场上，力图从禅宗哲学中吸取有益成分，以充实、完善儒家心性学说，并将儒、佛两家统合于自己的"感通的形而上学"体系中，意在重新确立起现代人尤其是中国人的道德主体性，不可不谓用心良苦，堪称现代语境下"援禅入儒"的代表。尽管在此过程中，他对禅宗教理的诠解多有不甚准确之处，儒学与禅学的理论结合也有一些龃龉不契，这就导致这样"援禅入儒"的努力恐难得到禅宗人士的认可，也难以在儒家文化语境下付诸实践，不能不说是一个遗憾。

如今，距唐君毅生活的时代已过去半个多世纪，中华文明已非唐君毅当时看到的那般"花果飘零"的样貌了。当我们反思唐君毅当年为构合儒、禅所做的理论尝试时，也许会产生新的思考。儒学、禅学各自有其不同的价值鹄的与理论建构，像现代新儒家所设想的那样，试图依靠哲学思辨将二者融为一体，或使禅学变为儒家心性论哲学的一部分，不仅在理论上有缺陷，在实际中也行不通。傅伟勋曾指出："自宋明理学到当代新儒家如此变本加厉地道统哲理化的结果，所谓'大传统'与'小传统'的间隙割裂日益严重，到了今天，新儒家思想只变成一小撮教授学者的专业，充其量只在自己书房里想做圣人，孤芳自赏而已，与一般民众的日常生活以及精神需要毫不相干。就这一点说大乘佛法的智慧方便与慈悲方便所展现的宗教普及性，今天在台湾本土的'人间佛教'活动已开始显其威力。"[1] 这样的批评虽然略显尖锐，却也深中肯綮地指出了当代新儒家的哲学愿景无法转为文化实践的内在原因，儒学的未来发展必须积极借鉴包括人间佛教在内的"他山之石"，方可攻玉。

事实上，现代新儒学思潮的兴起与晚清以来的佛学复兴运动有着密不可分的关系。唐君毅等现代新儒家所做的会通儒禅的哲学性尝试，也正是对近现代佛教复兴思潮的一种回应。然而，儒家作为一种意识形态的存在，与小农经济基础、儒生阶级群体、君主制、宗族制等政治社会架构绑定过密，在近现代时代背景中所受到的挑战远大于佛教，而佛学复兴运动则从内部发起了"对意识形态化的儒学传统的解构"[2]，这使得儒学的现代化之路走得尤其艰难，唐君毅等儒学学者会通儒禅的努力，不仅难以建构一种统摄儒禅而以儒为宗的思想体系，反而潜藏着进一步解构儒家哲学的理论风险。

故而，儒学与禅学的结合倘若想要有所成效，须得搁置儒家在意识形态领域的本位意识，互相尊重，以人类命运共同体的视角，关注共同的时代问题，在二者的愿景中寻找相似的社会关怀；还必须落在切实的工夫实

---

[1] 傅伟勋：《佛学、西学与当代新儒家——宏观的哲学考察》，载刘述先《儒家思想与现代世界（当代儒学研究丛刊（5））,"中研院"中国文哲研究所1997年版，第68—79页。
[2] 程恭让：《现代新儒学的佛教学缘》，《学术月刊》1998年第8期。

践中，由具体的、活生生的人去实现。儒家是入世的学问，关注人伦道德、社会治理，而禅宗说到底仍是追求明心见性、超世间的学问，二者的宗旨不可混滥，但在行事方式上可有相契之处，因为无论是儒家后学或是禅门弟子，他们眼下生活的世界总是同一的。对每一个社会成员来说，亦未尝不能肯允他们在不同的人生处境中选择不同的人生智慧，创造圆融和乐的人生。人间佛教"以出世的发心，做入世的事业"，并进行了卓有成效的实践，或许可以成为我们在儒佛互相尊重的前提下，再思儒佛关系的一个有益范例。

The Study of Zen Philosophy by Tang Junyi

Xu Muyue

Abstract：The study of Zen philosophy by Tang Junyi, a modern Neo-Confucian scholar, is one of the theoretical sources for the construction of his "Communion Metaphysics". Tang Junyi explains the Philosophy of Zen mainly through the way of philosophical speculation, aiming to integrate the spirit of Zen into his Philosophy of Mind with the goal of subjectivity-construction, and to make Zen philosophy a useful supplement to modern neo-Confucianism. His efforts are of groundbreaking significance. However, there is something inappropriate within the incorporation of Zen philosophy into the Confucian system and the purely theoretical practice of putting Confucianism above Zen Buddhism, which is worthy of further consideration. Considering the relationship between Confucianism and Buddhism from the perspective of

Humanistic Buddhism, we can make a suggestion that these two schools should firstly respect each other's problem consciousness. Both of them should be based on people's real existence and common problems of our time, trying to appreciate and complement each other in concrete practice.

Key words：Tang Junyi; the relationship between Confucianism and Buddhism; Zen philosophy; Humanistic Buddhism

星云法师人间佛教视域下的《孟子》诠解

邝妍彬

苏州大学博士生

摘　要：中国佛教与儒家关系密切，无论是思想渊源还是内容，双方都有深厚的交互关系及影响。《孟子》是儒家四书之一，是佛儒会通过程中重要的经典依据，它彰显的儒家积极入世的精神，是人间佛教中"人间性"的重要思想来源。星云法师不仅援《孟》入佛，还在此过程中，对《孟子》的一些观念做了一种佛学解读。星云法师通过将"我执"纳入私利的内涵之中，肯定了孟子"重义轻利"的基本观点，并进一步提出在义利对待的两端，寻求一种超越的"无为法"，且与佛教的自利利他在某种程度上进行了沟通，无为的义因此具有了一种佛教出世超越的色彩。关于"四端说"，星云法师从"非人"与"全人"的区分论述了人之为人的本质，除了对仁义礼智四种德性有独立的诠释之外，还以"己立立人"的推扩模式将仁义礼智解读为一个层次分明、系统具有逻辑性的完整结构。在修养工夫上，星云法师援引《孟子》中的经典语句来解释他所倡导和力行的修养工夫，包括反求诸己、养气、忍耐、与人为善等颇具现实品格的人际交往之道，以此，星云法师又强调了于众中修行、于事上磨炼的人间佛教精神。

关键词：孟子；星云法师；佛儒会通；人间佛教

基金归属：本文为2019年度国家社科基金重大项目"'一带一路'佛教交流史"（编号：19ZDA239）的阶段性成果。

《孟子》是儒家的重要经典之一，其蕴含的思想精华至今都具有强大的精神价值，自朱熹列"四书"，《孟子》从诸子百书升格为四书之一后，孟学研究更是如火如荼。而《孟子》升格为四书之一，也与佛教高僧对《孟子》的重视与解读有关。佛教界历来非常重视对《孟子》的解读，在佛教史上，不少佛教高僧、居士都对《孟子》中的思想进行过解读，他们或援《孟》入佛，或以佛注《孟》，对《孟子》的解读也成为佛教思想发展过程中世俗性特征与人间性内核不断彰显的理论来源。韩焕忠教授《佛教四书学》一书考察了一些佛教高僧、大德对《孟子》等儒家经典的佛学解读，根据韩焕忠教授的研究，佛教界对《孟子》的援引诠解大致出于两个目的，第一，是出于维护佛教的合理性，驳斥排佛言论，争取佛教的生存空间，提升佛教地位的目的。如"明教契嵩常引孔孟之言以辅助佛教，驳斥韩愈为代表的排佛言论"[1]。再如无尽居士张商英的《护法论》正是运用儒家经典论证佛教合理性的典范之作。第二，是为了论证佛儒会通、三教合一的宗教观。如焦竑、袁宗道、张岱等晚明时期阳明学派的代表人物，都持一种三教合一的观点，如焦竑说："释氏诸经，即孔孟之义疏。"[2] 袁宗道指出："三教圣人，门庭各异，本领是同。"[3] 焦竑、袁宗道、张岱等人既是阳明后学，又有着禅宗居士的身份，因此他们的佛教四书学也可以视为禅宗义理和阳明心学的会通和融合，也都是晚明儒道佛三教合一思想潮流的典型之作。[4] 总之，出于不同的目的，历史上对《孟子》的佛学解读也侧重于不同的角度，所关注的问题也会有所差别。星云法师作为推动人间佛教发展的重要人物，也十分重视《孟子》中的优秀思想。虽然星云法师并没有注《孟》的专著，但是在他的语言文字当中，在应对现实人生的种种问题时，星云法师常常援引《孟子》，借助孟子的精神资源来为众生解疑答惑。星云法师对《孟子》的诠解，从理论上来讲，是为了完善人

---

[1] 韩焕忠:《佛教四书学》，人民出版社2015年版，第31页。
[2] （明）焦竑撰，李剑雄点校:《答耿师》，《澹园集》卷2，中华书局1999年版，第82页。
[3] （明）袁宗道著，钱伯城标点:《白苏斋类集》卷17，上海古籍出版社1989年版，第237页。
[4] 韩焕忠:《佛教四书学》，第132页。

间佛教的理论体系；从实践上讲，则是为了实现人间净土的蓝图。因此，他主要关注《孟子》中的以下内容：义利观、四端说和修养工夫。

一 对"义利之辨"的佛学解读

孔孟以后，义利之辨成为儒家思想的一个重要话题，孔子"罕言利"，而孟子对于义利则有具体的阐发，并奠定了儒家重义轻利的思想基调。星云法师认为，孔子"崇仁"，孟子"尚义"，并且由"义"扩充出"仁、义、礼、智"四端，认为人要有恻隐之心、羞恶之心、辞让之心、是非之心。星云法师认为，义是孟子思想的一个核心命题，他认同孟子"重义轻利"的义利观，并对"义利之辨"进行了佛学解读。

（一）以"我执"释"私利"

《孟子》开篇记载：

> 孟子见梁惠王。王曰："叟，不远千里而来，亦将有以利吾国乎？"孟子对曰："王何必曰利？亦有仁义而已矣。王曰：'何以利吾国？'大夫曰：'何以利吾家？'士庶人曰：'何以利吾身？'上下交征利而国危矣。万乘之国弑其君者，必千乘之家；千乘之国弑其君者，必百乘之家。万取千焉，千取百焉，不为不多矣。苟为后义而先利，不夺不餍。未有仁而遗其亲者也，未有义而后其君者也。王亦曰仁义而已矣，何必曰利？"

此段对话出自《孟子·梁惠王上》，记载了孟子与梁惠王讨论义利之辨。在这里孟子所说的"利"乃是指满足"一己"之利益，其中的"一己"既可以指一个人，也可以指一个利益集团，故利即私利，是为己。星云法师注意到当今社会中义利颠倒、私利至上的伦理弊病：往往私利在前，公义、道德被抛诸脑后，乃至亲情都要为私利让步；在社会、政府、团体、人我关系上，只讲究利害得失，"公义给一个私字蒙蔽而不容易出头"[①]。

星云法师引入佛教"我执"的概念，来诠释私利产生的根源。所谓"我执"，即"认有我身之执念为我执，亦云人执。《唯识述记》一本曰：'烦恼障品类众多，我执为根，生诸烦恼，若不执我无烦恼。'《俱舍论》二十九曰：'由我执力，诸烦恼生。三有轮回，无容解脱。'《俱舍光记》二曰：'我执谓我见。'"（《丁福保佛学大辞典》）可见我执即执着人有一实在的我体，一切烦恼，皆由有我而起。若无我者，则一切皆无。《佛光大辞典》"我执"释义："又作人执、生执。执着实我之意。盖众生之体，原为五蕴之假和合，若妄执具有主宰作用之实体个我之存在，而产生'我'与'我所'等之妄想分别，即称我执。"因不了解人身为五蕴假和合而成，故执着一实体之我，或认我为一生之主宰，即谓我执，亦谓人执。因此，为了这一我体的安乐享受，人们汲汲营营，追名逐利，导致私利纷争的产生，造成义利抉择的冲突。

星云法师认为，人们被无明所蔽，执假为真，不知道所执着的这个"我"只是四大五蕴因缘和合的，缘聚则生、缘散则灭。看似属于我的一切，如我的身体、我的家人、我的财产等都好像是真实存在的，但实际上我的财产是"五家共有"，我的身体是"四大假合"，家庭等也都是众缘和合而有，这些都不是我们所能私有的，也都不是人们能够长久执取的，最后也终将如梦幻泡影般消散。"我执"范畴的引入，不仅解释了私利产生的根源，更重要的是提供了一个"去执"的行动方向——见义忘利，即由对我的执着转为对他人的奉献，由无我而利他，从而进入佛教自利利他菩萨境界的追寻。在佛教中，真正做到去执无我的只有佛、菩萨的境界。因此，在"我执"的背后，其实隐藏着星云法师对佛菩萨最

[①] 星云法师：《迷悟之间4》，《星云大师全集》网络版，http://books.masterhsingyun.org/ArticleDetail/artcle1979，2024年3月22日。

高理想境界的探索。

（二）无我而利他之"义"

星云法师对"义"的理解包含了相互关联又层次递进的两个方面。

其一，是"义"所包含的利他的伦理道德内涵。

星云法师常使用"公义"二字，公义即表明利他的倾向，是为人。孟子说"人有不为也"（《孟子·离娄下》），即君子要有所为有所不为。在星云法师看来，公义就是君子有所不为的东西："公义是什么？你虽然许诺我多少的利益，但我所做的事不合乎道德、法律，为了公义，我不为也！你虽优待我诸多的好处，但因不合乎道德、公理，我不为也！再多的金钱买动我做泯灭良知的事情，我不为也！再高的名位要我做有失人格的事情，我不为也！"[1]所谓公义，就是合乎道德的准则，合乎法律公理的规范，合乎良心良知的认同。公义一定要有利于他人，否则，利深而吾不为也。孟子对一国之君梁惠王说不要言必称"利"，这是因为，在孟子看来只要你做到了"义"或"仁义"，"利"就是水到渠成的。因此关键在于"义"，也就是义在利先。反之，利在义先，必然会使仁义衰微。星云法师也说："讲利会使仁义衰微。"[2]对义利的态度也体现了君子圣贤和世俗之人的区别，世俗之人都以利为先，而圣贤则以义为先。星云法师认为，学圣贤不如自己做圣贤，就是要人们以见义忘利的精神来对待现实中的义利问题。

其二，是"利他之义"的向上超越，而成为"无为之义""无我之义"，这同时是一种境界上的要求。

现实生活中，能在义利冲突之际舍利为义已实属难得，但是在星云法师看来，此处义毕竟还是与利处在一个相对待的关系之中，尚有人我、义

---

[1] 星云法师：《迷悟之间 4》，《星云大师全集》网络版，http：//books.masterhsingyun.org/Article Detail/artcle1979，2024 年 3 月 22 日。

[2] 星云法师：《人间万事 2》，《星云大师全集》网络版，http：//books.masterhsingyun.org/Article Detail/artcle4044，2024 年 3 月 22 日。

利、有无等的分隔，这显然不能契合于佛教的不二哲学；另外，人间佛教是以出世精神作为根本原则的，从出世法的层面上讲，应该要超越对待的两边，寻求一种"无为法"。因此，星云法师说："若能在义、利之外，还能看到'法'，能够忘了义、利的对待，而把一切建立在'无为法'上，那么吾人所见，境界就会更高了。"① 此即无为之义，无为的利他。

"无为"在这里主要是指"无我""无执"。在星云法师这里，一方面就如同无相布施一样，要求人在利他、在行义后，能够三轮体空，施恩不图报，不为利人的相所困，实现自他两利的境界。星云法师所要寻找的超越的无为之义，实际上就是无相无执的义，具有出世的色彩。另一方面，星云法师将"我执"纳入对私利的诠释之中，既提供了破执的行动方向，也必然会逻辑地导出"无为之义"的结果。"无为之义"明显具有与佛教利他相同的内涵，都强调在利他中实现自利，自利利他不二。孟子所谓"何必曰利"，居仁由义而利自来，其实也正说明了义利之间具有内在的统一性，从这一角度来讲，义利之辨确实可以与佛教的自利利他进行沟通。

（三）"义利之辨"与"自利利他"

义利之辨中，义和利总是处在相对待的两边，在这个语境下，义具有一种价值优越性，而利则总是从负面的、需要遏制和摒弃的私欲的角度来讲。在严苛的两难境地中，即便是合理的利益需求也要臣服于义的优先等级之下，对舍生取义、舍己为人等高贵品质的歌颂已经证实了这一点。然而，在现代社会中，这种带有牺牲精神的道德要求与个人需求的满足之间的冲突日益加深，如何正确认识利，以及义利如何和解是一个需要关注的重要问题。相比较义利之辨中利所呈现的负面形象而言，佛教"自利利人"的范畴中，利则是一个基础的行为，是非常值得肯定和追求的，具有高度正面的价值。诸佛菩萨是佛教徒所竭力成就的人格，而自利利他正是

---

① 星云法师：《人间万事3》，《星云大师全集》网络版，http://books.masterhsingyun.org/ArticleDetail/artcle4176，2024年3月22日。

诸佛菩萨所必须具备的品格和必须达到的境界。

如果对这两个范畴进行比较，在义利之辨中，利是为己之私利，可比之于佛教的自利；而义是为人之公义，可比之于佛教的利他。这样，在形式上，"义利之辨"与"自利利他"因其相似的结构就具有了可比性。山东大学陈坚教授对于"义利之辨"与"自利利他"曾做过比较详细的对比研究，他指出二者分别在伦理向度和境界向度上展现各自的内涵，义利的兼得与否以及"自利""利他"孰为前提也是二者的一个重要分歧。义与利在儒家这里，通常是不可兼得的，而对佛教来说，自利与利他往往是可以兼得，且要求尽量兼得的。义利平衡的前提是利他的"义"；自利利他中，自利和利他的平衡是以自利为前提确立的。① 义利之辨的中心是为他，而自利利他的最终目的实际是自利，当然这个自利不是世俗意义上自私的私利，而是关注自身的超越解脱。星云法师认为，在某种程度上，佛教的自利利他就是对儒家义利之辨的一种超越。

二 对"四端之说"的佛学解读

> 无恻隐之心，非人也；无羞恶之心，非人也；无辞让之心，非人也；无是非之心，非人也。恻隐之心，仁之端也；羞恶之心，义之端也；辞让之心，礼之端也；是非之心，智之端也。(《孟子·公孙丑上》)

这是《孟子》中非常经典且重要的一段话，包括相互关联的两部分。第一部分，是论述以恻隐之心为主的四心对于人所具有的本质意义，第二段话，则是将此四心与仁义礼智四德对应起来，并成为仁义礼智之四端。星云法师将四心作为非人和人的区别，并在此基础上要求吾人成为"全人"，对于仁义礼智四端，星云法师也有自己的解读。

---

① 陈坚：《儒家"义利之辨"与佛教"自利利他"比较研究》，《齐鲁学刊》2007年第5期。

（一）非人与全人

佛陀曾批评不发心行菩萨道的人自私自利，不愿普度众生，只想自己解脱，认为这种无法延续佛法慧命的人是"焦芽败种"。星云法师认为，孟子所说的无"恻隐之心""羞恶之心""辞让之心""是非之心"的人，就是非人，也就是"焦芽败种"。所谓"非人"，就是说当一个人的所言所行、所作所为不合于"人"的条件时，往往被讥为"禽兽不如"。人与禽兽的差别，就如孟子所说："人之异于禽兽者几希，庶民去之，君子存之。"（《孟子·离娄下》）《礼记》云："凡人之所以为人者，礼义也。"《左传》亦云："人所以立，信、知、勇也！"孔子更说："行己有耻。""几希"就意味着作为人之本质的四端之心的珍贵。这些都说明，"人与禽兽最大的不同，在于人有仁心、人讲信义、人能好礼、人知廉耻。因此，崇礼好义是为人，感恩知耻是为人，有情有义是为人，有慈悲恻隐之心是为人"[1]。这个人的本质条件、人与禽兽的根本差别其实就是孟子所说的"四端之心"。

为什么人会丧失本具的人性？因为人性是有弱点的，星云法师将之归结为对私利的执着，使真心明珠蒙尘，人被自己的欲望支配以致迷失了自我。"人在名位权势之前往往会迷失自己，在声色货利之前往往会忘失本性，在瞋恨嫉妒之前往往会丧失理智。人有理智，人能分辨是非善恶，然而在利字当头，如果不能用道德战胜贪婪私欲，则与禽兽何异？ 反之，若以'众生皆有佛性'而言，禽兽何尝没有人性？ 是故人兽之间，其实就在于是否能守护真心？ 如果人能做到不欺暗室，不让真心被声色货利所蒙蔽；能够仰无愧于天，俯无怍于人，则庶几不愧为人矣！"[2]

因此，星云法师提倡："非人不可做，要做'全人'，也就是有德的

---

[1] 星云法师：《迷悟之间1》，《星云大师全集》网络版，http://books.masterhsingyun.org/ArticleDetail/artcle584，2024年3月22日。
[2] 星云法师：《迷悟之间1》，《星云大师全集》网络版，http://books.masterhsingyun.org/ArticleDetail/artcle584，2024年3月22日。

人。"①所谓"全人"首先应该是具备仁义礼智德性的人,以"仁"为例:佛教常讲慈悲,慈悲就是仁,就是不杀生、爱生、护生的品格。不杀护生,慈悲为仁。一个不杀害生命,且保护生命的人,必是有仁爱、有仁德的人。一个慈悲的仁人,自然会流露出恻隐之心。汉传佛教的佛教徒有素食的传统,这主要也是为了长养慈悲心。《涅槃经》言:"食肉者,断大慈种,行住坐卧,一切众生闻其肉气悉生恐怖。"一方面这是因为佛教"众生皆有佛性""轮回"观念的自然发展;另一方面也受到《孟子》中"君子之于禽兽也,见其生,不忍见其死;闻其声,不忍食其肉"(《孟子·梁惠王上》),故"君子远庖厨"思想的影响。星云法师还援引孟子所说"仁者无敌"来解释"全人"所具有的包容的心怀。其次,星云法师认为"全人"还应该具有"随众随喜"的菩萨性格:"期许每个人都要培养'随缘合众'的性格,当别人欢喜的时候,也能跟着一起欢喜;应该赞美他人的时候,就要随喜赞美;当大家在交谈,气氛愉悦时,也可以随喜加入;大众出坡工作时,更不能偷懒置身事外,也要一起参与。能够如此,才是人格健全,才算具有随众随喜的菩萨性格。"②这一内涵具有强烈的佛教特色,众所周知,佛教十分重视因缘的作用,万法因缘起,亦因缘灭。人间佛教强调要在众生之中修行,广结善缘,自利利他,因此,佛教所要求的有德之人必然要具备这种"随缘合众"的性格。最后,星云法师还认为,"全人"的行为是真心朗现后的真诚流露,能"仰无愧于天,俯无怍于人",才不愧为人一遭,这正如孟子所说:"由仁义行,非行仁义也。"(《孟子·离娄下》)

(二)人性无记,因缘成就

孟子说的乍见孺子入井而生起的怵惕恻隐之心、不忍人之心,是人皆

---

① 星云法师:《佛法真义3》,《星云大师全集》网络版,http://books.masterhsingyun.org/ArticleDetail/artcle9507,2024年3月22日。
② 星云法师:《佛法真义3》,《星云大师全集》网络版,http://books.masterhsingyun.org/ArticleDetail/artcle9507,2024年3月22日。

有之的，是生而有之的，是人向善的萌芽和根据，由此，他的人性论也被定位为性善之论。

星云法师认为，在佛教看来，一心可善可恶、可恶可善。善恶如同难兄难弟，纠缠在一起。因此，无善无恶是人的本性。孟子主张的"性善"，也只是说"人性向善"。也就是说，人有趋向"善"的潜能，所以他说："人性之善也，犹水之就下也；人无有不善，水无有不下。"（《孟子·告子上》）但是，在日常生活中，我们常见的是"近朱者赤，近墨者黑"，可见人的本性不是善，也不是恶，而是无记性的。因为无记性，所以人可以成佛，也可以成魔。是善、是恶、是成佛、是成魔，就看是受了什么环境、因缘所引发，所以教育、环境、修行，都可以影响一个人，这也是孟母三迁的原因。[①] 这里，星云法师就是用佛教的无记性概念来定义性之善恶，并将性善性恶说与佛教的因缘果报思想结合起来，将性向善或向恶发展的可能作为个人行为和外在环境的因缘所成就的果。

> 法华的天台家说，人心之中的善恶，有"性起"说，有"性具"说。避开那许多深奥的学说不论，只谈我们的心，我们的前面有两条路，一条是善道，一条是恶道，我们平常只要自问：我要往善路走呢？要往恶路走呢？往善路，依戒律规范身心，防非止恶，以道德来行事，喜舍布施，造福大众，用佛法净化心念，秉持定慧般若，影响社会，以菩提心照顾世间，化俗向真；只要世人秉持不灭真心，不断努力，总会自我完成自心的圆满法界。如果你要向恶道行进，则自私、执着、损人利己、侵人利益、犯人所有，所谓恶贯满盈，走到尽头，失去生命的价值。恶道的众生，不都是受着这样的因果吗？吾人不必一直去议论人心是善是恶，明明两条路，你还不知道应该如何选择吗？[②]

---

① 星云法师：《星云法语 4》，《星云大师全集》网络版，http://books.masterhsingyun.org/ArticleDetail/artcle8467，2024 年 3 月 22 日。
② 星云法师：《迷悟之间 5》，《星云大师全集》网络版，http://books.masterhsingyun.org/ArticleDetail/artcle2132，2024 年 3 月 22 日。

可以看出，在星云法师看来，性的本质是善是恶不是他所关注的重点，他所在意的是如何使人能够趋向善果，如何避恶扬善。其中体现了星云法师强烈的现实品格和实践特征。

（三）仁义礼智的结构性解读

儒家的仁与佛教的慈悲、儒家的智与佛教的般若虽然存在许多差异，也存在很大的相似性，故历来是二者并举而论的，在星云法师这里也是如此。此处以"礼"为例做一说明，一窥星云法师儒佛会通的具体操作。星云法师首先指出，礼是人和人之间相处的基本原则。他援引《孟子·滕文公上》中的"五伦"说——"父子有亲，君臣有义，夫妇有别，长幼有序，朋友有信"，将此五伦纳入对礼的诠释之中，指出，所谓礼，能"定亲疏""决信疑""别同异""明是非"[①]。"定亲疏是礼"，星云法师认为每个人都有亲疏远近的不同人际关系，在不同的人际关系之中要有不同的相处对待之道，这就是礼。这一解读显示出儒家亲疏有别、爱有差等的亲情伦理的色彩，说明星云法师在佛教生佛一如、爱无差等的高远旨趣之下兼顾了现实伦理的关怀。"决信疑是礼"将佛教的"信"纳入礼的内涵之中，形成信与礼的会通。"别同异是礼"展现了星云法师对于不同宗教、不同思想、不同政治文化所具有的平等尊重的态度。"明是非是礼"，明是非为智，智与礼在这里有融通之义。由此可以看出，星云法师的论述中佛儒会通的特质充盈其间。

星云法师对"仁义礼智"进行解读的一个特别之处在于，他从一个整体的、系统的视角来诠释仁义礼智。星云法师认为，佛教主张做人要持守五戒、广行十善，要自觉觉他、己立立人。这是将儒家的"己立立人"置于佛教的话语体系之中，并将之与自觉觉人、自利利他等同视之，这实质上也是星云法师援儒入佛、以儒解佛、以佛解儒的体现。关于如何"己立

[①] 星云法师：《星云法语 10》，《星云大师全集》网络版，http://books.masterhsingyun.org/ArticleDetail/artcle8252，2024 年 3 月 22 日。

立人"，星云法师有四点看法：

第一、己俭而能施人，是为仁也：星云法师认为富贵之家布施容易，贫苦之家布施难，"穷则独善其身"容易做到，但自己能澹泊自甘，勤俭克己，并且还能将自己节俭后所余，布施给贫苦、孤独的人，与人共享，表示自己心中有"人"。这种仁德的施予，是仁者所为。一个真正的仁者，会"解衣推食""守约施博"。这比穷则独善其身，理想更为高远，标准更高，实现难度也更高，因此，也更加能体现仁者的可贵。这里是以布施来诠释仁之德。

第二、己仁而能寡求，是为义也：星云法师认为，慈悲之人，发心利人之后能够做到"三轮体空"，能够体达我法皆空，而无希望福报之心；甚至若受到呵骂、讥讽等，也能起慈心而不绝布施之念。这种施恩不图报的行为，都是"义"的表现，这种无我无私、舍己为人的仁义道德，是圣贤之德，更为世间所需要。这是以佛教的无相、无我、三轮体空等概念来诠释义之德。

第三、己义而能传家，是为礼也：自己有道德仁义，而能将此美德传承给后代子孙，远比留给子孙万贯家财更为宝贵。

第四、己礼而能训子，是为智也：意即自己知礼，且能教诲子孙礼义之道，这才是真正的智者。第三、第四点不正是体现了佛教自利利他的思想吗？不仅自己本身要学做圣贤，更要能推己及人，己立立人。[①]

这里，星云法师通过对儒家"己立立人"的修身之道的解读，将仁义礼智串联起来，仁义礼智不再是独立的四种道德范畴，而是由仁到义、由义到礼、由礼到智的一个系统的、完整的、层次递进的结构。并且星云法师在解读的过程中，运用佛教的布施、无执、慈悲、利他等范畴对仁义礼智做了佛学诠释，呈现出明显的以佛解儒的特点。

---

① 星云法师：《星云法语7》，《星云大师全集》网络版，http://books.masterhsingyun.org/ArticleDetail/artcle7776，2024年3月22日。

三 对《孟子》中修养工夫的融会贯通

《孟子》中所体现的修养工夫对于其后佛教心性论的转向是非常重要的，它促进了佛教由对彼岸世界的追寻转向向内的追寻。禅宗即心即佛、见性成佛的思想也受到了《孟子》的影响。因此，可以说佛教的修行观念与《孟子》中所主张的尽心、知性、养气等工夫实践是非常契合的，星云法师也常常援引《孟子》来为佛教的修养方式进行佐证。

反求诸己：孟子重视内在的修为，在他看来，仁义都是内在的，都是源自内心的规则，所以人们面对各种问题时，都要从自己身上寻求解决。星云法师援引孟子的"爱人不亲反其仁，治人不治反其智，礼人不答反其敬。行有不得者，皆反求诸己，其身正而天下归之"（《孟子·离娄上》），与明儒王艮"其身正而天下归之，此正己而物正也，然后身安也"，来表达自己反求诸己的思维方式。并认为孟子这种反求诸己的思想，也是佛教一贯的主张。他认为佛陀早已告诫我们要"不诽谤于人，亦不观是非，但自观身行，谛观正不正"（《增一阿含经》）。凡事把握现在，从自己出发，自我省察，反求诸己，则我们的心性与德行就能够日渐健全。孟子不喜欢把自己遇到的各种现实矛盾归咎于他人，而总是认为自己做得不够。于是，《孟子》思想常被认为缺少智性因素，只是从心上来谈论仁义礼智，却不从具体方法上说。如孟子说："反身而诚，乐莫大焉。"（《孟子·尽心上》）无论做什么，都要首先从自身寻索，能够"尽心"，就可以"知性、知天"，就可以达到成圣的目的。而这与星云法师一贯的要求是非常契合的。

忍耐：通观星云法师著作，可以看到，星云法师深信忍耐的力量非常强大。忍既是中国文化的美德，又是佛教认为的最有力的修行方式之一，忍具有无量功德。佛陀说："不能忍受讥讽毁谤，如饮甘露者，不能名为有力大人。"星云法师援引《孟子》中"天将降大任于是人也，必先苦其心志，劳其筋骨，饿其体肤，空乏其身，行拂乱其所为，所以动心忍性，增益其所不能"（《孟子·告子下》）来诠释佛教"忍"的工夫。他认为孟子此言揭示了一个道理，那就是"逆境是顺境的因，逆境是顺境的增上缘"[①]。星云法师援引佛教"增上缘"的范畴，对儒家的经典语录做了一种独特的佛学诠释，与他"苦是人生的逆增上缘"的观点若合符节。因为人生的逆境在所难免，所以吾人要有积极面对的勇气，要能够有忍耐的大勇之力，要能够在逆境里积极向前，自我成长，如如不动，不如此，不能成功。星云法师说忍耐是做人第一法，忍之一字，众妙之门，古圣先贤立身处世，无有不得力于忍者。要想成大器，必须先在生活中学习"忍耐"，"欲成佛门龙象，先做众生牛马"，对于逆境，"先忍之于口，是为下忍；再忍之于面，是为中忍；如果能做到凡事不动心，那才是上忍"[②]。

养气之道：养气是孟子非常重要的修养工夫，孟子说："我善养吾浩然之气。"（《孟子·公孙丑上》）孟子所说的"浩然之气"并不是指精血之气。"敢问何谓浩然之气？"曰："难言也。其为气也，至大至刚，以直养而无害，则塞于天地之间。其为气也，配义与道；无是，馁也。是集义所生者，非义袭而取之也。"（《孟子·公孙丑上》）孟子言"浩然之气"与义、道相合，实际上即为与"道德之心"相合。这里的"合"乃是"合而有助"[③]之意，即孟子所谓"集义"的真正内涵。因此，孟子所说的"浩然之气"应是道德之气。星云法师所说的浩然之气则是两者兼备。他认为义气、正气就可以成为"浩然之气"，这其实就代表了浩然之气的德性内涵。我们还可以从星云法师提出的四点"养气之道"来看：第一、少思虑，以养中气；第二、减欲望，以养骨气；第三、多经历，以养胆气；第四、顺

---

① 星云法师：《迷悟之间 9》，《星云大师全集》网络版，http://books.masterhsingyun.org/ArticleDetail/artcle2841，2024 年 3 月 22 日。
② 星云法师：《往事百语 2》，《星云大师全集》网络版，http://books.masterhsingyun.org/ArticleDetail/artcle6528，2024 年 7 月 12 日。
③ （宋）朱熹：《四书章句集注》，中华书局 2011 年版，第 215 页。
原文如下："配者，合而有助之意。馁，饥乏而气不充体也。言人能养成此气，则其气合乎道义而为之助，使其行之勇决，无所疑惮；若无此气，则其一时所为虽未必不出于道义，然其体有所不充，则亦不免于疑惧，而不足以有为也。"

时令，以养元气。① 从"中气""骨气""胆气""元气""义气""正气"等词汇中可以看出，星云法师所说的气既有道德之气，又有人生存必需的精血之气。孟子所说的养气之道在于"集义"和"知言"，星云法师所说的养气之法并不全然是受到孟子"养气"说的影响，但是从中还是能够感受到孟子思想的气韵。

与人为善：星云法师非常重视与人结缘的重要性，他认为佛教自利利他的工夫必有赖于众生的因缘，因此，要在众中修行，广结善缘，正如孟子所说："君子莫大乎与人为善。"（《孟子·公孙丑上》）他主张向善财童子学习，善财童子发起菩提心"走出去"，积极参访善知识，在大众里广学多闻，扩大了自己的心胸，也结下了许多善因好缘，不但人人乐于教导，助他成长，也都很乐意推荐他到各处再去参学，大家都在法上用功，在法上互相成就，共成美事。在生活中，与人为善就是："凡是合情合理的，要与人为善；凡是给人欢喜的，要从善如流；凡是利益社会的，要热心参与；凡是成就大众的，要心甘情愿。……凡事想到与人为善，身口意行为多一分为大众服务的热忱，一切为人着想，以做好事、说好话、存好心的三好运动，来管理'见不得别人好'的嫉妒慢心，放下执着，包容他人，这就学到了善财童子肯得与人为善的精神。"② 与人为善就是要明白自身的渺小，因而能够善于发现别人的美好之处，善于发现别人的优点，从而广结善缘，在利他的善因中，收获自利的善果。

结　语

由是观之，通过援儒入佛、以佛解儒，星云法师对《孟子》的佛学解读既展示出将佛教的义理范畴融入儒家经典的致思倾向，又体现了在儒家

---

① 星云法师：《星云法语1》，《星云大师全集》网络版，http：//books.masterhsingyun.org/ArticleDetail/artcle3233，2024年3月22日。
② 星云法师：《佛教管理学1》，《星云大师全集》网络版，http：//books.masterhsingyun.org/ArticleDetail/artcle9655，2024年3月22日。

语境中寻求佛教经典真义的价值诉求。细而言之，星云法师对《孟子》的融会贯通大致可以分为相互关联的三个层面，一是星云法师将佛教的"我执""无相""无为""因缘"等义理范畴纳入对《孟子》中思想观点的解读之中，从而在一定程度上丰富了《孟子》思想的内涵。二是星云法师以《孟子》中的经典思想印证佛教的思想价值。对义利之辨的诠释带有明显的佛教自利利他的意涵，正是一典型的例证。同样地，以《孟子》中的修身之道来与佛教的修行法门相比附论证也是儒佛会通的一个重要方面。三是星云法师对《孟子》的佛学解读旨在印证其人间佛教的真义，为人间佛教理论寻找儒家的思想支撑，同时为人间佛教思想的深化寻求优质资源。而佛儒二者的交融，正是人间佛教的基本精神，要先入世后出世，要先度生后度死，要先生活后生死，要先缩小后扩大，以"不为自己求安乐，但愿众生得离苦"的精神，建设人间净土。通过对《孟子》的佛学解读，星云法师进行了佛儒义理范畴之间的沟通与思想观念之间的融合。佛儒二者融合的最大目的就是弘扬人间佛教的精神，所谓"以出世的思想，做入世的事业"就是自觉觉人、自利利他的精神，最大的价值就在于促进了人间佛教的扩展与实践，在此过程中，这种对儒家经典的佛学解读，也丰富了佛儒双方义理思想的内涵，是一举多得的善事。

　　星云法师对《孟子》的融会贯通说明人间佛教是具有高度交流性和包容性的宗教，程恭让教授曾指出："佛教文明的交流性是佛教思想文化的一个本质性的特征，是佛教文化成为全球性文化的一种重要的内在基础。"[①] 这种交流哲学在星云法师这里即体现为"融和尊重"的原则。"我们为使佛教不要分歧，故要提倡佛教的融和尊重……在同一教主佛陀，同一三法印和四圣谛的教理，同一三皈依仪制之下，不应互相排斥、互较嫡庶，应该互相融和、互相尊重。"[②] 其实，在星云法师这里，不仅佛教内部

---

① 程恭让：《释迦牟尼及原始佛教思想的交流性问题》，《五台山研究》2021年第1期。
② 星云法师：《人间佛教论文集 5》，《星云大师全集》网络版，http://books.masterhsingyun.org/ArticleDetail/artcle984，2024年4月9日。

要融合尊重，在教外，面对不同的宗教文化，也要有"融合尊重"的精神，尊重不同思想文化，融合不同思想中有利于大众的优秀资粮，与时俱进地促进中国佛教的不断扩大发展。"融和的精神，是交流的根本，是交流的依据；而尊重包容，交流互动，则是融和的方法，是融和的手段。"[①]对《孟子》以及其他儒家经典的佛学解读也正是在实际地体现人间佛教"融合尊重"的原则，星云法师尊重不同的宗教文化，主张异中求同，在保持各自思想文化独特性的同时，融合同样有益大众，具有切实功效的资源，为众生的离苦得乐所用。对于星云法师的"融合尊重"这一原则，程恭让教授认为："星云大师所宣导和实践的人间佛教以融和尊重作为最重要的佛教智慧传统，以融和尊重作为中国佛教宝贵的精神特色，同时也以融和尊重作为当代弘法的最重要的方向原则之一，因此星云大师所提倡的现代人间佛教，是高度注重佛教文化交流互动及佛教文化交流性特质的人间佛教。"[②]

Venerable Master Hsing Yun Buddhist interpretation of Mencius

Kuang Yanbin

Abstract：Chinese Buddhism and Confucianism are closely related, both in terms of ideological origin or content, both have profound interactive

---
[①] 程恭让：《现代人间佛教的交流性》，载《2021星云大师人间佛教理论实践研究》，高雄：佛光文化2021年版。
[②] 程恭让：《现代人间佛教的交流性》，载《2021星云大师人间佛教理论实践研究》，高雄：佛光文化2021年版。

relationship and influence. *Mencius*, one of the Four Books of Confucianism, is an important classical basis for the understanding of Buddhism and Confucianism. It highlights the active spirit of Confucianism in the world, and is an important source of thoughts for "human nature" in Humanistic Buddhism. Venerable Master Hsing Yun not only uses *Mencius* to enter Buddhism, but also makes a Buddhist interpretation of some concepts in *Mencius* in this process. By incorporating "egoism" into the connotation of self-interest, Venerable Master Hsing Yun confirms the basic viewpoint of *Mencius* that "justice is higher than interests", and further proposes to seek a transcendent "non-action method" at both ends of treating justice and interests, and communicates with Buddhist self-interest to some extent. Therefore, the non-action justice has a color of transcendence of Buddhism. As for the "four ends theory", Venerable Master Hsing Yun discusses the essence of human beings from the distinction between "non-human" and "whole human". In addition to the independent interpretation of benevolence, justice, rites and wisdom, he also interprets benevolence, justice, wisdom and rites as a complete structure with clear hierarchy and systematic logic by the extension mode of "establishing human beings". In terms of self-cultivation, Venerable Master Hsing Yun cited classic sentences from *Mencius* to explain the self-cultivation he advocated and practiced, including self-reflection, cultivating qi, patience, kindness to others and other practical interpersonal ways. In this way, Venerable Master Hsing Yun emphasized the Humanistic Buddhist spirit of cultivating in the masses and honing in the affairs.

Key words: Mencius; Master Hsingyun; Confucian-Buddhist convergence; humanistic Buddhism

人间佛教与佛教前沿问题

汉传佛教纪念日海外转变：因缘与挑战
——以佛光山东京别院为例

孙 泓 释妙崇

南京林业大学博士生；佛光山日本东京别院监寺

摘　要：本文旨在探讨海外汉传佛教活动中宗教纪念日"在地化"的影响，以及背后的理论和实践依据。本文通过分析佛光山日本东京别院宗教纪念日的活动安排，发现其具有灵活性和实用性，提前庆祝或调整日期有助于活动的有效性和效率性，反映了文化适应与社会协调的需求，以及符合人们的日常习惯和珍视传统价值。然而，这种"在地化"也带来了对传统的挑战，纪念日期的模糊性可能影响活动的纯粹性和传统性。本文认为应持续关注宗教活动"在地化"对传统的影响，尤其对纪念日日期的记忆和重视程度。本文揭示了"在地化"对宗教活动和信众的实际影响，为宗教组织和社会管理者提供了理论借鉴和启示，具有实践意义；并强调了文化交流的价值，展示了宗教活动在不同文化背景下的适应能力，对促进跨文化交流与合作具有积极促进作用。

关 键 词：汉传佛教；纪念日；在地化；佛光山东京别院

基金归属：本文为2019年度国家社科基金重大项目"'一带一路'佛教交流史"（编号：19ZDA239）的阶段性成果。

一 引言

作为将产品、服务或活动进行本地化或当地化的过程[1],"在地化"是一种跨文化的调整,旨在使产品或服务更符合特定地区或国家的文化、语言、习俗和需求。[2] 宗教"在地化"是指宗教在特定地区或文化背景下的调整和适应过程,它可以促进宗教的传播和发展,同时也反映了文化多样性和变化性。[3] 这种适应可以涵盖很多方面,包括信仰实践、仪式习俗、宗教教义的传播和理解等。宗教"在地化"的过程可以使宗教更贴近当地人的生活方式、价值观和文化传统,从而增进宗教的接受度和影响力。"在地化"可能导致宗教在不同地区产生不同的形式和表现方式。同一宗教在不同国家或地区可能有不同的节日庆祝方式、仪式形式、宗教建筑风格等。这种"在地化"的现象反映了宗教与当地文化相互作用的结果。[4]

宗教"在地化"也可能引发一些讨论和争议,特别是在宗教传统与当地文化之间存在冲突或矛盾的情况下。一些信徒可能会强调宗教的纯粹性和传统性[5],而另一些则更愿意接受宗教与当地文化相结合的形式。因此,宗教"在地化"的过程是一个复杂而多元的现象,不仅是宗教与文化相互作用的结果,也反映了社会和个人对于宗教与文化关系的不同理解和态度。[6]

宗教"在地化"的过程中,宗教纪念日改变的现象多种多样,展现出

---

[1] De Haan L. J., "Globalization, Localization and Sustainable Livelihood", *Sociologia Ruralis*, Vol.40, No.3, 2000, pp.339-365.

[2] Marcus A., Gould E. W., "Globalization, Localization, and Cross-cultural User-interface Design", *The Human-computer Interaction Handbook: Fundamentals, Evolving Technologies, and Emerging Applications*, 2012, pp.341-366.

[3] 杨晓强:《试论印度教在印尼巴厘岛的本土化》,《东南亚研究》2011年第6期。

[4] 李春霞:《从冲突到融合:天主教在越南的本土化过程》,《东南亚研究》2012年第4期。

[5] 丁仁杰:《台湾新兴宗教团体的世界观与内在运作逻辑:一些暂时性的看法》,《思与言》1998年第4期。

[6] Aldashev G., Platteau J. P., "Religion, Culture, and Development", Elsevier: *Handbook of the Economics of Art and Culture.* Elsevier, 2014, pp.587-631.

丰富性和变化性。首先，宗教纪念日可能会融合当地文化元素，如庆祝方式、食物、服饰等，以增强当地人的参与感和认同感。其次，宗教纪念日可能会改变日期或庆祝方式，以适应当地文化的习俗和传统[1]，例如根据当地历法进行调整或加入当地的传统庆祝方式。

宗教纪念日可以被视为一种社会的"集体努力"，通过共同的仪式和庆祝活动加强社会团结，提升社会的凝聚力。[2]宗教是社会生活的一部分，它通过仪式和庆典等集体活动将个人与社会联系在一起。在宗教纪念日中，信徒们共同参与仪式和庆祝活动，这种集体体验不仅加深了他们之间的联系，也强化了他们与宗教共同体的认同感。通过这种集体努力，宗教纪念日不仅加强了个体之间的互动[3]，也增强了社会的凝聚力，促进了社会的稳定与和谐。因此，宗教纪念日在社会中发挥着重要作用，不仅仅是宗教实践的一部分，更是社会秩序和凝聚力的关键因素。

同时，宗教纪念日又可以被视为一种宗教仪式，通过这些仪式，信徒们表达对宗教的虔诚和信仰，以及对社会秩序的支持。在宗教纪念日的仪式中，信徒们参与各种宗教活动，如祈祷、朝圣、礼拜等，这些活动体现了他们对宗教的忠诚和奉献，也传递了他们对社会秩序和价值观的认同和支持。此外，宗教纪念日也是文化传统的一部分。通过这些纪念活动，人们表达了对文化传统的尊重和承袭。在宗教纪念日中，信徒们常常通过传统的仪式、食物、服饰等方式，展示和弘扬他们的文化身份和价值观念。这种文化传统的延续和弘扬，不仅加深了信徒们对宗教的情感联系，也促进了社会文化的传承和发展。

宗教纪念日也反映了社会对宗教的认可和重视。宗教通过提供一种共

---

[1] 叶淑绫：《圣母意象与无形文化遗产：以都会阿美族"爱的飨宴"和"庆祝圣母升天节"祭典活动为例的分析》，*Min-su ch'ü-i Journal of Chinese Ritual, Theatre & Folklore*, 2018。

[2] Okpokwasili O. A., "Sisterhood: A feminist approach to African's Igwebuike", *PJPJOPH-Pope John Paul II Journal of Philosophy and the Humanities*, Vol.2, No.1, 2023.

[3] Lattu I. Y. M., *Commemorative Rituals and Social Integration*, Brill Schöningh: Rethinking Interreligious Dialogue, 2023, pp. 61-91.

同的信仰和价值观，帮助个体和社会应对不确定性和挑战。① 在这种理论框架下，宗教纪念日作为宗教的重要组成部分，具有重要的社会意义。首先，宗教纪念日作为社会日历的一部分，反映了社会对宗教传统和价值观的认可。这些纪念日被视为宗教信仰和文化传统的一部分，得到了社会的广泛接受和支持，体现了社会对宗教的尊重和重视。其次，宗教纪念日的举办强化了社会对宗教功能的承认。在面对社会变革和不确定性的挑战时，宗教作为一种价值体系和道德指南，为社会提供了稳定性和凝聚力。因此，社会对宗教纪念日的支持和参与，可以视为对宗教功能的一种肯定和认可。②

尽管宗教纪念日具有多重重要意义，但即使对同一宗教而言，宗教纪念日也并没有固定的日期。宗教纪念日的固定与否主要取决于宗教本身的要求和传统，而不是一个固定的规则。有些宗教纪念日就是根据特定的日期或周期来确定的。在宗教纪念日不固定的情况下，信徒们可能会根据宗教传统或教义来确定具体的日期，这样的安排可能更符合宗教的特性和历史传统。

例如，基督教中的一些重要纪念日在不同的国家和地区可能会存在日期上的差异。这主要是因为基督教使用了两种不同历法，即公历和教会历（也称为朱利安历或格里历）。不同的基督教传统和教派可能会使用不同的历法，并且在计算纪念日日期时可能会有所不同。例如，在天主教和大多数基督教传统中，复活节日期是根据教会历来确定的，通常在春分后第一个满月的第一个星期日举行。然而，许多东正教会使用的是儒略历，因此他们的复活节日期通常会与西方教会的日期不同。此外，虽然大多数基督教传统在公历12月25日庆祝耶稣的诞生，但是一些东方正统教会和一些东方基督教会使用的是儒略历，因此他们的圣诞节日期通常会比西方教会

---

① Yancey G., "Neither Jew nor Gentile", *The SAGE Handbook of Intercultural Competence*, 2009, p.374.
② 李峰：《现代性中的宗教支持与限制：罗伯特·贝拉的宗教社会学思想述评》，《宗教社会学》2013年第1辑。

的日期晚几个星期。

宗教纪念日的非固定性是由宗教本身的性质决定的。[①]宗教是一种适应性的文化现象，其形式和实践会随着文化和历史环境的变化而调整和变化。[②]在不同的地域和文化背景下，人们可能有不同的习俗、传统和历法，这会影响到宗教的实践方式。因此，宗教纪念日的日期不固定可以被视为宗教在不同文化和历史条件下的适应性表现。这种灵活性使得宗教可以更好地与当地的文化、季节和历法相结合，更好地满足信徒的需求和宗教要求。

但是，不固定的宗教纪念日可能会影响宗教的神圣性。[③]宗教仪式和纪念活动是社会中的象征性互动，通过这些仪式，人们赋予特定的时间和地点以神圣的意义。固定的宗教纪念日日期有助于确立这种象征性互动的稳定性和连贯性，从而加强信徒对这些日子的神圣性认知。如果日期不固定，可能会导致这种象征性互动的断裂和不连贯，从而降低信徒对这些日子的神圣性认知和体验。

固定的宗教纪念日日期有助于信徒在社会中建立和维护对宗教共同体的认同感。这种共同的时间框架和庆祝方式促进了信徒之间的联系和团结，增强了他们对共同宗教身份的认同。然而，如果纪念日日期不固定，信徒之间可能会在纪念日庆祝活动和仪式的时间上产生分歧，导致社会认同感的混乱。[④]

汉传佛教纪念日是指在汉传佛教信仰体系中具有特殊意义和纪念价值的日期。这些纪念日通常与佛教历史、传承、教义或传统有关，例如佛祖释迦牟尼佛的诞辰日（浴佛节）、成道日（菩提日）、涅盘日、传法日等。

[①] Murphy T., "Speaking Different Languages: Religion and the Study of Religion", *Secular Theories on Religion: Current Perspectives*, 2000, pp.183-192.
[②] 张宏明：《传统宗教在非洲信仰体系中的地位》，《西亚非洲》2009年第3期。
[③] Andriotis K., "Genres of Heritage Authenticity: Denotations from a Pilgrimage Landscape", *Annals of Tourism Research*, Vol.4, No.38, 2011, pp.1613-1633.
[④] 戴文娴：《落入凡俗的圣咏：台湾原住民天主教仪式音乐的本地化研究》，台湾师范大学，2020年博士学位论文。

除了这些主要纪念日外,汉传佛教可能还有纪念其他佛教圣者、法师或重要事件的日期。①

这些纪念日在汉传佛教信徒中被视为重要的宗教活动日,常常伴有各种仪式和活动。例如,法会是一种常见的活动形式,信徒们聚集在寺庙或宗教场所,共同诵经、礼佛、念佛、听法等,以表达对佛法的敬意和信仰。此外,还有布施等仪式。这些仪式和活动都是信徒们表达虔诚和参与的方式,也是汉传佛教传统的一部分。②

汉传佛教纪念日的举办不仅是宗教信仰的体现,也是社会团体和信仰群体的凝聚力和共同体认同的体现。这些活动不仅仅是宗教仪式,更是信徒们对传统文化和价值观的传承和弘扬。因此,汉传佛教纪念日在信徒心中具有特殊的意义和价值,也是汉传佛教文化传统的重要组成部分。

随着汉传佛教弘法事业在海外不断发展,原本的汉传佛教纪念日面临"在地化"的挑战。"在地化"意味着纪念日需要适应当地文化和传统,以更好地融入当地信徒的生活和习俗。这种适应性可能包括调整纪念日的日期、庆祝方式以及相关仪式和活动,以确保它们能够在海外社区中得到理解、接受和参与。③

"在地化"还意味着汉传佛教纪念日在海外可能会呈现出与在中国本土不同的特点和形式。例如,在中国,某个纪念日可能有固定的日期和传统的庆祝方式,但在海外,由于文化和社会环境的不同,可能需要灵活调整日期和庆祝形式,甚至可能结合当地的节庆或习俗来举办纪念活动。

通过"在地化",汉传佛教纪念日可以更好地融入当地社区,增进信徒对宗教活动的参与感和认同感。这也是弘法事业在海外取得成功的重要一环,因为它展示了汉传佛教传统的开放性和适应性,能够与不同文化和价值观相互交融,促进其传播和发展。因此"在地化"是汉传佛教在海外

---

① 余永涌:《台湾本土汉传佛教音乐文化》,《慧炬》2011 年。
② 陈法菱:《缅甸"短期出家"之研究》,《台湾宗教研究》2016 年第 15 期。
③ 姜贞吟:《法属玻里尼西亚客家族群边界与认同在地化》,《全球客家研究》2015 年第 5 期。

发展过程中需要重视和实践的重要策略之一。

已有关于宗教纪念日的研究多围绕"神圣时间"的概念，多扎根于某一国家、某一宗教的"神圣时间"与传统历法的关系探究，较少从文化融合和宗教"在地化"的视角探究宗教纪念日转变的意义。本研究通过分析佛光山日本东京别院宗教纪念日的活动安排，融合深度访谈和资料分析，剖析了海外汉传佛教纪念日"在地化"转变活动的现实状况、原因、依据及问题，对宗教纪念日的"在地化"问题进行了深入分析。研究揭示了"在地化"对宗教活动和信众的实际影响，为宗教组织和社会管理者提供了实际指导和启示，具有实践意义；并强调了文化交流的价值，展示了宗教活动在不同文化背景下的适应能力，对促进跨文化交流与合作具有积极促进作用。

二 研究设计与资料分析

本研究以佛光山东京别院（以下简称"东京别院"）为田野点进行深度访谈。基于这些深度访谈资料，分析宗教"在地化"对"神圣时间"的协调，探讨其中的理论与现实依据，并深度挖掘这一现象对信众的影响。

（一）田野点介绍

本研究的田野点东京别院为总寺院佛光山寺在日本设立的分寺。佛光山寺由星云法师在1967年创建。星云大师的法脉起源于中国江苏省南京市东北部的栖霞山古寺，其历史可追溯到南北朝时期。佛光山一直致力于以教育、文化、慈善、共修来弘扬佛教，在全球拥有200多家分院，其中包括美国的西来寺、澳大利亚的南天寺、南非的南华寺等。星云大师还于1992年5月在美国创立了国际佛光会（俗家组织），现在世界各地拥有620多个分会。因此佛光山具有丰富的非本土弘法和"在地化"经验。

田野点东京别院于 1999 年 3 月 15 日获得日本东京都政府的宗教法人认证，同年 5 月 30 日正式投入使用。该寺秉承佛光山和临济宗的宗旨："以文化弘扬佛法，以教育培养人才，以慈善福利社会，以共修净化人心。"积极投入当地文化建设和社区活动，吸纳注册信众数千名。

（二）访谈方法与对象

本访谈采取半结构式访谈方法，基于访谈提纲提问。在与受访者交流过程中，及时追问并调整问题。为保证访谈效果，丰富了受访者的属性选择。访谈对象既包括道场从业的宗教人员（以下简称"法师"），也包括普通宗教信众（以下简称"信众"）。其中对信众的选择，在性别、服务道场时间、宗教信仰经历等方面保证差异最大化。访谈涉及的问题包括（但不限于）几个方面：您来道场多久了？您会经常参加法会吗？您知道佛教有什么纪念日（纪念日期）吗？您知道道场的纪念活动和佛教纪念日期不一致吗？您支持这种安排吗？您觉得寺院这种安排是出于什么理由呢？您觉得这种安排对您对宗教的认识会产生什么影响吗？资料收集与资料分析交替进行。

最终有效访谈 12 人，其中法师 2 名，信众 10 名。信众涉及不同性别、不同年龄、不同国籍、不同职业/身份、不同受教育经历、不同服务时间、不同宗教信仰经历。信众年龄分布在 20—65 岁，职业/身份包括学生、公司法人、家庭主妇；国籍包括中国、日本、美国；受教育经历为专科或本科；参与道场活动时间分布在 2—40 年。访谈平均时长约为每人 30 分钟。所有被访谈对象均知悉访谈目的及用途。

三　访谈资料分析

（一）东京别院宗教纪念日活动安排

东京别院活动主要分为恒例法要活动和社区活动两大类。其中恒例法要活动主要为宗教纪念日活动，即本研究关注的对象，主要包括礼千佛、彼岸会（清明节）、佛诞日、盂兰盆法会、地藏法会、彼岸法会（下元节）、药师法会、阿弥陀佛念佛会、佛成道日、观音法会等，以及对应汉传佛教每月初一、十五的周末共修法会和大悲忏法会。法会日期安排与汉传佛教中佛教纪念日不相对应，并且同一个法会每年日期都不固定。相比于纪念日确切的日期，大多会提前1—2周。而每月初一、十五的相关法会则会安排到就近的周末，可能提前，也可能滞后。详见表1。

表1　　　　　　　　东京别院恒例法要活动安排表

日期	法会名称	2024年
1月1日—3日	礼千佛会	1月2—3日（春节假日）礼千佛法会
3月春分	彼岸会	3月8—10日（周五—周日）清明法会、3月28日（周四）观音圣诞
4月8日	佛诞日	
7月	盂兰盆法会	7月11—14日（周四—周日）梁皇法会
8月	地藏法会	8月11日（周日）地藏法会、8月25日（周日）抄经
9月	彼岸法会	9月1日（周日）抄经、9月29日（周日）八十八佛洪名宝忏
10月	药师法会	10月12—13日（周六—周日）药师法会
11月	阿弥陀佛念佛会	11月8—10日（周五—周日）弥陀法会
12月8日	佛成道日	12月22日（周日）圆灯法会
12月末	大晦日	
每周日	共同修行法会	
每月第四个周日	大悲忏法会	

（二）汉传佛教纪念日海外转变特点

本研究所指的"汉传佛教纪念日海外转变"更严格地指海外汉传佛教

对于传统纪念日庆祝活动日期的转变，而不是对纪念日本身日期的改变。即海外汉传佛教并不是在传统汉传佛教纪念日当天举办法会，而是对法会日期做出转变。该转变呈现以下几个特点：

1. 使用公元纪年法；

2. 同一法会每年日期不固定；

3. 法会举办日期提前，并多为周末。

（三）转变因缘与挑战
1. 文化适应与社会协调

汉传佛教纪念日在海外由农历转向公元纪年法计算的现象可以被解释为一种文化适应和社会协调的结果，即"在地化"的需求。随着国际交流的加深和文化融合的增强，在海外选择使用公元纪年法是为了更好地适应当地环境和社会需求。这种转变既反映了文化多样性的特点，也展示了跨文化交流和合作的重要性。这种转变的需求，已经成为刚需和共识。几位被访谈人都从不同角度阐述了这一观点：

（1）日本人几乎都是使用公元纪年。大家在海外几乎不会记得农历时间，我们大都是用公元纪年法去计算。

（2）假如它（佛教）要发展的话，它必须得跟着人们的（生活）去调整。我会觉得它始终要更加现代，更加贴合于我们的生活方式和节奏。

（3）在日本这里比较繁忙，不可能有很多空闲时间。像现在我们的绘画班，安排在星期三，有人想参加但来不了。

（4）时间的安排上，要方便我们有更多的时间去参与，方便让更多的人参与进来。

（5）时间安排应该方便大家，工作日可能不是那么有时间，大家有工作，周六周日会方便一点。

（6）最主要是因为现代人没有那么多时间去参加各种活动。

2. 组织实用性与活动效率性

汉传佛教纪念日在海外转向公元纪年法计算，还为了提高社会组织和活动调度的实用性和效率性。使用公元纪年法作为时间计算基准，能够促进跨地域的合作与协调，减少了时间成本和误差，使得活动组织者能够更准确地安排活动时间，避免了同一时间多个活动卡顿的情况。此外，公元纪年法计算方式方便了参与者和支持者的参与，因为他们无需对不同历法的时间进行转换和适应，提高了活动的参与度和效率。转向公元纪年法计算在活动组织和管理方面具有更大的灵活性与适应性，有助于提升活动的实用性和效率性，推动了汉传佛教团体的发展和合作。访谈资料中的一些案例可以为这一观点提供支持证据：

（7）我们在美国的时候，纪念日是以农历为主，如此则需要本山的支援。那么，在海外，我们各个寺院办活动都需要本山人来支援，就会卡到同一个时间。因为本山也是用农历，因此根本没办法来支援我们。

（8）有时候我们必须要以公元纪年，因此海外海内外就可以互相支援。

（9）有时候是因为考量到信徒的时间，比如平常日期他是没有办法参加活动的。

（10）安排在周末也是为了方便，也是一种方便法门。工作日大家都要上班，只有周末可以跑来参加活动。

（11）除了方便之外，还靠师父（人员）的安排。这种安排首先保证了大家的正常生活。

（12）上回主持讲的，好像是说六个道场可能要听（日本地区）总主持的（人员）安排。

3. 保证了信徒对法的尊崇和信仰

纪念日作为宗教活动的一部分，其重要性更多体现在信徒对法的尊崇和信仰的坚定上，而非严格依赖于特定日期举办活动。因此，即使推迟或提前举办纪念日活动，只要能够传达法的意义和象征，并得到信徒的理解和接受，就不会损害纪念日的意义和价值。宗教在不同文化和社会环境下会发生变化和适应，因此纪念日的举办时间可以根据当地的文化和实际情况进行调整，不必拘泥于传统日期。纪念日举办时间的灵活性并不会影响其本身的意义和价值，重要的是活动能够引导信徒对法的理解和参与，以及增强信徒对宗教信仰的认同和敬畏。

（13）其实日子本身并没有关系，它的价值更在于信徒心里的感觉。

（14）法会的价值也并不是在于某个特定的日子。

（15）这是进步的象征。

（16）日期的灵活性并不会使纪念日失去它的意义，它的意义没有消失。如不管何日举办观音法会，都会让大家心里想起观世音菩萨。

（17）我认为没有影响，一切都是一个心理作用。

（18）其实日子并不是重要的，最主要的是你举办这个活动的意义，所以日子并不重要。

4. 日期提前的常识性行为理由支撑

相较于在宗教纪念日之后举办活动，访谈中，参与者大多支持提前庆祝，并不约而同地使用"过生日"作为自己主张的依据。可以看出，提前宗教纪念日符合人们的日常习惯和期望，具有常识性行为理由支撑。人们在日常生活中经常会提前庆祝重要的节日或活动，这已经成为一种常见的习惯。例如过生日时可能提前几天或几周举办庆祝活动，这样可以更好地安排时间、准备庆祝活动并邀请参与者，避免活动当天出现不便或冲突。同时，提前庆祝宗教纪念日也体现了对宗教活动的尊重和重视。信徒们希望能够充分准备和参与到宗教纪念日的活动中，提前庆祝可以为此提供更充足的时间和空间，符合人们对于宗教仪式和活动的期待，体现了对宗教传统和价值的珍视。

（19）你过生日也可以提早一个月，并不影响你的生日。

（20）母亲节跟佛诞日在东京别院是一起过的，因为师父（星云大师）认为佛诞日是母难日，因为佛祖生下来的日子也是母难日，可以把它们结合在一起。

（21）好像没有过了生日当天再去庆祝生日的。

（22）因为我以前过生日都提前过，我倒觉得很正常。

5."在地化"对宗教传统的挑战

"在地化"对宗教的纯粹性和传统性产生了一定的影响，尤其是在人们对宗教纪念日日期的记忆和重视方面。随着宗教活动在特定地区或文化背景下进行调整和适应，参与者对纪念日期的真正日期可能会产生模糊或淡化的记忆。这种现象反映了"在地化"对宗教传统的影响，因为不同地区和文化中对纪念日的重视程度和纪念方式可能有所不同。

特定日期对于某些纪念活动可能比较重要，如成道日等具有特殊历史和宗教意义的日期，这些日期可能会更加深刻地影响参与者的记忆和体验。然而，在"在地化"的影响下，一些纪念日日期可能会因地域和文化差异而受到影响，导致参与者对日期的记忆和重视程度有所变化，这可能会影响宗教活动的纯粹性和传统性。因为纪念日日期在不同地区可能会被赋予不同的意义和重要性，而非严格遵循传统的日期设定。

在被问及一些汉传佛教传统具体日期时，被访谈人均回答得比较模糊：

（23）虽然参加过，但是没有留意过日期。

（24）有些日期知道。

（25）大致了解。

（26）没有，不太知道日期。

（27）如果是成道日的话，我可能觉得当天办会比较让人深刻一点。但是如果说是清明法会，我倒不介意。

（28）在当天办可能让我印象更深刻一点，我觉得我可能会记住纪念日日期。

因此，"在地化"对宗教活动的影响需要我们审视宗教传统的变迁和适应。尽管"在地化"可能会导致某些传统和纪念日日期的模糊性，但也反映了宗教与时代和地域环境的互动与融合。这种变迁性和灵活性既是宗教活动适应不同文化和社会背景的体现，也可能会对宗教传统的保持和传承提出新的挑战和思考。

四　结论

通过对东京别院相关人员的深度访谈和资料分析，本研究揭示了宗教纪念日"在地化"对汉传佛教活动的影响及其背后的理论与现实依据。

汉传佛教纪念日在海外转向公元纪年法计算的现象，反映了一种文化适应和社会协调的需求，呈现出一种灵活性和实用性。通过提前庆祝或调整日期，不仅考虑了信徒对时间的实际利用和适应，更体现了活动组织者对社会组织和活动调度的实用性和效率性的关注。提前庆祝宗教纪念日符合人们的日常习惯和期望，体现了对传统和价值的珍视。虽然纪念日活动的日期可能会因此提前或滞后，但信徒对法的尊崇和信仰并未因此减弱。重要的是活动能够传达法的意义和象征，引导信徒对法的理解和参与，以及反映信徒对宗教信仰的认同和敬畏。因此，我们认为"在地化"的转变是宗教传统与当地文化相互融合的体现，是一种符合实际需要的普遍趋势，并不会损害纪念日活动的意义和价值。

这种"在地化"对宗教传统的挑战也需要引起重视，特别是对纪念日期的模糊性和记忆变化可能会影响宗教活动的纯粹性和传统性。在应对这一问题的方法上，应该更加注重"在地化"与传统的平衡。尽管"在地化"可能会影响某些传统日期的记忆和重视程度，但也反映了宗教与时代和地域环境的互动与融合。我们应该审视宗教传统的变迁和适应，同时保持对传统日期的尊重和重视，以确保宗教活动在多样文化背景下的传承和发展。

应该继续关注宗教活动"在地化"对传统的影响，以及参与者对纪念日日期的记忆和重视程度，探讨更多关于文化适应与社会协调的理论与实践，以促进宗教活动在不同文化和社会环境下的发展和传承。我们还应该深入研究宗教活动"在地化"对信徒信仰和参与度的影响，以及如何在保持传统价值的同时，适应当代社会的需求和变化。这些方面的研究将有助于更好地理解宗教活动的现实意义和社会意义，为宗教与社会的和谐发展提供理论和实践支持。

五 未来研究

（一）加强对宗教活动"在地化"的理论研究，深入探讨"在地化"对传统的影响机制和路径。"在地化"并非简单的文化转换，而是体现了涉及社会、经济、政治等多方面因素的交织影响。通过研究"在地化"背后的文化逻辑和社会需求，揭示宗教活动在不同地域和文化环境中如何适应和演变，有助于理解宗教活动的现实意义，例如"在地化"如何促进宗教传统的传承和发展，以及宗教如何与当地文化相互融合与互动。同时，对"在地化"的深入探讨还能揭示宗教活动在全球化背景下的发展趋势和影响力，为宗教与社会的关系提供新的理论视角和研究范式。

（二）开展跨文化比较研究，探讨不同地区和文化背景下宗教活动的异同之处。通过比较分析，可以深入了解不同地区对宗教传统的理解和应用方式，揭示宗教活动在不同文化环境中的适应性和变化性，不仅可以为跨文化交流和合作提供借鉴和启示，还能促进不同文化之间的相互理解和尊重。通过比较不同地区的宗教活动，可以发现宗教在不同文化中的发展趋势、影响力和意义，为促进文化多样性和宗教和谐提供理论支持和实践指导。

（三）加强实证研究，通过调查和数据分析来验证理论假设和观点。通过大规模样本的调查和实地观察，可以更准确地了解宗教活动"在地化"的实际影响和应对策略，帮助我们深入了解宗教活动在不同文化和社会环境中的变化和发展趋势，以及它们对信徒和社会的影响。通过实证研究，可以为宗教与社会的和谐发展提供科学依据，指导相关政策和实践，促进宗教活动与当地社会的融合与发展。

Transformation of Chinese Buddhist Commemorative Days Overseas：Causes and Challenges —A Case Study of FoGuangShan Tokyo Betsuin

Sun Hong　Shi Miaochong

Abstract: This study aims to explore the impact of localization on religious commemorative days in overseas Chinese Buddhist activities, along with the theoretical and practical foundations behind it. By analyzing the activities schedule of religious commemorative days at FoGuangShan Tokyo Betsuin in Japan, the research reveals their flexibility and practicality. Celebrating in advance or adjusting the dates contributes to the effectiveness and efficiency of activities, reflecting the need for cultural adaptation and social coordination, while aligning with people's daily habits and traditional values. However, this localization also brings challenges to tradition, as the ambiguity of commemorative dates may affect the purity and tradition of activities. Continuous attention is needed on the impact of localization on tradition, especially regarding the memory and importance of commemorative day dates. The study unveils the actual impact of localization on religious activities and followers, offering practical guidance and insights for religious organizations and social managers, with practical significance. It emphasizes the value of cultural exchange, showcasing the adaptability of religious activities in different cultural backgrounds, and plays a positive role in promoting cross-cultural exchange and cooperation.

Key words: Chinese Buddhism; Commemorative Days; Localization; FoGuangShan Tokyo Betsuin

反转倦怠：超越性祈祷的社会行动结构

——以星云大师的《佛光祈愿文》为分析中心

张建民

华东师范大学博士生

摘 要：在普遍倦怠的社会现实下，现代青年人尤为需要某种方便操作的技术为之提供反转倦怠的心理能量。人间佛教的祈祷便是这样一种可供利用的文化资源。因此，本文首先分析了倦怠心态的社会结构，还通过分析星云大师佛光祈祷文中的宗教心态与宗教力的获得方式，总结出了人间佛教的反倦怠技艺。要之，佛光山人间佛教的祈祷心态并不局限于神秘主义，而是强调在对话中、在发愿中获得超越性力量，并将其转化为"给"的微观行动。通过转"求"为"给"的逻辑，佛光山人间佛教便可能反转青年人的社会倦怠。最后，通过分析作为后现代现象的倦怠，本文提示：人间佛教在适应社会需要的同时，需要保持自己的主体价值的地位，避免被社会的逻辑所殖民。

关 键 词：倦怠心态；超越性祈祷；转求为给；反倦怠技艺

基金归属：本文为2019年度国家社科基金重大项目"'一带一路'佛教交流史"（编号：19ZDA239）的阶段性成果。

中国社会中的多数人似乎已经进入了一种去情境化的普遍疲惫之中，无论哪一阶层。这并不是说疲惫的产生和形态与特定的情境无关，而是说无论情境如何，主体总是处于被一股倦怠情绪所支配的状态。所谓"倦怠"，与"精进"相对，是主体能动性被破坏的结果。虽然社会倦怠与经济压力、阶层固化等都有关系，是各种社会要素共同作用的结果，但亦可将其理解为一种文化失调症状。所谓文化失调，是指社会发生巨大变迁的过程中，旧文化因为不符合现实而被弃置，但新文化又尚未形成，或者未深入进入社会之中对实践进行调整与引导的现象，社会学亦将其称为文化堕距。

在几十年的经济社会飞速转型中，中国人的社会心态在宏观与微观上都发生了巨大嬗变。[1] 而由于历史原因，中国传统文化经历了从被解构被压制到提倡复兴的过程。这种复兴自然并非理论上的复兴，而是能够与社会问题结合起来，从而为现代主体提供应对生活的精神资源。本文即从这个视角，来审视作为佛教现代化理论成果的人间佛教与社会倦怠究竟有何种关系。因为在心理学中，宗教始终被认为是影响人类心理过程的重要因素，而祈祷又是宗教行为的核心要素之一。社会心理机制的形成又与特定宗教教义的祈祷特征有关。那么，佛光山人间佛教的祈祷有哪些特征呢？人间佛教的祈祷会对倦怠心态具有何种影响呢？其又如何嵌入现代主体的日常生活之中，以实现大师建立清净乐土的心愿呢？

目前对佛光祈祷文的研究成果尚且不多。周慧对佛光祈祷文进行了基本分类，根据内容分为感恩式祈愿、忏悔式祈愿、赞美式祈愿、仪式类祈愿以及综合类祈愿五类。[2] 王萌梳理了星云大师对传统祈愿信仰的传承与超越，认为佛光祈祷文更关心人间与自力的特征，更符合佛陀本怀。[3] 徐文静根据佛光祈祷文研究了目前流行的网络祈愿中所包含的无条理、私欲

---

[1] 周晓虹：《转型时代的社会心态与中国体验——兼与〈社会心态：转型社会的社会心理研究〉一文商榷》，《社会学研究》2014年第4期。
[2] 周慧：《论〈佛光祈愿文〉对人间佛教思想的诠释——兼论与敦煌愿文的比较》，载程恭让、妙凡法师主编《2015年人间佛教论文集》，高雄：佛光文化2018年版，第395页。
[3] 王萌：《继承与超越——星云大师祈愿思想的现代转型》，载李利安、妙凡法师主编《2021年人间佛教论文集》，高雄：佛光文化2022年版，第64—93页。

以及缺乏敬畏感,它们会加剧精神危机,而佛光祈祷文为这些问题的矫正提供了范本。①在既有研究的基础上,本文的目的在于以祈祷这一宗教心理学现象为切入点,探讨人间佛教祈祷过程中超越关系的变化及祈祷对于现代个体的心理意义。通过分析星云大师佛光祈祷文中的心理要素,并将其与作为社会问题的倦怠心态相关联,探讨如何持续推进星云大师的人间佛教事业。

一 青年人倦怠心态的社会学诊断及其结构模型

当下青年人普遍表现出来一股倦怠情绪,表现在各种亚文化,如"丧文化""躺平""摆烂""佛系""蛙化"等现象之中。同时,作为对这种焦虑与无力的抵抗,则又衍生出诸如"网络祈愿"②、"锦鲤祈愿"③等祈愿现象。也就是说,在当下社会转型期所流行的青年亚文化,一方面映射出了当下青年人存在的焦虑与无力的社会心态和生存境遇,④另一方面又反映出青年人的心理韧性。倦怠与祈愿矛盾地综合统一于青年人的社会心理结构之中。在研究方法上,为了分析祈祷的心理结构及其技术原理,需要先迂回分析倦怠心态的社会心理结构,因为"理解一种行为或者其背后的内涵,并不能只依靠被剥离出来的行为本身,而一定要回到当时的场景之下"⑤。这里所说的"当时的场景"也即社会语境或社会情景,具体而言则是前文所论之"倦怠社会"。倦怠心态即一种与之相匹配的社会心态。

社会心理学认为,心理现象的形成与社会情景有关。因此倦怠不仅是

---

① 徐文静:《祈愿的演变发展与反思》,载李利安、妙凡法师主编《2021年人间佛教论文集》,第94—120页。
② 蒋建国、杨盼盼:《网络祈愿:幸运游戏、精神走私与认同困境》,《探索与争鸣》2019年第1期。
③ 萧子扬:《"锦鲤祈愿":一种网络青年亚文化的社会学解读》,《文化艺术研究》2019年第3期。
④ 夏俊苹:《迷失抑或救赎?——当代青年"求神拜佛"现象的群鉴、成因与对策》,《中国青年研究》2023年第9期。
⑤ 黄剑波:《"祈祷"与人类学的基督教研究》,《湖北民族学院学报》(哲学社会科学版)2016年第6期。

一种主观的心理情绪,而且与当下的社会结构相关,尤其是文化要素在其中发挥了重要作用。在外在方面,其是各种社会压力的结果;在内在方面,则是个体无法有效调整生命价值及其生活样式的结果。换句话说,是社会的不断发展从而形成了普遍疲惫的现代主体。

(一)普遍疲惫的现代青年主体

新一代的青年人成长于中国经济高速增长的时期,其成长的社会环境不仅包括物质的极大丰富,而且强调个性解放的文化普遍流行,加之互联网的信息放大效果,这使得青年人往往具有两个特征,并将之整合进其人格之中:一方面是自我实现的动力尤为强大,"做自己"已经成为诸多青年人的人生追求;另一方面,物质娱乐等层面的需要被极大地激活与解放。因此,青年人存在较高自我定位的同时,又以物质资源的多少定义自身的价值。二者实际上都是资本市场及其形成的社会结构内化于青年人心中的结果。

较高的自我定位与极大的物质需求要求社会的经济上行。然而,受制于经济发展速度下降、结构性就业矛盾突出、教育回报率降低等各种因素,青年群体失业率偏高、就业质量堪忧。[1] 根据国家统计局公布的最新数据,2023年4月,我国16岁至24岁劳动力城镇调查失业率高达20.4%,创历史最高水平。教育回报率下降,"寒门难出贵子","鲤鱼跃龙门"难度增加,以及"摩天大楼型"人口年龄结构导致青年生存空间缩小。[2] 大量的青年已经从"内卷"逐渐走向"躺平"。[3] "内卷"与"躺平"不过是同一现象的两面,获得机会者内卷,没有机会者躺平。在此大环境下,青年人无力感、恐慌感蔓延,失去奋斗的主动性,乃至丧失生活的奔头,缺乏本我的力量。

---

[1] 宋佳等:《全球青年就业:趋势、挑战与应对》,《中国青年研究》2020年第9期。
[2] 王水雄:《中国"Z世代"青年群体观察》,《人民论坛》2021年第25期。
[3] 林龙飞、高延雷:《"躺平青年":一个结构性困境的解释》,《中国青年研究》2021年第10期。

这些现象不过是现代功绩社会价值内化的结果。社会不仅制造了消费的生活样式，而且还制造了时间焦虑，以完成劳动力的自我再生产。青年群体的时间焦虑、恐慌主要表现为失控感、不确定感。时间的道德化是指以道德化的标准来衡量对时间的利用或反应是否合意，并据此判断、解释或理解自我的行动，将时间道德作为行动指南、规范会引发愧疚、恐慌、焦虑。[1]也就是说，除外在的社会压力的原因外，在内在方面，当个体无法再持续调动自己的内心能量，"持续地驱使某人动用自己的内心生活，使其找到本真的自我实现所需要的质料……心理体验即使尽最大努力也不再能指明前路的那一刻，也就是埃伦贝格所指出的抑郁症开始的时刻。很有可能的是，当自我实现的理想逾越了某一界限，变为了强迫，那一刻就标志着一个历史性的节点，在这个节点上民众开始越来越普遍地体验到空虚"[2]。功绩社会形成了一种关于自我实现的文化，但是这种文化又以物质消费与过度娱乐来定义实现，并在消费与娱乐中刺激自我实现的动力，完成内在结构的循环。

也就是说，个体无论处于何种地点，社会已经变成了一种结构性的"倦怠场域"。倦怠的形成是功绩社会与消费社会叠加的结果。绩效命令或者说成就压力造成了过劳式抑郁症。这使得源自早期现代性的主体发生了扭曲。

现代的解放运动鼓励身体意义上的欲望满足，并强调自我实现的人生规划。然而主体在意识上的极端自由与面临社会条件的客观限制之间总是充满着张力。当二者张力过大，则会形成一种关于"无能"的价值判断，由此导致现代主体的能动性被破坏，从而形成两种倦怠心态：麻木倦怠与挫折倦怠。前者是由于过度消费与过度满足而导致的，后者是由于过度激活自我而导致的。前者表现为对一般性快乐的免疫（于是追求过度刺激），

---

[1] 郑小雪：《时间的过度道德化——一个理解青年时间焦虑的视角》，《中国青年研究》2023年第2期。

[2] 〔德〕阿克塞尔·霍耐特：《我们中的我：承认理论研究》，张曦、孙逸凡译，译林出版社2021年版，第177页。

后者则是内卷过后的躺平。他们分别对应两种自我强制的权力形式：自我实现的暴力与自我空虚的暴力。总之，无论是消费社会导致的麻木倦怠还是功绩社会导致的挫折倦怠，其根本原因在于现代文化所打造的现代自我出了问题。那么，倦怠社会中的自我结构具体是何种样态呢？

（二）倦怠的社会心理结构

为分析倦怠的社会心理结构需要引入弗洛伊德的精神分析理论。但本文并不完全套用该理论，而是为分析倦怠心态，并在此基础上分析祈祷能进行的心理技术，对该理论进行改造式应用。

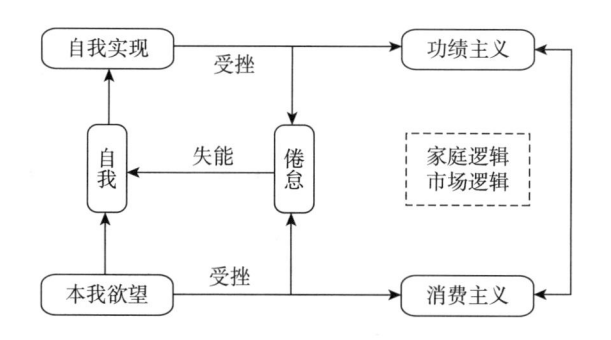

图1 倦怠的社会心理结构图

根据心理学中的地形理论，人的心理结构由三部分组成：本我、自我与超我。本我位于潜意识层次，是人的本能需要，追求本能满足与快乐感受是其唯一目的。在人格结构中，其是最为原始的一种心理实在，这也是人生命的根本动力。自我是每个人都有的意识部分，是自觉的、能动的心理活动的代表。在人格结构中，自我位于本我与超我之间，对本我冲动与超我管制具有调节的功能。本我、自我、超我都是人格系统中的子系统，三者既相互独立又相互联系，共同构成人格发展的动力模型。其中，本我的目的是追求快乐，自我的目的是追求现实，超我的目的是追求完美。通过这一理论，加之以社会现实，可以得到倦怠心态的形成模型。

其中，资本主义的自我扩张通过再造新文化的方式对主体的本我欲望进行了解放，这不仅包括物质欲望的解放，而且包含物质占有，乃至性欲望的解放。资本和商品成为社会生活的核心，现代人的生活、思想和情感都建基于其上。[①]这种本我的满足需要大量的资源（物质资源、文化资源、人际资源），而这些资源则被资本主义结构化为市场中的经济能力与经济地位。由此，功绩主义的逻辑通过自我实现的文化渗透于超我之中，促使一种自我强迫的产生。这种自我强迫整合了超我的要求与本我的欲望，并将其化为一种针对自我和他人的道德判断。因此，从这一模型来分析，现代文化及其自我不过是资本主义逻辑的殖民。

因此，当经济下行，向上流动的机会减少，但是整体性的文化尚未改变时，自我就感受到来自不可名状力量的督促，当本我欲望与自我实现遭受到社会压缩所导致的挫折，由此带来一种强毁灭性的自我谴责和自我攻击，便形成了普遍性的倦怠心态。也就是说，倦怠心态的本质一方面是功绩社会本身的收缩（经济机会的减少与物质满足的下降），另一方面则是文化中激发主体能动性要素的不足。在当前的中国社会中，个人的努力奋斗及其相关话语已经成为资源配置的一个核心要素，并作为一种因果逻辑内化于心理之中。这一因果逻辑虽然能通过中国社会中流行的消费文化强化提供目标驱力的能力，但超越文化的匮乏使其无法建构在更为稳固的意义根基之上，从而最终走向虚无，丧失生命向上的动力。需要特别注意的是，因为中国人重视家庭的传统，[②]家庭的逻辑（家庭的否定与肯定）以价值判断的形式对自我实现的动力进行了强化。

通过该理论模型可知，倦怠是普遍性的，倦怠无可避免，唯一的策略是以某种技术调适自我，以反转这种倦怠心态。然而，此仅为个体小我层面的结构模型，在超我之上，则还有一层世界大我的层次，其指向的是终

[①] 白新欢：《从现代性到后现代性：社会背景、主体承载者及其内在逻辑》，《延安大学学报》（社会科学版）2018 年第 6 期。
[②] 阎云翔、杨雯琦：《社会自我主义：中国式亲密关系——中国北方农村的代际亲密关系与下行式家庭主义》，《探索与争鸣》2017 年第 7 期。

极意义与自我超越。[①] 祈祷的意义在于，无论是群体性的祈祷还是个人性的祈祷，都被视为帮助人们建立自己的信仰，随后又在其社会生活中发生作用。所以，祈祷是个体在非常处境下安顿自身情感的一种方式。通过祈祷行为，个人"不能自已"的情感得到安顿，从而平稳度过非常处境。当宗教徒对祈祷仪式形成心理依赖的时候，宗教仪式就具有了心理保健的功能，借助宗教崇拜的仪式，以祈祷动作和祈祷语言宣泄自己内心的冲突、积郁等焦虑体验，使情绪体验得以从消极转化为积极。

目前社会中的问题在于，旧的传统文化被消解（儒释道），而新的文化领域则似乎由消费文化大行其道而尚缺乏超越的整合。也就是说，倦怠这件事的发生路线不是"遇到问题无法解决——产生倦怠"，而是"遇到问题无法解决——心态枯竭——产生倦怠"，祈祷则是在心态枯竭的环节发挥作用。至此，本文的核心问题就可以提出了：作为"人生需要的佛教"的人间佛教之祈祷能激发何种宗教心态，又能如何作用于倦怠呢？

二 《佛光祈愿文》的情感结构及其宗教力的获得机制

祈祷是宗教实践的重要形式，莫斯将其定义为："一种直接作用于神圣事物的口头宗教仪式。"[②] 由于主体往往认为这种仪式对现实具有某种影响，故祈祷中总是涉及超越性力量的感知与传递。这种神圣力量即本文所谓之宗教力。[③] 宗教力的形成与神圣事物的观念及其相关实践有关。正是在宗教力的体验中，信徒感到自我净化或自我更新，重新获得生命活力。从这点来看，祈祷首先是一种情感活动。

在人间佛教中，上述定义中说的"神圣事物"具体指诸佛菩萨，他们

[①] 周普元：《存在主义精神分析学宗教心理治疗的双重 X 模型》，载金泽、梁恒豪编《宗教心理学》（第五辑），社会科学文献出版社 2020 年版，第 40 页。
[②] 〔法〕马塞尔·莫斯：《论祈祷》，蒙养山人译，北京大学出版社 2013 年版，第 23 页。
[③] 〔法〕爱弥尔·涂尔干：《宗教生活的基本形式》，渠东、汲喆译，商务印书馆 2011 年版。

既具有超人间的力量,也具有超人间的境界,尤其又以后者为主。[1]因此,人间佛教的祈祷虽然存在以仪式的方式祈求佛菩萨之超人间力量的要素,但更强调祈祷者在与佛菩萨之关系中的自我超越。祈祷可以有多种分类标准,[2]但按照祈祷改变的是现实还是自我来划分,可以分成功利型祈祷和超越型祈祷。很显然,人间佛教的祈祷是后者,其他强调功利型祈祷的佛教则类似于民间信仰。

超越型祈祷的特点是突出自我对宗教力的获得。通过祈祷,主体首先建立起在崇拜情感中的宗教信仰关系。在信仰关系中,宗教力传递转化,在其中发挥引导并定型人格的作用。[3]其原理在于祈祷是一种强烈的情感活动,崇拜支配着主体,人格重构成为可能,诸多情感要素于是乎整合于信仰关系中,共同构成了祈祷活动中的宗教心态。因此超越型祈祷往往以对宗教对象的崇拜赞叹为开始。

(一)"赞叹—祈求"整合的宗教心态

佛光祈愿虽然也有对阿弥陀佛、观世音菩萨的赞叹,但总体上一般开始于对佛陀的赞叹,"慈悲伟大的佛陀"。这种简洁化形式是人间佛教"万亿化身归于佛陀"原则的体现。而当我言说这一语词时,我的情感与佛陀之形象同时产生了。因此赞叹是具有双重性的动作,不仅意味着主体情感的激活,还意味着客体形象的召唤。本文对祈祷之宗教心态的分析便从分析赞叹的双重性开始。

赞叹激活了主体的何种情感呢?首先,赞叹中包含着对佛陀的"崇敬","以极为恭敬虔诚的心情,称念您的圣号,礼拜您的金容"[4]。"崇敬"可谓是人间佛教祈祷中的第一德性。因为如果没有对佛陀的"崇敬",便

---

[1] 李利安:《佛教的超人间性与人间佛教》,《哲学研究》2005年第7期。
[2] 〔英〕麦克·阿盖尔:《宗教心理学导论》,陈彪译,中国人民大学出版社2005年版,第130—131页。
[3] 〔美〕保罗·蒂利希:《信仰的动力学》,成穷译,商务印书馆2019年版。
[4] 星云大师:《佛光祈愿文》,现代出版社2018年版,第81页。

不会有祈祷，也不会有宗教情感对祈祷者的支配性人格改造。这里说的"崇敬"，既不单单是基督教式的"虔敬"，因为"虔敬"中总包含着对宗教对象的敬畏；亦不仅仅是对人的"恭敬"，因为对人的"恭敬"中又缺乏超越性。因此人间佛教对佛陀的"崇敬"是二者的综合，是"一种心甘情愿将对象人格增大，将自己人格缩小的感受活动"[①]。这一主体情感活动便形成了佛陀的神圣形象。其次，赞叹中具有对佛陀的"真诚"，即"真实地向佛陀展示自己，并渴求佛陀的接受"。前者表现在由赞叹而来的祈祷者的回忆、反省与发愿活动中，后者一般出现在祈祷的结束语中。比如佛光祈祷文中均包含类似"请求您接受我诚挚的祈愿"的话语。真实地向佛陀打开自我是重要的，因为唯有如此，宗教力才能以更高的姿态进入人的生命中。

赞叹召唤了客体的何种形象呢？佛陀形象的修饰语仅是"慈悲伟大"。在祈祷这种"交感"中，面对佛陀这样的完美人格，主体会反思我的"未来的我"究竟要成为何等人。埃里克森认为，自我同一性是一种发展的结构，是对个体身份的自觉意识，是对性格连续性统一体的无意识追求，是指对某个群体的理想和特征的内心趋同。[②]而认同涉及"我是谁"和"我属于哪里"的思考，也即形成自我超越的模仿原理。在人间佛教中以超人间境界为主，超人间力量为次，星云大师强调佛陀"是'人'，不是神。佛教和一般宗教不一样，是由人创设的佛教，当然叫做人间佛教"[③]。佛陀观中不强调神秘的本生故事也是同样的道理，[④]星云大师塑造了一个祛魅的人间佛陀形象。人通过对佛陀的模仿——包括对佛陀之道的践行——完成自我超越。

[①] 倪梁康：《崇敬：在虔敬与恭敬之间》，《学术月刊》2008年第10期。
[②] 〔美〕简·卢文格：《自我的发展》，韦子木译，浙江教育出版社1998年版。
[③] 星云大师：《人间佛教佛陀本怀》，高雄：佛光文化2016年版，第6页。
[④] 伊家慧：《从东汉时期汉译佛传到星云大师〈释迦牟尼佛行传〉——佛陀降生故事的汉语诠释史及其现代诠释》，载程恭让、妙凡法师主编《2016年人间佛教论文集》，高雄：佛光文化2019年版，第116—161页。

一方面是祈祷中的佛陀形象，另一方面是祈祷中的自我形象，从而在二者之间建立一种超越性认同。这种对自我形象的建构由祈祷者赞叹后的其他活动如反省、回忆所形成。比如对过去负面情感的激活和对自我行为的反省，是向佛陀的真诚倾诉，如《晨起祈愿文》中说："回忆往事——我虽曾受委屈，但知道世间一切缘起缘灭；我虽曾流过泪，但深信人生明天会更美好。"[1] 基于这一自我形象，主体发起了一种誓愿，即愿望一种人格的重新铸造活动，祈求佛陀赐予"勇气""忍耐""力量""智慧"等。在佛陀一方，其实是祈祷者心理对象化的投射，也即大师所言之"拜佛乃是拜自己"，只是这一信仰对象以佛陀称之。在信徒一方，则是由抚慰进一步发展而来的超越力量。抚慰一方面是"赐给"，其特征在于少有功利性、物质性的赐予，而更具有"勇气""忍耐"等增进自我人格的特质。另一方面，则是通过与佛陀的亲近关系，平息负面的情绪，从而进一步生出向上发愿的情感力量。在现实性祈祷中，佛陀以"伟大慈悲"的"威神之力"回应自我真诚的利他祈求。随后，超越性力量能够以"加被"的方式不断生成，在此过程中也意味着佛力伴随着自我，人佛关系进一步巩固深化，宗教心态得以在行动中整合。由此，"我感受我有您活在我的心中，我明白我为欢喜而来人间的，我懂得我力奉献而入社会的，我知道我为圆满而修佛道的"[2]。从各种祈祷文来看，发愿也基本是利他属性的。

在祈祷关系中表达的是自我认识与自我形象，正是通过自我认同以及超越性认同，人与佛陀的关系被确定下来。人间佛教的祈祷使人们摆脱自我，摆脱以自我为中心。佛教一般认为，自我是烦恼痛苦的来源。祈祷建立在一种不对称的关系上，祈祷者的祈祷总是意味着对祈祷对象的依赖。[3] 而他者依附（attached）与自我建构是一种辩证的过程。"祈祷意味着人转向另一个存在（Being），他的心灵内在地向此一存在开放，祈祷是'我'

---

[1] 星云大师：《佛光祈愿文》，第3页。
[2] 星云大师：《佛光祈愿文》，第4页。
[3] 〔意大利〕马利亚苏塞·达瓦马尼：《宗教现象学》，高秉江译，人民出版社2006年版，第288页。

(I)与'你'（Thou）的交谈。"[1]其中佛教并不停留在他者依附的心理阶段，而是以"我是佛"的言语暗示将对象的力量反转至自我之中。他者依附就成为自我建构的一个初级阶段。祈祷者将"佛"看作自身生命效法的原型和指引，在祝告时不断祈求与先圣之灵的感通和交流，以此通过遭遇"佛"而转向自身。

通过祈祷活动，各种宗教心态被整合了。在祈祷发愿中，又具有慈悲心、感恩心、惭愧心、菩提心四种心态。如《为父母寿辰祈愿文》中说："请求佛陀您的证盟加持，我愿以我的生命，我愿以我所有的一切，献给我的父母，让他们健康长寿，让他们欢喜自在。"[2]这种心态又通过祈愿转化为行，为后续的社会行动打下基础和中间环节。星云大师认为："果虽然是由行所招感，但是如果没有愿力，即使是行，也无法到达所期望的目的，所以学佛要发菩提心，立菩提愿。"[3]由虔敬而生的愿力，就成为信、行之间的中介，并与之一同完成佛教的修行格局。[4]人间佛教也是如此。

因此，祈祷不只是在接收祷文的内容（比如具体的指导或是描述），更多的是感知祈祷文中包含的情感、价值等，这些内容让祈祷者产生了信任的能量，让祈祷者在充满虚假与怀疑的现实世界中收获一份心安。在这种复杂的宗教心态中，形成了以超越者佛陀为核心的世界信任关系，从而使自我超越成为可能。

（二）"我是佛"：宗教力的模仿吸收原理

祈祷是实践的宗教，是真实的宗教，正是"祈祷"显现出个体心灵救

---

[1] F. Heiler, *Prayer: A Study in the History and Psychology of Religion*, Oxford University Press, 1932, p. 357.
[2] 星云大师:《佛光祈愿文》，第58页。
[3] 星云大师:《化世与益人》，载《人间佛教论文集》上册，台北：香海文化2008年版，第810页。
[4] 朱毅:《虔敬与理性的辩难：佛教信仰如何走出理性困境？》，《西北民族大学学报》（哲学社会科学版）2018年第3期。

度并改变自己生命的全部努力。[①] 从比较的视野来看，基督教的祈祷是在敬畏感之中获得宗教力[②]，藏传佛教的祈祷是在神秘感之中获得宗教力[③]，而人间佛教的祈祷则是在亲切感之中获得宗教力。佛教的不同之处在于，在依恋性宗教关系之中还包含着一种"师—徒关系"。佛陀不仅是超越的崇拜对象，更是人们学习模仿的对象，也就是人间佛教自我原理中的模仿原理。

星云大师的《佛光祈愿文》就与这种自我超越有关。星云大师从十二岁起就经常在佛前祈祷，"祈求诸佛菩萨能赐予聪明和智慧"以"增加自己的力量，培养自己的信心和慈悲心"[④]。随后，为了利益普罗大众，"点亮心灯"，星云大师发愿为大众写一套通俗易懂的祈愿文，故而有了涵盖家庭、社会、职业、法会等各种层面的一百篇祈愿文。从星云大师祈祷文的形成历程来看，佛光祈祷文中的心态经历了如下四个阶段：1. 为自己的超越祈愿；2. 为与自己有关系的人祈愿；3. 为众生祈愿；4. 为自己能承担众生痛苦而祈愿。

因此，人间佛教祈愿的最终逻辑落在了强调"我是佛"的人生态度上。那么这种态度在祈祷之中是如何表现的？有何种心理结构使人能够获得佛的力量？首先，在祈祷的情感中感知佛陀的形象，这一形象是祈祷者的理想自我，亦即建立一种超越性认同关系。其次，通过宗教关系中的"师—徒关系"建立理想自我与现实自我的关系。最后，这种超越性并非一种宗教神秘主义，其试图要建立的并不停留在纯粹的宗教修炼，而是要人们进入社会之中修行，将宗教意义落实到利他性的社会行动之中。

这里说的宗教心态，即在祈祷者与佛陀关系中所呈现的心态。由于佛陀具有超人间与超境界的双重性，而后者又作为主导，因此在宗教心态中，佛陀既是祈祷者崇拜的超越者，又是祈祷者试图完成的生命楷模。因此，"佛教，本来就是佛陀的教育；佛陀，就是一位伟大的宗教教育家。

---

① 〔美〕威廉·詹姆斯：《宗教经验种种》，尚新建译，华夏出版社2008年版，第337页。
② 张秀敏、杨莉萍：《基督徒祷告过程中人神依恋关系的质性探索》，《心理学报》2018年第1期。
③ 钟玉英：《浅谈藏传佛教的祈祷仪式》，《世界宗教文化》2006年第1期。
④ 星云大师：《佛光祈愿文》，第1页。

佛教的教育是人格的教育，是道德的教育，是超凡入圣、解脱苦恼的教育"[1]。因此，祈祷者是在与佛陀的信任关系中展开模仿原理与人格生成。

比如，大师在祈祷文中表现出强烈的谦卑心态。在佛陀生命的典范指引下，祈祷者会从一个不同的视角审视自己的生命，剖析自己的不足。因此，对星云大师来说，佛陀是始终需要效法并赋予行为意义的"生命原型"。对大师来说，佛陀的生命样式就是自己努力的方向，他无论为学还是传法，都是在践履佛陀所教导和实践的人间佛教。"我这一生信仰佛陀，以佛陀为我的导师，我的道路。"[2]因而，在祈祷中搭建起自我与佛陀对话的桥梁，正是遭遇自身生命更高的可能向度。在祈祷中，对话的不仅是佛陀，更是自己。在这种遭遇中，祈祷者不仅会从心底赞扬佛陀的伟大，更会触及自己生命的现状。与佛陀的伟大相比，自己的生命总是在努力通向超越的路途中，总是充满着各种不足和缺陷。正是出于这样一种信仰态度，大师在向佛陀祈祷时才会全然敞开自身的生命处境，更倾向于将祈祷视为审视、提升自身生命的时机，在祈祷中经验更为丰富与超越的宗教心态。

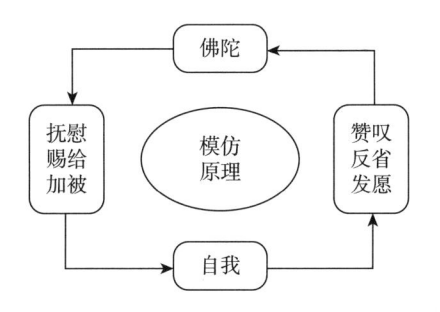

图 2 人间佛教模仿原理图

通过"我是佛"的承担与模仿作用，倦怠心态中因为冲动遭遇挫折所积压的自我攻击与自我谴责得以释放。在祈祷的宗教心态中，通过自我超

---

[1] 星云大师：《佛教的前途在哪里（二）》，载《人间佛教论文集》上册，第713—714页。
[2] 星云大师口述：《真诚的告白——我最后的嘱咐》，载《贫僧有话要说》，中信出版社2015年版，第580页。

越的模仿原理,"我是佛"的行动能力被建构起来,并在前述宗教心态中加以运作。因此,人间佛教的祈祷并不会进入一种出世的神秘主义之中,其后续行动指向利他性的社会行动。这种心理要素因此能够在更为广泛的行动结构中(即宗教祈祷与社会行动的关系中)发挥作用。

本文所试图探索的并不是停留在祈祷阶段的某种心态,而是祈祷中的宗教心态与人格塑造是否能够在社会中进行拓展。换句话说,也就是人间佛教祈祷能否助益社会的文化构成能力。[①]事实上,人间佛教能够将祈祷中的信仰、意义、仪式,转化为信仰者在社会现实中的应对能力,具体表现有多种。本文尤其关注人间佛教群体成员由祈祷而来的社会情绪调控能力,以及这种能力对社会行动中反转倦怠的作用。根据这一思路,需要在以上讨论祈祷中的宗教心态及其自我结构的基础上,分析这种心态如何能够转化为一种社会行动。

三 转求为给:人间佛教微观行动的反倦怠原理

由以上的梳理可以知道,祈祷在人间佛教的修行实践与行动理论中具有非常重要的作用。祈祷是"强大自身的前提下渡过问题的办法",就是人们常说的,你改变不了遭遇,那就改变自己的心态。

然而人间佛教不是一种沉思的佛教,而是一种行动的佛教,也即大师所说的人间佛教要"从山林走入社会,从寺庙扩及家庭,把佛教落实人间"[②]。因此,人间佛教祈祷所形成的自我超越不会是神秘主义式的自我超越,而是在人间的社会行动中不断展开的自我超越。在这种心态的行动展开中,人间佛教群体成员逐渐展开事业的佛教。

接前文所论,人间佛教祈祷之宗教心态的整合落点在于"发愿",也

[①] 李向平:《人间佛教如何形成当代文化的建设能力》,载程恭让、妙凡法师主编《2017 人间佛教高峰论坛——人间佛教的社会向度》,高雄:佛光文化 2018 年版,第 120 页。
[②] 星云大师:《人间佛教的蓝图》,载《人间佛教论文集》上册,第 324 页。

就是说，"发愿"为宗教心态的展开确定了方向。从祈祷中的力量感知到社会现实中的应对能力之过程，也是一种从微观行动到社会行动的过程，其中无不体现着星云大师人间佛教转"求"为"给"的佛教智慧。[1]从行动原理上说，这是一种以利他之愿力为驱动的自我实现路径，在"转求为给"中"无我而有我"，从而反转倦怠心态。

首先，祈祷是一种微观行动。在祈祷的场景中，"说"就是"做"，在"做"之中蕴含着扩大自身的潜能。因为祈祷这种微观行动的过程并不特指任何一个具体的单独的动作（act），而是一个完整的行为过程（a process of acting）。由于人间佛教的祈祷中往往存在自我发愿，而这种发愿往往需要在社会中以直面担当的行动能力加以完成，所以祈祷的微观行动就与利他的社会行动关联起来。也就是说，祈祷的微观行动本身并没有完成祈祷，其所指向的是更为广泛的社会行动。由微观行动开始，展开反转倦怠的原理与智慧。

星云大师极为重视各种微观行动："青少年时，于各处参学，无论是一合掌，或一顶礼，虽是'小小'的动作，我都尽量表达内心的诚敬；向师长的一请示、一报告，即使是'小'事一桩，我也尽己所能，述说得适当合宜。犹记得至金山寺挂单，苦候五个小时，没有人理我；到毗卢寺参访首座，等了三天，不蒙接见，在这些'小'的等候里，我学到了逆来顺受、虚心耐烦，从中获益甚大。"[2]虽然大师并未直接开示祈祷之作用，但足以表明郑重地对待微观行动是佛光山人间佛教中的重要理念。

从微观行动的过程来说，祈祷能够形成一种"微观场域"，在该场域，自我、佛陀与他者构成了基本的关系结构。由于祈祷可以成为人间佛教的一种日课，[3]因此主体能够在每日的宗教心态中净化自我、强化自我，并在

---

[1] 赖永海：《把"求"的佛教变成"给"的佛教——星云大师人间佛教给当代佛教的启示》，载程恭让、妙凡法师主编《2016星云大师人间佛教理论实践研究》，高雄：佛光文化2017年版，第34—38页。
[2] 星云大师：《老二哲学》，载《往事百语》，高雄：佛光文化1999年版，第3页。
[3] 星云大师：《人间佛教的蓝图》（下），载《人间佛教论文集》下册，第417页。

发愿的环节中酝酿着社会行动，因为祈祷"由身体上的行为构成，又期待着从中获得结果"[1]。自然，这种发愿中包含着渐进的层级。以星云大师自己的发愿过程为例，其经历了：为自我的超越祈愿、为他者祈愿、为自我成为他者的担当祈愿。也就是说，"发愿也如读书，要不断升级，刚开始只发小小的愿不妨，但渐渐的要发大愿，要让愿力不断升华"[2]，最终进化为一种"无我而有我"的行动逻辑。

从微观行动的祈祷发愿如何转化为社会行动呢？那就是通过"行佛"的要求和理念。"人间佛教倡导的是行佛，而不只是信佛拜佛，重点在于行字！不行佛，怎能成佛？我们要行佛的慈悲，使自己具有佛的智慧，像佛一样，能正见宇宙人生的真理。"[3]因此，"行佛"自然要用到上文所提到的祈祷中的自我超越的模仿逻辑，即"行佛所行，做佛所做"[4]。因此，若要更好地"行佛"就需要习惯性地祈祷，赞叹佛陀并强化愿力。"行佛"与祈祷是辩证促进的过程。"我一生，服膺于'给'的哲学。"[5]

对普通的青年人来说，就是在祈祷之后发愿实践星云大师"三好"与"四给"的行动原则。因为"三好"与"四给"都是较为微观的社会行动，是人人都有能力践行的社会行动。"三好"是"说好话""做好事""存好心"，"祈求您护佑我，让我在新的一年里，所说的言语，都是慈悲善良、鼓励向上的好话；所做的事情，都是令人欢喜、利益大众的好事；所存的心意，都是祝福他人、回向他人的好心；所有的行止都是帮助社会，协助世界的美好"[6]。"说好话"也即人间的赞叹，"赞叹需要具

---

[1] 〔法〕马塞尔·莫斯：《论祈祷》，第66页。
[2] 星云大师：《自觉与行佛》，《当代人心思潮国际佛光会主题演说》，台北：香海文化2006年版，第171—211页。
[3] 星云大师：《人间佛教对宗教之间的看法》，《人间佛教当代问题座谈会》中，台北：香海文化2008年版，第84页。
[4] 星云大师：《人间万事12·悟者的心境·信佛的层次》，台北：香海文化2009年版，第225页。
[5] 星云大师：《真诚的告白——我最后的嘱咐》，载《贫僧有话要说》，第579页。
[6] 星云大师：《佛光祈愿文》，第29页。

备艺术"①。"四给"是"给人信心""给人欢喜""给人希望"以及"给人方便"。在给中可以获得欢喜,"你问我欢喜从哪里来?就是从彼此之间,在信仰的法海里面遨游,一切把它当成是我的,一切把它当成不是我的,无我无人,有我有人,这中间有着很微妙的道理"②。通过这种微观社会行动不仅可以将倦怠之我转换,而且能够在指向他者的行动之中完成无我而有我的心态变化。

通过第一部分的分析可以知道,从自我系统的角度来看,倦怠心态形成的原因是本我欲望的失控与自我实现的过度。佛陀本怀的人间佛教能够避免这两种极端:其一是纵欲享乐的本我满足,其二是为了超越而施行苦行主义下的自我折磨。当初佛陀为了避免这两种极端,用自己的体验发现了戒定慧的中道。这是区别佛教与其他宗教和哲学的分水岭③,也是星云大师人间佛教对佛陀本怀的回归与传承。

总之,这些以祈祷为核心的反倦怠技艺可以归纳为三点:1. 以礼拜佛陀的赞叹技艺形成自我对话的惯习。2. 以发愿利他的祈求技艺对自我实现的路径加以清晰化。3. 以转求为给的行动技艺化育炽热的本我欲望。通过以祈祷为核心的这些技艺,可以形成"每天欢喜付出,每天乐于结缘,每天慈悲喜舍,每天宽厚待人"④的生命习惯。由此转求为给的微观行动原理便可以作为核心要素构成人间佛教的生命方式,也即形成一种从净化微观的语言和思想开始的行动程序。

四 思索后现代:人间佛教祈祷文化的未来

当下,进入第三阶段的现代人间佛教需要应对佛法"后现代性"价值

---

① 星云大师:《贫僧有话要说》,第 516 页。
② 星云大师:《贫僧有话要说》,第 83 页。
③ 毗耶达西、石权:《八正道与戒定慧的关系》,《法音》1992 年第 2 期。
④ 星云大师:《佛光祈愿文》,第 4 页。

的考量。[1] 这种理论思考所对应的变化是"现代社会"正在逐渐转向"后现代社会"的现实。虽然后现代社会尚未形成，[2] 但是反现代的后现代现象层出不穷，而后现代最简练的解释便是"文化与学术对现代性的拒绝"[3]。因此，就目前而言，现代性是尚未完成的存在，依旧是人类社会的主要支撑力和前行的动力[4]，后现代性可视为现代性的一种演变形式[5]，亦即最终成就一种"新现代性"。所以，"对于佛法'后现代性'价值的考量"必定是相当复杂的问题，从主体建构的角度来说，首先涉及现代主体与后现代主体的区分。

现代性的精神特质"最简单地说：不再期望天堂中的生活，而是借助纯粹的人类手段，在尘世建立天堂"[6]。其中，"上帝已死"的宗教衰落至让位于"人做主体"的过程是现代性的本质之一，彼岸问题让位于现世问题。在西方是基督教社会的世俗化，在东方则有与之呼应的人间佛教运动。由于现代性的"主体"是一种建立在自由理性基础上进行自我实现的人[7]，因此，诸宗教就需要对自身理论加以发展以适应这一趋势。然而，伴随着现代性遭遇挫折，后现代性主要特征之一的"主体已死"出现了，这意味着自由理性的自我实现对大众来说几乎成为奢望，与此相对的则是现代社会带来的种种挫折体验，倦怠只是其中之一。

那么，人间佛教理论如何去应对当代主体所面临的后现代情感危机？这一心灵问题虽然涉及多个层次，但以"心教"著称的佛教一定不能失声。虽然诸大师已经离去，但幸运的是，他们已经留下诸多思想资源，真

---

[1] 程恭让：《纪念星云大师辞世周年，勇敢面对现代人间佛教发展的第三阶段》，《人间佛教学报·艺文》第49期。
[2] 史忠义：《关于现代性与后现代性的补充思考》，《人文新视野》2020年第1期。
[3] 凯蒂·加德纳、大卫·刘易斯：《人类学、发展与后现代挑战》，张有春译，中国人民大学出版社2008年版，第19页。
[4] 衣俊卿：《现代性的维度及其当代命运》，《中国社会科学》2004年第4期。
[5] 王加丰：《现代性述评》，《世界历史评论》2023年第2期。
[6] 〔美〕列奥·施特劳斯著，刘小枫编《苏格拉底问题与现代性——施特劳斯讲演与论文集：卷二》，彭磊、丁耘等译，华夏出版社2008年版，第33页。
[7] 陈嘉明：《现代性与后现代性十五讲》，北京大学出版社2006年版，第142页。

正的问题在于如何利用这些资源。

以倦怠心态的问题为例。首先，人间佛教的祈祷一方面需要激活主体的生命冲动，但另一方面需要继续将主体向"无我而有我"的方向引导，以反抗以"私我实现"为导向的现代文化。其次，倦怠的另一面是孤独而没有情感支持，不仅各种团体逐渐失去凝聚力，家庭作为传统的情感寄托场所亦在解体之中。后现代主体所面对的是一个无比个体化、无比孤独的世界，因此，人间佛教的祈祷需要强化人与佛陀之间的师徒纽带，并强调"加被"的观念，尤其是佛陀超人间性的建构。再次，人间佛教的真正竞争对手是能时刻满足青年心灵需要的虚拟世界。人间佛教是否需要结合现有虚拟技术，开发更为丰富、便于个体随时使用的祈祷技术则是需要持续思考的论域。最后，由于祈祷能够"无比灵活地采用了最多变的形式"[①]，在技术层面可能需要继续简化祈祷文，并加强祈祷与其他实践的系统关联，以方便个体将心性生活作为一维与其他人间实践进行整合。

需要特别注意的是，人间佛教的祈祷文化需要保持住自身的价值主体地位，不能以某种形式被经济社会的功绩主义所殖民，成为功绩社会重新支配主体的媒介，也就是说，关键不在于技术，而在于价值。倘无价值的坚守，技术将成为支配的工具。

---

① 〔法〕马塞尔·莫斯：《论祈祷》，第23页。

Reverse Fatigue: The Social Action Structure of Transcendent Prayer: Centered around the analysis of Venerable Master Hsing Yun *Buddha's Light Prayers*

Zhang Jianmin

Abstract: In the social reality of widespread fatigue, modern young people particularly need some convenient technology to provide them with psychological energy to reverse fatigue. The prayer of Humanistic Buddhism is such a cultural resource that can be utilized. Therefore, this article first analyzes the social structure of fatigue mentality and summarizes the anti-fatigue skills of Humanistic Buddhism by analyzing the religious mentality and the way in which religious power is obtained in the *Buddha's Light Prayers* by Venerable Master Hsing Yun. It should be noted that the prayer mentality of Humanistic Buddhism in Foguangshan observation is not limited to mysticism but emphasizes gaining transcendent power through dialogue and making vows and transforming it into micro actions of giving. By shifting the logic of "seeking" to "giving", Buddhism in Foguangshan may reverse the social fatigue of young people. Finally, by analyzing the phenomenon of fatigue as a postmodern phenomenon, this article suggests that while Humanism Buddhism adapts to social needs, it needs to maintain its status as a subject value and avoid being colonized by social logic.

Key words: Fatigue Mentality; Transcendent Prayer; Convert Seeking to Giving; The Art of Reversing Fatigue

疾病、医疗与健康
——星云大师医疗思想探赜

李 震

上海大学博士生

摘 要：星云大师医疗思想承袭佛陀智慧与中国佛教医学，旨在关心人的身心健康。星云大师认为疾病分为身心二病，且具有一定的正面启示作用。面对疾病时，大师告诉我们要正确看待疾病，做到"与病为友"。大师在医疗理念与方法上，对身心二病提出诸多积极的倡导。在健康观念上，大师提出"健康八法"，还综合诸经，从身体和精神方面提出保健的方法。星云大师的医疗思想具有全面性、传统性与时代性相结合、理论性与亲历性相结合、佛教性与世俗性相结合、重视个人的作用等几个特点。大师的医疗思想是人间佛教医疗思想的缩影，对佛光山的医疗实践具有指导作用，在人类医疗社会史上作出了一定贡献。大师的医疗思想促进了佛法的弘扬，是人间佛教善巧方便智的成果之一。

关 键 词：星云大师；人间佛教；佛教医学；医疗思想；善巧方便

基金归属：本文为2019年度国家社科基金重大项目"'一带一路'佛教交流史"（编号：19ZDA239）的阶段性成果。

一 前言

有人的地方就有疾病，疾病与医疗是一个永恒的话题。在佛教中，佛陀被称为"大医王",佛教对疾病、医疗的认识十分全面又颇具特色。学界对佛教医学的研究由来已久[①],关于佛教医学的定义,陈明教授认为:"佛教医学是在印度古代生命吠陀体系的基础上,以佛教教义为指导思想,并吸收了中国传统医学(包括藏医学等)的理论和临床特点,所形成的一种非独立的医药学体系。它分为印度佛教医学和中国佛教医学(含藏传佛教医学)两部分。"[②]可见,在继承发扬古印度阿育吠陀医学的基础上,佛教融入其宗教特色的义理及疗法,形成了印度佛教医学。佛教传入中国后,经过吸收中国医学体系(中医、藏医等),逐渐形成中国佛教医学,因此,佛教医学成为世界医学中独树一帜的存在。

从其在印度的发展史来看,佛教医学的基础是阿育吠陀医学。阿育吠陀,梵文为Āyurveda,这是一个合成词,由āyus与veda组成,其中"āyus"为"生命""寿命"之意,故阿育吠陀旨在关注人的生命健康,是生命医学。相较之下,佛教医学不仅重视人的生命健康,还注重心灵健康。此外,佛教医学与世俗医学体系最大的不同之处,在于其丰富的宗教色彩。

新型冠状病毒(COVID-19)的全球蔓延,可谓前几年人类文明共同面对的头等难题,我国政府凭借一系列强力高效的措施,使得国内疫情得以较快控制。在进入后疫情时代之时,国内诸多学者就这次疫情及抗疫进

---

① 20世纪末以来,学界就对佛教医学展开研究。蔡景峰在《唐以前的中印医学交流》(《中国科技史料》1986年第6期)中讨论了中印医学,主要是与佛教医学的交流;范家伟在《晋隋佛教疾疫观》(《佛学研究》1997年)中以魏晋时期的疫病为中心,讨论了佛教与医疗的密切关系。另外,廖育群在研究古代印度阿育吠陀医学时也涉及诸多佛教医学的相关研究,此处不赘。李良松主编《中国佛教医学丛书》(鹭江出版社1996年版)包含佛医理论、佛教医药、佛医人物、佛教养生等多方面,后主编《中华佛教医药全书》(中国书店2011年版)分四方面讨论佛教医学。肖雨发表《佛教医学概论》系列文章(均刊于《五台山研究》2000年),讨论了佛教医学的理论、病名、病因、对治等问题。在《中印文化交流史》(中国社会科学出版社2008年版)中,季羡林先生就关注到了中印交流中的医药,其中提到诸多佛教药方。近年来,陈明在佛教医学与医疗社会史的研究中取得颇多成果,出版著作《敦煌出土胡语医典耆婆书研究》(台北:新文丰出版社2005年版)、《印度梵文医典〈医理精华〉研究》(商务印书馆2014年版)、《敦煌的医疗与社会》(中国大百科全书出版社2018年版)等。

② 陈明:《印度梵文医典〈医理精华〉研究》,第135页。

行了各方面的反思，如程恭让教授在《释迦牟尼及原始佛教理解疫疾的智慧》一文中，引用《杂阿含经》及汉译巴利文经典（Patirūpasuttam）中的佛陀本生故事，指出佛教将嗜血的夜叉视为人类疾疫的制造者，并阐明可从佛教中得到的防疫启示。[①]与近年来医疗话题关注度的提高不无关联，李四龙教授在《论智𫖮治病法及其医疗文化系统》中剖析了天台智𫖮杂糅众长的治病法[②]；何广益在《佛教经藏医学中的病因观探要》中系统全面地总结了佛教医学的病因观内容，并说明其影响与价值[③]；释传耀《现代医学模式视角下对中国佛教医方明的审视》一文对现代化视野下的佛教医方明的理论体系与社会应用作了分析说明[④]。从这些研究中不难看出，佛教作为一门宗教，是对世俗病因论及疾病克服的丰盈与补充。总之，佛教医学作为佛教的组成部分，以慈悲利他的精神以及超越与世俗兼收并蓄的医疗理论与实践，在中国医疗社会史上留下了浓墨重彩的一笔。

近代医疗社会史的研究兴起于西方学术界，20 世纪 40 年代，西格里斯特认为医学是医学群体与社会两者之间的复杂关联[⑤]，自此医学史研究开始了社会化转向，开始关注社会各阶层、组织、团体与医学的互动。回溯历史，佛教僧团作为中国重要的社会组织，在疾病的医疗方面作出了杰出的贡献。而今天，以星云大师为首的佛光山僧团，对当今社会医疗，尤其是疫情期间所作的贡献，值得被赞扬。所以当今医疗社会史的书写不能忽视佛教力量，更不能忽视星云大师与人间佛教的力量。

近代以来，中国佛教不断进行自身改革与调整，以便适应社会、融入发展，人间佛教就是中国佛教社会化改革的结果。人间佛教是古老的汉传佛教开出的美艳花朵，是当代世界颇具生命力及影响力的佛教新形态。[⑥]

---

① 程恭让：《释迦牟尼及原始佛教理解疫疾的智慧》，《法音》2020 年第 3 期。
② 李四龙：《论智𫖮治病法及其医疗文化系统》，《世界宗教文化》2020 年第 5 期。
③ 何广益：《佛教经藏医学中的病因观探要》，北京中医药大学，2021 年博士学位论文。
④ 释传耀：《现代医学模式视角下对中国佛教医方明的审视》，《生命哲学研究》2022 年第 1 期。
⑤ 菲利克斯·马蒂·伊巴内斯编：《亨利·E. 西格里斯特论医学史》，转引自余新忠、杜丽红主编《医疗、社会与文化读本》，北京大学出版社 2013 年版，第 26—27 页。
⑥ 程恭让、李彬：《星云大师对佛教的十大贡献》，《世界宗教文化》2015 年第 3 期。

星云大师是当代推动人间佛教发展的宗教领袖，他洞悉社会百态，对疾病与医疗方面颇有感悟与见地。大师的医疗思想是基于自身经历与在佛教中的所学所感，切实考虑到了道俗二众的身心健康，充分印证了人间佛教是人生需要的佛教，是现实的佛教。[1]此前学界在人间佛教慈善事业、净土观、生死观、临终关怀等诸多领域的研究中都涉及过人间佛教或星云大师对待疾病与医疗的观点[2]，胡秀卿在《传统中医VS.人间佛教》中揭橥了中医与人间佛教教法对人们与社会的积极作用[3]，笔者也曾撰文《星云大师人间佛教医疗观》探讨星云大师医疗观的佛教本色与时代特色[4]。诚然，无论是在对众生医疗保健的指导上，还是在佛光山及人间佛教僧团的医疗慈善活动的贯彻中，星云大师的医疗思想都尤为重要，其既不失传统，又符合当今社会主流，契合人间佛教"佛说的、人要的、净化的、善美的"四句教要旨。

人间佛教回归佛陀本怀，星云大师将医疗与佛教四圣谛结合，说道："一个人生病了，痛苦不堪，是苦谛；知道病因，是集谛；对症下药，施以各种医疗方法，是道谛；药到病除，恢复健康，是灭谛。"[5]正如《瑜伽师地论》言："复次苦谛如诸疾病，集谛如起病因，灭谛如病生已而得除愈，道谛如病除已令后生。"[6]其中"苦""集"是对疾病的感受和认识，"道"和"灭"则是疾病的治疗与养护。基于此，本文对星云大师的医疗思想的

---

[1] 彭欣：《星云大师人间佛教伦理思想研究》，宗教文化出版社2017年版，第50页。
[2] 相关的研究有：梶山雄一：《仏教と現代倫理——不殺生戒と少欲知足》（《普门学报》2001年第4期），盖建民：《关注人类生命健康 弘扬佛医养生思想——21世纪人间佛教建设的方便法门》（《宗教学研究》2002年第2期），赖贤宗：《空性智慧、佛教意义治疗学与佛教诠释学的治疗学——论佛教的生命关怀与心灵治疗》（《普门学报》2003年第13期），慧开：《从人间佛教的"生命不死"信念论"安乐死"的迷思与解套之方》（《2019星云大师人间佛教理论实践研究》，高雄：佛光文化2020年版），石庆周：《生死学视域下的人间佛教》（《2021人间佛教青年写作论文集》，高雄：财团法人佛光山人间佛教研究院2022年版），周忠贤、何蓉：《当代中国佛教慈善：历史、理念与实践》（《佛学研究》2023年第1期）等。
[3] 胡秀卿：《传统中医VS.人间佛教》，《普门学报》2001年第4期。
[4] 李震：《星云大师人间佛教医疗观》，《2021人间佛教青年写作论文集》，第394—423页。
[5] 星云大师：《佛法真义》，《星云大师全集》第6册，新星出版社2019年版，第43页。
[6] （唐）玄奘译：《瑜伽师地论》，CBETA 2018, T30, No.1579，第843页下。

探讨也从对疾病的认识、疾病的医疗和健康的维持等方面来进行。

二 星云大师对疾病的认识

疾病的种类繁多,仅我们常见的疾病名称就数以百计。医疗活动的基本前提是要获悉所患何种疾病,所谓"对症下药",要求我们对于疾病的分类和成因,要有正确的认识。此外,我们也应了解疾病的价值,端正面对疾病时的态度。

(一)疾病的分类与成因

佛教对不同疾病的成因有着相应的认识,其中最基本的便是身、心二病的划分。

基于古代印度阿育吠陀医学"地、水、火、风"四大理论,佛教认为"四大不调"会使人身患病。"何谓四大?地大、水大、火大、风大。一大不调,百一病生;四大不调,四百四病,同时俱作。地大不调,举身沉重;水大不调,举身膖肿;火大不调,举身蒸热;风大不调,举身掘强,百节苦痛,犹被杖楚。"[1]这里指一大不调,则生一百一种病,共四百四种病,其都属于"身病"的范畴。"四大又分内四大和外四大两类,人和动物体内之四大称为内四大,人和动物体外之四大称为外四大。"[2]另外,佛教还吸收阿育吠陀医学的"风、胆、痰"理论[3],《大乘本生心地观经》中载有"风、黄、痰癊,名为身病"[4]。可见,佛教医学对阿育吠陀医学的基本病因论继承得较为彻底。

《大般涅槃经》说:"云何为病?病谓四大毒蛇,互不调适。亦有二

---

[1] 失译:《佛说五王经》,CBETA 2018,T14,NO.0523,第796页中。
[2] 肖雨:《佛教医学概论》,《五台山研究》2000年第1期。
[3] "风、黄、痰"是印度阿育吠陀医学中的三病素,也称"风、胆、痰",其由古印度五大元素"地、水、火、风、空"组成。"风"是由空、风组成,"胆"是指火,"痰"则由地与水组成。
[4] (唐)般若译:《大乘本生心地观经》,CBETA 2018,T3,No.0159,第321页中。

种：一者身病，二者心病。身病有五：一者因水，二者因风，三者因热，四者杂病，五者客病。……心病亦有四种：一者踊跃，二者恐怖，三者忧愁，四者愚痴。"[1]此处指出疾病分"身病"与"心病"二种，身病有五种，心病则有四种，为踊跃、恐怖、忧愁与愚痴，如今看来都是心理上的不良状态。

星云大师对疾病的认识与佛教传统一致，大师总结致病的原因无外乎两种，一则四大不调，二则贪嗔痴毒。大师说："人身由四大假合，神识在六道中轮回。所谓四大，指的是地、水、火、风。此身由四大所成，是印度医学的理论基础。在中国医学中，倡言经络气血、五脏六腑各有其独特系统。《小止观》说，人身四大各能生一百零一病，合生四百四种，即一切身病的总称。其中，地大病相为身体沉重，坚结疼痛；水大病相为饮食不消，腹痛下痢；火大则会全身发热，大小便不通；风大会引起肺闷，气急呕吐。"[2]大师引《南海寄归内法传》进一步阐述四大之病多由外力引发，如进食不当、过分劳力等。《小止观》即天台经典《修习止观坐禅法要》，智𫖮在其中阐明"地、水、火、风"四大病相，并将其与五脏系统联系起来。此外，星云大师还发现《金光明经》中记载的一则医疗事迹与中医理论相通。可见，大师既沿袭了佛典中对四百四种身病的看法，也继承了古德对中印佛教医学交流的认识。

至于心病，大师认为内在的贪、嗔、痴是心病形成的主因。"贪"是贪恋，大师引用天台宗《摩诃止观辅行》说贪着美好的色、声、香、味、触五种东西，都会产生疾病。因为色、声、香、味、触会蒙蔽我们的心智和德性。因此，佛教的养生之道认为：沉迷色境的人多半会生肝病；贪享声音的人多半会生肾病；贪爱香气的人多半会生肺病；贪图口味的人多半会生心病；眷恋触觉的人多半会生脾病。"嗔"是指愤怒、愤恨，星云大师说《大智度论》中有云嗔为"三毒"中第一难治。"痴"是愚昧无知、

---

[1] （北凉）昙无谶译：《大般涅槃经》，CBETA 2018，T12，No.0374，第435页上。
[2] 星云大师：《佛教·教用》，《星云大师全集》第20册，第356—357页。

不明事理，也是大师所说的"无明烦恼"。身病易察觉，心病却不自知，久而久之便会造成严重的疾病。[①] 总之，贪、嗔、痴"三毒"是导致心病的主要原因。

另外，大师还引唯识学理论指出六大根本烦恼，也是心病的成因："八万四千烦恼就是八万四千种的病，而统领这些心理毛病的第一兵团就是'贪欲'，第二兵团是'瞋恚'，第三兵团是'愚痴'，第四兵团是'我慢'，第五兵团是'疑忌'，第六兵团是'邪见'。贪、瞋、痴、慢、疑、邪见，在唯识百法里属于六大根本烦恼。"[②] 大师进一步说我们心里的烦恼魔军很多，但是真正说起来，全部的统帅只有一个，就是我们自己，即"我执"。也就是说，真正造成我们心病的原因还是在于我们自己，我们心中的执念是人心患病的主要原因。

总之，星云大师认为，人所患疾病可分为身病与心病。一方面，身病的原因是进食、劳作等导致的四大元素失衡，"在物质极度丰富的今天，过度饮食、运动不足、营养过剩导致的高血糖、高血压、高血脂、2型糖尿病等'现代病''富贵病'，已成为威胁人们健康的头号杀手"[③]。进入21世纪以来，随着人们生活水平的提高以及工作压力的攀增，越来越多的因素可能会导致人体四大失调、罹患身病。另一方面，心病是源于人内心的贪、嗔、痴及内心的执念。当今环境下，在经济飞速发展的同时，人们似乎丢失了对一些精神世界的关照，"996""内卷"使得人心不堪其扰，而"佛系""躺平"等热词的出现，也反映出人们逐渐卸下负担、回归本我的自我救赎的心理活动。

（二）疾病的功用

在中国历史上，很多僧人以佛教中的愈疾为增上缘，从而受戒出家。

[①] 星云大师：《佛教·教用》，《星云大师全集》第20册，第358页。
[②] 星云大师：《星云解惑2》，《星云大师全集》第12册，第66页。
[③] 西平：《佛教的养生观》，《中国宗教》2019年第11期。

如"渊遇疫昼寝，见梵僧云：'菩萨当至，寻有道人来者是也。'俄而（释慧）约造焉，遂豁然病愈，即请受五戒"①；释智璪患病，"频经岁月，医药无效。仍于静夜策杖曳疾，出到中庭，向月而卧，至心专念月光菩萨，唯愿大悲济我沉疴。如是系念，遂经旬朔，于中夜间梦见一人形色非常，从东方来，谓璪曰：'我今故来，为汝治病。'即以口就璪身，次第吸嗽，三夜如此，因尔稍痊。深知三宝是我依救，遂求离俗"②。另外，星云大师也常常提及"修行人应带三分病，才知道要发道心"，这告诉我们，疾病并不只是带给人们痛苦，它在一定程度上可以促使人们更加精进、焕然一新。

对于个人来说，星云大师开示人们疾病的正面启示功用：

1.病能让人知道保健；
2.病能让人忍耐勇敢；
3.病能让人生起道心；
4.病能让人看透人生；
5.病能让人珍惜生命；
6.病能让人审思未来。③

可见，在大师看来，疾病能够带给人的启示有很多：疾病使人懂得保健，预防更严重的疾病；使人内心坚强、勇敢，进而可以面对任何困难；使人精进向善，更好修行；使人参透人生，看淡浮华；使人尊重生命，注重健康；使人珍惜现在，不惧未来。星云大师还说过，"疾病本身就是一贴良药"，大病一场过后，人往往会有新的反思，会对生命充满感激和感恩，会放弃从前的一些坏习惯，远离恶知识，广结善缘。疾病伤害着我们，同时也在锻炼、提高着我们。

---

① （唐）道宣撰，郭绍林点校：《续高僧传》，中华书局2014年版，第183页。
② （唐）道宣撰，郭绍林点校：《续高僧传》，第721页。
③ 星云大师：《人间万事1》，《星云大师全集》第49册，第286—287页。

疾病、医疗与健康

大师说:"早期台湾对肺结核还没有研究出一套很有效的防治办法。肺结核是一种传染病,大家一谈到肺病,无不恐惧不已。然而有医师说,其实有百分之五的传染,不但不可怕,反而能增加身体的抵抗力,增强身体的免疫力,所以有一点传染,不但不是不好,反而有益于身体的健康。"[1]可见,疾病的正面价值在现代医学的角度上仍然有所依据。

(三)与病为友

当今社会,越来越多的疾病缠绕着人们,星云大师对这些疾病的成因总结出了以下四点:"一、暴饮暴食;二、忧郁多虑;三、过分纵欲;四、操劳过度。"[2]随着当今物质社会的发展,诱惑与压力也逐渐增加,这些都是导致现代人身患各色各样疾病的诱因,这些疾病不仅造成了人们身体上的痛苦,还使人内心陷入挣扎。疾病不会消失,当疾病出现时我们要以积极的心态配合治疗,在此过程中我们还要做到"与病为友"。

星云大师认为疾病并不可怕,我们不要畏惧疾病,不要把疾病当成恐怖的敌人。恰恰相反,疾病正如我们的朋友。星云大师在世九十余载,他的一生可以说是与疾病相伴。大师十五岁受戒时,燃烧戒疤将头盖骨烧陷。十七岁时染上疟疾,两年后又患疮病。二十八岁那年,大师的腿出了严重的问题,患上腿疾。大师四十岁左右的时候身患糖尿病,后来糖尿病影响了他的视力、心脏,为此还曾做过两次心脏手术。晚年,大师因腿疾,行走不便,只能依靠轮椅。可以看到大师漫长、璀璨的一生中,实际上一直充满着"病苦"。但是,这些在星云大师看来其实无"苦"可言。他在晚年的时候说过,他每天过得很欢喜。虽然疾病缠身,但大师从未排斥、忧愁,并告诉人们这是"与病为友"。星云大师曾说:"所有的疾病我也不欢迎它,但也不嫌弃它,你来了就来了,我就把你当朋友看待。到后来,生病时,也不觉得自己生病,所谓心无挂碍,无挂碍故,无有恐怖,

---

[1] 星云大师:《迷悟之间2》,《星云大师全集》第46册,第32页。
[2] 星云大师:《人间万事4》,《星云大师全集》第52册,第278—279页。

慢慢地就能随缘而住，随遇而安。"①只有做到"与病为友"，才能减轻病苦。人生本苦，一旦患病就更加痛苦，这时候如果把生病当作休息，正视病苦，就能减轻病苦。

我们正确地认识疾病、对待疾病，是我们更好地治疗疾病的基础。有些疾病很容易治疗，有些则为痼疾，难以治愈。无论是哪一种疾病，我们都要冷静地与其相处，待之如朋友。试想，人吃五谷安有不病？人的一生难免经历大大小小的疾病，如果一患病就焦虑、忧愁，那么即使身病得到了治疗，心病也很难自愈。所以，"与病为友"，同体共生，则"见怪不怪，其怪自败"。

三 星云大师的医疗理念与方法倡导

星云大师的医疗理念一方面承袭自佛陀，另一方面又结合时代有所创新，其在身心疾病医疗方法的倡导中，既凸显了佛教性，又不失世俗与时代性，适合芸芸大众。

（一）星云大师的医疗理念

人间佛教提倡回归佛陀本怀，星云大师曾总结过佛陀的医学观。佛陀学贯五明②，其中就包括医方明。在佛经里，有许多佛陀讲论医药的话题，尤其在律藏中居多。大师坦言，佛教的医学祖师就是佛陀，因为佛陀不仅能够治疗众生身病，还能破除人生烦恼与业障，对治心病，这是世间医师所无法做到的。

佛陀对医生的要求有四点：识知某病，应用某药；知病所起，随起用药；已生诸病，治令病出；断除病源，令后不生。对于看护病人有以下五点：分别良医；先起后卧，不懈怠；恒善言谈，少于睡眠；以法供养，不

---

① 星云大师：《佛法真义》，《星云大师全集》第6册，第298页。
② 五明：古代印度五种学问：声明、内明、因明、医方明及工巧明。

贪饮食；堪任与病人说法。病人应遵行五点：选择适当饮食；按时饮食；亲近医师；不怀愁忧；当起慈心对待看护。[①]星云大师总结到，佛陀要求医生、看护和病人三方配合，如此疾病才能收到最好的疗效。这就是佛陀的医学观，同时也是星云大师及人间佛教所遵行的医疗观念。

如对于看护病患来说，星云大师认为："不当讲的话不能讲，要鼓励他，让他欢喜。另外，要顺从他的意思，他要坐、要睡、要吃什么，都随他的意；就是有哪些食物不能吃，你也要找替代品，即使没有，也要婉转地向他说明，让他能接受。对有病的人，话不能直说，要说柔软语、欢喜语，态度要温和、尊重，这是很重要的。"[②]关于病人，正如上文提到的，星云大师认为一个病患要有"与病为友"的态度，此外也要自己照顾好自己。在劳驾别人照顾时，要注重整齐干净，应懂得自爱、保持清洁。[③]星云大师的医疗理念不仅十分全面，还更加突出人文关怀，并且在此基础上，大师对身心二病的医疗作了有益的补充。

（二）身病的治疗

首先是身病，星云大师认为身病的治疗有多种多样的方法，并不设限医疗方式，只要对身体有益即可，"身体有病，当然需要听从正派医护人员的指导，采用适当的医疗方法，例如药物治疗、饮食治疗、物理治疗、心理治疗，甚至民俗治疗、音乐治疗等"[④]。大师认为，遵从医嘱、科学治疗，是身病痊愈的首要条件。大师还说，有些小的疾病需要的是多休息，譬如感冒等，自己注意休息、喝水，便也是治疗。疾病来临之时，切勿慌张，及时按照疾病的轻重酌情治疗即可。

站在佛教的角度上，星云大师也提出各种方法供参考：

[①] 星云大师：《佛教·教用》，《星云大师全集》第20册，第356页。
[②] 星云大师：《僧事百讲2》，《星云大师全集》第25册，第518—519页。
[③] 星云大师：《僧事百讲2》，《星云大师全集》第25册，第522—523页。
[④] 星云大师：《星云解惑2》，《星云大师全集》第12册，第63页。

1. 良好的饮食习惯：《佛遗教经》云："受诸饮食，当如服药，于好于恶，勿生增减，趣得支身，以除饥渴。如蜂采华，但取其味，不损色香。"《行事钞》说，维护生命的食物摄取，须配合四季的变化，利用不同的饮食，来调和四大之身。

2. 静心打坐：静坐参禅，就是使妄想纷飞的杂念去除，获得真正的安身立命之本；更是身体力行，以实践的功夫，体验生活的圆融无碍，从而使身心获益无穷。

3. 礼佛拜忏：就"礼佛"的效果而言，从外观看，为屈伸肢体的全身运动，实是达到体操健身，舒筋活血，治病健身的效用。……从内心言，信仰者礼拜时的虔诚恭敬，不只表达对诸佛菩萨最深的感恩，也是消除我慢、我执的有效法门，更是消除身体业障的修行妙法。

4. 持咒念佛：称念佛号，能将妄想止息，能把烦恼抛开，使心志清醒，不但有益修行，对事业也有很大的助力。所以妄想烦恼多的人，可以用念佛来对治；专注称名念佛，可止息散乱之心，使心安住于一处；又念佛的功德能使贪瞋痴不起。[1]

佛教自始就把食物当作疗疾药物，佛教"四药"中的时药（kalika），有时也叫时食、五正食，《根本萨婆多部律摄》："一、麨；二、饭；三、麦豆饭；四、肉；五、饼及五嚼食等。"[2]如麨（maṇḍa）、饭（apūpa）、麦豆饭（kulmāṣa）、肉（māṃsa）及饼（odana）等都是果腹的主食，之所以又被当作药物，是因为古代印度医学将饥饿、衰老等生理状态也称作主病。在律藏等佛经中，不乏强调合理饮食之重要性的记载，良好的饮食习惯无论是在佛教内部还是在世俗社会，都是要被重视的。食疗法无论中外，都是一种关键的医疗方式，孙思邈在《千金翼方》中提道："食疗不愈，然后命

---

[1] 星云大师：《佛教·教用》，《星云大师全集》第20册，第359—360页。
[2] （唐）义净译：《根本萨婆多部律摄》，CBETA 2018，T24，No.1458，第569页下。

药。"①打坐、礼忏与念佛是佛教意味浓厚的治疗方式，静心修行，能够使内心解脱、产生正念、净化心灵。历史上，许多僧人正是通过这些方法治疗痼疾，重获新生。星云大师回忆到，他在年少烧戒疤时损坏了脑神经，变得健忘，但是大师靠着每夜礼佛、发愿，最终不但恢复了记忆，还变得更加智慧。另外，正如大师所说，打坐、礼忏等方式还十分具有科学性。在现代医学看来，打坐可以矫正背部，缓解脊柱的压力，如半跏趺坐可以塑形、抗疲劳，促进身心和谐。礼忏拜佛时的动作，也可以舒筋活血，促进血液循环，这都是对人体十分有益的锻炼方式。目前，一种基于佛教禅修的"正念减压疗法"（Mindfulness-Based Stress Reduction，MBSR）正进入人们的视野，它可以使人们减少压力与疲劳，改变不良生活习惯。②禅林中大多数佛教徒的身体状况非常良好，想必也与物理上的修行方式有所关联。

关于身病，还理应分为传染性疾病和非传染性疾病。星云大师认为非传染性疾病易于控制，而传染性疾病的防范需要大家遵守公德。前文说到，原始佛教认为，疫病（传染性疾病）与夜叉有关，"夜叉在佛教的世界观谱系中是一种宇宙生命力量的代表，它是作为人类传染病来源的一种生命存在"。程恭让教授认为："践行十善是人类达到幸福安宁的根本途径。"③十善者，谓不杀生、不淫邪、不盗窃、不妄语、不两舌、不恶口、不绮语、不贪、不嗔和不痴。这种说法揭示了佛教对人类社会期冀的本质，也契合了当今人间佛教的理论与实践。大师说艾滋病是21世纪的黑死病，另外，"除了艾滋病，如 SARS、性病、肝病、肺痨、疟疾、皮肤病、天花等，这时候最重要的是发挥公德心与守法精神，避免疾病蔓延"④。然而，大师还说，在21世纪的今天，人们害怕的"传染病"还有核战争、生化武器等，以及当今社会上很多不当的时髦行为，如嗑药等，这都是不

---

① （唐）孙思邈著，李景荣等校释：《千金翼方校释》，人民卫生出版社1998年版，第203页。
② 详参阮功信（NGUYEN CONG TIN）：《以禅修为基础的正念治疗思想研究》，南京师范大学，2017年博士学位论文。
③ 程恭让：《释迦牟尼及原始佛教理解疫疾的智慧》，《法音》2020年第3期。
④ 星云大师：《不要紧——星云大师妙谈人生》，现代出版社2015年版，第121页。

好的传染病。① 面对这些不良的疾病，我们必须从人类道德文明的建设做起，当然，这也离不开佛教的宗教智慧。

（三）心病的治疗

人间佛教特别重视心病的治疗。心病难医，身体上的疾病尚易治疗，心理上的病就难以应对了。星云大师认为贪、嗔、痴"三毒"是心病的主要成因，传统佛教"六度"②中的戒、定、慧可以对治贪、嗔、痴三毒，大师不止一次提及这一点。另外，大师还说"贪"是由于人的自私心理，如果我们能够舍己为人，布施他人，自然可以对治贪病；"嗔"是因为人的修养不够，由此生憎恨心，我们要懂得"忍"，要学会忍让，平等看待世间一切；"痴"是起自无明，我们要有一颗觉悟的心，用智慧解决愚痴。这里也说到了布施、忍辱和智慧，可见大师认为不止戒、定、慧能克除三毒，修行六度皆大有益处。

身体患病，不可劳作，心理患病则无法正派做人，所以星云大师主张要端正人心：

1. 要有宽容的心；
2. 要有放下的心；
3. 要有谦卑的心；
4. 要有惭愧的心；
5. 要有正派的心；
6. 要有清净的心。③

人心的重要性不言而喻，养成一颗正道的心，是破除一切心病的根

---

① 星云大师：《迷悟之间 4》，《星云大师全集》第 48 册，第 26 页。
② 六度：大乘佛教的六种修行方式，即布施、持戒、忍辱、精进、禅定及智慧。
③ 星云大师：《人间万事 2》，《星云大师全集》第 50 册，第 34—35 页。

本，所谓真正的良药是我们的心力。

佛法是诊治人心、治疗心病的关键。大师还提道："佛教讲发心，发慈悲心、惭愧心、菩提心，发心的力量奇大无比。再如提得起、放得下，以及般若、智慧、明理等，都是无上的妙药，都可以治疗我们的心病。现在社会上的心理咨询，可以说都远不及佛教的这许多妙法。"[1]自私、忧愁、执念、妄想、无明等百般心病，千奇百怪。这些病症无法依靠医生，只能靠自己，以及佛法来医治。"吾人想要去除执着的毛病，必须要用'无我'的空慧，如《般若心经》所谓'照见五蕴皆空，度一切苦厄'。当'我'也能空，'法'也能空，我、法皆空的时候，百病还能不尽皆消除吗？"[2]以佛法沐浴心灵，是治疗心病的一剂良药。大师说过，喜舍可对治贪婪，慈悲可对治嗔恚，智慧可对治愚痴，谦虚可对治我慢，正信可对治疑虑，正道可对治邪恶。

星云大师在心病的医疗中，曾提倡"以法为药"。大师仿照石头无际禅师开的"好心肠""慈悲心"等"成分"的心药方，也开出了一剂药方，包括："慈悲心肠一条、道德本性一片、惜福一点、感恩三分、言行实在、守戒守法一块、惭愧一个、勤劳节俭十分、因果全用、方便不拘多少、结缘多多益善、信愿行通通用上。"不仅如此，大师还说，此药方要用"包容锅"和"宽心炉"来制作，制作的过程中切忌"焦躁"。要"齐心协力"将药研碎，以"三思"为本，以"鼓励"为药丸，以"关爱汤"服用。[3]此心药方的"用药"十分全面、周到，从各个方面考虑到了对治现代社会人心所面临的各种问题。大师以诙谐、拟物化的形式写出，深入浅出，既继承了古德弘扬佛法、教化世人的善巧方便的传统，又不失洞悉现代社会后贴切时代的补充。

当然，《大智度论》言："问曰：众生患有百千种，若佛神力何以不遍

---

[1] 星云大师：《星云解惑2》，《星云大师全集》第12册，第69页。
[2] 星云大师：《迷悟之间1》，《星云大师全集》第45册，第428页。
[3] 星云大师：《佛教·教用》，《星云大师全集》第20册，第361页。

令得解脱？答曰：一切皆救，今但略说粗者，如种种结使，略说为三毒。"①佛陀的神力是无边无尽的，可以拯救一切众生。然而，为什么不是所有的众生都能完全得到解脱呢？这是由于众生心中总是存有烦恼和贪嗔痴。所以，纵使佛法威力巨大，心病的治疗也不能仅仅依靠它，更要靠我们自己的努力去化解。星云大师说，病患要靠信心和意志力克服疾病，如果自己能够成为自己的良医、良药，那面对一切疾病时就无所畏惧了。②每个人的心理需要正向的主导，大师的医疗思想中充分彰显了个人的重要性。

在当下的环境中，人们的心理问题频发，其中最大的心理疾病当属抑郁症。2020年1月，世界卫生组织（WHO）发布了关于抑郁症的统计数据，显示全球有超过2.64亿人患有抑郁症，这一统计揭示了当代人们心理健康问题的普遍性。抑郁症患者会情绪持续低落，还会出现睡眠障碍、食欲不振等生理问题，是如今人们所面对的一种严重影响正常生活的"现代病"。抑郁症会导致自杀行为，这是一个众所周知的事实。此外，它也会导致非自杀性自伤（non-suicidal self-injury，NSSI）行为，如在我们重视的青少年群体中，医学界曾对该群体的NSSI做过大量研究，"青少年抑郁症患者NSSI的高危因素包括焦虑、重度抑郁、有童年家庭功能不全、有童年虐待、受过校园欺凌等"③，从中我们可以发现现代社会中导致青少年心理问题的种种病因。星云大师说，时下的社会不知从什么时候开始罹患忧郁症的人好像多了起来，并指出原因：一是生命没有抵抗力，二是心中没有欢喜，三是生活没有目标，四是行事没有积极，五是眼中没有他人，六是前途没有希望。基于此，大师认为要看开、包容，还倡导佛光山"四给"的信条：给人信心、给人欢喜、给人希望、给人方便，以为对治之方。④

---

① （后秦）鸠摩罗什译：《大智度论》，CBETA 2018，T25，No.1509，第118页中。
② 星云大师：《迷悟之间2》，《星云大师全集》第46册，第32—33页。
③ 黄俭、程小伟、朱向阳：《青少年抑郁症非自杀性自伤行为的影响因素》，《长春中医药大学学报》2024年第3期。
④ 星云大师：《人间万事4》，《星云大师全集》第52册，第356—357页。

四　星云大师的健康观

健康是疾病的反义，一个人无论拥有多少财富，如果没有健康的身心，仍然会痛苦不堪，所以健康对我们每个人而言都是另类的财富，也是最重要的财富。星云大师曾经提到，在人间健康最重要。失去了健康，其他都是过眼云烟。

如何才能身心健康是个永恒的话题。医学界普遍认为要运动、动脑、适量饮食等，而人间佛教也在如何拥有健康上给出了指导："在心理健康方面，要保持净心、宽心、慈心；在身体健康方面，要礼拜、行香、作务。"[1] 这是大师站在佛教的立场上指导人们保持健康的方法。与此同时，大师也从世俗角度出发劝诫人们平时保持健康的办法，谓"健康八法"：

  1. 饮食清淡；
  2. 作息正常；
  3. 适度运动；
  4. 心平气和；
  5. 乐观进取；
  6. 营养均衡；
  7. 正当嗜好；
  8. 心理健康。[2]

星云大师提出的这八种健康之法适用于每个时代的不同个体，并且与现代医学相契合。第一，"病从口入"，我们要先从"吃"上注意，要饮食清淡；第二，熬夜、忙闲不均尤其消耗身体，所以要有正常的作息；第三，长期躺卧会使身体疲损，我们要运动，如跑步、行走；第四，保持情

---
[1] 星云大师：《迷悟之间 1》，《星云大师全集》第 45 册，第 256 页。
[2] 星云大师：《人间万事 4》，《星云大师全集》第 52 册，第 320—321 页。

绪稳定、心平气和是心理健康的一大前提；第五，培养乐观积极的心态，内心豁达、开朗，身体自然健康；第六，吃饭不一定要吃饱，但一定要营养均衡，这样才能防治疾病入侵；第七，人都有嗜好，但现代人沉迷电子产品等是非正常的嗜好，我们要培养爬山、跑步等正当的嗜好；第八，心理健康十分重要，要让佛法智慧常驻内心。

从"健康八法"中可以看到"正常""均衡""适当"等词眼，这侧面说明，健康的损失在于"过度"。任何事情过犹不及，《佛说佛医经》中写到，过度的疲劳，无节制的饮食，忍耐大小便等都会造成疾病、有损健康。义净在《南海寄归内法传》中写道："凡四大之身有病生者，咸从多食而起，或由劳力而发。"[1]《九横经》中有"不量饭者，名为不知节度，多饭过足"[2]，谓饮食不节制甚至会死亡。所以，适度是健康的前提，而这个适度又可以叫作"中道"。《广弘明集》有"佛陀离于二边，而说中道"，智者大师受中医理论影响提及沉溺色、声、香、味、触会使五脏生疾，而星云大师也说过凡事要以中道为宜，过分贪图睡眠、美味，缺乏运动会产生各种疾病。所以想要健康，必须要保持中道。此外，心理、思想上的健康同样重要。一个健康的个人不仅拥有强健的体魄，还必须具备健全的人格和正道的思想。

星云大师认为，面对疾病，最好的治疗方法就是预防，防病于未发，也就是中医所讲"上工治未病"。人作为血肉之躯，生病在所难免，但是生活中的很多疾病其实都可以预防。我们要学会增强抵抗力，做好保健。

抵抗力，也叫免疫力，有时也称抗体，可以起到防护身体的功能，人身所患疾病大致都与免疫失调有关。星云大师了解到，在医院里，医生会使用药物增强人的免疫力，也会指导一些方法，如充足睡眠、每天运动、按摩身体、放松心情等，这些都是身体上增强免疫力的方法。同时，心理上的免疫力也应该加强。星云大师称"是非谗言"是病菌，"色情诱惑"

---

[1] （唐）义净：《南海寄归内法传》，CBETA 2018，T54，No.2125，第 223 页下。
[2] （后汉）安世高译：《九横经》，CBETA 2018，T2，No.150B，第 883 页上。

是病菌,"得失成败"是病菌,"人我臧否"也是病菌,所以我们要增强心理上的抵抗力,抵御各种各样毁坏人心的病菌。大师说:"一个修行人要有般若智慧,才能对抗无明愚痴;要有禅定的抗体,才能不为外境所扰乱;要有戒律的抗体,就会去除一些不该犯的过失,所以戒定慧就是一个修行人的抗体。"① 如前文心病治疗中所提到的,戒定慧三学也是增加心理上抵抗力的有力举措。

星云大师综合诸佛经,把佛经中的保健之道总结了出来。首先是身体上的保健,包括正当的饮食、工作、行为以及做人等。其次是心理上的保健,也就是"精神保健",大师提倡心宽自在、放下安然、禅定修行、行香礼拜、数息止观、喜悦进取②,其中体现出佛教性保健方法的重要性。最后在培养一颗自在心、安稳心的同时,大师还说:"注意不急躁,宁静可以致远;不发怒,心平可以气和;不压抑,随缘可以自在;不幻想,踏实可以进步。"③ 可见,平静、自适的心态是心理保健的关键。历来佛经中不乏对人们身心保健方法的论述,这说明佛教从古至今从未中断对人们身体及心理健康的关注。星云大师以佛经中的内容为基础,并结合自身的经历、修行,告诉我们健康的身心保健方法,不仅要注意安稳的心态及合理的生活方式,还要修行禅定、止观,礼忏、发愿、诵经、念佛等。结合前面提到的大师对如何拥有健康的提倡,诸如此类的佛教修行,实则对身体与心灵的健康都颇具成效。

《2023年世界卫生统计报告》(World Health Statistics 2023)的发布,包括非传染性疾病(心脏病、癌症等)与全球健康、导致健康问题的因素以及近70年来全球健康状况的改善等内容,为我们总结了目前全球面对的健康问题。同时,该报告也表明当今的一些外部环境,时刻影响着我们的身心健康。这更加警示我们,健康的身体必须要靠自己去争取!健康的

---

① 星云大师:《迷悟之间4》,《星云大师全集》第48册,第52页。
② 星云大师:《人间佛教论文集》,《星云大师全集》第8册,第362页。
③ 星云大师:《星云法语1》,《星云大师全集》第56页,第206—207页。

生活并非一蹴而就，而是一种习惯，需要我们自律并长期坚持。所谓万事都有因果，健康亦然，星云大师认为："能否拥有健康，完全要看自己对因缘果报的认识和实践。"[①] 如果一个人没有保健的习惯，即使再祈求、发愿，也无异于缘木求鱼。

五　余论：星云大师医疗思想的特点及其善巧方便智慧

星云大师医疗思想大致分为三个方面，其一是大师对疾病的认识，包括疾病的成因、疾病的作用以及如何与疾病"相处"；其二是大师对医疗方法的提倡，包括大师对佛陀医疗观的认同，还有对治身病、心病的医疗方法；其三是大师的健康观念，包括什么是健康，如何拥有健康以及身心的保健。

通过三方面的探析，我们也能总结出星云大师医疗思想的几个特点：第一是全面性。大师的医疗思想涉及对疾病的认识、疾病的医疗以及对健康的认识等多方面，十分全面。在正确认识疾病的基础上，大师倡导合理的医疗理念与方法，并教我们应如何拥有健康。第二是传统性与时代性相结合。星云大师对疾病的认识一方面沿袭了佛教传统的认知，另一方面又包含时代特性。大师广悉佛典，一生尊崇佛陀教诲，力行人间佛教回归佛陀本怀。佛经中关于身心二病的成因与分类，以及对应的治疗方法，星云大师都给予了充分肯定，很大程度上，佛医思想是大师医疗思想的基础、来源。随着社会、经济环境的变迁，现代生活中的人们面临着与古代社会不同的压力，人们所患疾病的原因和类型亦与之前不尽相同。大师审时度势，紧跟时代的发展，观察到了当今人们的特殊的身心问题，对现代社会中一些不良的生活习惯提出了批评，并告知正确的医疗、保健及修行方法。第三是理论性与亲历性相结合。星云大师医疗思想的基础是佛教经典，具有一定的理论性，如四圣谛、"四大"理论、唯识百法等。此外，这

[①] 星云大师：《迷悟之间1》，《星云大师全集》第45册，第257页。

里的理论性还颇具中国特色,大师多次引用天台宗著作,如《童蒙止观》《摩诃止观辅行》等,其中杂糅诸多中医理论的内容,并且将"中道"思想很好地贯彻其中。星云大师医疗思想不仅基于佛经内容,也结合自身患病经历的经验总结,如"与病为友"的提出就是如此。第四是佛教性与世俗性相结合。大师的医疗思想具备浓厚的佛教性,提倡戒、定、慧,破除贪、嗔、痴,鼓励礼拜、止观等佛教修行方式,提出要用佛法对治心病。同时,大师也倡导科学治疗、遵行医嘱、饮食合理、作息正常、适度运动等适用于普罗大众的医疗、保健方法,故这一点也可以总结为普世性。第五,星云大师还十分重视个人的作用,认为疾病的治疗不仅要依靠佛法,更重要的是要靠我们自己。

星云大师常说,有佛法就有办法,耳熟能详的大乘经典《药师经》中就很好地展现了如何以佛法解决人生的贫疾问题。近代以来,自太虚大师强调将药师法门与人间净土结合开始[①],《药师经》与人间佛教的理论实践便紧密相连。印顺法师在《药师经讲记》中说,药师如来的十二大愿证明了佛法能益于现实人生。星云大师也总结过药师真义,认为药师佛的善巧方便可治病拔苦、利益众生。程恭让教授等在《〈药师经〉佛教思想的内涵、特质及其当代价值》中写道:"人间佛教思想需要新的善巧方便:需要更深地回归经典传统,也需要更好地回应当代问题。而《药师经》引领回归现实人生问题的基本佛法立场,重新揭橥般若与方便融合贯通的重要大乘传统,高度重视人类的身心疾病问题,……将能够为21世纪人间佛教的理论反思,为当代佛教的思想建设,提供契理契机的经典依据、思想理路和价值方向。"[②] 该文从《药师经》中所谈到的疾病引申至整个人类的疾病与医疗,为人间佛教的现代建设提供了新的方向,其总结与缩影就是当代人间佛教领袖——星云大师的医疗思想。大师的医疗思想是人间佛教

---

① 民国二十三年(1934)太虚大师在宁波阿育王寺讲解《药师琉璃光如来本愿功德经》,在悬论中大师提到"依药师琉璃世界建立新中国及人间净土"。
② 程恭让、程理:《〈药师经〉佛教思想的内涵、特质及其当代价值》,《玄奘佛学研究》2018年第3期。

所需的新的善巧方便智的成果之一，是创造美好生活、构建文明社会，契合人们真切现实的健康问题的合理指示。

最后，仍须强调，佛教医学与佛教弘法是密不可分的。"僧医在为广大民众诊治的过程中，宣传佛教思想，借医弘法，以医药笼络人心。僧人践行慈悲为怀、普救众生思想理念的有益行动，既有利于补充医疗力量，更有利于传承佛教思想，弘扬佛学价值，推动了佛教文化的传播与发展。"[1]翻检史料，历史上诸多僧人的医疗事迹，无疑扩大了佛教在汉地的影响力，这是佛教善巧方便智的有力体现。如今，佛光山僧团在星云大师的带领下，在医疗慈善事业上作出了重要贡献。义诊，是指义务为患者进行医疗活动。"秉持佛光山四大宗旨之一'以慈善福利社会'，慈悲基金会南区、中区接力梨山义诊已进行 10 年。义工不畏山路崎岖，长期发心立愿，进入偏乡服务大众，散播慈悲喜舍的种子，令人相当欣慰。希望大家'学观音、做观音'，不忘初心，让义诊相续不断。"[2]佛光山慈善基金会在梨山进行义诊已经持续了 10 年，即使在新冠疫情期间也并未中断。过去几年中，新冠疫情来势汹汹，佛光山积极为世界各地输送防疫物资，如"沙巴佛光会为感谢第一线医护人员冒着生命危险，守护着我们的医疗体系，发起食物银行活动——送轻食关怀前线医护人员，为第一线防疫的医护人员加油打气"[3]。这样的义举比比皆是，这让世界看到了人间佛教的力量，真正做到了以佛法照耀人间，值得八方赞赏与赞叹。放眼历史长河，佛光山及其全球人间佛教团队在星云大师医疗思想的指导下，其医疗慈善活动将在人类医疗社会史上留下不可磨灭的印记。诚如所见，越来越多的人在生命的救治与维护之中，与人间佛教结下了因缘，正如程恭让教授所说，"星云大师是一位深具善巧方便智慧的现代人

---

[1] 安文丽、董粉和：《古代僧医瘟疫救治活动研究》，《中华文化论坛》2021 年第 5 期。
[2] 人间社苏茂霖，台中报道：《以慈善福利社会 梨山义诊持续 10 年》，https://www.lnanews.com/news/138950，访问时间：2024 年 4 月 4 日。
[3] 人间社记者潘云珍，沙巴亚庇报道：《新冠肺炎疫情仍持续延烧 佛光会送暖到医院》，https://www.lnanews.com/news/132235，访问时间：2024 年 4 月 4 日。

间佛教的导师"[①]，此功德将不言而喻。

Disease, Medical Care, and Health: Exploration of Venerable Master Hsing Yun Medical Thought

Li Zhen

Abstract: Venerable Master Hsing Yun medical philosophy inherits the wisdom of Buddha and Chinese Buddhist medicine, aiming to care about people's physical and mental health. Venerable Master Hsing Yun believes that diseases can be divided into physical and mental illnesses, and diseases have a certain positive enlightening effect. When facing diseases, the master tells us to view them correctly and be friends with them. The master has put forward many positive advocates for both physical and mental illnesses in medical concepts and methods. In terms of health concepts, the master proposes the "Eight Laws of Health" and also proposes ways to maintain health from both physical and mental aspects. The medical thinking of Venerable Master Hsing Yun has several characteristics, including comprehensiveness, combination of tradition and modernity, combination of theory and experience, combination of Buddhism and secularism, and emphasis on the role of individuals. The medical thought of the master is a microcosm of Humanistic Buddhism medical thought, which has a guiding role in the medical practice of Foguangshan and has made certain

---

① 程恭让：《星云大师对佛法实践理性的特殊贡献——从般若、方便融和的佛法义理学视角》，《法音》2023年第8期。

contributions in the history of human medical society. The medical thinking of the master has promoted the promotion of Buddhism, which is one of the achievements Humanistic Buddhism's Upāyakauśalya (skillful means).

Key words：Master Xingyun; Humanistic Buddhism; Buddhist medicine; Medical Thinking; Upāyakauśalya (Skillful Means)

疫情下的"政教分离"
——日本宗教法人申领"持续化给付金"事件

王若宾

龙谷大学博士生

摘　　要：面对新冠疫情带来的经济衰退与财政困境，日本政府制定了名为"持续化给付金"的纾困计划。针对宗教法人是否应该获得补助的问题，各方面展开了激烈的讨论，其中以宗教团体反对申领之声为盛。宗教团体反对获得面向宗教的补助，看似存在矛盾，但张力背后是宗教界捍卫战后宪法"政教分离"原则的共识；面对暧昧不清的宗教法人问题和长期以来宗教权益不能被合理对待的现状，日本宗教联盟公开要求有关部门释宪。虽然宗教法人最终被排除在补助对象之外，但在合法的范畴内也获得了相应优待。讨论中出现了主张"修宪"的声音，针对这种动摇战后宪法稳定性的意见，我们不得不加以警惕。

关　键　词：新冠疫情；日本宗教；日本宪法；政教分离

基金归属：本文为2019年度国家社科基金重大项目"'一带一路'佛教交流史"（编号：19ZDA239）的阶段性成果。

一　问题之所在

突如其来的新冠疫情，给各国的经济都带来了沉重的打击。本文所论及的日本宗教界亦如是：防疫之下，宗教活动被迫减少，一向仰仗客流的宗教界出现了财政困难。2020年4月日本政府计划救市，着手为各类法人、中小企业提供补助。宗教界以"日本宗教联盟"为代表向执政党传达获得补助金的期待。

一时惊雷乍起，围绕着宗教界是否应该申领"持续化给付金"的问题，社会面、政府、宗教内部同时展开了激烈的讨论。"二战"结束后的日本新宪法确认了"政教分离"的原则；为了确保宗教信仰自由，宗教活动也获得了一定程度上的"非课税"权益。一些声音认为宗教一旦接受政府补助，将会破坏宪法"政教分离"的原则；但也有声音表示，日本政府长期以来对"政教分离"暧昧不清的解释，导致了执行中的混乱。与一般论辩只存在正反两方不同，这场纷争是多元的。事件的始末是怎样的？各方声音及其依据又如何？这是本文首先要梳理的问题。

众所周知，日本右翼政客常有参拜靖国神社的举动；日本最高法院也多次裁决过涉及政教关系的违宪事件；这次申领活动，更是把日本战后宪法"政教分离"原则的暧昧不清暴露了出来，甚至出现了主张修宪的声音。作为侵略战争的受害国，我们不得不警惕和忧虑。这也是本文所关切的问题。

二 背景：战后宪法的"政教分离"与宗教法人"非课税"

近代以来，日本发展出了以崇拜天皇·国家为信仰核心的"国家神道"。天皇的权威是继承所谓"皇祖神""天照大神"而来，天皇作为"神"的后代被崇拜。国家神道信仰愈发狂热化，参拜神社一时竟成为国民的道德与义务。国家神道变成了事实上凌驾于其他宗教的"国教"，发挥了控制国民思想的作用。对国家神道及其信仰体系提出异议的人则会被以"治安维持法"和不敬的名义治罪。其间出现的对宗教信仰自由的践踏，如对新宗教大本教信仰的两次镇压，对左翼色彩的佛教青年同盟的迫害等行径，一直持续到日本战败。仅日本国内因宗教问题而被迫害者不下十万，遑论日据殖民地的情况了。①

另外，随着军国主义势力抬头，宗教界也被裹挟进了侵略战争。战争期间出现了僧侣参军、殖民传教和鼓动侵略战争的"战时教学"等行径。佛教界通过了所谓《佛教报国纲领》，要为国家而"尽瘁"②；甚至还出现了神道教、佛教、基督教内部自发兴起的"大政翼赞运动"，企图通过所谓"宗教报国活动"，协助法西斯日本的侵略战争。③

这样的宗教体制，俨然成了军国主义的侵略工具，也势必在侵略战争失败后得到清算。日本宣布投降的百日内，1945年10月4日，进驻日本的盟军总司令部下令要求日本撤销对政治、社会、宗教自由的限制。④继而又在日本的战后宪法中加入了保障宗教自由权益的法条。其中与本文所论问题有关的是第二十条及第八十九条。

《日本国宪法》第二十条"信教自由"之一、三规定："对任何人的信教自由都给予保障。任何宗教团体都不得从国家接受特权或行使政治上的权利。""国家及其机关都不得进行宗教教育以及其他任何宗教活动。"第八十九条"国家财产支出、利用的限制"规定："公款以及其他国家财产，不得为宗教组织或团体使用、提供方便和维持活动之用，也不得供不属于公家的慈善、教育或博爱事业支出或利用。"⑤

以上条款，一般被解读为"政教分离"原则。鉴于国家神道体制对异见人士迫害的历史，战后宪法加入确保权力远离宗教的法条是历史的必然；另外，战后宪法的"政教分离"原则是对旧体制下国家与神道信仰结

---

① 〔日〕田中伸尚：《靖国的战后史》，岩波新书788号，东京：岩波书店2007年版，第7页。
② 〔日〕吉田久一：《近现代佛教的历史》，东京：筑摩学艺文库2017年版，273页。
③ 〔日〕圭室谛成等：《日本佛教史 近世近代篇》，京都：法藏馆1980年版，第454页。
④ 即作为历史文件的"Memorandum for: Imperial Japanese Government. Through: Central Liaison Office, Tokyo. Subject: Removal of Restrictions on Political, Civil, and Religious Liberties"，档案图片详见 https://www.ndl.go.jp/modern/e/img_r/M003/M003-001r.html（访问时间2024年4月10日）。
⑤ 原文为日本国驻华大使馆暂译之《日本国宪法》，详见 https://www.cn.emb-japan.go.jp/itpr_zh/kenpo_zh.html（访问时间2024年4月10日）。

合形态的直接否定和摧毁，从法理层面上推动了该体制的覆灭。"从理论上看，国家不能再和某一特定宗教相关联了。"①

从历史上看，正如有人说的那样，"为了防止权力以管理税务之名介入宗教"②，宗教法人获得了一定程度上的"非课税"权益。从法理上看，"公益法人"的地位再次确认了这个原则。③所以宗教法人进行非收益性的宗教活动时可以不纳税，一般笼统地称此为"非课税"。

说它"笼统"，是因为宗教法人并非完全不课税。日本的税法对此有很详细的说明。此处举几个例子。宗教提供殡葬服务时，逝者家属经常要通夜守灵。为提供方便，一些宗教场所会提供简易的食宿。税务部门规定一天食宿不超过1500日元不用纳税，超出这个范围则算收益，需要交税。在协助举办婚礼时，如果提供了婚宴、拍照等超出宗教活动范畴的收费服务，亦须纳税。④总而言之，宗教法人在从事一般意义上的宗教活动时，并不纳税；一旦涉及商业活动，则在三十四项可能产生收益的领域仍需纳税。⑤

三 宗教法人申领"持续化给付金"纷争之始末

新冠疫情袭来，百业萧条，宗教的经营也不容乐观。日本政府着手救市，却在政教关系之间掀起一场纷争，这是怎么一回事呢？为力求对

---

① 〔日〕浦部法穗：《为何宪法要规定政教分离》，详见 https：//www.jicl.jp/articles/urabe_otona_20150804.html（访问时间2024年4月10日）。
② 〔日〕大道幸之丞：《宗教法人之"非课税"来自对"国家神道"的反省》，详见 https：//note.com/ohmichiyukinojo/n/n60b6e1e9fe4f（访问时间2024年4月10日）。
③ 据日本《法人税法》之"别表第二"的范围划定，宗教法人被归为公益法人，该法条详见 https：//elaws.e-gov.go.jp/document？lawid=340AC0000000034（访问时间2024年4月10日）。
④ 日本国税厅：《令和六年版 宗教法人的税务》，2024年，第6—7页。电子版可参考由日本国税厅公开的文档，详见 https：//www.nta.go.jp/publication/pamph/gensen/r06_shukyo.pdf（访问时间2024年4月10日）。
⑤ 日本国税厅：《令和六年版 宗教法人的税务》，2024年，第12页。详见 https：//www.nta.go.jp/publication/pamph/gensen/r06_shukyo.pdf（访问时间2024年4月10日）。更详细的宗教法人纳税免税内容请参考同书第21页。

事件全貌准确地还原，本节我们使用的材料包括但不限于以下几种：日本政府文部科学省下属文化厅出版的《宗务时报》；实时刊登在日本宗教类报刊京都《中外日报》上的相关新闻；参与事件讨论的各机构自行公开的文件资料等。

日本疫情之初，宗教方面游客锐减、法务停办。现实的数据可以让我们直面危机，以在日势力最广的佛教为例：2020年5月[1]、6月[2]，本愿寺派提出计划向地方一般寺院支援4亿8000万日元；5月，本愿寺本山报告，由于法会大量取消，当年4月的收入同比减少55%[3]；5月，佛光寺派宣布预算将减少2亿1000余万日元[4]；6月，高野山真言宗宣布，当年预算减少11亿日元，来年宗派会费将减免两成[5]；等等。

宗教的财政危机是全社会危机的一个缩影。鉴于各行业都面临着严重的困难，日本政府计划发放名为"持续化给付金"的补助，该款项旨在为各类中小法人提供200万日元的纾困救济。计划制订期间，作为执政党的自民党广泛征集了意见，2020年4月9日，自民党向日本宗教联盟问询疫情下宗教界的意见和希望。日本宗教联盟和各宗教虽然没有领导或附属的关系，但作为一个各宗教自发形成的联合体，常代表宗教界向政府发出声音。该联盟考虑到地方小寺院教堂经济问题严重恐有难续之危，遂与日本教派神道联合会、全日本佛教会、日本天主教联合会、神社本厅、新日本宗教团体联合会五团体协商，于4月17日提出希望：期待宗教法人可以作为公益法人而获得"持续化给付金"的补助，同时要求行政当局明确解释"政教分离"的含义。[6]

---

[1]《一般寺院援助4亿8000万》，京都：《中外日报》2020年5月20日第1版。
[2]《年增预算案提出 向一般寺院支援4.8亿：对收入大幅减少进行说明》，京都：《中外日报》2020年6月12日第1版。
[3]《因新冠年收减半》，京都：《中外日报》2020年5月20日第3版。
[4]《新冠疫情下严酷的预算：经营收入减少1550万》，京都：《中外日报》2020年5月22日第3版。
[5]《疫情影响大幅减额修正》，京都：《中外日报》2020年6月24日第1版。
[6] 公益财团法人日本宗教联盟：《要望》。此一致日本自民党的函，已为日本宗教联盟所公开，详见：http：//jaoro.or.jp/archives/2236（访问时间2024年4月10日）。

477

2020年5月中旬，自民党内曾有消息传出，政府考虑将宗教法人纳入补助对象。①②东京电视台的经济新闻网络版也曾播送此消息的独家新闻，其留言可尽窥舆情：民众最大的不满就是平时不纳税的宗教界有何权利于此刻享受政府补助。③5月27日，自民党总务会上有人重提宪法"政教分离"的原则，总之最终的结果是，宗教法人申领"持续化给付金"未能通过。④

其间的一些细节，我们将继续用文化厅《宗务时报》所载消息进行补充。事实上，这件事情在内阁的其他政党中也有讨论：有人认为如果将宗教法人排除在外，则将违反宪法第十四条规定的"法律面前一律平等"之原则；而文化厅也做出过解释——正如我们上文谈到的，看似非课税的宗教法人实际上也有项目需要课税——文化厅认为"此事并不违宪，宗教法人的所谓'收益事项'亦为课税项目，当然可以算作补助对象"；进一步，以内阁法制局为代表的行政部门将宗教法人亦属补助对象之事向内阁其他党派进行了说明，但在最后的自民党总务会中，还是因未协调一致而被否决。⑤

虽然行政上的裁决已经结束，但是宗教内部的声音才刚刚开始。2020年5月25日，全日本佛教联盟理事恳谈会激烈地讨论了此事，伴随着会场反对的声音，部分理事提出此举可能违宪和破坏宗教"非课税"原则。⑥6月10日，拥有一千多家会员寺院的京都佛教会及常务理事会在报纸上

---

① 据文化厅《宗务时报》后来披露的消息看，本计划起初只包括中小企业的课税法人，而后似乎出于上下共渡难关的考虑，公益法人、NGO法人等非课税法人也被纳入讨论。内容详见公益财团法人日本宗教联盟《宗教界关于新冠疫情的对策与建议》，文化厅《宗务时报》2021年总第125号。
② 《相继出现批判的声音》，京都：《中外日报》2020年9月11日第1版。
③ 东京电视台：《独家 宗教法人也纳入补助金对象》，详见 https://www.youtube.com/watch?v=-pDkTH3HqWs（访问时间2024年4月10日）。
④ 《相继出现批判的声音》，京都：《中外日报》2020年9月11日第1版。
⑤ 公益财团法人日本宗教联盟：《宗教界关于新冠疫情的对策与建议》，文化厅《宗务时报》2021年总第125号。
⑥ 《贫穷法人期待"慈雨"奈何宪法八十九条》，京都：《中外日报》2020年5月27日第3版。

刊登整版声明：反对宗教团体领取政府补助，认为这严重违反了宪法"政教分离"的原则，似有民主主义国家的基本价值为"紧急状况"所破坏的风险，警惕紧急事态条例凌驾宪法，认为此举可能是在为下一步向宗教法人收税开路，提出"宗教应该和国家保持最远的距离"。[1] 6月中，分别有日本基督教协议会靖国神社问题委员会、日本浸礼教会联盟理事会、日本基督教团神奈川教区、本愿寺基层僧侣联合团体等组织发声反对日本宗教联盟申领补助金的提议。[2] 8月6日，新日本宗教团体联合会开会讨论政教分离问题，伴随着相左的声音，创价大学宪法学教授桐桐谷章认为根据战前政教关系的惨痛教训及反省，必须实行严格的政教分离。[3] 9月5日，京都佛教会召集宪法学专家再次开会讨论政教分离问题。[4]

相反的声音我们也不能忽视。2020年6月19日，全日本佛教会顾问律师长谷川正浩发表意见书，认为宗教法人作为公益法人的身份获得补助金，不违反政教分离原则。[5] 8月6日，新日本宗教团体联合会上，与创价大学桐桐谷章教授意见不同，白鸥大学教授石村耕治认为紧急状况下标准可以适度放缓。[6]

此外还有一种声音，其基本立场与"政教分离"派相同，但作为基层僧侣之一员，其考虑则更加实际——2020年5月19日，本愿寺派僧侣木村共宏在网络上提出质疑，他从实际的寺院工作出发，认为小寺院并没有完备的会计报告，"目前不具备申领的硬件条件。而且一旦提交了会计报告，就有可能成为政府收税的契机，从而陷入自我矛盾的境地"。[7]

---

[1] 《京都佛教会反对声明：批评此举违反政教分离之宪法规定》，京都：《中外日报》2020年6月10日第2版；当天会议的纪要及声明见同期第12版《关于持续化给付金京都佛教会之见解》《质疑：为宗教法人课税开路》《声明：恐害信仰之自由》。
[2] 《相继出现批判的声音》，京都：《中外日报》2020年9月11日第1版。
[3] 《相继出现批判的声音》，京都：《中外日报》2020年9月11日第1版。
[4] 《相继出现批判的声音》，京都：《中外日报》2020年9月11日第1版。
[5] 《持续化给付金消息的公开》，京都：《中外日报》2020年6月26日第1版。
[6] 《相继出现批判的声音》，京都：《中外日报》2020年9月11日第1版。
[7] 〔日〕木村共宏：《换取持续化给付金寺院将失去什么》，详见 https://note.com/kai9/n/n02c096476c5f（访问时间2024年4月10日）。

四 对各方观点的辨析

从结果上看，无非给付和不给付两种结局；但从各方立论的依据上看，则错综复杂。我们对以上诸观点做一归纳，再逐一分析。

政府层面：

①政府内有声音认为，给宗教法人"持续化给付金"违反宪法"政教分离"之原则。

②政府内的另一种声音认为，不给宗教法人"持续化给付金"违反宪法"一律平等"之原则。

③以文化厅为代表的政府内的第三种声音认为，从实际税务的角度出发，看似不课税的宗教法人，实际也担负着税务，理应获得补助。

宗教内部：

①日本宗教联盟：希望宗教法人作为公益法人的一类获得帮扶，同时明确要求释宪。

②京都佛教会团体等：坚决反对领取，要求严格的"政教分离"，远离政治。

③某僧侣：小寺院没有会计报告，即使想要申领困难也很大。

学术声音：

①作为公益法人领取补助，规避宗教法人身份带来的宪法"隐患"。

②二战政教合一的教训惨痛，必须严格政教分离。

③情况特殊，特事特办。

民众：

不课税的宗教法人没有权利享受补助。

（一）政府方面

政府方面产生分歧的最大原因，是立论时使用了不同的法条。认为违反"政教分离"总原则的一方，使用的是我们已经介绍过的战后宪法第二十条、第八十九条。而认为如果不给宗教法人"持续化补助金"则可能产生"不平等"结果的一方，则是利用了宪法第十四条之规定：

第14条 【法律平等，否认贵族制度，荣誉称号】之一："全体国民在法律面前一律平等。在政治、经济以及社会的关系中，都不得以人种、信仰、性别、社会身份以及门第的不同而有所差别。"[1]

实际上在后续发放过程中，果真产生了不平等的问题。我们可以发现在相关规定之"不给付对象"的内容中，不仅出现了宗教法人，还出现了性风俗产业。性风俗产业在日本是课税的，从税务的角度看完全符合此项给付金的要求。但是经济产业省大臣梶山弘志出面解释："在一般的社会观念上看来，把性产业作为国家资金补助的对象，民众心理上很难理解。"[2] 正如我们上文提到，民众之中确有"不纳税的宗教法人不能补助"的呼声，这里似乎也可以套用民众心理难以理解的说辞。综上所述，政府方面"不给予"的声音，是基于结合宪法和民意两方面的考量。

与关注宏观层面的内阁不同，文化厅专门负责与宗教相关的具体事务，所以对宗教的情况非常了解。出于对宗教法人并非完全不纳税现状的认知，文化厅特向内阁传达了这一信息。最终虽然在"持续化补助金"一事上，文化厅的发言并没有取得预期效果，但也并非无功而返。这一点我们在后文会再次说明。

（二）宗教内部

正如我们前文所介绍的那样，宗教界极力呼吁"政教分离"，是因为侵略战争中带来的血与泪的教训。日本基督教协议会靖国神社问题委员会为此做出声明。声明中回顾了"国家神道"体系对其他宗教"独自之教义与理念的独立性"的伤害，从历史的教训出发要求恪守"政教分离"原

---

[1] 原文为日本国驻华大使馆暂译之《日本国宪法》，详见 https://www.cn.emb-japan.go.jp/itpr_zh/kenpo_zh.html（访问时间2024年4月10日）。
[2] 最终日本东京高等裁判所裁决，不向风俗业给予补助，不违宪。新闻报道见 https://www3.nhk.or.jp/news/html/20231005/k10014216561000.html（访问时间2024年4月10日）。

则^①；京都佛教会则认为，申请补助则必然要提交记载着寺院及信众信息的报告，而这有可能威胁到信众信仰自由的权利[2]；在一些对个人的采访中，一位经历过战后反战教育的老年僧侣对竟然会有宗教试图申请国家补助表示震惊，他直言："宗教要和国家保持距离，我一直过着和世俗社会绝缘的生活，出现这样的话题实在不敢相信。"[3]宗教界主流的认知，似乎势必与日本宗教联盟形成抵牾之势。

两方的观点看似对立，笔者却认为究其根源实无分歧。主张以"公益法人"身份出场也好，主张特事特办也罢，都是在以某种理由来尝试规避破坏"政教分离"的风险。而之所以要想方设法规避这种破坏的风险，其背后恰恰是对这一原则的认同，对这一原则背后历史渊源的警惕。

为了着重申明这一点，我们有必要关注日本宗教联盟的声明和意见。不仅因为它是最早提出申请补助的相关团体，纷争因此而起；更因为其在交给自民党的《意见书》中提出了这样一个要求——明确要求释宪，解释宪法"政教分离"原则之含义。笔者认为这看似与宗教界的认知相分裂，实则是在对维护这一原则上有着更现实的思考。

（三）要求释宪：执行中的暧昧不清

日本宗教联盟要求释宪，是因为现实执行层面，政府对"政教分离"原则的解释确有暧昧之处；宗教团体也常有费解之感。

暧昧与矛盾之一。正如日本宗教联盟指出的那样[4]，"宗教法人在法律上属于公益法人，在税制上也适用公益法人之规定，现实中亦如公益法人

---

① 《日本基督教协议会靖国神社问题委员对持续化补助金的声明》，京都：《中外日报》2020年6月26日第1版。
② 《声明：恐害信仰之自由》，京都：《中外日报》2020年6月10日第2版。
③ 〔日〕仓本菜生：《来自僧侣们的声音：宗教法人有必要获得200万的持续化补助金吗？》，详见 https://nikkan-spa.jp/1674831（访问时间2024年4月10日）。
④ 关于日本宗教联盟的质疑可参考公益法人日本宗教联盟《始末：日本宗教联盟关于新冠疫情的对策》，2020年6月23日，详见 http://jaoro.or.jp/archives/2234（访问时间2024年4月10日）。

疫情下的"政教分离"

一样展开活动，未来也将继续为公益事业而努力"[1]，那为何其他公益法人都在补助之列，唯独宗教法人被排除在外？政府方面当然可以利用"政教分离"的法条做出解释，但当我们回到战后宪法第八十九条，就会发现其矛盾之处："公款以及其他国家财产，不得为宗教组织或团体使用、提供方便和维持活动之用，也不得供不属于公家的慈善、教育或博爱事业支出或利用。"也就是说，公款既不能向宗教法人支出，也不能向不属于国家的慈善等事业支出，而事实上"公益法人"中存在大量不属于国家所有的慈善事业，这该如何解释？

暧昧与矛盾之二。日本是一个地震多发的国家，救灾和支援重建是政府的责任与义务。但在阪神大地震后的重建过程中，竟然出现了政府以宪法"政教分离"原则为据，拒绝为坍塌的宗教建筑清理瓦砾的事情。但同样是在阪神大地震后，又有宗教法人"事实上规避宪法第八十九条"而灵活运用政府资金重建的先例。[2] 东日本大地震后政府计划复兴福岛，日莲宗及全日本佛教会提议复兴计划也应关注宗教，政府先是肯定回复，而后却搬出"政教分离"法条回绝。作为地方文化重要组成部分的宗教文化，在复兴计划中却得不到应有的重视。但是，"政府出资维护宗教法人所拥有的国宝和历史文化遗产却并不违宪"[3]，而且似乎还有宗教法人在其他项目中获得类似补助金的先例[4]，这样前后矛盾的逻辑又该如何解释？

暧昧与矛盾之三。如果梳理宪法的第二十条及第八十九条，就可以发

---

[1] 公益法人日本宗教联盟：《意见：新冠疫情对社会的影响及政府的支援政策》，2020 年 6 月 23 日，详见 https://jaoro.or.jp/archives/2232（访问时间 2024 年 4 月 10 日）。
[2] 《解释宪法第八十九条是宗教界广议之前提》，京都：《中外日报》2020 年 7 月 1 日第 2 版。
[3] 公益法人日本宗教联盟：《意见：新冠疫情对社会的影响及政府的支援政策》，2020 年 6 月 23 日，详见 https://jaoro.or.jp/archives/2232（访问时间 2024 年 4 月 10 日）。
[4] 关于这件事，笔者最先注意到的资料，是来自日本一位专职税务工作的僧侣的文章。他提到，实际工作中有并不违宪的对宗教法人及宗教设施提供补助金的先例，详见昌子久晃《宪法八十九条下寺院获得持续化补助金没有希望吗》，详见 https://note.com/hisateru_shoji/n/nfe4cb379930a（访问时间 2024 年 4 月 10 日）。

现。其提及宗教时，使用的都是"宗教组织或团体"这类的字眼。而这次疫情波及的范围是全国性的，具体到宗教，不分团体，不分派别，都遭受了损失。而日本宗教联盟提出的申请也是期待政府给予宗教法人以补助，并不是针对某一个具体的组织。从历史上看，战后宪法所要提防的，是战时状态之下政府与具体宗教（即"国家神道"）联合，而迫害其他宗教的局面。正如日本宗教联盟所说"宪法之'宗教组织及团体'的字样，通常是为了禁止政府向某个特定宗教团体输送利益，而非指宗教全体"[1]。这显然与当前的局面不同。

正因为矛盾重重，又长期得不到明确释宪，全日本佛教会顾问律师长谷川正浩称此为"休眠中的宗教法人问题"。把"政教分离"问题一刀切，政府和宗教老死不相往来，在现实社会中不可能实现；灾害永远不会停歇，为宗教长远计，日本宗教联盟的思路和要求不失为一种有效的声音。

（四）从财会工作出发的审慎

与激愤的"政教分离"的呼声不同，我们也能听到从实际财会工作出发的声音。

有声音担心这笔援助会被挪用。由于特殊的历史原因，日本佛教的基层呈现出一种以寺为家、以家为寺的组织形态，这样的形态也致使基层寺院常年财务混乱。故而国税部门也曾号召，要求寺院将家庭收支和寺院财会区分开来。[2] 基层僧侣自己也坦言，"中小寺院很难交出严格的会计报告"[3]；也因为寺院与家庭的模糊界限，有佛教僧侣认为："倘若真的给了这

---

[1] 公益法人日本宗教联盟：《意见：新冠疫情对社会的影响及政府的支援政策》，2020年6月23日，详见 https://jaoro.or.jp/archives/2232（访问时间2024年4月10日）。

[2] 日本国税厅：《令和六年版 宗教法人的税务》，2024年，第1页。电子版可参考由日本国税厅公开的文档，详见 https://www.nta.go.jp/publication/pamph/gensen/r06_shukyo.pdf（访问时间2024年4月10日）。

[3] 〔日〕仓本菜生：《来自僧侣们的声音：宗教法人有必要获得200万的持续化补助金吗？》，详见 https://nikkan-spa.jp/1674831（访问时间2024年4月10日）。

疫情下的"政教分离"

笔钱，大概率会变成住持和家人的生活费，那意义又在哪里呢？"[1]

也有声音从税务层面出发，完整地介绍了不能给付的逻辑。我们此处转述从事会计工作的僧侣木村共宏的介绍。[2]

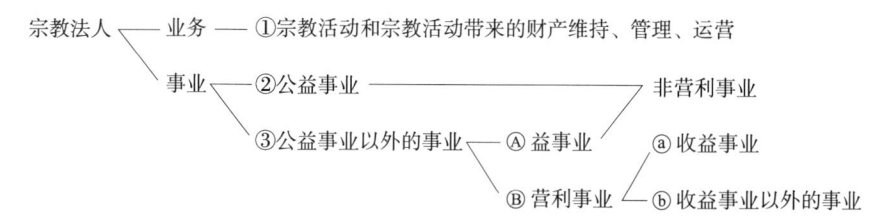

```
宗教法人 ── 业务 ── ①宗教活动和宗教活动带来的财产维持、管理、运营
         事业 ─┬─ ②公益事业 ──────────── 非营利事业
              └─ ③公益事业以外的事业 ─┬─ Ⓐ益事业 ─── ⓐ收益事业
                                   └─ Ⓑ营利事业 ─── ⓑ收益事业以外的事业
```

注：原图为全日本佛教会制作，并为木村共宏文所引。但原网址已经不能打开，故笔者从木村共宏处转引；原图文字为日文，笔者试译为汉文。出处：〔日〕木村共宏：《换取持续化给付金寺院将失去什么》，详见 https://note.com/kai9/n/n02c096476c5f（访问时间 2024 年 4 月 10 日）。

上图展示了宗教法人工作的两个方面及其具体细节。一般意义上的宗教活动及其收入，属于业务的范畴，宗教法人的收入也多数来源于此，而并不需要课税；但宗教法人之下或可出现的非营利公益事业与营利的商业行为，同属事业的范畴，其中则有需要课税的活动。

不能给付的原因之一：宗教法人与补助对象的范畴并不完全吻合。如图所示，从本次补助对象上看，无论是其他公益法人还是中小企业，其工作同属所谓"事业"的范畴；而宗教法人的活动主体是"业务"一类。照此，主要依靠宗教献金生存的宗教法人自然有理由被排除在外。

不能给付的原因之二：宗教法人的特点决定了，对于它的补助，势必与政府的救市目标背道而驰。"持续化给付金"交付中小企业自由使用之后，一定会产生或盈利或亏损的结果。若企业有所收益，必将再次纳税，流回国家，完成一个良性循环，达到政府救市的目的；但宗教法人天然的

---

[1] 〔日〕仓本菜生：《来自僧侣们的声音：宗教法人有必要获得 200 万的持续化补助金吗？》，详见 https://nikkan-spa.jp/1674831（访问时间 2024 年 4 月 10 日）。

[2] 〔日〕木村共宏：《换取持续化给付金寺院将失去什么》，详见 https://note.com/kai9/n/n02c096476c5f（访问时间 2024 年 4 月 10 日）。

"非课税"倾向，则从源头上就断绝了循环的可能性，势必与政府的初衷背道而驰。

不能给付的原因之三：淡化宗教法人的特殊位置，与历史的逻辑不符，可能会给未来带来风险。如果此时将宗教法人和一般课税企业等同起来，那未来会不会出现政府借机要求宗教法人课税的可能性？一旦提交了自己的会计报告，会不会贻政府以口实。

故而，从以上三条观点看，宗教法人确实不适合申领此项补助。政府方面的发言，再次验证了这种说法。在文化厅第175次宗教法人审议会上，有委员质询文化厅宗教事务负责人关于宗教法人申领"持续化给付金"的相关事宜。该负责人指出："从所谓'持续化给付金'的最初宗旨上看，该补助并不限定使用途径，就是为了让企业自由使用。"根据上面的介绍，较之企业，宗教法人的财会工作更为特殊。如果限定使用途径则将背离政策的初衷；但如果完全放开，那么也就"很难保证这笔钱不会被用在宗教事务方面"，就又陷入了宪法第八十九条禁止的范畴，故而这位负责人坦言："这套补助体制就是为中小企业而设计的，很难用到宗教上面"。[1]

五 为什么应当关注这次"持续化给付金"事件

我们为什么要关注日本的这场纷争？从"他山之石，可以攻玉"和"前事不忘，后事之师"两方面出发，笔者有一些思考。

（一）他山之石，可以攻玉：宗教与税务的关系

从最后的结果来看，政府最终并没有向宗教法人提供"持续化给付金"。在一些地方政府后续的支援计划中，我们可以看到宗教法人与性风俗

---

[1] 这次会议的完整记录，文化厅已经在其官网上进行了公布，详见 https://www.bunka.go.jp/seisaku/bunkashingikai/shukyohojin/93107701.html（访问时间2024年4月10日）。

业不补助的规定被延续了。[①]但正如前文交代的那样，文化厅所作的努力并非无功而返。为了维持正常的活动，宗教在平日里也会雇佣一些工作人员，并正常缴纳相关人员的税费。所以疫情之下，针对这部分人员的雇佣，被纳入了"劳动者灾害补助保险"的范畴；为了减少失业，针对暂时停业居家的工作人员，政府提供了"雇用调整助成金"，宗教法人也在可以申请之列。很多寺院经营停车场、旅馆、印刷厂等，还伴有一些大型办公设备的存用，依照税务要求需缴固定资产税。[②]疫情袭来，政府紧急提供了针对这些业务的税务优待，宗教法人亦纳入其中。地方政府如和歌山县，针对开办旅馆业而正常纳税的寺院，提供了专项的补助。[③]总而言之，在以往非宗教活动的纳税项目上，宗教法人也享受了一定程度的优惠待遇。

近年来，中国国家宗教事务局公布了《宗教活动场所财务管理办法》。历史和现实的原因交织，我国宗教的税务工作起步较晚，相关法律法规也还在不断完善之中。他山之石，可以攻玉，这次日本的宗教税务讨论，或可为我国宗教的良性发展提供镜鉴：在日本，由于历史原因，宗教献金并不需要纳税；针对宗教活动与商业行为的模糊地带，税务部门不厌其烦地制定了规章与指南，各方都有共许的空间与底线；其中的商业行为，应当依法交税，政府纾困之际，也可依法获助。作为借鉴，日本的经验可以拓展我们对宗教与税务工作的理解，可以帮助我们深化对相关法律法规的制定与完善。

（二）前事不忘，后事之师：暧昧的解释与修宪的危险

日本是个灾害多发的国家，新冠疫情无疑又是雪上加霜。伴随着城

[①] 如岐阜县针对奥密克戎毒株防疫的特别支援金之规定，详见 https://www.town-ono.jp/cmsfiles/contents/0000001/1736/2_.pdf（访问时间 2024 年 4 月 10 日）。

[②] 这几项补助经文化厅宗务课向厚生劳动省确认后，向日本宗教联盟及各级宗教法人事务负责部门下发了通知。原件可参考已公开文档，详见 https://www.jbf.ne.jp/wp-content/uploads/site211/files/pdf/ACA_COVID19_20200501_1.pdf（访问时间 2024 年 4 月 10 日）。

[③] 〔日〕藤野隆晃：《县支援金将风俗业排除在外 专家：是偏见》，可参考相关的新闻报道，详见 https://www.asahi.com/articles/ASN5X76VSN5GPXLB008.html（访问时间 2024 年 4 月 10 日）。

市化的巨浪，越来越多的年轻人告别乡村定居都市，地方寺院教堂愈发艰难。一旦新的灾害发生，宗教界还会旧话重提。尚未得到明确解释的法条，在实践中有着并不明朗的操作空间，宗教法人常常因此失去合理的权益，所以日本宗教联盟呼吁要求解释宪法，开始尝试直面问题的本质。

但同时，此暧昧不清也是对"政教分离"的震动与伤害。本次事件中，宗教界的谨慎和抗议之声，捍卫了"政教分离"的共识。一旦这个共识被突破，或许会出现这样的情况，如《中外日报》所言："（未来宗教法人并不是没有可能获得补助，）那种场合意味着对宪法第八十九条的修正，对严格'政教分离'原则的缓和。那样会进入自民党的《日本国宪法改正草案》的议论范畴。"①

众所周知，日本国内一直有修宪的声音。我们关注的常常是有人试图修改"不维持对外战力、不拥有交战权"的第九条。实际上，所谓日本修宪，并不是针对某个孤立的法条，而是试图全面立体地修改。关于这一点，可参看自民党曾经的修宪提案。②具体到宗教问题上，自民党曾提议，修改宪法加入所谓"社会礼仪，习俗行为除外"的解释。

日本政要参拜靖国神社是国际关系中的敏感话题。宪法依靠其稳定性而维护权威，惨痛的历史伤口又常常提醒宗教界不要忘记战争的教训。鉴于这两点，日本国内不时有反对首相议员参拜靖国神社的声音。③在中曾根康弘时代、小泉纯一郎时代，日本的最高法院与地方法院也多次就首相参拜靖国神社做出过违反宪法的裁决。因为战后宪法的权威性尚在，小泉纯一郎也不得不以"私人参拜"的借口掩盖自己的行径，而不敢贸然对抗

---

① 《解说：复杂的解释》，京都：《中外日报》2020年9月11日第1版。
② 日本自由民主党：《日本国宪法修正草案（现行宪法对照）》，2012年，第7页，自民党公开的文档详见 https://storage2.jimin.jp/pdf/news/policy/130250_1.pdf（访问时间2024年4月10日）。
③ 如日本律师联合会：《对于公家参拜靖国神社违反宪法判决的会长声明》等。该《声明》详见 https://www.nichibenren.or.jp/document/statement/year/2004/2004_03.html（访问时间2024年4月10日）。

裁决。此刻或未来修改宪法，宗教法人也许会在获得补助金的问题上获得一点空间；但如果真的贸然更改，加入所谓"社会礼仪，习俗行为除外"的条款，参拜行径会不会借机合法化，会不会找到新的借口和庇佑？这又会不会助长右翼势力公然参拜的气焰？宗教界会不会又重蹈战争的覆辙？针对宗教界的补助，宗教界却断然拒绝，其间看似存在矛盾，但反对声音所要维护的恰恰是"政教分离"这个底线。

六　结语

　　本文关注疫情之下日本宗教界申领"持续化给付金"一事。先简要介绍了该事件的理论前史："二战"结束后，在对军国主义侵略势力清算的过程中，"政教分离"原则被写入和平宪法，以确保宗教信仰的自由；宗教法人也获得了一定程度的"非课税"权益。而后梳理了事情的经过：疫情袭来，各行业都面临财政收入的风险，政府为此推出救市计划，针对宗教法人的补助案起初被纳入考虑。宗教界为捍卫"政教分离"的共识，发出了激烈的声音；日本宗教联盟考虑到宗教法人问题长期得不到解决，要求政府解释宪法。最终，宗教法人被排除在补助对象之外。但也在合法的范围内，获得了其他政策优待。

　　但宗教法人问题尚未得到国家层面的明确解释，未来还有一定的风险。灾害再次发生时，受伤的宗教法人还会旧话重提；另外，贸然修改宪法关于政教关系的内容，可能为右翼势力公然参拜靖国神社提供法理的"挡箭牌"，这也是我们应该关切的问题。

Separation of Church and State" under the COVID-19: The Japanese Religious Organization's Legal Person's Application for "the Sustainability Subsidy"

Wang Ruobin

Abstract: In response to the economic recession caused by the COVID-19 epidemic, the Japanese government introduced the "the Sustainability Subsidy" relief plan. There was a fierce debate over whether religious corporations could receive subsidies, with many religious groups opposing the subsidies. Religious groups opposes the granting of subsidies from Japanese government, which may seem contradictory, but behind the tension it is the consensus of religious circles to defend the principle of "separation of church and state" in the post-war Constitution. In the face of the ambiguous issue of religious legal persons and the long-standing situation that religious rights and interests cannot be treated fairly, the Japanese Religious Alliance has openly asked the relevant departments to interpret the constitution. In the end, although religious corporations were excluded from the list of recipients, they were given corresponding benefits within the scope of legality. The debate once included a call for constitutional amendment, however, we have to pay attention to such views that have shaken the stability of the post-war Constitution

Key words: COVID-19; Japanese Religion; Japanese Constitution; Separation of Religion and State

安乐死、尊严死、医生协助自杀
——佛教的观点及对策

张晓亮

科伦坡大学博士生

摘　要：佛教作为一种珍视生命、鼓励生存、反对杀生的古老宗教，对于安乐死、尊严死、医生协助自杀这些现代问题，具有自己的观点和对策。本文通过对律藏"断人命戒"的考察，指出"断人命戒"大体可归纳为自杀和他杀二种。安乐死、尊严死、医生协助自杀的本质区别正在于是他杀还是自杀。对于"断人命戒"，律藏主要从故意、非故意来判罚，分为重罪、中罪或轻罪、不犯三种情况。基于这样的原则，即使出于慈悲心杀人，也根据故意与否而判罚不同。安乐死、尊严死、医生协助自杀都基于"故意"这一前提，因此对于它们佛教总体上持否定态度。对于受病痛折磨的人，佛教主要从临终问答、临终保持正念、鼓励修行克服病痛、僧团负起看护责任四个方面予以解决。

关 键 词：安乐死；尊严死；协助自杀；杀人；痛恼

基金归属：本文为2019年度国家社科基金重大项目"'一带一路'佛教交流史"（编号：19ZDA239）的阶段性成果。

一　安乐死、尊严死和医生协助自杀

安乐死（Euthanasia）一词源自希腊语 eu 和 thanatos，意为"好死"

（good death），英语中称为 mercy killing（"慈悲杀"）。日语译作"安乐死"，我国学界长期沿用这一称呼。[①] 目前，我国学界对"安乐死"的定义尚未达成共识，普遍认为其是指：对患有现代医学确诊的不治之症且濒临死亡的患者，在患者本人（或由亲友）强烈、真诚的请求下，由医生采取措施减轻或免除其难以忍受的极端痛苦（精神或身体）的行为。[②] 关于安乐死定义的争论主要集中于：（1）患者的痛苦是单纯的身体痛苦，还是身心的双重折磨。（2）对无意识的患者，如植物人、有严重缺陷的新生儿，是否适用安乐死。（3）在患者无法明确表达自身意愿的情况下，亲友能否代向医生提出安乐死，等等。

根据实施方式的不同，"安乐死"可分为积极安乐死和消极安乐死，或称主动安乐死和被动安乐死。积极安乐死，主要通过主动手段结束患者生命，如给患者注射致命剂量的药物。消极安乐死，主要通过停止治疗或撤回人工生命支持系统，让患者自然死亡。此外，根据患者的意愿，安乐死还分为自愿安乐死和非自愿安乐死。自愿安乐死须经患者同意。非自愿安乐死则未经患者同意，如患者失去意识且其意愿不明确。

随着各国对积极安乐死和消极安乐死差异的深入探讨，患者要求撤除维生设备已渐由消极安乐死的观念转变为"尊严死"（Death with Dignity）的理念。本质上，"尊严死"观念的诞生，是学术界挣脱安乐死概念桎梏，回归到患者基本权利（即拒绝治疗的权利）的结果。[③] 临终患者拒绝接受无意义的延命治疗，以有尊严的方式死去，故称之为"尊严死"。

"医生协助自杀"（Physician-Assisted Suicide），是指医师向患者提供医学手段或知识，以帮助其自杀。在医师协助自杀中，患者自己决定是否以及何时摄入药物结束生命，并由患者自己摄入该药物。由于"协助"这

[①] 慧开法师：《从人间佛教的"生命不死"信念论"安乐死"的迷思与解套之方》，《2019 星云大师人间佛教理论实践研究》，高雄：佛光文化 2020 年版，第 270 页。
[②] 刘刚：《国内安乐死研究综述》，《四川文理学院学报》2011 年第 1 期。
[③] 孙也龙：《安乐死、尊严死和医师协助自杀的世界立法趋势与我国选择》，《中国卫生法制》2015 年第 3 期。

一概念的界限模糊，支持"医生协助自杀"者往往认为自杀、医生协助自杀、主动自愿安乐死在道德上没有区别。[1]有学者将"主动自愿安乐死"视为"医生协助自杀"，但反对者对此进行了严格区分：与医师协助自杀不同，在安乐死中，医生需要实施导致患者死亡的最后一步。[2]其分界线在于，在死亡的因果链条中，谁实施了最后行动。"如果是病人服用了医生提供的药丸而最后采取行动，那么就是医生协助自杀案例；如果是医生注射吗啡而最后采取行动，那么就是主动自愿安乐死案例。这条分界线甚至在撤除生命维持措施的案例里也是明显的……"[3]

依据具体适用对象，有学者将"安乐死"分为狭义安乐死和广义安乐死。狭义安乐死的适用对象仅限于患有不治之症、身体极端痛苦的患者，且须由患者本人自愿提出要求。广义安乐死则将适用对象扩大至：（1）不可逆昏迷中的患者，即已进入脑死亡状态，包括长期救治、恢复无望的"植物人"；（2）患者有意义的生命已不再存在，如严重全身瘫痪者；（3）严重畸形儿。当患者无法表达自身意愿时，可由亲友代为请求。[4]

然而，在日常生活中，符合上述定义的安乐死案例较为罕见。现实中，实施者往往是近亲而非医生，动机也不一定是出于同情心，家庭成员可能出于经济压力等方面的考虑而放弃治疗；患者也未必患有不治之症或濒临死亡，而可能是因难以忍受身心痛苦而请求安乐死等。此类案例在日常生活中极为普遍，虽不符合安乐死的定义，但通常也被称为"安乐死"。由于安乐死定义的模糊性及其在法理和伦理上的巨大争议，目前大多数国家尚未确定其合法化问题。在中国，实施安乐死被视为犯罪行为，通常被认定为故意杀人罪，但在量刑时，多会从轻或减轻处罚。

---

[1] 〔美〕G. 德沃金、R.G. 弗雷、S. 博克：《安乐死和医生协助自杀：赞成和反对的论证》，翟晓梅等译，辽宁教育出版社2004年版，第120页。
[2] 孙也龙：《安乐死、尊严死和医师协助自杀的世界立法趋势与我国选择》，《中国卫生法制》2015年第3期。
[3] 〔美〕G. 德沃金、R.G. 弗雷、S. 博克：《安乐死和医生协助自杀：赞成和反对的论证》，第26页。
[4] 李惠：《安乐死类型之辩》，《上海政法学院学报》（法治论丛）2011年第2期。

二 佛教的观点

"安乐死""尊严死""医生协助自杀"乃现代之概念,医生作为专业人士,在这些问题中扮演着极其重要的角色。若按照以上严格的定义与分类,在佛典当中,这些问题可能都未曾出现过。如果我们采用日常生活意义上"安乐死"一词的含义,不拘泥于医生的专业身份,且仅适用于临终患者的规定,在佛教典籍中可以发现非常多的相似案例。本文基于这一前提,考察佛教对上述现代问题的观点及对策。

1. 律藏对"断人命戒"的规定

作为佛教徒的行为准则,"律"详细规定了僧团中比丘、比丘尼等应遵守和不应违犯的戒条。这些戒条以"五篇七聚"[1]的形式组织,规定了比丘、比丘尼可能犯的一切罪。与安乐死等问题息息相关的,是波罗夷法之第三条"杀生戒"或"断人命戒"。

律藏中对"断人命戒"犯戒情形规定如下[2]:

(一)杀人,人死,犯波罗夷。此属重罪。

(二)为自杀者提供自杀之器具,致人自杀,等同杀人,犯波罗夷。

(三)教唆杀人,等同杀人,犯波罗夷。

(四)教唆自杀,等同杀人,犯波罗夷。

(五)赞死、叹死,声称死比生好,人死,犯波罗夷。

(六)自杀,未遂,犯偷罗遮(北传)[3]或突吉罗(南传)[4]。此属中罪或轻罪。

此六类情形大体可归纳为他杀和自杀两类:

---

[1] 五篇,是指波罗夷、僧残、波逸提、波罗提提舍尼、恶作(突吉罗);七聚,是在这五种之上加上偷兰遮与恶说。

[2] (东晋)佛陀什、竺道生等译:《五分律》,CBETA 2016,T22,No. 1421,第8页中。

[3] (东晋)佛陀什、竺道生等译:《五分律》:"若自杀身,得偷罗遮罪。"CBETA 2016,T22,No. 1421,第7页下。

[4] (后秦)僧伽跋陀罗译:《善见律毗婆沙》:"莫自杀身,杀身者乃至不食,亦得突吉罗罪。"CBETA 2016,T24,No. 1462,第752页下。

甲、他杀：（一）（三）归为他杀范畴。（三）属教唆他人犯罪，可比拟刑法中的从犯，在共同故意犯罪中起次要或者辅助作用。

乙、自杀：（二）（四）（五）（六）归为自杀的范畴，因为结束生命的行为主体都是自身。不过，（二）（四）（五）由他人协助而自杀，（六）则无他人协助而自杀。

基于上述分类，我们进一步考察"断人命戒"和安乐死、尊严死、医生协助自杀的关联。

如上所述，三者的本质区别在于是他杀还是自杀，安乐死为他杀，医生协助自杀是自杀，尊严死不过是他杀的特殊分类。"安乐死"是医生受患者委托，由医生主动或被动结束患者生命的行为。这一行为中，医生亲自动手杀死他人，系生命结束的执行者，类似于前述（一）亲手杀人；（三）教唆杀人，即协助他人杀人，笔者将安乐死归于此类。"医生协助自杀"本质上是医生作为专业人士为患者提供知识或药品，由患者自行结束生命。包含了两项行为主体：协助者和自杀者；医生系协助者，决定者和执行者则是患者本人，即自杀者。故前述（二）（四）（五）（六）可归为"医生协助自杀"的范畴。正如下文将要探讨的，在佛典的相关案例中，我们发现"协助自杀"不限于（二）为自杀者提供工具，（三）（四）（五）也属于"协助"的范畴。不同之处在于，（三）系协助他人杀人，（四）（五）系协助他人自杀。因此，笔者将（三）归于安乐死的范畴，将（二）（四）（五）（六）归于"医生协助自杀"的范畴。"尊严死"本质上是自愿被动安乐死。佛典中主动放弃看护致人死亡的案例，可以视为"尊严死"的例证。

无论是他杀、自杀，抑或是协助他杀、协助自杀，都属于故意犯罪，均为佛教所不许，只是在判罚上有轻重之别。他杀属于重罪波罗夷，犯者失去比丘、比丘尼资格，并被逐出僧团，不得与僧众共住。自杀属于中罪或轻罪，可以通过忏悔免除，表明佛教不鼓励自杀，更加重视生者的态度。值得注意的是，协助犯罪均属于重罪波罗夷，并未按照他在共同犯罪中所起的作用处罚,也并未从轻、减轻处罚或者免除处罚。即使被教唆的人没有犯被教唆的罪,对于教唆犯也并未从轻或者减轻处罚,这和现代法律并不一致。表明佛教对罪的判罚,主要从犯罪动机上而非犯罪结果上处罚。

在具体实践中,律典还排除了"不犯"的情况。根据各律典的不同,本文将"不犯"归纳为以下几种:

(1)最初未制戒或初作不犯:指制定戒律前的不当行为不犯。就是说只要没有规定罚则,就不施加罚则。这与现代法律一致,"法律明文规定为犯罪行为的,依照法律定罪处刑;法律没有明文规定为犯罪行为的,不得定罪处刑"(《中华人民共和国刑法》第三条)。

(2)狂痴不犯:精神障碍者不犯。这也与现行法律规定一致,"精神病人在不能辨认或者不能控制自己行为的时候造成危害结果,经法定程序鉴定确认的,不负刑事责任"(《中华人民共和国刑法》第十八条)。

(3)心乱不犯[①]:指因精神陷入分散混乱而丧失判断能力和责任能力的个体不犯。

(4)痛恼所缠(或病坏心)不犯[②]:主要是指因身体疾病而引起的痛苦,从而丧失判断能力和责任能力者不犯。

《四分律》《十诵律》还规定了过失犯罪("误杀")不犯的情形[③]:

(5)慈愍心不犯:出于慈悲心而误杀的情形。

(6)无杀心不犯:由于过失而误杀的情形。

以上(3)(4)(5)(6)和现行法律"行为在客观上虽然造成了损害

[①] 有佛教经典将狂痴、心乱合为一种为"心狂乱"。参见李薇《〈大毗婆沙论〉之"心狂乱"考》,《世界宗教文化》2020年第3期。
[②] 对于"痛恼者"杀人或自杀的情形,诸律典规定有所不同。根本说一切有部律和《四分律》规定痛恼者杀人不犯。化地部《五分律》规定痛恼者不管是杀人还是自杀皆犯戒,痛恼者不犯主要是对除杀人戒的其他戒的规定。
[③] (东晋)佛陀什、竺道生等译:《五分律》:"不犯者:慈愍心、无杀心。"CBETA 2016,T22,No. 1421,第9页上。
(后秦)佛陀耶舍、竺佛念译:《四分律》,CBETA 2016,T22,No. 1428,第577页中。

结果，但是不是出于故意或者过失，而是由于不能抗拒或者不能预见的原因所引起的，不是犯罪"（《中华人民共和国刑法》第十六条）是一致的。除（1）之外，行为主体都属于非故意犯罪，不管是缺乏认识能力而导致的非故意，还是过失导致的非故意，都可免除犯罪的责任。

总而言之，对于"断人命戒"，律藏主要从故意、非故意来判罚。根据实际分为重罪、中罪或轻罪、不犯三种情况。对于安乐死、尊严死、医生协助自杀的问题，可以说，佛教总体上持否定态度。因为这三者都是建立在让某人死去或者想要杀死某人的意图上的，属于故意犯罪，不管这样做的原因是什么。

2. 佛典中安乐死、尊严死、协助自杀的案例

（1）禁止受人请求而断人命

在《摩诃僧祇律》中记载，有一重病比丘久治不愈。看护比丘因长久照顾重病比丘，不能侍奉和上、阿阇梨，也影响了诵经行道，所以心生疲惫和厌烦，并将这点告诉了重病比丘。在此情形下，患病比丘便请求看护比丘杀了自己。后来佛陀以此为例告诫弟子，作为比丘应当身口意都要慈悲，对于患病比丘当供养一切所需，受人请托而断人命根者犯波罗夷。① 这是典型的自愿主动安乐死的案例。

（2）禁止自杀

《四分律》《五分律》《摩诃僧祇律》中记载了诸比丘因修习不净观厌恶身体，发生大规模的自杀和谋杀事件，以致佛陀不得不讲授安那般那念的方法来教导比丘，对治因修习不净观带来的厌恶身体的恶果。② 自此之

---

① （东晋）佛陀跋陀罗、法显译：《摩诃僧祇律》，CBETA 2016，T22，No. 1425，第253页下。
② （后秦）佛陀耶舍、竺佛念译：《四分律》，CBETA 2016，T22，No. 1428，第575页下—576页上。
（东晋）佛陀什、竺道生等译：《五分律》，CBETA 2016，T22，No. 1421，第7页。
（东晋）佛陀跋陀罗、法显译：《摩诃僧祇律》，CBETA 2016，T22，No. 1425，第254页中—255页上。

后，佛陀制戒自杀犯偷罗遮。^①此外，在《四分律》中也出现了因不净观自杀，初未制戒不犯的案例。^②可见，同样是因修不净观的自杀者，判罚并不相同。除修习不净观而自杀的案例之外，佛典中还有瞿低迦、跋迦梨（婆迦梨）、阐陀等自杀的案例，这些案例并不在禁止之列。如下文将要讨论的，在这些案例中，佛陀通过问答形式确认其是否获得解脱，若其获得解脱并不禁止自杀。

（3）禁止协助自杀

从律藏中的案例来看，协助自杀，包括了应患者的请求，为自杀者提供自杀的工具，或者予以精神上的动力，即教唆自杀、赞叹死亡等。根据《摩诃僧祇律》记载，佛陀时代有众多重病比丘，因无法忍受痛苦，自忖不能修行，还须向人求索饮食和医药，承受着巨大的精神压力，"人皆厌我，我亦疲苦"。因此，请求看护比丘杀了自己。看护比丘在重病比丘的请求之下，提供刀、绳、毒药等工具，或者将重病比丘抬至高处，重病比丘因此而自杀。佛陀因此规定提供自杀之具等同杀人。^③在这个过程中，看护比丘对于重病比丘的自杀表示同意，这是典型的"医生协助自杀"的案例。

又《五分律》记载了看护比丘教唆重病比丘自杀的案例。看护比丘对重病比丘说："汝等戒行具足，应受天福，若自杀者，必得生天。何用如是久受苦为？"^④在这一案例中，重病比丘牢记佛陀禁止自杀的教令，并且意识到自杀就不能继续修梵行，最终没有选择自杀。但是，基于看护比丘

---

① （后秦）佛陀耶舍、竺佛念译：《四分律》，CBETA 2016，T22，No. 1428，第575页下—576页上。
（东晋）佛陀什、竺道生等译：《五分律》，CBETA 2016，T22，No. 1421，第7页。
（东晋）佛陀跋陀罗、法显译：《摩诃僧祇律》，CBETA 2016，T22，No. 1425，第254页中—255页上。
② （后秦）佛陀耶舍、竺佛念译：《四分律》："尔时世尊在毗舍离。优波离从坐起，偏露右肩、右膝着地，合掌白佛言：'大德！诸比丘在婆裘河边作不净观，厌身自杀，是犯不？'佛言：'初未制戒，无犯。'" CBETA 2016，T22，No. 1428，第980页中—下。
③ （东晋）佛陀跋陀罗、法显译：《摩诃僧祇律》，CBETA 2016，T22，No. 1425，第253页下。
④ （东晋）佛陀什、竺道生等译：《五分律》，CBETA 2016，T22，No. 1421，第8页上。

教唆自杀的行为，佛陀因此规定教唆自杀等同杀人。又《五分律》记载，因为国中土匪横行，致白衣骨肉分离，因此有比丘鼓励白衣自杀而不再受忧悲之苦。在这一案例中，白衣虽蒙受忧悲之痛，但是仍然知道要修习道业，而未选择自杀。佛陀因此规定赞死、叹死等同杀人。①

（4）禁止协助他杀

在以上《摩诃僧祇律》的记载之后，还记载有另外的故事。患病比丘请求看护比丘杀了自己，但佛陀教诫不能亲手杀人，于是看护比丘找来鹿杖外道杀了患病比丘。看护比丘虽然自己未亲自动手，但是教唆他人杀人，仍然犯波罗夷。②此外，《五分律》记载，因为佛陀不允许自杀及为自杀者提供自杀的工具，因此看护比丘教唆猎师杀害重病比丘。③佛陀因此规定教唆杀人等同杀人。《四分律》还记载有这样的故事，有比丘看望重病居士，见居士妻子貌美，为了夺取其妻子，便对妻子丈夫赞叹死亡，为丈夫或提供毒药，或亲自下药，或提供不应该食用的食物、药品，致使丈夫自杀的故事。比丘因为有杀心，因此这一案例属于波罗夷。④

（5）禁止放弃看护致死

《十诵律》记载了两个看护比丘放弃看护致死的案例：第一个，因为患病比丘病情不见好转也不加重，看护比丘因此主动放弃看护，任其自生自灭，致病人死亡。第二个，为了获得重病比丘的财物，看护比丘主动放弃看护，致病人死亡。这两种都因主动放弃看护而致人死亡，相当于被动安乐死或尊严死，犯偷兰遮。⑤

（6）慈悲杀的案例

关于慈悲杀，《摩诃僧祇律》记载了"二浆"的故事，虽然在两个案

---

① （东晋）佛陀什、竺道生等译：《五分律》，CBETA 2016，T22，No. 1421，第 8 页上—中。
② （东晋）佛陀跋陀罗、法显译：《摩诃僧祇律》，CBETA 2016，T22，No. 1425，第 253 页下—254 页上。
③ （东晋）佛陀什、竺道生等译：《五分律》："此有比丘得重病，不复乐生。汝为断命，可得大福。"CBETA 2016，T22，No. 1421，第 7 页下。
④ （后秦）佛陀耶舍、竺佛念译：《四分律》，CBETA 2016，T22，No. 1428，第 980 页下。
⑤ （后秦）弗若多罗译：《十诵律》，CBETA 2016，T23，No. 1435，第 436 页下—437 页上。

例中，比丘都出于慈悲心致人死亡，但是一为故意杀人，一为过失杀人，判罚迥别。

案例一：

在优阇尼国，有人因违犯王法而被截去手脚，辗转到比丘处乞食，自言有两种苦痛：截手脚苦和饥苦，希望比丘怜悯给予饮食。比丘没有食物，但是出于饶益有情的目的，给予其苏毗罗浆，其人饮用之后死亡。比丘因此向年长比丘请教，这种情形是否犯戒，长老比丘认为"饶益心无罪"。[①] 苏毗罗浆是佛陀亲手创制的一种治疗风寒病的药物，比丘出于慈悲心，本意是为其提供食物，并不知晓苏毗罗浆能致人死亡，是非故意犯罪，因此属于过失杀人。

案例二：

在以上故事之后，有一个相反的案例。同样的无手脚人因苦痛难忍，向比丘摩诃罗乞求药物，欲求速死。摩诃罗考虑到以上有比丘给予苏毗罗浆致死的案例，因此出于慈悲心，向其提供苏毗罗浆，此人饮用之后死亡。此处，摩诃罗虽然出于慈悲心，为了完成无手脚人速死的意愿，但是其知晓苏毗罗浆可以致死，并且故意断人命根，因此犯重罪波罗夷。[②] 这是典型的"医生协助自杀"的案例。

三 对痛恼者的应对方法

1. 临终问答

在经、律中多次记载，比丘或居士在临终时会请求佛陀或佛陀的弟子来为其说法，病人在临终时受到教导，并回答相应的问题。佛陀或弟子除了最基本的询问病人是否能够忍受痛苦，病情是否好转，痛苦是否减轻之

[①] （东晋）佛陀跋陀罗、法显译：《摩诃僧祇律》，CBETA 2016，T22，No.1425，第469页下。
[②] （东晋）佛陀跋陀罗、法显译：《摩诃僧祇律》，CBETA 2016，T22，No.1425，第469页下—470页上。

外，常通过问题以确认临终者是否已经证悟无我、无常、无贪，通过患者的回答以记别其是否获得解脱、般涅槃。例如，《杂阿含经》1266 经记载，尊者阐陀因不能忍受病痛而欲自杀，舍利弗和摩诃拘絺罗前往探视。二人通过问题以确认阐陀是否已经证悟无我。阐陀一一作答，但最终仍然因不能忍受剧痛而选择自杀。舍利弗和摩诃拘絺罗就阐陀的自杀行为向佛陀请教，阐陀死后受生哪一趣，是否还有轮回？佛陀记别阐陀获得解脱，他的自杀行为"无有大过"。[①] 此外，《杂阿含经》1091 经记载，尊者瞿低迦在石室中修习八解脱中的第八解脱时，六次退转。为了第七次不退转，瞿低迦选择用刀自杀。魔王波旬将瞿低迦自杀的事情告知佛陀，佛陀记别瞿低迦以不住心而自杀，获得般涅槃。[②]《杂阿含经》1265 经记载，跋迦梨（或"婆迦梨"）因患病不能忍受苦痛欲自杀，请求见佛陀，佛陀通过问以确认跋迦梨是否已经证悟无常、无我。佛陀走后，跋迦梨自杀而亡，佛陀记别跋迦梨获得解脱。[③] 此外《杂阿含经》还记载了尊者叵求（1023 经）、尊者阿湿波誓（1024 经）、新人比丘（1025 经）、病比丘（1026、1027、1028、1029 经）、给孤独长者（1030、1031、1032 经）、达磨提离长者（1033 经）、长寿童子（1034 经）、婆薮长者（1035 经）、释氏沙罗（1036 经）、耶输长者（1037 经）、摩那提那长者（1038 经）等众多案例。可见，在临终时或患重病时，请求佛陀或其弟子为其说法，佛陀或弟子通过问答的形式为患者授记，这是面对死亡时佛教的通行做法。

2. 临终保持正念

对于终末期的痛恼者，《别译杂阿含经》中记载了这样一个案例：对于濒临死亡的长者须达多，佛陀前往探视，佛陀首先询问两个问题：（1）所受的痛苦是否能够忍受？（2）提供医疗之后，病痛是否增加？须达多所受痛苦甚为难忍，且痛苦逐渐增长。因此，佛见须达多长者时日无多，

[①]（南朝）求那跋陀罗译：《杂阿含经》，CBETA 2016，T2，No. 99，第 347 页中—348 页中。
[②]（南朝）求那跋陀罗译：《杂阿含经》，CBETA 2016，T2，No. 99，第 286 页上—中。
[③]（南朝）求那跋陀罗译：《杂阿含经》，CBETA 2016，T2，No. 99，第 346 页中—下。

遂为其说法，要求他要生起四不坏信（佛、法、僧、戒），修习六念（念佛、念法、念僧、念戒、念施、念天）。在佛陀离去之后的当夜，须达多长者去世。[1]

3. 通过修行克服病痛

在以上自杀的案例中，比丘或居士因思维自杀之后就不能继续修习梵行，从而放弃自杀，表明通过修行，克服病痛，在佛教中是一般的行为。《长阿含经》"游行经"中提到，佛陀因病全身皆痛，仍然不取涅槃，保留寿命精勤修行[2]，是通过修行克服病痛的榜样。

4. 看护重病比丘是僧团的义务

除了通过修行克服病痛之外，看护重病比丘是佛教通行的做法，由看护比丘或僧团负起探望、照顾病人的责任。律典对看护者和被看护者有严格的规定，即所谓的"看病五法"。[3] 佛陀本人更亲自践行了看护的要求。根据《摩诃僧祇律》记载，有一患重病比丘，卧于自己粪秽之中，无人照护。佛陀询问病痛是否加重和好转，有没有吃饭，是非不得已不食还是有意不食，有没有看护人。事无巨细，倍加呵护。除此之外，佛陀还亲自为病比丘清除污秽、洗身洗衣、扫治卧处、更换床褥、敷展坐具。随后更为他说法。对于无人看护的情况，佛陀教导邻居比丘，同修梵行人，应互相

---

[1] 失译人：《别译杂阿含经》，CBETA 2016，T2，No.100，第441页上—442页上。

[2] （后秦）佛陀耶舍、竺佛念译：《长阿含经》，CBETA 2016，T1，No.1，第15页上。

[3] "看病五法"记载不一，一般而言，对于被看护者五法难看：1. 食所不应食，拒绝吃药；2. 不遵从看病者的嘱咐；3. 病痛增重、减轻而不自知；4. 不能忍受身体的苦痛；5. 懈怠没有智慧。五法易看：1. 能按时吃药吃饭；2. 遵从看病者的嘱咐；3. 知道病痛增加和减轻；4. 能忍受苦痛；5. 精进有智慧。
对于看护者五法不能看：1. 不清理多污痰盂、便器；2. 不为病人索药索食；3. 不时时为病人说法；4. 有希望心；5. 惜自业。五法能看：1. 能清理少污痰盂、便器；2. 为病人索药索食；3. 时时为病人说法；4. 无希望心；5. 不惜自业。
参见（东晋）佛陀跋陀罗、法显译《摩诃僧祇律》，CBETA 2016，T22，No.1425，第457页上。
（后秦）佛陀耶舍、竺佛念译：《四分律》，CBETA 2016，T22，No.1428，第861页下—862页上。
（后秦）佛陀耶舍、竺佛念译：《四分律》，CBETA 2016，T22，No.1428，第862页中。

照顾。既然出家,同为释子,如果不互相照顾,还有谁能照顾?自此之后规定应由看护比丘甚至整个僧团负起职责。

(1)如果比丘患病,和尚应看。如果没有和尚,同和尚应看。不看,犯越毗尼罪(即突吉罗)。

(2)如果有阿阇梨,阿阇梨应看。如果没有阿阇梨,同阿阇梨应看。不看,犯越毗尼罪。

(3)如果有同房比丘,同房比丘应看。如果没有同房比丘,邻房比丘应看。不看,犯越毗尼罪。

(4)如果没有邻房比丘,僧团应根据病人实际情况派人看护。如果不看,整个僧团犯越毗尼罪。①

四 结论

本文通过对律藏"断人命戒"的考察,指出"断人命戒"大体可归纳为自杀和他杀二种。现代社会中安乐死、医生协助自杀、尊严死的本质区别正在于是他杀还是自杀。基于这样的分类,笔者考察了佛教对这三个现代问题的观点及对策。对于"断人命戒",律藏主要从故意、非故意来判罚,分为重罪、中罪或轻罪、不犯三种情况。正是出于这样的基本原则,即使出于慈悲心杀人,也根据是故意还是非故意犯罪而判罚不同。现代社会中的安乐死、尊严死、医生协助自杀都基于"故意"这一前提,因此对于它们,佛教总体上持否定态度。因为这三者都是出于让某人死去或者想要杀死某人的意图,属于故意犯罪。对于患重病受病痛折磨的人,佛教主要从临终问答、临终保持正念、鼓励修行克服病痛、僧团负起看护责任四个方面予以解决。这些或许可以为死亡的接受问题、重病人护理、重度残疾人护理等现代课题,指出原理性的方向。

佛教自诞生起,就与死亡关系密切,并对亚洲地区民众的精神世界和

---

① (东晋)佛陀跋陀罗、法显译:《摩诃僧祇律》,CBETA 2016,T22,No.1425,第455页。

日常生活产生了有形和无形的影响。在安乐死、尊严死、医生协助自杀等现代课题上，我们不应将古代思想和现代思想单纯割裂看待，应当看到佛教对现代思想的贡献和价值不可小觑，并从中汲取有益的成分，为现代问题的解决提供帮助。

Euthanasia, Death with Dignity, and Physician-Assisted Suicide: A Buddhist Perspective and Countermeasures

Zhang Xiaoliang

Abstract: As an ancient religion that cherishes life, encourages living, and opposes killing, Buddhism offers its unique perspectives and countermeasures to the modern issues of euthanasia, dignified death, and physician-assisted suicide. This article examines the precept of "abstaining from taking life" in the Vinaya Piṭaka, which can be generally categorized into two main types: suicide and killing others. The key difference between euthanasia, physician-assisted suicide, and dignified death in modern society lies in whether it involves killing others or oneself. According to the Vinaya Piṭaka, the precept of "abstaining from taking life" is judged and punished based on intentionality and unintentionality, with offenses classified into three situations: grave, medium/light, and non-offense. Based on this principle, even if one takes a life out of compassion, the punishment varies according to intentionality. As euthanasia, physician-assisted suicide, and dignified death are all premised on intentionality, Buddhism generally maintains a negative stance towards these practices. For those suffering from painful illnesses, Buddhism primarily offers solutions from four aspects: encouraging spiritual practice to overcome pain, the monastic community taking up the responsibility of care, deathbed dialogues, and maintaining mindfulness at the end of life.

Key words: Euthanasia; Dignified Death; Assisted Suicide; Killing; Affliction

试析未婚同居关系下邪淫戒的持守问题

周文风

布鲁塞尔自由大学博士生

摘　　要：所谓"未婚同居关系下邪淫戒的持守问题",亦即未婚同居关系下的性行为是否会犯邪淫戒的问题。本文针对此问题,以诸论典为依据,从"对象不当""部位不当""时间不当""地点不当""过度""悖理"这六个方面逐一对未婚同居关系下的性行为做了分析与判断。最后,本文认为,未婚同居关系下的性行为在前五个方面只是存在犯戒的可能性,但在"悖理"一项上则必然会有所触犯,而仅此一点,就足以导致整个未婚同居关系下的性行为会犯邪淫戒。

关 键 词：未婚同居；邪淫戒；佛教

基金归属：本文为2019年度国家社科基金重大项目"'一带一路'佛教交流史"（编号：19ZDA239）的阶段性成果。

一　引言

星云大师在《未来的男女》一书中指出："但看我们现在的社会秩序,我们的道德标准,都已经不能成为规范,所以现在的青年男女、夫妻,都像脱缰的野马,任意驰骋,随兴而为。一个新社会、新道德、新标准急需重建。"[①] 这段话委婉而有力,深刻指出了当今时代男女两性关系愈发混乱

[①] 星云大师：《未来的男女》,上海人民出版社、上海书店出版社2009年版,第79—80页。

的社会问题。出于各种原因,今天已经有越来越多的年轻人主动或被动地选择了晚婚或不婚,然而,晚婚或不婚并不意味着他们没有性需要或性生活,于是,"未婚同居"的现象就变得愈发普遍。而同时,"邪淫戒"作为佛教专门为在家居士制定的五戒之一,它并没有禁止一切关系中的性行为,依然在一定程度上为在家居士的性需求留下一些余地,那么,对于一个持守五戒的在家居士而言,"未婚同居"关系下的性行为是否会触犯邪淫戒呢?本文将针对这一问题,做一尝试性的探索。

二 概念的厘定

要解决这一问题,我们首先需要了解一下"未婚同居"和"邪淫"这两个概念的内涵。事实上,关于"未婚同居"这一概念的定义,目前我国法律还未对其做出明确的界定,学者间的意见也不尽相同,如胡卫东、曾昭皓认为:"所谓未婚同居(unmarried cohabitation)是指未婚男女之间没有合法婚姻关系而在一定时间内共同生活。"[1] 而陈苇的界定则从异性之间扩大到同性之间,她认为未婚同居是:"无配偶的两个异性或者两个同性,自愿以伴侣身份持续公开共同生活2年以上,所形成的异性结合或同性结合关系。"[2] 考虑到本文旨在探讨未婚同居这一现象与佛教邪淫戒之间的一种相互关系,为使其能够更好地回应当今急剧变化的社会现实,说明更加广泛的社会现象,在本文中,笔者拟综合前人的研究成果,将"未婚同居"定义为"无配偶的两个成年人以伴侣形式自愿在一定时间内共同生活"。在这个定义中,"无配偶"意味着双方都未婚,"成年人"意味着身心发育上的成熟,"自愿"意味着不存在任何外力的强迫,完全出自当事人自身的意愿。同时在这个定义中,也不对性别做特殊的规定,下文的分析都将基于这一定义展开。而所谓"邪淫",佛教中

---

[1] 胡卫东、曾昭皓:《未婚同居的立法问题探析》,《前沿》2005年第12期。
[2] 陈苇:《外国婚姻家庭法比较研究》,群众出版社2006年版,第171页。

的说法则有简有繁,《大乘义章》卷二十云:"自妻为正,侵他为邪。"[①]《三藏法数》云:"非己妻妾而行欲事,故名邪淫。"[②]《资持记》云:"邪淫者,犯他妻也。"[③]这几种说法,看上去好像都差不多,但仔细分析,却大有差异。《大乘义章》和《三藏法数》的定义,其外延较大,把邪淫的对象确定为自己妻子以外的一切女性,既可以包括已婚的,也可以包括未婚的;而《资持记》的定义,其外延较小,只把邪淫的对象确定为他人的妻子,亦即只包括已婚的。若以对象已婚为标准,那么,未婚同居关系下的性行为就可以不犯戒;若还包括未婚的,那就明显属于犯戒。所以,不同的定义之间就产生了一些矛盾。因此,我们有必要对"邪淫"这一概念的内涵进行更深入的分析,如此,才能对未婚同居关系下的性行为是否犯邪淫戒做出更为准确的判断。

其实,关于"邪淫"这一概念的内涵,诸论典中有着更为详细的说明,如《大智度论》云:"邪淫者,若女人为父母、兄弟、姊妹、夫主、儿子、世间法、王法守护,若犯者,是名邪淫。"[④]由此可见,判断邪淫的一个重要标准,就在于所发生性行为的对象是否受到某些力量的保护。如果有这种保护,那就不该加以侵犯;但是,如果所发生性行为的对象并未受到任何力量的保护,且这种行为本身也是自愿的,那是否还属于邪淫呢?考虑到邪淫判断标准的复杂性,这里,笔者采集了《瑜伽师地论》《俱舍论》《大智度论》《法蕴足论》这四部论典中对于"邪淫"概念的说明,以表格的形式从"对象不当""部位不当""时间不当""地点不当""过度""悖理"六个方面对邪淫犯戒的各种情形做了归纳统摄,具体内容如下表所示:

[①] (隋)慧远撰:《大乘义章》,CBETA 2016,T44,No. 1851,第696页中。
[②] (明)一如等编,丁福保重校:《三藏法数》,CBETA 2016,B22,No. 117,第437页上。
[③] (宋)元照撰:《四分律行事钞资持记》,CBETA 2016,T40,No. 1805,第406页下。
[④] 龙树菩萨造,(后秦)鸠摩罗什译:《大智度论》,CBETA 2016,T25,No. 1509,第156页下。

试析未婚同居关系下邪淫戒的持守问题

诸论典中邪淫犯戒情形分类归纳表 [1]

	《瑜伽师地论》	《俱舍论》	《大智度论》	《法蕴足论》	邪淫犯戒的情形归纳
对象不当（非境）	于母等、母等所护，如经广说，一切男及不男，属自属他所护	他所摄妻妾，或母，或父，母亲，乃至王法所守护境	为父母、兄弟、姊妹、夫主、儿子，世间法、王法守护；女人，在家受一日戒，若以力，若以财，若诳诱，若以花鬘与淫女为要	于他女妇；他所摄受，谓彼父母、姊妹、男姑亲眷宗族守护；有诃，有障诃俱，下至授掷花鬘等信	1. 为母等亲族所护 2. 为丈夫所护 3. 为恋人所护（如授掷花鬘等信）[1] 4. 为王法或主人所护（如有诃，有障，以花鬘与淫女为要）[2] 5. 为成律所护 6. 男及不男
部位不当（非道/非支）	除产门外所有余分	于自妻口及余道	非道		1. 口腔 2. 肛门
时间不当（非时）	若孕下时；胎圆满时；饮儿乳时；受斋戒时；或有病时	怀胎时；饮儿乳时；受斋戒时，设自妻妾亦犯邪行	若自有妻受戒，乳儿	若自有妻受戒；有娠；	1. 女性经期 2. 怀胎时 3. 哺乳时 4. 受斋戒时 5. 生病时

[1] 表中所引四部论典中的内容分别出自《瑜伽师地论》卷五十九，CBETA 2016, T30, No. 1579，第631页中；《阿毗达磨俱舍论》卷十六，CBETA 2016, T29, No. 1558，第87页上；《大智度论》卷十三，CBETA 2016, T25, No. 1509，第156页下；《阿毗达磨法蕴足论》卷一，CBETA 2016, T26, No. 1537，第456页中。为适应本表的分类，引用时对部分文字略有增删、调整。

509

续表

	《瑜伽师地论》	《俱舍论》	《大智度论》	《法蕴足论》	邪淫犯戒的情形归纳
地点不当（非处）	若诸尊重所集会处；或灵庙中；或大众前；或坚鞕地，高下不平令不安隐，如是等处	于寺中制多洞处			1. 德高望重者所集合的地方 2. 宗教场所 3. 大众前 4. 野外 5. 不安稳处
过度（非量）	极至于五				连续发生性行为的次数超过五次
悖理（非理）	不依世礼		为世间法所护		未遵循一定社会的风俗习惯、伦理道德

注：①授掷花鬘等信：指已接受了恋人的定情信物一类的女子，如《法蕴足论》中所说："谓有女人，已受男子或花或鬘，或诸璎珞，或涂香末香，或随一信物，如是名为下至授掷花鬘等信。"
②以花鬘与淫女为要：淫女，佛典中一般指妓女。这里是说以花鬘为媒介向妓女获取性服务，亦即今天所说的嫖娼行为。嫖娼在我国及国外一些地区属性违法或性犯罪行为，故将其归入"为王法或主人所护"一类。"为王法或主人所护"的具体内涵可参见正文。

510

三 戒相的判断

在明确了"未婚同居"和"邪淫"这两个概念的具体内涵之后，接下来，我们就需要对未婚同居关系下的性行为是否会犯邪淫戒进行具体的判断。事实上，在佛教戒律学看来，一个完整的犯戒过程是需要满足一定的条件的，如正果法师曾总结律典中的说法，认为犯邪淫戒有三种因缘：（1）有淫心；（2）是道；（3）事遂。[1] 而育因法师则认为具四缘成犯：（1）是正境，即男二处女三处；（2）兴染意；（3）起方便；（4）与境合。[2] 这两种说法的意思其实相差不大，归纳而言，一个完整的邪淫戒的毁犯过程一般需要满足三个条件：（1）当事人具有实施性行为的心理动机；（2）当事人通过生殖器或口腔或肛门等部位实施性行为；（3）当事人成功实施了性行为。诚然，我们在讨论未婚同居关系下邪淫戒的持守问题时，一些边缘性的性行为[3]或未成功实施的性行为在一定程度上也可纳入讨论的范围，并且戒律对于这些行为的犯戒轻重也有一定的说明。但这样一来，就会使本文的讨论显得过于琐碎和复杂，因此，本文将主要把焦点集中在三个条件全部满足，亦即成功实施的性行为上，后文将在此前提下进行判断。

由上表可知，邪淫犯戒的情形主要可分为六大类，分别为：

（1）对象不当（《俱舍论》中称作"非境"）；

（2）部位不当（《俱舍论》和《瑜伽师地论》中分别称作"非道"和"非支"）；

---

[1] 正果法师编述：《佛教基本知识》，中国人民大学出版社2017年版，第282页。
[2] 育因法师：《在家五戒八戒学处》，台北：财团法人佛陀教育基金会2013年版，第59页。
[3] 边缘性性行为是指两性之间由性吸引而产生的一系列亲昵性行为。根据边缘性性行为的作用程度，分为浅层次的边缘性性行为与深层次的边缘性性行为。浅层次的边缘性性行为多表现为情感双方的眉目传情、拥抱、接吻等抒情式的情感表达方式，深层次的边缘性性行为则表现为情感双方通过对性器官的抚摸、性器官的摩擦等过激性的行为来满足自身欲望的方式。参见李奋生等《当代大学生边缘性性行为现状调查及教育对策》，《科技创业月刊》2014年第6期。

（3）时间不当（《俱舍论》和《瑜伽师地论》中称作"非时"）；

（4）地点不当（《俱舍论》和《瑜伽师地论》中称作"非处"）；

（5）过度（《瑜伽师地论》中称作"非量"）；

（6）悖理（《瑜伽师地论》中称作"非理"）。

并且，在表右"邪淫犯戒的具体情形"一栏已将四部论典中每一类的内容加以归纳。接下来，我们便根据这种分类及归纳对未婚同居关系下可能会导致邪淫犯戒的各种情形逐一加以分析判断。

（一）对象是否不当

1. 是否为母等亲族所护

所谓"为母等亲族所护"，《瑜伽师地论》卷三十中解释说："于诸父母等所守护者，犹如父母于己处女，为适事他故，勤加守护，时时观察，不令与余共为鄙秽。若彼没已，复为至亲兄弟姊妹之所守护。"[1] 甚至于，"此若无者，恐损家族，便自守护"[2]。也就是说，有一类未婚的女子，父母亲人为了其将来嫁人的缘故，对其采取了一定的监护措施，以防止其贞操受到玷污。并且，其家人往往与其有一定的口头约定，如告诫说："诸有所作，必先白我，然可得为。"[3] 也就是说，凡有所行动必须先向父母等监护人请示才可为。

但是，我们由未婚同居的定义可知，未婚同居关系中的双方均是现代社会中的"成年人"，而我国《民法总则》第十八条规定："成年人为完全民事行为能力人，可以独立实施民事法律行为。"并且，《民法总则》第三十九条规定："有下列情形之一的，监护关系终止：（一）被监护人取得或者恢复完全民事行为能力……"所以，从现代法律上讲，只要当事人已经成年，就有自主行事的权利，而不必凡事都向他人请示，即便是自己的

---

[1] 弥勒菩萨说，（唐）玄奘译：《瑜伽师地论》，CBETA 2016，T30，No. 1579，第315页下。
[2] 弥勒菩萨说，（唐）玄奘译：《瑜伽师地论》，CBETA 2016，T30，No. 1579，第315页下。
[3] 尊者大目犍连造，（唐）玄奘译：《阿毗达磨法蕴足论》，CBETA 2016，T26，No. 1537，第456页中—下。

父母，也不能剥夺这种权利。这样一些规定表达了现代法律文明对人的主体地位的尊重，体现了当今社会崇尚自由、崇尚平等的价值理念。在此前提下，只要女方的家人没有对其特别明确地提出守贞要求，或者其家人即便提出了，而女方并未答应，那么，这都意味着该女子不属于"为母等亲族所护"的范围；除非，女方答应了其家人向其提出的守贞要求，那么，该女子才属于"为母等亲族所护"的范围。当然，从法律层面来讲，女方作为具有完全民事行为能力的成年人，其家人是没有权利对其行为加以干涉的。但是，佛教戒律的制定不仅基于一定社会的法律规范，还以相应的社会心理、伦理规范为依据，如张海滨、高新文所说："邪淫戒的制定是佛教价值观与世俗价值观相结合的产物，是立足于特定时空中的风俗习惯、伦理道德以及大众的心理接纳程度而建立的。"[1]因此，一旦女方答应了其家人的守贞要求，那么，就不能与同居对象发生性关系，否则便属犯戒。

2. 是否为丈夫所护

所谓"为丈夫所护"，即指已经属于他人的妻子的一类女子。正如《大智度论》中所讲："夫妻之情，异身同体，夺他所爱，破其本心，是名为贼。"[2]并且又说："若彼侵我妻，我则忿恚；我若侵彼，彼亦何异？"[3]夫妻之间，具有深厚的感情，既然我不希望别人来侵犯我的妻子，所以，我也不应该侵犯别人的妻子。正是出于同理心的考虑，所以不该侵犯"为丈夫所护"的女子。而据未婚同居的定义可知，同居中的双方都没有配偶，属未婚关系，所以不存在"为丈夫所护"的问题。

3. 是否为恋人所护

所谓"为恋人所护"，即如《法蕴足论》中所说的"授掷花鬘等信"的情况，也就是说，如果一个女子在同居之前已经接受了其他男子的定情

---

[1] 张海滨、高新文：《当代伦理视野下的佛教"邪淫"观》，《宗教学研究》2016年第3期。
[2] 龙树菩萨造，（后秦）鸠摩罗什译：《大智度论》，CBETA 2016，T25，No.1509，第156页下。
[3] 龙树菩萨造，（后秦）鸠摩罗什译：《大智度论》，CBETA 2016，T25，No.1509，第156页下—157页上。

信物，与其他男子还有一段没有了结的恋爱关系，那么，这样的女子就属于"为恋人所护"的范围，不能与之发生性关系，否则便会犯戒。尽管关于"未婚同居"的定义中提到同居关系中的双方都无配偶，但无配偶不代表就一定没有其他的恋爱对象，所以在分析同居关系下邪淫戒的持守问题时，依然需要加以考虑。

4. 是否为王法或主人所护

"为王法所护"和"为主人所护"即《法蕴足论》中所说的"有罚""有障"一类，因二者内容相近，这里把它们合在一起加以讨论。

所谓"为王法所护"，即我们今天所说的为国家法律所保护，《法蕴足论》中称为"有罚"，如其所说："言有罚者，谓有女人，自无眷属又非淫女，若有凌逼，为王所知，或杀或缚、或复驱摈、或夺资财，名为有罚。"[①]《瑜伽师地论》中也说："有治罚者，谓诸国王，若执理者，以治罚法，而守护故。"[②] "有罚"就是借助统治者或国家法律的力量对某些伤害女性的性行为加以明确的禁止，但这里所指的主要是以"凌逼"等手段而进行的强奸、诱奸之类的性违法、性犯罪行为，而据未婚同居的定义可知，同居的双方都是自愿的，所以不存在性违法、性犯罪之类的问题。另外，我国《最高人民法院关于适用〈中华人民共和国婚姻法〉若干问题的解释（一）》第5条规定："在1994年2月1日之前以夫妻名义同居，虽未办理结婚登记，但男女双方符合《婚姻法》规定的结婚实质要件的，应按事实婚姻处理。"而从1994年2月1日之后，我国已经不承认事实婚姻，如果双方没有登记而在一起生活，只能算同居关系，不享有夫妻之间的权利和义务。不过，虽然不享有夫妻间的权利和义务，但我国法律也未明确认定"未婚同居"属违法，对未婚同居关系下的性行为并未进行相应的规制或禁止。同时在国外一些国家或地区，如"英国、美国部分州、法

---

① 尊者大目犍连造，（唐）玄奘译：《阿毗达磨法蕴足论》，CBETA 2016，T26，No. 1537，第456页下。
② 弥勒菩萨说，（唐）玄奘译：《瑜伽师地论》，CBETA 2016，T30，No. 1579，第315页下。

国、荷兰、德国、葡萄牙、北欧诸国等对非婚同居关系都给予一定的法律保护"①，但这种保护主要是针对同居关系下双方的财产、社会保险等方面的权益予以保护，并未禁止未婚同居关系下的性行为。所以，从刑法和民法这两个层面来说，未婚同居关系中发生性行为的对象都不属于"为王法所护"的范围。

而所谓"为主人所护"即是指《法蕴足论》中所说的"有障"一类："谓有女人，身居卑贱，虽无亲族而有主碍，名为有障。"②在古代社会，一些贫苦无依的人，只能通过依附他人为奴而自活，他们没有人身自主权，所作所为都会受到其主人的约束。因此，如果未经其主人许可而与之发生性行为，则属于邪淫。然而，古代社会的这样一种人身依附关系已经在我国社会主义制度改造的过程中被彻底铲除了，并且在当今世界，自由平等的思想观念已经被现代各文明国家所接受，人身自由作为人的基本权利受到法律的保护，所以这种主奴之间的人身依附关系在当今世界基本已经不存在了，所以在这一方面，基本不存在由于"为主人所护"而发生邪淫的可能。

5. 是否为戒律所护

所谓"为戒律所护"，即《大智度论》中所说的"法守"："云何法守？一切出家女人，在家受一日戒，是名法守。"③并且，"既听受一日戒，堕于法中；本虽是妇，今不自在；过受戒时，则非法守"④。也就是说，一切出家的女人，以及处于八关斋戒期间的在家女人，都会受到戒律的守护。而就未婚同居关系而言，如果女方在某段时间内受持了八关斋戒，那在此期间，男方就不能与之发生性关系，否则便属犯戒。此点和"时间不当"一项下的"受斋戒时"意义是一样的。

---

① 陈苇：《外国婚姻家庭法比较研究》，第 167 页。
② 尊者大目犍连造，(唐) 玄奘译：《阿毗达磨法蕴足论》，CBETA 2016，T26，No. 1537，第 456 页下。
③ 龙树菩萨造，(后秦) 鸠摩罗什译：《大智度论》，CBETA 2016，T25，No. 1509，第 156 页下。
④ 龙树菩萨造，(后秦) 鸠摩罗什译：《大智度论》，CBETA 2016，T25，No. 1509，第 156 页下。

6. 是否属男及不男

在《瑜伽师地论》中还提到了一种对象不当的情况，亦即所谓的"男及不男"，具体来讲，则包括两类对象：第一类"男"即指所发生性行为的对象为同性，而第二类"不男"则是指有性生理异常或性功能障碍者，如《三藏法数》中就记有五种不男："一生不男，谓人从生来，男根不满，是名生不男；二犍不男，犍谓人以刀去其男根，是为犍不男；三妒不男，谓男根似无，见他行淫，因生妒心，遂或有根，是名妒不男；四变不男，谓根能变现也，遇男则变为女，遇女则变为男，是名变不男；五半不男，谓半月能男，半月不能男，是名半不男。"①由于这些人的性别特征存在一定的缺陷或异常，所以无法明确地将其判定为男性或女性，因此，佛典中便统一将其归入"不男"的范围。根据上述规定，我们可以发现，佛教是明确将与同性以及与性生理异常者之间所发生的性行为认定为"邪淫"的，因此，如果一名受过五戒的佛教居士发生了这种行为，那么，便意味着犯戒。另外，需要说明的是，关于性功能障碍或性生理有缺陷者的犯戒问题，有一种观点认为这些人根本无法得戒，所以也就谈不上犯戒的问题，如《杂阿毗昙心论》认为："黄门无形二形不生律仪。何以故？贪欲增故，无惭愧增故。"②"黄门"是"不男"的另一种称谓，"无形""二形"，佛典中有时又作"无根""两根"，分别指阉人和双性人，这三个概念的内涵有一定交叉，某种程度上都可归入"不男"的范围。《杂阿毗昙心论》认为"不男"这一类人由于贪欲心和无惭愧心这类烦恼很炽盛，所以即便受戒，也无法引生出能够防非止恶的心理势能。但《成实论》则认为："是戒律仪从心边生，不能男等亦有善心。何故不得？"③也就是说，只要具有善心，即便是性生理异常者，也一样能得戒。因此，讨论这部分人的犯戒问题依然是有意义的。

---

① （明）一如等编，丁福保重校：《三藏法数》，CBETA 2016，B22，No. 117，第349页上。
② 法救造，（宋）僧伽跋摩等译：《杂阿毗昙心论》，CBETA 2016，T28，No. 1552，第951页上。
③ 诃梨跋摩造，（姚秦）鸠摩罗什译：《成实论》，CBETA 2016，T32，No. 1646，第303页上。

（二）部位、时间、地点、程度是否不当

所谓"部位不当"，即是指通过产门以外的其他部位发生性行为，如通过口腔、肛门发生性行为；所谓"时间不当"，即是指在不合适的时间发生性行为，如女性经期、怀孕时、哺乳时等；所谓"地点不当"，即是指在不合适的地点发生性行为，如宗教场所、大众前、野外等；所谓"过度"，即是指连续发生性行为的次数不能过多，具体而言，依《瑜伽师地论》的说法，则连续发生性行为的次数最多不能超过五次，否则即属过度。关于这四个方面的详细内容，具如上表可知，只要符合其中任何一条，就会犯邪淫戒。

（三）是否悖理

所谓"悖理"，论典中则称为"非理"，亦即《瑜伽师地论》中所说的"不依世礼"，以及《大智度论》中所说的"为世间法所护"的情况，也就是说，性行为的发生如果未遵循一定社会的风俗习惯、伦理道德，那也属于邪淫。据育因法师《在家五戒八戒学处》所说："不依世礼者，此谓未依世间媒嫁礼法婚聘，而行欲行。若已结婚，乃可名为世礼。"[1]如此一来，结婚与否就成了一个十分关键的判断标准。事实上，关于这点，《优婆塞戒经》也从反面强调了婚姻制度的重要性。《优婆塞戒经》指出："唯三天下有邪淫罪，郁单曰无。"[2]郁单曰即是我们所熟知的北俱卢洲，此洲众生因其业力所感，虽有男女淫事，却并不像其他三洲那样具有媒娉嫁娶之类的婚姻制度，男女只要情意相通，便可自由交合，所以也不存在邪淫罪。由此可见，邪淫罪的产生和婚姻制度之间确实存在十分密切的关系。就我国而言，合法的婚姻关系一般需要通过办理结婚登记的方式来确立，如我国《婚姻法》第八条规定："要求结婚的男女双方必须亲自到婚姻登记机关进行结婚登记"，如果"取得结婚证，即确立夫妻关系"。当然，就我国的传

---

[1] 育因法师：《在家五戒八戒学处》，第64页。
[2] （北凉）昙无谶译：《优婆塞戒经》，CBETA 2016，T24，No.1488，第1069页上。

统习俗而言，一般夫妻双方只要公开举行了结婚仪式，就能获得大众的认可，所以即便暂时还未取得结婚证，这样的婚姻关系也应视为有效的。而就国外的婚姻制度而言，要确立一段合法的婚姻关系，大陆法系的国家如法国、德国、意大利采取仪式制，亦即当事人必须在户籍官员面前公开举行仪式，并有户籍官宣告他们结合为合法夫妻，婚姻即告生效；而日本、俄罗斯则采取登记制，亦即只要进行了结婚登记，即使不举行仪式，仍具婚姻效力；英美法系的国家如英国及美国的大多数州，多为仪式与登记相结合。① 总而言之，通过这些方式确立的婚姻关系都是有效的，都是符合一定社会的礼俗习惯的。然而，未婚同居关系下的男女双方却不具备其中任何一种婚姻关系。

事实上，性关系应当发生在婚姻制度之下的这样一种"婚姻性爱原则"也是当代性伦理所倡导的一般性原则之一。在我国第一部以性伦理为研究对象的伦理学专著《性伦理学》中，作者明确指出："对于社会来说，只有夫妻之间的性交关系才合乎规范。"② 并且，针对婚前性行为，作者提出："坦率地说，我们也认为，对于基于真正爱情所偶尔发生的性行为，不宜采取生硬的道德斥责。不过，我们还想补充说明：可以理解的行为，并不一定是最合乎伦理的行为。从总体上，社会主义性伦理学应该对婚前性行为持反对立场。"③ 此后，这一原则也被很多伦理学著作所继承，比如，在《性伦理学新论》一书中，作者写道："在现代社会，性行为的原则要求的是基于爱情基础上的婚姻内的性关系，这种关系，才是道德的。它排斥的是出于性本能、惟生殖目的、惟感官享乐的性行为，而婚姻外的任何性行为则是不正当的，应当斥责。"④ 目前，婚姻性爱原则已经与性禁规原则、生育原则、私事原则、无伤原则等共同构成了当代性伦理的一般性原

---

① 陈苇：《外国婚姻家庭法比较研究》，第155—156页。
② 王伟、高玉兰：《性伦理学》，人民出版社1992年版，第78页。
③ 王伟、高玉兰：《性伦理学》，第154页。
④ 安云凤主编：《性伦理学新论》（第2版），首都师范大学出版社2002年版，第119页。

则,并被收入了《中国性科学百科全书》之中①,这些原则对于调节当今社会的性关系、性行为无疑具有十分重要的指导作用,而未婚同居关系下的性行为明显是与"婚姻性爱原则"相违的。

当然,今天的社会正处在一个各种思想观念激烈碰撞,还没有完全定型的时期,关于"婚姻性爱原则",也有一些人持不赞成或不完全赞成的态度。针对这种具有一定争议的情形,律典中也给出了相应的处理原则,据《根本说一切有部百一羯磨》记载,佛陀在临涅槃之前,曾告诸比丘:"且如有事,我于先来非许非遮。若于此事顺不清净、违清净者,此是不净,即不应行;若事顺清净、违不清净者,此即是净,应可顺行。"②也就是说,对于一些佛陀没有特别说明的情况,如果其是不随顺或有违身心清净的,就不可以做,如果其是随顺或无违于身心清净的,就可以做。而未婚同居关系下的性行为明显是不随顺于身心清净的,尤其,对于那些已经受持了五戒的在家佛教居士,无疑应以保持身心清净、远离是非纠纷作为自己的价值追求。

所以,从程序的合法性、伦理学上的价值导向,以及戒律的根本精神三个方面综合考虑,本文认为,未婚同居关系下的性行为应属悖理,会犯邪淫戒。

四 结 论

本文所讨论的是未婚同居关系下邪淫戒的持守问题,由上表可知,在未婚同居关系下,要想圆满地持守邪淫戒,就必须保证所发生的性行为在"对象不当""部位不当""时间不当""地点不当"或"过度""悖理"这六个方面都没有问题才行,若符合了其中任何一项,那便属于犯戒。而通

---

① 参见《中国性科学百科全书》编辑委员会编《中国性科学百科全书》,中国大百科全书出版社1998年版,第424—425页。
② (唐)义净译:《根本说一切有部百一羯磨》,CBETA 2016,T24,No.1453,第498页中。

过以上分析，我们发现，未婚同居关系下的性行为在前五个方面只是存在犯戒的可能性，而唯独在"悖理"一项上则必然会有所触犯。因此之故，本文认为，对于一名受持了五戒的在家佛教居士而言，是不能发生未婚同居关系下的性行为的，否则，便会由悖理的缘故而触犯邪淫戒。需要说明的是，由于受古代父权制社会的影响，佛典中对邪淫问题的讨论主要是站在男性立场上进行的，本文为了行文的方便，也主要是从男性的角度对未婚同居关系下邪淫戒的持守问题进行探讨，但其结论对于女性居士也是同样适用的。

五　反思

随着当今时代人们价值观念和生活方式的急速变迁，未婚同居已经成了一个越来越普遍的现象，但是，普遍并不一定意味着正常、意味着合理。尤其站在佛教的角度，我们更应对这一现象保持清醒的认识。通过本文的研究，我们发现，未婚同居与佛教的价值观是相背的，它会触犯佛教的邪淫戒。不过，这样一个结论可能会使很多人更加对佛教的戒律望而生畏，从而不敢受戒，不敢亲近佛教。关于这一点，笔者认为星云法师的一段话可以给我们一些参考，星云法师指出："佛教的戒律，其根本精神是不侵犯；不侵犯而尊重别人，便能自由……反之，凡是身陷牢狱失去自由的人，探究其原因，都是触犯了五戒。"[①] 因此，我们不能只从消极的一面去认识戒律，更要认识到戒律能够保护我们、赋予我们更多自由的积极意义。事实上，戒律是佛教智慧的高度体现，通过持戒，可以将各种隐患消弭于无形，可以加强我们对自身行为的观照力，从而提升我们的智慧，所以，持戒是佛教修行的一个重要基础，对于我们远离烦恼，获得人生幸福有极大裨益。

另外，通过本文的研究，我们也发现，佛教对于当今社会所关注的同

---

① 星云大师：《人间佛教的戒定慧》，东方出版社2013年版，第17页。

性恋问题也是持比较明确的反对态度的,当然,佛教所反对的并非同性恋者本身,而是他们之间所发生的性行为。关于同性恋问题,现在很多国家在自由、平等等现代价值观的影响下,都将尊重、保障同性恋者的性自由视为社会进步的一种体现,目前,世界上已经有三十多个国家或地区允许同性婚姻,甚至有些寺院还为同性恋者举办结婚仪式。面对这些情况,如果佛教继续坚持对于同性性行为的反对态度,会不会和当今主流的自由、平等价值观相背?这样一来,佛教的发展还能与现代社会相适应吗?关于这一问题,我们应当了解,首先,佛教并不反对或歧视同性恋者本身,佛教认为,同性恋者的产生是源于其内心炽盛的贪欲烦恼,这种贪欲烦恼人人都有,只不过所执着的对象的性别不同而已,而佛教的目的本身就是要帮助众生摆脱烦恼、获得安乐,所以佛教对于同性恋者只有帮助之心、慈悲之心,而绝无歧视的心理;其次,佛教认为一切众生皆有佛性,所以,即便是同性恋者,也能修行,也能学佛成佛;最后,佛教的戒律或价值观并非一种外在的强制规范,而只是为那些渴望提升自己的精神境界、完善自己的道德修养,追求一个更加幸福美满人生的人提供一扇门而已,如果有人不愿踏入这扇门或想进其他的门,佛教也不会强求。这种态度是和如今所提倡的自由平等的价值观相吻合的。

  诚然,佛教的发展需要现代化,但现代化也不应偏离佛教的基本精神,在今天这个时代,只有使佛陀制戒的根本精神与当今社会的时代精神相结合、相融通,才能更好地促进戒律在当今社会的具体落实,保障佛教的健康发展。希望本文的研究能为这一目标的实现提供一些有益的思考。

An Analysis of Adherence to the Precept Against Sexual Misconduct in Unmarried Cohabitation Relationships

Zhou Wenfeng

Abstract: Does sexual activity within an unmarried cohabitation relationship violate the Buddhist precept against sexual misconduct? This article addresses this question by drawing on Buddhist canonical texts and integrating modern legal and ethical concepts. It analyzes and assesses sexual activities in unmarried cohabitation relationships from six perspectives: "improper object," "improper part," "improper time," "improper place," "excess," and "contrary to reason." The conclusion reached is that sexual activities in unmarried cohabitation may have the potential to violate the precepts in the first five aspects, but will inevitably do so on the basis of being "contrary to reason." This alone is sufficient to determine that sexual behavior within the context of unmarried cohabitation violates the Buddhist precept against sexual misconduct.

Key words: Unmarried Cohabitation, Precept Against Sexual Misconduct, Buddhism

法相唯识学与具身认知对"掉举、昏沉"认识程序之比较

（附实用案例分析）

张骁谨

华东师范大学博士生

摘　要：法相唯识学与心理学的对话，发生在人间佛教的第一阶段，由太虚大师开启。本文探讨的"掉举、昏沉"是法相唯识学中的一对随烦恼，也是具身认知心理学中的两种情绪状态。在认知"掉举、昏沉"时，两个系统各有其独特的认知程序，本文试图厘清和对比两种认知程序的同异。"掉举、昏沉"的认知发生在刹那间，在唯识学中认知程序大约分为三个环节：第一环节是无分别的现量直观，第二环节是（受用缘起）能所关系之分别勾画，第三环节是认知当下的流转图式——四分说。在具身认知中分三个环节：纯粹之知觉、横向之意向化、表征与倾向化辩证图式定义。二者之间有相通性，如都以纯粹知觉为前提；也有明显的相异性，如"定心现量"是唯识学独有。这使得两种认知程序可相互启发。文末以一案例之讨论，尝试将此思想用于心理危机干预。

关 键 词：人间佛教；法相唯识学；具身认知；昏沉和掉举；认知程序

基金归属：本文为2019年度国家社科基金重大项目"'一带一路'佛教交流史"（编号：19ZDA239）的阶段性成果。

一　引言

（一）法相唯识学和具身认知理论特征比较

"掉举、昏沉"是唯识学中的一对随烦恼心所法。在具身认知心理学看来，"掉举、昏沉"是两种复杂的情绪状态。唯识学与心理学有着天然的亲缘关系，梁启超认为：佛学就是心理学。心理学中的具身认知心理学和法相唯识学，有着深刻的亲缘性。具体表现如下：

	唯识学和具身认知相通处	唯识学和具身认知相异处
认识论	唯识学以缘起为认识方式，具身以意向交互为认识方式	唯识学"转识成智"之说，"识"与"智"性质不同；具身认知的心智无性质区别
发生根源	唯识学以种子为源，具身以生物和文化为动力源泉	唯识学有"染净之辨"，动力起点是伦理性；具身无"染净"伦理根本，发生根源为本能与社会适应
心智运行枢纽	都无实体性自我：唯识学以"两头蛇"末那识为枢纽，具身以建构化自我为枢纽	唯识学要破除"我执"，解除末那识的执着；具身强化"自我感"，视之为前进动力
认知程序	唯识之法执与具身认知，都属于日常认知程序探索。二者都以未分化的原初知觉为认知起点：唯识学强调无分别现量，具身强调身体感受	唯识学有破除"法执"之诉求，体现在"止观"，即逆日常认知程序的实践技术。以唯识学看，此中有定心现量之可能，而具身身体感受只来自散心

可见，二者既有明显的相通处，如对于交互性的认知、无根源的自我；也有明显的不同，如唯识学以破除自我为上，具身以强化自我感为上。总体而言，两种思想系统存在既相通又相异的"交叉域"，呈现一定程度上的理论亲缘性。需要强调的是：此处探索的"认知程序"，与唯识学的"止观"并非同一的概念范畴。认知程序，是梳理心识日常的认知历程，其属于虚妄唯识的自发流转。止观，属于对治方法，以"逆观"为法

截断"虚妄认知程序",其属于"转染成净"的修行实践。其方向截然相反,若将二者混淆,会导致不必要的误解。

(二)法相唯识学和具身认知认识程序

在对"掉举、昏沉"的认知程序中,唯识学与具身认知有诸多相互启发之处。在第一环节认知中,唯识学"现量"的概念尤为特殊,与具身有相通也有相异处。梅洛-庞蒂的身体哲学将"原初知觉"视为第一手认知内容,言语勾画以此为基础,纯粹感觉层面上"原初知觉"和"现量"意涵接近。"掉举、昏沉"未被定义前,是被感知的知觉。唯识学有"定心现量"之表达,属唯识学独有,承载心识的细微之义。[①] 将经验感受置于抽象认知之先,是唯识学与具身认知的共识,这涉及认知的第二环节,即认知关系范畴。具身认知以横向之意向性深入分析刹那认知,进而把握事实;唯识学以"受用缘起"描述"能受用"与"所受用"之关系。第三环节的名言定义图式中,唯识学之"四分说"厘清"心、识、相"的开合生发,比具身之表征与倾向之辩证认识图式更繁复精微,包含了可以逆观的可能,也为五重唯识观提供了佐证。

二 唯识学"掉举、昏沉"之认知程序

"掉举、昏沉"发生于刹那,因"根、境、识"和合而生,[②] 认知涉及先后复杂的程序,牵涉身心全部的内容。即便是刹那间的认知,也包括诸多细微环节——从无分别到分别、从模糊到清晰、从流动到固定、从背景图式到聚焦内容。总体可从三个环节描述:首先是现量之纯然知觉,即无分别之认知;其次是能所关系之认知,以"受用缘起"之"蕴、处、界"三科认知;最后,从唯识学心识惯性之流转图式言说,以独特的"四分

---

① 梅愚编:《诸家论唯识》,崇文书局2020年版,第19页。
② 释印顺:《唯识学探源》,中华书局2011年版,第54页。

说"诠释刹那间的心识运行图式，从心识的分合中引入五重唯识观的思想，进而为"逆观"作理论准备。

（一）认知基础的无分别之现量

> 现量者：谓有三种。一、非不现见，二、非已思应思，三、错乱境界。①
> 《因明入正理论》云：此中现量，谓无分别。若有正智，于色等义，离名种等所有分别，现现别转；故名现量。②

"现量"是无分别的认识，是一切认识的前提。③凡所有认识，都从现量开始。认知发生在刹那间，刹那之前后为"识触境—受—想—思"几个细微的环节。现量认知出现在第一环节，即触境当下。赵东明认为，认知出现在五识与五俱意识涌现时，即发生在第六意识作用之先。"五俱意识"与"第六意识"分别是：第一刹那帮助"五识"明了外境的意识（"五俱意识"），接着第二刹那"异时"随起的"分别意识"（即"第六意识"）。④由此可见，五俱意识是背景化的意识形式，一切认知在此基础上展开，无此前提就无法认知具体对象。以"无分别"和"分别"对心识工作进行区分，是唯识学虚妄分别的根本法则。因心性净、心法染，故凡言语勾画皆落入虚妄范畴内，即言说必然属于比量之列，所以"掉举、昏沉"之名言落定，属于比量。"掉举、昏沉"是因分别而起的命名，从无分别之现量，

---

① 弥勒菩萨说，（唐）玄奘译：《瑜伽师地论》卷15，CBETA 2023，T30，No.1579，第357页上。
② 南羯罗主菩萨造，（唐）玄奘译：《因明正理门论》卷1，CBETA 2023，T32，No.1630，第11页下。
③ 赵东明：《陈那对"现量"的定义与"意（识）现量"——兼及〈成唯识论〉与窥基〈成唯识论述记〉的观点》，《唯识研究》第九辑，宗教文化出版社2021年版。
④ 赵东明：《陈那对"现量"的定义与"意（识）现量"——兼及〈成唯识论〉与窥基〈成唯识论述记〉的观点》，《唯识研究》第九辑，宗教文化出版社2021年版。

经历"苦受、想象和构画"而被认知。王夫之认为,现量之范畴,除前五识纯粹感觉之外,第六识于定中意识也有现量,是修定的直观能力。[①] 心智的习惯是快速命名,依照本然的惯性自动运行,即刹那间的认知。惯性势力往往不自觉地占据中心位置,言语勾画名言定义,自然而然地成为认知的核心。然而,唯识学研究之大德却在修证中逆观、从惯性中出离,从而发现认知现量的关键环节,修定中深入驻留心识而不被惯性裹挟,使得现量直观成为关键的方法。

"现量"是认知之基础,人们所谈论言说的一切属于"比量",言语的基础是区别和命名,言谈交流的内容指向精确之区分。一开口就意味着"比量"的运用,所有言诠都离不开分别计度。然而,并不能因为言谈所及在"比量"的范畴内,就认为"现量"不可认知,甚至不存在。对"现量"的认知,如同指向月亮之手指:手指并非月亮,却指向月亮;如铺陈在博物馆中的背景,注意力虽聚焦于特定的展品,所呈现却离不开背景的映衬,背景结构本身构成了博物馆的基调。日常的认知以区别为特征,以聚焦为方式,以心智之执取为潜意,很难把握"现量"之认知。"现量"在认知的刹那被忽视,成为认知程序最基础、最不被关注的环节。唯识学将电光火石间的现量认知程序提取出来,予以高度的关注,视之为具有重要功能的直观认知。

唯识学"现量、比量"认知可与心的两种功能对应,即集起心与种种心。这来自经量论者的说法,被唯识学所继承。一味相续之集起心含摄一切法的种子,是一切种子积集之所在。[②]"现量"之认知,发生在触境之瞬间,为认知铺陈背景而现。激发集起之心运作,先集起而后种种,先"现量"而后"比量"。所缘之境、取境之行相,是种种之差别,故而名为种种,为"比量"所认知。"现量、比量",因有无分别而言说。

---

① 梅愚编:《诸家论唯识》,第27页。
② 释印顺:《唯识学探源》,第56页。

> 云何分别所缘？由七种分别，谓有相分别，无相分别，任运分别，寻求分别，伺察分别，染污分别，不染污分别。有相分别者，谓于先所受义诸根成就，善名言者所起分别。无相分别者，谓随先所引，及婴儿等不善名言者所有分别。任运分别者，谓于现前境界，随境势力任运而转所有分别。寻求分别者，谓于诸法观察寻求所起分别伺察分别者，谓于已所寻求已所观察伺察安立所起分别。染污分别者，谓于过去顾恋俱行，于未来希乐俱行，于现在执着俱行所有分别。若欲分别，若恚分别，若害分别，或随与一烦恼随烦恼相应。[1]

量论是分别定义之论，量论如尺，"四分说"是量果。[2] 四分也是唯识学对当下心智图式生发之解读。"现量"，是唯识学的经验方式，是第一人称视角的直接经验，其性质是私己的、根源性的。量论之所量为诸多相，贯通唯识的"识"与"智"，佛法的"镜智""现量"是无漏智的发现。[3] "现量"是缘法自相的认知，"比量"是缘法共相的认知；"现量"是直接认知，"比量"是依靠现量推度。自相共相是一体两面，"现量、比量"不可分割。"现量"是直接现见，不带中介，亦无有丝毫分别之心，只是回到当下本身。"现量"之升起，必然带来"比量"之呈现。"掉举、昏沉"为"现量"觉知，继而为"比量"所传达。"比量"意味着计度分别，一切认知的分别首先是主客关系的分别，在唯识学中属于受用缘起的范畴。

（二）能所关系中认知"掉举、昏沉"

分别心一动，分出我法，因我法之执，进而生出烦恼障、所知障。在"现量"之后，"掉举、昏沉"的认知程序落入能所关系的范畴：能受用与所受用，受用始于"触"。

---

[1] 弥勒菩萨说，(唐）玄奘译：《瑜伽师地论》卷1，CBETA 2023，T30，No.1579，第280页下。
[2] 唐仲容：《关于佛教的认识论（中）》，《法音》1989年第11期。
[3] 程恭让：《抉择于真伪之间：欧阳竟无佛学思想探微》，华东师范大学出版社2000年版，第51页。

所谓"触"——心所法的生起，有前后之次第。根境和合生起刹那的识，根境和合假名为"触"。①一切认知都以"六入触——眼触、耳触、鼻触、舌触、身触、意触"为开始，"受"依六入触为缘而生，受有苦、乐、不苦不乐三种。②识触为先，生出第二念的"受"，进而生出"想"和"思"。对一般心理活动而言，无论触外境还是内境，"受、想、思"都是先后产生的。"受"为粗动之情感，"想"为想象，"思"为造作。③"现量"是感觉之直观，是触境当下的无分别认知。其发生于言语定义之先，是无间距未分化的直观、诸法显现之前提。"现量"在触境之当下浮现，在"受、想、思"中转为"比量"。以动态认知的程序看，"触"是直觉无分别，"受"是苦乐之价值，"想"是继发之想象，"思"是认知命名之构画，前后次第间有一线索，这线索以刹那之前后为序列。

"受用缘起"从"色蕴"到"识蕴"认识对象内容，也是从客观到主观渐次发展。"掉举、昏沉"是现象，所有现象是缘起的。心识对现象的受用缘起建立在业感缘起基础上，着眼于主客观交织的人生现象。其缘起法重点是所缘缘和等无间缘。认识，通过能取（即能受用）和所取（所受用）实现，称之为受用缘起，可概括为"蕴、处、界"三科。三科由简略到复杂，其中五蕴较为简略，只对应"五位百法"中的四位，不包括无为法。"处"和"界"都包含"五位百法"。在认识过程中，"十八界"比"十二处"更完备，除了"能受用"和"所受用"之外，还包括"受用自体的旧经验"。④

"蕴、处、界"三科中，五蕴为最简略。色蕴偏向客观，识蕴偏向主观。⑤其间的受、想、行是内在作业的过程，也是等无间缘持续作用的部分。心思无一刻不流动，感受无一刻不运动，佛法认知可深入内在流动，

---

① 释印顺：《唯识学探源》，第53页。
② 释印顺：《唯识学探源》，第11页。
③ 释印顺：《唯识学探源》，第54页。
④ 《吕澂唯识论著集》，崇文书局2019年版，第196页。
⑤ 《吕澂唯识论著集》，第194页。

把握精微的转变。日常惯性反应稍纵即逝，"现量"直观以直观进入深处，理解"受用缘起"的五蕴链环。唯识学五蕴是一种区分，将自动化的心识工作分为五个环节。环节之间自动催发，一个接一个产生，高速作用在心识中。这种自动高速的运行，就是业力的惯性势力。在修行转依的道路上，唯有对烦恼业力的准确感知，才能有所行动。感知，是分析五蕴的细部，放慢且放大去看，在对于"掉举、昏沉"的感知中，停留在受蕴中，停留在未被定义之前的状态。

蕴，梵语 skandha，意为积聚、类别。蕴有色蕴、受蕴、想蕴、行蕴和识蕴。色蕴，是物理形式的积聚，涵盖所有物质现象。其他四蕴，是分限的积聚，涉及精神现象。其中想蕴是第六识的功能，作为心所法的"掉举、昏沉"，出现于想蕴之中。五蕴，对应"五位百法"中的有为法。色蕴对色法；受、想、部分行对应心所法；部分行对应心不相应法；识蕴，对应心法。可见"掉举、昏沉"是心法第六识的功能。当五种聚集的内容被坚执为自我时，就变成"五种我事"：具身我事、受用我事、言说我事、造作一切法非法我事、彼所依止自体我事。[1]"具身"就是六根，想蕴就是"言说"，"掉举、昏沉"就是对与我相关之事的言说。五蕴是缘起，以"受用缘起"为法，渐次从客观到主观。以受为指导，将客观生成的印象结合主观，依次有不同色彩的感受，继而有了心思、行为的趋向。[2] 受用缘起，可以以所缘缘和等无间缘划分。如"掉举、昏沉"的出现，必因领受某种印象而激发出系列反应。因对过去美好的印象生出眷恋不舍，引发"掉举"。其中，所缘是美好印象，能缘是第六识，生出所缘的境界也是缘，即为所缘缘。思维在心识中展开，前后的种类、分量相互关联，前行之念可规定后续之念的种类。前后引导之下，念念相续无有停息，呈现前后一贯而不会中断之相，由此构成的因果就是等无间缘。"掉举"之相，就依

---

[1] 无著菩萨说，(唐) 唐玄奘译：《大乘阿毗达磨集论》卷1，CBETA 2023，T31，No.1605，第663页上。
[2] 《吕澂唯识论著集》，第194页。

此二种缘在心识中激发而出，奔腾不息，绵延持续。"昏沉"也是如此，只是心相非向上，而趋于下。由此可见，"蕴"视角的认知，是主客关系中的认知。唯识学三阶能变也包含"蕴"之思想，一阶是第八识阿赖耶识之能变，潜藏心识之开显；二阶，末那识之我执，提供个体化的视角；三阶，前六识以"蕴集"之"五蕴身"建构认识。[①]

处，梵语 sayatana，意为"识之生长门"，是心识出生、养育的处所，含义比"蕴"更广。"掉举、昏沉"出现在"意处之根"与"法处之境"的交互中。"处"为发生受用的门户，是生长的处所，非生长本身。"掉举、昏沉"可从门户中被认识。"掉举"的出现，因心识在生命活动中经历的某些情境，其中与爱恋沉浸有关的是"法处"，产生内心的眷恋是"意处"。十二处的认识，只在门户层面，而未能包含更深广的过去经验。十八界的认知则不然，包含更为广泛的认知。

界，梵语 dhātava，是种子义、能持义。相对于"十二处"，"十八界"的认识除了以根、境为缘外，又加上了"种子"作为因。认知就是根、境、识的因缘和合。以"昏沉"为例，心识经历特定情境，印象引发内在思忖，对自我评价趋向于低下，引发消沉和无力感。其"所受用"在"法界"中，"能受用"在"意识界"（第六识）中，而"受用自体的旧经验"则在"意界"中，即在"第七识、第八识"中。"意界"包含了过去的经验，既有自体后天的经验，又有藏于阿赖耶识中先天的经验，这些经验与当下的"掉举、昏沉"有深入的关系。故，"十八界"认知是更为全面、丰富的，既有当下所缘缘的生起，也有等无间缘的持续，更有因缘种子的生发。"掉举、昏沉"的根源，藏在意界的"我法之执"中，要彻底消除随烦恼，需要深入到其因缘之中，当采用含摄过去内容的"十八界"的认识方式。下面从种子识和依他起性，探讨"掉举、昏沉"的"受用自体的旧经验"这一认知功能。

[①] 叶浩生等：《具身认知——原理与应用》，商务印书馆2020年版，第184—201页。

(三)心识流转图式"四分说"与"五重唯识观"

"现量"是认知的基础,受用缘起是认知的方式,"四分说"是唯识学独有的认知图式。唯识将一切认知归摄入"相分、见分、自证分和证自证分"的动态框架中,这个框架并非大时间尺度下的,是心识在当下瞬间刹那的运行。大时间尺度,以人生整体流转为内容,从阿赖耶识的根源与末那识的枢纽入手。瞬间当下的认知尺度,从心识当下深处的分化、以八识心王当下之总体运动图式入手。心识工作是整体的,有心必有心所,无所必无心,[①]一念动诸心心所无有不动。[②]心识的工作亦是有先后的,前心能生后心,后心即为心所。[③]唯识学是以缘起法为根本认知、以所缘缘为法、以心识等无间缘为背景,在能缘所缘中认知每个刹那的经验现象。以四分了解刹那,以量论度量"四分说"。量,是度量的意思,度量的结果为量果。对"掉举、昏沉"认知程序的探索,刹那依缘起法而来,涉及心识"五位百法"的结构运作。

一切认知只是表象,心所识别的都是由心而显的"表象"。"主体和对象"并非切实区隔开来,而只有心识功能的分化,以自证分为根,分出了作为对象的相分和作为主体的见分。唯识的认知与早期佛教不同,不仅关注内缘也关注外缘,将境与一切法都纳入心识的作用,认为有内在心识所开显,诸多相可以四分言之。[④]四分属于"量果",分为"相分、见分、自证分和证自证分",相分如布,见分如尺,自证分如人用尺量布,证自证分如量布结果的尺数。自证缘见,证自证缘自证,都是亲知觉,属现量。[⑤]对"掉举、昏沉"的认识,先以现量直观之,再以四分定义之。

[①] 释印顺:《唯识学探源》,第53页。
[②] 《吕澂唯识论著集》,第10页。
[③] 释印顺:《唯识学探源》,第59页。
[④] 刘宇光:《从现象还原法试探五重唯识观的哲学意涵——现象学与人文科学》第三辑,台北:漫游者文化事业股份有限公司2007年版第111页—167页。
[⑤] 唐仲容:《关于佛教的认识论(中)》,《法音》1989年第11期。

法相唯识学与具身认知对"掉举、昏沉"认识程序之比较

唯识学深化了相分理论,把它分为"本质相分"和"影像相分"两个层次。所谓本质相分,即由阿赖耶识种子直接生变的对象。所谓"影像相分",指由八识识体变现出的种种意识表象。内变的结果即万法种子和意识器官、意识能力,由此可以变现出具体的意识对象,此对象即"影像相分";外变之器指山河大地等外在对象,即"本质相分"。[①]

"掉举、昏沉"是影像相分,为第六识所变现,也为第六识所见。在认识论上,玄奘所传唯识学承继护法一派,以"四分说"来体现认知。"四分说"将每一心识和心所,划分为四个部分,用以表达认识活动的四样作用。[②]见分是识的认知作用,是正确或错误认知的根源;自证分是对见分的证知、对认识活动本身的内省和觉察;自证分是相分和见分的认知主体;证自证分是自证分的证知。对"掉举、昏沉"的认识,需要自证分的参与。"掉举、昏沉"是内在之相,借内在见分而知,以自证分而觉其知。每一心识、心所都有四分,[③]以动态的眼光看,四分构成两个环节:第一环节是"证自证分"分化出"自证分";第二环节是"自证分"分化出"见分"和"相分"。

为了更清晰地讨论这一认知程序,可借用五重唯识观的思想梳理"四分说","掉举、昏沉"与五重唯识观的第三重相应。唯识学通过研究自我认知结构,逐渐实现超越和改变,进而实现转识成智。首先是对心智运行图式的自我省察。心智工作是多层次、结构化、程序化的,在每一个认知的刹那,都体现出复杂细致的运行程序。汉传唯识学以五重唯识观,逆着认知程序的"观"法,从外境到内在心识逐级递进观照。五重唯识观是由外而内的认知程序:第一重遣虚是总论,对唯识学探索进行定性。唯识是

---

① 魏德东:《唯识学识转变论解析》,《中华文化论坛》1999年第2期。
② 林国良:《成唯识论直解》,复旦大学出版社2000年版,第11页。
③ 赵东明:《"转依"与"心、心所"认识论的"四分"说——以〈成唯识论〉及窥基〈成唯识论述记〉为中心》,《唯识研究》第二辑,第1—47页。

认知虚妄分别的程序，要求得真切的知识，先理顺虚妄认知的程序，分清虚妄和真实。第二重到第四重是逆向探讨认知的过程，是从表层到里层的认知：第二重舍滥求纯是舍弃外境而归于内境，唯识认为所有外缘离不开内在心识之功能，故内在经验更为根本；第三重摄末归本是将见分、相分归于自证分，四分与量论都属于内境之工作；第四重胜显而劣隐是心所与心识之关系，心所之功能是劣心王之识是胜，心所依附于心王而工作，这是心识根源最深处的工作。第五重证性是修行的要求，是逆转虚妄而求空性之智的目标。

逆着五重唯识观的层次，可见从内到外的认知层次结构——最内层是心识与心所的关系；外层是内境之自证分分出相见二分，由量论而知；最外层是包含外境的主客体交互之"蕴、处、境"三科。以外部眼光来看，认知发生在主客体交互的刹那，是能所关系之结构；以内部眼光来看，认知发生在由无分别到有分别的程序，是心识分化之图式。对"掉举、昏沉"的认知，属于第三重内容，即"摄末归本"，"掉举、昏沉"既有相分也有见分，因第六心识的能所作用分为所缘之相分与能缘之见分，二者皆为"末"，可以归摄于"本"——即自证分。

三 具身认知视域下"掉举、昏沉"之认知程序

具身认知对"掉举、昏沉"的认知程序遵循行动导向的脉络，在身心与情境的交互中分为三个环节——纯粹感觉（原初知觉）、经验感受（感受与行动耦合，身体意向关系）、认知与命名（表征与倾向性辩证图式），形成"触境—感受—认知命名—下一步行动"的自动环路。

（一）认知之原初知觉

一切认知分为三个环节：纯粹感觉、对象化关系和定义图式。言说"掉举、昏沉"时，已经进入认知刹那第三环节——名言表征环节。逆转

探寻三个环节,"掉举、昏沉"出现在第二环节,并未出现在第一环节。纯粹之知觉,是一切认知的前提,发生在触境认知的瞬间,是一切概念想象和分别都未出现的当下。在梅洛-庞蒂的知觉现象学中,称此一环节为"原初之知觉"。身体哲学强调原初知觉的优先性,梅洛-庞蒂认为,将原初知觉视为第二位是巨大的时代错误。[1]生命,不仅是物理化的存在,更是活生生的存在。涉及心智生命时,聚焦无生命的物理化形式会错过生命本身,忽略活生生的身心体验。可把生命当作物理化实体,更要把生命当作生理化的有机体。有机体的感知是认知的前提,对"掉举、昏沉"的感知,在纯粹知觉之上,继而生出当下内感受。"掉举、昏沉"是情绪经验,发生于主体身体内部,被脑神经知觉为"感受"。不论是原初知觉,还是进一步分化的内感受,皆以第一人称视角通达。

第一人称视角内容优先于第三人称视角内容是身体哲学的特征,是与传统认知心理学的根本区别之一,也是现代神经生物学的巨大收获之一,达马西奥称之为"感受的优先性"。[2]以思想本身的逻辑而言,人类一切的思想前提必然是主体自身的知觉,无论何其繁复的旁观者视角,也必然以主体第一人称视角为基础。简单否定"主观性",会错过经验之原初部分属于意向性的内容。唯识学中的五种遍行心所,可以"知""情""意"三种意向性诠释。[3]

(二)横向意向化结构中的"掉举、昏沉"

以身体哲学意向性关系诠释唯识学心所,"掉举、昏沉"是意向性认知对象,曾被称为非客体化行为。意向性理论将对象分为"客体化行为"(亦

---

[1] 〔法〕莫里斯·梅洛-庞蒂:《行为的结构》,杨大春、张尧均译,商务印书馆2014年版,第273页。
[2] 〔葡〕安东尼奥·达马西奥:《万物的古怪秩序》,李恒威译,浙江教育出版社2020年版,第101页。
[3] 倪梁康:《关于事物感知与价值感受的奠基关系的再思考——以及对佛教"心-心所"说的再解释》,《哲学研究》2018年第4期。

可称作"事物感知"或"表象行为")与"非客体化行为"(亦可称作"价值感受"或"情感行为")。"掉举、昏沉"是不善心所法,出现在第六心识中,属于价值感受内容,即非客体化行为。唯识学中有更为普遍的心所法,即遍行心所法,是一切认知的基础条件,也是阿赖耶识和末那识的运作方式,可以用横向的意向化诠释之。五种遍行心所"触、作意、受、想、思"中,作意和触,是认知的基本元素,受、想、思是三种意向化内容。[①]

横向意向化结构与纵向发生学结构相对,纵向发生从根源发生角度诠释心所发生,横向从当下诠释瞬间认知程序:以心识未明显运作为开始,指向某种意向活动从背景中浮现出感受,继而模糊走向聚焦心识内容,最后内容被命名和定义。这个动态浮现的过程,唯识学以内证得之,现象学以直观得之,发而未发的开始是意向化之开始,这个开始是触而生受。[②]"掉举、昏沉"以"受"的方式被感知,受是遍行心所,掉举、昏沉是不善心所,不善心所之认知也要以遍心所为前提。"受"有"领纳"之义,为内在的动作,指接受某种内容,指向性是心识横向的意向性。受,可分为苦受、乐受和不苦不乐受。"昏沉"是苦受,因身心疲弱不堪能,成为苦。"掉举"开始于乐受,因忆念美好生留恋心。当亢奋不止、不能专注意识时,也显出"苦"受。可见,"受"是先发环节,"触、受、想、行、识"是继发环节。以五蕴的内在关系来看,识蕴包含了其他蕴,也包含了受蕴。在识的每一刻,五遍行心所发挥作用。令心识亢奋的"掉举"、令心识低迷的"昏沉"也属其中。

(三)倾向与表征辩证图式中的"掉举、昏沉"

"掉举、昏沉"与大脑的两种机制有关:映射机制和倾向机制。两种

---

① 倪梁康:《关于事物感知与价值感受的奠基关系的再思考——以及对佛教"心-心所"说的再解释》,《哲学研究》2018年第4期。
② 倪梁康:《关于事物感知与价值感受的奠基关系的再思考——以及对佛教"心-心所"说的再解释》,《哲学研究》2018年第4期。

方式同时混杂存在，出现在各种认知场景中，呈现辩证之认知图式。① 映射机制强调概念性抽象，倾向机制强调感受运动性，前者是高级认知功能，后者是生物的原始认知方式。现代人过度强调前者忽略后者，与认知过程本身不相符。认知始终是混杂的，情绪和抽象混杂、映射机制与倾向机制混杂。大脑映射机制和倾向机制来自不同功能分区，前者位于新大脑皮层，以表征化抽象处理认知信息，实现推理等过程；后者位于原始脑皮层倾向化中心，为感觉运动神经针对环境的反应。外显知识侧重大脑映射表征，认知围绕形象展开。"映射机制"的认知方式，不能覆盖全部的心智运作。内隐心智运作还采用"倾向机制"，其行为方式是在与对象的触碰中，自发产生或回避或趋近动作，是一种自下而上的身体化心智运作机制。对于人的意识而言，"倾向机制"是通用情绪的基础，是反射式认知的先天程式，其运行的神经基础是聚合发散带（convergencce-divergence zones，简称 CDZ）。居间的行动引发自上而下的认知，同样伴随着自下而上的认知。自我塑造和记忆，离不开映射形象，也无法脱离非映射无形象的神经表征。

发生在躯体内情绪之"掉举、昏沉"，与大脑中表征之"掉举、昏沉"有差异，虽然二者密切相连构成了一个完整圆环，但属于两个截然不同的加工过程，当以辩证图式认知之。情绪，是高度复杂的自动化行为；感受，是脑图中执行的知觉。当身体内出现"掉举、昏沉"情绪时，大脑对体内发生的事实形成复合性知觉，这种知觉就是情绪感受。② 情绪感受是内感受，与之相对的是外感受，即主体对外部环境的知觉感受。大脑在执行感受知觉时，涉及内在表征，引入了概念和命名，成为具有抽象色彩的工作。"掉举、昏沉"作为情绪感受被认知时，原初纯粹的情绪特征已经夹杂了抽象认知。情绪、感受和抽象概念，在心智深处处于动态缠绕状

---

① 〔美〕安东尼奥·达马西奥：《当自我来敲门：构建意识大脑》，李婷燕译，北京联合出版公司 2018 年版，第 130—140 页。
② 〔美〕安东尼奥·达马西奥：《当自我来敲门：构建意识大脑》，第 1102 页。

态，并统摄于当下的行动中，故而"掉举、昏沉"包含了躯体和大脑双重之构造。对心智认知而言，并不存在纯粹的情绪，也不存在纯粹的抽象，心智内容更多以混杂性为特征。"掉举、昏沉"的本质是情绪，其来源与抽象概念有关，因自我价值的判断而产生，是混杂性的存在。具身认知是"知情合一"的，即人类认知不是纯粹的"抽象认知"，是感受与抽象认知交织的过程。认知和情绪既非相互隔绝，也非相互抵触，是整合在行动之下，被倾向化和表征（映射）化辩证图式所认知。[1] 脑神经这两种机制，给予温和具身理论以生物学的证据，使之可以与传统表征进路相通。具身心理学初期反对符号主义，强调倾向机制。温和具身主义则同时关注身体和大脑，强调大脑在世界中的嵌入性，也认同内部表征的重要作用。认为表征是"局部的和面向行动的，而不是客观的和独立于行动的"。这种温和的态度与脑神经双重认知机制相呼应——一旦我们认识到了身体和环境……在问题和解决方法建构中所发挥的作用，为了达到某种解释的目的，大脑、身体和局部环境的整个系统就构成了研究恰当而统一的对象。然而，这种重要洞见的整体复杂性与研究认知的计算和表征进路是完全相容的。[2] 两种机制的辩证图式，也可诠释唯识学中名言与离言之相的辩证关系，即第一人称视角与第三人称视角的交错。

>后期护法一系的有相唯识学将名言分为两种：一种称做"表义名言"；另一种即"显境名言"。印顺法师认为："一、在心识上能觉能解行相（表象及概念等），叫'显境名言'；二、在觉了之后，以言语说出来，叫'表义名言'。显境名言携带有意义，表义名言则通过语言符号将显境名言所具有的意义进行言说。"[3]

---

[1] 陈巍、殷融、张静：《具身认知心理学：大脑、身体与心灵的对话》，科学出版社2021年版，第121—127页。
[2] 何静：《一种温和的具身认知研究进路——读〈此在：重整大脑、身体和世界〉》，《哲学分析》2013年第4期。
[3] 续戒法师：《唯识学中的名言与真实》，《符号与传媒》2012年第2期。

"掉举、昏沉"是显境名言，是心识中的相，被言语说明。先有现量直观之认识，后有名言之表达。经历了一个转化的过程，从原初私人感受，转化为可被他人知晓的名相。名言和现量直观，也构成心识深处之两极，一极清晰言说，一极幽暗变化，在名言与被名言之间，有着心识深处的工作。"掉举、昏沉"在内在心识之等无间缘中，成为所缘之缘而被认知。无间之流淌无端，涌现出心所法之相，为现量所缘，显为境相，皆可施设以名言，为言语刻画，成为可与他者交通之法。这期间，第一人称视角的法相为离言之法相，第三人称视角为名言之相。二者源于一，相互交互，是唯识学独特之认知。言语之相与离言之相，根源处并非隔离孤立，是统摄为一的，这是活生生之生命体验，在流动中之一瞬把握真实。第一人称视角与第三人称视角统合，感受与名言统一，不同于当代二元划分的思维习惯，是典型的内在辩证性特征。在具身认知系统看来，名言定义和感受也表现在身心关系上，即大脑表征和躯体感受的关系上。

四　结论："掉举、昏沉"认知程序的相互启发

通过对"掉举、昏沉"认知程序的梳理，可见刹那中的前后次第及其间的心识结构：先是无分别的现量感受，再是诸多情绪感受，继而命名思量、名言运用。在刹那间的认知程序中，唯识学的认知有三处值得具身认知借鉴研究：其一是纯感觉的现量直观，来自定心之直觉；其二是认知中的意向性关系，包括经验感受与功能观察的关系，受用之能所关系可以看作更复杂的意向性；其三是唯识通过研究虚妄认知之程序，为下一步逆观作准备，心从其中解脱而转识成智。以当代意识哲学看，现量直观和经验感受都属于第一人称视角的内容，只是现量直观属于"发而未发"的启动瞬间，经验感受则属于心智自动化运行阶段。

（一）唯识现量认知的启发性

在认知程序中，具身认知的"原初知觉"和唯识学的"现量"有一定契合，都以纯粹感觉为认知基础。王恩洋认为，不杂以构思的现量有似于现象学，是法相分析的特征之一。[①] 这种纯粹感觉，可用"回到当下"来表达。

"回到当下"广泛出现在心理学语境和流行的社会用语中。然而"回到当下"并非表面化、世俗化的思想，而是来自佛学独特的思想，充满了佛法的洞见。日常生活中，人们的心智充斥着判断、定义和命名，这些内容构成了人类心智的表层。而人类心智的深层，是感受和体验的世界，是未被命名的部分，是生命活动最鲜活的部分，构成了生命的事实本身。唯识学的量论，包含了心智深浅内容的探索：深层心智是当下的、非名想的"现量"，表层的心智是反思的、比较度量之下的"比量"。"现量"直观地认知，去除定义抽象名相之"覆盖"，回到生命当下的本来面目。

具身心理学不仅研究意识的内容，也研究意识的结构，即认知的身体来源。但不论哪一种心理学，都没有对意识性质进行区分，没有"定心"和"散心"以及"识"和"智"的区别。心之定散之别是佛学的独特概念，"识"和"智"的分野是唯识学特有的范畴。在对"掉举、昏沉"的认知中，从细微之定心入手，就能觉察到心之集起过程。心理学研究的是散心、分别心，唯识学研究的是定心、无分别心。唯识学的科学性在于对现量直观的严格性，其以定心为方法研究认知心智的深层状态，尤其认知未被命名的心智经验，以当下的纯粹经验为内容，感知未分化的意识状态。其经验的深度、广度和纯度，都超越普通心理学的反省方法。

纯现量是唯识学专属，具身认知并无此概念。唯识学对世界的认识，以切身体验为门，非以名想、惯性势力为门。其朝向深心之感，而非执着于耳目闻见。佛法将深心以阿赖耶识为名，无论流转抑或还灭，都源于此

[①] 《王恩洋唯识论著集》，长江出版传媒、崇文书局2019年版，第66页。

深心作用。[①] 现量直观聚焦于心之澄净，由散心直到深处定心，都是内在实证所得。散心翻腾于心海表面，深心沉静于心海深处，这种修证是东方性之实践。

与现代认识科学主要借助类比推理（如计算机隐喻、大脑隐喻等），通过科学建模的方法来进行认识构架的研究不同，法相唯识学的心识结构出自于历代论师的禅修实践，是论师们以亲身的体证为基础，通过"现量直观"对人类认知的真实体验：这是地地道道的"以身体为基础"的具身研究方式。相较而言，现代的具身研究"由于缺乏适当的方式而不时陷入死胡同"，因此，借由法相唯识学的方式，或可为具身认知的研究提供有益的借镜。[②]

现量直观是纯粹东方的科学方法。具身心理学将之视为思想源泉，从中汲取深刻的经验，逐渐学习其技术。作为第一人称视角下的古老技术，现量直观给予现象学和具身心理学超越性、根源性的借鉴价值。这种技术正是传统心理学所缺乏的，也是现代心智研究迫切需要学习的。现量直观，来自深心之体验，非散心之感受，是心智去除诸多覆盖后长期修行训练的结果，非散漫的想象。定心之静虑沉思既不是普通经验，又非超验，因为它确是无数参佛者的真实体验。[③] 现代认知研究因缺乏适当的方法而陷入死胡同，可从唯识学的现量直观中得到借镜。[④]

传统经验心理学缺乏的正是一种建立在对心理本质的直觉澄清基础上的概念系统，心理学要想在未来取得不断的进步，它就必须融合、接受人类历史承传下来的一些优秀文化精神，它就必须在自己日

---

① 《吕澂唯识论著集》，第167页。
② 叶浩生等：《具身认知——原理与应用》，第182页。
③ 彭彦琴、江波、杨宪敏：《无我：佛教中自我观的心理学分析》，《心理学报》2011年第2期。
④ 叶浩生等：《具身认知——原理与应用》，第182页。

益提高的技术操作中增添一些人文精神，确保经验心理学的研究意义和方向。另外，作为东西方文化热点产物的现象学心理学和佛教心理学是可以通过互为补充而达到深化理解的，而且随着这两种不同文化背景下的学说的对话的不断增多，它们也将给当代心理学带来更多的启示和影响。[1]

人类的心智研究，不仅是西方心理学的领域，也是传统东方的重要领域。有着千年沉思经验的唯识学，绵延的内在动力源自真切的、深度的、有价值的思想积累，而非简单的历史长度的持续。在日渐多元化的现代世界，心理学研究不能忽视唯识现量直观的经验。虽然二者各自核心观念不同，价值趋向也非一致，但对于生命和心智本身的善意与探究是一致的。东方性的研究策略可以给予现代心理学巨大的帮助，二者之间在技术上的融合是可能的，也是现实的。

（二）第一视角经验意向性奠基

继原初知觉（或现量直观）之后，认知进入下一个阶段——经验感受。虽属于不同的认知阶段，但原初知觉与经验感受，都来自第一人称视角，其本质上是心智的意向化行为，指向对象的关系构造。唯识学和身体哲学都以存有论从属于认知论为前提，二者的认知理论不同于传统心理学，都以"关系"为认知枢纽。唯识学是能所关系，以受用缘起表达；身体哲学以意向化为原则，将心心所理解为"知""情""意"三种动态奠基的意向化。"情"是遍行心所中价值感受之"受"，[2] 不善心所"掉举、昏沉"在此前提下被认知。对"掉举、昏沉"之认识，便依第一人称视角，以现量直观为前提，继之以经验感受，再以名相定义之。经验感受和名言定义

---

[1] 彭彦琴、胡红云：《现象学心理学与佛教心理学——研究对象与研究方法之比较》，《南京师大学报》（社会科学版）2010年第4期。

[2] 倪梁康：《关于事物感知与价值感受的奠基关系的再思考——以及对佛教"心-心所"说的再解释》，《哲学研究》2018年第4期。

的关系，涉及第一人称视角和第三人称视角的关系，即关涉经验现象与心理功能的关系。

人类认识心智世界有三种路径：第一种是个体自身经验，为第一人称视角的主观化经验，感知意识的"现象面"内容；第二种是人际交互的经验，来自第二人称视角，称为主体间经验；第三种是第三人称视角旁观的经验，一般称之为客观化经验，关注的是意识的"心理面"。这三重视角来自"自我—他者—世界"，三种经验的强度依次减弱。具身认知心理学认为，头脑嵌入身体、身体嵌入情境、情境根植于生活世界，其中涌现种种活生生的经验，首先被主体第一视角感知。"掉举、昏沉"便是主体自身内在强烈、深刻的感受状态。这三重视角并非平行排列，而是"二阶关系"，第二和第三人称视角是建立在第一人称视角之上的。没有第一人称作为前提，后二者无法存在。以意向性原则看，第一人称视角是其他二者的奠基，没有第一人称视角的预设，不会有第二、第三人称视角的展开。

故而，"认真对待经验"已经成为当下人类意识研究的重点，用以纠正曾经被忽视的。[1] 长期被忽略的"主观经验"，正在成为与"心理功能"同样重要的内容。在心智研究中，二者之间的张力有辩证性，可以促进彼此间的探索和相互理解。现代心智科学研究的难点和重点，就在于"心理面"与"现象面"的关系中。"掉举、昏沉"作为经验现象是情绪感受，作为心理功能则影响身心状态，尤其影响注意力水平。二者的关系并非隔离，强调任何一面或忽略另一面都会阻碍进一步的探索，唯有以辩证视角看待二者的关系。"掉举、昏沉"是情绪感受，"情绪"和"感受"并非同一，感受是一回事儿，对感受的表述是另一回事儿。具身心理学远离传统心理学，与东方唯识学达成共识。具身认识理论发展出一种新模式：神经现象学，将第一人称与第三人称互惠合作，进行东西方科学的深度对话。

唯识学的能所关系更为复杂，并不强调第三人称视角，而以主体经验

---

[1] 颜鸿：《认真对待"现象"——意识科学中的"纯粹经验"及其哲学意义》，《自然辩证法通讯》2021年第2期。

视角，即阿毗达磨元素分析法为方法。唯识学的元素分析方法是主体实证的体验，是第一人称视角的当下经验。不同于第三人称视角下的西方科学分析，其属于东方科学之传统。这种基本元素的东方科学分析方法，继承自阿毗达磨，成就于世亲的《俱舍论》，将"识"的每一个瞬间分析为主体与对象，及其相应的心所法。"五位百法"的内容是经验过程中的现象，是细微的颗粒或元素，并非凭空妄想的勾画。在经验的每个瞬间，元素可以看作不可再分的单位，"掉举、昏沉"便是经验过程中的元素。对个人而言，这种当下的经验，就是真切的最终的实在。[1] 五蕴法与唯识论"五位百法"的有为法平行对应：色蕴对 11 色法，受蕴、想蕴对应遍行心所的受与想，行蕴对应 49 种心所法（除去受、想）和 24 种心不相应法，识蕴包含 8 种心法。[2]

在唯识学看来，第一视角的感受经验先于名相之施设。在"蕴、处、界"三科中，心识过去的内容也被引入，当下的感知与心识之全体相连接，其中关涉生命过去经验之种种。

（三）"掉举、昏沉"缘起图式与启发

唯识学以"四分"分析心智刹那的图式，具身认知以"表征"与"感受"辩证图式分析刹那。四分是心识本身之分化，沿着内在自动惯性而来，在所缘缘和等无间缘中展现。有缘起必然有缘灭，有分化自然也有融合，唯识学对"掉举、昏沉"的来路和去路都有清晰描述，其中暗含了对治的方法——即以"逆观"为法，在五重唯识观的第三重中化解心识之四分。这对于在表征和感受中激荡的具身认知而言，具有极好的启发意义。具身认知的辩证图式对传统心理学也有启发意义，其所对治的是概念全能主义，即将一切认知内容纳入概念范畴内容，认为除概念之外的认知不存

---

[1] 〔智〕F. 瓦雷拉、〔加〕E. 汤普森、〔美〕E. 罗施：《具身心智：认知科学和人类经验》，李恒威等译，浙江大学出版社 2010 年版，第 93 页。
[2] 叶浩生等：《具身认知——原理与应用》，第 182 页。

在。概念全能主义认为——凡是我们称为经验的东西必定是概念化的，非概念的经验是不存在的，概念化领域是"无边界的"。事实上，纯粹现象的存在，展示"外在论"的实在论图景，一部分处在我们的认知界限之中，另一部分位于认知界限之外，两个部分之间的界线是动态的。[1]梅洛-庞蒂认为，在唯理论与机械论的共同作用下，机体原初知觉的规定性被剥夺，作为"现象身体"的知觉，被特定预设观念所封闭。[2]破除概念的过度局限，是打破封闭流转的路径。《解深密经》云：

> 唯识学："云何遍计所执相？谓一切法假名安立自性差别，乃至为令随起言说。"[3]

假名自性差别、随起言说，都指向特定名相和表征。只是这些表征都是习气所致，是戏论所在。唯识学的三自性理论是唯识学的认知论，根本核心建立在遍计所执上，认知的核心来自分类和命名的习惯。这些习惯并不抵达根本真实，是假名安立的。《解深密经》谈到胜义谛——真如法性是不可寻思、不可思量的，是离言之法性。[4]其间，遍计所执相与胜义谛之间的距离，相当于认知心理学中表征主义和具身心智主义的距离，前者是约莫的权宜之计，为了言说方便，后者是抵达真实的路径，为了更深彻地理解心智的运行规律。

施设名言的相，如"掉举、昏沉"，并非实体的存在，是依他起性作用。一切表征，都处于关系变化中的相、处于生起与湮灭的过程中。唯识本质上是性空，五门中以无为法为本，其余四法是有为的。遣虚存实的认知价值，一切名相但凡固执就为遍计所执，成为远离真相的非在。生命体

---

[1] 颜鸿：《认真对待"现象"——意识科学中的"纯粹经验"及其哲学意义》，《自然辩证法通讯》2021年第2期。
[2] 〔法〕莫里斯·梅洛-庞蒂：《行为的结构》，第235页。
[3] 赖永海主编，赵锭华译注：《解深密经》，中华书局2010年版，第59页。
[4] 赖永海主编，赵锭华译注：《解深密经》，第59页。

验的当下，是依他起性的幻在，有依他起之相。回到事实本身，就是破除名相之覆盖，进入流转生灭之中。

> 所谓"虚"指的是遍计所执唯虚妄其体用都无，而众生执之为实有，但从其存在之本质而言，却是虚幻不实的应当加以遣除。所谓"实"指的是有为之依他起，以及无为之圆成实，属根本智及后得智所证境界应当加以修证。以一切法不离识故立"唯识"之名，目的是为了遮遣众生认为在识之外实有色法等执见。[1]

遣虚妄而存真实，"掉举、昏沉"是相，依他而起，缘心而灭。若是固着于相，便为虚妄"遍计所执"，成远离真实的伪相，当以修行对治。唯识学的这种思想对认知治疗有启发作用，可以帮助其消除"封闭化认知"。认知行为治疗许多症状与自动思维有关，一些非适应的情绪，生长在不合理的思维假定上。这些形成于过去的观念，主导当下的意识运作，共同特点是：封闭性和僵化性。个体，倾向在封闭僵化的认知中以先入之见分析所有人事，思维充斥个人的偏见。当认知不足以应对新体验时，会产生种种不适。这种思维偏见因封闭和刻板不能及时调整，使得心理不适应不断严重，最终导致心理疾病。问题症结在于——快速地使用表征，对各种变化中的内容予以定义，让抽象的符号排挤对事实的感觉。唯识学对于认知心理治疗的启发，就在于暂缓和中止快速的名言化，让个体有时间沉浸入生命的感觉体验中，从而生发更有弹性的名言定义，使得封闭化的认知拥有开放的可能。

五 危机案例的双系统解读

案例经过处理，为多个案例的综合整理，已去除特征描述，不存在现

---

[1] 刘奉祯：《窥基的五重唯识观与修行五位》，《佛学研究》2012年第21期。

实一一对应，此处作为普遍现象进行探索分析。

(一) 案例介绍

心理科门诊案例：2017级男生，在上课间隙突然情绪失控，拍打书桌，奔出门外，在一个角落一边撕书一边大叫。于是他被老师请到办公室交流，自诉压力很大，家人天天说他做得不好，尤其害怕爸爸说他，觉得生活没有意义，不想学习，不想做任何事情。偶尔，会有一些极端的想法。学校联系其家长，建议看心理门诊。该生母亲在外地工作，当天在父亲和奶奶的陪同下就诊。

当医生询问男生父亲，来看门诊的诉求和原因是什么？该家长说，觉得没什么问题，孩子在"装病""逃避学习"，故意在学校胡闹，所以不得不来看一下。继续追问之下，该家长喋喋不休地说了孩子很多问题——没有好的学习习惯，不听大人的话，是一个"对自己没有要求"的孩子。当问到孩子的极端行为和想法时，家长不以为然地说：假的！骗人的！就是想吓吓我们……在医生与男孩父亲对话时，诊室里的男孩蜷缩在椅子上，双手抱着肩膀，眼泪在眼眶里打转，而奶奶又心疼又抱怨地看着孙子。奶奶说，孩子爸爸是个工程学的博士，家庭的教育主要听爸爸的，孩子跟爸爸很亲，但是越来越怕爸爸，爸爸在家里任何事都管，事无巨细地说孩子这不对那不对，孩子也是不听话，她也不知道怎么办。

进一步综合了解信息后，医生对该男生危险行为和情绪状态，用一简略的模型进行分析。模型主要有三部分内容：社会情境影响、主体内生动力和亲密关系互动模式。社会情境是个体心智的文化土壤，其中的价值观起基础作用；主体内生动力，指主体人格的内在发生过程，是以情感和自我分化为核心需求，其遵循人格发展的逻辑；亲密关系互动模式，是个体人格形成的关键内容，家庭是重要的场域，是构建个体情感安全感和自我价值感的"心智训练场"。这三部分内容，都有同样的重要性，在个体成长中缺一不可。而在危急状态中，第三部分内容尤其值得注意，即特定情境下的亲子关系会深刻影响危机的走向。

　　此处，聚焦亲子互动情境，梳理和发掘内在微妙的变化，以及诸多问题的形成原因，并尝试使用相距遥远的两种理论进行分析——法相唯识学和具身认知心理学。任何理论，本质都是以认识论为基础的系统化理论框架，都可对同一现象给出自身自洽的解释。法相唯识学和具身认知理论，就是一东一西一古一今的两个理论系统。此处，围绕"亲子间的对话情境"进行双系统解读，以男生父亲的认知为入手点。

（二）案例的双系统分析

　　首先，以法相唯识学的认知程序看亲子间情境互动。唯识学中认知程序分为三个环节：无分别的现量直观，（受用缘起）能所关系之分别勾画，以及认知当下的流转图式——四分说。

　　以此视角看这对父子间的互动情境，父亲最初的认知是一种无分别的直观，是沉浸在情境中的直感，属于纯粹无碍的感觉，不带有任何的价值判断，甚至没有人我之别，没有对象化的意识。在任何一个具体化的情境中，这种无分别的"现量直观"几乎瞬间就被新的认知覆盖，而从根本上被忽略。但是，这种感觉却是一切认知的前提。这一前提暗含了极重要的信息——主体自身的主观感受为认知发生的基础，没有这个基础就没有认知存在。无分别之后的下一步，是自动化的"受用缘起"。父子间共有的情境，在彼此的心识中激发各自不同的程序——触、受、想、行、识……这一程序来自主体自身，诞生于先后天的心识发生历程，以"业力"的强制性表达出来。这位父亲对儿子行为的判断，如"假的""对自己没有要求"，都来自自身过往的经验，以不加反思的方式自动涌现。再进一步，将这位父亲的这种认知判断纳入"四分说"，会发现其心识在认知的当下，迅速进行了"对象化处理"，即从自证分分出了相分和见分，将自己认为的"儿子的问题"投射到儿子身上，并确定无疑地认为这不是自己的先入之见，而是客观存在于儿子身上的"问题"。可以看到，唯识学清晰展现了这位父亲的认知自动化程序,即不知不觉地用先入之见框定孩子,而轻易错过了对共有情境的深入感受,失去了从中触发新经验和新判断的可能。其中,自身的"业力"起到关键的推动作用。

其次,以具身认知程序看亲子间的情境互动。具身认知分三个环节:纯粹之原初知觉、心智横向的意向化,以及表征与倾向化辩证图式。

认知这一对父子的情境互动,第一步是具身之原初知觉,即身心整合下的感受,这种感受是未分化、未命名的,只有身在情境的主体才可感知。可以想见,这一对父子的互动情境是充满张力的,其氛围必然不会温暖,甚至可能弥漫着紧张不安的气息。在人际互动中,这种原初感受是至关重要的。倘若有人能够尝试说出感受,就会令情境交互效率提高,相互理解的可能性会增加。继原初感受之后,是心智刹那的自动化运作,是身体现象学所说的"横向的意向化",即当下感受与心智的记忆结构相互作用,新经验被摄入心智结构中,被纳入心智内在的系统中。以这对父子而言,这位父亲看着儿子的行为,会自动激发来自过往的记忆,诱发其熟悉的认知模式,进而给予其定义和标签,这便进入图式化的第三环节。具身认知的认知图式,整合了表征化与倾向化两种内容,前者以清晰抽象为特征,后者以含混模糊为特征。大多数时候,心智偏好前者而忽视后者,但是,在需要打破旧认知创造新认知的时候,后者的价值会更大。拿这一对父子的互动情境来说,如果父亲能够沉入原初的感受,而不是进入头脑的表征化工作,以感受引导的倾向化为认知图式,就可能对儿子有新认知,进而获得彼此间的理解,从而化解潜在的危机。

(三)结论和比较

综上可见,法相唯识学和具身认知,对这一对父子间的互动情境有类似的认知程序,但二者又有不同。第一环节中,唯识学现量直观有特定意义,尤其是"定心现量"是修行中的内容。若以修行视角看,回到无分别意识可从根本上解决问题,有助于人我之见的深刻理解。具身认知的原初知觉也颇具意蕴，以现代可理解的概念让认知重回根本。第二个环节中，"业力"有很强的解释力，其难以觉察性和强制性是改变的障碍，也是日常诸多问题的根源。第三个环节中，唯识学的"四分说"为修行者能认知，距离世俗生活世界有些遥远。而具身认知的"表征化与倾向化图式"既有较强的解释力，也有具体操作的指南价值，可以在更多人群中推广，对案例中的父子互动模式，可以给予直接有效的指导。

以上述父子间的冲突情境来说，不加干预地顺其发展，与采取措施进行干预，可能会有截然不同的结果。很多极端危险的事件发生，是因为无法化解的冲突，以及长久高张力的对抗。对有深刻情感的亲密关系而言，长期频发的冲突情境，既会彼此伤害，还会造成不可预料的风险。而真正有效的改变，须从主体自身的认知入手，从"不知"走向"知"，从"不能自已"走向"克制业力"，从而打破自身心智的局限，获得更大的自由。危机事件的发生，往往遵循这样的逻辑链条：冲突——源自"无法理解"——源自"自动化惯性反应（业力）"——源自"先入之见的偏执（法执）"——源自"坚定自身的正确性（我执）"。这个链条中，不管打破哪一个环节，都可能让不理解变成理解，让彼此抗拒变成相互感受。但是，打破这一链条需要勇气，而不仅仅是知识。需要主体直面自己的偏狭，并采取行动逆转自身惯性。在理论层面，具身认知心理学给出了有效的解释模式。然而，心智的改变最重要的是切实行动，这种指向主体的行动程序，可以从古老的法相唯识学中学习。以科学本质的定义而言，唯识学认知和改变自身的技术系统，是一种自洽而严谨的科学系统。这种系统的技术要领，对心理危机处理有很大的借鉴价值。

A Comparative Study of the Cognitive Processes of "Dropping and Lethargy" in Faxiang Yogācāra and Embodied Cognition

Zhang Xiaojin

Abstract: The dialogue between Faxiang Yogācāra and psychology occurred in the first stage of Humanistic Buddhism, initiated by Venerable Master Tai Xu. The "dropping and lethargy" discussed in this paper are a pair of afflictions in Faxiang Yogācāra and two emotional states in embodied cognition psychology. When cognizing "dropping and lethargy," each system has its unique cognitive process. This paper attempts to clarify and compare the similarities and differences between the two cognitive processes. The cognitive process of "dropping and lethargy" occurs in an instant. In Yogācāra, the cognitive process is roughly divided into three stages: the non-discriminating presentational awareness, the delineation of discriminations in the dependent origination of enjoyment and its object, and the cognitive schema of the present moment - the fourfold analysis. In embodied cognition, it is divided into three stages: pure perception, lateral intentionality, and the dialectical schema definition of representation and inclination. There are similarities between the two, such as both starting with pure perception, but also significant differences, such as "determined mental presentational awareness" unique to Yogācāra, which allows for mutual inspiration between the two cognitive processes. The paper concludes with a discussion using a case study, attempting to apply this thinking to psychological crisis intervention.

Key words: Humanistic Buddhism; Faxiang Yogācāra; Embodied Cognition; Dropping and Lethargy; Cognitive Processes

东西方学界对人间佛教的认知差异

释宽林

麦吉尔大学博士生

摘　　要：本文首先简要回顾太虚大师和星云大师的人间佛教理论，侧重阐发其完整性。其次，文章回顾关于人间佛教的中英文研究成果，侧重考量这些研究对人间佛教理论完整性的认知程度。再次，文章试图比较太虚大师和星云大师的实践特点。最后，文章提出自己的观点，认为英语系学术作品所讨论的参与佛教，其内涵和外延都远远小于人间佛教，与之相比，人间佛教理论更具有完整性、前瞻性、战略性，代表着佛陀的本怀，代表着完整纯正的佛法。就人间佛教的实践而言，尽管在初期不可避免地会遇到种种问题，需要不断调适和补充，然而理论的完整性铺垫了实践发展的可持续性。因此，关于人间佛教的研究，尤其是关于人间佛教社会实践和佛法实修体系的探索，堪称未来可期。

关 键 词：人间佛教；参与佛教；太虚大师；星云大师

基金归属：本文为2019年度国家社科基金重大项目"'一带一路'佛教交流史"（编号：19ZDA239）的阶段性成果。

受程恭让教授"张力结构"理论的启发，笔者在学习学术前辈和教界大德关于人间佛教的理论研究后，在此尝试提出一种新的叙事或诠释方法：人间佛教有两个不一不异的面向，一个是"回归人乘的务实承担"，另一个是"基于人乘的实修体系"。

前者契机,强调"人间",是指具体立足点和下手处。其中"务实"对治不切实际的玄谈,"承担"对治自私避世的消极,"回归人乘"则对治佛教鬼神化,既对治装神弄鬼的神通迷信,也对治经忏丧葬的功利化和形式化。

后者契理,强调"佛教","教"指具体方法,"佛"指终极指归。"基于人乘"指当下时代因缘中,修行应该基于人本位,立足自信、立足自我、立足现实、立足现世、立足社会、立足世界。①

"实修"指基于前面的六立足,明确而大胆地追求发明心地,追求解脱成佛,在法上不断付出明明白白、切实可行的努力,在法上不断取得明明白白、切实可见的进步。"体系"则指具体修行的次第,严格讲,自古至今的实修,不出佛所说"闻、思、修、戒、定、慧"的理路,而具体落实上,则需要根据不同时代的具体因缘,针对本时代的突出问题,给出具体、切实、有针对性的问题解决方案和修行次第指导。

"体系"的蕴义,涵盖基本逻辑的框架、轻重缓急的顺序、清晰明了的秩序、条理分明的次第。体系的价值,是对重重复杂关系的清晰梳理,对重重复杂张力的有机舒缓,对重重复杂缘起的不断调适。因为具有一定程度的逻辑性、清晰度和确定性,所以能给使用者一定程度的逻辑自洽、明朗感和安全感。缺乏清晰有效的实践体系,缺乏下手处和可视化的进展,理想很容易沦为口号,初期还能激发情怀、激动人心,时间久了,却容易引发虚幻感甚至根本质疑。修行亦复如是。人间佛教的实修体系,是避免佛法与自己身心、与当下现实分离的根本保障。

有学者认为,目前中国佛教契理与契机两大原则之间的张力已经失衡。"唯机"极端导致过度商业化、心灵鸡汤化,"唯理"极端则导致神秘主义盛行、原教旨主义孕育发展。②笔者认为,要解决这四大危机,平衡

---

① 这部分内容较多,详见附录《人间佛教基于人乘实修体系的六项原则》。
② 常红星:《中国人间佛教发展报告》,载《中国宗教报告》(2017—2018),社会科学文献出版社2020年版,第26—55页。

契理与契机之间的张力，佛教需要不断开发和完善"回归人乘的务实承担＋基于人乘的实修体系"。

仔细考究，人间佛教从问世以来，包括太虚大师、星云大师在内，所提出的理论，都具足涵盖圆满佛法的完整内涵，既是契理的，又是契机的。对此国内学者大多有或深或浅的认知，而国外学者往往还一片茫然。理论的建构完善可能只需要十几年或几十年，而在实践层面，则必然是路漫漫其修远兮，不可能在短短几十年内达到尽善尽美，乃至可能是千秋万代的长久发展。笔者认为，不立即尽善尽美，恰恰是大德先贤的慈悲智慧所在，这样才能随顺因缘，给后人留有余地。从这个角度讲，无论太虚大师还是星云大师，对于人间佛教的实践，虽然优先点和下手处略有不同，却都可以毫无异议地称为"开创先河、厥功甚伟"。而同时，他们在短暂人生和有限时代因缘下，所能做到的也必然都还留有余地，以待后人继续探索和拓展。

本文首先简要回顾太虚大师和星云大师的人间佛教理论，侧重阐发其完整性。然后回顾关于人间佛教的中英文研究成果，侧重考量这些研究对人间佛教理论完整性的认知程度。之后，文章试图比较太虚大师和星云大师的实践路径。最后提出研究的结论和观点。

一 人间佛教的理论建构

（一）契理：太虚大师的人间佛教

太虚大师对人生佛教的定义，并不局限于"人"和"生"，人含摄一切众生，生亦含摄"死"及"无生"。[①] 他认为末法时期修行一定要从人乘下手，唯有了生，才能了死，因此他的人间佛教设计，选择人乘为下手

[①] 太虚：《人间佛教之开题》，《海潮音》第26卷第1期，1944年。"故人即众生——轮回六道的为苦缚众生，二乘为超苦众生，菩萨为觉悟众生，佛陀为究竟众生。所谓死，实即生之一部分；我们要能了生，才能了死。相反的，若只了死，非唯不能了生，而且也不能了死。"

处，以人乘为基础和出发点。然而，他所构想的人生佛教绝不是仅仅追求人类现世生活的改善，而是以人乘为起点，基于人乘修行，通过完善人格和菩萨道，从苦缚众生超越苦难，升级为觉悟众生和究竟众生，在人乘菩萨道上逐渐实现圆满的佛乘。[1]

可以看出，太虚大师提出的人间佛教构想中，具足六个要素：基于人乘、发菩提心、行菩萨道、现实改善、超越生死、终极圆融。这一设计立足人本位（如大师所言"在人言人"[2]），包含解决现实问题、改善此世生命的短期目标，也蕴含了世世增上、出世解脱、圆证法界圆融的长远目标。既包括入世性，又包含出世性，还包含入出不二的圆融性（见图1）。

图1 太虚大师的人间佛教构想

资料来源：太虚：《人间佛教之目的》，《人生佛教》第一章四节。

（二）契机：以人乘为下手处

太虚大师提出基于人乘的人间佛教构想，是为了契机，为了适应当下因缘，而对整体佛法综合整理后的展现——"故人生佛教云者，即为综合全部佛法而适应时机之佛教也。"[3] 具体而言，是在当时鬼神乘盛行的背景下，针对其种种弊端所作出的回应，[4] 也是对末法时代适宜修行路径的抉择（见图2）。[5]

---

[1] 太虚：《人间佛教之开题》，《海潮音》第26卷第1期，1944年。
[2] 太虚：《人间佛教之开题》，《海潮音》第26卷第1期，1944年。
[3] 太虚：《人间佛教之开题》，《海潮音》第26卷第1期，1944年。
[4] 太虚：《人间佛教之开题》，《海潮音》第26卷第1期，1944年。大师提出人生佛教的目的是："既可革除向来佛教之弊习，改善现实人生。尤能由人生以通达一切众生法界，缘生无生、无生妙生之真义，此为据理发挥应机宣扬之人生佛教真义。"
[5] 太虚：《我怎样判摄一切法》，《海潮音》第21卷第10期，1940年。

东西方学界对人间佛教的认知差异

人生佛教所重	法界圆明	菩萨—佛乘	A ↑	
	生死解脱	声闻乘	B ↑	正法时期
	后世胜进	天乘	C ↑	像法时期
	人间改善	人乘	D	末法时期

图 2　太虚大师人间佛教的下手处

资料来源：太虚：《我怎样判摄一切佛法》，《海潮音》第 21 卷第 10 期，1940 年。

太虚大师将佛出世以来第一个千年视为"依声闻行果趣发大乘心"而成就的正法时期；第二个千年是"依天乘行果趣获得大乘果的像法时期"，此时众生理解力虽强，但持戒能力下降，无法像之前一样直接靠自力修行证果，只能依靠天乘过渡（此处他对天乘的定义，包含了凡夫净土和密宗成就的天幻身）；第三个千年是"依人乘行果趣进修大乘行的末法时期"，原因是众生根器进一步下降，而且之前声闻乘出现消极避世的嫌疑，天乘出现迷信神权的嫌疑。

太虚大师关于天乘及净土密宗的观点，本文不做探讨，而将关注重点集中在人间佛教提出的原因。笔者认同太虚大师的观点——随着去佛日遥，修行者数量扩大，根器下降，时代共业中戒德下滑，障碍增加，因此修行的下手处也需要相应下沉（见图 2）。具体而言，佛世时，专业修行以具足出离心的出家人为主，天神和居士的定位基本为护持佛法，而非住持佛法。阿含经二百余卷中，鬼神的出镜率不高，存在感不强，也不发挥最主要的作用。相反，阿含经对神通、咒术、算命、鬼神的干预等，或避而不谈，或持否定态度。关于居士，阿含经中专门教导在家居士修行的经典，也只有篇幅较小的《善生经》给出了简略通用的指导。因为法是应机而说的，当时突出的问题并非我们目前面对的这些，例如感情的复杂和背叛、工作学习的高压和内卷、亲子关系的紧张和困惑、抑郁症的扩散、虚拟世界的沉迷、环境污染、食品安全等，这些问题在古代尚未突出，因此难以在阿含经中直接找到详尽的解释和应对方案。相反，佛世时，修行的主体是出家弟子，这个群体总体而言数量少但质量高，身心素质很好，人乘和戒基已经相对圆满，又有佛陀这样的明师亲自指点，因此具备直接从声闻乘修行解脱的条件。阿含经中记载当时闻法证果的弟子不计其数。当然，佛世时除了多数人从声闻乘解脱，居士证果及念佛生天的案例也有，不过，在阿含经中显然不是主流。

像法时期，专业修行的群体扩大，佛经中修行路径出现第一轮下沉。笔者推测可能还有两个因素导致声闻乘解脱的缩减：首先，随着佛及其阿罗汉弟子们涅槃日遥，能够指导止观实修的师资队伍逐渐缩减退化；其次，社会共业中戒律基础逐渐松弛，也给止观修行带来一定困难，成功率降低。这一时期的经典中，天龙八部及诸护法神的出镜率和参与度明显提高，净土及密宗等不特别强调出家持具足戒的法门，也促进了在家众学修率的不断提高。

末法时期，修行群体进一步增加，随着全球化和教育程度普及，修行不再是出家人、少数社会精英、部分皈信居士的专利，很多对佛法好奇的人也加入探求的队伍。佛教经典也不再是束之高阁难以企及的奢侈品，而是随时随地随手点击就能免费读到的电子文件之一。就全球而言，出家人数量都在不断减少。此外，科技飞速发展，全球化不断推进，其他文明信仰体系提供了多元化的理论和价值观。这种因缘下，佛法受众总体的出离心、专注度、关切点、知识结构、价值体系，都与佛世时代迥然不同。此外，社会共业中戒德滑坡现象进一步增加甚至普遍化，人际关系日益复杂化，身心自洽日益艰难，人乘总体而言还有很多欠缺。社会共业牵制和原生家庭的创伤，使不少修行人身心尚难健康安稳，信愿又无法专一和坚定，因此更特别需要从人乘下手，提倡基于人乘的修行，以期人圆佛成。

人圆佛成的路径，也有大量的佛典依据。例如，《十善业道经》将基于人乘的善业喻为大地，一切修行成果都需要基于大地而生长。弥勒经典中也记载人人行十善业，基于人乘修行，人间已经俨然成为净土，弥勒菩萨才下生成佛。而在他下生成佛之前，他一直会乘愿再来，分身千百亿，示现为普通人，引导大众逐渐增上的修行。这些太虚大师当年都有过详细讲解。程恭让教授通过对汉译及巴利语阿含经的对勘研究，发现阿含经中亦包含隐而未显的人间佛教思想，包括对人道的重视和肯定，对现实生活的关切，以及善巧方便的思想。[1]

（三）主动契机：修行路径抉择

修行入手处从声闻乘下沉到天乘，再下沉到人乘，笔者认为并非一种简单的"堕落"或"退化"。本质上，它是整体佛法在不同时代面对不同人群的契机化调整。从积极的角度而言，这也是佛法从特定文化下少数精英团队扩散到全球文化下普罗大众的一个全新契机，一次全新革命。人间佛教与其说是末法时代无奈的被动应对，不如说是高瞻远瞩的宗教领袖们（包括太虚大师和星云大师）面对全新缘起的主动创新。如果佛陀乘愿再来，或许也会是以人间佛教的修行路径应对。人间佛教的理论设计与实践探索，需要极大的勇气、愿力、慈悲和智慧。人乘本位的修行路径抉择，不是无奈的被动适应，而是大雄大力大悲大智的主动契机。

总之，太虚大师奠基的人间佛教理论建构，是基于圆满佛法应对新时代因缘的契机化展现，是同时含摄入世、出世、入出不二的完整佛教。其实践则是路漫漫其修远兮。程恭让教授将百年来人间佛教划分为三个阶段：五十年的理论建构期、五十年的理论拓展和实践探索期、现在直至弥勒菩萨下生成佛的规模化实践期。第一阶段以太虚大师和印顺法师为代表，第二阶段以包括星云大师在内的海峡两岸教界学界诸多大家的贡献，

---

[1] 程恭让：《原始佛教的三大核心价值暨星云大师人间佛教对佛教社会思想的新贡献》，《人间佛教社会学论集》，发表于 2018 年 5 月"首届人间佛教社会学论坛"。

第三阶段则是当下全球宗教信仰者和学者们正在探索和谱写的历史。[1]而第二阶段五十年的探索，星云大师贡献犹大。下文从全球化人乘修行的角度，对星云大师的理论建构和实践探索略做分析。

（四）承继：星云大师的人间佛教

星云大师对人间佛教的设计初衷，也包含完整佛法和契机考量。他的人间佛教设计既有生活层面，又有精神层面，既包括入世思想，也包括出世思想，既包括现代特色，也包括传统特色，是"引领人类走向新世纪的指针"[2]。

程恭让教授《星云大师人间佛教思想研究》一书，用宏大的篇幅、创新的视角，基于海量的资料和深入的思考，分析了星云大师人间佛教思想的形成、发展和特色。书中不用传统的不二概念，而是用"内在张力结构"的说法，从诠释方法、传统观念、论说模式、价值追求四个方面，探讨星云大师人间佛教思想的特征。[3]书中首先回顾了前人的基本重要著作，包括 Guruge 提出的多元性和多种传统的统一性[4]，满义法师提出"星云模式"在说法语言、弘化方式、为教顾心、证悟目标等方面具有独特性[5]，学愚教授从典范转移的角度提出人间佛教是从原始佛教、部派佛教、大乘佛教的模式转移，是一以贯之的佛法[6]。

星云大师对五乘的判摄继承了太虚大师的衣钵而有所发展。他把基督教和伊斯兰教判为天乘，把老庄道家判为声闻乘[7]，同时对民间信仰也非常接纳圆融。这可能源于大师幼年时与信仰民间宗教的祖母感情深厚，后来

---

[1] 程恭让：《纪念星云大师辞世周年，勇敢面对现代人间佛教发展的第三阶段》，《人间佛教学报·艺文》第49期，2024年。
[2] 程恭让：《星云大师人间佛教思想研究》，高雄：佛光文化2015年版，星云大师序言。
[3] 程恭让：《星云大师人间佛教思想研究》，第345页。
[4] Guruge. *Humanistic Buddhism for Social Well-Being*. Buddha's Light Publishing. 2002. p.8.
[5] 满义法师：《星云模式的人间佛教》，香港：天下文化出版社2005年版。
[6] 学愚：《人间佛教：星云大师如是说、如是行》，香港：中华书局2011年版，第26—27页。
[7] 程恭让：《星云大师人间佛教思想研究》，第378页。

经历了看到祖母信仰破灭后痛苦神情的不忍心,又经历了祖母逝世时未能在身边助念的刻骨遗憾。这些经历与太虚大师的人生很不同,有可能成为影响他人间佛教实践风格的因素之一。

二 比较两位大师的人间佛教实践

关于人间佛教的实践研究,目前整体而言还比较欠缺,很难找到深入翔实的文献资料。因此本节所做的论述,很大程度上是基于笔者极为有限的观测,进行的大胆假设和揣测,以期抛砖引玉,引起日后其他学者真正切实有价值的研究。

(一)都重视实修,下手处不同

太虚大师实践人间佛教的构想,首在培育僧才。他积极建设佛学院,苦心孤诣地创造条件让僧人可以获得更好的学修。虽然他未曾直接表述,但我们从他的实际行动中似乎可以推测,比起居士,他更重视僧人。太虚大师也会全国讲法,讲法的理路和方式都比较传统,也吸引了大批听众,然而他似乎将更多心思花在了佛学院中,而不是思考居士的结缘和教育。他的佛学院课程设计中,实修是占很大比例的。教育的框架也是按照长期培养僧才的进路而展开的。他对僧人修行的理路,也是按照传统的戒定慧次第,从德行的培养和座上修持开始。

星云大师也很重视实修。他批评台湾佛教界令人担忧的三个倾向,第一条就是重玄谈而不重实修。[①] 不过在实践层面,太虚大师走的是传统"培养僧才+讲经弘法+精英社交"的路线,而星云大师走的是现代化"文化慈善事业+大众居士结缘教育+海外道场建设"的路线。星云大师的修行理路,是从"发心"开始:"所谓生活的佛教,就是说睡觉、说话、走路,不论做任何事,都应该合乎佛陀的教化。譬如佛陀告诉我们要发心,不止

---

① 程恭让:《星云大师人间佛教思想研究》,第385页。

布施要发心,信佛要发心,甚至吃饭睡觉也要发心。只要发心去做的事,效果奇佳。"① 这里,合乎佛陀的教化,首要的不是修戒德和禅定,而是发心。笔者认为这是一种适合末法时代修行的理路,因为修行人整体福报不够,需要通过发心来培福。事实上,佛光山事业的广大开展,也有赖于僧俗二众的发心。其事业的重点——文化慈善活动、居士结缘教育、海外道场建设,无不需要僧俗二众的大量发心和承担。僧众深入的戒定慧修行,到目前为止似乎还不是第一优先点。

两种模式并无孰优孰劣,而是不同缘起下的契机抉择。太虚大师的时代,尚无今日的交通便利和信息技术,缺乏佛法大众化和国际化的基础,因此传统的路线更为合适。这一路线一方面护教安僧,一方面也培养了一批后来颇有影响力的僧才,包括法尊、法舫、芝峰、印顺、演培、大醒等。而星云大师的时代,佛法大众化和国际化已经具备基础,因此全球建设道场、教化居士、开展文化慈善活动、积极参与跨宗教对话,都取得了丰硕的初步成果,也为下一步国际化僧才培养和深入戒定慧实修,创造了坚实的基础。

(二)都重视社会化群众化,思路不同

就僧俗伦理而言,太虚大师比较传统,更重视僧众,星云大师则提倡"僧信平等化"②。太虚大师提出:"人间佛教,是表明并非教人离开人类去做神做鬼,或皆出家到寺院山林去做和尚的佛教,乃是以佛教的道理来改良社会,使人类进步,把世界改善的佛教。"③ 由此可见,他重视居士教育和社会改良。他的思路是通过"长劫修证,由超人、超超人以至于佛。而其建立,则当有专以修学及宣传与办理于佛学为职业之僧,及普收全民众

---

① 程恭让:《星云大师人间佛教思想研究》,第 388 页。
② 星云大师:《人间佛教论文集(上)》,第 715—735 页。
③ 转引自星云大师《人间佛教论文集(上)》,第 715—735 页。原文为 1933 太虚大师在汉口市商会演讲《怎样来建设人间佛教》。

之学会，使皆成为大乘的组织化与纪律化，涤除旧染，湛发新光"[①]。由此推测，关于如何实现组织化规模化的佛化生活，太虚大师的思路首先是倚重僧团，僧团首要是"修学"，在此基础上引导学会，系统性地教化群众。

与之相比，星云大师更重视发挥居士的力量。佛光山海外道场建设往往是一两个僧众（而非一个规模化的僧团）发心，借助佛光山的品牌和平台进行募资，居士在道场建设和日常运营中，都发挥着重要的作用。就僧俗关系张力而言，无论人数、学识，还是本地经验，僧众比起居士往往都处于弱势地位，实修方面可能也并没有更多优势，因此若非平台品牌支撑，较难以绝对优势引导居士。可能这种缘起下，僧信平等化的倡导，也是一种权宜契机的选择。当然，这些观点仅是笔者基于个人观察和有限文献资料的一种简单推测，有待批评指正。

（三）都重视国际化，实践方式不同

太虚大师的国际化实践是自上而下培养僧才讲经弘法的路线。在蒋介石的帮助下，他通过国外使馆的邀请和接待，参访了欧美等国家，进行讲座和交流。他也参访过日本和东南亚国家，考察那里的佛教现状。他的后续跟进方法依然是僧才培养而非建设道场的路线——派遣弟子到国外学习外语，成长为魅力型僧才，讲经弘法，翻译经典。例如，法舫法师到东南亚后，经过几年努力学习，已经能用流利的英语讲经，所到之处大受欢迎，并且曾经试图翻译巴利语经典。

星云大师走的则是自下而上建设道场开展文化事业的路线。他很重视海外道场的本地化，其弟子也不遗余力地践行这一方针。然而目前来看，将近半个世纪过去了，本地化的目标还远未实现。觉谦法师2016年发表了一篇89页的文章，专门论述大多伦多地区三个佛光山道场的本地化情况。从文章来看，多年来道场活动主要是宗教法会和文教事业，受戒和禅

[①] 程恭让：《星云大师人间佛教思想研究》，第393—394页。原文见《海潮音》第9卷第6期。

修活动比例是非常小的。[1] 参与者数量甚多，不过主体还是华裔信众。[2] 就美国而言，尽管西来寺规模宏大，吸引了成千上万的人去参观游览、体验素食，并且建成了西来大学，然而其影响力依然有限，并未在华人圈以外的主流社会发挥实质性的影响。无论在学界、教界，还是在媒体，目前都尚未发挥主导作用。星云大师希望能培养一批本土出家人，每个道场都能由本土僧人住持。目前看，佛光山海外道场培养的华裔出家人寥寥无几，华裔以外的本土出家人似乎尚未出现。

究其原因，可能是多方面的。首先，海外道场建设最初的目标人群似乎就以华裔为主。根据觉谦法师的文章，星云大师1976年参访美国，看到迅速扩大的华裔人口，意识到服务这个群体的巨大潜力。[3] 1988年星云大师在西来寺落成典礼上的讲话中，提道："我创建西来寺有四个涵义：一是东西方文化融合在一起；二是把东方的精神文明充实到西方社会；三是提供东方移民更多服务；四是让美国除了拥有外在的欢喜外，更拥有内在的欢喜。"[4] 可以看到，星云大师的思路是文化交流和输入、服务东方移民，迥然不同于太虚大师的思路——学习当地文化、培养国际化僧才、讲经弘法、带动实修。

如前所述，两种模式并无优劣之分，而是不同缘起下的契机抉择。太虚大师的时代，国力衰微，战乱频繁，海外华人数量有限，集资建设海外道场几乎不可能实现，只好将重点放在僧才培养上。而星云大师的时代，相对和平繁荣得多，因此建设道场成为可能。至于道场的发展以文教事业

---

[1] 释觉谦：Localization Processes and Dynamics within Fo Guang Shan Temples of Toronto（FGS Toronto）in Greater Toronto Area（GTA）of Ontario from 1991 to 2015.2016.p.56。

[2] 释觉谦：Localization Processes and Dynamics within Fo Guang Shan Temples of Toronto（FGS Toronto）in Greater Toronto Area（GTA）of Ontario from 1991 to 2015.2016。第23页提到星云大师的30年本地化的目标。

[3] 释觉谦：Localization Processes and Dynamics within Fo Guang Shan Temples of Toronto（FGS Toronto）in Greater Toronto Area（GTA）of Ontario from 1991 to 2015.2016。第19页。

[4] 程恭让：《星云大师人间佛教思想研究》，第570页。原文见《2013年佛光山西来寺年刊》，第158页。

为主，既是适合当下缘起的抉择，也是符合大师性格的自然结果。星云大师人间佛教的国际化路径很切实、很有人情味，以广结善缘为目标，以善巧方便为基础[1]，具有强烈的大师气质和佛光山风格。

有趣的是，本土化进展不甚如意，觉谦法师认为语言是一个障碍，但不是最大的障碍。[2] 至于什么是最大的障碍，她在文章中并未提及。其中对居士的采访中，被问及对道场的期望，居士普遍性地提到希望提高英语能力，包括希望总部派遣会英语的法师去常住，希望增加英语课程和活动，希望增加英语刊物等。至于其他期望，谈得比较少。当然，觉谦法师在报告开篇也坦言，居士们面对主管法师的采访，其意见反馈可能是谨慎的，有所保留的。

三 学界对契理契机的认知

（一）汉语学界的普遍认同

关于人间佛教的完整性，汉语系学者大多有较好的认知。即便对实践中出现的世俗化有所批判，对太虚大师和星云大师的人品和理论，大多是认可和认同的。邓子美教授等详细回顾了自1965年以来五十年间海峡两岸百余名知名学者关于人间佛教的研究作品，基本都能认知到人间佛教理论的完整性，对此无大争议。可以说，汉语系学术界对人间佛教理论及其主要倡导者的研究，是比较深入和全面的。[3] 原因可能是多方面的。可能因为没有语言障碍和文化差异，沟通理解更为充分，也可能是因为研究作品的量足够多，自然愈辩愈明，愈加接近客观事实。

汉传大师提出、汉语系学者所研究的人间佛教，跟英语系学者所讨论

---

[1] 程恭让：《星云大师人间佛教思想研究》，第17页。这是书中引用Mair（2014：66）的观点。
[2] 释觉谦：Localization Processes and Dynamics within Fo Guang Shan Temples of Toronto（FGS Toronto）in Greater Toronto Area（GTA）of Ontario from 1991 to 2015.2016。第62页。
[3] 邓子美、周菲菲：《人间佛教研究五十年述评》，《西南民族大学学报》（人文社会科学版）2015年第6期。

的参与式佛教，是否可以等同？程恭让教授在《星云大师人间佛教思想研究》一书中专门做了详细的探讨。① Queen 对此持谨慎态度，而 Tu 则认为当然应该将佛光山的实践纳入参与佛教。Reinke 研究佛光山国际化的最新专著（2021）也把二者画了等号。② 笔者认为，这两个概念虽然有一些重叠处，然而无论内涵还是外延都有更大的差距。大师们创建的人间佛教理论框架包含圆满佛法，也作出了丰富的实践，而参与佛教大多指自称为佛教徒的个人/团队关切和参与社会事务的零散随机行为，尚缺乏深入、系统化、前瞻性的理论探讨和建构。按照笔者提出的人间佛教六立足③，参与佛教不过是其中之一（立足社会）。因此，参与佛教属于人间佛教宏大丰富体系中的一个很小的面向和形式。

（二）英语学界的片面和误解

相比之下，英语系学术界对人间佛教的认知和研究还很薄弱。首先就数量而言，无论是专门或主要从事人间佛教（含参与佛教）研究的学者人数，还是专门或主要探讨人间佛教（含参与佛教）的作品数，都远远无法跟汉语系学术界的数量相提并论。事实上，英语学术界关于中国现当代佛教的研究（不限于人间佛教）就非常稀少，学者不过寥寥十几个，作品不过寥寥二三十本。以研究佛光山的专著为例，截至 2020 年，半个世纪以来只有一本专著（Chandler 2004）出版。④ 倒是最近两年有两本书出版（Reinke 2021、Yao and Gombrich 2022⑤）。当然，更关注自家事也是情有可原的——将心比心，汉语系学术界对现当代北美佛教的研

---

① 程恭让：《星云大师人间佛教思想研究》，第 397—416 页。
② Reinke. *Mapping Modern Mahayana-Chinese Buddhism and Migration in the Age of Global Modernity*. Berlin/Boston：Walter de Gruyter GmbH. 2021.
③ 详见附录《人间佛教基于人乘实修体系的六项原则》。
④ Chandler，Stuart. *Establishing a Pure Land on Earth*：*The Foguang Buddhist Perspective on Modernization and Globalization*. Honolulu：University of Hawai'i Press. 2004.
⑤ Yao，Yushuang，and Richard F. Gombrich. *Chinese Buddhism Today*：*Conservatism*，*Modernism*，*Syncretism and Enjoying Life on the Buddha's Light Mountain*. Bristol：Equinox Publishing Ltd. 2022.

究，也是非常不足的。在交流和研究都不够充分的情况下，种种陌生和误解，都在所难免。

其次，就认知而言，英语系学术界对人间佛教的完整性尚未建立全面客观的认知，乃至对太虚大师、星云大师，也存在颇多误解。他们对人间佛教或者参与佛教的定义，往往认可其现实关切和行动导向，却从未将人间佛教放在总体修行次第中去考量，忽略了人间佛教的宗教性、超越性。也就是说，目前欧美学界只看到表层的契机面向，对契理面向尚未发现任何关注或讨论，也误解很深。例如，Welch 的经典作品《中国佛教的复兴》认为太虚大师的言行对中国佛教影响不大，质疑他所倡导的佛教改革一旦成功，佛教可能已经不再是佛教，也不再是中国佛教。① 他甚至影射如果太虚大师所倡导的佛教改革成为潮流，将意味着佛教不仅不会增加活力，反而最终走向灭亡。② Pittman 批判了 Welch 的这些观点，肯定了太虚大师对佛教现代化的探索、对中国佛教的影响。然而，他也未能理解太虚大师人间佛教思想的完整性，将大师对佛教超越性的阐述误解为宗教的不究竟性，认为太虚大师的主要关注点只是人类道德。③ Goodell 敏锐地发现 Pittman 因为不了解近代中国佛教史，简单将太虚大师与其他更为传统的佛教大德们对立起来，也批判 Welch 的复兴叙事将太虚大师边缘化。他认为太虚大师提出人间佛教只是为了增加人们对佛教的兴趣和支持，为了证明佛教在当代社会还有一点存在的价值，理解不到人间佛教的设计其实是大师在深入观察当下因缘、高瞻远瞩未来路径的前提下，对修行下手处下沉而作出的主动契机抉择。Goodell 不仅没有理解到太虚大师的人间佛教实质上包含完整的世间和出世间修行

---

① Holmes Welch, *The Buddhist Revival in China*. Cambridge, MA: Harvard University Press, 1968. p.51.
② Holmes Welch, *The Buddhist Revival in China*. Cambridge, MA: Harvard University Press, 1968. p.264.
③ Don Pittman, *Toward a Modern Chinese Buddhism: Taixu's Reforms*. Honolulu: University of Hawai'i Press, 2001. pp.250-254,8.

次第，甚至误解人间佛教摒弃和排除了人天乘和声闻乘，否定了他世和净土。[1]这些对人间佛教的误解和浅化，恐怕大多数国内学者是无法认同的。

目前发表的对佛光山的相关研究中，大部分只关注实践，并且从全球化、性别平等、现代性等西方常用视角去考量，迄今除了 Chandler（2004）用两章 59 页研究了星云大师的性格和人间佛教思想外，尚未发现其他相关专著。不把大师的种种方便善巧实践放置于其纯正契理的总体修行考量中去分析，就很容易使实践研究表面化、肤浅化，乃至产生误解。例如，觉谦法师在其专门研究佛光山本地化实践的文章中提到 Chandler 和 Harding 等两部作品的部分内容，表示不认同，但未详言。[2]笔者查阅了原著，Harding 等所著书中，对佛光山的描述是相当表面化的，只是列举了其多伦多地区三个道场的文化教育活动，强调了现代性和契机，然后得出结论：佛光山几乎没什么地方符合大家对"传统"的认知。[3]文章不仅对契理的面向只字未提，对契机部分的描述也达不到如实全面。实际上，佛光山有些方面是相当传统的，并非完全摒弃传统。

Chandler（2004）《建设人间净土——佛光山佛教现代化和全球化的视角》第二章有 15 页，研究星云大师，开篇用词是"卓越但可能有些争议"（remarkable, if somewhat controversial）。[4]他说大师"智慧高低和发心是否纯净，只有他自己知道，但确实是广结善缘"，并举了些例子说明佛光山的维系主要是靠大师的人格魅力。[5]然后介绍大师讲法生动活泼，

---

[1] Eric Goodell, "Taixu's (1890-1947) Creation of Humanistic Buddhism." PhD Diss., University of Virginia, 2012. pp.3-4, 8-9.
[2] 释觉谦：Localization Processes and Dynamics within Fo Guang Shan Temples of Toronto（FGS Toronto）in Greater Toronto Area（GTA）of Ontario from 1991 to 2015，2016 年，第 7 页。
[3] Harding et. al. ed. *Flowers on the Rock: Global and Local Buddhisms in Canada*. Montreal & Kingston: McGill-Queen's University Press. 2014. pp. 7–8.
[4] Chandler, Stuart. *Establishing a Pure Land on Earth: The Foguang Buddhist Perspective on Modernization and Globalization*. Honolulu: University of Hawai'i Press. 2004. p.28.
[5] Chandler, Stuart. *Establishing a Pure Land on Earth: The Foguang Buddhist Perspective on Modernization and Globalization*. Honolulu: University of Hawai'i Press. 2004. p.31.

且重视教育弟子,方法慈悲耐心,以身作则,注重互动,在日常中熏陶,对神通比较避而不谈,但重视讲感应。然而随着僧团扩大,后期僧众与大师几乎没有私下互动的机会了,未来凝聚力可能会遇到挑战。有趣的是,这章讲到大师重视"契理契机",但后面整段文字只是讲契机,对契理的面向未及一字。[①] 第三章有44页,研究大师思想和佛光山人间佛教理路,这在现今英文文献中是极难见到的。文章首先介绍星云大师认为学佛就是中道,不能太纵欲,也不能太苦行。他将佛光山和中台禅寺做对比,认为前者的修行是"人间"的,后者是"传统"的。前者僧众做梦都不要想大师会同意他们去闭关,而后者僧众如果获得惟觉法师允许去闭关,则是莫大的荣幸。因此佛光山持戒比较灵活,但很重视道德培养。然后介绍大师直到最近几年才允许僧众认真投入时间坐禅,之前一直不鼓励僧众禅修,说禅修是追求自我解脱,有违菩萨道精神(至于这是否属于大师的原话或思想,笔者暂时存疑),并且用磨砖不能成镜的公案规劝大家。大师认为适合人间佛教的修行方式是动中禅和人间净土。他比较不同净土的优劣,强调心净则国土净,号召建设人间净土(这也是该书主标题的由来)。然后文章介绍了大师的三步走——把人间变成天堂,再成净土,最后成华藏世界。并说现在的生活条件非常好,已经在朝天堂靠近了。之后介绍了大师的四权时代——神权时代、君权时代、民权时代、生权时代。文章评论说,尽管有"佛光禅"的提法,大师及弟子对中国禅修传统没有任何新思想或新变化。反而是人间净土的创建,成为具有佛光山特色的解脱论。之后用16页梳理净土思想史及佛光净土思想,用4页梳理了传统和现代的理论,然后介绍星云大师认为佛教复兴的关键是传统智慧和现代科技的平衡,佛教现代化不是推广什么新的东西,而是复兴传统。大师的佛教现代化实践有两点,第一是利用现代科技,包括引发争议的为僧团安装空调。第二是僧团管理民主化,决

[①] Chandler, Stuart. *Establishing a Pure Land on Earth: The Foguang Buddhist Perspective on Modernization and Globalization*. Honolulu: University of Hawai'i Press. 2004. p.33.

策透明化。然而作者认为即便大师和两位早期弟子退位后，他们仍然是主要的决策者。本章最后两节，作者介绍了复兴大乘精神的理念，然后把佛光山的人间佛教放在台湾佛教大背景中做了个比对。这两章是截至目前所有研究佛光山的英文文献中，唯一着墨讨论佛光山人间佛教修行和解脱体系的文字。无论其观点是否客观公正，能关注这个重要的议题，已经难能可贵。

  Tsomo 研究台湾比丘尼的论文认为国际道场除了信仰寄托，更像是一个社交中心和寻找文化身份认同的团队。尼众们为了获得居士的资金支持，积极为居士提供心理安抚和葬礼服务。[1] 尽管国际道场的承担拓展了尼众法师们的文化和国际视野，她们总体而言并未能参与社会事务，更别提对改良社会发挥作用。其主要障碍有四点：大部分尼众法师不大会讲英语；能支配的资金不够充分；男女不平等导致男众法师享有更多自由和决策权；频繁轮岗导致项目难以长期稳定地培育发展。Tsomo 还提到因为她们的活动局限在相对富裕的台湾移民群体中，很难克服身在异国他乡的焦虑不安感，并引用案例说明其单纯因而很容易被利用。Reinke 的新书从全球化、现代性、殖民与移民的角度研究佛光山国际道场，在描述其种种文化活动后，得出结论，道场更像是休闲空间和社区中心，具有鲜明的中国文化特色，国际参与者去道场主要是出于对中国文化的好奇（而非对佛法的好奇）。[2] Ritzinger 在该书的书评中提出："这些对中国文化的世界性呈现与创始人星云大师本人持有的更本质主义的观念形成鲜明对比。"[3] Reinke 新书第六章讨论了人间佛教的宗教性，对比其他文献只关注契机面向和文教活动的局限，这是很难得的。本章描

---

[1] Tsomo. "Socially Engaged Buddhist Nuns: Activism in Taiwan and North America", *Journal of Global Buddhism* 10, 2009, pp.459–485.

[2] Reinke. *Mapping Modern Mahayana-Chinese Buddhism and Migration in the Age of Global Modernity*. Berlin/Boston: Walter de Gruyter GmbH. 2021. pp.64–71.

[3] Justin Ritzinger. "Book Review for Mapping Modern Mahayana: Chinese Buddhism and Migration in the Age of Global Modernity." *Journal of Global Buddhism* Vol. 24(2), 2023, pp.121-123.

述了道场的宗教修持特点是共修，这给本土佛教只重禅修的路线提供了一种新的可能。[①] 从描述看，这些道场的修行大部分还是以法会为主，包括礼忏和纪念性法会。念佛和禅修虽然也有，显然不属于主体部分。可以看出，这段稀有难得讨论修行的篇幅，还是停留在对形式层面的呈现和讨论，并未涉及更有深度的探讨，例如星云大师的修行路径抉择，修行的目标和次第设计，修行中出现哪些问题及如何解决，取得何种效果，等等。

四　结　论

综上所述，太虚大师和星云大师人间佛教的实践既有共同点，又有各自的风格。两位大师的人间佛教理论，都是契理的，包含圆满佛法的完整内容。关于两位大师的人间佛教，汉语系学者对理论关注比较多，对实践研究比较少。尽管部分学者对初期实践中出现的世俗化、鸡汤化表达了担忧乃至焦虑，大家对人间佛教理论本身的完整性也基本能达成共识。如果不算参与佛教的相关文献，英语系学者对此话题的研究作品数量极少，大多是从全球化、现代化、殖民主义、移民现象、性别平等等西方常见角度入手开展分析。在有限数量的研究中，大多是关注实践，一些零星关注思想和理论的，也存在较多偏差乃至较严重的误解。

笔者认为，参与佛教的内涵和外延都远远小于人间佛教。参与佛教的提法，只是西方学者对近代佛教团队关切社会采取行动现象就事论事的研究，自觉或不自觉地采用西方熟悉的理论视角，缺乏整体深入的思考，也缺乏前瞻性的宏观框架设计，因此前路不长。几十年后，"参与佛教"这一概念或许就会被替换或升级，从学界语言中逐渐消匿。而人间佛教理论更具有完整性、前瞻性、战略性，代表着佛陀的本怀，代表着

[①] Reinke. *Mapping Modern Mahayana-Chinese Buddhism and Migration in the Age of Global Modernity*. Berlin/Boston：Walter de Gruyter GmbH. 2021. pp.99-104.

完整纯正的佛法。就其实践而言，尽管在初期不可避免地会遇到种种问题，需要不断调适和补充，然而理论的完整性铺垫了实践发展的可持续性。因此，关于人间佛教的研究，尤其是关于实践和实修体系的探索，堪称未来可期。

附录　基于人乘实修体系的六项原则

笔者根据对佛教现状的观察和思考，提出基于人乘的实修体系应该具足六项原则：立足自信、立足自我、立足现实、立足现世、立足社会、立足世界。

1. 立足自信

这项原则对治当下非常普遍的自我否定、自我苛求现状，基于《法华经》人人具足佛性、各个圆满成佛的授记，弥补对自己慈悲的欠缺，首先基于自信和自洽，实现身心的基本健康。

2. 立足自我

这项原则第一对治向外评判苛求的常见问题，避免越修越愤世嫉俗，无法与身边人和谐相处。这一原则帮助行者首先明白佛法实修是向内求的过程，回归自己身心，追求自己身心素质的进步。

第二对治长久以来对权威的迷信和依赖心理，以及宗教团队中经常出现的移情现象。遵循阿含经"自皈依法、以法为洲渚"的教导，对宗教领袖和宗教团队祛魅，基于这个原则，无论师父的选择，还是法门的选择，都应该以自己的身心进步为衡量标准。

当然，这个标准不是否定师父和僧团的重要性，恰恰相反，正因为实修中以自身身心是否有法的受益为衡量标准，而非以名气、形式、行政地位为选择标准，这样才有助于僧团的优胜劣汰，淘汰追名逐利不务修行的宗教教职人员，自然优选出有真实修行功夫、有教学经验、有职业道德的宗教教职人员。

第三，这一原则还包括重新理顺僧俗伦理。笔者认为，在佛教事业中，僧众应该充分信任专业的在家众，明确目标，设定底线，此外除在原则上把关外，应该让专业人员自由发挥，避免非专业的僧众指挥专业的在家众、能力有限的僧众限制能力高的在家众这类瓶颈现象。而在法的修行上，在家众必然应该恭敬供养指导自己学修的师父，并随缘随力供养和护持僧团。这样道业和事业才能两不相碍，互相增益。

3. 立足现实

这项原则第一对治好高骛远、急功近利的心态，应该先对自己的现状有合理的评估和明晰的认知，在此基础上，制订适合自己的渐修渐进时间表，以及修行进展的跟踪、测评、监督、互助体系。

第二对治沉迷玄谈，沉迷理论争执，而无法觉照自己当下的身心状况。

第三对治沉迷网络和虚拟世界的普遍性问题。一方面，佛教应该利用现代科技和信息技术；另一方面，也应该有智慧地规避其副作用。

4. 立足现世

这项原则第一对治死鬼佛教，把来世的去处和希望寄托给功利化、形式化的经忏。当然，如法的临终关怀和助念是非常必要的，但不能因为有临终助念而否定此世修行的必要性。

第二对治对缘起的愚痴，培养爱国爱教、孝长爱邻的优秀素质。此世我们投生的国家、城市、社区、家庭，是我们此世的重要缘起，也是我们首先应该服务和利益的对象。

5. 立足社会

这项原则第一对治消极避世，行者应该积极承担个人社会责任，尽好该尽的义务，不能把修行作为逃避责任和义务的借口。这既包括照顾好自己的家庭或团队，也包括尽量过环保可持续的生活，尽量做一个负责任的消费者。

第二对治冷漠自私，行者除了完成自己基本的责任和义务，还应该秉承菩萨道的精神，积极入世，利益更广泛的众生。这种利益既可以体现为爱语布施，也可以体现为身体力行的帮助，甚至可以体现为默默的祝福（这一点尤其重要，因为心业力的强大作用不可思议，而意业的善恰恰是很多行者实修中容易忽略的部分。如果一个社会中的多数成员经常性地修慈心禅，这个社会的改善会不可思议）。

6. 立足世界

这项原则对治心量狭窄、固步自封、夜郎自大的心态。佛法属于法界一切众生，因此人间佛教必然也应该是世界性的。国际交流是人间佛教实修体系的重要组成部分。培养国际化的僧俗人才，为未来国际交流储备人才，是佛教大国高瞻远瞩的心量，也是义不容辞的承担。

Academic Understanding of Humanistic Buddhism: Difference Between the East and the West

Shi Kuanlin

Abstract: This paper first reviews the theoretical framework of Humanistic Buddhism as sketched by Venerable Master Tai Xu and Venerable Master Hsing Yun with a focus on examining its integrity. Then it reviews Chinese and English scholarship on Humanistic Buddhism with a focus on their awareness and discussion on its integrity. Next, the paper compares the practice of Humanistic Buddhism by Venerable Master Tai Xu and Venerable Master Hsing Yun. At last, the paper arrives at its conclusion that the scope of "Engaged Buddhism" is far too limited to cover Humanistic Buddhism, as the latter is strategically embedded with much more insight, foresight, and theoretical integrity. In terms of the practice of Humanistic Buddhism, despite of the inevitable and necessary stumbles in its early phase, the built-in theoretical integrity ensures its sustainability in the long coming future.

Key words: Humanistic Buddhism; Engaged Buddhism; Venerable Master Tai Xu; Venerable Master Hsing Yun